全国计算机技术与软件专业技术资格(水平)考试指定用书

电子商务设计师教程

第 3 版

张利　杨俊清　主编

全国计算机专业技术资格考试办公室　组编

清华大学出版社

北京

内 容 简 介

本书作为全国计算机技术与软件专业技术资格（水平）考试的指定教材，具有比较权威的指导意义。本书是在《电子商务设计师考试大纲》（2019年审定通过）的指导下，在追踪行业研究与实践发展最新动态的基础上进行了大幅度更新和修订，并依据大纲的要求对内容和结构进行了优化。

全书由 14 章组成，主要内容包括第 1 章电子商务概述、第 2 章电子商务信息安全、第 3 章电子支付技术与系统、第 4 章电子商务物流与供应链管理、第 5 章网络营销、第 6 章电子商务法律规范与伦理道德、第 7 章电子商务系统规划、第 8 章电子商务系统程序设计、第 9 章电子商务系统建设、第 10 章电子商务系统的测试、第 11 章电子商务系统的运维与评价、第 12 章电子商务项目控制与优化、第 13 章电子商务新技术与新应用、第 14 章电子商务案例分析。

虽然本书基本覆盖了大纲要求的主要内容，但由于电子商务技术的发展日新月异，应用创新层出不穷，考生在学习教材内容的同时，还须对照考试大纲（2019 版）认真学习大纲的知识点的延伸内容，并结合行业的最新发展动态更新知识。

本书适合参加本考试的考生和在校大学生作为教材使用。

本书扉页为防伪页，封面贴有清华大学出版社防伪标签，无上述标识者不得销售。
版权所有，侵权必究。举报：010-62782989，beiqinquan@tup.tsinghua.edu.cn。

图书在版编目（CIP）数据

电子商务设计师教程 / 张利，杨俊清主编. —3 版. —北京：清华大学出版社，2019（2024.3重印）
全国计算机技术与软件专业技术资格（水平）考试指定用书
ISBN 978-7-302-53442-6

Ⅰ. ①电⋯ Ⅱ. ①张⋯ ②杨⋯ Ⅲ. ①电子商务—资格考试—教材 Ⅳ. ①F713.36

中国版本图书馆 CIP 数据核字（2019）第 171864 号

责任编辑： 杨如林
封面设计： 何凤霞
责任校对： 徐俊伟
责任印制： 杨 艳

出版发行：清华大学出版社
网　　址：https://www.tup.com.cn，https://www.wqxuetang.com
地　　址：北京清华大学学研大厦 A 座　　邮　编：100084
社 总 机：010-83470000　　邮　购：010-62786544
投稿与读者服务：010-62776969，c-service@tup.tsinghua.edu.cn
质量反馈：010-62772015，zhiliang@tup.tsinghua.edu.cn
印 装 者：三河市铭诚印务有限公司
经　　销：全国新华书店
开　　本：185mm×230mm　　印　张：42.75　　防伪页：1　　字　数：914 千字
版　　次：2013 年 8 月第 1 版　　2019 年 12 月第 3 版　　印　次：2024 年 3 月第 5 次印刷
定　　价：128.00 元

产品编号：083236-01

第 3 版前言

编者受全国计算机专业技术资格考试办公室委托,根据考试大纲,编写了《电子商务设计师教程》第 3 版。

和 2015 版比较,第 3 版在追踪行业研究与实践发展最新动态的基础上进行了大幅度更新和修订,按照大纲知识点对内容和结构进行了优化。第 1 章删除了过时或者基础的知识点,丰富了电子商务模式内容,增加了电子商务发展的基本原理与规律内容,只保留原关于双边市场论述的部分内容,新增长尾理论、电子商务发展普遍规律和现象等内容。删除原第 2 章,必要内容并入第 8 章。第 2 章(原第 3 章,后续章节依次类推)图片内容作了修订,相关内容作了更新。第 3 章删减掉了第一节中的货币制度,并将原版中第一节的前两个部分进行合并,其他小节进行精简处理并在产品、数据以及电子支付的法律法规监管方面进行了更新。第 4 章根据新的物流技术的发展,对电子商务物流的相关内容进行适应性更新和修改。第 5 章将 5.1 和 5.2 节的内容进行合并;新增了"5.2 网络市场调研""5.4 网络广告"两节内容;"5.3 网络营销策略"节中增加了"5.3.5 网络营销客户关系管理策略";"5.5 网络营销主要方法"节中增加"5.5.4 移动营销"等内容。第 6 章根据现有我国法制建设实践,增加了电子商务领域的新增法律内容,并对 2019 年开始实施的《中华人民共和国电子商务法》进行了着重介绍和解读。同时,在伦理道德部分新增了人工智能所引发的道德风险等内容。第 7 章删除了"7.3.4 数据模型"中的相关内容,删除了"7.3.7 软件开发工具 Rose"中的所有内容,删除了原"7.4.3 电子商务系统设计"相关技术部分内容,其他部分根据技术发展现状进行了更新。第 8 章新增的"8.1 电子商务系统网络技术"节介绍了 Internet 技术、IPv6 以及 Internet 服务;8.2.1 内容大幅精简,增加"8.2.3 移动端开发平台技术及其结构";将"8.3.1 HTML 标记语言"改为"8.3.1 HTML5 标记语言",内容按照 HTML5 重新撰写。将"8.3.2 CSS 样式表"改为"8.3.2 CSS3 样式表",内容按照 CSS3 重新撰写,删除"8.3.4 VBScript"的内容,增加"8.3.4 JQuery""8.3.5 AJAX"及"8.3.6 JSON"部分内容;"8.4.4 系统平台的选择与配置"中增加 App 开发平台的搭建。第 9 章根据技术发展现状进行适应性修改,删除用户控件内容,增加"9.1.7 WebApp 开发""9.2.5 App 前端框架""9.3.7 App 扫码设计"。第 10 章删除"10.7 调试工具"内容。第 11 章对 11.1.1 和 11.1.2 进行了适应性修改,更新电子商务系统发布的内容,包括在电子商务系统维护中数据备份技术和数据恢复技术;删除原"11.2 电子商务系统的性能指标与评价方法";将原来"11.6 电子商务系统的评价"调整为 11.4 节，并更新完善了部分内容。第 12 章删除原 12.1 节内容，修改为电子商务项目，更新完善了计划与控制、网络计划调整与优化。第 13 章进行了整体重写，探讨了云计算、大数据、区块链、人工智能等技术对电子商务发展的影响。第 14 章将旧案例进行了整体更新。

  调整后全书仍然分成四篇：第一篇（1~2 章）为基础知识；第二篇（3~6 章）为电子商务商科类知识与技术；第三篇（7~13 章）为电子商务技术类知识与技术；第四篇（14 章）为电子商务扩展能力与知识。

  内容方面，修订版加强了实践性与可测性内容，精简了不必要的背景、意义、特点、功能、作用和必要性等内容，删减了不必要的案例。

  本书各章节内容安排如下：

  第 1 章主要介绍电子商务基础知识，包括电子商务的发展历程，电子商务模式（主要包括 B2B 模式、B2C 模式、C2C 模式、O2O 模式以及其他模式等），电子商务发展的基本原理与规律（主要包括双边市场理论、长尾理论以及电子商务产业政策与发展机遇等）。

  第 2 章主要介绍电子商务信息安全知识，首先对电子商务信息安全进行了概述，其次介绍了加密技术、认证技术、非法入侵防范技术、计算机病毒攻击与防治、物理环境安全与容灾等内容。

  第 3 章主要介绍电子支付技术与系统知识，包括电子货币及其职能、电子支付及清算模式、电子支付系统、第三方支付模式、电子支付风险管理等。

  第 4 章主要介绍电子商务物流与供应链管理知识，包括电子商务与物流、物流系统与职能、现代物流信息技术、供应链管理等。

  第 5 章主要介绍网络营销知识，包括网络营销概述、网络市场调研、网络营销策略、网络广告等。网络营销的主要方法包含搜索引擎营销、病毒性营销、网络社区营销、移动营销、博客与微博营销、电子邮件营销等。

  第 6 章主要介绍电子商务法律规范与伦理道德，包括电子商务法基本范畴、电子商务立法的现状、我国电子商务法的主要内容、跨境电子商务中的法律适用及贸易惯例、电子商务发展中的伦理道德问题等。

  第 7 章主要介绍电子商务系统规划，包括电子商务应用系统的整体规划、可行性分析、系统需求分析、系统设计。

  第 8 章主要介绍电子商务系统程序设计，包括电子商务系统网络技术的概述；电子商务平台开发技术（.NET 平台技术及其结构、J2EE 平台技术及其结构、移动端开发平台技术及其结构）；Web 程序设计（HTML5、CSS3、JavaScript、jQuery、AJAX、JSON、XML、数据库技术及增删改查基本语句）；电子商务系统平台配置。

  第 9 章主要介绍电子商务系统建设知识，包括 B/S 结构程序设计、电子商务系统框架设计、电子商务系统组件设计以及电子商务系统安全设计和网站安全威胁及安全措施等。

第 10 章主要介绍电子商务系统测试知识，包括基本概念、测试目标、测试环境和测试方法、测试工具，通过实例说明如何设计测试用例，介绍测试的关键技术和调试技术等。

第 11 章主要介绍电子商务系统的运维与评价，包括电子商务系统的运行与维护、发布与推广，电子商务网站日常运行管理，电子商务网站的评价，电子商务信息处理等相关内容。

第 12 章主要介绍电子商务项目控制与优化，包括项目管理的概念、项目进度计划与控制，网络计划调整与优化，项目控制与风险管理等内容。

第 13 章主要介绍电子商务新技术与新应用知识，包括云计算、大数据、区块链和人工智能。

第 14 章主要介绍电子商务案例分析知识，包括网络营销案例分析、电子支付案例分析、协同商务案例分析、商务模式案例分析和电子商务综合案例分析。

本书第 1 章由施旗编写，第 2 章由刘文哲编写，第 3 章由武琦编写，第 4 章由李刚编写，第 5 章由邢岗编写，第 6 章由刘颖编写，第 7 章由任静编写，第 8 章由仇小鹏和刘晓乐编写，第 9 章由李川和滑亚慧编写，第 10 章由杨俊清编写，第 11、12 章由程传旭编写，第 13 章由曹媛媛编写，第 14 章由郭宇编写，最后由西安邮电大学张利教授和西安航空学院杨俊清教授统稿。

在本书的编写过程中，参考了许多相关的书籍和资料，编者在此对这些参考文献的作者表示感谢。同时感谢清华大学出版社在本书出版过程中所给予的支持和帮助。

因水平有限，书中难免存在错漏和不妥之处，望读者指正，以便改进和提高。

编　者
2019 年 8 月

目 录

第一篇 基础知识

第1章 电子商务概述 ………… 2
1.1 电子商务模式与发展 ………… 2
1.1.1 电子商务的概念 ………… 2
1.1.2 电子商务的分类 ………… 2
1.1.3 电子商务的发展历程 ………… 3
1.1.4 电子商务模式 ………… 6
1.2 电子商务发展的基本原理与规律 ………… 17
1.2.1 双边市场理论 ………… 17
1.2.2 长尾理论 ………… 18
1.2.3 电子商务发展的一般规律与现象 ………… 19
1.3 电子商务产业政策与发展机遇 ………… 23
1.3.1 跨境电子商务 ………… 23
1.3.2 社区电子商务 ………… 26
1.3.3 农村电子商务 ………… 27
1.3.4 电子商务发展机遇 ………… 28
本章小结 ………… 31
参考文献 ………… 31

第2章 电子商务信息安全 ………… 32
2.1 电子商务信息安全威胁与防范 ………… 32
2.1.1 信息安全概述 ………… 32
2.1.2 电子商务安全体系 ………… 33
2.1.3 电子商务安全策略 ………… 35
2.2 加密技术 ………… 38
2.2.1 基本概念 ………… 38
2.2.2 对称密钥密码体制 ………… 39
2.2.3 非对称密钥密码体制 ………… 41
2.2.4 数字信封 ………… 42
2.3 认证技术 ………… 43
2.3.1 身份认证 ………… 43
2.3.2 数字签名 ………… 44
2.3.3 数字证书与认证机构 ………… 47
2.4 防止非法入侵 ………… 50
2.4.1 防火墙 ………… 50
2.4.2 入侵检测 ………… 53
2.4.3 安全协议 ………… 54
2.5 备份与恢复 ………… 59
2.5.1 数据备份技术 ………… 59
2.5.2 灾难恢复技术 ………… 61
2.6 计算机病毒与防治 ………… 62
2.6.1 计算机病毒概述 ………… 62
2.6.2 计算机病毒分类 ………… 63
2.6.3 计算机病毒检测及防范 ………… 64
2.7 物理环境安全与容灾 ………… 66
本章小结 ………… 67
参考文献 ………… 67

第二篇 电子商务商科类知识与技术

第3章 电子支付技术与系统 ………… 70
3.1 电子货币及其职能 ………… 70
3.1.1 电子货币的定义 ………… 70
3.1.2 电子货币的属性与职能 ………… 72
3.2 电子支付及清算模式 ………… 74

3.2.1 电子支付方式 ·················· 74
　　3.2.2 电子支付业务流程 ··········· 76
　　3.2.3 电子支付工具 ·················· 78
　　3.2.4 资金清算 ························· 79
3.3 电子支付系统 ·························· 81
　　3.3.1 电子支付系统的构成与
　　　　　分类 ······························· 81
　　3.3.2 大额电子支付系统 ··········· 82
　　3.3.3 小额电子支付系统 ··········· 84
3.4 第三方支付模式 ······················· 88
　　3.4.1 第三方支付的基本模式 ···· 88
　　3.4.2 第三方支付模式的应用 ···· 92
　　3.4.3 第三方支付的监管 ··········· 95
3.5 电子支付的风险管理 ················ 97
　　3.5.1 支付系统的风险防范 ······· 97
　　3.5.2 电子支付工具的风险 ····· 100
　　3.5.3 电子支付监管 ················ 101
本章小结 ·· 107
参考文献 ·· 107

第4章 电子商务物流与供应链管理 ··············· 109

4.1 电子商务与物流 ····················· 109
　　4.1.1 物流及物流标准化 ········· 109
　　4.1.2 电子商务物流 ················ 111
4.2 物流系统与职能 ····················· 114
　　4.2.1 物流系统及基本职能 ····· 114
　　4.2.2 运输 ······························ 114
　　4.2.3 仓储 ······························ 116
　　4.2.4 装卸搬运 ······················· 118
　　4.2.5 配送中心 ······················· 120
　　4.2.6 物流信息管理 ················ 123
4.3 现代物流信息技术 ·················· 124
　　4.3.1 电子商务条件下物流技术
　　　　　发展 ····························· 124
　　4.3.2 电子商务物流的信息技术 ··· 126

　　4.3.3 其他主要物流信息技术 ···· 128
　　4.3.4 物联网技术的应用 ········· 130
4.4 供应链及供应链管理 ·············· 132
　　4.4.1 供应链管理框架 ············· 132
　　4.4.2 供应链的失调与协调 ····· 134
　　4.4.3 供应链的平台化管理 ····· 135
　　4.4.4 绿色供应链 ···················· 138
本章小结 ·· 138
参考文献 ·· 139

第5章 网络营销 ··············· 140

5.1 网络营销概述 ························ 140
　　5.1.1 网络营销的发展 ············· 140
　　5.1.2 网络营销的含义 ············· 141
　　5.1.3 网络营销的主要职能 ····· 143
　　5.1.4 网络营销系统 ················ 145
5.2 网络市场调研 ························ 148
　　5.2.1 网络市场调研概述 ········· 148
　　5.2.2 网络市场调研原则 ········· 149
　　5.2.3 网络市场调研程序 ········· 150
　　5.2.4 网络市场调研方法 ········· 152
5.3 网络营销策略 ························ 153
　　5.3.1 网络产品策略 ················ 153
　　5.3.2 网络营销价格策略 ········· 156
　　5.3.3 网络分销渠道策略 ········· 157
　　5.3.4 网络营销站点推广策略 ··· 160
　　5.3.5 网络营销客户关系管理
　　　　　策略 ····························· 163
5.4 网络广告 ······························· 167
　　5.4.1 网络广告概述 ················ 167
　　5.4.2 网络广告的形式 ············· 169
　　5.4.3 网络广告策略 ················ 172
　　5.4.4 网络广告的计价方法和
　　　　　效果评价 ······················ 175
5.5 网络营销的主要方法 ·············· 177
　　5.5.1 搜索引擎营销 ················ 178

5.5.2　病毒性营销⋯⋯⋯⋯⋯⋯ 181
　　5.5.3　网络社区营销⋯⋯⋯⋯⋯ 184
　　5.5.4　移动营销⋯⋯⋯⋯⋯⋯⋯ 186
　　5.5.5　博客营销与微博营销⋯⋯ 189
　　5.5.6　E-mail 营销⋯⋯⋯⋯⋯⋯ 194
本章小结⋯⋯⋯⋯⋯⋯⋯⋯⋯⋯⋯⋯ 196
参考文献⋯⋯⋯⋯⋯⋯⋯⋯⋯⋯⋯⋯ 196

第6章　电子商务法律规范与伦理道德⋯⋯⋯⋯⋯⋯⋯⋯⋯⋯ 197

6.1　电子商务法基本范畴⋯⋯⋯⋯⋯ 197
　　6.1.1　电子商务法的含义⋯⋯⋯ 197
　　6.1.2　电子商务法律主体⋯⋯⋯ 197
　　6.1.3　电子商务法律客体⋯⋯⋯ 198
6.2　电子商务立法的现状⋯⋯⋯⋯⋯ 198
　　6.2.1　电子商务立法的主要内容⋯ 198
　　6.2.2　电子商务立法的基本情况⋯ 205
6.3　我国电子商务法的主要内容及解读⋯⋯⋯⋯⋯⋯⋯⋯⋯⋯ 211
　　6.3.1　电子商务法的定位与体例、结构⋯⋯⋯⋯⋯⋯ 211
　　6.3.2　电子商务法的适用范围和调整对象⋯⋯⋯⋯⋯⋯ 212
　　6.3.3　电子商务法对电子商务经营者的规定⋯⋯⋯⋯⋯⋯ 213
　　6.3.4　电子商务法的行业促进⋯ 218
6.4　跨境电子商务的法律规范⋯⋯⋯ 220
　　6.4.1　跨境电子商务的法律适用⋯ 220
　　6.4.2　跟单信用证电子交单国际惯例⋯⋯⋯⋯⋯⋯⋯⋯ 221
　　6.4.3　网络环境下的国际贸易术语⋯⋯⋯⋯⋯⋯⋯⋯⋯ 223
6.5　电子商务中的伦理道德⋯⋯⋯⋯ 224
　　6.5.1　电子商务中的道德问题⋯ 224
　　6.5.2　电子商务信用体系建设⋯ 226
　　6.5.3　电子商务网络伦理体系的建立⋯⋯⋯⋯⋯⋯⋯⋯⋯ 228

本章小结⋯⋯⋯⋯⋯⋯⋯⋯⋯⋯⋯⋯ 231
参考文献⋯⋯⋯⋯⋯⋯⋯⋯⋯⋯⋯⋯ 231

第三篇　电子商务技术类知识与技术

第7章　电子商务系统规划⋯⋯⋯⋯ 236

7.1　电子商务应用系统的总体规划⋯⋯⋯⋯⋯⋯⋯⋯⋯⋯⋯ 236
　　7.1.1　电子商务应用系统的生命周期和开发模型⋯⋯⋯ 236
　　7.1.2　电子商务应用系统的规划内容与方法⋯⋯⋯⋯⋯ 238
　　7.1.3　电子商务系统方案的确定⋯ 241
　　7.1.4　电子商务系统规划的人员组成⋯⋯⋯⋯⋯⋯⋯⋯ 242
7.2　电子商务系统的可行性分析⋯⋯⋯⋯⋯⋯⋯⋯⋯⋯⋯ 243
　　7.2.1　信息收集的方法⋯⋯⋯⋯ 243
　　7.2.2　可行性分析⋯⋯⋯⋯⋯⋯ 244
　　7.2.3　可行性研究的步骤⋯⋯⋯ 246
　　7.2.4　数据流图⋯⋯⋯⋯⋯⋯⋯ 247
　　7.2.5　数据字典⋯⋯⋯⋯⋯⋯⋯ 250
7.3　电子商务系统需求分析⋯⋯⋯⋯ 252
　　7.3.1　需求分析的任务与原则⋯ 252
　　7.3.2　需求获取的方法⋯⋯⋯⋯ 253
　　7.3.3　系统分析与建模⋯⋯⋯⋯ 254
　　7.3.4　数据模型⋯⋯⋯⋯⋯⋯⋯ 256
　　7.3.5　需求分析图形工具⋯⋯⋯ 261
　　7.3.6　系统方案的制定、评价和改进⋯⋯⋯⋯⋯⋯⋯⋯⋯ 263
7.4　电子商务系统设计⋯⋯⋯⋯⋯⋯ 265
　　7.4.1　电子商务系统设计的概念与目标⋯⋯⋯⋯⋯⋯⋯ 265
　　7.4.2　电子商务系统的组成与功能⋯⋯⋯⋯⋯⋯⋯⋯⋯ 265

7.4.3 电子商务系统设计相关技术……271
本章小结……277
参考文献……277

第8章 电子商务系统程序设计……278

8.1 电子商务系统网络技术……278
 8.1.1 Internet 技术……278
 8.1.2 Internet 的 IP 地址及域名……281
 8.1.3 Internet 服务……284

8.2 电子商务平台开发技术……287
 8.2.1 .NET 平台技术及其结构……287
 8.2.2 J2EE 平台技术及其结构……311
 8.2.3 移动端开发平台技术及其结构……319

8.3 Web 程序设计……327
 8.3.1 HTML5 标记语言……327
 8.3.2 CSS3 样式表……353
 8.3.3 JavaScript……369
 8.3.4 jQuery……372
 8.3.5 AJAX……374
 8.3.6 JSON……378
 8.3.7 XML……381
 8.3.8 数据库技术……385

8.4 电子商务系统平台配置……394
 8.4.1 电子商务系统总体规划……394
 8.4.2 电子商务网站的基本构件……396
 8.4.3 电子商务网站的基本功能……396
 8.4.4 系统平台的选择与配置……397

本章小结……401
参考文献……401

第9章 电子商务系统建设……402

9.1 B/S 结构程序设计……402
 9.1.1 Web 编程技术概述……402
 9.1.2 ASP.NET 概述……402
 9.1.3 ASP.NET 控件……406
 9.1.4 ASP.NET 的内置对象……415
 9.1.5 ADO.NET 数据库访问技术……424
 9.1.6 数据绑定控件……435
 9.1.7 WebApp 开发……443

9.2 电子商务系统框架设计……445
 9.2.1 电子商务系统开发常用数据库的设计……445
 9.2.2 ASP.NET 母版页……450
 9.2.3 ASP.NET 站点导航……451
 9.2.4 Web 系统的三层结构……454
 9.2.5 App 前端框架……455

9.3 电子商务系统组件设计……456
 9.3.1 用户登录……456
 9.3.2 购物车设计……460
 9.3.3 搜索设计……464
 9.3.4 添加模块设计……466
 9.3.5 修改模块设计……467
 9.3.6 删除模块设计……469
 9.3.7 App 扫码设计……472

9.4 电子商务系统安全设计……473
 9.4.1 电子商务系统安全威胁……473
 9.4.2 安全措施设计……473

本章小结……479
参考文献……479

第10章 电子商务系统的测试……480

10.1 软件测试的基本概念……480
10.2 软件测试文档……482
10.3 准备测试环境……484
10.4 软件测试的基本方法……484
 10.4.1 静态测试……485
 10.4.2 动态测试……486

10.4.3　白盒测试 …………… 486
　　　10.4.4　黑盒测试 …………… 494
　10.5　软件测试阶段 ……………… 499
　　　10.5.1　单元测试 …………… 499
　　　10.5.2　集成测试 …………… 502
　　　10.5.3　确认测试 …………… 506
　　　10.5.4　系统测试 …………… 506
　　　10.5.5　验收测试 …………… 510
　　　10.5.6　回归测试 …………… 511
　10.6　基于 Web 的系统测试方式 … 512
　　　10.6.1　用户界面测试 ……… 512
　　　10.6.2　功能测试 …………… 514
　　　10.6.3　数据库测试 ………… 516
　　　10.6.4　Web 安全性测试 …… 516
　　　10.6.5　安装测试 …………… 517
　10.7　测试工具 …………………… 518
　　　10.7.1　白盒测试工具 ……… 518
　　　10.7.2　黑盒测试工具 ……… 519
　　　10.7.3　测试管理工具 ……… 519
　本章小结 …………………………… 521
　参考文献 …………………………… 522

第 11 章　电子商务系统的运维与评价 …………………………… 523

　11.1　电子商务系统的运行与维护 ………………………… 523
　　　11.1.1　运行管理的内容、方法和策略 ……………… 523
　　　11.1.2　系统维护的要求与常用方法 ………………… 524
　11.2　电子商务系统的发布与推广 ………………………… 525
　　　11.2.1　电子商务系统发布 … 525
　　　11.2.2　电子商务系统推广 … 530
　11.3　电子商务系统日常运行管理 ………………………… 533

　　　11.3.1　电子商务系统运行情况的分析 ……………… 533
　　　11.3.2　电子商务系统安全运行的监控与分析 ……… 538
　　　11.3.3　数据备份与恢复 …… 543
　11.4　电子商务系统的评价 ……… 544
　11.5　电子商务信息处理 ………… 547
　　　11.5.1　电子商务信息采集、处理、分析 ……………………… 547
　　　11.5.2　客户信息管理 ……… 549
　　　11.5.3　网上单证管理 ……… 550
　　　11.5.4　网络促销策划 ……… 553
　本章小结 …………………………… 555
　参考文献 …………………………… 556

第 12 章　电子商务项目控制与优化 … 557

　12.1　电子商务项目 ……………… 557
　　　12.1.1　电子商务项目管理 … 557
　　　12.1.2　电子商务项目管理的内容 … 558
　　　12.1.3　电子商务项目计划的制定 … 560
　12.2　电子商务项目进度计划与控制 ……………………… 561
　　　12.2.1　项目计划及控制概述 … 561
　　　12.2.2　项目进度计划与工具 … 564
　　　12.2.3　项目控制方法 ……… 568
　　　12.2.4　进度控制 …………… 579
　12.3　网络计划调整与优化 ……… 583
　　　12.3.1　进度控制及计划优化 … 583
　　　12.3.2　资源计划及均衡 …… 587
　12.4　电子商务项目费用和风险管理 ……………………… 593
　　　12.4.1　费用计划与控制概述 … 593
　　　12.4.2　风险管理概述 ……… 594
　本章小结 …………………………… 596
　参考文献 …………………………… 597

第13章 电子商务新技术与新应用… 598
13.1 云计算… 598
- 13.1.1 云计算相关概念… 598
- 13.1.2 云计算技术… 599
- 13.1.3 云计算产业体系… 607
- 13.1.4 云计算对电子商务的发展影响… 609

13.2 大数据… 610
- 13.2.1 大数据相关概念… 610
- 13.2.2 大数据技术… 611
- 13.2.3 大数据产业体系… 616
- 13.2.4 大数据对电子商务的发展影响… 618

13.3 区块链… 619
- 13.3.1 区块链的概念和特征… 619
- 13.3.2 区块链关键技术架构和发展趋势… 621
- 13.3.3 区块链产业体系… 627
- 13.3.4 区块链对电子商务的发展影响… 629

13.4 人工智能… 632
- 13.4.1 人工智能技术发展概述… 632
- 13.4.2 人工智能技术… 634
- 13.4.3 人工智能产业体系… 642
- 13.4.4 人工智能对电子商务的发展影响… 645

本章小结… 647

参考文献… 648

第四篇 电子商务扩展能力与知识

第14章 电子商务案例分析… 650
14.1 网络营销案例分析… 650
- 案例一：区块链下的牛顿社群经济… 650
- 案例二：星巴克的微信营销… 651
- 案例三：一个裁缝师的博客营销… 652

14.2 电子支付案例分析… 653
- 案例一：招商银行的网上银行支付… 654
- 案例二：支付宝的第三方支付… 655
- 案例三：虚拟货币支付… 657

14.3 协同商务案例分析… 659
- 海尔的协同商务之路… 659

14.4 商务模式案例分析… 664
- 案例一：明星+电商的商业模式… 664
- 案例二：苏宁云商… 665

14.5 电子商务综合案例分析… 667
- 天猫商城的发展之路… 667

本章小结… 672

参考文献… 672

第一篇 基础知识

✧ 第1章 电子商务概述
✧ 第2章 电子商务信息安全

第 1 章　电子商务概述

1.1　电子商务模式与发展

1.1.1　电子商务的概念

许多组织、公司、学术团体等机构按照各自的理解，给出了对电子商务的诸多诠释。以下是一些权威机构对电子商务的定义：

联合经济合作和发展组织（OECD）：电子商务是发生在开放网络上的包含企业之间、企业和消费者之间的商业交易。

美国政府的"全球电子商务纲要"：电子商务是指通过 Internet 进行的各项商务活动，包括广告、交易、支付、服务等活动。

加拿大电子商务协会：电子商务是通过数字通信进行商品和服务的买卖以及资金的转移，它还包括公司间和公司内利用电子邮件、电子数据交换（EDI）、文件传输、传真、电视会议、远程计算机联网所能实现的全部功能。

全球信息基础设施委员会（GIIC）电子商务工作组：电子商务是运用电子通信作为手段的经济活动，通过这种方式人们可以对带有经济价值的产品和服务进行宣传、购买和结算。

已于 2019 年 1 月 1 日生效实施的《中华人民共和国电子商务法》界定电子商务"是指通过互联网等信息网络销售商品或者提供服务的经营活动"。

综合各方观点和大众理解，电子商务通常是指在网络环境下，买卖双方不需见面，实现网上交易、在线支付以及相关综合服务的一切活动，是完全创新的或者在一定程度上协同了传统商务流程的一种以信息化手段应用为典型特征的商业运营模式。

1.1.2　电子商务的分类

电子商务按交易的内容基本上可分为直接电子商务和间接电子商务。

直接电子商务包括向客户提供的软体商品（又称无形商品）和各种服务。如计算机软件，研究性咨询性的报告，航班、参团出游及娱乐内容的订购、支付、兑汇及银行有关业务，证券及期货的有关交易，全球规模的信息服务等，都可以通过网络直接传送，保证安全抵达客户。直接电子商务突出的好处是快速简便及十分便宜，深受客户欢迎，企业的运作成本显著降低。受限之处是只能经营适合在网上传输的商品和服务。

间接电子商务包括向客户提供的实体商品（又称有形商品）及有关服务。显然这是社会中大量交易的商品和有关服务。由于要求做到在很广的地域范围和严格的时限内送达，一般均交由现代物流配送公司和专业服务机构去完成配送工作，这里所说的现代物流配送公司和专业服务机构远非过去传统商业的仓储货运机构和简单的服务部门，而是一种具有相当规模、拥有很强运输能力、采用自动化手段特别是充分运用互联网进行信息管理的现代企业。

电子商务按网络类型基本上分为 EDI（电子数据交换）商务、Internet（互联网）商务、Intranet（企业内部网）商务、Extranet（企业外部网）商务四种类型。

- EDI（电子数据交换）应用于企业之间、企业与中间商之间的批发业务。较之传统的订货和付款方式，EDI 大大节约了时间和费用，有较好的安全保障、严格的登记手续和准入制度、多级权限的防范措施，实现了包括付款在内的全部交易工作电脑化。
- Internet（互联网）商务是国际现代商业的最新形式。它以计算机、通信、多媒体、数据库技术为基础，通过互联网在网上实现营销、购物服务。它突破了传统的商业、生产、批发、零售及进、销、存、调的流转程序与营销模式，有利于实现少投入、低成本、零库存、高效率，避免了商品的无效转移及搬运，从而实现了社会资源的高效运作和最大节余。对于消费者来说，则可不受时空和厂商的限制，进行广泛的比较和选择，能以较低的价格获得所需的更好的商品和服务。
- Intranet 又称为内联网。这是企业拥有的采用与互联网相同的 TCP/IP 协议的局域网，可将局域网接入，形成一个企业内部的虚拟网络。Intranet 可运用防火墙（firewall）手段构造安全网站，防止外界访问者未经授权随便进入内联网，以保护企业内部需要保密的信息。跨国公司和大中型企业借助 Intranet 商务，可将其分布在世界各地的分支机构以及总部内有关部门联通起来，使企业各级管理人员按级分享内部信息，使在线业务取代一些纸面业务，从而有效地降低交易成本，提高了运营效益。
- Extranet 又称为外联网。它是在企业已有的互联网商务基础上扩展而成的，完全采用互联网技术。企业借助 Extranet 商务与上下游协作厂家建立更加紧密的伙伴关系。由于这些协作厂家的信息化程度各异，本企业往往要拥有多种网络方式，分别同它们连接。对于未建企业网站的伙伴，主要用 E-mail 方式；对于建有企业网站的伙伴，显然可以通过互联网构成 Extranet 商务；对于只拥有 EDI 商务的，最好都采用 Web-EDI，或经过 E-mail 过渡。

除了上述从不同角度分类外，常见的电子商务模式有 B2B、B2C、C2C、O2O 等。

1.1.3　电子商务的发展历程

我国早期的电子商务是以国家公共通信网络为基础，以国家"金关"工程为代表，以外经贸管理服务为重要内容逐步发展起来的。1993 年 3 月国务院会议提出并部署了"金桥"工程（国家公用经济信息通信网），随后相继实施了金卡、金关等一系列金字工程，为我国电子商务的发展作了良好的铺垫。

1994年9月，中国公用计算机互联网（CHINANET）建设启动。10月，中国教育和科研计算机网（CERNET）启动。1995年1月，中国电信开始向社会提供Internet接入服务。1995年4月，中国科学院启动百所联网工程。在此基础上，网络不断扩展，形成了中国科技网（CSTNET）。同年，作为中国大陆第一家互联网应用服务商，"中国黄页"推出了定位于外向型企业的贸易撮合服务，为国内外企业搭建了全新的贸易桥梁。1996年1月，中国公用计算机互联网（CHINANET）全国骨干网建成并正式开通。接着中国国际电子商务中心（CIECC）正式成立。由中国国际电子商务中心承建并运营的中国国际电子商务网，是国家"金关工程"的骨干网络，是我国外经贸专用网络。1996年9月，中国电子进出口总公司成为中国国际电子商务网的第一个用户。同月中国金桥信息网（CHINAGBN）向社会提供Internet接入服务。1997年，中国公用计算机互联网（CHINANET）、中国科技网（CSTNET）、中国教育和科研计算机网（CERNET）、中国金桥信息网（CHINAGBN）实现了互连互通。以IBM为首的IT大厂商在1998年以前的中国电子商务热中扮演了无可争议的主要角色，它们以各种方式进行电子商务的"启蒙教育"，激发和引导人们对电子商务的认识、兴趣和需求，推动电子商务技术的介绍、应用与发展，使得中国电子商务技术能够在很短时间内跟上世界潮流，并为后来的进一步发展奠定了基础。1998年，对中国电子商务来说，是宣传、启蒙、概念和技术的推广。

1999年中国电子商务迅速扩大，从原先几乎局限于北京、上海、深圳、广州等极少数城市，开始向沿海及东部、中部各大城市发展。5月18日，B2C模式的8848网站建成。同月，中华网成立，并于7月在美国NASDAQ以每股20美元成功上市，成为在美国第一个上市的中国概念网络公司股，上市一周内股价攀至67美元。8月18日，易趣在上海成立。随着B2C、C2C的发展，B2B也有了一定起步。首都电子商城推出企业间电子商务，海尔集团等国内大型企业开始在企业内部和企业间应用电子商务。这一年中国电子商务的主角已经变成了电子商务企业、电子商务网站和致力于电子商务项目的机构。1999年的发展表明，中国电子商务已经开始由表及里，从虚到实，从宣传、启蒙和推广进入到了广泛而务实的发展阶段。

2000年，中国电子商务网站数量、规模都进入了高度膨胀期，商务网站超过2500家。门户网站的概念被进一步演绎为水平门户、垂直门户。其中网上购物类为数最多，达到1500家以上。2000年下半年，NASDAQ股票市场持续跌落，综合指数由最高峰时的近6000点跌至不足3000点，多数公司的股票市值折损近半，以网络为基础的新经济受到沉重的打击。在投资者心目中，门户这种商业模式已令人质疑，赢利结构单一，经营模式简单，在线广告成为几家中国门户网站的主要收入来源。三大门户的广告收入占总收入的比重均超过85%，搜狐更是高达95%。股市的变化反映了人们对电子商务公司的评价更加务实。

2002年，我国互联网发展迅速，为电子商务的大行其道奠定了基础。2002年7月，中国用户的互联网使用率占全球互联网总流量的6.63%，达到5900万，超过日本跃居世界第二，网民的分布和层次都有了较大的改善。此外，全年上网计算机数、CN下注册的域名数、网站数等都继续保持了超过20%的高增长速度。

2003年我国发生非典疫情，严重影响了社会生活和经济发展。但是这一灾难却使电子商务寒冬逐渐回暖，并迎来新的发展。由于疫情迫使人们尽可能远离商场、超市、办公大楼等公共场所，而电子商务不需要人员的直接接触就可以方便地完成交易的优势得到充分展现，这让电子商务迅速进入人们的日常生活，诞生了在中国电子商务发展史上比较重要的两家网络零售公司，即京东和淘宝。

2004年至2007年，物流、支付、信用、政策法规等电子商务支撑环境获得实质性改善，电子商务取得了一系列的突破性进展：交易额持续增长，网络购物人数飞速上升，一些B2B企业开始盈利，B2C企业蓄势待发，C2C企业竞争格局基本形成，传统企业对电子商务的认识逐步深入，中小企业信息化和农村信息化开始起步。这期间，阿里巴巴、中国化工网和携程网分别上市。B2C市场与B2B市场结构不同，市场份额仍然比较分散，当当和卓越网仍处于领先地位。B2C综合类网站学习亚马逊商业模式，追求长尾效应，将网站越做越大，把经营的商品种类越做越全，细分的产品类型也越来越多。C2C成为当时我国网络购物市场（包括B2C和C2C）的主流商业模式。这期间我国C2C电子商务从无到有，从2001年的交易额4亿元，增长到2007年的581亿元，显示出市场巨大的发展潜力。淘宝网、eBay易趣、拍拍网三足鼎立的C2C市场格局中，淘宝网市场龙头老大地位加强。

2008年"金融危机"再次爆发。金融危机对我国经济影响很大，但电子商务成功地利用金融危机带来的种种机会，多角度突围，发展势头比以往更加强劲：电子商务年度交易额连续突破新高，中国网购市场取得突破性进展；基础设施、电子支付等电子商务环境逐步改善；中小企业信息化稳步推进；农村信息化进程加快；电子商务服务市场在创新中发展；移动电子商务布局初见成效；新技术不断推动电子商务模式和应用创新。2009年我国电子商务交易额达到3.7万亿元，同比增长19.12%，相比国内生产总值8%左右的增速高出2.4倍。

2010年销售衬衫的凡客诚品异军突起。农村电子商务的沙集模式引起了社会的广泛关注，农民通过网店生意，走出了一条以信息化带动工业化和农业发展的新路。在政策利好、技术进步、市场需求和社会化投资的多重因素驱动下，2011—2014年我国电子商务交易额继续高速增长，其中网络购物市场依然火爆，占社会商品零售总额的比例大幅度提高。一批国家级电子商务示范基地启动，传统行业不断尝试电子商务应用，农村电子商务起步，跨境电子商务崛起，移动电子商务崭露头角。这期间，每年的11月11日成为人们期待的网络购物节，苏宁易购、京东、国美等电商巨头发起了"史上最大规模"的电商价格战。

2015年我国电子商务交易额达到21.79万亿元人民币,同比增长32.9%,相比国内生产总值6.9%的增速,电子商务成为中国经济增长的新动力。B2C交易额首次超过C2C交易额,网络零售主流商业模式由C2C转变为B2C。网络零售交易规模为3.88万亿元,同比增长33.3%。跨境电商交易总额达4.56万亿元,同比增长21.7%,成为我国进出口贸易的重要渠道。工业企业电子商务采购和销售普及率进一步提升,平均达到37.24%,部分行业接近60%。农村电子商务发展进入快车道,建设电商村级服务点25万个,新增网店118万家,农村网购交易额达3530亿元,同比增长96%,农产品网络零售额1505亿元。2015年,以国务院《关于大力发展电子商务加快培育经济新动力的意见》《关于推进线上线下互动加快商贸流通创新发展转型升级的意见》为代表的一系列支持电子商务发展的政策密集出台。各级政府部门按照"积极推动、逐步规范、加强引导"的原则继续加大对电子商务的支持力度,完善电子支付、物流快递等新商业基础设施,积极促进和引导电子商务服务业的发展。电子商务成为中国经济社会实现"创新、协调、绿色、开放、共享"发展的重要驱动力量,成为"互联网+"行动计划的先导产业,成为大众创业、万众创新的一片热土。

2017年我国电子商务交易额达29.16万亿元,同比增长11.7%。网络零售额7.18万亿元,同比增长32.2%。与其他国家相比,我国电子商务优势进一步扩大,网络零售规模全球最大、产业创新活力世界领先。

截至2018年底我国网民数达到8.29亿,普及率达59.6%,通过手机接入互联网比例高达98.6%,互联网覆盖范围进一步扩大,贫困地区网络基础设施"最后一公里"逐步打通,"数字鸿沟"加快弥合,数字经济发展态势良好。电子商务领域首部法律《中华人民共和国电子商务法》正式出台并于2019年1月1日实施,对促进行业持续健康发展具有重大意义。

在经历多年高速发展后,网络消费市场在2019年逐步进入提质升级的发展阶段,供需两端"双升级"正成为行业增长新一轮驱动力。在供给侧,线上线下资源加速整合,社交电商、品质电商等新模式不断丰富消费场景,带动零售业转型升级;大数据、区块链等技术深入应用,有效提升了运营效率。在需求侧,消费升级趋势保持不变,消费分层特征日渐凸显,进一步推动市场多元化。

1.1.4 电子商务模式

1. B2B模式

1) B2B模式的内涵

B2B即Business To Business(商家对商家),就是企业与企业之间通过互联网进行产品、服务及信息的交换。B2B是电子商务按参与对象分类中的一种。这种形式的电子商务是在企业与企业之间进行的,一般以信息发布与撮合为主,主要是建立商家之间的桥梁。B2B模式主要是通过互联网平台聚合众多的企业,形成买卖的大信息海洋,买家与卖家在平台上选择交易对象，通过在线电子支付完成交易。传统的企业间的交易往往要耗费企业的大量资源和时间，无论是销售和分销还是采购都要占用产品成本。通过 B2B 的交易方式买卖双方能够在网上完成整个业务流程，从建立最初印象，到货比三家，再到讨价还价、签单和交货，最后到客户服务。B2B 使企业之间的交易减少许多事务性的工作流程和管理费用，降低了企业经营成本。网络的便利及延伸性使企业扩大了活动范围，企业发展跨地区跨国界更方便，成本更低廉。

2）B2B 模式的分类

（1）面向制造业或面向商业的垂直 B2B 模式。垂直 B2B 可以分为两个方向，即上游和下游。生产商或商业零售商可以与上游的供应商形成供货关系，例如 Dell 电脑公司与上游的芯片和主板制造商就是通过 B2B 这种方式进行合作。生产商与下游的经销商可以形成销货关系，例如 Cisco 与其分销商之间就是通过 B2B 这种方式进行交易。

（2）面向中间交易市场的水平 B2B 模式。这种交易模式是水平 B2B，它是将各个行业中相近的交易过程集中到一个场所，为企业的采购方和供应方提供了一个交易的机会，如像 Alibaba、中国制造网、环球资源网、中国化工网、中国网库、ECVV、中国供应商、慧聪网、敦煌网、万国商业网等。水平 B2B 只是企业实现电子商务的一个开始，它的应用会得到不断发展和完善，并适应所有行业企业的需要。

（3）自建 B2B 模式。行业龙头企业自建 B2B 模式是大型行业龙头企业基于自身的信息化建设程度，搭建以自身产品供应链为核心的行业化电子商务平台。行业龙头企业通过自身的电子商务平台，串联起行业整条产业链，供应链上下游企业通过该平台实现资讯、沟通、交易。但此类电子商务平台过于封闭，缺少产业链的深度整合。

（4）关联行业 B2B 模式。关联行业 B2B 模式是相关行业为了提升目前电子商务交易平台信息的广泛程度和准确性，整合水平 B2B 模式和垂直 B2B 模式而建立起来的跨行业电子商务平台。

3）B2B 模式的演进

B2B 电子商务发展经历了四个阶段：电子数据交换（EDI）、基本的电子商务、电子交易集市、协同商务。

- 第一阶段：电子数据交换（EDI）。在此阶段中，企业与组织之间，通过制定各种通信标准来管制数据传输的工作。在此阶段中企业和厂商所形成的网络是封闭的，因为信息技术并未普及、所需的费用昂贵，并不是所有的企业均有足够的资金引进 EDI，在此阶段，电子商务弹性低、成本高。
- 第二阶段：基本的电子商务。在此阶段中，买卖双方直接在网站上进行交易，并不依赖中间交易商，是从网站一对一进行，在网站上设置在线目录，卖给专业的厂商。在此阶段，弹性变高、成本降低，但互动仍是单向，同时市场的效率并不高，且市场透明度也不高。
- 第三阶段：电子交易集市。在此阶段中，产生了第三方供应者，目的在于形成一个电子交易集市，提供大家一起交易的地方，在流程方面，由单向交易发展到双向交易，随着订单的复杂性增强，互动性更加丰富，沟通协调也增强。

- 第四阶段：协同商务。在此阶段中，扩大了企业运作的范围，在作业流程中引入了事前、事中、事后流程，除了注重自己企业运作的内部流程，还通过上下游一起协商合作的一种商业合作，市场更加透明化。

4）B2B 的盈利模式

（1）会员费。企业通过第三方电子商务平台参与电子商务交易，必须注册为 B2B 网站的会员，每年要交纳一定的会员费，才能享受网站提供的各种服务，目前会员费已成为我国 B2B 网站最主要的收入来源。

（2）广告费。网络广告是门户网站的主要盈利来源，同时也是 B2B 电子商务网站的主要收入来源。这一领域的典型代表有 TOXUE 外贸网、阿里巴巴、ECVV 等。

（3）竞价排名。企业为了促进产品的销售，都希望在 B2B 网站的信息搜索中将自己的排名靠前，而网站在确保信息准确的基础上，根据会员交费的不同对排名顺序做相应调整。

（4）增值服务。B2B 网站通常除了为企业提供贸易供求信息以外，还会提供一些独特的增值服务，包括企业认证、独立域名、提供行业数据分析报告、搜索引擎优化等。例如现货认证，由于电子采购商比较重视库存，就产生了针对电子采购行业的这样一个特殊的增值服务。另外针对电子型号做的谷歌排名推广服务，是搜索引擎优化的一种，企业都比较感兴趣。所以，可以根据行业的特殊性去深挖客户的需求，然后提供具有针对性的增值服务。

（5）线下服务。其主要包括展会、期刊、研讨会等。通过展会，供应商和采购商面对面地交流，一般的中小企业还是比较青睐这种方式。期刊主要是关于行业资讯等信息，期刊里也可以植入广告。环球资源的展会现已成为重要的盈利模式，占其收入的三分之一左右。而 ECVV 组织的各种展会和采购会也已取得不错的效果。

（6）商务合作。它包括广告联盟、行业协会合作、传统媒体的合作等。广告联盟通常是网络广告联盟，亚马逊通过这个方式已经取得了不错的成效，国内做得比较成熟的几家广告联盟有：百度联盟、谷歌联盟、淘宝联盟等。

（7）按询盘付费。它区别于传统的会员包年付费模式，按询盘付费模式是指从事国际贸易的企业按照海外推广带来的实际效果，也就是海外买家实际的有效询盘来付费。其中询盘是否有效，主动权在消费者手中，由消费者自行判断，来决定是否消费。"按询盘付费"有四大特点：零首付、零风险；主动权、消费权；免费推、针对广；及时付、便利大。广大企业不用冒着"投入几万元、十几万元，一年都收不回成本"的风险，零投入就可享受免费全球推广，成功获得有效询盘后，辨认询盘的真实性和有效性后，只需在线支付单条询盘价格，就可以获得与海外买家直接谈判成单的机会，主动权完全掌握在供应商手里。

2．B2C 模式

1）B2C 模式的内涵

B2C 即 Business To Consumer（商家对个人），就是电子商务按参与对象分类中的一种，即表示企业对消费者的电子商务，这种形式的电子商务一般以网络零售业为主，主要借助于 Internet 开展在线活动，是企业通过互联网为消费者提供的一个新型的购物环境——网上商店。消费者通过网络进行全部的贸易活动。

B2C 以完备的双向信息沟通、灵活的交易手段、快捷的物流配送、低成本高效益的运作方式等在各行各业展现了其极大的生命力。这种模式节省了消费者和企业的时间和空间，大大提高了交易效率。这种商业模式在我国已经基本成熟，其代表有当当网、卓越网等。

2）B2C 模式的分类

（1）综合型 B2C。发挥自身的品牌影响力，积极寻找新的利润点，培养核心业务。如卓越亚马逊，可在现有品牌信用的基础上，借助母公司亚马逊国际化的背景，探索国际品牌代购业务或者采购国际品牌产品进行销售等新业务。网站建设要在商品陈列展示、信息系统智能化等方面进一步细化。对于新老客户的关系管理，需要精细客户体验的内容，提供更加人性化、直观的服务。选择较好的物流合作伙伴，增强物流实际控制权，提高物流配送服务质量。

（2）垂直型 B2C。核心领域内继续挖掘新亮点。积极与知名品牌生产商沟通与合作，化解与线下渠道商的利益冲突，扩大产品线与产品系列，完善售前、售后服务，提供多样化的支付手段。个别垂直型 B2C 运营商开始涉足不同行业，可以尝试探索"物流联盟"或"协作物流"模式，若资金允许也可逐步实现自营物流，保证物流配送质量，增强用户的粘性，将网站完善后再寻找其他行业的商业机会。

（3）传统生产企业网络直销型 B2C。首先要从战略管理层面明确这种模式未来的定位、发展与目标。协调企业原有的线下渠道与网络平台的利益，实行差异化的销售。如网上销售所有产品系列，而传统渠道销售的产品则体现地区特色；实行差异化的价格；线上产品也可通过线下渠道完善售后服务。在产品设计方面，要着重考虑消费者的需求感觉。大力吸收和挖掘网络营销精英，培养电子商务运作团队，建立和完善电子商务平台。

（4）第三方交易平台型 B2C。B2C 受到的制约因素较多，但中小企业在人力、物力、财力有限的情况下，这不失为一种拓宽网上销售渠道的好方法。关键是中小企业要选择具有较高知名度、点击率和流量的第三方平台；其次要聘请懂得网络营销、熟悉网络应用、了解实体店运作的网店管理人员；再次是要以长远发展的眼光看待网络渠道，增加产品的类别，充分利用实体店的资源、既有的仓储系统、供应链体系以及物流配送体系来发展网店。

（5）传统零售商网络销售型 B2C。传统零售商自建网站销售，将丰富的零售经验与电子商务有机地结合起来，有效地整合传统零售业务的供应链及物流体系，通过业务外包解决经营电子商务网站所需的技术问题，典型代表就是国美。

3）B2C 电子商务网站主要形式

（1）综合商城。它有庞大的购物群体，有稳定的网站平台，有完备的支付体系和诚信安全体系，促进了卖家进驻卖东西，买家进去买东西。如同传统商城一样，淘宝自己是不卖东西的，仅提供完备的销售配套。综合商城中有许多店，如同现实生活中的大商场。

（2）百货商店。商店，只有一个卖家；而百货即是满足日常消费需求的丰富产品线。这种商店具有自有仓库，会库存系列产品，以备更快进行物流配送和更好地进行客户服务。这种店甚至会有自己的品牌。就如同线下的沃尔玛、屈臣氏、百佳百货。

（3）垂直商店。这种商城的产品存在着更多的相似性，要么都是满足于某一人群的，要么是满足于某种需要，要么是服务于某种平台的（如电器）。互联网上的垂直商店数量取决于市场的细分。一般是细分的种类 3 到 5 倍，正因为有了良好的竞争格局，从而促进了服务的完善。常见的电子商务网站除了综合商城、百货商店、垂直商店外，还包括复合品牌店、轻型品牌店、服务型网店以及导购引擎型网店。

4）B2C 的盈利模式

（1）产品销售营业收入模式。以产品交易作为收入主要来源是多数 B2C 网站采用的模式。这种 B2C 网站又可细分为两种：销售平台式网站和自主销售式网站。

①销售平台式网站。网站并不直接销售产品，而是为商家提供了 B2C 的平台服务，通过收取虚拟店铺出租费、交易手续费、加盟费等来实现盈利。淘宝 B2C 购物平台——淘宝商城就是典型代表。淘宝提供淘宝商城这一 B2C 平台，收取加入淘宝商城商家一定费用，并根据提供服务级别的不同收取不同的服务费和保证金。

②自主销售式网站。与销售平台式网站不同，自主销售式需要网站直接销售产品。与销售平台相比运营成本较高，需要自行开拓产品供应渠道，并构建一个完整的仓储和物流配送体系或者发展第三方物流加盟商，将物流服务外包。

（2）网络广告收益模式。网络广告收益模式是互联网经济中比较普遍的模式，B2C 网站通过免费向顾客提供产品信息或服务信息吸引足够的"注意力"从而吸引广告主投入广告，通过广告盈利。相对于传统媒体来说，广告主在网络上投放广告具有独特的优势：一方面，网络广告投放的效率较高，一般是按照广告点击的次数收费。另一方面，B2C 网站可以充分利用网站自身提供的产品或服务来区分消费群体，对广告主的吸引力也很大。

（3）收费会员制收益模式。B2C 网站对会员提供便捷的在线加盟注册程序、实时的用户购买行为跟踪记录、准确地在线销售统计资料查询等。网站收益量大小主要取决于自身推广努力。例如，网络可以适时地举办一些优惠活动并给予收费会员更优惠的会员价，与免费会员形成差异，以吸引更多的长期顾客。

（4）网上支付收益模式。当 B2C 网上支付拥有足够的用户，就可以借助其他途径来获取收入。以淘宝为例，有近 90%的淘宝用户通过支付宝，带给淘宝巨大的利润空间。淘宝不仅可以通过支付宝收取一定的交易服务费用，而且可以充分利用消费者存款和支付时间差产生的巨额资金进行其他投资盈利。

3．C2C 模式

1）C2C 模式的内涵

C2C 即 Consumer To Consumer（个人对个人），就是消费者和消费者之间通过互联网进行交易的一种商务模式，换句话说就是由提供商品的消费者与需求商品的消费者在线达成交易的方式。举个例子来说吧，张三有一件衣服，放到淘宝网上进行拍卖，被李四买到，这种交易的方式就是 C2C。由于是个人跟个人的交易，大众化交易成为了 C2C 最大的特点。从字面上看，C2C 的构成要素包括买卖双方，即消费者。消费者是 C2C 的主体，扮演着提供商品者和购买商品者的角色。除此之外还包括电子交易服务平台，它将买卖双方聚集在一起，扮演着管理者的角色，保障交易的顺利进行，也起着极为重要的作用。例如淘宝、易趣、拍拍、有啊这些网站，它们都是极具有代表性的电子交易服务平台。

2）C2C 模式的优势

C2C 模式具有如下优势：

（1）我国人数众多，且是使用互联网人数最多的一个国家，这给 C2C 市场的发展奠定了群众基础。我国的科技技术日新月异，不断提高，这给 C2C 市场的发展奠定了技术基础。

（2）利用互联网进行交易，大大地节约了成本。例如，店铺租金、商品展示成本等等。

（3）网络交易平台的安全和信用制度的不断完善。例如，淘宝的支付宝、有啊的百付宝等等，解决了人们交易支付的问题。

（4）有更多的年轻人喜欢追随时尚的潮流，喜欢尝试新的购物体验，这促进了 C2C 市场的发展。

C2C 模式具有如下劣势：

（1）C2C 与中国原有的消费方式大大不同。人们已经习惯了实物的面对面的购买，而 C2C 模式的商品是看不见摸不着的，不能确定是否满足消费者的需求。

（2）买卖双方在交易支付的过程中缺乏信任。虽然现在有了第三方支付，一定程度上促进了 C2C 业务的发展，但是减缓了交易效率，使卖家不能及时收到钱导致经营成本过高。这样在一定的程度上延缓了 C2C 市场的发展速率。

（3）人们的消费观念难以改变，尤其是年龄稍大的人群。中国人已经习惯了一手交钱一手交货的消费模式，即现金交易，虽然有支付宝、安付通等便利的支付方式，有些人却选择了在网下完成交易。

（4）物流体系发展不成熟。人们常常遇到买货容易收货难的问题，尤其是在特殊节日，如双 11、双 12 等，给买卖双方都带来了不便。我国物流主要靠传统的邮政和快递企业，效率比较低，难以很好地满足网上购物快速交易的需求。

（5）商品质量得不到保证。网上购物是虚拟的，不能与商品零距离接触，会出现假货的可能，使网民承担了一定的风险性。

3）C2C 的商业模式

（1）盈利模式。C2C 市场的盈利方式有广告收入、交易提成、增值服务、黄金铺位的推荐费等等。

（2）信用模式。网络作为一种交易手段，应创建一个诚信的环境。其中应包括注册认证、交易实名认证、设立诚信指数、奖惩制度、在线支付、在线交流等等。

（3）支付模式。交易中支付的安全是每个用户所关心的内容，随着第三方支付的出现，凭借其信用度，解除了用户的忧虑。支付工具的出现，所建立起来的制度和采取的措施，大大地提高了交易的安全性。

（4）配送模式。为了买家能够及时迅速地收到商品，C2C 网站推荐了物流服务。邀请物流公司为第三方支付平台用户提供特别服务和优惠价格，卖家可以应买家要求或自行选择推荐的物流公司。

4．O2O 模式

1）O2O 模式的内涵

O2O 即 Online To Offline（线上购买线下商品与服务，实体店享受），就是把线上的消费者带到现实的商店中去——在线支付线下商品、服务，再到线下去享受服务。通过打折（如团购）、提供信息、服务（预定，如 Opentable）等方式，把线下商店的消息推送给互联网用户，从而将他们转换为自己的线下客户。该模式最重要的特点是：推广效果可查，每笔交易可跟踪，相对传统网购更强调互动。模式简称为线上线下电子商务，即 O2O。这个模式中必须包含"线下商户的发现或推荐""在线支付""营销效果的监测"这三大块。

O2O 模式的诞生，会促进很多新生网络公司提供该服务，尤其是团购类网站，以及本地信息生活服务类平台。对于传统企业来说，下列几类企业适合利用 O2O 模式。

（1）连锁加盟型的零售企业，如：流行美、卡顿、哎呀呀，或者大型渠道流通品牌商，因为加盟门店分布广，并且有线下服务优势等各种原因，这时候借助 O2O，能迅速促进门店销售，及进一步扩大连锁加盟商数量。

（2）连锁类餐饮公司，如小肥羊之类，因为产品无法快递，只能在线下体验服务，所以可以通过线上下单，线下体验服务的方式抢占更多消费者。

（3）本地生活服务企业，如：酒吧、会所、餐饮、电影等，通过 O2O 进行电子商务。事实上很多企业就是这么做的。

对于传统企业来说，开展 O2O 电子商务，主要有以下方式：

（1）自建官方商城+连锁分店铺的形式，消费者直接向最近门店的网络店铺下单购买，然后线下体验服务，而在这过程中，品牌商提供在线客服服务，及随时调货支持（在缺货情况下），加盟商收款发货，适合全国连锁型企业。可以线上和线下店铺一一对应。但是投入大，需要的推广力度很大。

（2）借助全国布局的第三方平台，如：赶集、拉手或窝窝等，实现加盟企业和分站系统完美结合，并且借助第三方平台的巨大流量，能迅速推广带来客户。

（3）建设网上商城，开展各种促销和预付款的形式，线上销售线下服务，该形式适合本地化服务企业。

相对于传统的电子商务而言，O2O 真正实现了随时随地的信息交流和贴身服务，"任何人在任何地点、任何时间可以进行任何形式的"电子商务。O2O 这种在线支付购买线下的商品和服务，再到线下享受服务的模式也被证实可以很快被消费者接受。O2O 这种倡导将线上的消费者带到现实商店中，让互联网成为线下交易前台的模式正成为一种潮流。对本地商家来说，O2O 模式要求消费者网站支付，支付信息会成为商家了解消费者购物信息的渠道，方便商家对消费者购买数据的搜集，进而达成精准营销的目的，更好地维护并拓展客户。通过线上资源增加的顾客并不会给商家带来太多的成本，反而带来更多利润。此外，O2O 模式在一定程度上降低了商家对店铺地理位置的依赖，减少了租金方面的支出。对消费者而言，O2O 提供丰富、全面、及时的商家折扣信息，能够快捷筛选并订购适宜的商品或服务，且价格实惠。对服务提供商来说，O2O 模式可带来大规模高粘度的消费者，进而能争取到更多的商家资源。掌握庞大的消费者数据资源，且本地化程度较高的垂直网站借助 O2O 模式，还能为商家提供其他增值服务。

2）O2O 模式的优势

相对 B2C 模式来说，O2O 具有如下优势：

（1）由于是线下体验服务，所以相对信任度更高，成交率也更高。

（2）对于连锁加盟型零售企业来说，能顺利解决线上线下渠道利益冲突问题，而 B2C 模式无法避免线上和传统加盟商的渠道冲突，尤其是价格上的冲突。

（3）对于生活服务类来说，具有明确的区域性，消费者更精准，线上推广传播更有针对性。

（4）能将线下的服务优势更好发挥，具有体验营销的特色。

（5）通过网络能迅速掌控消费者的最新反馈，进行更个性化服务和获取高粘度重复消费。

（6）对于连锁加盟型企业来说，对于加盟商的管控会更方便和直接，能将品牌商、加盟商和消费者三者的关系更加紧密化。

3）O2O 的盈利模式

O2O 的收费方式分两块：商家年费和周边增值服务费。如果商家使用电子商务渠道，会收取年费。视商家的规模，年费主要分几个等级，有小店铺版、企业版和连锁店版，例如像小商户一年大概六七千元年费，而连锁店可以达到几万、十几万甚几十万元的年费。同时，还提供一些增值服务，如果商家使用这些增值服务，则需要按实际数量来缴纳相应的费用。

5．微商

微商始于 2013 年，发展于 2015 年，腾飞于 2016 年。行业从业人数约 3000 万左右。

微商的形式有朋友圈与实体店相结合，电商与微商相结合，电视购物与微商相结合等多种形式。

- 优势：微商与其他电商平台相比具有一定的优势。首先，由于微商的准入门槛较低，所以微商面向的是社会全体人员，无论是全职还是兼职都是可以的。微商在发展过程中需要垫付的资金也是比较低的，这便吸引了很多大学生和全职太太投身到微商这一行业之中。微商用一台电子设备便可以实现将产品销往世界各地的目标，这也是微商发展过程中最典型的优势之一。其次，微商从业者没有纳税压力。我国的纳税义务还没有深入到微商这一群体中。微商从业者不需要交纳税金，这在一定程度上降低了成本，从而导致其所销售的产品价格下降。最后，微商起步比较容易，微商从业者在最初做生意时，一般是从熟人打开市场，而熟人之间比较容易建立起信任。与实体店的开店过程相比，微商的起步难度相对较低。
- 劣势：微商的准入门槛低，既是其发展的优势也是劣势。因为其准入门槛较低，所以各行各业、不同学历及年龄段的人都可以从事微商这一行业，其中大部分人是比较重视所销售产品的口碑和形象的，但是，微商这从业者中仍然存在一部分人只顾利益，不顾及消费者反馈的情况，这便导致了微商市场的混乱局面，对维护和发展微商市场的良好秩序有一定的阻碍作用和消极影响。其次，如今微商销售的产品存在严重的同质化现象。的确，护肤品和保健品等是人们生活中不可缺少的产品，但是反观当今的微商市场中，十个微商有八个所销售的产品是护肤品，这造成了微商发展过程中的产品同质化问题越来越严重，这是不利于微商市场健康发展的。再次，微商的售后服务有待加强。微商与实体店相比，其退、换货的服务等有一定的不便性，调查数据显示，大部分人对微商不满意的地方多在于售后问题。最后，微商的营销方法是存在一定问题的。有些微商从业人员通过疯狂刷屏的方法进行宣传，这不仅不会刺激人们的购买欲望，反而会引起大部分人的反感。
- 机遇：现如今，我国的相关领导人和管理人员是鼓励电商平台发展的，所以微商还存在很大的发展机遇。并且，我国也对"互联网+"这一概念进行了大范围渗透，在大学生的创新发展中也得到了很大程度的融合。由此可见，我国微商在现如今还是存在很大的发展机遇的。

6. 社交电商

早在 2010 年，马克•扎克伯格——Facebook 创始人就提及"下一个引爆点将是社交电子商务"。另外《2018 年中国社交行业发展报告》发布的数据显示：社交电商的市场规模将突破万亿。社交电商，意指将具有社交属性的分享、讨论、互动等活动应用到电商领域的现象。表现为如下三个阶段：购买前活动、购买中活动、购买后活动，具体可表述为购买前的选择店铺、比较商品，购买中的即时通信、论坛询问，购买后的商品评价及分享。从企业角度来看，社交电商是通过将社交属性与电商属性的结合，以此来完成商品推广和销售的过程。

（1）社交应用电商化。过去的社交应用或社交网站主要依靠广告或者增值服务实现盈利，随着移动电子支付的发展，对企业来说，将巨大的用户流量转变成现金流是实现社交类公司持续盈利的目标。

（2）电商平台社交化。电商平台的社交化是指电商在发展过程中出于某种目的，将带有社交属性的元素运用于自身的广告传播、商品推广和销售的过程。电商融入社交属性的直接目的在于准确地把握用户数据，以此来制定具有针对性的营销策略，实现自身的长足发展，构建完整的商业闭环。如，电商巨头阿里在社交领域的尝试过程中，上线"来往"，苏宁易购开发即时通信软件——云信。

（3）社交应用与电商平台协同发展。社交应用与电商平台协同发展主要指的是部分电商主体由于与社交应用或网站达成战略协议，进而允许用户将商品链接发送或分享到社交应用中，以提高企业知名度和交易量，拼多多与微信之间的战略合作。用户可直接将商品购买链接发送给自己的亲朋好友，邀请好友一同购买商品，也可以直接点击他人分享的购物链接进行购买，这种低成本的吸引新顾客成为电商与社交应用合作的主要案例。

7．全程电商

企业全程电子商务是指企业在进行商务活动的各个流程中都导入电子商务。企业进行全程电子商务需要借助一些系统，用以实现资源、信息的有效整合。ERP 系统可以帮助企业重塑内部管理流程和体系结构，能够解决企业内部各系统之间信息孤立、运作不协调等问题，提高了整个企业的运作效率。但是，随着电子商务的兴起和企业重心从运作效率到以顾客为中心的转变，原有的 ERP 已不足以支撑整个供应链中所有商业流程的集成。SCM 的出现，正是企业从内部的纵向集成转到以顾客为中心和外延企业的横向集成的发展。而电子商务是供应链集成的关键，它使供应链的许多核心概念和原理得以有效地实现，这些概念包括：信息共享、多方协作、为供应链的设计（Design for SCM）、为大规模定制的延迟区分（Postponement）、外包和伙伴关系、联合性能测量等等。

以在线管理服务（SaaS）作为核心应用，帮助企业将经营管理范围延伸到上、下游业务伙伴处，对供应链上的经销商、企业、供销商、客户进行管理，并且与电子商务完全融合。构建出了新的电子商务生态系统，让缺乏 IT 基础的中小企业实现在线供应链管理，实现供应链上的经销商、企业、供销商、客户的商务协同，同时积极与社会公共服务体系对接，帮助中小企业建立以企业实时经营数据为基础的企业信用基础设施。

深度融合 Web 技术，通过 SaaS 交付模式和电子商务手段，借助互联网进行一站式的全程商务管理，通过管理模式变革来提升企业经营管理水平，促使企业向"下一代"企业转变。

8．无人零售

从 2017 年开始，阿里无人超市"淘咖啡"、缤果盒子等红遍线上线下，EATBOX、甘来智能微超、怪兽等无人便利店也获得融资进行投放，全国各地无人便利店已在近十个城市铺开。

无人零售是指无需人工值守的智能处理的新型零售服务。其主要特征：第一，智能技术的应用，结合视觉学习、RFID 技术、大数据算法等技术，极大地减少了零售过程对人工的依赖。第二，融合线下线上，通过消费者数据的采集，分析其行为意图，以带来更贴心的购买体验。

自助贩售机、无人货架和无人商店是目前市场上 3 种主要的无人零售业态。

（1）自助贩售机。目前技术成熟，购买流程简单，且点位分布灵活，可以渗透到楼道、地铁站等门店难以进入的空间，可应用场景广泛。

（2）无人货架。一般把商品陈列在开放的货架上，消费者通过扫码支付的方式拿走相应的商品。无人货架多设立在办公室的茶水间、写字楼大厅、办公休息区等地方，主要提供包装食品和软饮料等品类的商品，成本较低，应用场景较为有限。

（3）无人商店。主要覆盖人流密度较大的社区和商区，提供各种食品和应急商品，部分无人店还提供鲜食、生鲜食品、餐饮等其他品类。无人商店通过一系列前沿科技实现"无人"状态。无人商店节约资源和能源，取代人力，市场潜力巨大，前景光明。

9. 品质电商

在 2016 世界电商大会上，京东商城公共事务副总裁曲越川分享了京东对"品质电商"的理解。他表示，2016 年 1 月京东提出新经济新秩序，品质、品牌和品商的新战略，其对现阶段的品质电商的理解是：源头的直采、加强品控、封闭物流全程可追溯、快速送达和优质的服务。京东自营的采销品控实现了全程质控，产地直采，全程进行扁平化的控制。京东通过一系列准入的标准和门槛，来确保京东售卖的商品品质和质量。

消费升级大背景下，消费者购物时已经不单单追求价格低廉，而更多注意商品的品质，倒逼商品供给端的升级，行业对供应链各环节的重视程度也正逐步提升。电商平台为商品流通的重要渠道商之一，为了提高对商品品质的把控程度，行业中出现了一类渗透到上游供应链，以创新品控运营模式为核心竞争力的新兴电商模式。2016 年 12 月，商务部发布《电子商务"十三五"发展规划》，鼓励发展品质电商、品牌电商，进一步发挥电子商务引导生产、引领消费的积极作用。

品质电商发展至今，商品越来越丰富、功能越来越完善、入局玩家也越来越多，如：2012 年 4 月上线的优选电商当当优品，2014 年 1 月上线的 C2M 电商必要商城，2016 年 4 月上线的自营家居生活品牌网易严选，2017 年 4 月上线的精品电商米家有品，2017 年 5 月上线的品质电商淘宝心选，2017 年 6 月上线的 ODM 电商兔头妈妈甄选，2018 年 1 月上线的京东京造等，不断为消费者提供高质量、平价的精选商品。品质电商通过"精选"商品来提高购买效率。与淘宝这一类完全开放平台不同，进入品质电商的产品加入了优质厂商和平台的双重背书，消费者的期待更高，这时品质电商就必须掌握好"精选"的度，商品太少不能满足消费者基本需求，太多则加大选择难度。

1.2 电子商务发展的基本原理与规律

1.2.1 双边市场理论

1. 双边市场概念及特点

双边（更一般地说是多边）市场是一个或几个允许最终用户交易的平台，通过适当从各方收取费用使双边（或多边）保留在平台上，两组参与者需要通过中间层或平台进行交易，而且一组参与者加入平台的收益取决于加入该平台另一组参与者的数量。双边市场涉及两种类型截然不同的用户，每一类用户通过共有平台与另一类用户相互作用而获得价值。

双边市场具有鲜明的特点：①存在两组参与者之间的网络外部性，即市场间的网络外部性；②采用多产品定价方式。中间层或平台必须为它提供的两种产品或服务同时进行定价。

双边市场在现实世界中的存在较为广泛。许多传统产业如媒体、中介业和支付卡系统都是典型的双边市场。随着信息通讯技术的迅速发展与广泛应用，又出现了多种新型的双边市场形式，如 B2B、B2C 电子市场、门户网站等。

2. 双边市场分类

（1）从市场功能来分类。目录服务，如分类目录、黄页等；配对市场，如就业站点、婚姻中介等；支付安排，如借记卡和信用卡等；搜索引擎，如 Google、Yahoo、百度等；交易地点，如拍卖、B2B 市场、汽车展览和跳蚤市场等。

（2）从市场的复杂程度来分类。简单双边市场，如报纸、无线电视、广播等，往往只由三类参与者组成；复杂双边市场，如信用卡系统、电信、Internet 等，由更多的参与者组成。

（3）从平台的竞争情况来分类。垄断者平台，市场上只有一个平台可供选择；竞争性平台，有多个平台可供选择，但每一参与者只能选择其中一个平台。

（4）从平台的功能来分类。第一类由中介市场组成，其中平台起到两边之间匹配者的作用。这类包括约会服务、不动产代理商、因特网 B2B、拍卖行和股票交易系统。第二类是听众制造市场，其中平台发挥市场制造者的作用，即把成组的购买者与成组的销售商匹配起来。这一类市场有黄页目录、电视、报纸和因特网门户网站。第三类是共享的投入市场。最具代表性的例子是计算机软件、服务器和视频游戏。在这些市场上，用户对应用软件制造商或开发商提供的产品集合中的一个子集感兴趣，但是如果他们不首先获得瓶颈投入（操作系统或者控制台）则不能使用他们。第四类是基于交易的市场。这一类与前面三类的区别是，这里平台能够测量市场两边的所有交易。因此他们面临一个两阶段问题：在第一阶段他们需要把两边拉到一起；在第二阶段他们需要鼓励两边交互作用，即产生尽可能多的交易。

1.2.2 长尾理论

1. 长尾理论的概念

长尾（The Long Tail）这一概念是由《连线》杂志主编 Chris Anderson 在 2004 年 10 月的"长尾"一文中最早提出，用来描述诸如亚马逊和 Netflix 之类网站的商业和经济模式。

该文对产品的网络化销售进行了经济学描述，核心观点是当产品有着足够多的存储和流通渠道时，平时没有人购买的冷门产品也会快速地占据市场，甚至能与一部分热销产品分庭抗礼，乃至是全面压制。而这里所说的占据市场份额较多的便是"头部市场"，而所说的冷门产品所属市场的综合，便是"尾部市场"。在二元幂次曲线中，横坐标代表产品种类，纵坐标代表需求，从需求曲线头部的大热门（主流产品和市场）转向需求曲线尾部的大量利基产品和市场。

Chris Anderson 用美国音乐行业的两个实例进行了对比。第一个例子是 Rhapsody 的音乐下载数量，另外一个便是大型超市沃尔玛的 CD 销售数量，进而表述为何长尾具有很大的市场潜力。在 Rhapsody，下载量排名在 25 000～100 000 的音乐，每个月的平均下载量为 250 次上下，总下载量几乎达到了 2200 万次，占到了 Rhapsody 的百分之二十五。而下载量排在 100 000 名之后的音乐，总下载量甚至也达到了 1600 多万次，在 Rhapsody 的下载量中占比超过了百分之十五。随着 Rhapsody 曲目存量的不断增大，排名靠后的曲目下载总量仍将不断扩大。与依靠传统的规模经济强调大规模集中式生产，实现效益最大化的企业相比，Rhapsody 拥有无穷无尽的潜在下载用户。传统的音乐零售商沃尔玛在有限的货架上仅售卖 4500 种 CD，在排名 4500 位的专辑中收录了 25 000 首曲目。对应二元幂次曲线，传统零售商是靠销量在前面的五千首音乐来创造盈利，这就是人们平时所说的热销产品。然而由于各种原因没有被放在沃尔玛货架上的 CD 专辑，却被忽视掉了，5000 名以外的曲目所产生的巨大利润也被忽视了。这就是长尾理论让人们可挖掘的聚小成多的经济利益。

2. 长尾理论的经济学原理

1）边际成本递减规律

传统经济时代，采用大规模的、粗放的外延式扩大生产的方式，促进经济增长主要通过提高劳动生产率来实现，但又受制于资源稀缺、扩大有限度和技术相对稳定的限制。长尾理论采用农业社会的定制模式满足众多小市场，能实现经济的"规模性"并改变传统经济大规模、粗放式的生产方式，获得内生式增长。首先，初始固定投入高，而边际投入低，边际成本递减；其次，力争实现销售"零成本"。借助数字编码化，降低营销成本，有效地提高了长尾市场的流动性。

长尾理论突破传统经济学中人所皆知的是边际效用递减规律，实现边际效用递增。

首先，长尾产品的定价具有"外在性"。传统经济中价格决定需求，商品价格越高，需求会越少，在长尾新经济条件下则相反。一种商品或服务的价格随着用户数量的增加而剧增，而这种价格的剧增反过来又吸引更多的用户，如名牌消费、信用消费、网络消费等。其次，长尾产品许多效用创新往往针对消费者的心理需求或社会需求；最后，长尾产品或服务通常具有较高的效用价值，例如知识。

2）蓝海战略

长尾理论是蓝海战略的延续，共同点在于均以现有顾客需求为基础，积极发现新的潜在市场需求，把消费者视线从市场供给一方移向需求一方，为顾客提供个性化需求，建立在对顾客潜在需求和价值元素分析的基础之上的价值创新战略，是一种企业家创新精神的直接体现。

3）规模效应

首先，效用与需求的同向依赖关系决定需求曲线向右上方倾斜。需求曲线向右下方倾斜是经济学的一个基本假设之一，其意指需求量与价格负相关。而在长尾市场里，消费者更多关心的是效用价值，而不是价格。

其次，范围经济属于特殊形式的长尾经济，但长尾经济却不完全等于范围经济。与范围经济相比，长尾的"范围经济"不限于同一企业内部，可以是产业集群，可以是非地域性的全球协作，长尾经济甚至可以不是范围经济，而是差异化经济、个性化经济、创意经济等异质性的经济。

再次，引导用户去探索通过用户的个性化需求来拉动产品消费。

1.2.3 电子商务发展的一般规律与现象

1. 摩尔定律

"摩尔定律"是关于网络最早也是被人们最广泛认知的一个定律。1965 年，戈登·摩尔（Gordon Moore）在名为 Electronics 的杂志上发表论文《让集成电路填满更多的组件》，预言当价格不变时，计算机半导体芯片上集成的晶体管数量和电阻数量将会每 12 个月增长一倍，性能也会提升一倍。随着芯片的逐渐强大，计算机的功能将不再局限于数据的存储和计算，可能会产生家庭计算机和便携式个人电子互联设备，可能应用于汽车的自动控制等诸多方面，融入到社会的各个领域，传统产业、就业、生活方式都会发生改变，这就是最初的"摩尔定律"。十年之后，摩尔又向 IEEE 组织提交论文，根据实际的发展状况对"摩尔定律"进行了修正，基于对成本上涨的考虑，将原来芯片上晶体管和电阻数量的增长速度由"每 12 个月增长一倍"修改为"每 24 个月增长一倍"，而后来被大部分人所接受的速度为"大约每 18 个月增长一倍"。

"摩尔定律"首先是以一种预言的形式提出，与物理定律与数学定律不同，没有经过很严密计算，但后来互联网络的发展状况却可以很好地印证其正确性。"摩尔定律"揭示信息技术进步速度的同时，还预测了互联网络未来对经济社会的影响，有着深远的意义。但由于该定律提出时，信息技术刚刚进入起步阶段，芯片的生产和销售也都不发达，能取得的资料非常有限，致使其本身具有很大的局限性。摩尔自己也认识到了这一点，他在1995年参加SPIE的一次会议时就提到，"摩尔定律"的一个重要假设——成本同比下降，在信息产业发展到一定程度后很可能会失效，随着成本的增加，当投入成本超过收入时，"摩尔定律"会达到它的极限。虽然"摩尔定律"正在逐渐接近着它的极限，但不可否认的是，它引领了互联网络和半导体技术半个多世纪的发展和进步。

2. 吉尔德定律

"吉尔德定律"，是由被誉为数字时代三大思想家之一的乔治·吉尔德（George Gilder）提出。1996年，吉尔德预言未来25年的时间里，互联网主干网的带宽的增长速度将会达到每六个月增长一倍，远大于摩尔定律预测的芯片上半导体的增长速度。而且正如当初昂贵的晶体管现在变便宜一样，作为稀缺资源的主干网带宽，在不远的将来也会越来越充裕，最终会实现免费上网。

"吉尔德定律"的另一个重要观点是认为最有效的商业模式，是尽量消耗价格较低的资源，避免使用价格较高的资源，实现成本最低。以往的科技革命都引起了生产方式的巨大变革，其根本原因是，新技术、新模式的产生会使得成本降低、效率提高，所以理性的生产者都会选择运用新的技术来进行生产。发展到现在，互联网资源可以说已经成为了最廉价的资源，也是当前生产经营应该充分利用的资源。

3. 梅特卡夫定律

梅特卡夫定律是一个关于网络的价值和网络技术的发展的定律，由乔治·吉尔德于1993年提出，但以计算机网络先驱、3Com公司的创始人罗伯特·梅特卡夫的姓氏命名，以表彰他在以太网上的贡献。"梅特卡夫定律"是关于互联网价值衡量的一个重要定律，与前面两个定律不同，它的内容不在于对信息科学技术发展速度的预测，而是为网络价值的测算提供了一种预估模式。当网民人数出现增长时，网络资源并不会由于人数的增加，而使得每人得到的网络资源减少，相反网络的价值会出现爆炸式的增长，而使得每个人都可以得到更多的资源。当使用人数寥寥无几时，能够分享的网络信息和资源就会很有限，而当使用人数逐渐增多时，不仅共享资源逐渐增多，也会吸引更多的用户开始加入，网络资源又会增多，如此往复，网络资源会出现几何级数的增长，总价值迅速增大；电话同样拥有这一特性，使用人数少，电话的便捷性体现不出来，随着人数的增多，便捷性会越来越强，又会吸引更多的人使用电话，如此往复。

如果说"摩尔定律"与"吉尔德定律"是从微观角度描述了电脑性能加强、数据传输速度加快、成本下降的网络运行规律，"梅特卡夫定律"则是从宏观的角度解释了出现这种规律的原因，并且在一定程度上揭示了互联网经济的正外部性以及边际效用递增的规律。

4. 达维多定律

1992年，达维多（Davidow）认为，任何企业在本产业中都必须不断更新地自己的产品。一家企业如果要在市场上占据主导地位，就必须第一个开发出新一代产品。如果被动地以第二或者第三家企业将新产品推进市场，那么获得的利益远不如第一家企业作为冒险者获得的利益，因为市场的第一代产品能够自动获得50%的市场份额。尽管可能当时的产品还不尽完善。例如英特尔公司的微处理器并不总是性能最好、速度最快的，但是英特尔公司始终是新一代产品的开发者和倡导者。

1995年4月26日，许多新闻媒体都报道了英特尔公司牺牲486，支撑奔腾586的战略。这一决定反映了英特尔公司的一个长期战略，即运用达维多定律的方法，要比竞争对手抢先一步生产出速度更快、体积更小的微处理器。然后通过一边削减旧芯片的供应，一边降低新芯片的价格，使得电脑制造商和电脑用户不得不听其摆布。英特尔公司通过使用这种战略，把许多竞争对手远远抛在了后面，因为这些竞争对手在此时生产出的产品尚未能达到英特尔公司制定的新标准。

达维多定律告诉人们：只有不断创造新产品，及时淘汰老产品，使成功的新产品尽快进入市场，才能形成新的市场和产品标准，从而掌握制定游戏规则的权利。要做到这一点，其前提是要在技术上永远领先。企业只能依靠创新所带来的短期优势来获得高额的"创新"利润，而不是试图维持原有的技术或产品优势，才能获得更大发展。

5. 锁定效应

锁定效应是指经济行为主体从一个系统转换到另一个系统时，将发生转移成本，当转移成本过高时，经济行为体将会被局限在原来的系统之中。其本质是你将来的选择受到现在类似选择的约束。锁定现象可以发生在用户身上，也可以发生在企业身上。

阿瑟（Arthur W B）最先做出关于技术演变过程中路径依赖的开创性研究。阿瑟认为，新技术的采用往往具有收益递增的机制，先发展起来的技术通常可以凭借先占的优势，实现自我增强的良性循环，从而在竞争中胜过自己的对手。与之相反一种较其他技术更具优势的技术却可能因晚到一步，没有获得足够的支持者而陷于困境，甚至"锁定"（lock-in）在某种恶性循环的被动状态之中难以自拔。

两个相同意义上的科学技术产品，一个是较先进入市场，积累了大量用户，用户对其已产生依赖；另一个较晚才进入市场，同种意义上的科学产品，用户对第一个已经熟悉了解，而另一个还需要用户重新学习了解，产生了很大麻烦，因此较晚进入市场的那个很难再积累到用户，从而慢慢退出市场。先进入市场的那个相当于已经锁定了同种类型的科学产品，从而发展越来越快。

在制度变迁中同样存在着收益递增和自我强化的机制这种机制使制度变迁一旦走上了某一条路径，它的既定方向会在以后的发展中得到自我强化。锁定效应的演化过程为：空间集聚形成后集聚经济体的创新网络推动的产业集群不断演化，在一定阶段形成"路径依赖"的特征，促进产业集群不断成长并走向成熟。而"路径依赖"特征则将诱发产业集群生命周期演化中的"锁定效应",并导致产业集群衰亡。

6. 安迪-比尔定律

安迪-比尔定律(Andy and Bill's Law)是对 IT 产业中软件和硬件升级换代关系的一个概括。上世纪 90 年代从一个计算机会议中流传出一句名言:Andy gives, Bill takes away.(安迪提供什么,比尔拿走什么)。安迪指英特尔前 CEO 安迪·格鲁夫,比尔指微软前任 CEO 比尔·盖茨,这句话的意思是,硬件提高的性能,很快被软件消耗掉了。

摩尔定理给所有的计算机消费者带来一个希望,如果消费者今天嫌计算机太贵买不起,那么等十八个月就可以用一半的价钱来买。要真是这样简单的话,计算机的销售量就上不去了。需要买计算机的人会多等几个月,已经有计算机的人也没有动力更新计算机。其他的 IT 产品也是如此。安迪比尔定律和摩尔定律像两只无形的手,推动着信息产业的发展。一方面:软件开发商,通过设计优良的界面,丰富的功能,来满足挑剔的用户,不再受制于硬件性能。另一方面:不断升级的软硬件,使得老产品的价钱迅速下降,让消费者受益。

以微软为首的软件开发商"吃掉"硬件提升带来的全部好处,迫使用户更新机器让惠普和戴尔等公司收益,而这些整机生产厂再向英特尔这样的半导体厂订货购买新的芯片、同时向 Seagate 等外设厂购买新的外设。在这中间,各家的利润先后得到相应的提升,股票也随着增长。各个硬件半导体和外设公司再将利润投入研发,按照摩尔定理制定的速度,提升硬件性能,为微软下一步更新软件、"吃掉"硬件性能做准备。

2019 年的一个中档手机的计算性能,超过了 2014 年的个人计算机,而且还按着摩尔定理预计的速度在增长。虽然在手机行业,并没有一个类似微软的通用操作系统公司存在,但是手机制造商自己、运营商和增值服务商加在一起起到了微软的作用。它们在提供新的但是越来越消耗资源的服务,使得用户不得不几年更新一次手机。安迪-比尔定理把原本属于耐用消费品的电脑、手机等商品变成了消耗性商品,刺激着整个 IT 领域的发展。

7. 反摩尔定律

2006 年,前 Google 的 CEO 埃里克·施密特在一次采访中提出:你反过来看摩尔定律,一个 IT 公司如果今天和 18 个月前卖掉同样多的产品,它的营业额就要降一半。IT 界把它称为反摩尔定律。

反摩尔定律对于所有的 IT 公司来讲,都是非常可怕的,因为一个 IT 公司花了同样的劳动,却只得到以前一半的收入。反摩尔定律逼着所有的硬件设备公司必须赶上摩尔定律所规定的更新速度,而所有的硬件和设备生产厂活得都是非常辛苦的。曾经引领风骚的太阳公司就是受反摩尔定律影响的著名例子,其由于无法跟上整个行业的速度,被 IT 生态链上游的软件公司甲骨文并购了。AMD 要不是因为政府对英特尔反垄断的限制,恐怕也已经不存在了。

反摩尔定律促成科技领域质的进步,并为新兴公司提供生存和发展的可能。和所有事物的发展一样，IT 领域的技术进步也有量变和质变两种。为了赶上摩尔定律预测的发展速度，光靠量变是不够的。每一种技术，过不了多少年，量变的潜力就会被挖掘光，这时就必须要有革命性的发明创造诞生。另外，反摩尔定律使得新兴的小公司有可能在发展新技术方面和大公司处在同一个起跑线上，甚至可能取代原有大公司在各自领域中的地位。另外，在通信芯片的设计上，博通和 Marvell 在很大程度上已经取代了原来朗讯的半导体部门，甚至是英特尔公司在相应领域的业务。

1.3 电子商务产业政策与发展机遇

1.3.1 跨境电子商务

1．跨境电子商务的内涵

跨境电子商务是指分属不同关境的交易主体，通过电子商务平台达成交易、进行支付结算，并通过跨境物流送达商品、完成交易的一种国际商业活动。

2018 年 10 月 1 日起，财政部、国家税务总局、商务部、海关总署日前联合发文明确，对跨境电子商务综合试验区电商出口企业实行免税新规。2018 年 11 月 21 日，李克强总理主持召开国务院常务会议，决定延续和完善跨境电子商务零售进口政策并扩大适用范围，扩大开放更大激发消费潜力；部署推进物流枢纽布局建设，促进提高国民经济运行质量和效率。按照党中央、国务院决策部署，中国将自 2019 年 1 月 1 日起，调整跨境电商零售进口税收政策，提高享受税收优惠政策的商品限额上限，扩大清单范围。

跨境电子商务是基于网络发展起来的，网络空间相对于物理空间来说是一个新空间，是一个由网址和密码组成的虚拟但客观存在的世界。网络空间独特的价值标准和行为模式深刻地影响着跨境电子商务，使其不同于传统的交易方式而呈现出自己的特点。

2．跨境电子商务的特点

（1）全球性。

网络是一个没有边界的媒介，具有全球性和非中心化的特征。依附于网络发生的跨境电子商务也因此具有了全球性和非中心化的特性。电子商务与传统的交易方式相比，一个重要的特点在于电子商务是一种无边界交易，丧失了传统交易所具有的地理因素。互联网用户不需要考虑国界，就可以把产品尤其是高附加值产品和服务提交到市场。网络的全球性特征带来的积极影响使信息最大程度得以共享，消极影响是用户必须面临因文化、政治和法律的不同而产生的风险。任何人只要具备了一定的技术手段，在任何时候、任何地方都可以让信息进入网络，相互联系进行交易。美国财政部在其财政报告中指出，对基于全球化的网络建立起来的电子商务活动进行课税是困难重重的，因为电子商务是基于虚拟的电脑空间展开的，丧失了传统交易方式下的地理因素；电子商务中的制造商容易隐匿其住所而消费者对制造商的住所也是漠不关心的。例如，一家很小的爱尔兰在线公司，通过一个可供世界各地的消费者点击观看的网页，就可以通过互联网销售其产品和服务，只要消费者接入了互联网。很难界定这一交易究竟是在哪个国家内发生的。

这种远程交易的发展，给税收当局制造了许多困难。税收权力只能严格的在一国范围内实施，网络的这种特性为税务机关对超越一国的在线交易行使税收管辖权带来了困难。而且互联网有时还扮演了代理中介的角色。在传统交易模式下往往需要一个有形的销售网点存在，例如，通过书店将书卖给读者，而在线书店可以代替书店这个销售网点直接完成整个交易。而问题是，税务当局往往要依靠这些销售网点获取税收所需要的基本信息，代扣代缴所得税等。没有这些销售网点的存在，税收权力的行使也会发生困难。

（2）无形性。

网络的发展使数字化产品和服务的传输盛行。而数字化传输是通过不同类型的媒介，例如数据、声音和图像在全球化网络环境中集中而进行的，这些媒介在网络中是以计算机数据代码的形式出现的，因而是无形。以一个 E-mail 信息的传输为例，这一信息首先要被服务器分解为数以百万计的数据包，然后按照 TCP/IP 协议通过不同的网络路径传输到一个目的地服务器并重新组织转发给接收人，整个过程都是在网络中瞬间完成的。电子商务是数字化传输活动的一种特殊形式，其无形性的特性使得税务机关很难控制和检查销售商的交易活动，税务机关面对的交易记录都体现为数据代码的形式，使得税务核查员无法准确地计算销售所得和利润所得，从而给税收带来困难。

数字化产品和服务基于数字传输活动的特性也必然具有无形性，传统交易以实物交易为主，而在电子商务中，无形产品却可以替代实物成为交易的对象。以书籍为例，传统的纸质书籍，其排版、印刷、销售和购买被看作是产品的生产和销售。然而在电子商务交易中，消费者只要购买网上的数据权便可以使用书中的知识和信息。而如何界定该交易的性质、如何监督、如何征税等一系列的问题却给税务和法律部门带来了新的课题。

（3）匿名性。

由于跨境电子商务的非中心化和全球性的特性，因此很难识别电子商务用户的身份和其所处的地理位置。在线交易的消费者往往不显示自己的真实身份和自己的地理位置，重要的是这丝毫不影响交易的进行，网络的匿名性也允许消费者这样做。在虚拟社会里，隐匿身份的便利导致了自由与责任的不对称。人们在这里可以享受最大的自由，却只承担最小的责任，甚至干脆逃避责任。这显然给税务机关制造了麻烦，税务机关无法查明应当纳税的在线交易人的身份和地理位置，也就无法获知纳税人的交易情况和应纳税额，更不要说去审计核实。该部分交易和纳税人在税务机关的视野中隐身了，这对税务机关是致命的。以 eBay 为例，eBay 是美国的一家网上拍卖公司，允许个人和商家拍卖任何物品，到目前为止 eBay 已经拥有 1.5 亿用户，每天拍卖数以万计的物品，总计营业额超过 800 亿美元。

电子商务交易的匿名性导致了逃、避税现象的恶化，网络的发展降低了避税成本，使电子商务避税更轻松易行。电子商务交易的匿名性使得应纳税人利用避税地联机金融机构规避税收监管成为可能。电子货币的广泛使用，以及国际互联网所提供的某些避税地联机银行对客户的"完全税收保护"，使纳税人可将其源于世界各国的投资所得直接汇入避税地联机银行，规避了应纳所得税。美国国内收入服务处（IRS）在其规模最大的一次审计调查中发现大量的居民纳税人通过离岸避税地的金融机构隐藏了大量的应税收入。而美国政府估计大约有三万亿美元的资金因受避税地联机银行的"完全税收保护"而被藏匿在避税地。

（4）即时性。

对于网络而言，传输的速度和地理距离无关。传统交易模式，信息交流方式如信函、电报、传真等，在信息的发送与接收间，存在着长短不同的时间差。而电子商务中的信息交流，无论实际时空距离远近，一方发送信息与另一方接收信息几乎是同时的，就如同生活中面对面交谈。某些数字化产品（如音像制品、软件等）的交易，还可以即时清结，订货、付款、交货都可以在瞬间完成。

电子商务交易的即时性提高了人们交往和交易的效率，免去了传统交易中的中介环节，但也隐藏了法律危机。在税收领域表现为：电子商务交易的即时性往往会导致交易活动的随意性，电子商务主体的交易活动可能随时开始、随时终止、随时变动，这就使得税务机关难以掌握交易双方的具体交易情况，不仅使得税收的源泉扣缴的控管手段失灵，而且客观上促成了纳税人不遵从税法的随意性，加之税收领域现代化征管技术的严重滞后作用，都使依法治税变得苍白无力。

（5）无纸化。

电子商务主要采取无纸化操作的方式，这是以电子商务形式进行交易的主要特征。在电子商务中，电子计算机通信记录取代了一系列的纸面交易文件。用户发送或接收电子信息。由于电子信息以比特的形式存在和传送，整个信息发送和接收过程实现了无纸化。无纸化带来的积极影响是使信息传递摆脱了纸张的限制，但由于传统法律的许多规范是以规范"有纸交易"为出发点的，因此，无纸化带来了一定程度上法律的混乱。

电子商务以数字合同、数字时间截取了传统贸易中的书面合同、结算票据，削弱了税务当局获取跨国纳税人经营状况和财务信息的能力，且电子商务所采用的其他保密措施也将增加税务机关掌握纳税人财务信息的难度。在某些交易无据可查的情形下，跨国纳税人的申报额将会大大降低，应纳税所得额和所征税款都将少于实际所达到的数量，从而引起征税国国际税收流失。例如，世界各国普遍开征的传统税种之一的印花税，其课税对象是交易各方提供的书面凭证，课税环节为各种法律合同、凭证的书立或做成，而在网络交易无纸化的情况下，物质形态的合同、凭证形式已不复存在，因而印花税的合同、凭证贴花（即完成印花税的缴纳行为）便无从下手。

（6）快速演进。

互联网是一个新生事物，现阶段它尚处在幼年时期网络设施和相应的软件协议的未来发展具有很大的不确定性。但税法制定者必须考虑的问题是网络，像其他的新生儿一样，必将以前所未有的速度和无法预知的方式不断演进。基于互联网的电子商务活动也处在瞬息万变的过程中，短短的几十年中电子交易经历了从 EDI 到电子商务零售业的兴起的过程，而数字化产品和服务更是花样出新，不断的改变着人类的生活。

而一般情况下，各国为维护社会的稳定，都会注意保持法律的持续性与稳定性，税收法律也不例外。这就会引起网络的超速发展与税收法律规范相对滞后的矛盾。如何将分秒都处在发展与变化中的网络交易纳入税法的规范，是税收领域的一个难题。网络的发展不断给税务机关带来新的挑战，税务政策的制定者和税法立法机关应当密切注意网络的发展，在制定税务政策和税法规范时充分考虑这一因素。

跨境电子商务具有不同于传统贸易方式的诸多特点，而传统的税法制度却是在传统的贸易方式下产生的，必然会在电子商务贸易中漏洞百出。网络深刻的影响着人类社会，也给税收法律规范带来了前所未有的冲击与挑战。

1.3.2 社区电子商务

1. 社区电子商务的内涵

社区电商即社区电子商务和社区化的电子商务。社区电子商务是基于社区的基础上开展电子商务，而社区化的电子商务，是指围绕电子商务的平台研究如何把这个电子商务做到社区化。

随着移动网络与智能手机的快速发展与信息技术的革新，购物移动化，物流响应速度要求更快，"O2O"模式应运而生。随着中国社区化发展的快速推进，消费将回归社区，未来70%居民的工作、生活、学习、休闲娱乐等各方面的需求将在社区得到满足。

基于 O2O 模式的"社区电商"，以社区为服务单位，针对社区内居民，依托移动互联网技术，以"本地化集成服务为经营理念"，满足社区居民消费需求的商务模式。这种离消费者的距离只有"一公里"、服务响应时间为"半小时"的社区 O2O 成为了各大商家拼力抢夺的"最后一公里"，也是下一个万亿级的创业乐园。

2. 社区电子商务的特点

中国网络社区的特性和发展现状决定了社区电子商务（ESN）发展的特点和现状，这两者是相互促进的。

当前中国网络社区具有以下一些特性：用户黏性高、规模大；用户群体区分明显；用户之间的沟通交流多，因此相互之间信任度较高；国内社区论坛的使用率和普及率较高。

社区电子商务（ESN）具有快速高效、低成本等特点。

快速高效：无论是社区用户之间的 C2C 交易、还是社区商家针对用户进行的 B2C 服务，交易平台集中在社区，利用社区用户之间的信任关系，电子商务交易的成功率和速度都较高。

低成本：用户在社区中可以享受电子商务服务，省去了在其他购物平台上选择和购买的麻烦，节省了个人成本；同时对商家而言，社区的精准营销效果更为突出，目标用户更容易达到，降低了营销和销售成本。

1.3.3 农村电子商务

1. 农村电子商务的内涵

农村电子商务，通过网络平台嫁接各种服务于农村的资源，拓展农村信息服务业务、服务领域，使之兼而成为遍布县、镇、村的三农信息服务站。作为农村电子商务平台的实体终端直接扎根于农村、服务于三农，真正使三农服务落地，使农民成为平台的最大受益者。

2015 年 10 月 14 日国务院总理李克强主持召开国务院常务会议，决定完善农村及偏远地区宽带电信普遍服务补偿机制，缩小城乡数字鸿沟；部署加快发展农村电商，通过壮大新业态促消费惠民生；确定促进快递业发展的措施，培育现代服务业新增长点。

农村电子商务平台配合密集的乡村连锁网点，以数字化、信息化的手段、通过集约化管理、市场化运作、成体系的跨区域跨行业联合，构筑紧凑而有序的商业联合体，降低农村商业成本、扩大农村商业领域、使农民成为平台的最大获利者，使商家获得新的利润增长。

自 2014 年始，国内电商巨头纷纷打出了各自的"上山下乡"战略。进入 2015 年后，阿里和京东更是全速推进"农村电商"战略落地。其中，阿里巴巴提出"千县万村计划"，计划在 3~5 年内投资 100 亿元，建立 1000 个县级运营中心和 10 万个村级服务站。京东则提出"3F 战略"，即工业品进农村战略（Factory to country）、农村金融战略（Finance to Country）和生鲜电商战略（Farm to Table）。此外，其他中国电商巨头也纷纷施展"招数"进军农村市场。如中国主流电商企业之一的苏宁易购即利用"双 11""双 12"等购物狂欢季，进一步将原有的数百家乡镇服务点升级为新式乡村服务站。这些服务站可为农民提供代客下单、最后一公里配送及售后维修等服务。苏宁易购还制定了一份长远计划，那就是在未来五年内，建设 1 万家苏宁易购服务站，覆盖中国 1/4 的乡镇。刺激电商巨头发力农村电子商务的是中国农村地区巨大的消费潜力。

农村电商的快速发展，为我国农村扶贫工作提供了一条新的思路。在当前"供给侧改革"大背景下，农村电商可以有效实现供求信息的无缝对接，促进贫困地区特色产业发展，推动整个贫困地区的产业发展取得新突破，达到减贫脱贫效果。

2. 农村电商的特点

1）打破传统农产品交易的时间空间限制

农村电子商务是依靠互联网信息化在农产品市场方面的发展而进步的，在农产品的网上交易过程中，电子商务技术主要提供网上交易平台和供需信息的相互匹配。而通过网络，农产品的网络营销可以打破传统农产品交易中时间、空间、国家的限制，在拓展市场的时候也减少了阻碍。双向电子商务平台可以方便买家和卖家的沟通与交流，而且这种互动交流是由消费者进行主导的，这使得企业和消费者之间的沟通变得更加快捷有效，也更加简单方便。农产品消费者可以在互联网上选择满足自己需求的农产品。每个消费者都有其不同的需求特点，这样在尽可能满足不同消费者的不同消费需求的同时，农产品经营者和农产品生产者也能更加方便有效地获取市场信息，更加准确地把握市场的走向并以此指导自己的生产经营活动。

2）参与主体具有广泛性

农村的电子商务有着极大的包容性，与传统农业商务相比，参与农业电子商务的主体数量和类型要多很多。农产品生产者、农产品加工者、农产品经营者、消费者、政府部门等都能够参与其中并且获得一定的利益。对于农民农户而言，通过电子商务平台可以获取更广泛的客户群，并通过逐步摸索弄清楚客户的消费喜好和行为特点，以此指导农产品的生产，从而更好地满足消费者的需求并借此获取更高的消费者忠实度。同时，消费者可以通过完善的电子商务平台提出自己的要求，由电子商务平台将其与符合要求的农产品生产者进行匹配，实现买卖双方的快速对接，促成这笔交易的圆满达成，解决"买的找不到卖的，卖的找不到买的"的历史难题。多类型主体的参与使得各方的需求都能得到更准确的满足，各方的产品或服务都能更快找到需求者。各方的直接参与也使得各方供需信息能够透明而直接地传递到每个参与者的手中，减少了中间环节，大大的提高了效率，节约了宝贵的时间成本。

3）具有优秀的经济性

电子商务能够极大的减少农产品在产销供应链中的各个环节，从而节约成本，同时避免了供应方和需求方在冗长的供应链中互相错过现象的发生，减少内耗。通过电子商务平台，交易过程的各方参与者可以实时的获取产品的相关信息，并随时进行相互交流，节省了大量的沟通成本和时间成本，同时省去了多层次的中间环节，节省了中间成本，并最终返利到供应方和消费者手中。同时，交易双方都经过了电子商务平台的供需要求条件匹配，大大增加了交易成功的几率，避免了因双方供需要求不一致交易失败而造成的损失。仓储物流方面，由于越过了众多的中间方，直接从供给方发货给消费者，使农产品的配送路径得到最大可能的优化，使物流运输更加经济、高效。

1.3.4 电子商务发展机遇

1. 互联网+行动计划

中国在推动信息化、电子商务创新发展方面已经出台和正在制定一系列的政策。李克强总理在 2015 年两会的政府工作报告中提出要制定"互联网+行动计划"的要求，推动移动互联网、云计算、大数据、物联网等与现代制造业结合，促进电子商务、工业互联网和互联网金融健康发展，引导互联网企业拓展国际市场。

随着信息化和工业化的深度融合，第四次产业革命已经到来。在这样的背景下，"互联网+"的发展趋势不可阻挡，零售、交通、通信、医疗、教育等行业都正在通过"互联网+"实现创新型发展。这表明，互联网不再是一个简单的工具，而成为一种新形态。大力推广应用互联网，尤其是推动互联网与农业、制造业、文化、教育、医疗等传统产业的结合，可以大大提高生产力和经济效益，形成新业态、新模式。互联网将对经济发展起到更多作用，是经济企稳回升的重要推动因素。由此可以预测，中国的电子商务和各个互联网经济必将有更大的发展。这主要是基于以下两点：一是电子商务和一切"互联网+"是现代科技进步的产物，是新的经济形态，本身有其不可替代的优越性。二是两者都受到中央和各级政府的高度重视及支持。其实，互联网在支撑大众创业、大众创新中的作用早已显现，并业已成为提供公共服务的重要手段。而国家提出"互联网+"的意图也极为明显，就是要推动经济转型升级，让"互联网+"落地生根，开创经济新时代。由此来看，"互联网+"与电子商务的结合必将引发经济运行模式变革和优化。

据中商产业研究院数据统计显示，2017 年全国电子商务交易额达 29.16 万亿元，同比增长 11.7%。其中商品、服务类电商交易额 21.83 万亿元，同比增长 24.0%；合约类电商交易额 7.33 万亿元，同比下降 28.7%。据预测，2018 年全国电子商务交易额将达 37.05 万亿元。在我国工业、农业、交通运输、金融、旅游和城乡消费等各个领域的应用不断得到拓展，成为我国扩大消费的一个主要渠道。且随着 80 和 90 后一代消费的崛起，中产人数比重的增长，中国人的消费能力和需求还会继续增长，未来仍是全球电商消费最大的市场。可见，我国电子商务市场增速显著，覆盖面广，具有极大的市场开发潜力。

市场发展快速、变化多样、个性化明显，过去标准化规模生产的传统经济已经难以满足人们的需求。如传统企业信息传递速度慢、反馈不及时，不能灵活快速地进行调整。而借助电子商务的传递数字化优势，能使商品从生产、销售、交易到消费实现快速、准确、双向交流，对市场信息能更加及时准确地获取和反馈，实时地随机应变。电子商务借用大数据、物联网、人工智能等新技术不仅能使传统产业的生产力要素得到扩大，而且能使传统产业生产力形态得以演进。加上传统企业本身在长期的生产经营中，拥有的大量人脉、资本与口碑，比中小企业从零开始具有较大竞争优势来维持和拓展国为市场。

2．一带一路

互联网的普及加速了电子商务的发展进程，我国电子商务的发展规模和速度均为世界第一，对国内经济影响重大。首先，电子商务成为经济增长点，较之实体经济，电子商务的增长速度持续处于高位，对遭受金融危机冲击的国内经济起到了拉动作用。新常态下，我国宏观经济转入按规律以适宜方式演进的结构性减速轨道，一带一路作为传承和创新古丝绸之路的战略，对于缩小亚太经济圈至欧洲经济圈广大区域内的发展差距意义重大，为我国提供了巨大的机遇。经济新常态下，与实体经济一样，电子商务在经历了量增阶段后，亦将启动从重量到重质的转变，基于一带一路战略提供的机遇，深入分析质变需要的条件，有利于电子商务平稳进入重质的新常态。

据计算，"一带一路"沿线国家众多，人口总数超过 44 亿，占全球的 63%；其带来的经济总量约占全球 29%，达到 21 万亿美元，因此总体宏观经济状况良好。根据合理预测，市场规模将于五年后扩大到万亿的水平。因此基于沿线国家总体经济发展水平以及国内空前扩张的消费市场，我国跨境电商拥有良好的发展机遇。

跨境电商所涉及的并不仅是简单的行业发展，更是肩负着外贸企业实现自身结构调整的重要任务，因此国家对此也是持高度支持的态度。在"一带一路"的战略推动下，政府出台了多项文件与跨境电子商务领域息息相关，说明跨境电商在出口过程中遇到的种种问题受到国家的重视。国家政策大力扶持会直接推动跨境电商行业高速增长。

"十三五"期间，我国将大力实施网络强国战略、国家大数据战略、"互联网+"行动计划等，在国际互联网领域将扮演更重要的角色，努力为构建网络空间命运共同体作出中国贡献。第一，发挥电子商务在"一带一路"中的先导作用，进一步加强与"一带一路"沿线国家的网络经贸合作，推动网络空间互联互通。第二，发展跨境电子商务、建设信息经济示范区等，推动互联网经济国际合作向纵深发展，促进全球互联网经济繁荣发展。第三，发挥跨境网络零售消费刺激、扩大需求和传播媒介作用，刺激海外终端用户（即最终使用商品的企业用户或消费者）或次终端用户，促进外贸增长方式由"境内产能驱动"向"境外消费拉动"转变，激发全球贸易增量市场，让互联网发展成果惠及全人类。

3．智能制造

我国智能制造产业呈现较快的增长态势。智能制造已经成为全球价值链重构和国际分工格局调整背景下各国的重要选择。《中国制造2025》《智能制造发展规划（2016-2019）》《国家智能制造标准体系建设指南（2018年版）》等一系列产业政策的密集出台为中国智能制造行业的快速发展提供支持与保障。跨境电商作为进出口贸易的重要载体，通过搭建一个自由、开放、通用、普惠的全球贸易平台，实现国家间的贸易往来，协助智能硬件制造商拓宽产品销售渠道，助力智能制造行业发展。同时，跨境电商依托智能制造，得到了飞速的发展。

全球正在发生新一轮科技革命和产业革命，信息技术特别是互联网技术的发展和应用，正以前所未有的广度和深度，加快推进生产方式、发展模式的深刻变革。由于有线特别是无线、移动、宽带、泛在的网络（即"互联网+"技术）的推广和普及，带来了制造业电子商务新一轮发展的机遇。互联网最大的作用就是改变了传统的信息传递方式，而电子商务则改变了商业信息的流通交流。在制造行业生产领域发展电子商务，一方面可以吸引用户直接参与产业链前端的研发设计，形成新的生产业态，助推制造业前端的转型升级；另一方面可以推动生产工艺流程的再造，借助信息化技术提升管理水平，促进中端升级；另外可以借助电子商务优化传统的营销模式和服务水平，推动后端的升级，最终实现整个产业链的升级。

4．人工智能行动计划

《新一代人工智能发展规划》是为抢抓人工智能发展的重大战略机遇，构筑我国人工智能发展的先发优势，加快建设创新型国家和世界科技强国，按照党中央、国务院部署要求制定。由国务院于2017年7月8日印发并实施。

随着电子商务的不断发展和人工智能技术的不断完善，两者在各个领域、各个层次的相互融合将更加密切。人工智能技术和电子商务的发展推动了全球科技、经济领域的进步。基于人工智能技术的电子商务使电子商务向着良性发展是必然趋势。人工智能目前在电子商务中已经有了很多应用，例如数据仓库、数据挖掘与知识发现、生物技术等。

本章小结

本章主要介绍了电子商务的基本概念，电子商务发展的基本原理与规律以及电子商务产业政策与发展机遇。首先介绍了电子商务的含义、基本特征、功能、发展历程以及 B2B 模式、B2C 模式、C2C 模式、O2O 模式这几种常见的电子商务模式和一些其他形式的电子商务模式。接着对电子商务发展过程中的重要原理，如双边市场理论、长尾理论、摩尔定律等加以概述。最后从产业政策和发展机遇的角度出发，介绍了跨境电子商务、社区电子商务和农村电子商务，阐明了"互联网+"行动计划、一带一路、智能制造、人工智能行动计划等政策对电子商务发展所带来的机遇。

参考文献

[1] 张宽海. 电子商务概论[M]. 3 版. 北京：电子工业出版社，2013.

[2] 成强，吴文胜，冯义飞. 电子商务概论[M]. 西安：西北工业大学出版社，2007.

[3] 汤兵勇. 电子商务原理[M]. 北京：化学工业出版社，2012.

[4] 刘洋，高茜. 中国社交电商发展的现状与建议[J].中国市场，2019（01）：189-193.

[5] 朱琪颖，张卓然. 新零售视野下的无人商店用户体验研究[J]. 包装工程，2018，39（22）：29-34.

[6] 陈晓琴，王钊. "互联网+"背景下农村电商扶贫实施路径探讨[J].理论导刊，2017（05）：94-96.

[7] 洪勇.我国农村电商发展的制约因素与促进政策[J].商业经济研究，2016（04）：169-171.

[8] 洪雨.对互联网环境下传统经济与电子商务结合的思考[J]. 电子商务，2019（02）：15-16.

[9] 郭朝先，王宏霞.中国制造业发展与"中国制造 2025"规划[J]. 经济研究参考，2015（31）：3-13.

[10] 张蓓."一带一路"战略下我国跨境电商面临的机遇与挑战[J]. 商业经济研究，2017（11）：64-66.

[11] 元宁生. 人工智能技术与电子商务[J]. 电子制作，2014（18）：63.

[12] 顾明. 浅析我国电子商务发展历程[J]. 江苏商论，2019（02）：31-35.

第 2 章 电子商务信息安全

2.1 电子商务信息安全威胁与防范

2.1.1 信息安全概述

1. 信息安全的定义

信息安全是一个广泛而抽象的概念,不同领域、不同角度对其概念的阐述都会有所不同。建立在网络基础之上的现代信息系统,对于信息安全的定义是:保护信息系统的硬件、软件及相关数据,使之不因为偶然或者恶意侵犯而遭受破坏、更改及泄露,保证信息系统能够连续、可靠、正常地运行。在商业和经济领域,信息安全主要强调的是削减并控制风险,保持业务操作的连续性,并将风险造成的损失和影响降低到最低程度。

2. 信息安全面临的威胁

信息安全面临的威胁主要包括信息截取和窃取、信息篡改、信息假冒、信息抵赖。

1)信息截取和窃取

攻击者可能通过搭线窃听、安装数据截收装置等方式获取传输的机密信息,或通过对信息流量和流向、通信频度和长度等参数的分析,推理出有用信息,如消费者的银行账号、密码以及企业的商业机密等。

2)信息篡改

攻击者可能通过各种技术方法和手段对网络传输的信息进行中途修改,破坏信息的完整性。信息篡改主要表现为三种方式。

(1)篡改。改变信息流的次序或更改信息的内容。

(2)删除。删除某个消息或消息的某些部分。

(3)插入。在消息中插入一些信息,让接收方读不懂或接收错误的信息。

3)信息假冒

当攻击者掌握了网络信息数据规律或解密了商务信息以后,可以假冒合法用户或发送假冒信息来欺骗其他用户,如冒充竞争对手发布虚假信息;冒充网络控制程序,套取或修改使用权限、通行字、密钥等信息;冒充合法用户行使授权等。

4)信息抵赖

信息抵赖涉及多个方面,如信息发送者事后否认曾经发送过某条信息或内容;信息接收者事后否认曾经收到过某条信息或内容;购买者发了订货信息却不承认;销售者卖出商品却因价格差而不承认原有交易等。

3．信息安全需求

信息安全面临的威胁，带来信息安全需求。在电子商务活动中，信息安全需求涉及保密性、完整性、不可否认性、身份可认证性、可用性和可控性。

（1）保密性。保密性也称为机密性，是指网络中的信息不被非授权的实体（包括用户和进程等）获取与使用。

（2）完整性。完整性是指数据未经授权不能进行改变的特性，即信息在存储或传输过程中保持不被修改、不被破坏和丢失的特性。

（3）不可否认性。不可否认性也称为不可抵赖性，是指在信息交换过程中，确信参与方的真实同一性，即所有参与者都不能否认和抵赖曾经完成的操作和承诺。例如信息发送方不能否认发送过的信息，信息接收方不能否认接收过的信息。

（4）身份可认证性。身份可认证性是指通过安全认证技术实现对信息交流双方身份真实性的确认，保证交易对象的身份真实性。电子商务活动过程中，信息交流双方互不见面，确认对方的真实身份，是电子商务交易活动过程中保证交易安全的重要环节。

（5）可用性。可用性是指对信息或资源的期望使用能力，即可授权实体或用户访问并按要求使用信息的特性。简单地说，就是保证信息在需要时能为授权者所用，防止由于主、客观因素造成的系统拒绝服务。

（6）可控性。可控性是指人们对信息的传播路径、范围及其内容所具有的控制能力，即不允许不良内容通过公共网络进行传输，使信息在合法用户的掌控之中。

2.1.2 电子商务安全体系

电子商务的交易过程面临着信息截取和窃取、信息篡改、信息假冒、信息抵赖等威胁，对电子商务的交易信息安全提出了保密性、完整性、不可否认性、身份可认证性、可用性和可控性的安全需求。如何实现和保证电子商务的安全需求，从组织、技术、管理以及法律等多方面入手，构建全方位的电子商务安全体系，全面采取电子商务安全防范措施是关键。

电子商务的安全性研究从整体上可分为两大部分：计算机网络安全和商务交易安全。

1．计算机网络安全

常见的计算机网络安全威胁有：

（1）黑客攻击。黑客非法进入网络，非法使用网络资源。例如，通过网络监听获取网上用户的账号和密码，非法获取网上传输的数据，破坏防火墙等。

（2）计算机病毒。计算机病毒侵入网络，破坏资源，使网络不能正常工作，甚至造成网络瘫痪。

（3）拒绝服务。典型的拒绝服务如"电子邮件炸弹"，它的破坏方式是让用户在很短的时间内收到大量的无用邮件，从而影响正常业务，严重时造成系统关闭、网络瘫痪等。

（4）身份窃取。用户的身份在通信时被他人非法截取。

（5）非授权访问。对网络设备及信息资源进行非正常使用或越权使用。

（6）冒充合法用户。利用各种假冒或欺骗手段非法获取合法用户资源的使用权限，以达到占用合法用户资源的目的。

（7）数据窃取。非法用户截取通信网络中的某些重要信息。

（8）物理安全。网络的物理安全是整个网络系统安全的前提，包括计算机、网络设备的功能失常，电源故障，由于电磁泄漏引起的信息失密，搭线窃听等，还有自然灾害的威胁（如雷电、地震、火灾等），操作失误（如删除文件、格式化硬盘、线路拆除等），都是造成计算机网络不安全的因素。

（9）软件的漏洞和"后门"。程序设计者为了后期便于维护或是疏漏，在操作系统、应用软件设计时往往会留有一些安全漏洞或"后门"，这也是网络安全的主要威胁之一。例如，大家熟悉的 Windows 操作系统、UNIX 操作系统几乎都存在或多或少的安全漏洞，众多的各类服务器、浏览器、一些桌面软件等都被发现过存在安全隐患。

（10）网络协议的安全漏洞。网络安全协议也会产生漏洞，成为黑客攻击的目标。如一些路由协议漏洞、DNS 协议漏洞、ARP 协议漏洞等都对网络安全造成了威胁。

计算机网络安全是一个复杂和多面性的问题，除上述讲到的影响网络安全的因素外，计算机犯罪等人为因素都会使网络面临安全威胁。解决这些问题，涉及很多的网络安全技术，如防火墙技术、虚拟专用网技术、各种反黑客技术和漏洞检测技术等。此外，网络行为的规范化管理及安全意识也是很重要的方面。

2. 商务交易安全

在电子商务交易活动过程中，交易双方（商家和消费者）都面临不同的安全威胁。

1）商家面临的主要威胁

- 中央系统安全性被破坏。例如入侵者假冒合法用户改变用户数据（如商品送达的地方）、解除用户订单或生成虚假订单等。
- 竞争者检索商品递送状况。例如恶意竞争者以他人名义订购商品，了解有关商品的递送状况、货物和库存情况等。
- 被他人假冒。例如假冒销售者建立与真实销售者服务器名字相同的另一个服务器，进而造成可能的损害，使公司信誉受到损失等。
- 其他威胁。例如客户资料被竞争者获悉等。

2）消费者面临的主要威胁

- 虚假订单。例如假冒者可能会以客户的名字订购商品，客户却被要求付款或返还商品等。
- 付款后不能收到商品。例如在要求客户付款后，恶意销售商可能不供给客户商品等。

- 机密性丧失。例如客户可能将个人身份等秘密数据（如 PIN、口令等）发送给冒充销售商的机构，或是在信息传递的过程中被假冒者窃听等。

电子商务交易过程中交易双方面临各种安全威胁，解决其安全问题涉及多种安全技术及其应用，包括加密技术、认证技术、电子商务安全协议等。

3. 电子商务安全体系

电子商务安全涉及的计算机网络安全和商务交易安全，二者相辅相成，缺一不可。电子商务安全体系反映了电子商务安全涉及的内容和相关技术，其结构如图 2-1 所示。

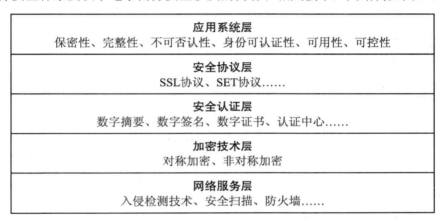

图 2-1 电子商务安全体系结构

电子商务安全体系由网络服务层、加密技术层、安全认证层、安全协议层、应用系统层组成。

在电子商务安全体系结构层次中，下层是上层的基础，为上层提供技术支持；上层是下层的扩展与递进。层次之间相互依赖、相互关联构成统一整体。每一层通过各自的安全控制技术，实现各层的安全策略，保证电子商务系统的安全。

网络服务层为电子商务系统提供基本、灵活的网络服务，是各种电子商务应用系统的基础，提供信息传送的载体和用户接入的手段。通过 Internet 网络层的安全机制（如入侵检测、安全扫描、防火墙等技术）保证网络层的安全。

加密技术层、安全认证层和安全协议层确保电子商务交易安全。加密技术是保证电子商务交易安全所采用的最基本的安全措施，它用于满足电子商务对保密性的需求。安全认证层对加密技术层中提供的多种加密算法进行综合运用，进一步满足电子商务对完整性、不可抵赖性等要求。安全协议层是加密技术层和安全认证层的安全控制技术的综合运用和完善，为电子商务安全交易提供保障机制和交易标准。

2.1.3 电子商务安全策略

电子商务安全策略是提供安全服务的一套准则，它定义了系统要实现的安全目标和实现这些安全目标的途径。电子商务安全策略的内容应该有别于技术方案。安全策略是原则性的并且不涉及具体细节，对于整个组织提供全局性指导，为具体的安全措施和规定提供一个全局性框架。

电子商务安全策略主要包括电子商务安全技术及安全管理两部分内容。安全技术为电子商务安全提供基本的技术支持，安全管理为电子商务安全提供严格的组织与管理制度。

1. 安全技术策略

（1）计算机及网络安全技术。计算机和网络是开展电子商务活动的基础，因此计算机和网络安全是保障电子商务安全的基础。计算机和网络安全技术涉及的内容很多，包括计算机硬件安全、软件安全、操作系统安全、数据库安全、防火墙技术、虚拟专网技术、入侵检测技术、漏洞检测技术和病毒防范技术等。

（2）信息加密技术。信息加密技术是实现电子商务交易安全保密性、完整性、不可抵赖性、身份可认证性的基础。信息加密技术主要有单钥密码体制和公开密钥密码体制两大类。单钥密码体制中加密密钥和解密密钥相同，算法简单、速度快，但密钥发布与管理安全性较低；公开密钥密码体制中加密密钥和解密密钥不同，分为公钥和私钥，公钥用于加密，私钥用于解密。相对于单钥密码体制，公开密钥密码体制的密钥便于管理，安全性更高，但算法复杂、速度慢，实际应用中普遍采用两种体制相结合的方式。典型的单钥密码体制和公开密钥密码体制算法分别是 DES 算法和 RSA 算法。

（3）数字摘要和数字签名技术。数字摘要技术用于验证信息的完整性，应用信息加密技术生成数字签名，表明签署者身份，签署者承认所签署的文件内容，保证交易的真实性和有效性。如果当事双方关于签名的真伪发生争执，能够由公正的第三方仲裁机构通过验证签名来确认其真伪，有效防止交易抵赖和伪造行为的发生。

（4）认证中心（Certificate Authority，CA）。认证中心是一个权威的、受信任的第三方机构，其核心职能是发放和管理数字证书，用于证明和确认交易参与者的身份，保证电子商务交易过程中身份可认证性。认证中心以数字证书的方式为采用公开密钥的用户分发公开密钥，承担公钥体系中公钥的合法性检验等任务。为了建立信任关系，认证中心用它的私钥对数字证书进行签名，防止数字证书的伪造和篡改，从而保证了认证信息的完整性和数字证书的权威性，并且认证中心不能否认自己所颁发的证书。

（5）安全协议。信息加密技术、数字摘要和数字签名技术、认证中心等电子商务安全技术如何与电子商务交易的各参与方充分地结合起来，以保证安全、有序、快捷地完成交易流程，需要安全交易协议规范各方的行为与各种技术的应用。电子商务安全协议主要有 SSL 协议和 SET 协议。

2. 安全管理策略

电子商务是一个复杂的系统，涉及很多参与角色和活动环节。因此，电子商务的安全除了靠安全技术保障外，还必须加强监管，建立健全相应的安全管理制度，有相关的法律法规作保障。

（1）交易安全管理制度。交易安全管理制度主要是为电子商务活动提供安全交易环境，制定相应管理制度和策略，提高信用，规避风险，保证商务活动的公平、公开和公正。

（2）风险管理与控制机制。通过风险管理与控制机制的建立能够对潜在风险及其发生的可能性进行分析，从而及时有效地实施应对策略来规避风险。风险管理与控制是一个封闭的连续过程。首先是主动检查系统内外工作环境，找出潜在风险。其次是对潜在风险及其发生的可能性进行分析，在此基础上对可分配的资源进行评估，制定评估计划与实施方案，并予以实现。最后利用实现过程中所获得的监控信息对风险管理的计划与控制进行调整。应对风险要考虑成本效益的问题，应当认真研究和制定风险管理与控制机制，正确把握投入的度，以最小的投入，获得最大的效益。

（3）运行、维护和安全监控管理制度。建立日常的电子商务系统运行、维护和安全监控管理制度，定期检查系统日志，对系统的日常工作情况进行记录与监控。特别要对关系系统安全的重大相关事件、操作状况和运行情况进行记录，以便分析查找发现问题，及时妥善解决问题。

（4）授权、访问控制策略和责任。授权是指赋予本体（用户、终端、程序等）对客体（数据、程序等）的支配权利，即规定了谁可以对谁进行什么操作。例如，规定某个文件只能由特定人员阅读或修改；人事记录只能由人事部职员进行新增和修改，并且只能由人事部职员、执行经理以及该记录所属于的那个人阅读；在多级安全系统中，只有所持的许可证级别等于或高于相关密级的人员，才有权访问该密级中的信息等。这些安全策略的描述也对各类防护措施提出了要求。在计算机和通信系统中，主要是以一种被称为"访问控制策略"的系统安全策略反映出来的。访问控制策略隶属于系统安全策略，它迫使在计算机系统和网络中自动地执行授权。例如，基于身份的策略，该策略允许或者拒绝执行对明确区分的个体或群体进行访问；基于任务的策略，它是基于身份的策略的一种变形，它给每一个体分配任务，并基于这些任务来使用授权规则；多等级策略，它是基于信息敏感性的等级以及工作人员许可证等级而制定的一般规则的策略。支撑所有安全控制策略的一个根本原则是责任。受到安全策略制约的任何个体在执行任务时，需要对他们的行动负责。

（5）人员管理制度。人员管理在电子商务安全管理中处于非常重要的地位，管理的对象包括在职人员和离职人员，管理的内容包括无意的操作失误、有意的攻击与破坏、错误的判断等。内部人员对系统攻击的危害性及发现的难度要远远大于外部人员，因此如何防止系统内部人员对电子商务系统有意的攻击与破坏是重中之重。制定严格的管理制度，加强教育和监督，明确职责和权限，严禁越权操作和使用。建立离职人员的审计和监督制度，杜绝因人员的离职给单位造成不必要的损失。建立在职人员个人情况（特别是经济状况、工作业绩、道德品行等）档案，及时了解在职人员的思想和工作状况，防止蓄意破坏情况的发生。另外，还要在人员录用、安全教育、岗前培训等方面制定相应的管理制度，消除安全隐患，杜绝安全漏洞，防患于未然。

（6）保密制度。建立安全保密制度，加强工作人员的安全教育，提高安全意识。严格执行信息披露制度，保证企业的有价值信息、关键性商务运作信息、客户私人信息以及内部重要信息等不被泄露。

（7）病毒防范机制。建立病毒的检测与防范机制，通过采用网络防火墙、防病毒软件、控制访问权限等技术和措施，增强安全意识，严格制度管理。认真执行病毒的检测与清理、系统漏洞检查等制度，杜绝安全隐患，防患于未然。

（8）安全计划、应急机制和灾难恢复机制。任何系统都会受到自然灾害或者是人为灾害的影响，使系统处于不安全或者不稳定的状态。因此，需要制定安全计划、应急机制和灾难恢复措施。评估系统薄弱环节，防止和减少系统风险。制定完善的安全解决方案，在系统出现突发性事故或不安全事故发生的情况下，能够尽快排除故障，恢复系统正常运行，最大限度地减少损失。制定灾难恢复措施，经常对重要数据进行备份。采用数据恢复技术，以便灾难发生时，能够及时恢复与使用数据。

2.2 加密技术

2.2.1 基本概念

加密技术是实现信息保密性的重要手段。早在远古时期，人们就能够使用简单的加密技术传递重要的机密信息。20 世纪 70 年代，随着人们对加密技术的深入研究，逐渐形成一门学科——密码学。密码学包括密码编码学和密码分析学。密码编码学主要研究密码体制的设计；密码分析学主要研究密码体制的破译，二者既相互对立，又相互促进。

加密技术涉及信息、算法和密钥等相关概念。信息包括明文和密文，加密技术采用数学方法（算法）对原始信息（明文）进行再组织，使得加密后在网络上公开传输的内容对于非法接收者来说成为无意义的文字（密文），而对于合法的接收者，因为其掌握正确的密钥，可以通过解密过程得到原始数据（明文）。加密和解密的一般过程如图 2-2 所示。

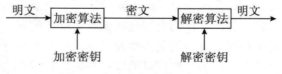

图 2-2 加密和解密的一般过程

加密技术中，算法和密钥是两个核心要素。它们与密码系统的安全有着密切关系。理论上讲，只要采用穷举法去试每种可能的密钥，则几乎所有的密码系统都是可以破译的。但采用穷举法所花费的代价可能是现有计算条件下难以实现的，因此，密码学判断一个密码算法是否安全，更关心的是该密码算法在现有计算条件下是不是不可破译的。

如果一个密码算法不能被现有的计算资源所破译，那么这种密码体制在计算上就可以说是安全的。此外，密钥安全也是密码系统安全的一个重要因素。因为同一加密算法，采用不同的密钥，可以对同一明文加密出不同的密文。只要密钥保密好，他人就不能破译密文。密钥安全主要涉及的是管理问题。密钥的保护与管理，包括密钥的产生、分发、使用和销毁等过程，对信息系统的安全性来说是极其重要的。

按照所使用的密钥不同，可将密码体制分为两类：对称密钥密码体制和非对称密钥密码体制。

2.2.2 对称密钥密码体制

1．对称密钥密码体制原理

对称密钥密码体制的基本原理是加密密钥与解密密钥相同，或者加密秘钥与解密密钥虽不相同，但可以从其中一个推导出另一个。对称密钥密码体制也被称为单钥密码体制，其优点是算法简单，加密和解密速度快，效率高，但也存在一些问题：

（1）密钥传递安全问题。双方传递信息前需要事先通过某个安全渠道传递密钥，而密钥在此过程中可能会泄漏。另一方面，密钥的安全性还取决于传递信息的双方对密钥的保护。

（2）密钥管理问题。为了保证信息传递的安全，当一方与多方（N 方）传递信息时，需要 N 个不同的密钥。当 N 比较大时，密钥的管理和分发难度就会增大。

（3）身份识别问题。对称密钥算法无法实现数字签名技术，因此不能鉴别交易参与者的身份。

2．DES 算法

对称密钥密码体制的典型算法是 DES（Data Encryption Standard）算法。

DES 算法是 IBM 公司研制的一种数据加密算法，1977 年被美国国家标准局颁布为商用数据加密标准，后又被国际标准化组织 ISO 定为国际标准，广泛应用于金融行业的电子资金转账（EFT）等领域。

DES 算法的基本原理是每次取明文中的连续 64 位数据，通过 64 位密钥，对明文进行 16 轮的替代、移位和异或操作，最终得到转换后的 64 位数据（密文），如图 2-3 所示。连续对明文执行上述过程，最终得到全部明文的密文。

图 2-3 中，一组 64 位的明文块首先经过一个初始置换（IP）后，被分成左半部分和右半部分，每部分 32 位，分别以 L_0 和 R_0 表示。然后经过 16 轮变换，第 i 轮变换结果的左半部分为上一轮变换结果的右半部分，即 $L_i = R_{i-1}$；第 i 轮变换结果的右半部分为上一轮变换结果的左半部分与上一轮变换结果的右半部分经过函数（算法）f 处理后所得结果的异或，即 $R_i = L_{i-1} \oplus f(R_{i-1}, K_i)$，$K_i$ 为第 i 轮变换时的子密钥。经过 16 轮变换之后，左右两部分再连接起来，最后经过一个逆初始置换（IP^{-1}）得到 64 位密文块，算法结束。

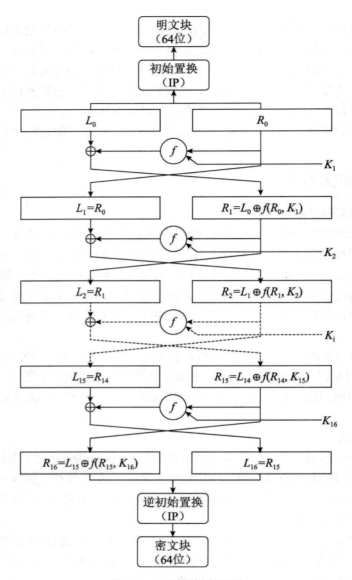

图 2-3 DES 算法原理示意

DES 算法的加密密钥与解密密钥相同,加密算法也与解密算法相同,只是解密时逆向取用加密时所用密钥顺序。加密时第 1~16 轮迭代使用的子密钥顺序是 $k_1, \cdots, k_{16}$,解密时使用的子密钥顺序是 $k_{16}, \cdots, k_1$,产生子密钥时循环移位向右。需要说明的是,64 位密钥中有 8 位是奇偶校验位,所以实际有效密钥长度是 56 位。

DES 算法在密码学的发展过程中具有重要意义,在信息加密方面起了重要作用。但是,进入 20 世纪 90 年代以来,DES 算法的安全性越来越受到了威胁。1997 年,美国科罗拉多州的程序员 Verser 与 Internet 上数万名志愿者协同工作，用了 96 天时间找到了 DES 密钥；1998 年 7 月，电子前沿基金会（EFF）使用计算机在 56 小时内破译了 DES 密钥；1999 年 1 月，EFF 又只用了 22 小时 15 分钟就宣告破解了 DES 密钥。

DES 算法不再是不可破的，人们加以研究和改进，提出了新的基于分组思想的加密算法，如 3DES 算法、IDEA 算法、RC5 算法、AES 算法等。

2.2.3 非对称密钥密码体制

1．非对称密钥密码体制原理

为了克服对称密钥密码体制存在的问题，密码学专家提出了新的加密体制——非对称密钥密码体制，又称为双钥密码体制或公钥密码体制。非对称密钥密码体制的基本原理是加密和解密采用不同的密钥，使用时其中一个密钥公开，称为公钥；另一个密钥由用户私有保存，称为私钥。传递信息时，发送方用接收方的公钥加密信息，接收方用自己的私钥对信息解密。由于接收方的私钥只有接收方自己知道，因此只要其私钥保存完好，即使信息被截取，截取者也因为没有解密密钥，无法获知信息内容，从而保证了信息的机密性。例如，在电子商务交易过程中，商家可以公开其公钥，保留其私钥；客户用商家的公钥对发送的信息进行加密，安全地传送到商家，然后由商家用自己的私钥进行解密得到原文信息。

非对称密钥密码体制克服了对称密钥密码体制的缺点，解决了密钥的分发和管理问题。另外，非对称密钥密码体制能够实现数字签名技术，解决了参与者身份识别问题，但由于算法复杂，算法的运算速度不高，加密信息的效率降低。

2．RSA 算法

非对称密钥密码体制的典型算法是 RSA 算法。它是由三位发明者 Ron Rivest、Adi Shamir 和 Leonard Adleman 名字的第一个字母组合而成。RSA 算法的基本原理是基于大素数难分解原理，即寻找两个大素数比较简单，而将两个大素数的乘积分解非常困难。

具体算法如下：

①选取两个足够大的质数 p 和 q；
②计算 p 和 q 的乘积，记为 $n = p*q$；
③计算 p-1 和 q-1 的乘积，记为 $m =(p-1)*(q-1)$；
④寻找一个与 m 互质的数 e，且满足 $1<e<m$；
⑤寻找一个数 d，使其满足$(e*d) \bmod m = 1$；
⑥(n，e)为公钥，(n，d)为私钥。

如果用 M 表示明文，C 表示密文，则

加密过程可表示为：$C=M^e \bmod n$

解密过程可表示为：$M=C^d \bmod n$

传递信息时发送方用接收方的公钥加密信息，接收方用自己的私钥对信息进行解密。

RSA 算法的工作原理可结合一个简单的算例说明。

假设发送方要传送明文 M=19 给接收方，按照 RSA 算法描述，密钥对的生成过程为：

① 假设选择两个质数 p=3，q=11；
② 计算 n= p*q=33；
③ 计算 m=(p-1)*(q-1)= 20；
④ 寻找一个与 m 互质的数 e，且满足 1＜e＜m，取 e=3；
⑤ 寻找一个数 d，使其满足(e*d)mod m = 1；
  此处取 d=7，满足(3*7)mod 20 = 1；
⑥ 得出公钥(n，e)，即(33，3)；
   私钥(n，d)，即(33，7)。

发送方用接收方的公钥加密信息得到密文 $C=M^e \bmod n =19^3 \bmod 33=28$。接收方收到消息后用自己的私钥解密信息得到明文 $M=C^d \bmod n =28^7 \bmod 33=19$。

从所基于的数学难题来讲，RSA 算法基于大整数因子分解系统。除 RSA 算法外，椭圆离散对数系统（ECC）和离散对数系统（代表性算法 DSA）也属于非对称密钥密码体制算法。

2.2.4 数字信封

对称加密技术与非对称加密技术各有利弊，实际应用中，往往扬长避短，将二者结合起来应用。对原文信息采用对称密钥进行加密，再利用非对称密钥加密传递对称密钥。这样既保证了信息传递的安全性，也考虑到了信息加密的时间效率。

以发送方向接收方传递一段交易信息（如电子合同、支付通知单等）为例，发送方先在本地用对称密钥对交易信息进行加密，形成密文；再用接收方的公钥将用于加密交易信息的对称密钥加密，并将加密后的对称密钥信息和密文一同传递给接收方；接收方接收信息后，先用自己的私钥解密加密后的对称密钥信息，得到用于加密交易信息的对称密钥，再用其解密密文得到交易信息原文，其应用示意如图 2-4 所示。

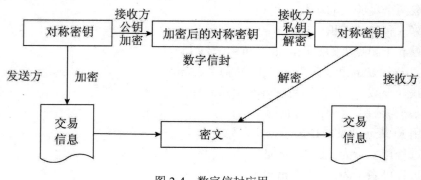

图 2-4 数字信封应用

由于在传递过程中，加密后的对称密钥就像是被封装在一个"信封"里传递一样，因此被称为数字信封。对称密钥的信息量相对于原文的信息量较少，因此采用数字信封技术既解决了密钥分发和管理的安全问题，又保证了信息加密传递的速度。除用于传递加密密钥外，对于一些重要的短小信息，如账号、密码等都可以采用数字信封技术加以传送。

2.3 认证技术

在电子商务交易过程中，交易双方互不见面，如何保证信息发送方和信息接收方的真实性，如何保证交易双方对信息的认可，是必须要解决的重要问题。身份认证、数字摘要、数字签名、数字时间戳等技术是电子商务交易活动中常用的认证技术。

2.3.1 身份认证

身份认证技术在电子商务信息安全中处于非常重要的地位，是其他安全机制的基础。只有实现了有效的身份鉴别，才能保证访问控制、安全审计、入侵防范等安全机制的有效实施。

1. 身份认证的概念

身份认证也称为身份识别或身份鉴别。在电子商务活动过程中，通过身份认证鉴别互联网上用户身份的真实性，保证访问的可控制性以及通信过程的不可抵赖性和信息的完整性。这些问题一方面要通过数字摘要、数字签名等技术来解决，另一方面还需要通过数字认证中心等权威机构负责仲裁和信誉保证。只有这样，电子商务活动才能顺利开展。

2. 身份认证的方法

现实生活中，人们可以通过出示身份证、驾驶证、工作证等证件证明自己的真实身份。网络环境中，身份认证通常基于以下几种方式进行。

（1）口令方式。口令方式是最简单的一种身份认证方式。我们登录电子邮箱，输入用户名、密码等账户信息就是一种基于口令方式的身份认证。基于口令方式进行身份认证的基本原理是将用户输入的口令与系统所保存的口令信息进行比较，进而判断用户身份是否合法。口令方式简单易行，但安全性不高。随着计算机等技术的不断进步和发展，攻击者很容易通过口令猜测、穷举、字典攻击等方式窃取口令。此外，以明文方式传递的口令的安全性还建立在对系统管理员信任的基础上。

（2）标记方式。标记方式是通过验证用户持有的某种物理介质，如智能卡、IC 卡、磁卡等，判断用户的真实身份。

（3）人体生物特征方式。人体生物特征方式是指利用人体生物学特征如指纹、声音、虹膜、DNA 等判断用户的真实身份。这些人体生物特征具有因个体不同而不同的特性，因此基于人体生物特征的身份识别是一种很准确和严格的识别方式，但应用成本较高，更适用于保密性要求较高的场合。

实际应用过程中，以上三种方式往往会结合起来使用。根据结合使用方式的个数，身份认证方式又可分为单因素认证、双因素认证和多因素认证。单独使用一种方式进行的身份认证称为单因素认证，将两种方式结合使用进行的身份认证称为双因素认证，以次类推，将三种以上方式结合使用进行的身份认证称为多因素认证。以在 ATM 机上使用银行卡为例，当用户在 ATM 机上插入银行卡后，ATM 机还会要求用户输入正确的密码后方可进入系统进行相关操作，这一身份认证过程同时使用了标记和口令方式进行身份认证，是一种双因素认证方式。

2.3.2 数字签名

传统商务活动中，我们通过手写签名达到确认信息的目的。电子商务活动中，交易双方互不见面，可以通过数字签名确认信息。数字签名技术有效解决了电子商务交易活动中信息的完整性和不可抵赖性问题。

1．数字摘要

1）数字摘要的基本概念

数字摘要是利用哈希函数对原文信息进行运算后生成的一段固定长度的信息串，该信息串被称为数字摘要。产生数字摘要的哈希算法具有单向性和唯一性的特点。所谓单向性，也称为不可逆性，是指利用哈希算法生成的数字摘要，无法再恢复出原文；唯一性是指相同信息生成的数字摘要一定相同，不同信息生成的数字摘要一定不同。这一特征类似于人类的指纹特征，因此数字摘要也被称为数字指纹。

2）数字摘要的使用过程

数字摘要具有指纹特征，因此可以通过对比两个信息的数字摘要是否相同来判断信息是否被篡改过，从而验证信息的完整性。

数字摘要的使用过程如图 2-5 所示。

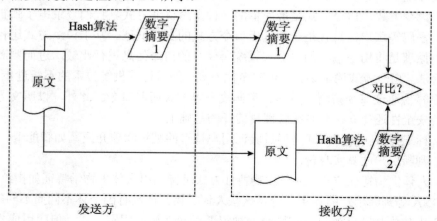

图 2-5　数字摘要的使用过程

(1) 发送方将原文用哈希（Hash）算法生成数字摘要 1；

(2) 发送方将原文同数字摘要 1 一起发送给接收方；

(3) 接收方收到原文后用同样的哈希（Hash）算法对原文进行运算，生成新的数字摘要 2；

(4) 接收方将收到的数字摘要 1 与新生成的数字摘要 2 进行对比，若相同，说明原文在传输的过程中没有被篡改，否则说明原文信息发生了变化。

3）数字摘要算法

哈希（Hash）算法是实现数字摘要的核心技术。数字摘要所产生的信息串的长度和所采用的哈希算法有直接关系。目前广泛应用的哈希算法有 MD5 算法和 SHA-1 算法。

MD5 算法的全称是 "Message-Digest Alogrithm 5"，诞生于 1991 年，由国际著名密码学家、RSA 算法的创始人 Ron Rivest 设计发明，经 MD2、MD3 和 MD4 发展而来。MD5 算法生成的信息摘要的长度为 128 位。

SHA 算法的全称是 "Secure Hash Alogrithm"，诞生于 1993 年，由美国国家标准技术研究院（NIST）与美国国家安全局（NSA）设计。SHA（后来被称作 SHA-0）于 1995 年被 SHA-1 替代，之后又出现了 SHA-224、SHA-256、SHA-384 和 SHA-512 等，这些被统称为 SHA-2 系列算法。SHA-1 算法生成的信息摘要的长度为 160 位，而 SHA-2 系列算法生成的信息摘要的长度则有 256 位（SHA-256）、384 位（SHA-384）、512 位（SHA-512）等。与 MD5 算法相比，SHA 算法具有更高的安全性。

MD5 算法和 SHA 算法在实际中有着广泛的应用。与公钥技术结合，生成数字签名。目前几乎主要的信息安全协议中都使用了 SHA-1 或 MD5 算法，包括 SSL、TLS、PGP、SSH、S/MIME 和 IPSec 等。UNIX 系统及不少论坛/社区系统的口令都通过 MD5 算法处理后保存，确保口令的安全性。

需要说明的是，2004 年 8 月，在美国加州圣芭芭拉召开的国际密码学会议上，我国山东大学王小云教授宣布了她及她的研究小组对 MD5、HAVAL-128、MD4 和 RIPEMD 等四个著名密码算法的破译结果。2005 年 2 月，王小云教授又破解了另一国际密码算法 SHA-1。这为国际密码学研究提出了新的课题。

2. 数字签名

1）数字签名的基本概念

在 ISO 7498-2 标准中，数字签名被定义为："附加在数据单元上的一些数据，或是对数据单元所做的密码变换，这种数据和变换允许数据单元的接收者用以确认数据单元来源和数据单元的完整性，并保护数据，防止被人（例如接收者）进行伪造"。实际上，简单地讲，数字签名就是在网络中传送信息报文时，附加一个特殊的唯一代表发送者个人身份的标记，以起到传统上手写签名或印章确认的作用。

数字签名建立在数字摘要的基础上，结合公钥加密技术实现。发送者应用自己的私钥对数字摘要进行加密，即生成数字签名。由于发送者的私钥仅为发送者本人所有，所以附加了数字签名的信息能够确认消息发送者的身份，也防止了发送者对本人所发送信息的抵赖行为。同时通过数字摘要技术，接收者可以验证信息是否发生了改变，从而确定信息的完整性。

2）数字签名的使用过程

数字签名的使用过程包括签名和验证两部分，如图 2-6 所示。

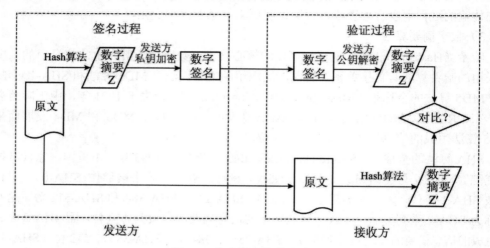

图 2-6　数字签名的使用过程

（1）发送方将原文用哈希（Hash）算法生成数字摘要 Z；
（2）发送方将数字摘要 Z 用自己的私钥加密；
（3）发送方将加密后的数字摘要 Z（即数字签名）同原文一起发送给接收方；
（4）接收方用发送方的公钥解密数字签名，得到数字摘要 Z；
（5）接收方对接收到的原文用同样的哈希（Hash）算法生成数字摘要 Z′；
（6）比较 Z 和 Z′，若二者相同，说明信息完整且发送者身份是真实的。

由以上过程可以看到，数字签名具有以下两个作用：

（1）确认信息的完整性。接收方将原文生成的数字摘要与用接收到的原文生成的新的数字摘要进行对比，相同则说明信息没有改变，不同则说明信息内容发生了变化。因此数字签名能够验证信息是否被修改，从而确定信息的完整性。

（2）确认信息发送者的身份，保证发送信息的不可抵赖性。发送者用自己的私钥对数字摘要进行加密，接收者如果能用对应的公钥进行解密，则说明信息一定是由该发送者发送的，从而确认了发送者的身份。此外，由于发送者的私钥是发送者本人拥有（除非丢失、泄露或被窃取），所以发送者不能否认自己曾经发送过的信息。

3）数字签名的种类

实现数字签名的基本方法有以下几种。

（1）RSA 签名。RSA 签名是基于 RSA 算法实现数字签名的方案，ISO/IEC 9796 和

ANSI X9.30-199X 已将 RSA 作为建议数字签名的标准算法。

（2）ElGamal 签名。ElGamal 签名是专门为签名目的而设计。该机制由 T.ElGamal 于 1985 年提出，经修正后，被美国国家标准与技术学会（NIST）作为数字签名标准（Digital Signature Standard，DSS）。

RSA 签名基于大整数素数分解的困难性，ElGamal 签名基于求离散对数的困难性。在 RSA 签名机制中，明文与密文一一对应，对特定信息报文的数字签名不变化，是一种确定性数字签名。ElGamal 签名机制采用非确定性的双钥体制，对同一消息的签名，根据签名算法中随机参数选择的不同而不同，是一种随机式数字签名。

2.3.3 数字证书与认证机构

传统商务活动中，我们通过出示身份证、营业执照等证件证明我们的合法身份。身份证由公安部门发放，营业执照由工商管理部门发放，他们是大家信任的第三方权威机构，由他们所发放的身份或资格证明受到大家的认可。电子商务活动中，不见面的双方证明自己的真实身份，通过数字证书及其发放机构认证中心实现。

1．数字证书

1）数字证书的基本概念

数字证书（Digital Certification）是标识网络用户身份的电子文档，该电子文档由权威的第三方认证机构 CA 负责发放。数字证书包含用户的基本数据信息及公钥信息、颁发证书的 CA 的相关信息，并由 CA 进行数字签名，保证其真实性。数字证书类似于现实生活中的身份证、营业执照、军官证等证件，起到了证明网络用户身份及其公钥合法性的作用。

2）数字证书的分类

数字证书在网络活动中的应用领域与范围越来越广，按照其功能与用途进行分类主要有个人证书、单位证书、服务器证书、代码签名证书、CA 证书。

（1）个人证书。用于证实参与个人网上交易、网上支付、电子邮件等业务时的用户身份。此类证书包含个人用户的身份信息、个人用户的公钥以及证书机构签发的签名等。

（2）单位证书。用于证明参与网络活动的企业的身份，包括单位身份证书、单位 E-mail 证书、部门证书、职位证书等多种类型。

（3）服务器证书。用于证实网络交易中服务器（如银行服务器、商家服务器）的身份及公钥。

（4）代码签名证书。用于证明软件开发者的身份。使用代码签名证书，用户可以验证软件的来源是否是真实的开发者，同时也可以确认软件的完整性，保证软件在接收过程中没有被篡改。

（5）CA 证书。用户也可能需要验证 CA 的真实性，CA 证书就是用来证明 CA 真实身份的证书。

3）数字证书的内容

数字证书遵循国际流行的 ITU-Trec.X.509 标准。数字证书的内容可分为两部分：数字证书拥有者的信息和颁发数字证书的 CA 的信息。

数字证书拥有者的信息主要包括：

（1）数字证书的版本信息。

（2）数字证书的序列号。每个数字证书都有一个唯一的证书序列号，用以识别证书。当证书被撤销时，数字证书序列号会被放入证书撤销列表中。

（3）数字证书的有效期。包括有效起始日期和有效终止日期，超过该日期范围，数字证书无效。

（4）数字证书的主题。证书拥有者的名称。

（5）公钥信息。数字证书拥有者的公钥信息，包括公钥加密体制算法名称及公钥的字符串信息，该项只适用于 RSA 加密算法体制。

（6）缩略图。即该证书的数字摘要，用以验证证书的完整性。

（7）缩略图算法。生成该证书数字摘要的算法。

（8）其他扩展信息。

颁发数字证书的 CA 的信息主要包括：

（1）数字证书颁发者的信息。包括 CA 的名称等。

（2）数字证书颁发者的数字签名。CA 对颁发的证书的签名。

（3）数字签名算法。数字证书颁发者 CA 使用的数字签名算法。

4）数字证书的工作原理

使用数字证书就像我们平常使用身份证一样，当发送方发送信息给接收方时，发送方将信息与自己的数字证书一同发送给接收方，接收方通过验证数字证书确认发送方的身份。具体过程如下：

（1）接收方首先验证证书的真实性。接收方用 CA 的公钥解开 CA 对数字证书的签名，如果没有错误，说明证书是经过有效认证的。

（2）接收方验证证书的完整性。接收方采用数字证书中提供的数字摘要算法对数字证书进行运算生成数字摘要，再与数字证书中的数字摘要进行对比，如果一致，说明证书没有被篡改，验证了其完整性。

经过以上验证，确认了数字证书的真实性和可靠性，从而认证了信息发送方的身份。

在数字证书的使用过程中，涉及数字证书的有效性问题。如果数字证书无效，也就无须验证。有效的数字证书需满足以下三个条件：

（1）数字证书没有过期。数字证书的内容中包含数字证书的有效起始日期和有效终止日期，超过该日期范围的数字证书就是无效的，如图 2-7 所示。

（2）数字证书对应的密钥没有被修改或丢失。如果发生数字证书中的公钥被修改或数字证书公钥所对应的私钥丢失，其所对应的数字证书均应被视为无效。

（3）数字证书不在证书撤销列表中。数字证书认证机构会保存一张证书撤销列表，就像黑名单一样，将所有已撤销证书的信息列在该表中。如果证书信息（如序列号）已在证书撤销列表中，则该证书就是无效的，不能用于证明该证书拥有者的用户身份。

2．认证中心

认证中心是数字证书的颁发机构，是基于 Internet 平台建立的一个公正的、权威的、第三方独立组织机构，主要负责数字证书的发行、管理以及认证服务，其英文为 Certification Authority，简称 CA。

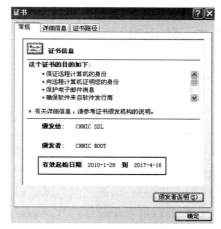

图 2-7　数字证书有效期

认证中心的核心职能是发放和管理数字证书，包括证书的颁发、证书的更新、证书的查询、证书的作废、证书的归档等。

1）证书的颁发

用户想获得数字证书时，首先要向认证中心提出申请，认证中心接收用户的申请，在核实情况后，批准或拒绝用户申请。批准用户申请签发数字证书遵循一定的原则：

（1）保证发出证书的序列号各不相同；

（2）两个不同实体所获得的证书主题内容相异；

（3）不同主题内容的证书包含的公开密钥相异。

2）证书的更新

认证中心可以定期更新所有用户的证书，或者根据用户的请求更新用户的证书。例如，用户证书有效期满以后，由认证中心负责进行证书的更新。

3）证书的查询

认证中心提供用户证书查询的管理，分为证书申请查询和用户证书查询。证书申请查询是指认证中心根据用户查询请求返回当前用户证书申请的处理过程；用户证书查询是指目录服务器根据用户的请求返回适当的证书。

4）证书的作废

用户私钥丢失、泄露等会造成用户证书需要申请作废，认证中心将根据用户的作废申请请求确定是否将该数字证书作废；或者证书已过有效期，认证中心自动将该证书作废。认证中心通过维护证书撤销列表（Certificate Renovation List，CRL）完成上述功能。

5）证书的归档

作废的证书并不能简单的丢弃，认证中心需要对其进行存档管理，以备需要验证以前某个交易过程中产生的数字签名时查询。

2.4 防止非法入侵

2.4.1 防火墙

1. 防火墙的基本概念

防火墙的概念源于早期为防止火灾蔓延在房屋周围修建的矮墙。在网络安全中，防火墙是在内部网与外部网之间构筑的一道保护屏障，是执行访问控制策略的一个或一组系统。通过执行访问控制策略，提供授权通信，保护内部网不受外部非法用户的入侵，控制内部网与外部网之间数据流量。

防火墙可以是硬件，也可以是软件，或是二者结合。防火墙系统决定了哪些内部服务可以被外界访问，外界的哪些人可以访问内部服务，哪些外部服务可以被内部人员访问等。防火墙必须只允许授权的数据通过，其本身也必须能够免于渗透，但防火墙不是对网络内的每台计算机分别进行保护，而是让所有外部对内部网计算机的信息访问都通过某个点，防火墙就是保护这个点。防火墙技术是实现网络安全的主要手段之一。目前，企业内部网络与因特网之间的有效隔离方式大都采用的是防火墙技术。

2. 防火墙的功能

防火墙主要用于实现网络路由的安全性。网络路由的安全性包括两个方面：限制外部网对内部网的访问，从而保护内部网特定资源免受非法侵犯；限制内部网对外部网的访问，主要是针对一些不健康信息及敏感信息的访问。

防火墙具有以下优点：

（1）保护那些易受攻击的服务。防火墙能过滤那些不安全的服务（如 NFS 等）。只有预先被允许的服务才能通过防火墙，这样就降低了受到攻击的风险性，大大地提高了网络的安全性。

（2）控制对特殊站点的访问。防火墙能控制对特殊站点的访问。如有些主机能被外部网络访问，而有些则要被保护起来，防止不必要的访问。通常会有这样一种情况，在内部网中只有 Mail 服务器、FTP 服务器和 WWW 服务器能被外部网访问，而其他访问则被主机禁止。

（3）集中化的安全管理。对于一个企业而言，使用防火墙比不使用防火墙可能更加经济一些。这是因为如果使用了防火墙，就可以将所有修改过的软件和附加的安全软件都放在防火墙上集中管理；而不使用防火墙，就必须将所有软件分散到各个主机上。

（4）对网络访问进行记录和统计。如果所有对 Internet 的访问都经过防火墙，那么防火墙就能记录下这些访问，并能提供网络使用情况的统计数据。当发生可疑动作时，防火墙能够报警，并提供网络是否受到监测和攻击的详细信息。

防火墙也有一些不能实现的功能：

（1）限制有用的网络服务。防火墙为了提高被保护网络的安全性，限制或关闭了很多有用但存在安全缺陷的网络服务。

（2）不能防范内部网络用户的攻击。目前防火墙只提供了对外部网络用户攻击的防护，对来自内部网络用户的攻击只能依靠内部网络主机系统的安全性。

（3）不能完全防范病毒。因为病毒的类型很多，操作系统各异，编码与压缩二进制文件的方法也各不相同，因此防火墙不能完全防止传送已感染病毒的软件或文件，不能期望防火墙对每一个文件进行扫描，查出潜在的病毒。

3．防火墙的分类

从技术角度分类，防火墙可以分为包过滤防火墙、代理服务防火墙和复合型防火墙。

1）包过滤防火墙

网络传输数据是以"包"为单位进行的，数据被分割成一定大小的数据包，每个数据包中都会含有一些特定的信息，如数据的源地址、目标地址、TCP/UDP 源端口和目标端口等。防火墙可通过对数据包的源地址、目的地址及端口等的检查，判断数据包是否来自可信任的安全站点。如果发现来自危险站点的数据包，防火墙将会拒绝其通过。

包过滤防火墙是最简单的防火墙，使用方便，实现成本低。分组过滤在网络层实现，不要求改动应用程序，也不要求用户学习任何新的东西，对用户来讲是透明的，用户基本感觉不到分组过滤器的存在。但也存在一个问题，就是过滤器不能在用户层次上进行安全过滤，即在同一台机器上，过滤器分辨不出是哪个用户的报文。

包过滤防火墙的工作原理如图 2-8 所示。

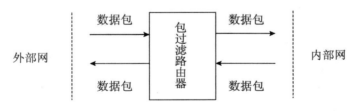

图 2-8　包过滤防火墙

2）代理服务防火墙

代理服务防火墙使用一个客户程序与特定的中间节点（防火墙）连接，然后中间节点与服务器进行实际连接。代理服务防火墙使内网用户对外网的访问变成防火墙对外网的访问，然后再由防火墙转发给内网用户。

代理服务防火墙工作原理如图 2-9 所示。

代理服务防火墙也被称为应用网关防火墙，其核心技术就是代理服务器技术。它采用为每种所需服务在网关上安装特殊代码（代理服务）的方式来管理 Internet 服务。其应用原理是：当代理服务器收到客户对自己代理的某 Web 站点的访问请求后，就检查该请求是否符合规定；如果规则允许用户访问该站点时，代理服务器代理客户在该站点取回所需信息，再转发给客户。代理服务器在外部网络向内部网络申请服务时发挥了中间转接的作用，体现了"应用代理"的角色。

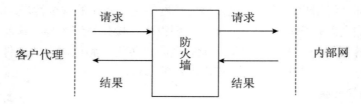

图 2-9 代理服务防火墙

使用代理服务器技术，所有通信都必须经应用层代理软件转发，访问者任何时候都不能与服务器建立直接的 TCP 连接，彻底隔断了内网与外网的直接通信，从外部网只能看到代理服务器而不能了解内部网的资源信息，如用户的真实 IP 地址等。代理服务器提供详细的日志和审计功能，应用层的协议会话过程必须符合代理的安全策略要求，访问业务都由"守规矩"的代理服务器代劳。因此，代理服务防火墙的安全性大大提高。

代理服务器基于特定的应用，因此需要对每个应用服务（如 Telnet、FTP）安装相应的代理服务软件，未被服务器支持的网络服务用户不能使用，因此代理服务防火墙维护量大，使用具有一定的局限性。由于需要代理服务，造成了网络性能下降，网络访问速度变慢。此外，每类应用服务需要使用特殊的客户端软件，并进行一些相关设置，使得代理服务防火墙的透明性较差。

3）复合型防火墙

复合型防火墙将前两类防火墙结合起来，形成新的产品，以发挥各自优势，克服各自缺点，满足更高安全性要求。

4. 防火墙的安全控制模型

防火墙通常有两种安全模型可以选择：没有被列为允许访问的服务都是被禁止的；没有被列为禁止访问的服务都是被允许的。

为网络建立防火墙，首先需要决定防火墙采取何种安全控制模型。采取第一种安全控制模型，需要确定所有可以被提供的服务以及它们的安全特性，开放这些服务；将所有其他未被列入的服务排除在外，禁止访问。采取第二种安全控制模型，正好相反，需要确定那些被认为是不安全的服务，禁止其访问；而其他服务则被认为是安全的，允许访问。找出网络所有的漏洞，排除所有的非法服务，一般是很难的。从安全性角度考虑，第一种模型更可取一些，而从灵活性和使用方便性的角度考虑，则第二种模型更合适。

5. 防火墙与 Web 服务器的配置方式

根据需要，防火墙与 Web 服务器的配置会有所不同，主要有三种：

（1）Web 服务器置于防火墙之内。这种方式 Web 服务器可以得到安全保护，不易被外界攻击，但 Web 服务器本身也不易被外界所用。

（2）Web 服务器置于防火墙之外。这种方式主要保证了内部网安全，Web 服务器不受到保护。需要注意的是，有些防火墙结构不允许将 Web 服务器设置在防火墙之外。

（3）Web 服务器置于防火墙之上。这种方式增强了 Web 服务器的安全性，但是如果 Web 服务器出现问题，整个 Web 站点和内部网都会处于危险之中。

2.4.2 入侵检测

1．入侵检测的基本概念

入侵检测技术是一种利用入侵者留下的痕迹，发现来自外部或内部非法入侵的技术。它通过从计算机网络或计算机系统中的关键点收集信息，并进行分析，发现网络或系统中是否有违反安全策略的行为和被攻击的迹象。

入侵检测技术是对入侵行为的发觉，起着主动防御的作用，是网络安全中极其重要的部分。它以探测与控制为技术本质，通过分析、审计记录，识别系统中任何不应该发生的活动，采取相应的措施报告并制止入侵活动。

入侵检测扮演的是网络安全系统中侦察与预警的角色，能够协助网络管理员发现并处理已知的入侵，通过对入侵检测系统所发出的警报的处理，网络管理员可以有效地配置其他的安全产品，以使整个网络安全系统达到最佳工作状态，尽可能降低因攻击而带来的损失。

2．入侵检测系统的组成

入侵检测系统（Intrusion Detection System，IDS）是进行入侵检测的软件与硬件的组合。入侵检测系统通常由事件产生器、事件分析器、事件数据库、响应单元等基本组件构成。

（1）事件产生器。事件产生器负责原始数据的采集，它对数据流、日志文件等进行追踪，然后将收集到的原始数据转换为事件，并向系统的其他部分提供此事件。

（2）事件分析器。事件分析器负责接收事件信息，然后对其进行分析，并判断是否是入侵行为或异常现象，最后将判断结果转为警告信息。

（3）事件数据库。事件数据库负责存放各种中间和最终数据。它从事件产生器或事件分析器接收数据，一般会将数据进行较长时间的保存。它可以是复杂的数据库，也可以是简单的文本文件。

（4）响应单元。响应单元根据警告信息做出反应，它可以做出切断连接、改变文件属性等强烈反应，也可以只是简单的报警。

3．入侵检测系统的分类

从不同角度，入侵检测系统有不同的分类。

（1）根据原始数据来源，可以分为基于主机的入侵检测系统、基于网络的入侵检测系统和基于应用的入侵检测系统。

基于主机的入侵检测系统通过监视与分析主机的审计记录和日志文件来检测入侵，主要用于保护运行关键应用的服务器。

基于网络的入侵检测系统侦听网络上的所有分组，采集数据，分析可疑现象，主要用于实时监控网络关键路径的信息。

基于应用的入侵检测系统可以说是基于主机的入侵检测系统的一个特殊子集，也可以说是基于主机入侵检测系统实现的进一步细化，所以其特性、优缺点与基于主机的入侵检测系统基本相同，其主要特征是使用监控传感器在应用层收集信息。

（2）根据检测原理，可以分为异常入侵检测系统和误用入侵检测系统。

异常入侵是指能够根据异常行为和使用计算机资源的情况检测出来的入侵。异常入侵检测试图用定量的方式描述可以接受的行为特征，以区分非正常的、潜在的入侵行为。

误用入侵检测是指利用已知系统和应用软件的弱点攻击模式来检测入侵，与异常入侵检测不同，误用入侵检测能直接检测不利或不可接受的行为。

（3）根据体系结构，可以分为集中式入侵检测系统、等级式入侵检测系统和协作式入侵检测系统。

集中式的入侵检测系统可能有多个分布于不同主机上的审计程序，但只有一个中央入侵检测服务器。在等级式入侵检测系统中，定义了若干个分等级的监控区域，每个入侵检测系统负责一个区域，每一级入侵检测系统只负责所监控区的分析，然后将当地的分析结果传送给上一级入侵检测系统。协作式入侵检测系统将中央检测服务器的任务分配给多个基于主机的入侵检测系统，这些入侵检测系统不分等级，各司其职，负责监控当地主机的某些活动。

（4）根据工作方式，可以分为离线检测系统和在线检测系统。

离线检测系统是一种非实时工作的系统，在事件发生后分析审计事件，从中检查入侵事件。在线检测对网络数据包或主机的审计事件进行实时分析，可以快速反应，保护系统的安全，但在系统规模较大时，难以保证实时性。

除此之外，入侵检测系统还有多种其他分类方式。

2.4.3 安全协议

电子商务安全交易协议是一种安全机制保障。目前，电子商务安全机制正在走向成熟，并形成了一些国际规范，比较有代表性的是 SSL 协议（安全套接层协议）和 SET 协议（安全电子交易协议）。

1．SSL 协议

1）SSL 协议概述

安全套接层（Secure Sockets Layer，SSL）协议，是由美国网景（Netscape）公司研究制定的安全协议，主要用于解决 TCP/IP 协议难以确定用户身份的问题，为 TCP/IP 连接提供了数据加密、服务器端身份验证、信息完整性和可选择的客户端身份验证等功能。

SSL 协议通过在应用程序进行数据交换前交换初始握手信息实现有关安全特性的审查。握手信息中采用了 DES、MD5 等加密技术实现机密性和数据完整性，并采用 X.509 格式数字证书实现鉴别。

SSL 协议适用于点对点之间的信息传输，通常在浏览器和 WWW 服务器之间建立一条安全通道实现文件保密传输。SSL 协议已成为事实上的工业标准，并被广泛应用于 Internet 和 Intranet 的服务器产品和客户端产品中。

2）SSL 协议层次结构

SSL 协议在 TCP/IP 网络分层结构中位于应用层和 TCP 层之间，由 SSL 记录协议（Record Protocol）和 SSL 握手协议（Handshake Protocol）组成，如图 2-10 所示。

应用层协议（HTTP、TELNET、NNTP、FTP、SMTP 等）
SSL 握手协议
SSL 记录协议
TCP 协议
IP 协议

图 2-10　SSL 协议在 TCP/IP 网络分层结构模型中的位置

SSL 记录协议定义数据传送的格式，包括记录头和记录数据格式的规定等。SSL 握手协议描述建立安全连接的过程，在客户机和服务器传送应用数据之前，允许服务器和客户机相互验证身份（客户机端可选），协商加密算法、确定会话密钥等。

3）SSL 协议基本安全服务功能

（1）信息机密性。SSL 协议应用对称和非对称密钥等多种加密算法，客户机和服务器在建立的安全通道中传输的所有信息都经过加密处理，防止非法窃听，实现信息的机密性。

（2）信息完整性。SSL 协议利用公开密钥加密算法和数字摘要技术，对信息的完整性进行检验，保证信息在传输过程中不被篡改。

（3）认证性。SSL 协议利用数字证书技术，实现对服务器和客户机的认证。为了验证数字证书持有者是合法用户，SSL 要求证书持有者在握手时，双方可通过交换数字证书，验证对方身份的合法性，确保数据发往正确的客户机和服务器。

4）SSL 协议的通信过程

（1）接通阶段。客户机呼叫服务器，服务器回应客户。

（2）认证阶段。服务器向客户机发送服务器证书和公钥，以便客户机认证服务器身份；如果服务器需要双方认证，还要向客户机提出认证请求，客户机向服务器发送客户端证书。

(3) 确立会话密钥。客户机和服务器之间协商确立会话密钥。

(4) 会话阶段。客户机与服务器使用会话密钥加密交换会话信息。

(5) 结束阶段。客户机与服务器交换结束信息,通信结束。

5) SSL 协议分析

SSL 协议开发成本小,能够提供机密性、完整性和认证服务。目前主流浏览器及许多服务器都支持 SSL 协议,但在电子商务交易应用过程中,也存在一些安全问题。

应用 SSL 协议的电子交易过程如下:

(1) 客户将购物信息发往商家。

(2) 商家将信息转发银行。

(3) 银行验证客户信息的合法性后,通知客户和商家付款成功。

(4) 商家通知客户购买成功,并将商品交给客户。

分析以上交易过程,可以看到客户的购物信息(含支付信息,如银行资料)首先发往商家,若是商家不可靠,客户银行资料的信息安全性就得不到保证。此外,SSL 协议只是提供了信息传递的安全通道,没有提供数字签名功能,存在抵赖和用户身份被冒充的可能性。这些问题在 SET 协议中得到了解决。

2. SET 协议

1) SET 协议概述

安全电子交易(Secure Electronic Transaction,SET)协议,是由 VISA、Mastercard 两大国际信用卡组织会同一些计算机供应商共同开发的网上安全交易协议,是为银行卡在 Internet 上安全地进行交易提出的一整套完整的安全解决方案。1997 年 5 月正式推出 SET 协议 1.0 版。

SET 协议采用对称加密技术和非对称加密技术提供数据加密、数字签名、数字信封等功能,保证了信息在网络中传输的机密性、数据的完整性和一致性,防止交易抵赖行为的发生。SET 协议采用数字证书验证交易过程中参与各方的身份,一般由第三方 CA 机构负责为在线的通信双方提供信用担保与认证,对参与其中的支付网关也要进行认证,以防假冒,具有多方认证性。SET 协议通过双重数字签名技术实现了客户订单信息和支付信息(信用卡账号、密码等)的隔离,保证商家只能看到客户的购买信息,看不到客户的支付信息;而银行只能看到客户的支付信息,看不到客户的购买信息。SET 协议规定了交易中各方进行安全交易的具体流程。参与各方在交易流程中均遵循严格的标准,体现在要求软件遵循相同的协议和消息格式,加密算法的应用协商,数字证书信息和对象格式,订货信息和对象格式,认可信息和对象格式,资金划账信息和对象格式,对话实体之间消息的传输协议等。

2) SET 协议的参与对象

基于 SET 协议的网络支付过程涉及多个参与方,包括客户、商家、银行(发卡银行、收单银行)、支付网关、CA 认证中心。

（1）客户。通常是持有信用卡的用户。SET 协议机制中，持卡客户通常要到发卡银行申请并在自己的客户端安装一套 SET 交易专用的客户端软件（电子钱包软件），并向 CA 认证中心申请数字证书。

（2）商家。客户在网上购物，网上商家通过商家服务器软件提供服务。与客户类似，商家必须先到收单银行申请设立账户，并向 CA 认证中心申请商家服务器的数字证书。

（3）发卡银行。发卡银行是指客户的开户银行。通常持卡客户的客户端软件从发卡银行获得，持卡客户申请数字证书，必须由发卡银行审核批准，才能从 CA 认证中心得到，因为持卡客户是利用银行的信誉消费。

（4）收单银行。收单银行是指商家的开户银行。支付网关接收商家转来的持卡客户支付请求后，要将支付请求转交给收单银行，通过银行间金融专用网络，传送到持卡客户的发卡行，进行相应的授权和扣款。收单银行与发卡银行可以是同一银行。

（5）支付网关。支付网关是 Internet 与银行内部专用网之间的一个专用系统，使得银行金融专用网不直接与非安全的公开网络连接，从而保护银行内部专用网的安全。通常，商家收到客户的购物请求后，要将客户的账号等支付信息传递给收单银行，因此支付网关一般由收单银行担任。银行可委托第三方担任网上交易的支付网关。与客户和商家一样，支付网关也必须通过 CA 认证中心申请数字证书，才能参与 SET 交易活动。

（6）CA 认证中心。SET 协议规定，参与 SET 交易的各方（包括客户、商家、支付网关）必须申请并安装数字证书，以证实自己的真实身份。CA 认证中心作为发放和管理数字证书的机构，起着非常重要的核心作用。

3）应用 SET 协议的交易流程

（1）持卡人（客户）在商家（网上商店）浏览商品；

（2）持卡人选择要购买的商品，并填写订单；

（3）持卡人选择在线支付方式。当选择支持 SET 协议的支付方式进行支付时，SET 协议开始起作用；

（4）持卡人发送订单和支付指令给商家。订单和支付指令由持卡人进行数字签名，同时利用双重数字签名技术保证商家看不到持卡人的支付信息（账号等）；

（5）商家收到订单后，向持卡人所在银行发出支付请求。支付信息通过支付网关到收单银行，再到发卡银行。支付请求获得发卡银行的授权后，返回授权指令给商家；

（6）商家将订单确认信息通知持卡人，为客户发货或完成订购服务。

至此，应用 SET 协议的交易流程结束。商家可以请求收单银行将此笔交易的款项从持卡人账户转到商家账户。以上流程中，SET 从持卡人选择支付方式后开始介入，每一步操作，持卡人、商家和支付网关都会通过 CA 验证通信主体的身份，以确保通信主体的真实性。

4）SET 协议中的双重数字签名技术

电子商务交易过程中，客户发送订购信息和对应的支付信息是相关联的，如何使信息传输过程中，商家看不到客户的支付信息，银行看不到客户的购买信息，SET 协议通过双重数字签名技术加以解决。

发送者 A 将发送给接收者 B 和 C 的信息分别应用算法生成各自的数字摘要，再将两个数字摘要连在一起，应用算法生成新的数字摘要（双重数字摘要），将双重数字摘要用发送者的私钥加密，生成双重数字签名。

下面以客户发送信息给银行为例说明双重数字签名的生成与验证过程，如图 2-11 所示。

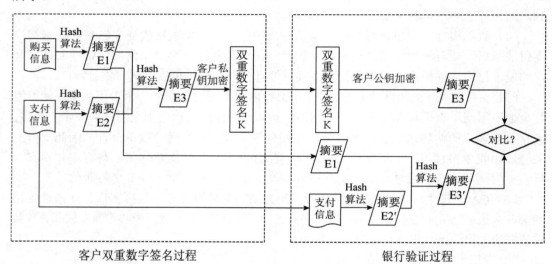

图 2-11 客户发送信息给银行双重数字签名的生成与验证过程

（1）客户对购买信息和支付信息分别生成购买信息的数字摘要 E1 和支付信息的数字摘要 E2；

（2）将 E1 和 E2 连接起来生成双重数字摘要 E3；

（3）客户用自己的私钥加密 E3 生成双重数字签名 K；

（4）客户把双重数字签名 K，支付信息和购买信息的数字摘要 E1 一起发送给银行；

（5）银行对信息进行验证。将支付信息用对应的同样算法生成支付信息的数字摘要 E2′，并将 E2′ 同收到的购买信息的数字摘要 E1 连接在一起，用对应的同样算法生成双重数字摘要 E3′；

（6）银行用客户的公钥解密收到的双重数字签名 K，得到双重数字摘要 E3，将 E3 与 E3′ 比较，如果相同，则银行验证了支付信息是由该客户发出的，且在传输过程中没有被篡改。

同理，客户将双重数字签名 K，购买信息和支付信息数字摘要 E2 发送给商家完成订货信息的传递、签名与验证。通过使用双重数字签名技术，银行和商家只能看到同一条购物信息中自己所需要的那一部分信息，更好地保护了客户的隐私权和电子商务交易活动的安全性。

3．SSL 协议与 SET 协议比较

在支持技术上，SSL 协议与 SET 协议可以说是一致的，都采用了对称密钥加密、非对称密钥加密、数字摘要与数字证书等加密和认证技术；对信息传输的机密性来说，两者的功能是相同的，且都能保证信息在传输过程中的保密性及完整性，但两者在实现目标、实现机制、安全性等方面有所不同。

SSL 协议提供在 Internet 上的安全通信服务，是在客户机和服务器之间建立一个安全通道，保证数据传输机密性；SET 协议是为保证银行卡在 Internet 上进行安全交易提出的一套完整的安全解决方案。SSL 协议面向连接，SET 协议则允许各方之间非实时交换报文。

SSL 协议只是简单地在双方之间建立安全连接，SET 协议则是一个多方报文协议，它定义了银行、商家、持卡人之间必须遵循的报文规范；建立在 SSL 协议之上的卡支付系统只能与 Web 浏览器捆绑在一起，SET 报文则能够在银行内部网或其他网络上传输。

SSL 协议与 SET 协议在网络中的层次也不一样。SSL 协议是基于传输层的协议，SET 协议是基于应用层的协议。SSL 协议在建立双方安全通信通道后，所有的传输信息都被加密，SET 协议则会有选择地加密一部分敏感信息。

从安全性来讲，SSL 协议中，信息首先发往商家，商家能看到客户的信用卡账户等支付信息。SET 协议则通过双重数字签名技术，保证商家看不到客户的支付信息，银行也看不到客户的购买信息，更好地保护了客户的安全和隐私。

2.5　备份与恢复

电子商务活动中，数据故障（包括丢失、失效、数据完整性被破坏等）可能会带来严重的损失。1993 年，纽约世贸中心地下停车场发生爆炸，整个大楼的信息系统陷入瘫痪，该中心 350 家公司中的 150 家不得不退出市场，原因是他们失去了所需的重要信息系统。类似的案例还有很多，在信息化程度越来越高的现代社会，企业的客户资料、技术文件、财务账目等数据一旦出现故障，企业将陷入困境，甚至是无法弥补的，因此数据备份和恢复技术是非常必要和重要的。

2.5.1　数据备份技术

1．数据备份的基本概念

数据备份就是将数据以某种方式加以保留，以便在系统遭受破坏或其他特定情况下，更新并加以重新利用的一个过程。数据备份的根本目的是重新利用。也就是说，备份工作的核心是恢复。一个无法恢复的备份，对任何系统来说都是毫无意义的。一个成熟的备份系统能够安全、方便、高效地恢复数据。

2. 数据备份的类型

从不同角度，数据备份可分为不同的类型。

1）按备份数据量

按备份数据量可以分为完全备份、增量备份、差分备份和按需备份。

完全备份是对整个服务器系统进行备份，包括对服务器操作系统和应用程序生成的数据进行备份。优点是备份数据最全、最完整。缺点是备份数据量大，占用存储空间大，时间较长，成本高。通常，无需每天都做完全备份，在系统开始工作时做一次完全备份，以后每过一个标志性阶段再重新进行一次完全备份。

增量备份每次备份的数据是相对上一次备份后增加和修改的数据。优点是备份数据量小，占用存储空间较小，备份时间较短。增量备份适合进行了完全备份后的后续备份。

差分备份每次备份的数据是相对上一次完全备份之后增加和修改的数据。差分备份无须每天都做系统完全备份，因此备份数据量、占用存储空间都相对较小，备份时间也较短。差分备份也适用于进行了完全备份后的后续备份。

按需备份不是针对整个系统而是针对选定的文件进行，是根据需要有选择地进行数据备份，因此所需的存储空间小，时间少，成本低，但当系统发生故障时，却不能直接依赖按需备份的数据恢复整个系统。按需备份适合小型的、可间断的系统和一些独立的工作过程，尤其适合个人系统的备份。

2）按备份状态

按备份状态可以分为物理备份和逻辑备份。

物理备份是将实际物理数据库文件从一处复制到另一处所进行的备份。物理备份又分为冷备份和热备份。冷备份是关闭数据库并对数据库内的文件进行备份，是一种脱机备份；热备份是在数据库打开和用户对数据库进行操作的状态下进行的备份，是一种联机备份和实时备份。

逻辑备份是将某个数据库的记录读出并将其写入一个文件中。

3）按备份层次

按备份层次可以分为硬件冗余备份和软件备份。

硬件冗余备份技术有双机容错、磁盘双工、独立磁盘冗余阵列与磁盘镜像等。

软件备份有许多优秀的数据备份工具能够实现。不同的数据备份软件采用不同的备份方法，结合各种数据备份设备，可以实现在线和离线的存储管理、网络环境下集中式和分布式的存储管理、跨平台和灵活的存储管理、自动备份和自动灾难恢复等。

3. 数据备份设备

1）磁盘阵列

廉价冗余磁盘阵列（Redundant Array of Inexpensive Disks，RAID）是由多个小容量、独立的磁盘组成的阵列，是一种高效、快速、易用的网络存储备份设备。磁盘阵列有多种部署方式，也称为 RAID 级别，目前主要有 RAID0、RAID1、RAID3、RAID5 等级别。

不同的 RAID 级别，备份的方式不同，使用时可单独采用一种级别，也可几种级别组合使用。如 RAID10 就是 RAID0 和 RAID1 的组合。

2）光盘塔

光盘塔是由多个基于 SCSI 接口的 CD-ROM 驱动器串联而成，光盘预先放置在 CD-ROM 驱动器中。由于采用的是一次性写入的 CD-ROM 光盘，所以不能对数据进行改写。受 SCSI 总线 ID 号的限制，光盘塔中的 CD-ROM 驱动器一般以 7 的倍数出现。

3）光盘库

光盘库是一种带有自动换盘机构的光盘网络共享设备。光盘库带有机械臂和一个 CD-ROM 驱动器光盘柜，工作时利用机械手从机柜中选出一张光盘送到 CD-ROM 驱动器中进行读写。

4）光盘网络镜像服务器

光盘网络镜像服务器是在光盘库和光盘塔之后开发出的一种可在网络上实现光盘信息共享的网络存储设备。它采用硬盘高速缓存技术，将整张光盘的内容存储（镜像）到硬盘中。这样用户可以以硬盘的速度来共享服务器中的镜像光盘。

其他常见的数据备份设备还有磁带机、磁带库等。

2.5.2 灾难恢复技术

1．灾难恢复技术的基本概念

如前所述，无法预知的意外事故、自然灾害、人为破坏或误操作等都可能引起计算机系统遭到破坏或停机，从而导致数据被破坏或丢失，称为数据灾难。及时的灾难恢复是降低损失的有效措施。灾难恢复是指在发生灾难性事故时，能够利用已备份的数据或其他手段，及时对原系统进行恢复，以保证数据的安全性以及业务的连续性。

2．灾难恢复策略

当灾难发生时，时间相当有限。系统管理员必须在有限的时间里准确判断灾难的类型，确定恢复系统需要采取的恢复技术和策略。

通常情况下，系统管理员需要通过以下步骤恢复系统：

（1）恢复硬件故障；

（2）重新安装操作系统，并进行相关设置，如驱动程序设置、用户设置等；

（3）应用系统恢复，重新安装应用程序，进行设置等；

（4）恢复已备份的数据。

这一恢复过程，顺利的情况下也需要 2～3 天时间，对于电子商务企业来说，造成的经济和信誉损失都是相当大的。但是如果系统管理员采用了系统备份措施，那么灾难恢复将会变得简单和迅速。因为系统备份与普通数据备份不同，系统备份不仅备份系统中的数据，还备份系统中安装的应用程序、数据库、用户设置、系统参数等信息，因此可以在需要时迅速恢复整个系统。系统备份方案中必须包含灾难恢复措施，在整个系统失效时，用灾难恢复措施能够迅速恢复系统而不必重装系统。

灾难恢复与数据备份密不可分，灾难恢复策略需依据数据备份的情况制定，如备份所采用的存储介质、使用的软硬件产品等。除此以外，还需要考虑面临的灾难类型、恢复的成本等因素。一般制定灾难恢复策略要遵循以下步骤：

（1）评估系统对数据流和有效数据的需要；
（2）灾难造成的经济损失及其他相关损失；
（3）恢复需要的时间及其产生的影响；
（4）系统各部分恢复时的优先级别；
（5）数据存储设备所存在的不稳定性；
（6）需要考虑的安全机制。

系统管理员可以通过以上步骤以及各种因素之间的折中来确定最后的数据恢复策略。

2.6 计算机病毒与防治

2.6.1 计算机病毒概述

1. 计算机病毒的定义

计算机病毒出现于20世纪五六十年代，20世纪80年代开始为世人所知并不断发展壮大，到20世纪90年代，随着计算机、网络技术的发展，病毒所使用的技术越来越先进，种类越来越多，传播范围越来越广，传播速度也越来越快，影响力、破坏力和造成的损失也越来越大，成为计算机、网络安全的主要威胁之一。

美国计算机安全专家Frederick Cohen博士首先提出了计算机病毒的存在，他对计算机病毒的定义是：病毒是一种靠修改其他程序来插入或进行自我复制，从而感染其他程序的一段程序。

《中华人民共和国计算机信息系统安全保护条例》第二十八条中对计算机病毒的定义是：计算机病毒是指编制者在计算机程序中插入的破坏计算机功能或者毁坏数据，影响计算机使用，并能够自我复制的一组计算机指令或者程序代码。

可见，计算机病毒实际上是一段可执行程序代码，其传播方式通常是把自身附着在各种类型的文件上，当文件被复制或从一个用户传送到另一个用户时，它们就随同文件一同蔓延开，如同生物病毒的传播一样，因此被形象地称为计算机病毒。

2. 计算机病毒的特征

1）传染性

正常的计算机程序一般是不会将自身的代码强行连接到其他程序之上的，而计算机病毒一旦进入计算机并得以执行，会搜寻其他符合其感染条件的程序或存储介质，确定目标后将自身代码插入其中，达到自我繁殖的目的。类似于生物病毒从一个生物体扩散到另一个生物体，计算机病毒也会通过各种渠道从已被感染的计算机扩散到未被感染的计算机。

2）非授权性

计算机病毒隐藏在正常程序中，具有正常程序的一切特性。当用户调用正常程序时，其窃取到系统的控制权，先于正常程序执行。病毒的动作、目的对用户来说是未知的，是未经用户允许的。

3）隐蔽性

计算机病毒代码通常设计得非常短小，它附在正常程序中或磁盘较隐蔽的地方，或以隐藏文件形式出现，如果不经过代码分析，病毒程序与正常程序是不容易区别的，具有很强的隐蔽性。一般在没有防护措施的情况下，计算机病毒程序取得系统控制权后，可以在很短的时间里感染大量程序，而且受到感染后，计算机系统通常仍能正常运行，用户不会感到任何异常。

4）潜伏性

大部分计算机病毒感染系统之后一般不会马上发作，可长期隐藏在系统中，只有在满足其特定条件时才启动表现（破坏）模块。例如，著名的"黑色星期五"病毒在每月13日又恰逢星期五时发作。

5）破坏性

任何计算机病毒只要侵入系统，都会对系统及应用程序产生程度不同的影响。轻者会降低计算机的工作效率，占用系统资源，重者可导致系统崩溃。

6）不可预见性

计算机病毒的不可预见性表现在对病毒的检测方面。由于目前软件种类极其丰富，且某些正常程序也使用了类似病毒的操作甚至借鉴了某些病毒技术，因此对病毒的检测会有误报情况的发生，且计算机病毒的制作技术也在不断提高，病毒对反病毒软件永远是超前的。

2.6.2 计算机病毒分类

计算机病毒的分类方法有很多种，同一种病毒按照不同的分类方法可能被划分到不同的类别。

1）按攻击的操作系统分类

按攻击的操作系统可以分为攻击 DOS 系统的病毒、攻击 Windows 系统的病毒、攻击 UNIX 或 OS/2 的病毒。

2）按传播媒介分类

按传播媒介可以分为单机病毒和网络病毒。

3）按链接方式分类

按链接方式可以分为源码型病毒、入侵型病毒、外壳型病毒、操作系统型病毒。

- 源码型病毒是在程序被编译之前，插入目标源程序中，经过编译，成为合法程序的一部分。这类病毒程序一般寄生在编译处理程序或链接程序中。
- 入侵型病毒也被称为嵌入型病毒，通常是寻找宿主程序的空隙将自己嵌入进去，使病毒程序与目标程序成为一体，变成合法程序的一部分。入侵型病毒往往会对宿主程序进行一定的修改，破坏力较强，检测和杀毒困难，清除这类病毒时往往会破坏合法程序。
- 外壳型病毒通常链接在宿主程序的首尾，对原来的主程序不作修改或仅作简单修改。当宿主程序执行时，首先执行并激活病毒程序，使病毒感染、繁衍和发作。
- 操作系统型病毒用自己的逻辑部分取代操作系统中的合法程序模块，从而寄生在计算机磁盘操作系统区。启动计算机时，能够先运行病毒程序，再运行启动程序，破坏力强。

4）按表现（破坏）情况分类

按表现（破坏）情况可分为良性病毒和恶性病毒。良性病毒通常只表现自己，并不破坏计算机系统。例如出现一些画面、音乐，或是无聊的语句等。良性病毒会占用系统资源，多出自一些恶作剧者之手。恶性病毒则是有意或无意地破坏系统中的信息资源，例如破坏数据、删除文件，或加密磁盘、格式化磁盘等。

5）按寄生方式分类

按寄生方式可分为引导型病毒、文件型病毒、混合型病毒。

- 引导型病毒是在系统启动时先于正常系统的引导程序将其自身装入到系统中。引导型病毒把自己的病毒程序放在软盘的引导区以及硬盘的主引导记录区或引导扇区，计算机启动时，会把引导区的病毒程序当作正常的引导程序来运行。因此，也被称为磁盘引导型、引导扇区型、磁盘启动型、系统型病毒等。
- 文件型病毒以感染可执行文件的病毒为主，还有一些病毒可以感染高级语言程序的源代码、开发库或是编译过程中所生成的中间文件。文件型病毒也可能隐藏在普通的数据文件中，但它们不是独立存在的，必须由隐藏在可执行文件中的病毒部分来加载这些代码。
- 混合型病毒也被称为综合型、复合型病毒，它既具有引导型病毒的特点，又具有文件型病毒的特点。

2.6.3 计算机病毒检测及防范

1. 计算机病毒检测

计算机病毒检测就是采用各种检测方法将病毒识别出来。识别病毒的技术主要有特征判定技术（静态判定技术）、行为判定技术（动态判定技术）。

1）特征判定技术

特征判定技术是根据病毒程序的特征，如感染标记、特征程序段内容、文件长度变化、文件校验和变化等，对病毒进行分类处理，以后在程序运行中凡有类似的特征点出现，则认定是病毒。

特征判定技术主要有以下几种方法：

（1）比较法。比较法的工作原理是将可能的感染对象（引导扇区或计算机文件）与原始备份进行比较，如果发现不一致则说明有染毒的可能性。比较法以保留干净的原始备份为前提，不需要专门的查毒程序，用常规的具有比较功能的软件即可进行。优点是简单、方便，能够发现已知病毒和未知病毒。缺点是无法确认计算机病毒种类、名称及发现的异常是否真是病毒。

（2）校验和检测法。校验和检测法的工作原理是计算正常文件内容的校验和并保存，通过定期或实时地检测文件，比对当前文件算出的校验和与保存的校验和是否一致，判断文件是否感染了病毒。其优点是简单，能够发现已知病毒和未知病毒，并检测出文件的细微变化。缺点是不能够识别病毒种类。由于病毒感染并非文件内容改变的唯一原因（软件版本更新、变更密码、修改运行参数等都会引起文件发生变化），所以该方法容易产生病毒误报。隐蔽性病毒进驻内存后，会自动剥去染毒程序中的病毒代码，从而对有毒文件计算出正常的校验和，因此校验和检测对隐蔽性病毒无效。

（3）特征扫描法。特征扫描法的工作原理是对新发现的病毒样本进行分析，抽取其特征代码加入资料库中。查毒时，用资料库中的特征代码与被检测对象进行比对，如果发现与资料库中相吻合的特征代码，即可判定出相应的病毒。特征扫描法的优点在于能够准确地查出病毒并确定病毒的种类和名称，病毒误报警率低。缺点是不能检测未知病毒，特征代码库必须不断地丰富和更新。由于搜集已知病毒的特征代码，费用开销大。在网络服务器上，因长时间检索会使整个网络性能降低。

（4）启发式扫描法。启发式扫描法是凭借过去的经历和知识逼近问题的技巧来检测病毒。它检查一个文件的特征，例如大小或结构体系，并且通过代码的行为来确定被感染的可能性。启发式扫描法是为了克服传统扫描工具不能检测未知病毒的缺点而提出的新技术。它专门用来寻找未知病毒及与已知病毒特征接近、但还未被收录的病毒。启发式检测技术也被用来寻找那些已知的、不提供自身特征的一些病毒，如一些新的变形病毒。

2）行为判定技术

通常病毒会具有一些正常程序少有的特有行为，例如：占用 INT 13H；修改 DOS 系统数据区的内存常量；向.COM 和.EXE 可执行文件做写入动作；病毒程序与宿主程序的切换等。行为判定技术解决如何有效地辨别病毒行为与正常程序行为。行为监测法是常用的行为判定技术，其工作原理就是利用病毒的特有行为监测病毒。通过监视程序行为，发现病毒并报警。行为监测法的优点是可以相当准确地预报未知的多数病毒，缺点是可能虚假报警和不能识别病毒名称，而且实现起来有一定的难度。

2．计算机病毒防范

计算机病毒严重干扰了人们对计算机的使用，各种病毒防治方法也不断涌现，一般常用的有以下几种：

(1) 把各种查杀病毒的新技术应用于反病毒软件。

(2) 网络杀毒。现在病毒传播的主要手段是通过网络进行的，在本地网络的入口设置病毒防治系统，可以有效防止病毒进入本地局域网。一般可以在路由器、防火墙中加入反病毒模块，专门针对网络蠕虫、邮件病毒、网页恶意代码等。

(3) 个人防火墙。防火墙能够在一定程度上起到屏蔽 Internet 上恶意攻击的目的。现在反病毒厂商与防火墙厂商开展了各种合作。同时，反病毒厂商也积极开发自己的个人防火墙，在产品上实现反病毒与防黑客二者合一。

(4) 邮件杀毒。电子邮件在带来方便和快捷的同时，也充当了病毒传播的主要工具。很多极具破坏力的病毒都把电子邮件作为一个重要的传播渠道。对于一款杀毒软件而言，邮件杀毒的功能必不可少。邮件杀毒可以分为对已经收到的邮件进行查杀和接收邮件时的实时查杀。

(5) 数据备份恢复系统。能杀灭所有病毒的软件不一定就是最好的软件。因为对任何人而言，原有的信息才是最为重要的，防病毒软件所应做的，除了要将病毒全部杀灭，更重要的是要将遭到病毒破坏的数据信息恢复到正常状态。因此，数据备份恢复系统应该成为病毒防治软件必备的功能部件。

2.7 物理环境安全与容灾

物理安全是保护计算机网络设备、设施以及其他媒体免遭地震、水灾、火灾等环境事故以及人为操作失误、错误以及各种计算机犯罪行为导致的破坏，包括环境安全、设备安全、媒体安全等方面。物理环境安全包括场地安全和运行环境安全。场地安全通常需要考虑场地选址、防火、防水、防潮、场地温度控制、场地电源等；运行环境安全主要包括防静电、防雷击、电磁防护、线路安全等。物理环境不但要满足设备长期运行的要求，同时要能防止未获授权的人员操作、使用或破坏物理设备。物理安全是保障电子商务信息系统安全和业务持续性的基本前提。

物理安全的实现需要技术与管理相结合。例如对于设备运行环境，包括净化电源、UPS、空调、防火等，通常按照基本的系统设备要求设计，可以参照国家有关规定执行；对于某些特殊设备的特殊要求，可以进行特定参数的修改。对直接操作物理设备的控制，如机房、服务器，主要强调场地和设施的安全性，可采用门禁系统控制中心机房或重点设备房间的人员进出。对于线路的控制，主要是避免受到线路窃听或遭到其他人员误操作而损坏。对于物理结构上的安全冗余措施，可采用备用系统、备用线路等，如在机房或重点区域布置备用系统或备用线路，以保障系统出现故障时缩短修复时间。

软硬件故障、火灾、地震等自然或人为因素都可能导致系统业务中断，造成系统灾难。如何将危险和灾难拒之门外，保持电子商务信息系统安全和业务持续性，是容灾技术要解决的问题。

系统业务的中断可能是计划内的，如软件升级、数据中心迁移等都会造成停机；也可能是计划外的，如自然灾害、软件故障、硬件故障、人为因素（磁盘损坏、电源断电、误操作等）都会造成业务系统的中断。要针对不同的原因，采取不同的手段和方法规划和建设自己的容灾系统。容灾系统的核心在于在不同的地方将灾难化解，在实践中主要表现为两个方面：一是保证企业数据的安全；二是保证业务的连续性。

容灾技术解决系统发生灾难时的系统恢复问题，从而降低企业业务在各种不可预料灾难发生时的损失，最大限度地保护数据的实时性、完整性和一致性。业务数据是企业最宝贵的资产之一，数据损失就是企业资产利润的损失，实施正确的容灾方案可以将用户的数据损失降至最低甚至为零。容灾方案包括数据容灾和应用容灾两种：数据容灾是仅仅实现异地数据容灾，指仅仅建立远程数据中心，两个数据中心之间可以通过光纤或网络互联，使两个数据中心保存完全一致的数据，在一个数据中心出现故障时，只要简单地重建服务器端，就可以将整个信息系统物理环境完全重建并投入使用。应用容灾是完全在异地建立一个相同的信息系统环境，在本地系统发生故障时，所有的应用由异地容灾中心接管，从而保障信息系统能正常运行。

本章小结

本章首先从信息安全的基本概念、电子商务安全体系和电子商务安全策略方面介绍了电子商务信息安全威胁与防范的相关内容，随后围绕电子商务相关安全技术介绍了加密技术、认证技术、防止非法入侵、备份与恢复、计算机病毒与防治以及物理环境安全与容灾等方面的内容。通过本章学习，了解电子商务信息安全威胁与防范的基本概念，熟悉和掌握电子商务相关安全技术。

参考文献

[1] 李剑. 信息安全导论[M]. 北京：邮电大学出版社，2007.
[2] 曹宝香，郑永果. 计算机导论[M]. 青岛：中国石油大学出版社，2009.
[3] 赵泽茂，吕秋云，朱芳. 信息安全技术[M]. 西安：西安电子科技大学出版社，2009.
[4] 方美琪，刘鲁川. 电子商务设计师教程[M]. 北京：清华大学出版社，2005.
[5] 王丽亚. 物流信息系统与应用案例[M]. 北京：科学出版社，2007.
[6] 杨路明，薛君，胡艳英. 电子商务概论[M]. 北京：科学出版社，2006.
[7] 方美琪，刘鲁川. 电子商务技术员教程[M]. 北京：清华大学出版社，2005.
[8] 章学拯，裘奋华. 网络安全与电子商务[M]. 北京：科学出版社，2006.
[9] 贾伟. 网络与电子商务安全[M]. 北京：国防工业出版社，2006.

[10] 赵泉. 网络安全与电子商务[M]. 北京：清华大学出版社，2005.

[11] 苟新生. 网络支付与结算[M]. 北京：电子工业出版社，2004.

[12] 张炯明. 安全电子商务实用技术[M]. 北京：清华大学出版社，2002.

[13] 陈联刚，甄小虎. 电子商务安全与实训[M]. 北京：经济科学出版社，2009.

[14] 曾子明. 电子商务安全与支付[M]. 北京：科学出版社，2008.

[15] 屈武江，王斌. 电子商务安全与支付技术[M]. 北京：中国人民大学出版社，2006.

[16] 王丽娜. 信息安全导论[M]. 武汉：武汉大学出版社，2008.

[17] 宋红等. 计算机安全技术[M]. 北京：中国铁道出版社，2008.

[18] 宋文官. 电子商务实用教程[M]. 3版. 北京：高等教育出版社，2007.

[19] 中国就业培训技术指导中心. 电子商务师国家职业资格培训教程[M]. 北京：中央广播电视大学出版社，2005.

[20] 万守付. 电子商务基础[M]. 3版. 北京：人民邮电出版社，2006.

[21] 令狐佳. 电子商务系统分析与建设[M]. 北京：中国人民大学出版社，2006.

[22] 肖和阳，卢嫣. 电子商务安全技术[M]. 北京：国防科技大学出版社，2005.

[23] 李晓燕，李福泉，郭爱芳. 电子商务概论[M]. 西安：西安电子科技大学出版社，2004.

[24] 韩宝明，杜鹏，刘华. 电子商务安全与支付[M]. 北京：人民邮电出版社，2001.

[25] 刘文哲. 浅析数据加密技术在电子商务交易安全中的应用[N]. 西安：航空技术高等专科学校学报，2007.1.

[26] 陈联刚，甄小虎. 电子商务安全与实训[M]. 北京：经济科学出版社，2009.

[27] 田宁. 电子商务设计师系统分析与设计应用技术[M]. 北京：清华大学出版社，2007.

[28] 唐晓东. 电子商务中的信息安全[M]. 北京：北京交通大学出版社，2006.

[29] 赵乃真. 电子商务技术与应用[M]. 北京：中国铁道出版社，2006.

第二篇　电子商务商科类知识与技术

- ◇ 第3章　电子支付技术与系统
- ◇ 第4章　电子商务物流与供应链管理
- ◇ 第5章　网络营销
- ◇ 第6章　电子商务法律规范与伦理道德

第 3 章　电子支付技术与系统

3.1　电子货币及其职能

3.1.1　电子货币的定义

在电子商务迅速发展和金融电子化的背景下，电子货币成为媒介商品交易的重要工具。电子货币（Electronic Money），是指用一定金额的现金或存款从发行者处兑换并获得代表相同金额的数据或者通过银行及第三方推出的快捷支付服务，通过使用某些电子化途径将银行或第三方支付账户中的余额转移，从而能够进行交易。严格意义是消费者向电子货币的发行者使用银行的网络银行服务或第三方支付进行储值和快捷支付，通过媒介（二维码或硬件设备），以电子形式使消费者进行交易的货币。因此，电子货币就是采用电子形式的货币，货币不再以纸张或金属表现，而是电子载体中所包含的货币信息。这种支付方式借助现代计算机、移动通信与终端、加密等方面取得的进步，极大地提高了支付的效率。

广义的电子货币还应包含数字货币，数字货币是指对货币进行数字化。狭义的电子货币只是基于电子账户实现的支付方式，本质上是现有法定货币的信息化过程，而数字货币则是在区块链上建立账本，不会被人篡改。数字货币目前主要有三种类型：数字黄金货币、密码货币和央行数字货币。

数字黄金货币是一种以黄金重量命名的电子货币形式。这种货币的典型计量单位是金衡制克、金衡制盎司或者黄金迪纳尔。数字黄金货币供应商以黄金作为储备，数字黄金货币通过未配额或者分散配额的黄金存储来计价。数字黄金货币由很多供应商发行。每个竞争供应商都发行独立的数字黄金货币，基本都以他们的公司名字命名。e-gold 和 Liberty Reserve 是应用最流行的数字黄金货币供应商，拥有大量的用户。数字黄金货币本质是一种实物货币形式，它的存款以黄金而不是法定货币为单位计量。因此数字黄金货币的购买力波动和黄金价格相关。如果黄金价格上涨，那么就变得更有价值，如果黄金价格下跌，那么会价值损失。由于还没有具体的金融条例监管数字黄金货币供应商，因此他们以自我管制的方式运作。数字黄金货币供应商不是银行，因此银行条例是不适用的。然而，创立于 2002 年的全球数字货币协会是一个在线货币运营，兑换，商户和用户的非盈利协会。此协会监督用户的举报和对兑换商的声誉进行评级，评级操作是根据用户的举报事实来确认的。

密码货币指不依托任何实物，使用密码算法的数字货币。例如：比特币、莱特币、维卡币、天元等，是一种依靠密码技术和校验技术来创建、分发和维持的数字货币。密码货币的特点在其运用了点对点的区块链技术且每个人都有发行它。密码货币分为开放式采矿型密码数字货币（以比特币为代表）和发行式密码数字货币（以天元为代表）。

央行数字货币（Central Bank Digital Currency，CBDC）是由央行发行的、加密的、有国家信用支撑的法定数字货币。2016 年 1 月 20 日，中国人民银行数字货币研讨会进一步明确未承认比特币的货币属性，而国外也只在私有的一些特殊场合可以实现一些货币的功能。数字化人民币，是一种法定加密货币，而不仅仅是支付工具，只有国家发行的数字货币才是法定数字货币。2017 年，中国人民银行就在深圳正式成立数字货币研究所，该研究所获得国务院批准组织业界进行法定数字货币研发。2018 年，数字票据交易平台实验性生产系统成功上线试运行，结合区块链技术前沿和票据业务实际情况对前期数字票据交易平台原型系统进行了全方位的改造和完善。央行数字货币的框架运行模式将率先开展"中央银行-商业银行"的二元模式，原型系统一期主要针对中央银行到商业银行的闭环，这一层是整个 CBDC 发行流通体系的基础，将遵循和维护现有货币发行流通体系，同时调动商业银行共同参与，分散风险，加快服务创新。原型系统一期虽然主要商业银行间的转移，但面向未来的终端用户，转移过程主要是小额、高频、实时的零售业务特征，也是未来 CBDC 能够具有实用性和竞争性的关键。2019 年 2 月 21 日中国人民银行在全国货币经营工作会议上提出：我国将大力推进关于央行数字货币的研发，这意味着在全球范围内，中国央行有可能成为首个发行数字货币的中央银行。中国人民银行研发的数字货币是基于当前的人民币转化为一套数字体系，通俗来讲就是现金数字化，与比特币等数字货币有着很大的本质区别。虽然这两种货币使用的都是区块链技术，但细究起来，比特币、以太坊等属于去中心化的数字货币，账本是公开的，但账户是匿名制的，即这个账户是谁的，没人知道。而国家发行的数字货币是中心化的，而且账户必然是实名制的，交易可追溯，属于半私密性账本，只有政府机关才有权利查阅。另外，一个特别重要的区别是，去中心化的数字货币的总量是恒定不变的，由区块链机制和参与者的共识决定。而国家数字货币的供应数量与法币 1:1 发行，并由政府参与决定。目前我国关于法定数字货币的原型系统一期研发处于完善阶段，至于我国整个 CBDC 发行流通体系的正式推出暂无具体时间。

因此，本书讨论的电子货币是狭义范畴的电子货币，其基本形态如下：用一定金额的现金或存款从发行者处兑换并获得代表相同金额的数据，通过使用某些电子化方法将该数据直接转移给支付对象，从而能够清偿债务，该数据本身即可称作电子货币。

电子货币发行和运行的流程分为三个步骤，即发行、流通和回收，如图 3-1 所示。说明如下：

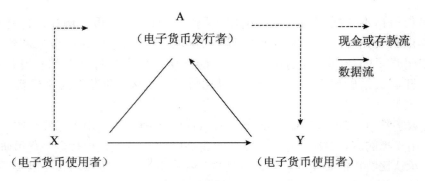

图 3-1　电子货币发行和运行的流程图

步骤一，发行。电子货币使用者 X 向电子货币发行者 A（银行、信用卡公司等）提供一定金额的现金或存款并请求发行电子货币，A 接受了来自 X 的有关信息之后，将相当于一定金额电子货币的数据对 X 授信。

步骤二，流通。电子货币使用者 X、接受了来自 A 的电子货币，为了清偿对电子货币的另一使用者 Y 的债务，将电子货币的数据对 Y 授信。

步骤三，回收。A 根据 Y 的支付请求，将电子货币兑换成现金支付给 Y，或者存入 Y 的存款账户。

3.1.2　电子货币的属性与职能

电子货币的具体形式虽然不尽相同，也还处在不断创新与发展过程中，但它已经反映出这种货币形态的一个总特征，那就是货币载体已经由纸质转变为电子质，由实体转变为虚拟。电子货币大大缩短了信用货币结算的时间，加速了资金的周转；同时，电子货币大大减少了现金和支票等信用货币的使用，从而节约了货币流通费用。电子货币是在传统货币基础上发展起来的、但与传统货币相比还具有一些特有的属性。

1）电子货币是无形货币

传统货币是以纸币的形式存在、金额的多少显示在纸面上。而电子货是在银行电子化技术高度发达的基础上出现的一种无形货币，实质上是一些电子数据，这些电子数据代表一定的法定货币，并以法定货币为计算单位，用电子脉冲方式传输和显示资金。因而没有传统货币的物理形态、大小、重量和印记，持有者没有持有的实际感觉。

2）电子货币是一种在线货币

电子货币与实体货币不同在于，实体货币无需其他附属设备即可以当面交换和进行流通，而电子货币的流通必须有一定的基础设施。电子货币通常在专用网络上传输，通过 POS、ATM 系统进行处理。电子货币的保管需要有存储设备，交换需要有通讯手段，保障其安全需要加密和解密措施。否则，电子货币将无法保管、流通和使用。

3）电子货币是信息货币

电子货币说到底不过是观念化的货币信息，实际上是由一组由用户身份、密码、金额、使用范围等内容的数字构成的特殊信息。人们使用电子货币交易时，实际上是交换相关信息。这些信息传输到开设这种业务的银行后，银行就可以为双方交易结算，从而使消费者和企业能够更快捷、方便地相互收付资金。

4）电子货币只是准通货

传统货币由中央银行或特定机构垄断发行，中央银行承担其发行的成本与收益。电子货币的发行机制有所不同，电子货币的发行既有中央银行，也有一般金融机构，甚至非金融机构。传统货币是以中央银行和国家信誉为担保的法币，是标准产品，由货币当局设计、管理和更换，被强制接受和广泛使用。而电子货币大部分是不同的机构自行开发设计的带有个性特征的产品，其担保主要依赖于各个发行人自身的信誉和资产，风险并不一致。

5）电子货币的隐匿性

一般来说，货币既不是完全匿名的，也不可能做到完全非匿名，交易方或多或少地可以了解到使用者的一些个人情况，如性别、相貌等。电子货币则要么是非匿名的，可以详细记录交易、甚至交易者的情况；要么是匿名的，几乎不可能追踪到其使用者的个人信息。

6）电子货币的地域性

在欧元区未出现以前，货币的使用具有严格的地域限定，货币一般都是在本国被强制使用的唯一货币。电子货币打破了地域的限制，只要商家愿意接受，消费者可以较容易地获得和使用多国货币。

7）电子货币的防伪性

传统货币的防伪可依赖于物理设置，而电子货币的防伪只能采取技术上的加密算法或认证系统来实现。

货币具有价值尺度、流通手段、支付手段、贮藏手段、世界货币的职能。其中价值尺度和交易媒介是货币的基本职能，价值贮藏和支付手段职能则是从基本职能中延伸出来的。而世界货币并不是货币的一个单独的职能，它只不过是货币诸项职能在一国国界外的延伸。电子货币的功能及货币职能。

1）电子货币的功能

电子货币主要具有转账结算、储蓄、兑现、消费贷款的功能。转账结算功能：直接消费结算，代替现金转账。储蓄功能：使用电子货币存款和取款。兑现功能：异地使用货币时，进行货币汇兑。消费贷款功能：先向银行贷款，提前使用货币。

2）电子货币的职能

从价值尺度看，电子货币以一定的货币单位及其倍数通过电子脉冲显示商品的价格及其价格总额。同时，这种显示也广泛地扩展到非商品价值领域，一笔商品价款、一项债权债务、一笔货币结存等资料，均可简明无误地通过电脑及其他存读器具显示出来。

从流通手段看，通过电子货币媒体的使用，以及在网络上发生货币信息的传输，实现商品和货币的对流。通过电子货币系统作为中介，还可以促使现金和非现金的相互转化。提取现金，使存款向现金转化，存入现金，使现金向存款转化。

从支付手段看，电子货币不仅可以电子信号形式将客户的存款记录在银行系统的记录介质上，而且可按照客户指令在不同的账户之间实现转账划拨，这种利用电子脉冲信号完成的转账结算，方便快捷，且安全可靠。特别是信用卡的后付及透支、赊销的清偿，无不体现出电子货币的支付手段职能。

从储藏手段看，电子货币额的储藏和积累，不仅表现在电子货币持有人账户的保证金、备用金上，也反映在各种结算收款上，当客户的电子货币账户同普通存款账户能够实现自动转账时，这种储藏手段范围将更为扩大。

从世界货币职能看，具有外汇支付功能的电子货币，尤其是在跨国电脑联网上的电子货币可以便捷地通过汇率换算模式在计算机上实现不同货币的兑换。

3.2 电子支付及清算模式

3.2.1 电子支付方式

电子货币支付的方式包括信用卡电子支付方式、电子支票支付方式和电子现金支付方式等，以下分别加以介绍：

1. 信用卡电子支付方式

信用卡的支付主要有四种：账号直接传输方式、专用账号方式、专用协议方式和 SET 协议方式。

1）账号直接传输方式

账号直接传输方式即无安全措施的信用卡支付，客户在网上购物后把信用卡号码信息加密后直接传输给商家。但无安全措施，商家与银行之间使用各自现有的授权来检查信用卡的合法性。此种方式，商家必须具有良好的信誉才能使客户放心地使用信用卡支付。

2）专用账号方式

专用账号方式即通过第三方代理人的支付，客户在线或离线在第三方代理人处开账号，第三方代理人持有客户信用卡号和账号；客户用账号从商家在线订货，即将账号传送给商家；商家将客户账号提供给第三方代理人，第三方代理人验证账号信息，将验证信息返回给商家；商家确定接收订货。这样，支付是通过双方都信任的第三方完成的，信用卡信息不在开放的网络上多次传送，客户有可能离线在第三方开设账号，这样客户没有信用卡信息被盗窃的风险，商家信任第三方，因此商家也没有风险，买卖双方预先获得第三方的某种协议，即客户在第三方处开设账号，商家成为第三方的特约商户。

3）专用协议方式

专用协议方式即简单信用卡加密，在客户、商家和银行卡机构之间采用专用的加密协议（如 SHTTP、SSL 等），当信用卡信息被买方输入浏览器窗口或其他电子商务设备时，信用卡信息就被简单加密，安全地作为加密信息通过网络从买方向卖方传递。由于采用这种具有加密功能的软件及特殊的服务器，商家无法从客户的支付数据中得到信用卡账号的任何信息，保证了支付信息的安全性。

4）SET 协议方式

安全电子交易（Secure Electronic Transaction，SET）协议是用于银行卡网上交付的协议。安全措施主要包含对称密钥系统、公钥系统、消息摘要、数字签名、数字信封、双重签名和认证等技术。消息摘要主要解决信息的完整性问题，即是否被修改过。数字信封是用来给数据加密和解密的。双重签名是将订单信息和个人账号信息分别进行数字签名，保证商家只看到订货信息而看不到持卡人账户信息，并且银行只能看到账户信息，而看不到订货信息。因此它成为公认的信用卡或者借记卡网上支付的国际标准。

2．电子支票支付方式

电子支票的运作类似于传统支票。顾客从他们的开户银行收到数字文档（电子支票），并为每一个付款交易输入付款数目、货币类型以及收款人的姓名。为了兑现电子支票，付款人和收款人都必须对支票进行签名。收款人将支票拿到银行进行兑现，银行验证无误后向商家兑付或转账，然后银行又将支票送回给付款人。

电子支票的支付一般是通过专用网络、设备、软件及一套完整的用户识别、标准报文、数据验证等规范化协议完成数据传输，从而控制安全性。这种方式已经较为完善。电子支票支付现在发展的主要问题是今后将逐步过渡到公共互联网络上进行传输。电子资金转账（Electronic Fund Transfer，EFT）或网上银行服务（Internet Banking）方式，是将传统的银行转账应用到公共网络上进行的资金转账，一般在专用网络上应用具有成熟的模式（例如 SWIFT 系统）。尽管电子支票可以大大节省交易处理的费用，但是，对于在线支票的兑现，人们仍持谨慎的态度。电子支票的广泛普及还需要有一个过程。

3．电子现金支付方式

电子现金是一种以数据形式存在的现金货币。它把现金数值转换成为一系列的加密序列数，通过这些序列数来表示现实中各种金额的币值。用户在开展电子现金业务的银行开设账户并在账户内存钱后，就可以在接受电子现金的商店购物。电子现金是一种储值型的支付工具，使用时与纸币类似，多用于小额支付，可以实现脱机处理。

电子现金以数字签名和加密算法为基础。客户在开展电子现金业务的银行开设账户并在账户内存钱后，客户计算机上所使用的电子现金软件，就会记下银行所签章的数字金钱，使用者就可以在接受电子现金的商店里购物，软件可以从所储存的电子现金中转出适当的金额进行支付。为防止电子现金的重复使用，银行须拿数据库里已使用的电子现金资料来进行核查。银行通过检验数字签名的密码系统确认该现金身份是否真实合法，保证电子现金的安全性。

电子现金的传送环节以及存储环节应该充分考虑。在公共网络中，必须保证电子现金的传送是安全可靠的,即电子现金应该安全、完整地送到另一端,既不会被窃取、篡改,也不会丢失或重复接收。这些就要通过加密技术、杂凑技术以及加强的传输控制协议等来实现。电子现金的存储也是一个十分重要的问题,因为没有专门的银行账户与之对应,也不能跟踪其流通轨迹,一旦电子现金丢失(如卡丢失、毁坏、硬盘故障等),意味着用户的货币确实丢了。因此,应从技术上加强其存储保护,以尽可能减少技术故障带来的损失。

3.2.2 电子支付业务流程

电子支付业务流程如图 3-2 所示。图中实线代表电子支付手段的流向,而虚线则代表钱或商品的流向。

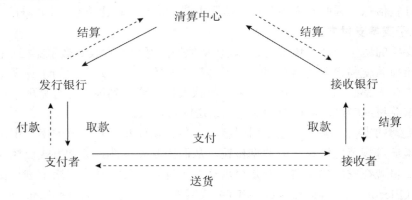

图 3-2 电子支付系统一般模型

1. 电子支付业务流程的参与者

(1) 发行银行。该机构为支付者发行有效的电子支付手段,如电子现金、电子支票和信用卡等。

(2) 支付者。通过取款协议从发行银行取出电子支付手段,并通过付款协议从发行银行换得电子支付手段。

(3) 商家。接收支付者的电子支付手段并为支付者提供商品或服务。

(4) 接收银行。接收商家从支付者收到的电子支付手段,验证其有效性。然后提交给清算中心,将钱从发行银行贷给商家账户。

(5) 清算中心。从接收银行收到电子支付手段并验证其有效性,然后提交给发行银行。

2. 电子支付业务流程的协议

(1) 付款。该协议的目的是将支付者的钱传给发行银行,以更新支付者的账户。这里的钱是指传统意义上的现钞、支票等。

(2) 取款。该协议在发行银行和支付者之间执行,其目的是为支付者提供电子支付手段。

（3）支付。该协议在支付者和商家之间执行。为了向支付者提供其申请购买的商品，商家要求支付者提供有效的电子支付手段。

（4）存款。在存款时，商家把从支付者处获得的电子支付手段以及相关的一些数据提供给接收银行。

3. 信用卡电子支付的一般过程

（1）客户访问商家主页，浏览商品，验证商家 CA 证书，申请空白订货单。

（2）客户挑选商品，填写订单，发出信用卡支付指令，由浏览器扩展部分进行验证，与订单同时发往商家。

（3）商家后端服务器中的支付处理模块在收到订单信息和支付信息之后，初步确认客户的交易意图，在对客户身份认证完成之后，将两种信息发往信用卡信息中心进行确认并申请授权。

（4）经支付网关检查过的合法支付指令被传送到信用卡信息中心进行联机实时处理，经过卡的真实性、持卡人身份合法性以及信用额度的确认后，信用卡信息中心决定是否授权，并产生结果传回商家服务器。

（5）接到信用卡授权后，商家便可继续交易，向客户发送货物，并向客户索取交易完成的标志（在此，客户用信用卡实现了"先消费，后付款"的功能，其中银行提供的信用是交易顺利进行的保障）。

（6）信用卡信息中心将信用卡授权产生的转账结算数据传往收单行进行账务处理。时间可在当日、次日或约定的一定时间间隔内。

（7）收单行将转账数据及相关信息传往发卡行进行认证（在信用卡信息中心的认证基础之上的再认证，充分保证支付系统的安全性）。

（8）转账业务经发卡行认证传回收单行。同时，发卡行将客户的消费金额记入其消费信贷账户中；收单行则把商家的销售收入记入其存款账户中。至此，转账过程结束。

（9）转账结果再分别由发卡行和收单行传往信用卡信息中心，以便更新数据库，从而方便商家和客户的查询。

需要说明的是：在网上交易中，消费者发出的支付指令，在由商户送到支付网关之前，是在 Internet 上传送的，这一点与持卡 POS 消费有着本质的区别，因为从商户 POS 到银行之间使用的是专线。而 Internet 交易就必须考虑公用电子支付信息的流动规则及其安全保护，这就是支付协议的责任所在。

在整个电子商务交易过程中，网上金融服务是其中很重要的一环。随着电子商务的普及和发展，网上金融服务的内容发生着很大的变化。网上金融服务包括了网上购买、网络银行、家庭银行、企业银行、个人理财、网上股票交易、网上保险和网络交税等。所以从广义上说，电子支付就是资金或与资金有关的信息通过网络进行交换的行为，在普通的电子商务中就表现为消费者、商家、企业、中介机构和银行等通过 Internet 所进行的资金流转，主要通过信用卡、电子支票、电子现金等方式来实现的。

3.2.3 电子支付工具

1. 信用卡

早期信用卡业务都是利用手工方式进行处理的。伴随计算机等先进技术的逐渐成熟,信用卡业务经过几十年的发展,基本上实现了电子化。信用卡的各项用途和基本功能,是由发卡银行根据社会需要和银行内部承受能力赋予的。信用卡具有下列四项基本功能:

1) 转账结算功能

顾客凭信用卡在指定的商场、饭店购物消费后,所需支付的款项,可以用信用卡签单方式办理支付,这是信用卡最主要的功能。它为社会提供广泛的结算服务,方便持卡人和商家的购销活动,免于支付现金。

2) 储蓄功能

凭信用卡可在同城或异地发卡银行指定的储蓄所办理存取款业务。用信用卡办理存款和取款手续比使用储蓄存折方便,不受存款地点和存款储蓄所的限制,可在开办信用卡业务的城市通存通取,并且凭信用卡支取现金。个人领用信用卡开立存款账户,发卡银行按照同期活期储蓄利率计付利息。

3) 汇兑功能

当持卡人外出旅游、办事,需在外地支取现金时,可在发卡银行办理存款手续,然后凭卡在汇入地银行办理取款手续。在我国,异地支取现金的手续费比照邮政银行,按取款金额的1%收取;异地存入现金的手续费比照中国人民银行结算办法有关汇兑收费的规定,千元以下的按1%收取,千元以上的收费10元,同城范围内存取现金免收手续费。

4) 透支功能

这是信用卡最本质的特点。持卡人凭借信用卡可从发卡人处获得一定的信用,也就是说,持卡人可从发卡人处获取一定额度的贷款或一定的延期付款期限,信用卡这一特点,使其与借记卡区别开来。

2. 电子支票

电子支票是纸质支票的电子替代物,它与纸支票一样是用于支付的一种合法方式,它使用数字签名和自动验证技术来确定其合法性。监视器的屏幕上显示出来的电子支票样子十分像纸支票,填写方式也相同,支票上除了必须的收款人姓名、账号、金额和日期外,还隐含了加密信息电子支票通过电子函件直接发送给收款方,收款人从电子邮箱中取出电子支票,并用电子签名签署收到的证实信息,再通过电子函件将电子支票送到银行,把款项存入自己的账户。

电子支票是网络银行常用的一种电子支付工具,电子支票与纸质支票一样是用于支付的一种合法方式。它使用数字签名和自动验证技术来确定其合法性。

3. 电子现金

电子现金,是以数字化形式存在的电子货币,其发行方式包括存储性质的预付卡和纯电子形式的数字现金等，使用灵活简便，无须直接与银行连接便可使用。电子现金可以像现金一样由使用者直接控制和支付，根据其赖以存在的技术条件的不同，可将电子现金分为 IC 卡型电子现金（即电子钱包）和数字现金。

1）IC 卡型电子现金

IC 卡是镶嵌了集成电路芯片的塑料卡片。IC 卡型电子现金是以 IC 卡为载体，持卡人无需访问银行账户，通过因特网传送卡中存储的电子货币信息来进行支付的一种电子货币。持卡人可用法定货币兑换或者利用 ATM 机下载等量的货币信息，该货币信息可以在因特网上以安全和匿名的方式传送，具有信息存储、安全密码锁等功能。

2）数字现金

数字现金是一种以数据形式流通的货币，它把现金数值转化成为一系列加密序列数，通过这些序列数来表示现实中各种金额的币值，用户在开展数字现金业务的银行开设账户并在账户内存钱后，就可以在接受数字现金的商家使用，付款行为就是从买方的数字现金中扣除并传输到卖方。数字现金具有灵活、匿名、快速简便的特点，无需直接与银行连接便可使用，适用于小额交易。

仅从技术上讲，各个商家都可以发行电子现金，如果不加以控制，电子商务将不可能正常发展，甚至由此带来相当严重的经济金融问题。电子现金的安全使用也是一个重要的问题，包括限于合法人使用、避免重复使用等。对于无国界的电子商务应用来说，电子现金还在税收、法律、外汇汇率、货币供应和金融危机等方面存在一些潜在问题。

3.2.4 资金清算

如今世界各主要金融市场已通过电子网络联成一体，资本、货币和纸质票据的流动变成无形的电子货币的流动和电子数据信息的流动，银行成了巨大的货币数据工厂和资金信息处理中心，这就是现代银行的资金清算体系。

1. 典型的资金清算体系

第二次世界大战后，世界经济出现了迅速发展的局面。工商企业和个人金融活动与银行联系更加密切，社会经济的发展使各种票据、证券交易、转账支付和跨国贸易、金融交易成倍增长。随着票据流通量和资金交易流通量的剧增，银行原有的手工业务处理方式和落后的技术使银行陷入了被动，无法及时处理大量业务，造成金融资金周转缓慢。为解决这个严重制约金融业务发展的问题，银行业千方百计从支付方式的高科技化方向寻求出路。资金清算体系的电子化是经济发展的需要，也是科学技术革命在金融领域中的应用成果。英、美两个经济较发达和科学技术实力较强的国家是电子资金转账系统开发应用最早的国家，也是电子资金转账系统最为发达的国家。

英国早在 1984 年 2 月就建成了清算所自动化支付系统（CHAPS）。该系统沿袭了传统的双重清算体制。英格兰银行、巴克莱银行、中央信托储蓄银行、劳合银行、米兰银行、国民西敏寺银行等 12 家清算银行，由 8 条信息通道与清算所自动化支付系统的信息转换中心连接起来,进行集中清算,而其他的非清算银行则通过它们在清算银行中的账户划拨差额进行清算。清算银行间清算后的最后差额通过它们在英格兰银行的账户进行划拨。

美国则比英国更早开始资金清算体系的电子化建设。美国于 1970 年开始建设美联储资金划拨系统(Fed Wire)和清算所同业间支付系统(CHIPS)。Fed Wire 参加成员分为三类:一是美国财政部,二是联邦储备系统(包括美国联储委员会、2 家联邦储备区银行和 25 家联邦储备分行),三是全国 1 万多家商业银行和近 2 万家其他金融机构,它们的网点遍及全美,影响颇为广泛。CHIPS 是美国另一个规模比联储通信系统小的资金清算系统。该系统总部设在纽约,成员包括纽约票据交换所的 12 家会员银行和 100 多家设在纽约的本国或外国银行及其分支机构,它在世界各金融中心设有清算点,并和全球电子资金转账系统相连,承担国际间的资金清算。该系统由纽约票据协会负责组建。

20 世纪 70 年代至 90 年代的 20 年间,尽管支付技术有长足进步,但革新主要发生在行间清算层面——旨在降低银行成本、加快支票清算速度以及减少欺诈,而很少涉及金融零售领域。21 世纪之后,随着现代信息技术的飞速发展,个人金融服务在银行业务中所占比例急剧提升,以电子支付工具、数据通信和数据处理技术组成的电子支付方式已成为零售金融业务的主流,银行卡、ATM 和 POS、网络银行服务等电子支付媒介和支付系统为社会提供着快捷、高效、安全的金融服务。在行间支付清算领域,信息技术的应用更为广泛,支付系统用户的计算机设备与支付系统操作者的计算机系统相连接,通过地面线路和卫星通信网在系统用户之间传送信息,从而完成支付指令的传送和资金清算。

2. 资金清算系统的特征

在经济快速增长和金融科技进步的双重推动之下,资金清算系统呈现出如下鲜明特征:

(1)支付媒介电子化。在现代信息技术的强力推动下,电子钱包、电子货币、电子票据等信息化货币品种接踵问世,从根本上改变着传统支付媒介的运作理念与模式。

(2)支付系统网络化。在强调支付系统专业化的基础上,为了提高系统运行的整体效率,支付系统之间的通用、兼容即成为网络化发展的一个显著特征。如欧元启动后,欧洲中央银行组建及运行的大额欧元清算系统 TERGET,既负责各成员国间跨国大额欧元交易的支付清算,又与各成员国自身 PTGS 系统相连,从而形成覆盖整个欧盟的支付清算系统网络。

(3)支付系统运行无纸化。由于支付媒介的电子化和支付系统的网络化发展趋势,支付系统的无纸化运行程度大大提高。在一些金融发达国家(地区),除小额现金和个人支票流通以外,几乎已不见其他纸质支付媒介的踪影。支付系统的无纸化运行,极大地提高了效率与质量,节省了物质与人力资源。

(4)支付系统运行环境综合化。随着现代通信技术的快速发展,利用公用通信资源进行各种经济交易已成为大势所趋。在支付清算领域,支付系统运行环境的综合化,有效地推动了系统运行的专业化、标准化与通用化。

（5）风险监控高科技化。随着支付系统建设的高科技发展，新型风险接踵而至，传统的风险控制手段已难以奏效。所以，随着支付系统模式设计、硬件设施、运行环境的升级与改善，各种高科技安全防护方案纷纷出台，为支付系统的风险监控提供了有效的技术及物理平台。

3.3 电子支付系统

3.3.1 电子支付系统的构成与分类

1．电子支付系统的构成

电子支付系统是客户、商家和金融机构之间使用安全电子手段交换商品或服务从而实现电子支付的系统，是融购物流程、支付工具、安全技术、认证体系、信用体系以及现在的金融体系为一体的综合系统。其构成主要有：

（1）银行。在电子商务中，银行作为连接生产企业、商业企业和消费者的纽带，起着至关重要的作用。银行可分为客户开户行（发卡行）与商家开户行（收单行）：客户开户行是指客户在其中拥有账户的银行，客户所拥有的支付工具就是由开户行提供的，客户开户行在提供支付工具的同时也提供了一种银行信用，即保证支付工具的兑付。商家开户行是商家在其中开设账户的银行，其账户是整个支付过程中资金流向的地方，商家待客户的支付指令提交给其开户行后，就由开户行进行支付授权的请求以及银行间的清算等工作。

（2）客户。客户是指与某商家有交易关系并存在未清偿的债务关系的一方，即付款人。客户用自己拥有的支付工具来发起支付，是支付体系运作的原因和起点。付款人在不同的电子支付形态下有不同的称谓，如在 POS 系统的电子支付中称为持卡人，在电子现金支付系统中称为支付人或电子货币使用者，在跨行大额电子支付中有时被称为发端人。

（3）商家。商家则是拥有债权的商品交易的另一方，即受款人。他可以根据客户发起的支付指令向金融体系请求获取货币给付，支付资金一旦为其所有或在法律上为其控制，则电子支付的目的达到，支付流程一般也因此结束。商家一般准备了优良的服务器来处理这一过程，包括认证以及不同支付工具的处理。

（4）支付网关。为了保证金融安全，银行的业务系统大都建立在封闭的安全数据网络之上，即金融专用网。金融专用网是银行内部及银行间进行通信的网络，资金的交割与清算都是在这个专有网络上进行的，具有较高的安全性。例如人民银行电子联行系统、工商银行电子汇兑系统、银行卡授权系统等。在电子支付中，如果资金从开放的因特网进入这一封闭的付款系统，中间必须有一套安全的软件把从因特网上传来的信息翻译成后端系统所能接收的信息，以使两套互不兼容的信息模式在切换时安全性得到保证。这一套安全的软件就是支付网关。

（5）认证机构。认证机构是负责为参与商务活动的各方发放数字证书，以确认各方的身份，保证电子商务支付安全性的机构。在电子商务交易中，无论数字时间戳服务，还是数字证书的发放，都需要有一个具有权威性和公证性的第三方来完成。

认证机构以独立于认证用户（商家和消费考）和参与者（检验和使用证书的相关方）的第三方身份证明网上活动的合法有效性，其本身不从事商业业务，不进行网上采购和消费活动，并受国家政府部门的监督和管理。认证机构具有独立法人地位，是承担网上安全电子交易认证服务、颁发数字证书，并能确认用户身份的服务机构。其主要的任务是受理数字凭证的申请、签发数字证书，以及对数字证书进行管理。认证用户自愿向认证机构申请认证证书以开展电子商务活动。

（6）信用卡公司。信用卡业务作为较早出现的电子金融业务，由于利润不菲，自出现后逐渐发展成为主要的金融业务品种。但是，信用卡业务与市场营销有紧密联系，持卡人和特约商家越多，发卡人的利润才越大，而经营多种金融业务的银行投入信用卡业务的财力和人力毕竟有限，因此专门从事信用卡业务的信用卡公司应运而生。世界著名的信用卡公司，如美国的 VISA 国际信用卡公司和 Master 国际信用卡公司，它们的业务范围遍及全球。

2. 电子支付系统的分类

以电子支付工具为标准，分为电子支票系统、信用卡系统和电子现金系统。

以支付方式为标准，可分为后支付系统、即时支付系统和预支付系统；后支付系统允许客户实行"先消费后付款"的方法，即可以透支，最普遍的形式就是信用卡支付系统；即时支付系统要求在交易时付款，支付过程是通过对账户的处理来完成的，其特点是金额在客户和商家的账户间移动，如电子支票系统；预支付系统不直接对应任何银行账户，只要预付现金便可转化为 IC 卡或者数字现金进行支付，如数字现金系统。

以电子支付方式对因特网的依赖程度为标准，可分为非因特网环境下的电子支付和因特网环境下的电子支付，非因特网环境主要是银行专用网。

3.3.2 大额电子支付系统

1. 大额电子支付系统概述

大额电子支付系统的服务对象为货币、黄金、外汇、商品市场的经纪商和交易商，金融市场从事活动的商业银行以及从事国际贸易的工商企业。在支付的时间性、准确性、安全性上有特殊要求。如美联储电子划拨系统、清算所银行间支付系统、环球银行间金融电讯协会等都是大额电子支付系统。

尽管大额电子支付系统的最低限额从各国的情况来看各不相同，但其所体现出的资金特征却基本相同。这类电子支付主要适用于证券交易、外汇交易及企业间贸易的支付。这里的"大额"，并非每笔具体的支付金额都很大，而是这类电子支付主要用于商业贸易领域，金额一般较大，以此来与主要用于消费领域的小额电子支付相区分。大额电子支付在支付的时间性、准确性与安全性上有特殊的要求,实际上,只有以计算机为核心的电子支付系统才能为客户提供如此快捷与安全的服务。在发达国家,大额支付系统都是电子资金划拨系统,如美国的联储电划系统(FEDWIRE)、清算所银行间支付系统(CHIPS),英国的清算所自动支付系统(CHAPS),加拿大大额划拨系统(LVTS),日本的日本银行清算网络(BOJNET),瑞士的银行清算系统(SIC)系统。

由于各国的大额电子支付系统都是在专用支付网络上建立起来的,而且出于安全和监管方面的原因,这些大额电子支付系统无疑将继续在专用网络上提供巨额支付服务。

2. 跨行电子资金划拨系统

对于经常进行大额支付的生产或流通企业、证券和外汇交易商来说、由于它们用作支付的金额一般较大,支付频率高,支付人与受支付人的资金结算账户又往往处于不同的银行,而且法律一般也不允许它们通过现金进行支付。对这类支付,比较理想的方式是通过跨行电子资金划拨系统进行处理。

1)跨行电子资金划拨的当事人

跨行电子资金划拨是一种以联行电子支付系统为技术依托,实现不同银行间实时资金转账的电子支付方式。它通常涉及以下几方当事人:

(1)付款人。一般是电子支付整个流程的发起人,《美国统一商法典》称之为"发端人"。付款人多数情况下是一定的组织实体,但也不排除自然人,是在整个电子支付活动中第一个发出资金支付指令的人。

(2)付款人银行。一般指付款人的开户行,付款人在该银行开立有存款账户,所支付的款项由该账户中的存款扣付。

(3)中介银行。它是联系付款人银行与受款人银行的银行。付款人银行与受款人银行一般在其处设有结算账户。中介银行是电子资金划拨系统的提供者,在电子资金划拨中起着至关重要的作用。如中国人民银行在跨行电子资金划拨中就扮演着中介银行的角色,它负责向各商业银行提供全国性的电子支付系统,即"中国国家现代化支付系统",该系统集金融支付、支付结算、清算服务、金融经营管理和货币职能于一体,将我国各商业银行内部的支付网络系统有机地结合在一起,为跨行电子资金划拨提供高效的服务。

(4)受款人银行。与付款人银行相对应,受款人银行一般是受款人的开户银行,为受款人接受付款人的支付,并将支付款项划入受款人账户。

(5)受款人。受款人是支付款项的受领者,在与付款人的关系中一般处于债权人的地位,其债权因受领支付款项而消灭。受款人多数情形下是一定的组织实体,但也不排除自然人作为受款人,本书也称为商家,是在整个电子支付活动中收取资金的受益人,资金按指令被划拨至受款人处,则一个电子支付过程结束。

2)跨行电子资金划拨的基本流程

(1)付款人向付款人银行发出支付指令,这是跨行电子支付的第一步。支付指令可以纸质形式作出,如填写付款人银行的格式单据,也可以电子形式作出。当前银行电子化的趋势是以电子形式发出支付指令，即付款人通过特定的终端设备（如支付密码器、计算机等）形成支付指令，进行签名和加密后传送至付款人银行。付款人银行接收支付指令后，对支付密文进行解密和验证。

（2）付款人银行接受支付指令后，即按指令指定的金额借记付款人的账户，然后根据付款人的支付指令签发一项电子支付指令，通过中介银行提供的通信系统传输至中介银行。

（3）中介银行接受付款人银行的支付指令后，将支付金额借记付款人银行账户，同时贷记受款人银行账户，然后向受款人银行发出电子支付指令。

（4）受款人银行接受支付指令后，即将支付金额贷记受款人账户并向受款人发出收账通知。若受款人没有银行账户，则向受款人发出取款通知。银行通知签发后，整个电子资金划拨过程结束。

在上述整个资金支付过程中，电子支付指令的传输完全是密文传输，以保证支付安全，并且多数环节是电子划拨系统自动化处理，因此电子资金划拨安全即时，是处理大额款项支付的理想方式。

3.3.3 小额电子支付系统

小额支付系统下的电子支付，又可称消费性电子支付，这类电子支付主要适用于消费领域，服务对象主要是消费者或个人，支付金额一般较小。系统最常见的主要有自动柜员机 ATM，销售点终端 POS，自动清算所 ACH 以及部分网上银行业务。ATM 机与银行计算机主机系统相联，形成 ATM 系统。这一系统作为银行柜台业务的延伸，主要功能是为客户的取款提供了方便，银行卡持卡人在 ATM 机取款，既方便又快捷。银行客户通过 ATM 机取款的过程，实际上也是银行通过 ATM 系统向取款人进行电子支付的过程。POS 机通过电信专线与银行计算机主机系统相联，形成 POS 系统。在该系统中，POS 机负责交易信息的采集，银行主机系统负责整个网络系统的控制和管理，两者相互配合、相互联系，共同实现电子支付功能。

1. ATM 系统下的银行卡支付

ATM 为 Automatic Teller Machine 的缩写，中文通常译为自动柜员机，是一种为银行卡持卡人全天候地提供存款、取款、转账、账户查询和修改密码服务的银行自动服务系统。ATM 是机电一体的高科技产品，主要由操作面板、磁卡读写、计算机主机、日志/票据打印、存款箱、现钞箱、废钞箱、维修操作检查面板、通信部件等组成。

操作面板是客户与 ATM 交互的界面，由键盘和显示屏组成，多数 ATM 显示器还配有环境亮度传感器，以确保仅有正面的操作者能看清屏幕上的显示信息。磁卡读写能读出客户插入的磁卡上的信息。磁卡通常是按国际 ISO 标准设计的，有三个磁道。计算机主机负责控制和处理 ATM 中的有关信息，并控制整个传输系统正常远行。ATM 提供两种打印功能：一种是打印交易日志，主要是记录客户存、取款情况和设备本身的运转情况，作为银行在发生故障、出现问题时，进行核查的主要依据，这部分内容通常保存 5 年以上；另一种是打印储户收据，将业务处理的日期、类型、结果打印在预先设计好的收据上，供客户核对。存款箱是用来存放客户存入现金的专用设备，ATM 通常配有 2~4 只现钞箱，可以放入不同面值、不同数量的现钞，供取现金时所用。废钞箱是专门用来存放经检测不合格的现钞，如破损或过旧的钞票。维修操作面板可显示联机线路状态、故障情况，并有开关、综合等操作开关，供银行职员维修和操作。ATM 的通信部件在联机处理时与银行主机系统或通信网相联，完成各种接口工作。

ATM 的工作方式主要有脱机处理和联机处理方式两种：

（1）脱机处理方式。用于脱机处理方式的 ATM 具有完善的交易控制软件，并配有硬盘装置，所有的处理均由 ATM 内的微机完成。每个客户的业务信息都记录在硬盘上，银行职员每天须拷贝出硬盘的数据，据此作相应的票证并入账。ATM 的脱机处理方式既不经济，也不安全，利用率较低，通常只有在通信条件不具备的情况下或联机系统不够完善的情况下才选用这种方式。

（2）联机处理方式。处于联机处理方式的 ATM，使用前先由银行主机系统发出控制信号，使之进入启动工作状态。处理时每一笔业务信息都实时控制录入相关数据车中，实时处理有关账务信息，并可随时查询 ATM 的有关状态，随时提供用户查询账户资料及有关信息。因此，ATM 的联机方式能够提供安全、可靠、方便、快捷的自动服务。

ATM 的联机方式有三种：集中式、分布式、集中分布式。

- 所谓集中式，是指所有的 ATM 通过网络直接联入银行计算机主机系统。银行原有业务信息的数据与 ATM 交易数据都存放在主机系统中，便于数据的集中管理和通存通兑的实现，但是这种处理方式主机的负载很大，且通信费高，扩展容量有限。
- 所谓分布式，是指 ATM 联入相应的各网点主机，通过网点主机经网络连接主机系统。采用这种方式，各原有业务系统的数据及 ATM 交易数据都存放在网点主机上，当客户要进行通存通兑业务时，由主机系统协助完成各网点之间的账务交易处理，分担了主机的部分开销。但这种方式对数据的控制管理较为困难，且直接通过网点主机连接 ATM，功能开发受限制。
- 所谓集中分布式，是指 ATM 直接或经过通信网连接到 ATM 前置机并通过网络连接到银行主机系统，ATM 的交易数据由 ATM 前置机集中控制，而且不过多地增加银行主机负担。这种联机方式在我国较受欢迎。

2. POS 系统下银行卡支付

POS 是英文 Point Of Sale 的缩写，英文原意是销售点，在电子支付领域翻译为网点销售终端机，属于联机交易设备的一种。POS 机一般设在发卡银行的特约商家的收银处，并通过电信专线与银行计算机主机系统相联，形成 POS 系统。在该系统中，POS 机负责交易信息的采集，银行主机系统负责整个网络系统的控制和管理，两者相互配合、相互联系，共同实现电子支付功能。

POS 机由主控设备、客户密码键盘、票据打印机三部分组成。主控设备包括磁卡阅读器、信息显示器和数据输入。磁卡阅读器用于识别客户提供的各类磁卡上的相关信息，信息显示器则提供交易金额的显示，数据输入可以有不同方式，常用的有键盘输入、条形码输入、光学字符读出并输入等方式。

最初 POS 机只具有自动授权的功能，例如能自动查询信用卡止付黑名单，自动检查信用卡余额、透支额度等，使商家在安全可靠的前提下迅速为客户办理信用卡交易，现在的 POS 机已经能提供自动转账支付及信息管理等服务。自动转账支付是指 POS 机能完成消费付款处理、退货收款处理、账户间转账处理、修改交易处理、查询交易处理、查询余额处理、核查密码处理并打印输出账单等功能。自动完成顾客的转账结算，即依据交易信息将客户在银行开立的信用卡账户部分资金自动划转到商家在银行开设的账户上。信息管理是指在 POS 上完成一笔交易后，POS 机还具有自动更新客户和银行的档案功能，以便今后查询；也可更新商家的存货资料以及相关数据库文件，以提供进一步的库存、进货信息，帮助决策管理。

POS 的推广使用，使银行、商场、客户三方的交易能在短时间内完成，带来了较大的经济效益和较好的社会效益，具体表现在：减少现金流通、加速资金周转、确保资金的安全、提供有用信息。

POS 机的工作方式主要有直接转账、脱机授权和联机授权。

（1）直接转账方式。早期的 POS 系统采用扣款卡直接转账的方式，即采用联机处理，实时确认持卡人的身份，鉴别卡的合法性，核实卡中余额，随时办理转账结算，因此，这种方法效率高、安全、可靠。

（2）脱机授权方式。信用卡最初推出在 POS 机上使用时，授权往往通过脱机处理方式。一般可以通过电话授权和查询信用卡止付黑名单，这种方式由于受电信条件的限制往往时间较长，而且，黑名单的提供往往有延时性，给系统带来不安全因素，影响整个系统的运行效率。

（3）联机授权方式。随着信用卡业务的不断扩展和通信事业的迅速发展，在 POS 机上又推出了信用卡联机授权方式，通过通信网络连接各发卡行、各特约商家及各大银行信息系统，随时检查信用卡的真实性、合法性、有效性，随时为客户提供方便、安全、可靠、准确的转账支付结算。

根据 POS 机的特点，POS 机的联机方式主要有以下两类：

（1）直接连接发卡行处理中心（又称为间联 POS）。各银行在商场中放置的联网 POS 机直接与本行的系统连接，当发生交易时，无论是本行交易信息或是跨行交易信息都首先送往所属银行的交易处理中心，再将交易信息传送到银行卡网络服务中心。这种联机方式，对那些已建有完善网络系统的商业银行比较有利，一般不会破坏原有的系统结构。

但是不足也很明显：第一，POS 机直接连入发卡行处理中心，可能会出现一个特约商家设有多家商业银行的 POS 机，出现重复投资，造成严重的资源浪费。第二，POS 机的技术业务管理均由放置该机的银行控制,当联行的其他银行要增加一种新的银行卡品种或有新的发卡银行加入时,放置该 POS 机的银行就必须对其计算机业务处理系统进行修改,否则将造成联网的 POS 机无法识别该银行卡,不能接受该卡的跨行交易。同时,还需要连接信息交换中心以解决跨行的资金清算问题。第三,如果放置 POS 机的业务处理系统发生故障或系统需要修改、调整,就会造成该银行所有的特约商家不能受理其他银行卡的交易处理,给持卡人造成不便。因此,间联 POS 的方式已逐渐被直联的方式所取代。

(2) 直接连接银行卡网络服务中心(又称为直联 POS)。各银行的银行卡受理终端直接与当地的银行卡网络中心相连,无论前端受理机受理的是本行银行卡交易还是跨行交易,每一笔银行卡的交易信息都通过网络直接送至中心进行甄别,再由中心将交易信息传送至发卡银行对该笔交易进行转账结算,而后返回中心进行处理,避免了像 POS 机直接连入发卡行处理中心方式的重复投资现象。

直联方式的优势体现在:第一,直联可以很好地提高银行卡系统处理交易的效率。无论是哪一家银行的卡,全部由网络中心进行判别,再发给各发卡行进行授权,其环节相对于间联更加简洁,提高了运行和管理的效率;第二,采用直联方式,全部交易信息都交给中心处理,使银行卡交易信息处理过程中的责任更为明显;第三,采用直联方式,有助于对各商业银行投放的 POS 机进行清理整顿,也便于软件程序更新、升级和新业务的叠加。

随着技术的发展,POS 机从有线发展到无线。有线 POS 机或者通过电话线路直接拨号到银行的通讯控制器上,或者通过商家的网络以集中拨号的方式来实现付款交易,无线 POS 机是近几年才出现的,它是通过移动通讯网来实现付款的。

3. 因特网条件下的电子支付系统

在因特网上出现的支付系统模式已有十几种,这些大都包含信息加密措施的系统大致上可以划分为三类:一是银行卡网上支付系统;二是网上电子现金支付系统;三是由第三方认证的网上支付清算系统。

1) 银行卡网上支付系统

金融机构是在因特网上积极创建支付系统的主要机构,传统银行卡仍然是因特网首选的支付工具。使用银行卡支付的具体方式是,商家通过因特网展示其商品的价格、型号、品牌等信息,并提示可以使用某种银行卡进行支付。客户选择好需要购买的商品之后,根据计算机屏幕上的指示,将自己银行卡的有关账号、密码等信息通过网络传送给商家。商家收到这些信息后,传送给发卡行或代理行支付网关进行处理,确认银行卡信息的真实性。信息是真实的,则商家通过现实中的物流体系发货。发卡行则通过银行卡支付系统与商家进行支付结算。

2) 网上电子现金支付系统

电子现金系统是以匿名方式直接完成支付的一种网络支付系统,支付行为的完成是通过代表等量数字化货币的加密信息完成的。其目的主要是不需通过中介就可以在交易双方直接实现支付。比较引人注目的是数字现金支付和 IC 卡型电子货币支付。

3）由第三方认证的网上支付清算系统

采用第三方处理交易的机制来处理类似现在的贷记或借记业务，可以克服在因特网上处理支付时所涉及的安全问题。客户和商家首先应在第三方开设账户，进行交易时，交易信息在规定的时间通过该系统发送给第三方。本质上，这些系统都只是担当信息清算所的角色。在这类系统中，第一虚拟股份公司、电脑现金公司等开发的系统具有代表性。

3.4 第三方支付模式

3.4.1 第三方支付的基本模式

1. 第三方支付的含义

第三方支付是指一些和产品所在国家以及国内外各大银行签约、并具备一定实力和信誉保障的第三方独立机构提供的交易支持平台。在通过第三方支付平台的交易中，买方选购商品后，使用第三方平台提供的账户进行货款支付，由第三方通知卖家货款到达、进行发货；买方检验物品后，就可以通知付款给卖家，第三方再将款项转至卖家账户。作为双方交易的支付结算服务中间商，它具有提供服务通道，并通过第三方支付平台实现交易和资金转移结算安排的功能。

2. 第三方支付与网上交易

第三方支付一般的运行模式为：买方选购商品后，使用第三方平台提供的账户进行货款支付，第三方在收到代为保管的货款后，通知卖家货款到账，要求商家发货；买方收到货物、检验商品并确认后，通知第三方；第三方将其款项转划至卖家账户上。这一交易完成过程的实质是一种提供结算信用担保的中介服务方式。

第三方支付的出现与网上交易的特点密不可分。基于虚拟平台的网上交易主要呈现以下几个显著特点：①与面对面交易不同，因双方信息不对称，对对方缺乏信任感。这是网上支付产生信用问题的根本原因；②网上交易不能采用传统支付方式和工具清偿债权债务关系，不能使用纸质载体的支付工具在网上传递，只能通过传送支付指令和支付信息，采用账户划转方式进行，信息传递过程中存在安全问题；③交易过程在前台终端的公用网上进行，而资金划转必须在银行支付结算系统的专用网上进行。公用网和专用网挂接和整合的新特点，决定了网上支付模式具有多样化的特点；④对如何保证虚拟环境下金融系统资金运行的安全，还需要国家制定和补充新的法律、法规。对在虚拟环境下实现安全支付提供相应的法律保障，在相当长的时期内仍存在一定困难。

第三方支付在实现支付结算服务的整个交易过程中的作用，主要体现在以下几个方面：①具有交易过程的中介服务作用；②具有资金转移安排的信用担保地位；③具有资金和货物安全的风险防范保证机制；④具有提供方便、快捷的通道服务的性质。

可以看出,第三方支付能更好地与公用网连接,解决银行与公用网连接可能出现安全隐患的问题;可以向社会提供信用保障;可以承担因不安全而出现索赔等方面的经济问题。

3. 第三方支付的地位

1) 第三方支付是商家和顾客间的信用纽带

由于电子商务中的商家与消费者之间的交易不是面对面进行的,而且**物流与资金流**在时间和空间上也是分离的,这种没有信用保证的信息不对称,导致了商家与消费者之间的博弈:商家不愿先发货,怕货发出后不能收回货款;消费者不愿先支付,怕支付后拿不到商品或商品质量得不到保证。博弈的最终结果是双方都不愿意先冒险,网上购物无法进行。

第三方支付平台正是在商家与消费者之间建立了一个公共的、可以信任的中介。以B2C交易为例,第三方支付交易流程如图3-3所示。

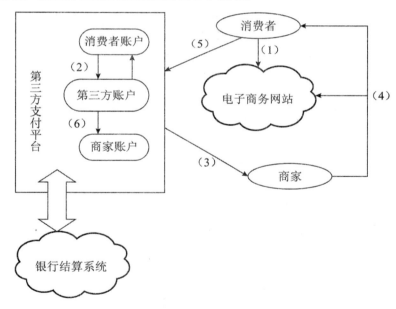

图3-3 第三方支付平台参与的电子商务交易流程

(1)消费者在电子商务网站选购商品,与商家讨价还价,最后决定购买。

(2)消费者选择支付方式(选择利用第三方支付平台作为交易中介),用借记卡或信用卡将货款划到第三方账户,并设定发货期限。

(3)第三方支付平台通知商家,消费者的货款已到账,要求商家在规定时间内发货。

(4)商家收到消费者已付款的通知后按订单发货,并在网站上做相应记录,消费者可在网站上查看自己所购买商品的状态;如果商家没有发货,则第三方支付平台会通知顾客交易失败,并询问是将货款划回其账户还是暂存在支付平台。

（5）消费者收到货物并确认满意后通知第三方支付平台。如果消费者对商品不满意，或认为与商家承诺有出入，可通知第三方支付平台拒付货款并将货物退回商家。

（6）消费者满意，第三方支付平台将货款划入商家账户，交易完成；顾客对货物不满，第三方支付平台确认商家收到退货后，将该商品货款划回消费者账户或暂存在第三方账户中等待消费者下一次交易的支付。

从以上支付过程中，我们可以看出第三方支付平台作为信用中介解决了买卖双方的信任问题，但第三方并不涉及双方交易的具体内容，相对于传统的资金划拨交易方式，第三方支付较为有效地保障了货物质量、交易诚信、退换要求等环节，在整个交易过程中，可以对交易双方进行约束和监督。

2）第三方支付平台充当交易各方与银行间的接口

第三方支付平台将多种银行卡支付方式整合到一个界面上，充当了电子商务交易各方与银行的接口，负责交易结算中与银行的对接，使电子支付更加简单、快捷。

在我国，网上支付主要有两种方式，如图 3-4 所示。一是直接通过公用网与金融专用网之间的支付网关完成；二是在公共网络环境中加入第三方支付平台，通过第三方支付平台与支付网关连接完成交易。

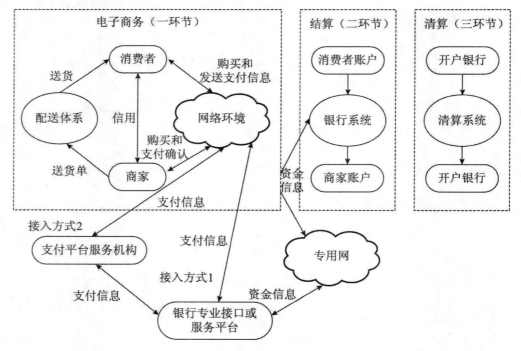

图 3-4 网上交易支付清算流程

当消费者在网上选择好商品，选择支付方式的时候，网页上可能提供了几种甚至几十种银行卡在线支付方式。这是因为不同银行卡在不同地区具有支付功能，为了在网上能购买到满意的商品，消费者可能要在不同的银行开设不同的账户，并分别开通其网上支付业务。这对于消费者来说太过繁杂，而且会增加其在网上购物的成本。商家为了争夺客户也必须在多家银行开设账户。

引入第三方支付平台后，商家和消费者只需在第三方支付平台注册，由第三方支付平台和各银行签署协议进行账务划转，省去了商家和消费者与多家银行的交涉成本，使网上购物更加便利。同时，第三方支付平台的出现也是对银行零散的小额支付业务的补充，并为银行带来相应的利润。第三方支付平台和银行对接入的商家收取固定比例的交易费用，与第三方合作的银行越多，第三方经营业务的范围就越广，在同行业中的竞争能力就越强。由此可见，要争取最广泛银行的合作，是第三方支付平台成功的关键之一。

3）第三方支付平台的信用支持

网上交易之所以能够通过第三方支付平台顺利完成，一个前提就是对第三方支付平台的信任。第三方支付平台的信用度需要通过几个途径建立起来。

（1）一些第三方支付平台本身依附于大型门户网站，这些网站资金雄厚，从业时间长，参与网上交易的各方无形中建立了对这些门户网站的信任。例如：淘宝网、易趣（eBAY）、腾讯等。

（2）通过和大型商业银行合作，大大提升第三方支付平台的信用度，如 Yeepay 易宝支付和工商银行的合作等。

（3）国家相关管理部门对第三方支付平台的信用进行审核和管理，通过颁发证书，制定一系列措施和办法，管理和监督第三方支付平台，帮助其树立社会信誉。

4．第三方支付平台的特点

第三方机构与各个主要银行之间又签订有关协议，使得第三方机构与银行可以进行某种形式的数据交换和相关信息确认。这样第三方机构就能实现在持卡人或消费者与各个银行，以及最终的收款人或者是商家之间建立一个支付的流程。

可以看到，第三方支付具有显著的特点：

（1）第三方支付平台提供一系列的应用接口程序，将多种银行卡支付方式整合到一个界面上，负责交易结算中与银行的对接，使网上购物更加快捷、便利。消费者和商家不需要在不同的银行开设不同的账户，可以帮助消费者降低网上购物的成本，帮助商家降低运营成本；同时，还可以帮助银行节省网关开发费用，并为银行带来一定的潜在利润。

（2）较之 SSL、SET 等支付协议，利用第三方支付平台进行支付操作更加简单而易于接受。SSL 是现在应用比较广泛的安全协议，在 SSL 中只需要验证商家的身份。SET 协议的发展是基于信用卡支付系统的比较成熟的技术。但在 SET 中，各方的身份都需要通过 CA 进行认证，程序复杂，手续繁多，速度慢且实现成本高。有了第三方支付平台，商家和客户之间的交涉由第三方来完成，使网上交易变得更加简单。

（3）第三方支付平台本身依附于大型的门户网站，且以与其合作的银行的信用作为信用依托，因此第三方支付平台能够较好地突破网上交易中的信用问题，有利于推动电子商务的快速发展。

3.4.2 第三方支付模式的应用

1. 电子支付的主要运作模式

从运营主体的不同来看，我国电子支付的运作模式有三种方式：银行的电子支付、第三方支付平台、以电信运营商为主体的电子支付。

（1）银行的电子支付。银行的电子支付主要有两种形式：网上银行和基于安全电子交易协议用于网上购物的电子支付。由于我国尚无统一的电子支付协议，使用某一银行网上支付工具的用户只能购买与该银行签约的特约商户，而无法直接实现跨行的电子支付。例如中国银行 set 应用只使用在其网上商城中（中银电子商城），招商银行一网通等同样如此。实现跨行的电子支付要借助于网上银行或者第三方支付平台。

（2）第三方支付平台。我国银行网上支付各自为战，自我运营的第三方支付平台通过自身与商户及银行之间的桥接完成支付中介的功能，同时有的支付平台又充当信用中介，为客户提供账号，进行交易资金代管，由其完成客户与商家的支付后，定期统一与银行结算。第三方支付企业以客户服务为中心，逐渐建立起多样化的支付方式，大大方便了用户的电子支付。

（3）以电信运营商为主体的电子支付。以电信运营商为主体的电子支付模式，除了用于手机缴费以外，也通过手机号与手机用户的银行卡绑定，提供类似于电子钱包的功能，实现电子支付。国内此类电子支付模式提供的业务种类逐渐增多，主要包括各种 SP 代收费以及购买彩票、保险、水、电等公共事业服务，交易金额相对要小一些，联动优势在这一种支付模式中具有典型的代表性。

2. 第三方支付平台应用情况

第三方是买卖双方在缺乏信用保障或法律支持的情况下的资金支付"中间平台"，买方将货款付给买卖双方之外的第三方，第三方提供安全交易服务，其运作实质是在收付款人之间设立中间过渡账户，使汇转款项实现可控性停顿，只有双方意见达成一致才能决定资金去向。第三方担当中介保管及监督的职能，并不承担什么风险，所以确切地说，这是一种支付托管行为，通过支付托管实现支付保证。

第三方支付是现代金融服务业的重要组成部分，也是中国互联网经济高速发展的底层支撑力量和进一步发展的推动力。根据支付清算协会统计，自 2010 年以来，中国第三方支付市场的交易规模保持 50%以上的年均增速，并迅速扩大，2015 年中国第三方移动支付交易规模达到 22 万亿元，同比增长 167%，已经成为全球的领跑者。第三方支付平台不仅在弥补银行服务功能空白、提升金融交易效率等方面表现突出，同时在健全现代金融体系、完善现代金融功能方面起着重要作用。随着国内电子商务的兴起，一些信息服务企业兴办的支付平台也已经开始崭露头角，第三方支付作为新技术、新业态、新模式的新兴产业，具有广阔的市场需求前景。

中国第三方支付市场的核心业务是线上支付市场，该市场从 2004 年开始进入加速发展阶段，在 2008 年和 2009 年里爆发增长，特别是 2010 年中国人民银行《非金融机构支付服务管理办法》及《非金融机构支付服务管理办法实施细则（征求意见稿）》的出台，第三方支付行业结束了原始成长期，被正式纳入国家监管体系，拥有合法的身份。2018 年，第三方支付迎来了新的制度，央行要求 2018 年 6 月 30 日前所有支付机构和银行需要接入网联，同时要求所有支付机构不得直连银行，不得支付机构互转。未来第三方支付行业将面临行业高度集中与差异化优势并存格局，并迎来盈利模式的变革突破。受消费者小额移动消费习惯逐渐养成，第三方移动支付呈爆发态势，移动支付场景逐渐丰富、用户渗透率提升、微信和支付宝开始收提现手续费等综合因素影响移动支付交易量加速放大。

我国第三方支付平台的行业主要包括以下两大类：一类是以支付宝、财付通、盛付通为首的互联网型支付企业，它们以在线支付为主，捆绑大型电子商务网站；另一类是以银联电子支付、快钱、汇付天下为首的金融型支付企业，侧重行业需求和开拓行业应用。

国内的第三方支付的产品主要有：支付宝（浙江蚂蚁小微金融服务集团有限公司）、财付通（深圳市财付通科技有限公司）、银联商务（银联商务有限公司）、PayPal（易趣公司产品）、快钱（快钱支付清算信息有限公司）、汇付天下（汇付天下有限公司）、京东金融（京东集团）、银联在线（中国银联股份有限公司旗下品牌）、易付宝（南京苏宁网络科技有限公司）、拉卡拉（拉卡拉支付股份有限公司）、智付支付（智付电子支付有限公司）、盛付通（盛大旗下）、易票联支付、捷诚宝（捷诚易付）、国付宝（Gopay）、百付宝（百度 C2C）、物流宝（网达网旗下）、网易宝（网易旗下）等。其中国内用户数量最大的是支付宝和财付通，前者是马云阿里巴巴旗下产品，后者是腾讯旗下产品，拉卡拉则是中国最大线下便民金融服务提供商。另外中国银联旗下银联电子支付也发力第三方支付，推出银联商务提供相应的金融服务。互联网支付市场格局较为稳定，线上场景已经相对固化。支付宝依托淘宝和天猫两大平台连续多年占据 40% 以上的份额，财付通和银联商务的市占率分别在 18% 和 14% 左右徘徊，其他机构如快钱、汇付天下和易宝支付依托垂直场景优势分别占据个位数的市场份额。

我国国内的第三方支付的主流产品有：

1）支付宝

支付宝公司于 2004 年建立，是国内领先的第三方支付平台，致力于提供"简单、安全、快速"的支付解决方案。作为国内的第三方支付霸主，支付宝在天猫，淘宝等 B2B、B2C 电商支付场景中几乎处于垄断地位。支付宝提供支付及理财服务，包括网购担保交易、网络支付、转账、信用卡还款、手机充值、水电煤缴费、个人理财等多个领域。在进入移动支付领域后，为零售百货、电影院线、连锁商超和出租车等多个行业提供服务，支付宝与国内外 180 多家银行以及 VISA、MasterCard 国际组织等机构建立战略合作关系，成为金融机构在电子支付领域最为信任的合作伙伴。支付宝母公司蚂蚁金服入股印度支付巨头 paytm，接着又与印尼 Emtek 集团成立合资公司。在短短几年时间里，支付宝实现了资金转账、生活充值、购物娱乐消费支付、财富管理等功能，相继推出了余额宝、蚂蚁分期、收款码等支付产品，接连推出蚂蚁森林、实施鼓励金计划、线下支付保障金计划等等。

2）银联商务

银联商务有限公司由中国银联控股。银联商务是人民银行确定的 21 家重点支付机构之一，也是首批获得人民银行《支付业务许可证》的支付机构。作为老牌线下银行支付提供商，银联商务可以说是线下第三方支付霸主，涵盖 POS 收单，预付卡受理等线下支付业务，同时也在大力发展线上支付业务。

3）财付通

财付通是腾讯集团旗下的第三方支付平台，于 2005 年成立，其核心业务是帮助在互联网上进行交易的双方完成支付和收款，支持全国各大银行的网银支付，是支付宝的强力竞争对手。财付通构建全新的综合支付平台，业务覆盖 B2B、B2C 和 C2C 各领域，提供卓越的网上支付及清算服务。针对个人用户，财付通提供了包括在线充值、提现、支付、交易管理等丰富功能；针对企业用户，财付通提供了安全可靠的支付清算服务和极富特色的 QQ 营销资源支持。从交易笔数来说，财付通旗下的微信支付单用户月交易笔数是支付宝的 5 倍。微信支付虽然没有像支付宝那样推出分期、收款码、鼓励金等新花样，但依托其庞大的基础微信用户便足足可以和支付宝抗衡。微信支付主要通过发展社交金融，大规模扩展线下零售支付。

4）PayPal

PayPal 支付基本原理：通过 PayPal 支付一笔金额给商家或者收款人，可以分为以下几个步骤：

（1）只要有一个电子邮件地址，付款人就可以登录开设 PayPal 账户，通过验证成为其用户，并提供信用卡或者相关银行资料，增加账户金额，将一定数额的款项从其开户时登记的账户（例如信用卡）转移至 PayPal 账户下。

（2）当付款人启动向第三人付款程序时，必须先进入 PayPal 账户，指定特定的汇出金额，并提供收款人的邮箱给 PayPal。

（3）接着 PayPal 向商家或者收款人发出电子邮件，通知其有等待领取或转账的款项。

（4）如商家或者收款人也是 PayPal 用户，其决定接受后，付款人所指定的款项可即时到达收款人的 PayPal 账户。

（5）若商家或者收款人没有 PayPal 账户，收款人得依 PayPal 电子邮件内容指示连线站进入网页注册取得一个 PayPal 账户，收款人可以选择将取得的款项转换成支票寄到指定的处所、转入其个人的信用卡账户或者转入另一银行账户。

5）拉卡拉

拉卡拉集团是首批获得央行颁发《支付业务许可证》的第三方支付公司，是中国最大的便民金融服务公司，联想控股成员企业。致力于为个人和企业提供日常生活所必须的金融服务及生活、网购、信贷等增值服务。2013年8月完成集团化结构调整，下设拉卡拉支付公司、拉卡拉移动公司、拉卡拉商服、拉卡拉销售和拉卡拉电商公司。

拉卡拉集团是联想控股成员企业，成立于2005年，是目前中国最大的线下支付公司，2011年第一批获得中国人民银行颁发的《支付业务许可证》。

拉卡拉是中国便民金融服务的开创者及领导者，拉卡拉在全国超过300个城市投资了超过10万台自助终端，遍布所有知名品牌便利店、商超、社区店，每月为超过1500万人提供信用卡还款、水电煤气缴费等公共缴费服务。

6）快钱（快钱支付清算信息有限公司）

快钱是万达控股的第三方支付平台，成立时间较早，服务领域涵盖零售、商旅、保险、电子商务、物流、制造、医药、服装等各个领域。作为全国性的第三方支付平台，快钱可以进行全国性的收单和资金归集。

7）汇付天下（汇付天下有限公司）

十大第三方支付平台，中国支付清算协会网络支付工作委员会副理事长单位，首批获得央行颁发的《支付业务许可证》，首家获得证监会批准开展网上基金销售支付结算业务。

8）易票联支付

易票联支付成立于1999年，历经十几年发展，已成为国内领先的第三方零售支付服务提供商，并于2011年获得中国人民银行颁发的银行卡收单及互联网支付业务许可证，与国内30多家主要的银行开展了全面的第三方支付业务合作，并成为中国银联（Union Pay）和万事达卡（MasterCard）国际清算组织成员机构。

易票联支付一直专注于支付技术的创新，开发了多元化的零售支付和新型的互联网支付等系统，并凭借强大的清结算技术、完善的金融信息服务网络，通过了国际PCI及国内CFCA安全认证及高新技术企业认证，获得"中小企业服务示范平台""高新技术企业""创新企业"等多种荣誉称号。

9）捷诚宝支付

捷诚宝是中国（香港）诚泰投资集团的子公司——北京捷成易付信息技术有限公司依托自有技术研发的线下电子商务智能终端产品线。它的惠民服务功能包括从传统的POS银行卡支付、信用卡还款、网购支付宝充值，到便民支付如水电燃气物业费缴纳、餐饮消费、车票机票订购、医疗教育支付、农村信用社服务等，并且依托丰富的服务运营平台，与中国银联、银联商务、支付宝等业内巨头建立合作关系，从支付公司、清算平台到电商平台，"捷诚宝"的服务已经可以全方位覆盖当前的主流行业，为企业单位、小区物业、农村合作社、房地产及汽车业等解决安全支付的时间、空间难题。

3.4.3 第三方支付的监管

随着第三方支付市场的迅速成长，第三方支付市场的竞争日益激烈，与银行直接的竞争和合作关系也日益复杂，在这种情况下，第三方支付机构必须在传统的资金支付结算基础上，加大业务创新的力度，提供相应的增值服务，以获得更广阔的生存和发展空间。与此同时，国内对第三方支付机构信用中介的地位及其支付服务的合法性并没有做出明确的规定，第三方支付行业的市场准入和行业行为还缺乏相应的规范，国内也没有明确第三方支付市场和机构的监管主体。法律法规与监管的缺失，一方面不利于第三方支付市场的发展与规范，另一方面第三方支付市场的不规范发展又很可能带来严重的风险。因此，有必要逐步建立和不断完善第三方支付的监管体系。

1. 建立完善第三方支付的监管体系

1）市场准入监管

为了使第三方支付市场更加健康、稳定地发展，确立合理的准入的制度是非常必要的。市场准入监管主要包括对第三方支付机构设置最低资本金限制，加强内控机制和风险管理，强化安全技术、建立保险与保证金等。关于资本金的限制，《支付清算组织管理办法》中虽已列出，但还不能具体操作，应尽快出台操作细则并实施。对于规模太小，不能提供可靠的支付的企业需要退出，有利于为市场建立一个良好的信用形象。在安全技术方面，除准入控制外，建立完备的基础设施以确保客户交易活动安全性和交易记录的真实性，也非常有必要。对于退出的市场的企业，有关部门要建立完善的市场退出制度，保护原企业的用户利益不会受到损失。

2）业务范围监管

除了业务运营风险监管，对董事会和经理层的监管，对内部操作人员的管理以外，还要加强对客户的管理。要通过法律手段来约束第三方支付机构，保证客户资料保密和客户资产安全。2005年美国万事达组织大规模的客户资料泄密就暴露了第三方支付监管的漏洞。对第三方支付机构市场退出应考虑合并、兼并或收购等方式，类似于金融机构的做法。保证客户资产、资料的安全，通过建立保证金和准备金机制减少风险。在业务范围监管方面还要设法促进第三方支付的健康发展，保证公平竞争等。

2. 明确相关机构的法律地位和职责

1）明确第三方支付提供商的法律地位

根据第三方支付平台的支付方式、经营模式的不同，明确其不同的法律地位。建立第三方支付的监管体制，根据不同模式的特点进行相应的监管，尤其要加强提供二次清算企业的监管，统一纳入金融监管部门对支付清算组织提供的非银行类金融业务的统一监管范围，通过明确其法律上的身份，制定与之对应的法律，使之经营业务更加规范，有效地进行监控约束，降低经营风险。

2）加强监管职责

对第三方支付的监管主要包括加强技术监管和业务监管，加强内控防范违规与电脑犯罪，建立健全监管法律体系，实施适时与定期监控，加强市场退出监管，加强国际合作等。我国监管机构主要采用的是银监会、信息产业部、公安部、新闻出版署共同监管的方式，像第三方支付机构一般不是金融机构，其特性也有许多与金融机构不一致的，如何通过银监会来监管，要抓紧研究。关于国际合作，要积极借鉴国外成功经验，加强国际合作，第三方支付跨国境非常方便，要防止跨国风险，对外国竞争者实行严格监管，并积极扶植本国第三方支付企业发展。

3．防范资金安全风险

1）建立第三方支付保证金制度

网络的开放性使得第三方支付面临着严重的安全风险，第三方支付机构本身的道德风险也难以控制，第三方支付机构也存在大小、实力强弱的差别。在这种情况下，可考虑建立第三方支付保证金制度，要求第三方支付机构缴纳一定比例的保证金。保证金制度的存在可以使得交易双方的利益得到一定程度的保护。在发生风险的时候不致因第三方支付机构的倒闭破产而蒙受过大的损失，提高了第三方支付机构作为信用中介的可信度，还能淡化第三方支付机构实力不同的差别，促进第三方支付市场的公平竞争，并约束第三方支付机构的经营行为，在一定程度上降低了第三方支付机构本身的道德风险，这样一来，第三方支付过程中的各种风险都会得到一定的降低，有助于保持整个支付系统的稳定，并促进第三方支付市场的发展。

2）加强对在途资金的管理

在途资金是第三方支付过程中风险的重要来源之一，其安全与效率对第三方支付市场的规范和发展起着至关重要的作用。为此，应建立完善的在途资金的监管制度，明确规定在途资金的存放位置，是置于银行还是其他公正机构，相关的利息如何处理？还可以考虑给第三方支付的结算周期规定一定的上限，以提高整个支付体系的运行效率。对于大额的交易、汇款转账进行实时监管，设立保证金制度，规避风险。如果由第三方支付机构持有这些资金，那么应对资金的来源和运用进行有效的监督和控制，降低其中的金融风险，一方面可以保障第三方支付体系的正常安全运转，另一方面也能有效防范在途资金不恰当运用对金融市场和金融体系产生的不良影响。

3.5 电子支付的风险管理

3.5.1 支付系统的风险防范

支付系统是开放经济下金融体系的基础，承担着一国经济行为者的资金在国内及国际间的转移，安全有效的支付系统关系到整个金融体系的稳定，降低与化解支付系统风险不仅可促进金融市场的发展，还会促进商品和劳务市场繁荣，使社会经济健康稳定地发展。

支付系统风险通常包括系统风险和非系统风险。

系统风险，指支付过程中一方无法履行债务合同而造成其他各方陷入无法履约的困境，从而造成政策风险、国家风险、货币风险、利率风险和汇率风险。系统风险是支付系统构造中各国货币当局最为关注的问题，由于支付系统的稳定与高效运转是一国金融市场以及经济活动的基础，支付系统的危机必然造成整个金融市场紊乱，经济活动停顿，使整个国家经济陷入危机。特别是对于大额支付系统而言，大额支付系统是一国支付系统的核心，且交易额巨大，参加系统交易的各方相互依赖，一方违约的后果很容易在各方扩散，造成整个系统的崩溃。电子支付的实现，提高了支付效率，但也加速了危机的传播速度，造成波动的迅速蔓延。

非系统风险包括信用风险、流动性风险、操作风险、法律风险等。非系统风险和系统风险一样，由于其造成的损失难以控制，严重时会使得整个支付体系处于不稳定状态，使人们丧失信心，它同样也会造成利率和汇率的波动，从而使整个金融体系产生动荡。

技术的进步给金融市场交易提供了极大的便利，同时也使人们对技术的依赖性更强。技术进步减少了原有的系统风险。使得封闭和孤立系统由于信息不完备而造成的风险基本消除，但同时也衍生出一些新的问题，使风险更加难以察觉且难以控制，也使得人们对于风险防范越加重视。

1. 信用风险防范

信用风险指支付过程中因一方无法履行债务所带来的风险。一方因无法履行债务所带来的损失要由参与支付的其他各方承担。实时全额支付系统的信用风险较小，而差额支付系统购信用风险较大。因为一般差额结算是在某个交易时段结束后进行的，所以会在结算时才发现过度透支而无法偿还的风险。

在贷记支付中，商业银行向用户提供支付服务，意味着银行在用户账户资金不足时为用户提供信贷便利，银行面临着用户无法归还银行信贷的风险，同样用户也面临着银行倒闭的风险。

在借记支付中，对资金的发送银行与资金的接收银行而言，资金的接收银行向资金的发送行提供信贷面临着风险；对资金的接收行与资金的接收者而言，在银行贷记用户账户后，用户就可以对该笔资金进行处置，如果银行在同业清算中无法从资金发送行那里得到相应的资金，那么该行也面临着无法将资金从其用户那里索回的风险。

信用风险产生的主要原因是交易双方经济合同的达成或商品与劳务的转移与资金的转移不是同时进行的。在支付指令发出与资金转移实际发生的时间间隔中，一方可能因种种原因陷入清偿危机，导致在资金交割时无法履约。支付指令的传送与资金实际交割的间隔越长，潜在的信用风险就越大。电子资金转移系统的存在，使得支付指令的发送与实际资金的交割在当天便可以完成，大大减少了支付过程中存在的信用风险。在外汇交易中，交易双方往往处于不同时区，由于支付系统工作时间的限制，外汇交易的潜在信用风险就特别显著，典型的实例就是德国赫斯特银行倒闭事件。1974年，赫斯特银行与美国的一些银行进行了美元与马克的交易，赫斯特银行买入马克卖出美元，由于国际美元交易要达成资金转移必须通过该货币发行国的国内支付系统，而德国时间比美国东部时间早 10 个小时（一个营业日），因此美国的银行要比赫斯特银行提前一个营业日交割美元，在美国银行交割资金后，赫斯特银行宣布倒闭。第二天早上一开市，传来赫斯特银行倒闭的消息，美国银行陷入无保障债权人地位，蒙受损失。这就是著名的赫斯特风险，是支付系统特别要防范的风险之一。

电子资金转移的实现，使得实时支付得以实现，最大限度地减少了信用风险。不同的支付系统都会采取一些措施以防范信用风险。

2. 流动性风险防范

流动性风险是在支付过程中一方无法如期履行合同的风险。流动性风险与信用风险的区别在于违约方不一定发生清偿力危机，而仅仅是在合同规定的时间无法如期、如数履行债务。但如果给予足够时间，该方可以通过变卖资产筹措相应资金满足清算的要求。但是流动性风险与信用风险间又具有内在联系，如果某银行发生流动性危机，往往不得不廉价销售资产，而造成的损失有可能就是倒闭的原因。而且如果一家银行频繁出现流动性危机，往往会让同业对其信誉有所怀疑，从而严格限制对该行的信贷。同时为了防止信用风险，其他银行也会尽快从该行撤出资金，从而进一步加剧流动性风险。因此流动性风险往往是信用风险的预兆。

流动性风险往往是威胁金融机构生存的最主要和最直接的风险。因此，各金融机构都将保持流动性放在首位，把在保持流动性的前提下追求最大盈利作为经营原则。

3. 操作风险防范

操作风险指由于系统本身的原因而造成的风险，由于技术问题，如计算机失灵、管理及控制系统缺陷等引致的风险。系统的偶然失误会引起交易市场的混乱甚至金融市场的波动，如系统突然中断，造成交易无法实现，或由于数据丢失而造成的风险等。例如著名的赫斯特风险，就是由于收盘时差而造成的结算风险。

最重大的操作风险在于内部控制及治理机制的失败。这种失效状态可能因为失误、欺诈、未能及时做出反应而导致银行财务损失，或使银行的利益在其他方面受到损失，如银行交易员、信贷员、其他工作人员越权、从事职业道德不允许的业务或风险过高的业务等。操作风险的其他方面包括信息技术系统的重大失效或其他灾难等事件，如火灾、银行遭劫、通信线路故障、计算机失灵、高级留班人员遭遇不测、银行日常工作差错、黑客入侵和电子货币的伪造等。伴随现代化支付系统和电子金融的发展，操作风险越来越引起国际金融机构和业界的重视。

4. 法律风险防范

法律风险指由于缺乏法律支持、法律不完善或有缺陷而带来的风险，由于支付各方的权利和义务的不确定性，从而妨碍支付系统功能的正常发挥。

在支付系统的运行中，无论是支付系统的各个参与方还是支付服务的提供者，都希望将支付过程中产生的风险或损失转移到另一方。支付系统的良好运作必定需要法律的保障。支付法律应当规定支付系统交易各方的权利与义务、各种支付工具应当满足的基本条件、通信系统和清算安排的各种责任、风险的控制及损失的分担等。

5. 欺诈风险防范

欺诈风险指犯罪分子通过欺诈行为而带来的损失。由金融机构参与欺诈造成的风险将会危及整个系统。通常的欺诈行为有通过偷取设备和数据来造假，传输过程中发出非法指令，窃取数据信息，然后修改或删除信息来进行欺诈，如利用窃取的密码进行欺诈活动。欺诈风险对一国的支付系统的稳定和信誉形成严重威胁，如何有效防止金融犯罪是要考虑的重要问题。为防止欺诈风险，CHIPS 使用美国标准局的"金融机构信息真伪标准"系统对支付系统中支付指令的发出者和接收者以及支付指令传送过程中是否被篡改进行辨别与监测。

6. 系统风险防范

系统风险指一家机构或几家机构出现信用风险或流动性风险后，对其他机构引起的类似风险，系统风险是中央银行最关心的金融风险。

系统风险会通过以下方式表示出来。假如某家机构在结算中面临一定的困难，一旦金融市场中的其他机构感觉到这种困难，它们就会采取行动，保护自己的头寸。由于感觉这家机构的信用度存在一定问题，其他机构有可能会撤出在这家机构的存款，并拒绝代表它向外支付资金。为增加流动性，这家机构有可能会被迫以低价出卖其资产，以致最终有可能导致破产。而由于该机构破产，有可能导致其信用风险和流动性风险的蔓延，造成其他与之有关联机构的流动性风险，从而引发整个系统风险，造成整个金融系统的不稳定。

3.5.2 电子支付工具的风险

随着金融市场化、电子商务的发展以及金融与技术融合趋势的加强，卡基支付、网上支付、移动支付、电话支付、电视支付等电子支付工具和方式发展迅速，不仅为人们带来更加便捷、高效、经济的支付服务，而且也使电子支付成为支付体系中最活跃、并具有发展前景的组成部分。但同时，与传统支付工具相比，创新支付工具在业务流程、风险防范、责任界定等方面有其特殊性，为电子支付的规范管理提出了挑战。

1. 信用风险

电子支付交易具有虚拟性，突破了时空限制，因此对交易各方的信用程度要求较高。因信用问题产生的风险是电子支付面临的重要风险。由于对申请人的信用调查不够、资料审核不严、还款能力评估不足带来的信用风险是韩国信用卡危机发生根本原因。我国信用卡处于高速发展期，行业竞争比较激烈，有些银行为了扩大发卡市场份额而放松了对申请人的信用审核和授信程序。再加上企业和个人征信体制不完善，商业银行缺乏获取不良信息的客观手段，使得不良信用率逐年攀升。

2. 欺诈风险

由于电子支付具有方便、快捷、超越时空的特点，近年来一些不法分子利用电子支付作为进行诈骗、洗钱等违法犯罪的工具，例如手机短信诈骗、移动 POS 机赌博、假冒银行网站、网络赌博等，都是利用了电子支付交易对象模糊性和交易过程不透明性的特点实施的。欺诈风险已经成为对电子支付健康发展危害最大的一类业务风险。近年来出现的主要银行卡欺诈案件包括：针对 ATM 机具规格和自助门禁系统通过高科技设备盗取银行卡数据信息和提款密码；利用病毒入侵、建立虚假银行网站或直接入侵网上银行系统的方式盗取、骗取网上银行用户的账号和密码。这类案件实施过程隐蔽，防范和打击难度较大，对持卡人的资金安全和切身利益造成重大影响，后果极其严重。

3. 技术风险

电子支付依赖于现代化的电子信息技术和电子处理系统，一旦技术、通讯或系统出现故障，将会出现信息传送或资金汇划错误，带来较大风险。我国电子支付渠道，如 ATM、互联网和手机在安全防护方面还存在技术薄弱点，交易的身份认证系统以及技术防范措施存在一定的安全漏洞，致使电子支付受理渠道成为不法分子盗取资金的重要途径，近年来出现的 ATM 诈骗、非法入侵网上银行信息系统、网络钓鱼等案件都与此有关。同时，风险管理分析手段落后，仅限于质的分析，缺乏通过模型进行量化分析的先进手段。

3.5.3 电子支付监管

有效的金融监管与有效的宏观经济政策相结合是确保一国经济稳定的关键因素，伴随着不断出现的金融创新与信息技术的发展，支付系统与支付工具不断发展变化，经历的实物支付、信用支付到现在的电子支付阶段，也对金融监管提出了新的挑战。

1. 支付系统风险监管

中央银行对支付系统风险的防范与控制可集中在以下几个方面：

（1）对大额支付系统透支进行限制和发展 RTGS 支付系统以减少信用风险和流动性风险；

（2）对银行结算支付活动进行监督；

（3）加强支付清算领域的法律建设。

巴塞尔委员会于 1998 年颁布的《网络银行和电子货币业务的风险管理》报告，提出了《有效银行监管的核心原则》。巴塞尔委员会认为电子支付系统风险管理可采取以下步骤。

1）评估风险

它包括识别和量化风险，由董事会和高级管理层确定银行可以接受的风险程度，将可以接受的风险程度和风险可能带来的损害进行比较。

2）管理和控制风险

具体措施包括实施安全政策和措施，大部分为技术措施，如加密技术、口令、防火墙等。另外还要有雇员审查制度，并建立相应的内控措施来防范内部风险。定期进行系统的检测和更新，加强银行高级管理人员和负责电子货币业务人员之间的联络。同时，银行要加强对外部资源的控制，如银行需要将部分工作外包给第三方，就必须通过合同明确各方的权利义务，明确银行有权对外包厂商进行检查，同时监管机构也有权进行检查。另外，银行还要及时进行消息披露和消费者教育。设立应急计划，如建立在紧急情况下的数据恢复、应急设备和人员管理等。

3）监控风险

对电子货币业务进行持续的监控也是风险管理的重要组成部分，由于技术创新很快，持续监控就显得更为重要。

防范和化解金融风险，重要的是对风险进行有效的监测和控制，建立一套严密的监测体系，完善相关法律、法规，以保证电子支付系统有效运转。

2．国外对电子支付风险的监管

1）欧盟的电子支付监管

主要针对电子货币进行立法，1998年、2000年、2002年欧盟颁布了指导欧盟各国的电子货币与电子支付一系列法律文本。强调对消费者的保护，严格准入条件，一旦准入即可陆续在欧盟各国通行。至2005年底，流通中电子货币总量银行占60%，非金融机构占40%，总的发展情况比预期的稍慢。

2）美国的电子支付监管

与欧盟不同的是美国则以相当宽松的态度对待电子货币与创新电子支付服务，既没有专门针对电子货币立法也没有对电子货币给出单独的定义。如储值卡、智能卡、电子钱包这类产品被看作债务而非储蓄，因而允许非银行机构发行这类支付工具。对非银行电子货币发行商的监管责任主要在各州，大多受到货币转账或货币服务业务法律所监管，大多有资本金、储备金、执照方面的限制。由于其宽松的态度，出现了如 PAYPAL 这样的第三方电子支付服务公司。

3）亚洲的电子支付监管

新加坡鼓励在本国发展电子支付，一方面维持原有弹性审慎监管原则，另外通过适时而不是单独立法来指导和促进其发展，包括宽松的虚拟银行设立。而印度，则不准设立虚拟银行，业务限制也很严，也限制外国机构在印度进行电子支付业务。香港在电子支付准入方面要求也类似印度，在业务方面则非常宽松。日本则对本国电子支付机构非常宽松，对外国电子支付机构限制非常严格。

3．我国对电子支付系统风险的监管

2005年底出台的《电子支付指引（第一号）》主要针对金融机构的电子支付进行了一些约束。在这个指引出台前，商业银行在电子支付整个业务流程、技术风险防范、业务规则、信息披露、消费者权益保护等方面都还没有一个很好的规范。采取指引的方式，并不是强制性的。《电子支付指引（第一号）》对非金融机构的第三方电子支付及电子商务支付没有任何约束，这些组织未能得到有效管理，既不利于风险控制，也不利于这些机构的发展。

2006年初出台的《支付清算组织管理办法》考虑到了第三方支付，但与《电子支付指引（第一号）》并不配套，且由于其缺乏具体操作细则以及配套政策而难以发挥作用。《支付清算组织管理办法》虽然明确了非金融机构从事电子支付的门槛，但也有如下不足：对于网上支付服务商，如第三方支付网关，本质上是使用银行提供的服务，而非向银行提供跨行交换服务，划入支付清算组织未必一定合适，也就是说第三方支付机构是不是金融机构问题，如果不是金融机构，采用金融机构管理方式合不合适。网上支付服务以及各类零售与行业支付工具、移动支付以及无线支付等电子支付服务应当被监管，但策略上应找到更恰当的办法。

2010年6~9月，随着中国人民银行关于《非金融机构支付服务管理办法》（以下简称《办法》）及《非金融机构支付服务管理办法实施细则（征求意见稿）》（以下简称《办法细则》）的出台，第三方支付行业结束了原始成长期，被正式纳入国家监管体系，并拥有合法的身份。

2013年6月9日，中国人民银行发布〔2013〕第6号令，为规范支付机构客户备付金管理，保障当事人合法权益，促进支付行业健康有序发展，维护金融和社会稳定，中国人民银行制定了《支付机构客户备付金存管办法》，并予以发布实施。

2014年11月12日发出《关于进一步明确违规整改相关要求的通知》（下简称"通知"），意图规范银行与第三方支付直连情况，要求将绕过银联的业务逐步迁移至银联平台。此次银联整顿第三方支付与银行直连行动，大概涉及30家银联会员，但不涉及线上支付，更不涉及支付宝。

2015年7月31日晚间，央行发布了《非银行支付机构网络支付业务管理办法》征求意见稿（以下简称《意见稿》），网络支付出台一系列新规，其中包括对网络支付进行限额——网络第三方支付每个客户所有账户每天限额5000元，而类似于目前微信红包等的支付方式，日累计金额更是不得超过1000元。此外，包括理财在内的综合性账户一年不得超过20万元。

2016年12月1日起，央行下发的《关于加强支付结算管理防范电信网络新型违法犯罪有关事项的通知》（以下简称《通知》）正式实施。

《通知》规定，自2016年12月1日起，银行在为存款人开通非柜面转账业务时，应当与存款人签订协议，约定非柜面渠道向非同名银行账户和支付账户转账的日累计限额、笔数和年累计限额等，超出限额和笔数的，应当到银行柜面办理。

与对银行的要求类似，自12月1日起，支付机构在为单位和个人开立支付账户时，应当约定支付账户与支付账户、支付账户与银行账户之间的日累计转账限额和笔数，超出限额和笔数的，不得再办理转账业务。

4．我国电子支付监管的完善方向

为确保金融秩序安全，维护银行业公平有效竞争，保护存款人和社会公众利益以及保证中央银行货币政策的顺利实施，必须加强金融的监管。为了实现金融监管的多重目标，中央银行在金融监管中应坚持分类管理、公平对待、公开监管三条基本原则。分类管理原则就是将金融机构分门别类，突出重点，分别管理；公平对待原则是指在进行金融监管的过程中，不分监管对象，一视同仁，适用统一监管标准，这一原则与分类管理原则并不矛盾，分类管理是为了突出重点，加强监测，但并不降低监管标准；公开监管原则就是指加强金融监管的透明度，中央银行在实施金融监管时需明确适用的金融机构法规、政策和监管要求，这也便于社会公众的监督。由于网络条件下的监管规避现象较为严重，从而改变了金融监管部门与金融机构的力量对比，增加了金融监管的难度。国际差别给电子支付监管带来不便，适用于电子商务条件下的国际金融监管法规体系尚待建立和完善。金融监管的滞后性增强，电子商务发展加快了金融创新的步伐，金融监管的法律法规和监管手段有可能越来越落后于电子支付业务的创新与发展。金融业的不稳定性对电子支付监管提出了新的要求，国际金融环境的变化，从汇率风险防范到金融动荡，从全球性金融系统的风险防范到金融证券市场的规范化制度化等，都反映了国际金融监管协调是网络性、国际性金融深化发展的必然要求。

1）电子支付风险的防范还依赖许多技术措施的实施

建立网络安全防护体系，防范系统风险与操作风险。不断采用新的安全技术来确保电子支付的信息流通和操作安全，如防火墙、过滤和加密技术等，要加快发展更安全的信息安全技术，包括更强的加密技术、网络使用记录检查评定技术、人体特征识别技术等。使正确的信息及时准确地在客户和银行之间传递，同时又防止非授权用户如黑客对电子支付所存储的信息的非法访问和干扰。其主要目的是在充分分析网络脆弱性的基础上，对网络系统进行事前防护。主要通过采取物理安全策略、访问控制策略、构筑防火墙、安全接口、数字签名等高新网络技术的拓展来实现。为了确保电子支付业务的安全，通常设有三种防护设施。第一种是装在使用者上网用的浏览器上的加密处理技术，从而确保资料传输时的隐秘性，保障使用者在输入密码、账号及资料后不会被人劫取及滥用；第二种是被称为"防火墙"的安全过滤路由器，防止外来者的不当侵入；第三种防护措施是"可信赖作业系统"，它可充分保护电子支付的交易中枢服务器不会受到外人尤其是"黑客"的破坏与篡改。

发展数据库及数据仓库技术，建立大型电子支付数据仓库或决策支持系统，防范信用风险、市场风险等金融风险。通过数据库技术或数据仓库技术存储和处理信息来支持银行决策，以决策的科学化及正确性来防范各类可能的金融风险。要防范电子支付的信用风险，必须从解决信息对称、充分、透明和正确性着手，依靠数据库技术储存、管理和分析处理数据，是现代化管理必须要完成的基础工作。电子支付数据库的设计可从社会化思路考虑信息资源的采集、加工和分析，以客户为中心进行资产、负债和中间业务的科学管理。不同银行可实行借款人信用信息共享制度，建立不良借款人的预警名单和"黑名单"制度。对有一定比例的资产控制关系、业务控制关系、人事关联关系的企业或企业集团，通过数据库进行归类整理、分析、统计、统一授信的监控。

加速金融工程学科的研究、开发和利用。金融工程是在金融创新和金融高科技基础上产生的，是指运用各种有关理论和知识，设计和开发金融创新工具或技术，以期在一定风险度内获得最佳收益。急需加强电子技术创新对新的电子支付模式、技术的影响，以及由此引起的法制、监管的调整。

通过管理、培训手段来防止金融风险的发生。电子支付是技术发展的产物，许多风险管理的措施都离不开技术的应用。不过这些技术措施实际上也不是单纯的技术措施，技术措施仍然需要人来。贯彻实施，因此通过管理、培训手段提高从业人员素质是防范金融风险的重要途径。《中华人民共和国计算机信息系统安全保护条例》《中华人民共和国计算机信息网络国际联网管理暂行规定》对电脑信息系统的安全和电脑信息网络的管理使用做出了规定，严格要求电子支付等金融业从业人员依照国家法律规定操作和完善管理，提高安全防范意识和责任感，确保电子支付业务的安全操作和良好运行。

为此，要完善各类人员管理和技术培训工作。要通过各种方法加强对各级工作人员的培训教育，使其从根本上认识到金融网络系统安全的重要性，并要加强各有关人员的法纪和安全保密教育，提高电子支付安全防护意识。一是要培训银行内部员工。由于电子支付是技术的产物，使内部员工具有相应的技术水平也是风险管理的重要方面。这些培训包括各种各样的方式，如专门的技术课程要求员工参加业内的研讨会、工作小组。同时，保证相应的技术人员能够有时间进行研究、学习，跟踪市场和技术的发展状况。二是对客户进行教育和培训，教会他们如何使用银行的设备，出现问题怎么办，并通过培训向客户披露有关的信息，如银行主页上建立的链接点的性质、消费者保护的措施、资料保密的要求等，以此减少相应的法律风险。

具体的技术防范细节还有很多，如为了防止黑客的入侵，防止内部人员随意泄露有关的资料和信息，密码技术被广泛地应用。但是，并不是所有的信息都一样重要。一些监管机构要求银行首先要对资料进行分类，分成"高度机密""机密"和"公开"信息三类，不同种类的信息采取的保密措施不同。对于高度机密信息，在储存和通过内部网络传送时必须加密。在技术和资金允许的情况下，可以尽量采用更强一些的密钥。同时，要强化密钥的管理，建立有效的密钥管理方式，如保护密钥不受篡改和违法使用，根据资料的秘密程度，定期更换密钥。至于通过公开网络如互联网传递的信息，都必须进行加密。

此外，还有许多其他的技术防范措施。例如，防病毒的技术措施，对于主服务器的管理等。这些措施技术成分比较大，需要银行管理部门加以格外的注意。同时，光有技术措施也是不够的，同样需要辅以相应的管理和内控措施。例如，对银行内部职员进行严格审查，特别是系统管理员、程序设计人员、后勤人员以及其他可以获得机密信息的人员，都要进行严格的审查，审查的内容包括聘请专家审查其专业技能、家庭背景、有无犯罪前科、有无债务历史等。而一些重要人物，例如，系统的管理员，由于他们可以毫无障碍地进入任何计算机和数据库，也可能产生潜在的风险，对于这样的人员则必须采用类似于双人临柜式的责任分离、相互监督等手段来进行控制。

2）加强电子支付立法建设

电子支付业务的迅速发展，导致了许多新的问题与矛盾，也使得立法相对滞后，另一方面，电子支付涉及的范围相当广泛，也给立法工作带来了一定的难度。在电子支付的发展过程中，为了防范各种可能的风险，不但要提高技术措施，健全管理制度，还要加强立法建设。

针对电子支付活动中出现的问题，应建立相关的法律，以规范电子支付参与者的行为。对电子支付业务操作、电子资金划拨的风险责任进行规范，制定电子支付的犯罪案件管辖、仲裁等规则。对电子商务的安全保密也必须有法律保障，对电脑犯罪、电脑泄密、窃取商业和金融机密等也都要有相应的法律制裁，以逐步形成有法律许可、法律保障和法律约束的电子支付环境。

3）电子支付风险管理的其他方面

技术安全措施在电子支付的风险管理中占有很重要的位置，这也是电子支付风险管理的一个比较明显的特点。但电子支付的风险管理并不仅仅限于技术安全措施的采用，而是一系列风险管理控制措施的总和。

（1）管理外部资源。电子支付的趋势是，越来越多的外部技术厂商参与到银行的电子化业务中来，可能是一次性的提供机器设备，也可能是长期的提供技术支持。外部厂商的参与使银行能够减少成本、提高技术水平，但这加重了银行所承担的风险。为此，银行应该采用有关措施，对外部资源进行有效的管理。比如，要求有权对外部厂商的运作和财务状况进行检查和监控，通过合同明确双方的权利和义务，包括出现技术故障或消费者不满意的时候，技术厂商应该承担的责任。同时，还要考虑并准备一旦某一技术厂商出现问题时的其他可替代资源。作为监管机构，也需要保持对与银行有联系的技术厂商的监管。

（2）建立健全金融网络内部管理体系。要确保网络系统的安全与保密，除了对工作环境建立一系列的安全保密措施外，还要建立健全金融网络的各项内部管理制度。建立健全电脑机房的各项管理制度，并加以严格执行。是保障金融网络系统安全的有效手段。机房管理制度不仅包括机房工作人员的管理，而且还包括对机房内数据信息的管理、电脑系统运行的管理等，要求操作人员按照规定的流程进行操作，保证信息资料的保密性和安全性达到要求。

（3）建立应急计划。电子支付给客户带来了便利，但可能会在瞬间内出现故障，让银行和客户无所适从。因此，建立相应的应急计划和容错系统显得非常重要。应急计划包括一系列措施和安排，例如：资料的恢复措施、替代的业务处理设备、负责应急措施的人员安排、支援客户的措施等。这些应急的设施必须定期加以检测，保证一旦出事之后，确实能够运作。

本章小结

本章首先对电子货币的定义进行了详尽的阐述。然后，重点介绍了电子货币发行和运行的流程，在电子商务迅速发展和金融电子化的背景下，电子货币成为媒介商品交易的重要工具。电子货币是一种电子形式的货币，不再以纸张或金属形态表现，而是以电子载体中所包含的信息来体现其形态。在此基础上介绍了电子货币的特性、功能与职能。

电子支付是以金融电子化为基础，以商用电子化工具和各类交易卡为媒介，以计算机技术和通信技术为手段，以电子数据形式存储在银行的计算机系统中，并通过计算机网络系统以电子信息传递形式实现流通和支付。电子支付工具包括信用卡电子支付方式、电子支票支付方式和电子现金支付方式等。

电子支付系统是电子商务系统的重要组成部分，它是指消费者、商家和金融机构之间使用安全电子手段交换商品或相应的处理机构，即把新型支付手段包括电子现金、信用卡、电子支票等的支付信息通过网络安全传送到银行或相应的处理机构，来实现电子支付，是融购物流程、支付工具、安全技术、认证体系以及现在的金融体系为一体的综合大系统。

第三方支付作为电子支付的主要运作模式之一，因其自身特点和优势而发展迅速。本章给出了第三方支付的定义及其一般运行模式。通过对第三方支付平台在网上交易过程中的分析，归纳了第三方支付的地位和作用；在对我国主要的第三方支付平台和它们的应用现状介绍之后，提出了第三方支付的监管问题并给出了一系列应对办法。

电子支付的风险管理除了传统的内容外，因其新的特性还有着新的内容。本章首先介绍了传统支付系统的主要风险及防范；然后介绍了电子支付工具的主要特点及其所带来的新风险；之后介绍了中央银行对支付系统风险的防范与控制，国外对电子支付风险的监管情况，以及我国对电子支付风险的监管情况和需要完善的方向。

参考文献

[1] 才书训. 电子支付与网上金融学[M]. 沈阳：东北大学出版社，2002.

[2] 王蜀黔. 电子支付法律问题研究[M]. 武汉：武汉大学出版社，2005.

[3] 蔡元萍. 网上支付与结算[M]. 大连：东北财经大学出版社，2006.

[4] 胡华江. 电子商务实务[M]. 北京：高等教育出版社，2010.

[5] 欧阳勇. 网络金融概论[M]. 成都：西南财经大学出版社，2004.

[6] 胡玫艳. 电子商务概论[M]. 广州：华南理工大学出版社，2007.

[7] 曹红辉. 中国电子支付发展研究[M]. 北京：经济管理出版社，2008.

[8] 周虹主. 电子支付与网络银行[M]. 北京：中国人民大学出版社，2006.

[9] 张宽海. 第三方支付的分析研究[J]. 中国信用卡，2006（07）.

[10] 谢众. 我国支付体系风险研究[M]. 成都：西南财经大学，2008.

[11] 周秀娟，陈斐. 二维码支付的法律风险及监管对策研究[J]. 电子科技大学学报（社科版）：2019-04-13

[12] 2014年（上）中国电子商务市场数据监测报告[R]. 中国电子商务研究中心，2014:8

[13] 杨文龙. 我国第三方支付行业分析[J]. 财会学习，2019-03-25.

[14] 管晓翼. 互联网第三方支付监管法律制度研究[D]. 安徽财经大学，2017.

[15] 李佳. 基于区块链的电子支付变革及展望[J]. 中国流通经济，2018-10-15.

[16] 刘罡，杨坚争. 我国电子支付领域发展现状及未来发展趋势研究[J]. 电子商务，2017（02）.

第 4 章　电子商务物流与供应链管理

4.1　电子商务与物流

4.1.1　物流及物流标准化

1．物流的概念

根据我国国家标准在 GB/T 18345—2006《物流术语》中的表述，物流（Logistics）："物品从供应地向接受地的实体流动过程。根据实际需要，将运输、储存、配送、包装、装卸搬运、流通加工、信息管理等基本功能实施有机结合。"这一表述包含了物流活动内容及功能的两个方面。对物流管理的表述是："为达到既定的目标，对物流的全过程进行计划、组织、协调和控制"。从对物流定义分析，可以认为目前所言的物流即是现代物流概念，它不是简单的实物流动，而是供应链上的实物流、资金流、信息流及业务流和商流的有机结合。

如果考虑信息技术在现代物流中的作用，可以这样对现代物流进行定义：现代物流是指原材料、产成品等实物从起点到终点及相关信息有效流动的全过程，它充分运用信息技术，将运输、储存、配送、包装、装卸搬运、流通加工等有机结合，形成完整的供应链，为用户提供多功能、一体化的综合服务。

物流作为"第三利润源泉"，依附于服务对象来发展。它解决的是经济活动中如何提高"实物流动效率"的问题，这里"实物流动效率"是指依据供应链管理理念（见 4.4 小节）通过一系列物流管理与操作，实现以最小的实物存量、最大限度地满足经济活动的需要和消费者需求，具体到企业就是从销售、生产到采购整个过程的实物流动系统的优化管理。

2．物流的性质

物流是"流通"的物质内容构成之一，没有物流，也不存在实际的物资流通过程，物资价值和使用价值就不能实现，社会再生产就无法进行。物流具有生产性、社会性和服务性三种性质。物流作业的执行者进行物流活动并提供物流商品，物流商品是一种服务型商品。

物流活动由运输、储存、配送、包装、装卸搬运、流通加工、信息管理等项工作构成，这些项目也常被称之为"物流活动的基本职能"。

3. 物流的分类

根据物流的需求、物流在社会再生产过程中的地位与作用不同等角度，可以将物流划分为不同类型。在物流研究与实践过程中，针对不同类型的物流，需要采取不同的运作方式、管理方法等；针对相同类型的物流活动，可以进行类比分析，规模整合等。这里首先将物流分为宏观物流与微观物流，然后再进行更细致的分类。宏观物流是指社会再生产总体的物流活动，其主要特点是综观性和全局性。宏观物流主要研究内容包括物流总体构成，物流与经济发展的相互关系等。微观物流是指消费者、生产者所从事的具体物流活动，其主要特点是具体性和局部性。微观物流的研究内容贴近企业经营管理实际，包括生产物流、供应物流、销售物流、回收物流及废弃物物流等。简单地说，在大空间范畴内发生的物流活动，往往带有宏观性，属于宏观物流；在小空间范畴发生的物流活动，往往带有微观性，属于微观物流。

4. 物流标准化

1）物流标准化的含义

物流标准化是指以物流作为一个大系统，制定并实施"系统内部设施、机械装备、专用工具"等的技术标准，制定并实施"包装、装卸、运输、配送"等各类作业标准、管理标准及作为现代物流突出特征的物流信息标准，并形成全国及国际接轨的标准体系，推动物流业的发展。物流标准化的作用不言而喻，它可以统一国内物流概念、规范物流企业、提高物流效率，是国内物流与国际物流接轨，是物流发展的基础。物流标准化包括以下三个方面含义：①从物流系统整体出发，制定其各子系统的设施、设备、专用工具等的技术标准，以及业务工作标准；②研究各子系统技术标准和业务工作标准的配合性，按配合性要求，统一整个物流系统的标准；③研究物流系统与相关其他系统的配合性，谋求物流大系统的标准统一。以上三个方面是分别从不同的物流层次上考虑将物流实现标准化。要实现物流系统与其他相关系统的沟通和交流，在物流系统和其他系统之间建立通用的标准，首先要在物流系统内建立物流系统自身的标准，而整个物流系统的标准又必然包括物流各个子系统的标准。因此，物流要实现最终的标准化必然要实现以上三个方面的标准化。

2）物流标准化的意义

发达国家为了提高物流运作效率和效益已经建立与之相适应的现代化物流系统并使该系统标准化和规范化。尤其是随着全球经济一体化和物流国际化的发展，物流标准化和规范化为实现物流合理化、高效化的基础，对促进我国现代物流发展、提高物流服务质量和效率具有重要意义。

物流标准化是物流发展基础。因为物流是一个复杂系统工程，对待这样一个大型系统，要保证系统统一性、一致性和系统内部各环节的有机联系，需要多种方法和手段，标准化是重要手段之一。它对降低物流成本、提高物流效益具有决定性作用，能保障物流活动畅通，加快流通速度，减少物流环节，最大限度地节省投入和流通费用，保证物流质量，提高经济效益和物流质量。在我国实现物流标准化具有如下现实意义：

（1）物流标准化是实现物流管理现代化的重要手段和必要条件。物料从厂商的原料供应，产品生产，经市场流通到销售环节，再回收再生产，是一个综合的大系统。由于社会分工日益细化，物流系统的高度社会化显得更加重要。为了实现整个物流系统的高度协调统一，提高物流体统管理水平，必须在物流的各个环节制定标准，并严格贯彻执行，只有这样，才能提高物流供应链的效率。

（2）物流标准化是物流服务的质量保证，物流标准化可以规范物流企业将工厂生产的合格产品保质保量并及时地送到用户手中。物流标准化对运输、储存、配送、包装、装卸等各个子系统都制定相应的标准，形成物流质量保证体系，只要严格执行这些标准，就能将合格的物品送到用户手中。建立与物流业相关的国家标准，对已进入物流市场和即将进入物流市场的企业进行规范化、标准化管理，是确保物流业稳步发展的需要。

（3）物流标准化是降低物流成本、提高物流效益的有效措施。由于传统的物流被人为的割裂为很多个阶段，而各个阶段不能很好的衔接和协调，加上信息不能共享，造成物流的效率不高。物流标准化以系统为出发点，统一整个物流系统的标准，进一步统一物流大系统的标准，进而能够达到降低物流成本的目的。

4.1.2 电子商务物流

1．电子商务物流体系的建立模式

电子商务具体实施有多种模式可以选择，由于从事的专业不同，互联网服务提供商（ISP）和互联网内容提供商（ICP）及其他信息服务提供商更多地从如何建立电子商务信息服务网络、如何提供更多的信息内容、如何保证网络的安全性、如何方便消费者介入、如何提高信息传输速度等方面考虑问题，至于电子商务在线服务背后的物流体系的建立问题，则因为涉及另一个完全不同的领域，电子商务应该完成商流、物流、信息流和资金流，在商流、信息流、资金流都可以在网上进行的情况下，物流体系的建立应该被看作是电子商务的核心业务之一，电子商务物流体系可以有以下几种组建模式：①电子商务与普通商务活动共用一套物流系统；②互联网服务提供商（ISP）和互联网内容提供商（ICP）自己建立物流系统或利用社会化的物流、配送服务；③第三方建立物流服务体系。

2．电子商务中物流方案的重点考虑因素

推行电子商务关键之一是制定和执行一套合理物流方案。在制定物流方案时，以下因素应该重点考虑：①电子商务消费者的地区分布，电子商务的客户可能在地理分布上是十分分散的，要求送货的地点不集中，物流网络并没有像因特网那样广的覆盖范围，无法经济合理地组织送货。所以，提物流服务需要像有形店铺销售一样，要对销售区域进行定位，一般情况下对不同区域采取不同的物流服务政策；②配送细节。同有形市场一样，电子商务物流方案中配送环节是完成物流过程并产生成本的重要环节，需要精心设计配送细节；③电子商务物流方案，要根据物流服务提供商的不同，扬长避短，发挥各自的优势，实现供应链集成，共同完成向消费者提供电子商务和物流服务的工作；④物流成本与库存控制。因为很难预测商品的销售量，库存就成为商业经营和物流中的最难确定的因素，物流服务中需要严格考虑库存控制问题以降低物流成本，最大程度降低物流资源如库存能力和运输能力等的浪费，提高整个社会效率。

3. 国内电子商务下的物流模式

1）自营物流模式

自营物流模式是电商企业投资建设自己的仓库、配送中心等物流设施，并建立自己的配送队伍的一种配送方式。例如京东，自建的仓库及配送中心构成一个智慧物流网络，次日达的末端配送，极大地满足客户对于快递时效性需求，整体提升了供应链价值，使得仓配更可控、金融更可信、服务更精准。

2）第三方物流模式（3PL）

第三方物流是指独立于买卖双方之外的专业化物流公司，以签订合同的形成承包部分或全部物流配送服务工作。例如"四通一达"、顺丰等，是一般电商企业最为普遍的物流配送模式。简单来说，就是将物流配送"外包"，物流环节外包给除发货人、收货人之外的第三方。通常按照企业承担的物流业务范围大小和功能，分为综合性物流企业和功能性物流企业，其中功能性物流企业承担的业务有限，可能只包括物流活动中的某些环节，例如运输企业、仓储企业等，那么综合性物流企业自然属于承包整个物流过程的企业，一般规模较大。或者按照物流业务是否自行完成分为物流自理企业和物流委托企业。现今，第三方物流相对较为成熟，已经成为物流领域中的一个重要部分。

3）第四方（4PL）物流模式

第四方物流是指一个供应链集成商，它对公司内部和具有互补性的服务供应商所拥有的不同资源、能力和技术进行整合和管理，提供一整套供应链解决方案。第四方物流公司应物流公司的要求为其提供物流系统的分析和诊断，或提供物流系统优化和设计方案等。其关键在于为顾客提供最佳的增值服务，即迅速、高效、低成本和个性化服务等。借助第四方物流对整个供应链及物流系统进行整合规划，供应链供应商进行资源整合，信息及网络优势，可大大减少对物流设施的资本投入，降低资金占用，减少投资风险。

4）联盟物流模式

物流联盟模式是一种介于自营和外包之间的物流模式，指多个物流企业通过建立一定的契约达成合作共识，进而构建企业间资源共享、风险共担、共同合作的合作伙伴关系。联盟之间互补的优势，能更好地对市场变化做出反应，实现资源的优化配置，降低成本，提升企业效益。但还应当注意联盟伙伴的选择，以及保持在联盟中的控制力等问题。菜鸟物流就是一种联盟式的物流模式，开放共享的物流信息平台，整合分析数据，建立一个协同供应链，收集整合信息，用互通的数据、虚拟仓储、云计算，已达到缩短物流半径、缩减成本，提供更为优质的服务。

4．跨境电子商务下的物流模式

1）邮政包裹

国际包裹，包括中国邮政国际包裹和香港邮政国际包裹，易通关且价格低廉，个人跨境和跨国电子商务卖家多选择此种方式，像 eBay、速卖通、敦煌等外贸平台都使用邮政作为自己的物流渠道。

2）跨境专线物流模式

跨境专线物流一般是通过航空包舱方式运输到国外，再通过目的地国家合作公司进行物流配送的一种物流方式。跨境专线物流具有集货功能，它的优势主要在于能够集中大批量到某一特定国家或地区的货物，利用规模效应减少物流成本。价格稍低于商业快递，耗时较长，但快于邮政包裹。最普遍的专线物流是美国专线、欧洲专线、澳洲专线、俄罗斯专线等，少数物流公司还有中东专线、南美专线、南非专线等。

3）快递物流模式

跨境电子商务快递物流模式主要包括国际快递物流和国内快递物流，其中，国际快递物流主要是指包括 UPS、FEDEX、DHL 和 TNT 这四大国际快递巨头。国际快递公司通过自建的全球网络，利用强大的互联网信息系统以及分布各地的快递网点，为海外购物的用户带来便利。在跨境物流方面，国内各家公司快递先后加强了国际物流的建设与发展，美国申通 2014 年 3 月上线，中通先后在美国、德国、法国、日本、韩国、新西兰设立了中转仓，同时，也已开通欧盟专线、美国专线、澳洲新西兰专线、日本、韩国专线、中东专线等全球主要国家和地区的包裹寄递业务。目前，顺丰的国际化业务已覆盖如美国、欧盟、日本、韩国、东盟、巴西、墨西哥、智利等 53 个国家，其中，南亚片区网络覆盖范围已超过 90%；国际小包服务网络已覆盖全球 225 个国家。在国内快递中，依托邮政渠道，EMS 可以直达全球 60 多个国家，费用相对四大快递巨头要低，中国境内的出关能力很强，到达亚洲国家 2~3 天，到欧美则 5~7 天左右。快递物流模式的物流速度快、服务质量高、包裹差错率低，相较其他的跨境电商物流模式，有明显的专业化优势，但价格较为昂贵，一般跨境电子商务卖家只有在客户强烈要求时效性的情况下才会采用该物流模式。

4）海外（边境）仓模式

海外仓模式是指由网络贸易交易平台、物流服务商独立或共同为卖家在销售目的地提供货物仓储、分拣、包装和配送的一站式控制和管理服务。海外仓储包括头程运输、仓储管理和本地配送三个部分。其中，头程运输指卖家在获得订单前通过空运、航运将货物提前存储到境外仓库。当境外买家有需求时，卖家能第一时间进行快速的订单处理、发货准备，及时进行货物的分拣、包装及配送，具体如图 4-1 所示。其优势在于发货周期短、速度快、配送时效性强，有效解决了邮政小包配送时间漫长、快递物流成本较高的问题，适合周转速度快的热销产品，在降低物流成本的同时及时确保客户需求，提升产品重复购买率。

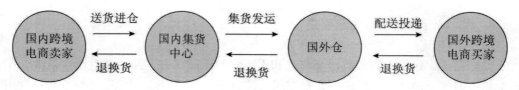

图 4-1 跨境电商海外仓物流运作模式

4.2 物流系统与职能

4.2.1 物流系统及基本职能

物流系统是指由两个或两个以上的物流功能单元构成,以完成物流服务为目的的有机集合体,是由所需输送的物料和包括有关设备、输送工具、仓储设备、人员以及通信联系等若干相互制约的动态要素构成的具有特定功能的有机整体。作为物流系统的"输入"就是运输、储存、配送、包装、装卸搬运、流通加工、信息管理等环节的劳务、设备、材料、资源等,一般来讲物流系统的输入是指物流成本,而物流系统的输出是由企业效益、竞争优势以及客户服务三部分组成。

物流的基本职能是指物流活动应该具有的基本能力以及通过对物流活动最佳的有效组合,形成物流的总体功能,以达到物流的最终经济目的。物流的基本职分别是运输、储存、配送、包装、装卸搬运、流通加工以及与上述职能物流信息管理等七大职能,这些职能主要在运输、仓储、装卸搬运、配送和物流信息管理等物流活动中集中体现。物流的基本职能是实现商品实体运动,与商品使用价值运动有关。物流目的是通过实现上述职能来完成的。因此,建立和健全必要的储存、运输基础设施,是发挥物流职能的前提条件,在此基础上,物流总体功能得以通过基本职能的发挥体现出来。物流的基本职能可以分为三类,即物流主体职能(运输、储存、配送)、物流辅助职能(包装、装卸搬运、流通加工)和物流信息管理职能。

4.2.2 运输

运输是物体借助运力在空间上产生的位置移动。我国国家标准《物流术语》对运输的定义是:"用设备和工具,将物品从一地点向另一地点运送的物流活动"。物流的运输创造着物流的空间效用,在存在空间背离的商品产地与销地之间搭建起连接的"桥梁",使消费者或用户能够在当地买到所需商品。由于运输活动相对来讲时间长、距离远、能源动力消耗多,其成本在物流总成本中的比例高达 50% 以上。因而,运输成本降低的潜力大,无论在物流领域还是国民经济领域都占有举足轻重的位置,同时,运输在现代物流中又是一个最重要的子系统。

1．运输的作用及意义

运输的任务是对物资进行较长距离的空间移动。物流部门通过运输解决物资在生产地点和需要地点之间的空间距离问题，从而创造商品的空间效益，实现其使用价值，以满足社会需要。运输是物流的中心环节之一，可以说是物流最重要的一个功能。运输在经济上的作用是扩大了经济作用范围和在一定的经济范围内促进物价的平均化。现代化大生产的发展，社会分工越来越细，产品种类越来越多，无论是原材料的需求，还是产品的输出量，都大幅度上升，区域之间的物资交换更加频繁，这就促进运输业的发展和运输能力的提高，所以产业的发展促进了运输技术的革新和运输水平的提高。反之，运输手段的发达也是产业发展的重要支柱。例如现代钢铁企业每日需万吨以上铁矿石原料，往往是从几千公里甚至几万公里之外用大型货车运来，许多发达国家需要数万吨以至数亿万吨级油轮从国外输送石油，没有这样强有力的输送手段，许多大工业企业就难以存在，甚至国民经济也难以正常运转。

2．运输方式及特点

陆地、海洋和天空都可以作为运输活动的空间，根据运载工具的不同，运输的主要方式可以分为以下几种：

1）基于铁路的运输方式

它是陆地长距离运输的主要方式。由于其货车在固定轨道线路上行驶，可以自成系统，不受其他运输条件的影响，具有按时刻表运行，轨道行驶阻力小、不需频繁地启动制动、可重载高速运行及运输单位大等优点，从而使运费和劳务费降低。但由于在专用线路上行驶，而且车站之间距离比较远，缺乏机动性，此外，运输的起点和终点常常需要汽车进行转运，增加搬运次数。

铁路及其附属设施的建设需要国家投资，除了少数大型工厂和矿山有自己的支线外，一般企业只能利用公有铁路，铁道运输车辆主要有机车和货车车厢两种，货车车箱随用途而异，也有不同种类，化学品车、油罐车、集装箱车等。

2）基于公路的运输方式

它是最普及的一种运输方式，其最大优点是空间和时间方面具有充分的自由性，少受路线和停车站的约束，只要没有特别的障碍（如壕沟、过窄的通道等），汽车都可以到达。因此，可以实行从发货人到收货人之间门对门直达输送。由于减少了转运环节，货物包装可以简化，货物损伤、丢失和误送的可能性很小。购置汽车成本较低，一般企业都可以实现。自行运输和委托运输可以同时进行，由于自备车有充分的机动性，使用非常方便。

汽车运输的运输单位小，运输量和汽车台数与操作人员数成正比，产生不了大批量输送的效果。动力费和劳务费较高，特别是长距离输送中缺点较为显著。此外，由于在运行中司机自由意志起主要作用，容易发生交通事故，对人身、货物、汽车本身造成损失。由于汽车数量的增多，产生交通阻塞，使汽车运行困难，同时产生的废气、噪音也造成了环境污染。运货汽车种类很多，有卡车、厢式货车、拖车、冷藏车等专厂货车，虽然大型化是发展趋势,但是小型货车的适用范围很广,今后仍然会保持大型货车和小型货车相结合的汽车运输体系。

3)基于水路的运输方式

有海运和内河航运两种。利用水路运送货物,在大批量和远距离的运输中价格便宜,可以运送超大型和超重物。运输线路主要利用自然的海洋与河流,不受道路的限制,在隔海的区域之间是代替陆地运输的必要方式。水上航行的速度比较慢、航行周期长,海上运输有时以几个月为周期,易受天气影响,航期不能保证,建设港湾也要花费高额费用。船舶按用途分类有专用船(如油轮、矿石船、冷冻船等),还有混装船、集装箱船;按装卸货物的方式有载货车辆可以直接开到船上的滚装船,还有无自行能力的船舶等。

4)基于航空的运输方式

它们主要优点是速度快。因为时间短,货物损坏少,特别适合一些保鲜物品的输送。但是航空运输的费用高,离机场距离比较远的地方利用价值不大。客运飞机可以利用下部货仓运送少部分货物。随着空运货物的增加,出现了专用货运机,采用单元装载系统,缩短装卸时间,保证"快"的特色。

5)基于管道的运输方式

自来水和城市的煤气的输配送是和人们生活最为密切相关的管道运输,它的主要优点是:基本没有运动部件,维修费便宜。管道一旦建成,可以连续不断地输送大量物资,不费人力,运输成本低。管道铺设可以不占用土地或占地较少。此外,具有安全、事故少、公害少等优点。管道运输的缺点是在输送地点和输送对象方面具有局限性。一般适用于气体、液体、天然气、石油等,但是也发展到粉粒体的近距离输送,如粮食、矿粉等,并且还研究了将轻便物体放在特定的密封容器内,在管道内利用空气压力进行输送。如书籍文件、实验样品的输送。随着技术的进步,输送对象的范围在不断扩大。管道的铺设有地面、地下和架空安装等方式。必要时中途要采用保温、加热、加压的措施,以保证管道的畅通。

6)多种方式联合运输

联合运输是综合利用某一区间中各种不同运输方式的优势进行不同运输方式的协作,使货主能够按一个统一的运输规章或制度,使用同一个运输凭证,享受不同运输方式综合优势的一种运输形式。联运的最低限度要求是两种不同运输方式进行两程的衔接运输。联合运输按地域划分有国际联运和国内联运两种,国内联运较为简单,国际联运是联合运输最高水平的体现。联合运输具有三个特点:一是具有组织运输的全程性,二是运程凭证的通用性,三是托运手续的简易性。

4.2.3 仓储

1. 仓储的作用和意义

在物流系统中,将通过仓库实现的"储存"职能简称为仓储。仓储是"对物品进行保存及对其数量、质量进行管理控制的活动"。它是物流系统的一个子系统，在物流系统中起着缓冲、调节和平衡的作用。仓储和运输长期以来被看作为物流活动的两大支柱。

仓储的目的是克服产品生产与消费在时间上的差异，使物资产生时间效果，实现其使用价值。如大米一年收获1~2次，必须用仓库进行储存以保证平时的均衡需求。又如水果或者鱼虾等水产品在收获季节时需要在冷藏库进行储存，以保证市场的正常需要并防止价格大幅度起落。产品从生产领域进入消费领域之前，往往要在流通领域停留一定时间，这就形成了商品储存。在生产过程中原材料、燃料、备品备件和半成品也需要在相应的生产环节之间有一定的储备，作为生产环节之间的缓冲，以保证生产的连续进行。

所以通过仓储，可使商品在最有效的时间段发挥作用，创造商品的"时间价值"和"使用价值"。利用仓储这种"蓄水池"和"调节阀"的作用，还能调节生产和消费的失调，消除过剩生产和消费不足的矛盾。出于政治、军事需要或为了防止地震、水灾、旱灾、虫灾、风灾、瘟疫等人类不可抗拒的自然灾害所进行的战略性物资储备，在任何时候和任何情况下都是必要的。

2. 仓库的机能

自从人类社会生产有剩余产品以来，就有储存活动，而储存物品的建筑物或场所，一般称为仓库。也就是说仓库是储存、保管物品的建筑物和场所的总称。随着社会生产水平的提高，社会化生产方式的出现，产品空前丰富，商品经济占有重要地位，出现了为商品流通服务的仓库。社会化的大生产又需要有保证生产需要的原材料和零部件仓库。仓库成为生产和消费领域中物资集散的中心环节，其功能已不单纯是储存、保管。从现代物流系统观点来看、仓库是物流系统的调运中心，在这里对物流进行有效的、科学的管理与控制，使物流系统更顺畅、更合理地运行。一般来说，仓库应具有以下的功能：

1）储存的功能

这是仓库的最基本的传统功能，因此，仓库应具有必要的空间用于容纳物品。库容量是仓库的基本参数之一。商品生产与商品消费存在着时间上的不均衡，这就使得商品流通的连续进行存在着时间上的矛盾。要克服这个矛盾，必须依靠储存来发挥作用。通过储存，可以保证商品流通的连续性和均衡性，才能使市场上具有连续充足的商品供给。因此可以说，储存职能创造着物流的时间效用，是物流的支柱。虽然，商品储存在商品流通过程中处于一种或长或短的相对停滞状态，但这种停滞状态是由产品的产销方式和产销时间决定的，它是商品流通的物质保证，是商品流通所必需的。正如马克思在分析商品流通与商品储存关系时指出的："商品停滞要看作商品出售的必要条件。"

同时，在储存过程中应保证物品不丢失、不损坏、不变质。要有完善的保管制度，合理使用搬运机具，有正确的操作方法，在搬运和堆放时不能碰坏或压坏物品。根据所储存货物的特性，仓库里应配有相应的设备，以保持储存物品的完好性。例如对水果、鱼肉类仓库要控制其温度，使之成为冷藏仓库及冷冻仓库；储存精密仪器的仓库应防潮防水，保持温度恒定，需要空气调节及恒温设备；一些储存挥发性溶剂的仓库必须有通风设备，以防止空气中挥发性物质含量过高而引起爆炸。

2）调节供需的功能

从生产和消费两方面来看，其连续性的规律都是因产品不同而异，因此，生产节奏和消费节奏不可能完全一致：有的产品生产是均衡的，而消费不是均衡的，如电风扇等季节性商品；相反，有的产品生产节奏有间隔而消费则是连续的，如粮食。这两种情况都产生了供需不平衡，这就要有仓库的储存作为平衡环节加以调控，使生产和消费协调起来，这也体现出物流系统创造物资时间效用的基本职能。

3）调节货物运输能力的功能

各种运输工具的运量相差很大。船舶的运量大，海运船一般是万吨以上，内河船也以百吨或千吨计。火车的运量较小，每节车皮能装 30~60 吨，一列火车的运量多达数千吨。汽车的运量最小，一般每车只有 4~10 吨。在码头和车站进行不同运输方式的转运时，运输能力是很不匹配的，这种运力的差异必须通过仓库或货场将货物短时存放以进行调节和衔接。

4）流通加工的功能

由于商品产销方式的不同，生产性消费一般要求大包装、单花色、大统货、单规格、散装件，而个人生活消费则需要商品小包装、多花色、分规格、组合件等，这就需要在流通中进行必要的流通加工，才能适应商品销售的需要。流通加工是在商品从生产者向消费者运动的过程中，为了促进销售维护商品质量和实现物流效率，而对商品进行的再加工。流通加工的内容，包括装袋、分装、贴标签、配货、数量检查、挑选、混装、刷标记、剪断、组装和再加工改制等。流通加工职能的发挥，有利于缩短商品的生产时间，满足消费者的多样化需求，克服生产单一性与需求多样化的矛盾，提高商品的适销率。

现代仓库的发展趋势是从储存仓库向流通性仓库的方向发展，仓库成为流通、销售、零部件供应的中心，其中一部分在所属物流系统中起着货物供应的组织协调作用，被称为物流中心。这一类仓库不仅具备储存货物的设施，而且增加了分拣、捆包、流通加工、信息管理等设置，这样既扩大了仓库的经营范围，提高了物资综合利用率，又促进了物流合理化，方便了消费者，提高了服务质量。许多仓库都改建成了物流中心、流通中心或配送中心，由储存型的仓库转为流通型的物流结点。本文将在后文对配送中心进行介绍。

4.2.4 装卸搬运

1. 装卸搬运的作用

物流系统各个环节的先后或同一环节的不同活动之间，都必须进行装卸搬运作业。如运输、储存、包装等都要有装卸搬运作业配合才能进行。例如，待运出的物品要装上车才能运走，到达目的地后，要卸下车才能入库等。由此可见，装卸搬运是物料的不同运动（包括相对静止）阶段之间相互转换的桥梁，正是因为有了装卸搬运活动才能把物料运动的各个阶段联接成连续的"流"，使物流的概念名实相符。

正如前面所述，装卸搬运是指在同一地域范围内进行的，以改变物料的存放状态和空间位置为主要目的的活动。一般来说，在强调物料存放状态的改变时，使用"装卸"一词；在强调物料空间位置的改变时，使用"搬运"这个词。装卸搬运与运输、储存不同，运输是解决物料空间距离的，储存是解决时间距离的，而装卸搬运没有改变物料的时间或空间价值，因而往往引不起人们的重视。可是一旦忽略了装卸搬运，生产和流通领域轻则发生混乱，重则造成生产活动停顿。

2．装卸搬运作业的分类

分类的方法有多种，可按作业场所、操作特点等进行分类。

1）按作业场所分类

（1）铁路装卸，指在铁路车站进行的装卸搬运活动。除装卸火车车厢货物外，还包括汽车的装卸、堆码、拆取、分拣、配货、中转等作业。

（2）港口装卸，指在港口进行的各种装卸活动。如装船、卸船作业、搬运作业等。

（3）场库装卸，指在仓库、堆场、物流中心等处的装卸搬运活动。另外，如空运机场、企业内部以及人不能进入的场所，均属此类。

2）按操作特点分类

（1）堆码取拆作业，包括在车厢内、船舱内、仓库内的码垛和拆垛作业。

（2）分拣配货作业，指按品类、到站、去向、货主等不同特征进行分拣货物作业。

（3）挪动移位作业，即单纯地改变货物的支承状态的作业（例如，从汽车上将货物卸到站台上等）和显著（距离稍远）改变空间位置的作业。

以上作业又可分为手工操作、半自动操作和全自动操作。

3．装卸搬运作业的方法

装卸搬运作业的方法可按作业方式、作业对象、作业手段、设备作业原理等进行分类。

1）按作业方式分

（1）吊装吊卸法（垂直装卸法）主要是使用各种起重机械来改变货物的铅垂方向的位置为主要特征的方法，这种方法历史最悠久、应用面最广。

（2）滚装滚卸法（水平装卸法），是以改变货物的水平方向的位置为主要特征的方法。如各种轮式、履带式车辆通过站台、渡板开上开下装卸货物，用叉车、平移机来装卸集装箱、托盘等。

2）按作业对象分

（1）单件作业法，是人力作业阶段的主导方法。目前对长大笨重的货物，或集装会增加危险的货物等，仍采取这种传统的单件作业法。

（2）集装作业法，指先将货物集零为整，再进行装卸搬运的方法。有集装箱作业法、托盘作业法、货捆作业法、滑板作业法、网装作业法及挂车作业法等。

（3）散装作业法，指对煤炭、矿石、粮食、化肥等块、粒、粉状物资，采用重力法（通过筒仓、溜槽、隧道等方法）、倾翻法（铁路的翻车机）、机械法（抓、舀等）、气力输送（用风机在管道内形成气流，应用动能、压差来输送）等方法进行装卸。

另外，按装卸设备作业原理分，有间歇作业法（如起重机等）和连续作业法（如连续输送机等）；按作业手段和组织水平分有人工作业法、机械作业法、综合机械化作业法。

4.2.5 配送中心

1. 配送的作用

配送是指按用户的订货要求，在物流中心进行分货、配货工作，并将配好的货物送交收货人的过程。配送在整个物流过程中，其重要性应与运输、储存、流通加工等并列，而形成物流的基本职能之一。它与运输职能的区别在于，在商品由其生产地通过地区流通中心发送给用户的过程中，由生产地至配送中心之间的商品空间转移，称为"运输"，而从分配中心到用户之间的商品空间转移则称为"配送"。而它又不同于一般的流通加工职能，采取配送方式，通过增大订货经济批量来达到经济地进货，又通过将用户所需的各种商品配备好，集中起来向用户发货，以及将多个用户的小批量商品集中起来进行一次发货等方式，尤其适应当前出现的新的连锁商店商业经营形式，提高了物流的经济效益。

2. 配送中心概念

配送中心就是从事货物配备（集货、加工、分货、拣选、配货）和组织对用户送货，以高水平实现销售和供应服务的现代流通设施。配送中心是基于物流合理化和发展市场两个需要而发展的，是以组织配送式销售和供应，执行实物配送为主要功能的流通型物流结点。它很好地解决用户多样化需求和厂商大批量专业化生产的矛盾，因此，逐渐成为现代化物流的标志。配送中心是一种新兴的经营管理形态，它具有满足多样少量的市场需求及降低流通成本的作用，但是，由于建造企业的背景不同，其配送中心的功能、构成和运营方式就有很大区别，因此，在配送中心规划时应充分注意配送中心的类别及其特点。

3. 配送中心的分类

1) 按配送中心的设立者分类

（1）制造商配送中心是以制造商为主体的配送中心。这种配送中心里的物品100%是由自己生产制造，用以降低流通费用、提高售后服务质量和及时地将预先配齐的成组元器件运送到规定的加工和装配工位。从物品制造到生产出来后条码和包装的配合等多方面都较易控制，所以按照现代化、自动化的配送中心设计比较容易，但不具备社会化的要求。

（2）批发商型配送中心是由批发商或代理商所成立的配送中心。批发是物品从制造者到消费者手中之间的传统流通环节之一，一般是按部门或物品类别的不同，把每个制造厂的物品集中起来，然后以单一品种或搭配向消费地的零售商进行配送。这种配送中心的物品来自各个制造商，它所进行的一项重要的活动是对物品进行汇总和再销售，而它的全部进货和出货都是社会配送的，社会化程度高。

（3）零售商型配送中心是由零售商向上整合所成立的配送中心。以零售业为主体的配送中心。零售商发展到一定规模后，就可以考虑建立自己的配送中心，为专业物品零售店、超级市场、百货商店、建材商场、粮油食品商店、宾馆饭店等服务，其社会化程度介于前两者之间。

（4）专业物流配送中心是以第三方物流企业（包括传统的仓储企业和运输企业）为主体的配送中心。这种配送中心有很强的运输配送能力，地理位置优越，可迅速将到达的货物配送给用户。它为制造商或供应商提供物流服务，而配送中心的货物仍属于制造商或供应商所有，配送中心只是提供仓储管理和运输配送服务。这种配送中心的现代化程度往往较高。

2）按服务范围分类

（1）城市配送中心是以城市范围为配送范围的配送中心，由于城市范围一般处于汽车运输的经济里程，这种配送中心可直接配送到最终用户，且采用汽车进行配送。所以，这种配送中心往往和零售经营相结合，由于运距短，反应能力强，因而从事多品种、少批量、多用户的配送较有优势。

（2）区域配送中心是以较强的辐射能力和库存准备，向省、全国乃至国际范围的用户配送的配送中心。这种配送中心配送规模较大，一般而言，用户也较大，配送批量也较大，而且，往往是配送给下一级的城市配送中心，也配送给营业所、商店、批发商和企业用户，虽然也从事零星的配送，但不是主体形式。

3）按配送中心的功能分类

（1）储存型配送中心，其有很强的储存功能。例如，美国赫马克配送中心的储存区可储存 16.3 万托盘。我国目前建设的配送中心，多为储存型配送中心，库存量较大。

（2）流通型配送中心，包括通过型或转运型配送中心，基本上没有长期储存的功能，仅以暂存或随进随出的方式进行配货和送货的配送中心。典型方式为：大量货物整批进入，按一定批量零出。一般采用大型分货机，其进货直接进入分货机传送带，分送到各用户货位或直接分送到配送汽车上。

（3）加工型配送中心，以流通加工为主要业务的配送中心。

4）按配送货物的属性分类

根据配送货物的属性，可以分为食品配送中心、日用品配送中心、医药品配送中心、化妆品配送中心、家电品配送中心、电子产品配送中心、书籍产品配送中心、服饰产品配送中心、汽车零件配送中心以及生鲜处理中心等。

对于不同种类与行业形态的配送中心，其作业内容、设备类型、营运范围可能完全不同，但是就系统规划分析的方法与步骤有其共通之处。配送中心的发展已逐渐由以仓库为主体的配送中心向信息化、自动化的整合型配送中心发展。

4．配送中心的功能

配送中心与传统的仓库、运输是不一样的，一般的仓库只重视商品的储存，一般传统的运输只是提供商品运输配送而已，而配送中心是重视商品流通的全方位功能，同时具有商品储存、流通行销、分拣配送、流通加工及信息提供的功能。

（1）流通行销的功能。流通行销是配送中心的一个重要功能，尤其是信息时代，各项信息媒体发达，再加上商品品质的稳定及信用，因此有许多的直销业者利用配送中心，通过有线电视或互联网等配合进行商品行销。此种的商品行销方式可以大大降低购买成本，因此广受消费者喜爱。例如在国外有许多物流公司的名称就是以行销公司命名。而批发商型的配送中心、制造商型的配送中心与进口商型的配送中心也都是拥有行销（商流）的功能。

（2）仓储储存功能。商品的交易买卖达成之后，除了采用直配直送的批发商之外，均将商品经实际入库、储存、流通加工包装而后出库，因此配送中心具有储存的功能。在配送中心一般都有库存储存的储放区，因为任何商品为了防止缺货，或多或少都有一定的安全库存，视商品的特性及生产前置时间的不同，安全库存的数量也不同。

（3）分拣配送功能。在配送中心里另一个重点就是分拣配送的功能，因为配送中心就是为了满足多品种小批量的客户需求而发展起来的，因此配送中心必须根据客户的要求进行分拣配货作业，并以最快的速度送达客户手中或者是指定时间内配送到客户。配送中心的分拣配送效率是物流质量的集中体现，是配送中心最重要的功能。

（4）流通加工功能。配送中心的流通加工作业包含分类、磅秤、大包装拆箱、改包装、产品组合包装、粘贴商标和标签等作业，这些作业是提升配送中心服务品质的重要手段。

（5）信息提供功能。配送中心除了具有行销、配送、流通加工、储存等功能外，更为配送中心本身及上下游企业提供各式各样的信息情报。

5．配送中心的作业流程

整个作业过程包括以下各个环节：

（1）进货。进货作业包括把货品做实体上的接收，从货车上将其货物卸下，并核对该货品的数量及状态（如数量检查、品质检查、开箱等），然后把记录的必要信息录入到计算机。

（2）搬运。是将不同形态之散装、包装或整体之原料、半成品或成品，在平面或垂直方向加以提起、放下或移动，可能是要运送，也可能是要重新摆置物料，而使货品能适时、适量移至适当的位置或场所存放。在配送中心的每个作业环节都包含着搬运作业。

（3）储存。储存作业的主要任务是把将来要使用或者要出货的物料保存，且经常要做库存品的检核控制，储存时要注意充分利用空间，还要注意存货的管理。

（4）盘点。货品因不断的进出库，在长期的累积下库存资料容易与实际数量产生不符，或者有些产品因存放过久、不恰当，致使品质功能受影响，难以满足客户的需求。为了有效地控制货品数量，需要对各储存场所进行盘点作业。

（5）订单处理。由接到客户订货开始至准备着手拣货之间的作业阶段，称为订单处理,包括有关客户、订单的资料确认、存货查询、单据处理以及出货配发等。

(6)拣货。每张客户的订单中都至少包含一项以上的商品,如何将这些不同种类数量的商品由配送中心中取出集中在一起,此即所谓的拣货作业。拣货作业的目的也就在于正确且迅速地集合顾客所订购的商品。

(7)补货。补货作业包括从储存区域将货品移到拣货区域,并作相应的信息管理。

(8)出货。将拣取分类完成之货品做好出货检查,装入合适的容器,做好标示,根据车辆趟次或厂商等指示将物品运至出货准备区,最后装车配送。

(9)配送作业。配送是指将被订购之物品从配送中心送至顾客手中的活动。

4.2.6 物流信息管理

1. 物流信息定义

物流活动进行中必要的信息称为物流信息。所谓信息是指能够反映事物内涵的知识、资料、信息、情报、图像、数据、文件、语言、声音等。信息是事物的内容、形式及其发展变化的反映。物流信息的特点如下:

(1)物流信息量大、分布广。信息的产生、加工和应用在时间、地点上也各不相同。

(2)物流信息动态性强,信息的价值衰减速度快,这对信息管理的及时性要求就比较高。

(3)物流信息种类多,不仅本系统内部各个环节有不同种类的信息,而且由于物流系统与其他系统(如生产系统、供应系统等)密切相关,因而还必须收集这些物流系统外的有关信息。这就使物流信息的分类、研究、筛选等工作的难度增加。

2. 物流信息职能

如果把一个企业的物流活动看作是一个系统的话,那么这个系统中就包括两个子系统:一个是作业子系统,包括上述运输、储存、装卸搬运、配送、包装、流通加工等具体的作业功能;另一个则是信息子系统。信息子系统是作业子系统的神经系统。企业物流活动状况要及时收集,商流和物流之间要经常互通信息,各种物流职能要相互衔接,这些都要靠物流信息职能来完成。物流信息职能是由于物流管理活动的需要而产生的,其功能是保证作业子系统的各种职能协调一致地发挥作用,创造协调效用。

3. 物流信息作用

物流系统中的相互衔接是通过信息予以沟通的,而且基本资源的调度也是通过信息的传递来实现的。例如,物流系统和各个物流环节的优化所采取的方法、措施以及选用合适的设备、设计合理的路线、决定最佳库存量,都要切合系统实际,即依靠能够准确反映物流活动的信息。所以,物流信息对提高经济效益起着非常重要的作用。

信息也是供应链成功的关键,因为信息能使管理者在更宽阔视野中进行决策。成功的供应链战略将整个供应链当做一个整体考虑,而不是只看到其中的某个阶段。通过供应链全球性视野考察,管理者就能根据影响整个供应链的所有因素制定供应链战略,而不是仅仅根据影响供应链某些阶段或特定功能的因素。对整条供应链的考察,使得供应链利润最大化,从而也使供应链中的单个企业获得较高利润。物流信息管理的目的就是以信息系统为支撑,把物流涉及企业的各种具体活动综合起来,加强整体的综合能力。

4. 物流信息系统

物流信息系统是物流企业针对环境带来的挑战而做出的基于信息技术的解决方案,它是物流企业按照现代管理思想、理念,以信息技术为支撑,所开发的信息系统。该系统充分利用数据、信息、知识等资源,实施物流业务、控制物流业务、支持物流决策、实现物流信息共享,以提高物流企业业务的效率、决策的科学性,其最终目的是提高企业的核心竞争力。物流信息系统具有集成化、模块化、实时化、网络化和智能化等主要特点。随着社会经济的发展,科技的进步,物流信息系统正在向信息分类的集成化、系统功能的模块化、信息采集的在线化、信息存储的集中化、信息管理的智能化以及信息管理可视化方向发展。在电子商务环境下,供应链各个环节涉及的企业需要一个网络化、信息化的电子商务物流信息系统,例如电子自动订货系统(EOS)、销售时点信息系统(POS)、运输管理信息系统、决策支持系统。物流信息系统的集中控制功能、运输流程管理功能、运输工具调度功能、仓储管理功能、统计数据报表功能,还有财务管理以及客户查询功能将信息流、物流、资金流信息整合,通过动态集成电子商务物流信息,监控管理业务流程,帮助促进交易高效完成。

4.3 现代物流信息技术

随着信息技术的迅猛发展,信息时代已经正式到来,当今社会呈现出信息化、网络化特征。如今,信息技术正逐步普及、深入到各行各业,越来越多的技术应用与之相融合,使原有技术发挥更大的效用。物流行业也是如此,信息技术在物流各环节的渗透给物流技术带来了极大的发展空间,为物流技术的蓬勃发展注入了强劲的动力,在这一方面,物流信息技术体现的尤为明显。作为现代物流与传统物流相区别的根本标志,物流信息技术是物流技术中发展最快的领域,信息技术尤其是网络技术的深层次应用使得物流信息技术迈上了全新的台阶,物流业也因此拥有了更为广阔的发展前景。

4.3.1 电子商务条件下物流技术发展

1. 电子商务为物流提供了良好的运作平台

尽管物流管理同样具有一般企业管理的共性,它也有其独特的个性。物流管理的大部分内容涉及到企业内部各个部门之间的衔接和协调,电子商务则恰好为物流管理提供了良好的运作平台。在电子商务环境下,供应链中的各个节点企业能更好地实现信息共享,加强供应链中的联系,使企业可以提高生产力,为产品提供更大的附加值。

2．电子商务极大地方便了物流信息的收集和传递

信息对于企业经营的重要意义不言而喻，在电子商务环境下，包括 EDI、条形码、POS 系统等先进的信息交换手段得到广泛应用，大大提高了工作效率，减少了手工工作带来的失误，降低了运营费用。更为重要的是，电子商务系统能够收集到大量的市场信息，通过对这些信息的加工和处理，很容易得到富有价值的商业信息，例如客户的定购数量、购买习惯、商品的需求变化特征等等，这些资料对企业制定营运管理政策、商品开发和销售具有重要的价值。

3．电子商务促进现代物流业向"五化"发展

1）信息化

电子商务时代，物流信息化是电子商务的必然要求。物流信息化表现为物流信息的商品化、物流信息收集的数据库化和代码化、物流信息管理的电子化和计算机化、物流信息传递的标准化和实时化、物流信息存储的数字化等。因此，条码技术（Bar Code）、数据库技术（Database）、电子定货系统（EOS）、电子数据交换（EDI）、快速反应（QR）及有效的客户反映（ECR）、企业资源计划（ERP）等技术与观念在物流中将会得到普遍应用。信息化是一切的基础，没有物流的信息化，任何先进的技术设备都不可能应用于物流领域，信息技术及计算机技术在物流中的应用将会彻底改变世界物流的面貌。

2）自动化

自动化的基础是信息化，自动化的核心是机电一体化，自动化的外在表现是无人化，自动化的效果是省力化，它可以扩大物流作业能力、提高劳动生产率、减少物流作业的差错等。

3）网络化

物流领域网络化的基础也是信息化，这里指的网络化有两层含义：一是物流配送系统的计算机通信网络，包括物流配送中心与供应商或制造商的联系要通过计算机网络，另外与下游顾客之间的联系也要通过计算机网络通信。二是组织的网络化，即所谓的企业内部网（Intranet）。物流的网络化是物流信息化的必然，是电子商务下物流活动的主要特征之一。

4）智能化

这是物流自动化、信息化的一种高层次应用，物流作业过程大量的运筹和决策，如库存水平的确定、运输（搬运）路径的选择、自动导向车的运行轨迹和作业控制、自动分拣机的运行、物流配送中心经营管理的决策支持等问题都需要借助于大量的知识才能解决。在物流自动化的进程中，物流智能化是不可回避的技术难题。

5）柔性化

柔性化本来是为实现"以顾客为中心"理念而在生产领域提出的，但要真正做到柔性化，即真正地能根据消费者需求的变化来灵活调节生产工艺，没有配套的柔性化的物流系统是不可能达到的。20 世纪 90 年代，国际生产领域纷纷推出弹性制造系统（FMS）、计算机集成制造系统（CIMS）、制造资源系统（MRP）、企业资源计划（ERP）以及供应链管理的概念和技术，这些概念和技术的实质是要将生产、流通进行集成，根据需求端的需求组织生产，安排物流活动。因此，柔性化的物流正是适应生产、流通与消费的需求而发展起来的一种新型物流模式。这就要求物流配送中心根据消费需求"多品种、小批量、多批次、短周期"的特色，灵活组织和实施物流作业。

另外，物流设施、商品包装的标准化，物流的社会化、共同化也都是电子商务环境下物流的新特点。

4.3.2 电子商务物流的信息技术

1. 自动标识与数据采集技术

自动标识与数据采集（AIDC）指的是不用键盘直接将数据输入到计算机系统、可编程逻辑控制器（PLC）或者其他微处理器中。它包括条形码、射频标识与射频数据通信、磁条、语音和视觉系统、光学字符识别、生物统计等。每种技术都有其优点，适合不同的应用场合。AIDC 技术提供了快速、精确、低成本的数据采集方法，来代替容易出错并且耗时的手工数据输入；在此基础上，AIDC 技术通过对商品或对人进行编码而实现跟踪功能。

AIDC 技术可以分成六类：①光学：条形码（包括二维条形码）、OCR 和视觉系统等；②磁：磁条、磁墨字符识别；③电磁：RFDC；④生物统计：语音识别、指纹识别、视网膜扫描；⑤触摸：触摸屏；⑥智能卡：卡的储存/阅读等。

AIDC 技术可将数据输入工作流水化、自动化，自动数据输入与人工作业相比更精确、更经济。其优点在于：①低成本的数据。AIDC 系统可以大幅度降低数据输入的成本并解放劳动力。进而可以收集更详细数据；②信息可用性。AIDC 系统提供即时的活动报告，从而加快与信息相关业务流程；③精确。除了速度和经济外，AIDC 还有精确的优点，这不但减少了员工人数，增加工作吞吐量，还提高数据质量。

2. 条形码技术

自从 20 世纪 50 年代初发明条形码以来，条形码技术对于加速全球的产品流和信息流做出了很大贡献。条形码技术将数据编码成可以用光学方式阅读的符号，扫描器和解码器可以采集符号的图像被并换成计算机处理的数据，进而进行校验。现存许多不同的条形码符号，每种符号都有各自的字符编号、印制和译码要求及错误校验。不同条形码表示数据的方式和所编码的数据类型都不同，有些仅对数字编码，有些则可以对数字、字母和标点符号编码，还有些可对 ASCII 码的 128 个字符甚至 256 个字符进行编码。新的条形码可在同一个符号内对多种语言编码，并允许对自定义特殊数据进行编码，甚至允许（通过冗余）重构数据以保证破损符号的阅读。

1）一维条形码

多年来我们已经很熟悉一组平行的变宽条与空白组成的条形码形式。这种一维条形码有 100 多种编码模式，最常用的是美国国防部和汽车行业最先使用的 Code 39 码，超市在 1973 年首先使用了通用产品代码，而血库最先采用了交叉二五码（ITF）和 Code l28 码。条形码通过条宽和空间宽度对数字（如 UPC 码和 ITF 码）或 ASCII 字符集（如 Code 39 码和 Code 28 码）边行编码。当扫描器扫过条形码符号时，分析条与空白的宽度模式可以抽取原编码数据。最窄的条或空白的宽度称为 X 度，通常是百分之几毫米。X 度规定了所有条和空白的宽度，进而规定出条形码的宽度。X 度越大，越容易扫描；但要在易读性和标签的成本间取得折中。为保证扫描效果，条形码两端需要留出宽度大于 10 倍 X 度的空白区域。所有条形码两端都有开始和停止字符，这些字符标识出条形码，使扫描器可以双向阅读条形码符号并以正确顺序对数据译码。条形码末尾还有校验数字，其数值是根据其之前字符由特定算法计算得出。

2）二维条形码

在更小的区域内编码更多信息的需求，驱动了二维条形码发展、标准化和应用的增长。传统的一维条形码只能作为数据库所储存信息的引用，而二维条形码则可以在更小的区域内完成系统的功能，或起到数据库的作用。

目前使用的二维条形码有两类，即堆叠式和矩阵式。堆叠式条形码是将一维条形码（加 Code 39 码和 Code l28 码）水平堆叠以生成多行符号（即 Code 49 码和 Code 16K 码）。20 世纪 90 年代出现的 PDF 417 码增加了新的性能，包括更大的数据容量、更高的数据扫描密度和更好的扫描器阅读能力。这些特点支持多重相邻行扫描的译码并具备检错和纠错能力。PDF 417 码可对整个 ASCII 字符集编码，在 $25cm^2$ 上容纳 2000 个字符。AIM 制定了 Code 49 码、Code 16K 码以及 PDF 417 码的规范。

矩阵式条形码比堆叠式条形码有更高的数据密度，标签不依赖于扫描的方向。矩阵式条形码单元可以是方形、六边形或者圆形，数据通过这些明暗区域的相对应位置进行编码，编码模式使用了检错和纠错技术来改善可读性并可以阅读部分损坏的符号。矩阵式条形码有很好的伸缩性，既可作为产品上的小标识符，也可作为运输包装箱上由传送机扫描的符号。AIM 已经制定了目前公开应用的矩阵式条形码，如 Code One 码、Data Matrix 码、Maxi Code 码、Aztec 码和 QR 码等的规范。所有短阵式条形码需使用电荷耦合器件（CCD）图像扫描器。以 QR 码为例，QR 码的"QR"是 Quick Response 的缩写，这种二维码能够快速读取，与之前的条形码相比，QR 码能存储更丰富的信息，包括对文字、URL 地址和其他类型的数据加密。

3．射频标识

射频标识是 AIDC 技术之一，最早出现在 20 世纪 80 年代，用于跟踪业务。由于其非接触阅读的性能，可用在制造业和其他不宜使用条形码标签的环境；因其能够跟踪移动对象，而广泛用于运输车辆自动识别（AVI）系统。这种技术已成为主要的数据采集、标识和分析系统的工具。

射频标识系统一般包括三个构件：天线、无线收发器（带解码器）、以电子形式编制了唯一信息的异频雷达收发器（RFID 标签）。天线发射无线信号激活标签并读写其上的数据，是标签和无线收发器间的桥梁；天线有各种形状和大小，可置入门框内来接收通过门的人或物品上的标签数据，或固定在高速公路的收费站来检测交通流量。如果希望连续记录多个标签时，天线产生的电磁场可维持不变；如果不需要持续讯问，可由传感设备来激活电磁场。阅读器发射出的无线电波波长可从 2.5cm 到 30m，通常依赖于其输出能力和所用频率。当 RFID 标签通过电磁场时探测阅读器的激活信号，阅读器对标签的集成电路内编码的数据进行解码并将数据传送给主机处理。

RFID 系统最重要的优点是非接触作业。它能穿透雪、雾、冰、涂料、尘垢和在条形码无法使用的恶劣环境阅读标签；阅读速度非常快，大多数情况下，可用于流程跟踪或者维修跟踪等交互式业务，RFID 的主要问题是不兼容的标准。RFID 的主要厂商提供的都是专用系统，导致不同的应用和不同的行业采用不同的厂商的频率和协议标准。目前 RFID 的标准处于割据状态，铁路、公路、航空、收费、美国运输情报系统、国防部和其他行业都有各自的标准。这种状况增加了 RFID 跨行业应用时的成本。

4. 机器视觉技术

视频机器视觉系统在工业检验和质量控制领域已使用了多年。近年来，因其在线性条形码扫描方面与激光扫描器相比有更好的性能价格比，被集成到 AIDC 的应用领域。基于视觉的扫描器应用与摄像机相似的 CCD 视频成像技术来采集图像并将其转化成数字格式，通常使用荧光照明、高速闪光灯和 LED 阵列作为光源，并采用专用电路和软件处理数字化图像以获取编码的数据。一维和二维条形码符号都有相应的译码算法。应用系统采集了条形码符号完整的图像、所收集的信息要比单光束或者栅格扫描激光光束丰富，从而可以阅读低对比度或者有损的条形码。

最早的机器视觉扫描器用于检测很复杂的固定式设备。现在常用的两种手持式 CCD 扫描器可以阅读一维条形码和二维矩阵式条形码，工作区可达到 5～7cm。自动化和计算机辅助制造使用视觉识别系统进行过程控制、质量控制、安全系统、机器人控制等。

4.3.3 其他主要物流信息技术

1. GPS 技术及应用

1）关于 GPS

GPS 为英语 Global Positioning System 的简称，即全球卫星定位系统。它是利用分布在约 2 万公里高空的多颗卫星对地面目标的状况进行精确测定以进行定位、导航的系统，它主要用于船舶和飞机导航、对地面目标的精确定时和精密定位、地面及空中交通管制、空间与地面灾害监测等。20 世纪 90 年代以来，全球卫星定位系统在物流领域得到越来越广泛的应用。GPS 由空间部分和地面部分组成，空间部分由分布在六个等间隔轨道上的多颗卫星组成，这种分布可以保证在任何时刻全球的任何地区，都被四颗卫星覆盖。GPS 的卫星可以全天候、连续地向无限多用户提供任何覆盖区域内目标的高精度的三维速度、位置和时间信息。GPS 的地面部分由主控站、全球监控站和地面天线站组成，GPS 的用户必须配备 CPS 接收机才能使用 GPS 系统，GPS 接收机的主要功能是接收卫星发射的信号，以获得必要的导航定位信息，并据此进行导航和定位。

2）GPS 在物流中的应用

①用于军事物流。GPS 首先是因为军事目的而建立的，在军事物流中，如后勤装备的保障等方面，应用相当普遍；②用于汽车自定位、跟踪调度、陆地救援。车辆导航是 GPS 应用的主要领域之一，现在智能终端和私家车普及使得 GPS 已经走进人们的生活；③用于内河及远洋船队最佳航程和安全航线的测定、航向的实时调度、监测及水上救援。在我国，GPS 最先使用于远洋运输的船舶导航。我国跨世纪的三峡工程也已规划利用 GPS 来改善航运条件，提高航运能力；④用于空中交通管理、精密进场着陆、航路导航和监视。以卫星技术为基础的航空通信、导航、监视和空中交通管理系统，利用全球导航卫星系统实现飞机航路、终端和进场导航；⑤用于铁路运输管理。可以通过 GPS 和计算机网络实时收集全路列车、机车、车辆、集装箱及所运货物的动态信息，可实现列车、货物追踪管理。只要知道货车的车种、车型、车号，就可以立即铁路网上流动着的货车中找到该货车，还能得知这辆货车现在何处运行或停在何处，以及所有的车载货物发货信息。铁路部门运用这项技术可大大提高其路网及其运营的透明度，为货主提供更高质量的服务。

2. GIS 技术及应用

1）关于 GIS

GIS（Geographical Information System，地理信息系统）是 20 世纪 60 年代开始迅速发展起来的地理学研究新成果，是多种学科交叉的产物。它以地理空间数据为基础，采用地理模型分析方法，适时地提供多种空间的和动态的地理信息，是一种为地理研究和地理决策服务的计算机技术系统。过去，GIS 往往被认为是一项专门技术，其应用主要限于测绘、制图、资源和环境管理等领域，随着技术的发展和社会需求的增大，GIS 应用日趋广泛。

2）GIS 与 IT 技术的综合应用

近年来，计算机技术飞速发展，特别是软件技术的发展，促使 GIS 技术发生了很大的变化，其中 GIS 技术的综合，在物流领域中得到广泛的应用，主要体现在 GIS 与其他信息技术的结合之上。常常所说的"3S"，是 GIS、遥感（Remote Sense）和 GPS 的一体化，就是技术综合的体现。然而，现在的 GIS 已经远远超出了这些，它已经与 CAD、多媒体、通信、Internet、办公自动化、虚拟现实等多种技术结合，形成了综合的信息技术。

3）GIS 的物流应用模型

GIS 的基本功能是将表格型数据（无论它来自数据库、电子表格文件或直接在程序中输入）转换为地理图形显示，然后对显示结果浏览、操纵和分析。其显示范围可以从洲际地图到非常详细的街区地图，显示对象包括人口、销售情况、运输线路以及其他内容。GIS应用于物流分析，主要是指利用GIS强大的地理数据功能来完善物流分析技术，国外公司已经开发出利用GIS为物流分析提供专门分析的工具软件。

完整的GIS物流分析软件集成了车辆路线模型、网络物流模型、分配集合模型和设施定位模型等。①车辆路线模型，用于解决一个起始点、多个终点的货物运输中，如何降低物流作业费用，并保证服务质量的问题。包括决定使用多少辆车，每辆车的行驶路线等；②网络物流模型，用于解决寻求最有效的分配货物路线问题，也就是物流网点布局问题。如将货物从N个仓库运往到M个商店，每个商店都有固定的需求量，因此需要确定由哪个仓库提货送给哪个商店，总的运输代价最小；③分配集合模型，可以根据各个要素的相似点把同一层上的所有或部分要素分为几个组，用以解决确定服务范围和销售市场范围等问题。如某一公司要设立X个分销点，要求这些分销点要覆盖某一地区，而且要使每个分销点的顾客数目大致相等；④设施定位模型，用于确定一个或多个设施的位置。在物流系统中，仓库和运输线共同组成了物流网络，仓库处于网络的节点上，节点决定着路线。如何根据供求的实际需要并结合经济效益等原则，确定在既定区域内设立多少个仓库，每个仓库的位置，每个仓库的规模，以及仓库之间的物流关系等，运用此模型均能很容易地解决这些问题。

3．控管技术及应用

1）关于控管技术

控管技术是结合计算机网络、控管软件、信息管理、自动识别、自动控制、无线电传输等六大技术的应用整合，在各作业点上结合一些信息采集设备，通过网络可对各作业点进行监控管理。在应用控管技术之前，首先必须了解控管技术的需求以评估对这些需求所能满足程度；接着再依据现状，评估本身信息体系及现场设备与控管技术的兼容程度，并且把目标及投资报酬率做一权衡比较后，再来决定控管技术的采用程度。

2）控管技术在储位管理中的应用

储位管理的构成要素是空间、设备、物品、人员。而控管技术就是针对物流中心的设备、物品、人员与车辆的动态信息，能实时并确实实施监控，它可以提高物流中心作业和管理质量，达到节省人力、降低成本及提高物流中心的经营效率和竞争力的效果。尤为重要的是，它更是进行储位管理最有效率且最科学的方法。控管技术在储位管理中可有下列功能：①各作业时点的资料采集；②储位整理指示（上下架、调仓）；③储位监控；④管理信息的输出；⑤对储存、动管的货品进行全程监控；⑥辅助盘点等。

4.3.4 物联网技术的应用

物联网应用集成智能技术，科学管理物流，使物流过程实现自动化、智能化、可视化、信息化，极大地促进物流产业的发展。应用物联网技术，在为物流产品上设置传感器，例如RFID标签等，可对物流过程中的加工、包装、运输、配送等各个环节进行监督、监控，随时掌握物品传递过程作用的信息。这对实现有效、按照最佳时间调配，降低物流成本，整合供应链物流流程有着重要的积极影响。物联网涉及的无线网络技术、组网技术、传感控制技术等等构成一个智能化的物流信息系统，能够有效标识、追踪物品。实时监控物品信息，按照各物流环节读写的信息，可进行最佳调度，统筹协调各项作业，贴合产品特性进行配送运输，过程中降低了装卸货、存储等环节的损耗，减少成本，有效实现物流网络化，系统化，供应链高效化。

1. 物联网技术在现代物流中的应用

1）装配运输管理

在产品上使用以 RFID 电子标签为载体的电子产品代码（EPC），方便追踪回溯的产品。运输开始前，通过自动读取数据，可进行快速货物分类，运输搭配，减少运输成本。EPC 的唯一性和安全性保证信息读取的正确，它的可扩展性以及无接触式远距离读取为追踪产品提供可行性保证。在车辆上使用标签，定位跟踪车辆，追踪运输路线实时监测掌握车辆稳定性、质量、装载限制、性能、燃油、大小等现况，及时发现突发状况，从而可使运输商能够迅速采取措施，及时应对突发状况，确保配送及时准确，在保证配送质量的同时，提高服务效率。

2）仓储库存管理

基于物联网技术，嵌入数据库，形成智能仓库管理系统，采集处理产品标签上出入库的信息，对产品进行高效的拣选、分类、堆码和管理。使得仓库空间最大程度利用，节省空间成本，减少人工操作成本和降低重新作业几率。同时，产品上的标签还可有防流失、防伪、防盗功能，集成智能化的物联网技术对产品进行实时跟踪和汇报，大大提高了仓储的安全性，保证物流过程安全保质进行。物联网技术实时准确地传递监测信息，对于仓库货物储存有着预警作用。在数据的支持下，可实时掌握库存水平，及时对库存情况作出反应，在最佳时间进行补货等作业，既保证产品供应又避免延迟补货造成的损失。

3）配送管理

在配送过程中，物联网的识别监控功能为及时准确的进性快递配送提供极大的便利。例如，基于物联网技术建设的智能快递柜，与 PC 服务器共同构建智能快递投递系统，能够对物体进行识别、存储、监控和管理，PC 端将快递终端即快递柜中实时采集到的信息数据进行处理，保证实时更新，方便使用人员进行查询，调配以及快递终端维护等操作，为客户提供满意的物流服务。

当快件被送达订单指定地点时，快递员将包裹存入快递柜中，智能系统就可立即识别并且自动为用户发送一条通知短信，包括取件地址以及验证码等信息，用户能在 24 小时内随时去智能终端取货物，简单快捷的完成取件服务。

4）销售管理

物联网系统具有快速的信息传递能力，及时获取销货信息，汇总传递给上一级分销商或制造商，进行补货等操作。及时准确的信息传递，有利于上游供应商合理安排生产计划或者补货计划，降低运营风险。在货物调配环节，RFID 技术的支持大大提高了货物拣选、配送及分发的速度,还在此过程中实时监督货物流向,保障其准时准点到达,实现了销售环节的畅通。对零售商来说,合理的库存数量,保证了定单供货,降低脱销的可能性和库存积压的风险。将库存水平保持在最小安全库存量,释放占有的资金,有助于企业投资管理。并且,可定位之作品能够的产品,零售商可实时监控仓库库存水平,仓储货物种类等信息,一定程度上帮助销售。

5) 数据管理

大数据结构下的物联网系统,储存收集数据,整合数据,通过分析历史数据得到一些导向性的信息,帮助判断物流环节存在问题及未来改善的方向。有效的分析能够帮助物流企业一方面进行监管评价物流活动,提供决策依据,另一方面还可帮助物流企业进行用户行为研究,提高客户的满意程度。

2. 物联网在冷链物流中的应用

1) 仓储配送环节

基于物联网技术,利用无线传感器网络(WSN)搭建冷链配送车辆以及商品储存仓库传感信息系统,实现装载储存环境的规范化、动态化信息实时共享,解决传统配送中由于不适宜的储存环境造成的商品腐烂受损等问题。车载终端基于 EPC 或者 RFID 电子标签监测商品的品质,收集信息,监控中心基于 GIS 技术处理比对信息,以此调控运输环境,满足商品储存需要。

2) 产品销售环节

应用物联网技术,结合大数据,实时监控货架信息,在保证产品新鲜品质的同时,标签的增加能够更为及时合理的完成商品的分类、调货、补货,减少不必要的储存,确保商品储量合理,提高工作人员工作效率,减少劳动力成本。

4.4 供应链及供应链管理

4.4.1 供应链管理框架

所谓供应链,是指产品生产和流通过程中所涉及的原材料供应商、生产商、批发商、零售商以及最终消费者组成的供需网络,即由物料获取、物料加工、并将成品送到用户手中这一过程所涉及的企业和企业部门组成的一个网络。

供应链是一个动态系统,它包括不同环节之间持续不断的信息流、产品流和资金流。供应链的每个环节都执行不同的程序,并与其他环节相互作用与影响。如世界最大的零售商——沃尔玛,其供应链简图如图 4-2 所示。首先,在消费市场上,沃尔玛向顾客提供商品,同时标出商品的价格和使用信息,顾客根据自身需求选购商品,并向沃尔玛支付货款。交易信息将会在交易成功后通过数据中心网络和通信卫星由沃尔玛分店的系统实时地传送到沃尔玛的数据中心。当分店货架商品的库存低于事先设定的限额后,沃尔玛的信息管理系统将会自动生成补货订单，经管理人员确认后，订单信息将会上传至数据中心，再由数据中心分别发送至沃尔玛的分销中心和供应商的系统。分销中心和供应商可以随时通过各自的系统查看这些实时信息，从而根据反馈的信息及时做出生产、供货和送货等决策。当分销中心确认并将订单发送给供应商后，供应商会将处理好的订单随同商品一同送至沃尔玛的配送中心或直达各分店，配送中心会及时地将送至此处的订单和商品一并送往分店。最后，各分店会与分销中心或供应商进行货款的清算。在这一过程中，信息由顾客经沃尔玛分店、数据中心、分销中心传至供应商处；商品由供应商经配送中心传至沃尔玛分店，最后到顾客手中；资金则是由顾客手中"出发"，经由沃尔玛分店传至分销中心和供应商。类似的信息流、商品流和资金流发生在供应链的全过程。先进的信息技术应用、灵活高效的物流配送使得沃尔玛供应链中各环节之间联系紧密、环环相扣，使信息、商品和资金能够在其中顺畅地流通。

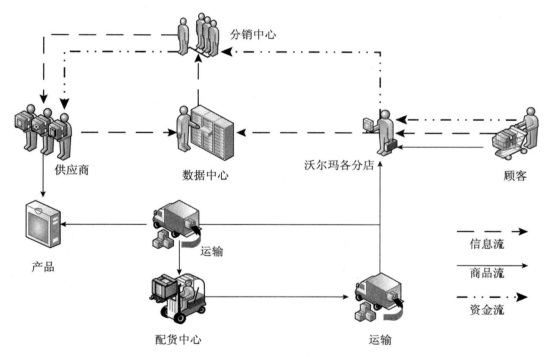

图 4-2　沃尔玛供应链简图

所谓供应链管理（Supply Chain Management）是一项利用网络技术解决企业间关系的整体方案。目的在于把产品从供应商及时有效地运送给制造商与最终客户，将物流配送、库存管理、订单处理等资讯进行整合，通过网路传输给各个参与方，其功能在于降低库存、保持产品有效期、降低物流成本以及提高服务品质。

这里所提出的供应链管理框架包括三个相互紧密联系的要素的结合：供应链的结构、

供应链的业务流程、供应链管理的组成要素。供应链的结构是由供应链成员及成员之间的联系所组成的网络；业务流程是指为客户产生价值输出的活动；管理组成要素是那些使业务流程跨越整个供应链上得到集成和管理的变量。

供应链管理的实施包括识别所需连接的关联供应链成员，有哪些流程必须和每一个关键成员相连接，以及对每一个过程连接采用什么类型程度的集成。供应链管理的目标是使公司和包括最终客户在内的整个供应链网络的竞争力和赢利能力实现最大化。

4.4.2 供应链的失调与协调

1. 供应链失调与牛鞭效应

事实上，一方面由于供应链的不同阶段通常属于不同的产权主体，他们的决策目标经常会发生冲突；另一方面，信息在不同阶段之间传递也会发生扭曲。因此，如果每个阶段的不同产权主体都努力追求自身利益的最大化，就会对整个供应链的利益造成不利影响，导致供应链失调。例如，福特汽车公司拥有数千个供应商，这些供应商又各自拥有自己的一批供应商。由于完整信息在阶段之间无法共享，所以当信息在供应链内流动时，就会发生扭曲。而这种扭曲由于供应链产品的多样性而夸大。因此，其供应链管理最根本的挑战之一就是，在所有权分散化和产品日益多样化的前提下，如何实现供应链的协调。

牛鞭效应指在供应链内，由零售商到批发商、制造商、供应商，订购量的波动幅度递增。牛鞭效应扭曲了供应链内的需求信息，从而使得对需求状况有着不同估计，其结果导致供应链失调。例如，宝洁公司已经注意到婴儿尿布供应链内的牛鞭效应，公司发现随着时间的推移，宝洁公司发给供应商的原材料订单波动幅度很大，但一到供应链的下游，即零售商销售这个阶段，这种波动幅度尽管仍然存在，但已经很小。由此推测，到达尿布消费者这一供应链的最终阶段，需求量几乎没有波动。尽管最终产品的消费是稳定的，但原材料订单规模高度变动，使得成本增加，难以在供应链内实现供需平衡。

牛鞭效应会损害整条供应链的运营业绩：①牛鞭效应增加供应链中产品的生产成本；也增加供应链的库存成本。为了应付增大了的需求变动性，宝洁公司不得不保有比牛鞭效应不存在时还要高的库存水平。因此，供应链的库存成本增加。高水平的库存还增加了必备的仓储空间，从而增加了库存成本；②牛鞭效应延长供应链的补给供货期。由于牛鞭效应增加了需求的变动性，与水平需求相比，生产计划更加难以安排，往往会出现当前生产能力和库存不能满足订单需求的情况，从而导致供应链内公司及其供应商的补给供货期延长；③牛鞭效应提高了供应链的运输成本。不同时期的运输需求与订单的完成密切相关，由于牛鞭效应的存在，运输需求将会随着时间的变化而剧烈波动，需要保持剩余的运力来满足高峰期的需求，从而使运输成本提高；④牛鞭效应提高了供应链内与送货和进货相关的劳动力成本；⑤牛鞭效应降低了供应链内产品的供给水平，导致更多的货源不足现象发生；⑥牛鞭效应给供应链每个阶段的运营都带来负面影响，从而损害了供应链不同阶段之间的关系。但是，供应链内的每一个阶段都认为自己做得尽善尽美，而将这一责任归咎于其他阶段。于是，牛鞭效应就导致供应链不同阶段之间的互不信任，从而使潜在的协调努力变得更加困难。

综上所述，可以得出如下结论：牛鞭效应及其引发的失调对供应链的运营业绩有较大的负面影响。牛鞭效应增加了成本，降低了反应能力，从而导致供应链利润下滑。

2. 供应链协调的主要障碍

任何导致供应链内不同阶段只注重自身利益行为或者信息扭曲因素，都是实现供应链协调的障碍因素。可能与定价相关的，还可能与订单的发出与完成过程中的有关行动相关，但最主要的是供应链中的激励障碍及信息传递障碍。

1）激励障碍

激励障碍指给予供应链内不同阶段或参与者的激励会导致一系列变动性增加、总利润下滑的情形。由于供应链的不同阶段都有各自的目标，只注重局部影响的激励措施，这导致不能实现供应链总利润最大化，因此，正是供应链中的那些互不匹配的目标，构成了供应链协调的一大障碍。

2）信息传递障碍

信息传递障碍指需求信息在供应链不同阶段之间的传递过程中发生扭曲，从而导致供应链内订购量的变动性增加。信息传递障碍主要表现在以下两方面：①过于依赖订单信息、忽视顾客实际需求。随着订单沿供应链上溯至制造商和供应商，按照接收到的订单进行预测，会使顾客需求的变动性扩大。在牛鞭效应的作用之下，供应链内的不同阶段均以发出的订单作为基本的沟通手段，于是，每个阶段都将其需求视为接到的订单流，并根据订单信息进行预测。在这种情况下，顾客需求细小的变化都会导致顾客需求变动性的增大；②信息流通渠道不通畅、传递不及时。供应链内各阶段无法共享信息，这加大了牛鞭效应。例如，零售商由于计划中的促销活动可能会扩大特定订单的规模，如果制造商没有得到关于计划中的促销活动的信息，他可能将这种订单规模的扩大视为需求的永久性增长，而将此信息又传递给供应商。这样，促销活动结束后，制造商和供应商就拥有大量的库存。

新经济时代的供应链管理的基本思想就是以市场和客户需求为导向，以核心企业为盟主，以提高竞争力、市场占有率、客户满意度和获取最大利润为目标，以协同商务、协同竞争和双赢原则为基本运作模式，通过运用现代企业管理技术、信息技术、网络技术和集成技术，达到对整个供应链上的信息流、物流、资金流、业务流和价值流的有效规划和控制，从而将客户、销售商、供应商、制造商和服务商等合作伙伴连成一个完整的网链结构，形成一个极具竞争力的战略联盟。

4.4.3 供应链的平台化管理

1. 电子商务环境下的供应链管理趋势——平台化

电子商务的出现和广泛使用可以在很大程度上改善供应链管理中信息流和资金流管

理两部分，使信息和资金都能迅速、准确的在供应链各节点之间传递。基于电子商务的供应链具有供应链电子网络化、供应链管理机构虚拟化、数据信息型的集中管理、优化、精炼的协同化管理四个特点。这就要求电子商务环境下的供应链管理模式突破传统的采购、生产、分销和服务的范畴和障碍，把企业内部以及供应链节点企业之间的各种业务看作一个整体功能过程，通过有效协调供应链中的信息流、物流、资金流，将企业内部的供应链与企业外部的供应链有机地集成起来管理，形成集成化供应链管理体系，以适应新竞争环境下市场对企业生产管理提出的高质量、高柔性和低成本的要求。基于电子商务的核心企业与供应商、终端客户、银行、储运中心之间借助 Internet 进行信息的快速交换，建立网络化的联系，同时供应链中的各个节点间也能进行信息的互通。通过电子商务的应用，能有效地将供应链上各个业务环节孤岛连接起来，使业务和信息实现集成和共享。在交易的同时，电子商务只有进一步做好物流管理，大量缩减供应链中物流所需的时间，使物流管理符合信息流和资金流管理的要求，才能真正建立起一个强大的、快速反应的供应链管理体系。

正是因为供应链管理的直接对象是供应链中多个产权主体的协同行为，所以决定了供应链管理在技术实现上必然以软件应用平台建设为基本实现方式。所谓平台，就是不同产权主体共同使用的一种基础设施，具体到信息技术上，就是提供不同产权的企业在一个共同的软件系统上进行商业行为的 IT 基础设施。

2. 平台的技术架构与实现

供应链管理平台化实现必须以相应的供应链管理软件为基本实现工具。但由于供应链管理的组织范围包括两个以上的不同产权主体，管理的直接对象是供应链中多个产权主体的行为，因此这决定了供应链管理软件不能简单地安装、运行在供应链上的某一个企业内部，它并不是供应链上某一个企业内部的信息系统，而是供众多不同产权主体共同应用的一个开放平台。所以供应链管理平台的设计不仅要科学设计供应链管理软件的功能，还要科学设计整个供应链管理平台的技术架构。供应链管理平台作为一个跨企业的服务平台，不仅需要功能强大、适当的供应链管理软件，还必须借助可靠的硬件系统、网络服务、数据管理、安全保障等一整套的配置。

一般来说，供应链管理平台的实现方式有以下两大类。一是核心企业自建或供应链上的相关企业联合建设。如 Dell 公司通过自建的供应链管理平台，与其客户和供应商在一个统一的 IT 基础设施上协同行动，有效整合了渠道资源。神州数码自行投资建设了一个称之为"神州网桥"的供应链管理平台，有效整合了其分销渠道资源，提升了竞争能力。二是利用第三方供应链管理平台，也就是核心企业与它的渠道伙伴共同利用第三方投资建设的平台，实现相应的供应链管理功能，核心企业及其合作伙伴不再投资、运营和管理其实现供应链管理所需要的供应链管理平台，而是与第三方供应链管理平台服务商达成协议，通过 Internet 直接利用第三方为其提供的供应链管理软件功能，并享受第三方供应链管理平台服务商提供的各种服务。

3．平台的服务

供应链管理平台的服务内容主要有以下几个方面。

1）平台基础服务

平台基础服务主要是为企业提供供应链管理平台运行所需的基础硬件环境支持，包括提供服务器和网络设备，提供 IDC 服务器托管和网络接入，提供系统管理、数据管理、系统升级、安全保障等服务内容。平台基础服务让企业在应用供应链管理信息系统过程中，没有任何后顾之忧，并且不受退出成本的约束，解决了企业进行信息化建设中最大的顾虑，即高额的硬件建设费用和维护、升级、管理上的人员费用。

2）平台支持服务

平台支持服务的根本目标是确保客户能够正常应用安装在平台上的供应链管理软件，是直接与客户互动的服务内容，主要服务形式包括热线电话支持服务、网站支持服务、在线和现场培训服务等。平台支持服务让客户在应用供应链管理信息系统过程中，事先可以接受到专业的培训；在使用过程中，在任何时间出现任何问题时，都可以随时随地通过电话直接得到技术支持人员的问题解答，或从客户支持网站上得到专家的在线咨询，以及从问题知识库中找到问题答案等，使客户享受到专业级的、全方位的、全天候的应用支持服务，使企业可以最大限度地降低自身运营维护的风险。

3）平台增值服务

平台增值服务的根本目标是为客户创造新价值，主要手段是提供新服务或应用服务的新手段，具体的服务内容包括供应链管理平台移动接入，客户端供应链管理平台应用监测服务，最佳业务实践报告，供应链管理咨询，数据分析及决策支持等。

4．平台的产品体系架构

平台是供应链管理的本质，然而要想通过平台模式来推动企业的发展，只有供应链管理平台还不够，必须要有一个基于供应链管理平台的成熟的产品体系。一个完整的基于供应链管理平台的产品体系结构应该包括以下五个组成部分：供应链管理应用平台，供应链管理业务标准，供应链管理系统功能，供应链管理操作工具和供应链管理信息增值。①供应链管理应用平台，使得处于供应链上的企业都可以通过这个平台来实现信息的传输和共享，而企业本身并不需要为平台的建设付出任何固定成本；②供应链管理业务标准。必须为企业提供一套供应链管理的业务标准，指导供应链上的相关企业，围绕供应链管理平台系统功能的应用，明确、细化和规范各自的业务行为，使企业自身的操作标准化，协助企业实现供应链管理业务流程固化和业务行为的优化；③供应链管理系统功能。打破原有企业的结构和边界，使得价值链上的各环节做到紧密协作，实现信息共享，并且基于最终客户需求，以有效提升企业渠道能力为核心，各项功能、各个模块都全部服务于渠道能力的提升；④供应链管理操作工具。供应链管理操作工具是应用平台与企业之间连接的纽带。供应链管理的操作工具已不再仅仅是计算机终端这种单一的连接方式，特别是手机、PDA 等移动终端应用无线通信技术，使得供应链管理的操作工具越来越多样化。供应链管理应用平台应该为企业提供支持多种接入方式、满足多层用户需求的应用设备，协助企业方便、快捷、经济地应用供应链管理系统功能；⑤供应链管理信息增值。供应链管理平台的实质是协同商务，是虚拟组织具体化的应用，是社会资源优化配置的一种方式。它体现的是一种新的产权关系，用户不必花费大量的成本与资源，去获取某些必要资源的所有权，而仅仅具有使用权即可，达到信息和资产增值的目的。

4.4.4 绿色供应链

绿色供应链的概念最早由美国密歇根州立大学的制造研究协会在 1996 年进行一项"环境负责制造（ERM）"的研究中首次提出，是一种在整个供应链中综合考虑环境影响和资源效率的现代管理模式，它以绿色制造理论和供应链管理技术为基础，涉及供应商、生产厂、销售商和用户，其目的是使得产品从物料获取、加工、包装、仓储、运输、使用到报废处理的整个过程中，对环境的影响（负作用）最小，资源效率最高。

绿色供应链管理是一种追求经济利益与绿色利益的新型管理模式，其作用在于①增强企业的竞争力提高整个供应链的效益；②树立值得信任、安全可靠、有责任心的企业形象，增加客户价值；③规避绿色技术贸易壁垒，一般达到绿色供应链要求标准的产品也会符合其他尤其是发达国家的环保标准，降低贸易进入壁垒。绿色供应链也可以说是用绿色化的途径提供绿色产品的过程，包括绿色制造、绿色采购、绿色物流、绿色销售、绿色消费、绿色回收，其中，绿色物流整个过程中要求尽量减少有害物质的产生，降低能耗的同时，充分利用物流资源，效率最大化。目前国际上有很多国际公司已经实施绿色供应链，像大众、通用等，我国的联想（北京）股份有限公司也已重新整合传统供应链，构建绿色供应链，将绿色供应链管理体系融入公司管理体系。将"绿色"理念融入供应链管理，实现可持续发展是未来的一大趋势。

本章小结

本章主要介绍了物流的概念、物流的基本职能、现代物流信息技术及供应链、供应链管理的基本内容。其中，现代物流是指原材料、产成品等实物从起点到终点及相关信息有效流动的全过程，它充分运用信息技术，将运输、仓储、装卸、加工、整理、配送等有机结合，形成完整的供应链，为用户提供多功能、一体化的综合服务。

物流系统是由所需输送的物料和包括有关设备、输送工具、仓储设备、人员以及通信联系等若干相互制约的动态要素构成的具有特定功能的有机整体，物流的基本职能是运输、储存、装卸搬运及配送、流通加工、物流信息等。物流包括从生产企业内部原材料、配件的采购供应开始，经过生产制造过程中的半成品的存放、装卸、搬运和成品包装，到流通部门或者直达用户后的入库验收、分类、储存、储存、配送，最后送到顾客手中的全过程，以及贯穿于物流全过程的信息传递和顾客服务工作的各种机能的整合。支撑现代物流发展的现代物流信息技术，是以电子商务为平台发展起来的，主要有自动标识与数据采集技术、条形码技术、射频标识、机器视觉技术、卡片技术等，以及 GPS 和 GIS 等技术。

供应链，是指产品生产和流通过程中所涉及的原材料供应商、生产商、批发商、零售商以及最终消费者组成的供需网络，即由物料获取、物料加工、并将成品送到用户手中这一过程所涉及的企业和企业部门组成的一个网络。目标多样性和信息扭曲使得供应链失调引起牛鞭效应，并对经营业绩产生负面影响。因此，有必要对供应链进行管理，尤其是平台化管理，以平台提供服务，并以有效的平台产品体系结构来确保整个供应链的协调发展，才是供应链健康发展的重要保证。

参考文献

[1] 朱清一. 现代物流管理概论[M]. 北京：中国物流联合出版社，2004.

[2] 盛宇华，潘持春. 供应链管理及虚拟产业链[M]. 北京：科学出版社，2004.

[3] 郝渊晓. 物流配送管理[M]. 广州：中山大学出版社，2009.

[4] 虞新新. 基于物联网的冷链物流保鲜平台发展趋势研究[J]. 物流科技，2019，42（02）：61-64.

[5] 方磊. 电子商务物流[M]. 北京：清华大学出版社，2017.

第 5 章 网络营销

5.1 网络营销概述

网络营销是基于互联网的一种新型营销手段,尽管历史较短,但已经在企业经营中发挥着越来越重要的作用,网络营销的价值也为越来越多的实践应用所证实。

5.1.1 网络营销的发展

1994 年 4 月 12 日,美国亚利桑那州两位从事移民签证咨询服务的律师 Laurence Carter(坎特)和 Martha Siegel(西格尔)夫妻俩花费 20 美元通过互联网发布广告信息,吸引了 250 000 个客户,赚了 10 万美元。这就是在网络营销中赫赫有名的"律师事件",这可以说是第一个 Email 营销,在"律师事件"之后的 1994 年 10 月 27 日,网络广告才正式诞生,这标志着网络营销时代正式开启,而直到 1995 年 7 月份,全球最著名的网上商店亚马逊才正式成立,这标志着网络开启线上销售业务,这已经比"第一个利用互联网赚钱的人"足足晚了 15 个月。

我国网络营销起步比较晚,1997 年是中国网络营销的诞生年,中国网络营销的发展历程可以分为四个阶段:

第一个阶段:网络营销的传奇阶段(1997 年之前)

在 1997 年以前,中国已经有了互联网,但那个时候的互联网主要是为政府单位、科研机构所使用,还未用于商业,直到 1996 年,中国企业才开始尝试使用互联网。那个时候网络营销的特点是:网络营销概念和方法不明确,绝大多数企业对上网几乎一无所知,网络营销是否产生效果主要取决于偶然因素。

因此,那个时候的网络营销事件更多具有传奇色彩,如"山东农民网上卖大蒜"堪称网络营销神话:当拥有"中华蒜都""大蒜之乡"西李村的农民生产的菠菜每斤两三分钱还无人问津,一筹莫展的时候,1996 年 5 月,山东省金乡县村民李敬峰走进因特网,注册了自己的一个域名,把西李村的大蒜、菠菜、胡萝卜等产品信息一股脑儿搬到因特网,发布到世界各地。

1998 年 7 月,青岛外贸通过网址主动与李敬峰取得了联系,两次出口大蒜 870 吨,销售额 270 万元。因特网让他们把菠菜卖到每公斤 1 元多的好价钱还供不应求。

第二个阶段:网络营销的萌芽阶段(1997—2000 年)

随着互联网在企业中广泛使用,电子商务呈现快速发展趋势,越来越多的企业开始注重网络营销，据相关数据统计：1997 年 10 月底，我国上网人数为 62 万人，万维网（WWW）站点数大约 1500 个，到 2000 年年底，国内上网人数已经达到 2250 万人，万维网网站数量达到 265405 个。

从 1997 年到 2000 年这短短的三年里，国内发生了几起具有标志性意义的网营销事件：1997 年 2 月，China Byte 开通免费新闻邮件服务，到同年 12 月，新闻邮件订户数接近 3 万；1997 年 3 月，在 China Byte 网站上出现了第一个商业性网络广告（468×60 像素的按钮广告）；1997 年 11 月，首家专业的网络杂志发行商"索易"开始提供第一份免费的网络杂志；1999 年，B2B 网站阿里巴巴、B2C 网站 8848 等网站成立。

在这个阶段，越来越多的企业开始涉及互联网，电子商务也开始从神话变为现实。而到了 2000 年上半年互联网泡沫的破灭，刺激了网络营销的应用。

第三个阶段：网络营销的应用和发展阶段（2001—2010 年）

网络营销服务市场初步形成，企业网站建设发展迅速，专业化程度越来越高；网络广告形式不断创新，应用不断发展；搜索引擎营销向更深层次发展，形成了基于自然检索的搜索引擎推广方式和付费搜索引擎广告等模式；网络论坛、博客、RSS、聊天工具、网络游戏等网络介质的不断涌现和发展。

第四个阶段：网络营销社交移动化阶段（2010—至今）

随着移动互联网时代的到来，移动互联网用户之间的沟通更为便利，用户实现了从 PC 终端向移动终端的迁移。基于社交的需求，移动社交应用也被引入网络营销的工具中。移动网络营销、微信公众号、微营销在网络营销中占据主导地位，博客、论坛等营销为辅的营销时代来临，互联网+、O2O 电商体系冲击，带动网络营销向更高层次的发展。

5.1.2　网络营销的含义

人们对网络营销有不同的认识。有人将网络营销等同于在网上销售产品，有人则把域名注册、网站建设这些基础网络服务内容认为是网络营销，也有些人只将网站推广认为是网络营销。应该说，这些观点都从某些方面反映出网络营销的部分内容，但并没有完整地表达出网络营销的全部内涵，也无法体现出网络营销的实质。

笼统地说，凡是以互联网为主要手段开展的营销活动，都可称之为网络营销，但实际上并不是每一种手段都合乎网络营销的基本准则，也不是任何一种方法都能发挥网络营销的作用。因此，真正意义上的网络营销，应该具有其内在的规律性，可以为营销实践提供指导，可以产生实实在在的效果，并且具有可操作性。

为了明确网络营销的基本含义，这里将网络营销定义为：网络营销是企业整体营销战略的一个组成部分，是为实现企业总体经营目标所进行的，以互联网为基本手段营造网上经营环境的各种活动。

为深入理解网络营销的含义，需要澄清以下问题。

1．网络营销不是孤立存在的

网络营销是企业整体营销战略的一个组成部分，网络营销活动不可能脱离一般营销环境而独立存在，在很多情况下网络营销理论是传统营销理论在互联网环境中的应用和发展。对于不同的企业，网络营销所处的地位有所不同。以经营网络服务产品为主的网络公司，更加注重于网络营销策略，而在传统的工商企业中，网络营销通常只是处于辅助地位。由此也可以看出，网络营销与传统市场营销策略之间并没有冲突，但由于网络营销依赖互联网应用环境而具有自身的特点，因而有相对独立的理论和方法体系。在企业营销实践中，往往是传统营销和网络营销相互并存。

2．网络营销不等于网上销售

网络营销是为最终实现产品销售、提升品牌形象的目的而进行的活动。网上销售是网络营销发展到一定阶段产生的结果，但并不是唯一结果，因此网络营销本身并不等于网上销售。因为：

（1）网络营销的目的并不仅仅是为了促进网上销售，很多情况下，网络营销活动不一定能实现网上直接销售的目的，但是可能促进网下销售的增加，并且增加顾客的忠诚度。

（2）网络营销的效果表现在多个方面，例如提升企业的品牌价值、加强与客户之间的沟通、拓展对外信息发布的渠道、改善顾客服务等。

（3）从网络营销的内容来看，网上销售也只是其中的一部分，并且不是必须具备的内容，许多企业网站根本不具备网上销售产品的条件，网站主要是作为企业发布产品信息的一个渠道，通过一定的网站推广手段，实现产品宣传的目的。

3．网络营销不等于电子商务

网络营销和电子商务是一对紧密相关又具有明显区别的概念。电子商务的内涵很广，其核心是电子化交易，电子商务强调的是交易方式和交易过程的各个环节。而网络营销是企业整体营销战略的一个组成部分，无论是传统企业还是基于互联网开展业务的企业，也无论是否有电子化交易的发生，都需要网络营销。但网络营销本身并不是一个完整的商业交易过程，而是为了促成交易提供支持，因此是电子商务中的一个重要环节，尤其在交易发生之前，网络营销主要发挥信息传递的作用。网络营销和电子商务的这种关系表明，发生在电子交易过程中的网上支付和交易之后的商品配送等问题并不是网络营销所包含的内容。同样，电子商务体系中所涉及的安全、法律等问题也不适合全部包括在网络营销中。

4．网络营销是对网上经营环境的营造

开展网络营销需要一定的网络环境，网络营销环境为企业开展网络营销活动提供了潜在用户，以及向用户传递营销信息、建立顾客关系、进行网上市场调研等各种营销活动的手段和渠道。企业的网络营销活动也是整个网络环境的组成部分，开展网络营销的过程，就是与这些环境因素建立关系的过程。例如，网站推广常用搜索引擎营销和网站链接策略的实施，也就是和搜索引擎服务商以及合作伙伴之间建立良好关系的过程，网站访问量的增长以及网上销售得以实现都是对网上经营环境营造的结果。因此，网络营销是对企业网上经营环境的营造过程，也就是综合利用各种网络营销手段、方法和条件并协调其间的相互关系，从而更加有效地实现企业的营销目标。

5.1.3 网络营销的主要职能

网络营销的职能主要表现为：信息发布、网上调研、销售促进、网站推广、顾客服务、品牌建设、网上销售和顾客关系等八个方面。

1．信息发布

网络营销的基本思想就是通过各种互联网手段，将企业营销信息以高效的手段向目标用户、合作伙伴、公众等群体传递，因此信息发布就成为网络营销的基本职能之一。互联网为企业发布信息创造了优越的条件，不仅可以将信息发布在企业网站上，还可以利用各种网络营销工具和网络服务商的信息发布渠道向更大的范围传播信息。

2．网上调研

网上市场调研具有调查周期短、成本低的特点。网上调研不仅为制定网络营销策略提供支持，也是整个市场研究活动的辅助手段之一。合理利用网上市场调研手段对于市场营销策略具有重要价值。网上市场调研与网络营销的其他职能具有同等地位，既可以依靠其他职能的支持而开展，同时也可以相对独立进行，网上调研的结果反过来又可以为其他职能更好地发挥提供支持。

3．销售促进

市场营销的基本目的是为最终增加销售提供支持，网络营销也不例外，各种网络营销方法大都直接或间接具有促进销售的效果，同时还有许多针对性的网上促销手段。这些促销方法并不限于对网上销售的支持，事实上，网络营销对于促进网下销售同样很有价值，这也就是为什么一些没有开展网上销售业务的企业一样有必要开展网络营销的原因。

4．网站推广

获得必要的访问量是网络营销取得成效的基础，尤其对于中小企业，由于经营资源的限制，发布新闻、投放广告、开展大规模促销活动等宣传机会比较少，因此通过互联网手段进行网站推广的意义显得更为重要，这也是中小企业对于网络营销更为热衷的主要原因。即使对于大型企业，网站推广也是非常必要的，事实上许多大型企业虽然有较高的知名度，但网站访问量也不高。因此，网站推广是网络营销最基本的职能之一，是网络营销的基础工作。

5．顾客服务

互联网提供了更加方便的在线顾客服务手段，从形式最简单的 FAQ(常见问题解答)，到电子邮件、邮件列表，以及在线论坛和各种即时信息服务等。在线顾客服务具有成本低、效率高的优点，在提高顾客服务水平、降低顾客服务费用方面具有显著作用，同时也直接影响到网络营销的效果，因此在线顾客服务成为网络营销的基本组成内容。

6. 品牌建设

网络营销的重要任务之一就是在互联网上建立并推广企业的品牌，以及让企业的网下品牌在网上得以延伸和拓展。网络营销为企业利用互联网建立品牌形象提供了有利的条件，无论是大型企业还是中小企业都可以用适合自己企业的方式展现品牌形象。网络品牌建设是以企业网站建设为基础，通过一系列的推广措施，达到顾客和公众对企业的认知和认可。网络品牌价值是网络营销效果的表现形式之一，通过网络品牌的价值转化实现持久的顾客忠诚和更多的直接收益。

7. 网上销售

网上销售是企业销售渠道在网上的延伸。一个具备网上交易功能的企业网站本身就是一个网上交易场所，网上销售渠道建设并不限于企业网站本身，还包括建立在专业电子商务平台上的网上商店，以及与其他电子商务网站不同形式的合作等。因此网上销售并不仅仅是大型企业才能开展，不同规模的企业都有可能拥有适合自己需要的在线销售渠道。

8. 顾客关系

顾客关系对于开发顾客的长期价值具有至关重要的作用，以顾客关系为核心的营销方式成为企业创造和保持竞争优势的重要策略。网络营销为建立顾客关系、提高顾客满意和顾客忠诚提供了更为有效的手段，通过网络营销的交互性和良好的顾客服务手段，增进顾客关系成为网络营销取得长期效果的必要条件。

网络营销的各个职能之间并非相互独立的，而是相互联系、相互促进的，网络营销的最终效果是各项职能共同作用的结果。为了直观描述网络营销八项职能之间的关系，可以从其作用和效果方面来做出大致的区分：网站推广、信息发布、顾客关系、顾客服务和网上调研这五项职能属于基础，主要表现为网络营销资源的投入和建立，而品牌建设、销售促进、网上销售这三项职能则表现为网络营销的效果（包括直接效果和间接效果）。图 5-1 描述了网络营销八项职能之间的关系。

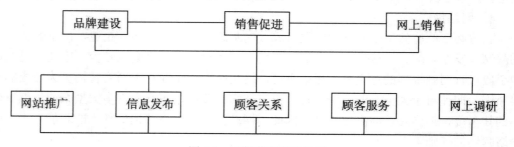

图 5-1　网络营销职能关系

网络营销的职能是通过各种网络营销方法来实现的，同一个职能可能需要多种网络营销方法的共同作用，而同一种网络营销方法也可能适用于多个网络营销职能，为此，本章 5.5 节以网络营销方法为主线，通过对主要网络营销方法及其应用的介绍，来体现各项网络营销的职能。

5.1.4 网络营销系统

1. 网络营销系统的构成

网络营销（Online Marketing 或 E-Marketing）系统是以互联网为基础，利用数字化的信息和网络媒体的交互性来辅助营销目标实现的一种新型的市场营销系统。网络营销系统是保证企业开展网络营销的物质基础，它主要包括有基于 Intranet（企业内联网）的企业管理信息系统、网络营销站点、网络营销的组织和管理人员组成。网络营销作为电子商务重要的组成部分，网络营销系统的建设和开发一般要纳入电子商务系统的整体建设，把网络营销系统作为电子商务系统中的有机组成部分。

1）企业内部网络系统

计算机网络是通过一定的媒体，如电线、光缆等将单个计算机按照一定的拓扑结构连接起来的，在网络管理软件的统一协调管理下，实现资源共享的网络系统。根据网络覆盖范围，一般可分为局域网（LAN）和广域网（WAN）。由于不同计算机硬件不同，为方便联网和信息共享，于是将 Internet 的联网技术应用到 LAN 中组建 Intranet，它组网方式与 Internet 一样，但使用范围局限在企业内部。为方便企业与业务紧密的合作伙伴进行信息资源共享，于是在 Internet 上通过防火墙（Fire Wall）来控制不相关的人员和非工作人员进入企业网络系统，只有那些经过授权的成员才可以进入网络，一般将这种网称为企业外联网（Extranet）。如果企业的信息可以对外界进行公开，那企业可以直接连接到 Internet 上，实现信息资源最大限度的开放和共享。

企业在组建网络营销系统时，应该考虑企业的营销目标是谁，如何与这些客户通过网络进行联系。一般说来可以分为三个层次：①对于特别重要的战略合作伙伴关系，企业应允许他们进入企业的 Intranet 系统直接访问有关信息；②对于与企业业务相关的合作企业，企业应该与他们共同建设 Extranet，实现企业之间的信息共享；③最后是对普通的大众市场，则可以直接连接 Internet。由于 Internet 技术的开放、自由特性，因此在 Internet 上很容易受到攻击，企业在建设网络营销系统时必须考虑到营销目标需要，以及如何保障企业网络营销系统安全。

2）企业管理信息系统

一个功能完整的具有网络营销功能的电子商务系统，它的基础是企业内部信息化，即企业的内部管理信息系统。企业管理信息系统最基本的系统软件是数据库管理系统（Database Management System，DBMS），它负责收集、整理和存储与企业经营相关的一切数据资料。根据功能组织的不同，可以将信息系统划分为销售、制造、财务、会计和人力资源信息系统等。如果要使网络营销信息系统能有效运转，营销部门的信息化是最基本的要求。一般为营销部门服务的营销管理信息系统主要功能包括：客户管理、订货管理、库存管理、往来账款管理、产品信息管理、销售人员管理，以及市场有关信息收集与处理。

企业管理信息系统根据组织内部不同组织层次，可划分为：操作层、知识层、管理层、策略层系统。①操作层管理系统支持日常管理人员对基本活动和交易进行跟踪和记录；②知识层系统用来支持知识和数据工作人员进行工作，帮助公司整理和提炼有用信息和知识，供上级进行管理和决策使用，解决的主要是结构化问题；③管理层系统设计用来为中层经理的监督、控制、决策以及管理活动提供服务，主要解决半结构化问题；④策略层系统主要是根据外部环境和企业内部制订和规划长期发展方向。

3）网络营销站点

网络营销站点是在企业 Intranet 上建设的具有网络营销功能的、能连接到 Internet 上的 WWW 站点。网络营销站点起着承上启下的作用，一方面它可以直接连接到 Internet，企业的顾客或者供应商可以直接通过网站了解企业信息，并直接通过网站与企业进行交易。另一方面，它将市场信息和企业内部管理信息系统连接在一起。它通过将市场需求信息传送到企业管理信息系统，让管理信息系统来根据市场变化组织经营管理活动；它还可以将企业有关经营管理信息在网站进行公布，让企业业务相关者和消费者可以直接了解企业经营情况。

4）网络营销的组织和管理人员

企业建设好网络营销系统后，企业的业务流程将根据市场需求变化进行重组。为适应业务流程变化，企业必须重新规划组织结构，重新设立岗位和培训有关业务人员。其中，有些机构和岗位需要削减，有些机构需要重新设立，如原来的客户服务部的电话接线员就可以大大减少，因为客户可以直接通过企业网络营销系统获得帮助。

2. 网络营销系统设计

网络营销系统是由人、设备（如计算机网络、制造设备等）、程序和活动规则的相互作用形成的能够完成一定功能的平台。完整的网络营销活动需要五种基本的平台：信息平台、制造平台、交易平台、物流平台和服务平台。这五种平台分别执行不同的职能，但彼此之间又相互依存，相互支持。因此，在设计和使用这些平台的过程中，必须充分考虑它们之间的区别和联系，以促进网络营销整体效益的最大化。

1）信息平台设计

信息平台是企业网络营销系统中最重要、最复杂的一个平台。它不仅有自己相对独立的功能，而且广泛、深入地渗透到其他四个平台之中，是其他四个平台运作的基础。信息平台的基本功能是搜集、处理和发送与企业网络营销有关的各种信息。从服务对象和服务内容上看（见表 5-1），信息平台要面向内部用户和外部用户、宏观环境和微观环境开展信息工作，并建立和完善相应的数据库。

表 5-1 信息平台的服务对象和数据库内容

信息平台的服务对象	信息平台的数据库内容
内部员工和管理者	营销制度和文化、营销策略、内部报告系统、宏观环境信息、顾客信息、竞争信息
合作伙伴	为完成合作所必需的共享信息
顾客和一般公众	企业信息、商品信息、服务信息、相关公益信息

为了提高信息平台的效率和准确性，网络营销企业还必须把各种信息沟通渠道整合为一个有机的整体。如计算机网络、网络站点、电话系统、语音系统、电子邮件系统等渠道应彼此连接，及时互通信息，为所有相关的信息服务对象提供使用权限内的最大限度的方便。

2）制造平台设计

网络营销的制造平台是一个借助网络把顾客信息、竞争信息和内部报告信息与产品的设计制造技术紧密结合起来，创造具有高度的顾客价值和良好的经济效益的产品的系统。其核心任务是在网络环境下成功地开发新产品，包括创新新产品、换代新产品、改进新产品和仿制新产品。新产品构思→新产品概念→新产品原型→新产品试销→新产品正式上市的过程，是一个不断探索和调试的过程。在这个过程中，制造平台必须解决以下关键问题：一是新产品开发方向与顾客需求之间的适应性；二是新产品在设计和制造上的技术可行性；三是新产品在经济效益上的可接受性。

3）交易平台的设计

交易平台的设计要考虑满足以下网上和网下活动的需要：商品展示和浏览、商务谈判、商品订购和订单处理、货款结算和支付。真正盈利的网络营销是一种把网上和网下的资源加以整合和综合利用的商业模式，把市场营销的一切活动统统放在网上进行的做法是不明智的。把交易平台设计成网上和网下既可并行又可相互结合和贯通的模式，能为顾客带来更多的选择、更大的方便，并增强企业的快速反应能力和市场声誉。

顾客购买企业的产品或服务，实质上是购买解决问题的方案和手段。因此交易平台的设计应当从顾客需求和利益出发，使顾客认识到企业提供的产品和服务是他们解决问题的最佳方案和手段。换言之，交易平台应当达到的目标是：使顾客相信并切实体验到，购买企业产品，只需花费最小的顾客总成本（货币成本＋时间成本＋精神成本＋体力成本），而获得最大的顾客总价值（产品价值＋人员价值＋服务价值＋形象价值）。当然，这样做的前提是企业获得目标利润。

4）物流平台设计

网络营销企业在设计物流平台时，要注意把握以下重点：①完善物流平台的功能。物流平台的功能主要包括：一是仓储功能，调剂货物供求；二是流转功能，将货物及时分拣和配送至用户；三是信息功能和交易功能，及时传递供需信息，协助完成交易。为了实现这些功能，需要配备和集成一系列相关的信息技术，如连续补货系统、计算机辅助订货系统、商品分类管理系统、配送需求计划管理系统，以及预测与计划系统等。此外，网络与通信技术、条形码技术也是对物流过程进行控制和管理不可缺少的重要工具；②物流管理要以服务客户、管理好客户关系为核心。对电子商务企业而言，货物送达可能是客户在购物过程中唯一与商家面对面的机会。这种机会对于发展客户关系，建立顾客忠诚是非常重要的。物流服务的质量，将直接影响企业在客户心中的形象，并在很大程度上决定了交易重复发生的可能。为了提高物流服务的质量，企业不仅要配备或开发客户关系管理软件，更要重视与顾客接触的每一个细节；③提高物流一线工作人员的素质。专家指出，物流服务取得竞争优势的关键是：现场第一线人员的优质服务；高效率的运转速度；准确性和低廉的价格；高度的专业性。因此，人的作用是排在第一位的。电子商务时代的物流人员不仅要爱企业、爱顾客、爱本职工作，而且应当胜任以下工作：物流配送、生产企业的市场调查、新产品开发的信息员、计算机信息输入者。

5）服务平台设计

网络营销的成功离不开优质服务的支撑。优质服务不仅能吸引新顾客，更能留住老顾客。研究表明，企业发展一个新顾客所花费的成本，是留住一个老顾客所需成本的 2～4 倍。因此，服务平台的设计，旨在使全体员工在学习和实践中不断强化服务理念，提高素质和服务质量，从而提高顾客的满意度和忠诚度，增加企业利润。

5.2 网络市场调研

5.2.1 网络市场调研概述

1. 网络市场调研的含义

市场调研是网络营销活动的关键和基础环节。网络市场调研是指通过互联网系统地收集、整理、分析和研究各种营销信息，发掘和了解顾客需要、市场机会、竞争对手、行业潮流、分销渠道以及战略合作伙伴等方面的情况，为企业开展营销活动提供决策依据。网络市场调研是网络营销的出发点，其目的在于了解目标消费者的需求特性，了解特定市场商品与服务的发展趋势，了解竞争对手的市场策略，了解市场环境变化情况等，从而为企业制定网络营销战略和策略提供依据。

2. 网络市场调研的特点

网络市场调研有别于传统调研，呈现出以下特点。

（1）及时性和共享性。网络的传输速度快，一方面加快了调研信息传递到用户的速度，另一方面也加快了用户向调研者的信息传递速度。同时，网上调研是开放的，任何网民都可以参加投票和查看结果，这充分体现网络调研的共享性。

（2）便捷性和低费用。通过网络进行调研，调查者只需在企业站点上发出电子调查问卷供网民自愿填写，然后通过统计分析软件对访问者反馈回来的信息进行整理和分析。在这种情况下，调研费用会大幅度地减少，也避免了通过人工所遇到的不同方面的阻挠、不便、时间长和敷衍回答等问题。这充分体现了网络市场调研的经济性和便捷性。

（3）交互性和充分性。网络最大特点是交互性。网上调查时，被调查对象可以在任何时间完成不同形式的调研，也可以及时就问卷相关的问题提出自己的看法和建议，可减少因问卷设计不合理而导致的调查结论偏差等问题。同时，被调查者还可以自由地在网上发表自己的看法。

（4）调查结果的可靠性和客观性。由于公司站点的访问者一般都对公司产品有一定的兴趣，所以这种基于顾客和潜在顾客的市场调研结果是比较客观和真实的，它在很大程度上反映了消费者的消费心态和市场发展趋向。

（5）无时空和地域的限制。网上市场调查可以 7×24，365 天全天候进行，这与受区域制约和时间制约的传统调研方式有很大的不同。

（6）可检验性和可控性。通过网上调研收集信息，可以有效地对采集信息的质量实施系统的检验和控制。首先，网上调研可以附加全面规范的指标解释，有利于减小被访者因对指标理解不深或调查员解释口径不一而造成的调查偏差。其次，问卷的复核检验由计算机依据设定的检验条件和控制措施自动实施，可以有效保证对调查问卷 100%的复核检验，保证检验与控制的客观公正性。最后，通过对被调查者的身份验证技术可以有效地防止信息采集过程中的舞弊行为。

3. 网络市场调研的缺点

（1）调研潜在安全性问题。互联网上的病毒、伪基站、APT 攻击等使网络消费人群担心私人信息的泄露，参与网络调研就使得这种暴露性更容易发生。加之网上调研活动没有相关部门的认证，使得被访者在提供信息时有所顾虑。而企业自身投资进行的调研活动，也有可能因为黑客的恶意入侵给从事调研的企业带来巨大的损失，因此提高安全性仍是因特网有待解决的重要问题。

（2）调研样本难以控制，样本数量难以保证。目前，上网人群青年人居多，调研样本从年轻群体中产生，一定程度上影响调研样本的准确性。与传统调研方式相比，在无人监管的情况下，上网者填写问卷的随意性和弄虚作假随时都可能发生。另外，可能出现一人重复多次填写问卷的情况，使得调研结果与预期大相径庭。目前网络市场调研适用于能获得具有代表性样本和调查过程不太复杂的情况。

（3）网络调研技术有待完善、专业人员匮乏。现今网络调研还处于发展阶段，现有的网络调研专用技术欠缺导致调研流程不畅。另外能熟练运用网络技术、具有较强调研实战经验的专业网络人员还相当缺乏，这给网络调研技术的实际运用带来很大的难度。

5.2.2 网络市场调研原则

在网络市场调研中应遵循以下原则：

1. 网站设计具有吸引力

一个有吸引力的网站应具备以下内容：

（1）华丽的页面。使用最新的 Web 技术设计页面，给访问者带来美好的视觉享受。

（2）随时更新。随时更新企业网站，让用户时刻保持新鲜感。

（3）有价值的内容。企业站点能经常为用户提供有价值的信息，将更能吸引访问者。

（4）网站速度快。

（5）交互的内容。访问者不想只是被动去看，还想主动参与，所以企业网站通过增加 BBS 或聊天室来满足访问者希望互动参与的愿望，同时提高站点的流量。

（6）组织的活动。企业定期举办一些活动，如在线抽奖或征集产品设计等，这样能激发访问者的兴趣并带来更多的访问量。

2．在线调研问卷设计合理

在线调研问卷应该主题明确、简洁明了，被调查者能正确理解和回答所有问题，并要便于对调研结果进行处理，这是问卷设计应遵循的基本原则。通常，调研问卷设计时，应满足以下要求：

（1）调研问卷的目的性明确，一目了然。

（2）问卷设计的问题要让人容易理解，不可引起被调研者的反感；涉及隐私问题，最好通过技术手段进行加密处理；避免出现被调研者不愿意回答一些为难的问题而退出问卷的填写。

（3）询问的问题和备选答案要简明、易懂，不应有异议。

（4）答案要便于录入数据库，并有利于数据的分析。

（5）尽量减少无效问卷，提醒被调研者对遗漏的项目或明显超出正常范围的内容进行完善。

3．隐私保护声明

设计调研问卷时，要让用户了解调研的目的，并在网站明显位置声明参与者的个人信息不会被公开或用于其他任何场合。

4．降低样本分布不均衡的影响

进行网络市场调研时，要对网站的用户结构有一定的了解，尤其在样本数量不是很大的情况下更为重要，以此来消除样本分布不均衡带来的负面影响。

5．奖项设置合理

为了刺激参与者的积极性，一般会提供一定的奖励措施。为防止同一用户多次填写问卷的现象发生，除在技术上设定限制条件外，合理设置奖项也很重要。

6．采用多种网络市场调研手段

根据调研的目的和预算，除采用最基本的在线调研问卷的调研方式外，还可同时采用电子邮件调研、专题讨论法等多种网络市场调研手段，达到以最少的投入取得尽可能多有价值信息的目标。

5.2.3　网络市场调研程序

网络市场调研与传统的市场调研一样，应遵循一定的程序，以保证调研过程的质量。网络市场调研一般包括以下几个步骤：

1．确定调研问题

确定调研问题是实现调研目标的前提条件之一，同时也是问卷设计不可或缺的基础。

2. 确定调研目标

一般情况下，网络市场调研目标由调研问题、建立假设、调研范围或界限三个部分组成。

（1）调研问题。调研问题指明了决策者所需要的信息，调研问题问的是："要想实现调研目的需要哪些具体信息？"，如果调研问题在调研中得到解答，那么该信息就应该对决策者有帮助。

（2）建立假设。假设是对调研问题各种不同的回答，可能是调研问题的正确答案。调研目标之一就是证实或证伪这些可能的假设。建立假设能帮助把调研问题变得更准确。

（3）调研范围或界限。与调研范围或界限有关的是调研结果的准确度，这依赖于调研目标，投资越高，要求调研精度越高。

3. 设计调研方案

当调研问题和目标明确后，便是设计调研方案。具体内容包括确定资料来源、调查方法、调查手段、抽样方案等。

- 资料来源。确定收集的是一手资料（原始资料）还是二手资料。
- 调查方法。网络营销的调查方法主要有问卷调查法、专题讨论法、网上实验法、网上观察法、网上文献法。
- 调查手段。网络市场调研主要用的调查手段有：在线问卷、交互式电脑辅助电话访谈系统（CATI）、网络调研软件系统。
- 抽样方案。抽样方案的主要内容包括：确定抽样单位、确定样本规模大小以及抽样程序。

4. 收集信息

当确定了调研方案后，就进入收集信息阶段。与传统的调研方法相比，网络调研收集和录入信息更方便、快捷。收集信息时直接在网上递交或下载即可。

5. 整理和分析信息

整理和分析信息这一步非常关键，就需要使用一些数据分析技术，如交叉列表分析技术、概括技术、综合指标分析和动态分析等。目前国际上较为通用的分析软件有 SPSS、SAS、BMDP、Minitab 和电子表格软件（Excel）。

在传统的市场调研中，数据整理包括数据的编辑、编码、录入和核实。而网络调研这些工作很多可以省去，因为网上调研本身就是在网上直接进行，所以对网络市场调研来说，这一阶段更突出分析信息的重要性。

6. 撰写调研报告

撰写调研报告是整个调研活动的最后一个重要的阶段。报告不能是数据和资料的简单堆砌，而是把与市场营销决策有关的主要调查结果报告出来，并遵循所有有关组织结构、格式和文笔流畅的写作原则。

5.2.4 网络市场调研方法

网络市场调研方法依据收集数据的性质分为网络市场直接调研法和网络市场间接调研法两种。前者是通过利用互联网直接收集一手资料的方法，后者主要是利用互联网的媒体功能，从互联网上收集二手资料的方法。

1. 网络市场直接调研方法

1）网络观察法

观察法是指被观察对象在不知情的前提下进行市场调研的方法。网上观察的实施主要是利用相关软件和人员记录登录网络浏览者的活动。观察法最大的优点在于其直观性和客观性，被观察者没有意识到他们正在接受观察调查，结论往往真实可信。

2）网上问卷调研法

网上问卷调查法是指企业通过企业网站、电子邮件或问卷调查平台在线发送调查问卷进行调查的方法。在问卷调查中，最重要的决策是确定样本；还有就是认真设计在线问卷中所使用的问题。除考虑问卷调查设计的一般性因素（如选择恰当的词、将棘手的问题排在最后）外，还需要考虑在线问卷调查设计中的特有因素。

（1）长度。如果问卷太长，消费者会失去兴趣。

（2）实用性。消费者能够理解调查问卷的结构吗？他们能随时知道后面还有多少道问题吗？

（3）兼容性。调查问卷可以在所有的浏览器上下载吗？

最后，向问卷调查的参与者提供激励也很重要。是否提供的激励越大，回复率就越高呢？一些研究显示，提高激励不会提高弹出广告调研的回复率，然而可以提高电子邮件调查方式的回复率。

3）专题讨论法

专题讨论法是通过 Usenet 新闻组、电子公告牌（BBS）或邮件列表讨论组进行，从而获得资料和信息的一种调研方法。

专题讨论法具有成本低和方便的优点，但这种方法无法包括非语言交流。

4）网上实验法

网上实验法是选择多个可比的主体组，分别赋予不同的实验方案，控制外部变量，并检查所观测到的差异是否具有统计上的显著性。

2. 网络市场间接调研方法

1）利用搜索引擎收集资料

搜索引擎一般按照分类、网站和网页进行搜索。按分类只能粗略查找；按网页虽然可以比较精确查找，但查找结果比较多，因此，搜索最多还是按网站搜索。在按网站搜索时，它是将要搜索的关键字与网站名和网站介绍进行比较，显示出比较相等的网站，如果没找到满足要求的网站，这时可以按照网页方式查找，系统将自动找出满足要求的网页。

2）利用公告栏（BBS）收集资料

公告栏（BBS）是在网上提供一个公开"场地"，任何人都可以在上面留言回答问题或发表意见和问题，也可以查看其他人的留言。

3）利用新闻组收集资料

新闻组就是一个基于网络的计算机组合，这些计算机可以交换一个或多个可识别标签标识的文章（或称之为消息），一般称作 Usenet 或 Newsgroup。

4）用 E-mail 收集资料

E-mail 是 Internet 使用最广的通信方式，它不但费用低廉，而且使用方便快捷，是最受用户欢迎的应用。目前许多 ICP 和传统媒体，以及一些企业都利用 E-mail 发布信息。

5.3 网络营销策略

5.3.1 网络产品策略

1．网络营销中的产品

1）网络营销的整体产品概念

产品是指能够提供给市场以满足消费者需要和欲望的任何东西，包括实体物品、服务、体验、事件、组织、人、地点、信息、创意等。产品是市场营销组合中最重要的因素。任何企业的营销活动总是首先从确定向目标市场提供什么产品开始的，然后才会涉及到定价、促销、分销等方面的决策。在网络营销中，产品的整体概念可分为 5 个层次。

（1）核心利益层。核心利益层是指产品能够提供给消费者的基本效用或益处，是消费者真正想要购买的基本效用或益处。

（2）有形产品层。有形产品层是产品在市场上出现时的具体物质形态，主要表现在品质、特征、式样、包装等方面，是核心利益或服务的物质载体。

（3）期望产品层。顾客在网络营销中处于主导地位，消费呈现出个性化的特征，不同的消费者可能对产品的要求不一样，因此产品的设计和开发必须满足顾客这种个性化的消费需求。这种顾客在购买产品前对所购产品的质量、使用方便程度、特点等方面的期望值，就是期望产品。

（4）延伸产品层。延伸产品层是指由产品的生产者或经营者提供的满足购买者延伸需求的产品层次，主要是帮助用户更好地使用核心利益的服务。在网络营销中，延伸产品层要注意提供满意的售后服务、送货、质量保证等。

（5）潜在产品层。潜在产品层是延伸产品层次之外，由企业提供的能满足顾客潜在需求的产品层次，它主要是产品的一种增值服务。

2）网络营销产品的特点

（1）产品性质。用户上网大多与网络技术相关，因此网上销售的产品最好是与高技术或与电脑、网络有关。一些信息类产品如图书、音乐等也比较适合网上销售。还有一些无形产品如服务也可以借助网络的作用实现远程销售，如远程医疗。

（2）产品质量。网络的虚拟性使得顾客可以突破时间和空间的限制，实现远程购物和在网上直接订购，这使得网络购买者在购买前无法尝试只能通过网络来尝试产品。

（3）产品式样。通过互联网对全世界国家和地区进行营销的产品要符合该国家或地区的风俗习惯、宗教信仰和教育水平。同时，由于网上消费者的个性化需求，网络营销产品的式样还必须满足购买者的个性化需求。

（4）产品品牌。在网络营销中，生产商与经营商的品牌同样重要，一方面要在浩如烟海的网络信息中获得浏览者的注意，必须拥有明确、醒目的品牌；另一方面，由于网上购买者可以面对很多选择，同时网上的销售无法进行购物体验，因此，购买者对品牌比较关注。

（5）产品包装。作为通过互联网经营的针对全球市场的产品，其包装必须适合网络营销的要求。

（6）目标市场。网上市场是以网络用户为主要目标的市场，在网上销售的产品要适合覆盖广大的地理范围。如果产品的目标市场比较狭窄，可以采用传统营销策略。

（7）产品价格。互联网作为信息传递工具，在发展初期是采用共享和免费策略发展而来的，网上用户比较认同网上产品低廉特性；另一方面，由于通过互联网络进行销售的产品成本低于其他渠道，在网上销售产品一般采用低价策略。

2. 网络营销的新产品策略

1）网络环境下的产品定位

一般来说，传统市场的产品都可以在网上进行交易，但由于受互联网交易条件的限制，网络营销产品在选择时应注意：

（1）产品类别选择。根据信息经济学对产品的划分，可将产品分为经验性产品和可鉴别性产品。对于经验性产品，消费者只有在使用后才能确定或判断其质量（如服装、食品），而可鉴别性产品是指消费者在购买时就能确定或评价其质量（如书籍、电脑）。从产品本身的特点又可以把产品分为个性化产品和标准化产品。可鉴别性产品和标准化产品更适合网络营销，但个性化产品和经验性产品又受消费者欢迎，所以企业在进行网络营销时首先应根据自身情况，结合网络销售环境确定自己的产品类别。

（2）考虑物流配送有效范围。企业在进行网络营销时，要考虑目标人群所在的地域范围，是否属于企业配送体系涵盖范围。

（3）产品的生命周期。在网络营销市场，在产品生命引入期，企业应积极进行产品的促销，努力打开市场；在产品生命成长期，重点强调产品的差异化，突出品牌特点，稳定老客户；在产品生命成熟期，应将营销重点放在维护客户的关系上，保持市场份额的稳定。

2）网络新产品开发策略

（1）创新策略。是指企业根据市场的新需求，运用新的设计理念和科技手段创造出过去从未出现过的全新产品。互联网的发展和普及直接引发了大量新的市场需求，导致以互联网为基础的新产品和服务层出不穷。实施这种策略一般需要大量的资金投入，而且需要具有足够的需求潜力，企业承担的风险较大，但成功回报也很丰厚。

（2）产品改进策略。是指以现有产品为基础，根据用户的需要，采取改变性能、变换形式或扩大用途等措施开发新产品。实施这种策略可以依靠企业现有的设备和技术力量，开发费用低，成功概率大。但是长期采用这种策略，会影响企业的发展速度。

3. 网络营销品牌策略

1）网络品牌创造策略

（1）使用现有品牌。企业可以为其新产品沿用现有品牌或另起新名。一个现有品牌可以用于任何产品，这种做法只有在该品牌知名度高、具有雄厚的品牌资产价值的前提下才可能奏效。

（2）为网络营销创立新品牌。要创立一个新的网络品牌，名字要好。好的品牌应该暗示产品的某些特性，应该使该产品有别于竞争对手的产品，应该受到法律保护。在网上，品牌名应该简短、易记和容易拼写。

（3）联合品牌。联合品牌是指两家不同的公司为同一种产品使用它们的品牌。这种现象十分普遍，如新浪网和中华英才网联手在新浪网上推出新浪招聘频道。

（4）互联网域名。国际顶级域名因其知名度和表现形式而易被网民熟悉和牢记，从这个意义上讲，域名应是企业网络品牌的最好载体。而在互联网上既能够体现企业品牌，又能让国内消费者自然接受的域名，最简单且最好的就是企业本身的商号（名称）或商标域名（按实际情况，有英文和拼音）。

企业在选取域名的时候，最基本的原则是域名要有一定的内涵和意义。这样不但易记，而且有助于实现企业的营销目标。

域名资源作为一种稀缺资源，很多国内企业还缺乏在互联网上保护自己品牌的意识，创立和保护网络品牌这一问题的严重性和紧迫性应引起社会和企业的高度重视。有实力的企业应全方位、多后缀保护（将.com、.net、.cn 等都注册），用 com 作为主域名宣传，其他后缀域名保护性指向到同一站点。

2）网络品牌运用策略

（1）要做出网上的品牌承诺。优秀的品牌之所以优秀，是因为其提出并遵守了一系列消费者可以理解并信任的承诺。

（2）要做到通过网络品牌给顾客带来娱乐。传统品牌的企业可以通过网上娱乐帮助它们进行品牌定位。此外，还可以提供直接与目标消费者交流的环境，来增加销售。

（3）需要创立兴趣社区。消费者，尤其是年轻的消费者，喜欢以共同的理想、目标及关注的事物而聚集在一起并形成团体。对创建忠诚的网上用户社区而言，由亲密交往和共同兴趣而建立起来的关系是非常牢固的。需要强调的是，安全因素仍然是网上社区的最大阻力，只有充分的担保及诱人的利益才能让消费者下决心克服这些阻力。网上社区可以成为传递品牌价值的有力工具，但同时它也可能成为一把双刃剑。一方面，社区可以吸引人们对产品的注意力；另一方面，它也会暴露出那些无法达到品牌承诺标准的产品。

5.3.2 网络营销价格策略

1. 网络营销定价的基本原则

网络营销定价是由厂商、消费者和市场因素共同决定。其中厂商考虑生产成本，追求利润最大化；消费者考虑消费成本，追求效用最大化和市场交易成本最小、市场交易效率最优。

网络产品的定价应该满足以下几个条件：①补偿厂商开发生产费用；②激励厂商进行创新和不断进行专业化生产；③反映出市场上的供求关系；④反映出消费者市场的外部性特征和生产者市场上的垄断和竞争特征。

2. 免费和收费定价策略

1）免费定价策略

免费定价策略是网络营销常用的营销策略，它不仅是一种促销策略，还是一种非常有效的定价策略。免费定价策略是指企业为了实现某种特殊的目的，将产品和服务以零价格形式提供给顾客使用的价格手段，以满足顾客的需求。

免费定价策略包括：完全免费策略是指产品或服务从购买、使用和售后服务所有环节都实行免费服务；限制免费策略是指产品或服务可以被有限次使用，超过一定期限或者次数后就要进行收费；部分免费策略是指对产品或服务，一部分进行免费定价，如果要得到其他部分的产品就必须付给厂商一定的价格；捆绑式免费策略是指购买某种产品或服务时赠送其他产品或服务。

企业实施免费价格策略的目的：一是让用户免费使用，形成习惯后再开始收费。二是发掘后续商业价值，它是从战略发展的需要来制定定价策略，其主要目的是占领市场，然后再在市场上获取收益。

2）低价定价策略

借助网络进行销售，比传统销售渠道的成本更低，因此网络营销商往往采用低价定价策略。由于网络信息是公开的和易于搜索比较，因此消费者对网络上的价格特别敏感，低价定价策略容易吸引对价格较敏感的消费者的注意力。具体来说，低价定价策略又分为：

（1）直接低价定价策略。即定价时在成本基础上加一定的利润。

（2）折扣定价策略。即在原价基础上进行折扣来定价，这种定价方式可以让顾客直接了解产品的降价幅度以促进顾客购买。在实际营销过程中，其主要有：数量折扣策略、现金折扣策略、季节折扣策略等。例如，为了鼓励中间商淡季进货，或激励消费者淡季购买，也可采取季节折扣策略。

（3）促销定价策略。厂商为了开拓网上市场，但是价格又不具有竞争优势的时候可以采取网上促销定价策略。

实施低价策略时企业应注意以下问题：

（1）在网上不宜销售那些顾客对价格敏感而企业又难以降价的产品。

（2）在网上公布价格时要注意区分消费对象。一般要区分一般消费者、零售商、批发商、合作伙伴，分别提供不同的价格信息发布渠道，否则，可能会导致营销渠道混乱。

（3）网上发布价格时要注意比较同类站点公布的价格。

3）定制生产定价

定制生产定价策略是在企业能够实行定制生产的基础上，利用网络技术和辅助设计软件，帮助消费者选择配置或者自行设计能够满足自己需求的个性化产品，同时承担自己愿意付出的价格成本。

4）使用定价策略

所谓使用定价策略就是顾客通过互联网注册后可以直接使用某企业的产品，顾客只需要根据使用次数进行付费，而不需要将产品完全购买。这样就减少了企业为了完全出售产品而进行不必要的大量生产和包装浪费，同时又可以吸引过去有所顾虑的顾客使用，扩大市场份额。顾客每次只是根据使用次数付费，节省了购买产品、安装产品和处置产品的麻烦，还可以节省不必要的开销。

采用使用次数定价，一般要考虑产品是否适合通过互联网传输，是否可以实现远程调用。比较适合的产品有软件等产品。

另外，采用按次数定价对互联网的带宽提出了更高的要求，因为许多信息都要通过互联网进行传输，如互联网带宽不够，将影响数据传输，势必会影响顾客租赁使用和观看。

5）拍卖竞价策略

经济学家认为，市场要想形成最合理的价格，拍卖竞价是最合理的方式。网上拍卖由消费者通过互联网轮流公开竞价，在规定时间内价高者赢得。网上拍卖竞价主要有三种形式：竞价拍卖、竞价拍买和集体议价。

竞价就是通过市场运营机构组织交易的卖方或买方参与市场投标，以竞争方式确定交易量及其价格的过程。

（1）竞价拍卖最大量的是 C2C 的交易，包括二手货、收藏品，普通商品也可以按拍卖方式进行出售。

（2）竞价拍买是竞价拍卖的反向过程。消费者提出一个价格范围，求购某一商品，由商家出价。出价可以是公开的或隐蔽的，消费者将与出价最低或最接近的商家成交。

（3）在互联网出现以前，集体议价方式在国外主要是多个零售商结合起来，与批发商（或生产商）按以数量换价格的方式成交。

5.3.3 网络分销渠道策略

1. 网络分销渠道的定义和功能

分销渠道是企业营销战略组合的关键环节，是物流的重要职能，也是最直接满足顾客需求的环节。所谓网络分销渠道是指借助于互联网,将产品从生产者转移到消费者的所有中间环节。网络分销渠道在实现产品转移过程中,具有订货、结算和配送三大功能。

2. 网络分销渠道的类型

网络分销渠道可分为直接分销渠道和间接分销渠道。但与传统的分销渠道相比较,网络分销渠道的结构要简单得多。网络直接分销渠道和传统直接分销渠道没有太大的区别。而对于间接分销渠道而言,网络营销中只有一级分销渠道,即只有一个信息中间商(商务中心)来沟通买卖双方的信息,而不存在多个批发商和零售商的情况,所以也就不存在多级分销渠道。

1) 直接分销渠道

直接分销渠道指生产企业不通过中间商环节,直接将产品销售给消费者。直接分销渠道是工业品分销的主要类型。例如,大型设备、专用工具及技术复杂需要提供专门服务的产品,都采用直接分销类型,有部分消费品也采用直接分销类型,如鲜活商品等。

2) 间接分销渠道

间接分销渠道指生产企业通过中间商环节把产品传送到消费者手中。间接分销渠道是消费品分销的主要类型,工业品中有许多产品(如化妆品等)也采用间接分销类型。

为了克服网络直销的缺点,网络商品交易中介机构应运而生。中介机构成为连接买卖双方的枢纽,使网络间接销售成为可能,当当网就是间接分销渠道的一个典型例子。在当当网在线购买图书时,这些书籍最早是源于某个出版社,然后批发商将其买下。当当网的工作只是通过它的互联网网站收集整理消费者的订单,然后将收集整理后的订单发给批发商处理。批发商如能供货,则将书发到当当网公司的仓库里。接着在当当网公司的仓库里,批发商发来的书籍经过分装后,再通过物流公司最后递送到消费者手中。在这个过程中,离线的渠道成员从事出版和经销活动,而当当网公司则负责在线的零售工作。

3. 电子中间商

由于网络的信息资源丰富、信息处理速度快,基于网络的服务便于搜索产品,但对产品(信息、软件产品除外)的实体分销网络却难以胜任。因此出现了许多基于网络信息服务中介功能的新型中间商,人们将其称为电子中间商(Cybermediaries)。下面分别介绍这种以信息服务为核心的电子中间商。

(1) 目录服务。利用 Internet 上的目录化的 Web 站点提供菜单驱动进行搜索。通常有三种目录服务。一种是通用目录(如 Yahoo)可以对不同站点进行检索,所包含的站点分类按层次组织在一起;另一种是商业目录(如 Internet 商店目录),提供各种商业 Web 站点的索引,类似于印刷出版的工业指南手册;最后一种是专业目录,针对某个领域或主题建立 Web 站点。目录服务的收入主要来源于为客户提供的广告服务。

(2) 搜索服务。与目录不同,搜索站点(如百度)为用户提供基于关键词的检索服务,站点利用大型数据库分类存储各种站点和页面内容。搜索站点不允许用户直接浏览数据库，但允许用户向数据库添加条目。

（3）虚拟商业街。虚拟商业街是指在一个站点内连接两个或两个以上的商业站点。虚拟商业街与目录服务的区别是，虚拟商业街定位于某一地理位置，定位于某一特定类型的企业和零售商，在虚拟商业街销售各种商品，提供不同服务。站点的主要收入来源依靠其他商业站点对其的租用。

（4）网上出版。由于网络信息传输及时而且具有交互性，网络出版 Web 站点可以提供大量有趣有用的信息给消费者。如出现的联机报纸、联机杂志属于此种类型。

（5）虚拟零售店。虚拟零售店也称为网上商店。虚拟零售店不同于虚拟商业街，虚拟零售店拥有自己的货物清单，并直接销售产品给消费者。通常这些虚拟零售店是专业性的，定位于某类商品，它们直接从企业进货，然后打折销售给消费者（如 Amazon 网上书店）。

（6）站点评估。消费者在访问企业站点时，由于内容、站点繁多，往往显得束手无策，不知该访问哪一个站点。提供站点评估的站点，可以帮助消费者根据以往数据和评估等级，选择合适站点访问。通常一些目录搜索站点也提供一些站点评估服务。

（7）电子支付。电子商务要求能在网络上交易的同时，实现买方和卖方之间的授权支付。

（8）虚拟市场和交换网络。虚拟市场提供一个虚拟场所，任何只要符合条件的产品都可以在虚拟市场站点内进行展示和销售，消费者可以在站点中任意选择和购买，站点主持者收取一定的管理费用。

（9）智能代理。智能代理是这样一种软件，它根据消费者偏好和要求预先为用户自动进行初次搜索，软件在搜索时还可以根据用户自己的喜好和别人的搜索经验自动学习优化搜索标准。用户可以根据自己的需要选择合适的智能代理站为自己提供服务，同时支付一定费用。

4. 网络分销渠道策略

1）直接分销渠道策略

网络直销通常有两种做法：一种做法是企业在互联网上建立自己的站点，申请域名，制作主页和销售网页，由网络管理员专门处理有关产品的销售事务；另一种做法是委托信息服务商在其网点发布信息，企业利用有关信息与客户联系，直接销售产品。网络直销不仅节省了大量的交易成本，而且产品的制造和运输更容易进行电子化协调。

2）混合分销渠道策略

混合分销渠道是指在与消费者的交易过程中有多个渠道成员参与。尤其是硬件和软件相结合的技术产品，往往有几个公司生产，要将这种集成的产品在一次交易中就完全提供给消费者，就只能靠混合渠道来完成。使用互联网来分销产品和服务的混合渠道通常是通过战略联盟的形式来进行管理的。例如，Dell 公司在网上出售个人计算机，在销售硬件的同时，往往捆绑销售了 Windows 操作系统。

3）多渠道策略

多渠道策略是指使用一种以上的分销渠道去完成分销目标。例如，生产商既可以将产品通过产品目录推荐给消费者，或者通过离线零售商网络直接销售给消费者，也可以通过别的机构组织的网站来进行销售。

4）双道法

在西方众多企业的网络营销活动中，双道法是最常见的方法，是企业网络分销渠道的最佳选择。所谓双道法，是指企业同时使用网络直接销售渠道和网络间接销售渠道，以达到销售量最大的目的。在买方市场条件下，通过两条渠道销售产品比通过一条渠道更容易实现"市场渗透"。

5.3.4 网络营销站点推广策略

网络营销站点建好后，就需要采用各种方式对其进行推广，通过有效的网络推广活动，可以使电子商务网实现网站开发和运营的初步期望，网站访问量稳步上升，会员注册数、网站美誉度和会员忠诚度均达到理想的要求，成为一个知名、安全、可信赖的购物网站。常见网站推广方法有搜索引擎推广、网络广告投放、发送电子邮件、电子杂志、发布新闻、网站合作推广等。

1. 搜索引擎推广

统计表明，网站60%的访问量来自各类搜索引擎，因此电子商务网站科学地登录各大搜索引擎，是进行网站推广的重要内容。搜索引擎营销的基本思想是让用户发现信息，并通过点击进去网站/网页进一步了解他所需要的信息。

网站设计要求对搜索引擎友好。友好是相互的，对搜索引擎友好的网站实际上也是对用户友好的网站，用户在这样的网站上更容易发现所需要的信息，如可以方便地拷贝、保存、转发对自己有价值的信息，可以方便检索浏览产品信息，并且注册或者购买。搜索引擎友好的网站所反馈的结果才更能吸引用户点击，网站才可以获得更多的访问量，取得理想的营销效果，这也是"营造网上营销环境中"的一个方面，即网站和网络服务商之间关系的营造。

网站对搜索引擎不友好通常表现在多个方面，最差的是使得搜索引擎无法检索信息，或者返回的检索信息对用户没有吸引力。造成网站对搜索引擎不友好的主要原因是：

（1）大量采用图片形式，没有可以检索的文本信息；

（2）网页没有标题，或者标题中没有包含有效的关键词；

（3）网页正文中有效关键词比较少；

（4）网站导航系统让搜索引擎"看不懂"；

（5）部分数据库信息对搜索引擎"保密"；

（6）没有其他网站提供链接线索进行比较。

有些企业网站非常重视网页的视觉效果，尤其是首页，往往希望用很复杂的图片，或者用 Flash 等富媒体（Rich Media）形式来展示企业形象，这些固然能从视觉形象上引起人们的关注，但从搜索引擎优化的角度来看，没有任何价值，甚至起到副作用，让搜索引擎无从检索，用户也就无法通过搜索引擎发现这个网站。

因此，应该在兼顾实用的前提下追求美观，而不是将美观放在首位，在两者之间必须权衡取舍时，宁可放弃外在的美观。虽然对于视觉效果并没有完全一致的评价标准，但搜索引擎却有共同的检索基础，若对搜索引擎不够友好，失去的将是自己的潜在用户。强调网站的实用还有一个重要原因：用户通过搜索引擎来到一个网站，他们不是为了欣赏网页的视觉效果，而是为了获得与他在搜索引擎中所使用的关键词相关的信息。可以推测，如果用户进入一个网站却没有发现自己需要的信息，他唯一的选择就是尽快离开，这不是网站经营者所期望的结果。

2．网络广告投放

中国互联网协会发布的《中国互联网发展报告 2018》显示，2017 年中国网络广告市场规模达 3828.7 亿元，在中国广告市场中占比超过 50%，达到新的量级。较之传统媒体而言，网络媒体的特点在于其全能性及在打造品牌和行销方面的力量。网络广告的载体基本上是多媒体、超文本格式文件，只要消费者对某种产品、某个企业感兴趣，仅需轻按鼠标就能进一步了解更多更为详细、生动的信息，从而使消费者能亲身"体验"产品、服务与品牌，让消费者如身临其境般感受商品或服务，因此，网络广告具备强烈的交互性与感官性优势。

网络广告是效果明显的网站推广方式之一。广告投放对象选择要符合网站访问群特征，并根据网站不同推广阶段的需要进行调整。针对网站的特点，应制订相应的网络广告投放计划。

网站是一个开展企业自身的商务信息交流和电子商务贸易洽谈的网站。针对网站的受众特点，可将网络广告投放对象选择为新闻、财经、商务、企业黄页、资讯网站、导航网站、地方门户网站等。

3．发送电子邮件

电子邮件又称邮件列表广告，利用网站电子刊物服务中的电子邮件列表，将广告加在读者所订阅的刊物中发放给相应的邮箱所属人。正确利用 E-mail 进行广告活动，需要注意以下问题：

（1）正确使用电子邮件的签名。电子邮件的签名经常会被人们忽略，但它的确可以起到非常突出的广告作用。请看下面的一个例子：

Sincerely（感谢词）

Simth（落款）

Vanlong Technical Co. Ltd.（公司名称）

http://www.IT.com.cn（公司 Web 地址）

smith@IT.com.cn（E-mail 地址）

在这个简短的 6 行签名栏中包含了公司名称、网址、电子邮件地址、口号及简单的描述,这是非常重要的。它不仅完成了签名的功能,还起到了宣传的效果。

(2)正确书写邮件的内容。邮件的"主题"一定要鲜明,能说清信的大意,以吸引收信者阅读,避免被当作垃圾邮件被删除。例如,给一位希望购房的客户发电子邮件广告,可以在"主题"中直接写"两居室,5800 元每平方米"。 在写信件时要注意语气亲切,对有可能收到的不太礼貌的回信,要平心静气地回信;对收到的客户提问的信,要迅速回答。信的内容也要尽量简短,以免耽误客户太多时间。

(3)选择正确的发信方式。为了提高效率,减少读者的麻烦,每份 E-mail 要反复测试;不要对未经过分析和过滤的地址发送电子邮件,一定要明确地知道你在给谁发信,否则不但效率低下,而且容易被人列入黑名单。同时给众多客户发信,一般应采取"暗发"方式,让客户不会收到一大堆电子邮件地址,也不知道除了他自己外,你还给别的什么人发了信。

(4)让客户主动索取广告。通过为客户提供一定的免费服务来发送邮件广告。例如,为客户提供免费的电子信箱、免费的电子杂志,把广告附于对客户希望得到的信息之后,让客户在阅读自己希望得到的信息的同时,阅读你的广告,或通过各种媒体宣传,让感兴趣的客户向你索取进一步资料。

(5)群发邮件。群发邮件集中发送的大量电子邮件。对于一些滥发的群发邮件,被称之为"邮件垃圾"。现在每一个上网的人都至少有一个电子邮件地址,群发邮件是一种非常方便、廉价并且有效的行销手段。

4. 电子杂志

电子杂志是由国内著名的 ICP 提供、有着内容和信誉的充分保障,由专业人员精心编辑制作,具有很强的时效性、可读性和交互性,而且还不受地域和时间限制,无论用户在全球的任何地方,电子杂志都可以带给他们最新最全的信息。由于电子杂志是由网民根据兴趣与需要主动订阅的,所以此类广告更能准确有效地面向潜在客户。此外电子邮件杂志的形式还非常适合中国的网络状况,它可以让订户不必花费很多时间和上网费就可以获得大量的中文优质信息,根据调查,通过 Web 页面浏览信息的花费是电子杂志的 10~60 倍。所以电子杂志已经得到了越来越多网民的接受和认同,订户数量增长迅速。在电子杂志上投放广告,不仅费用比 Banner 广告便宜得多,而且效果也非常显著,能够在很短的时间内将企业的网站推广到全球各个角落。

5. 发布新闻

借助新闻组开展网络营销本身是一种广告行为,在传统的拒绝广告与现代商业化倾向激烈冲突的新闻组中,需要谨慎行事。

在新闻组中发布广告的步骤与在公告栏中发布广告基本相同。所不同的是在新闻组中发布广告需要根据广告信息的主题选择讨论组。

可以在某个组中单独挑起一个话题。定义的话题要具有一定的吸引力。如果话题得不到别人的响应，广告目的也很难达到。定义话题是一项艰巨的工作，需要认真思考。也可以尝试使用商场上"托"的技巧，联合一些人共同营造一个氛围，以求吸引预定的受众对象加入进来。也可以选中一个话题，巧妙地插入。即如果某个话题正好与你有关，就可以马上介入进去，发表自己的观点，同时将自己的广告信息有机而巧妙地融入其中。选用这种方式的效果一般会好于第一种，特别是在你选中的话题的参与人数较多，讨论比较激烈的时候。如果不愿意过多地耗费精力，可以选择某个组的适当位置，单纯地粘贴广告就行了。

6．网站合作推广

策划开展网站合作活动是有效的网站推广手段，且能提高访客忠诚度，持续深入的传播网站和品牌。广泛征求友情链接，扩大网站外部链接活力，能增加网站的搜索引擎曝光率，获得理想的排名效果。与网上网下媒体展开充分合作，撰写公关文稿，关注网站发展动态，并定期在各媒体发布同其他网站进行各种合作是效果明显的网站推广方式，可以借合作伙伴的力量，促使网站的系列活动有效开展。

5.3.5 网络营销客户关系管理策略

1．客户关系管理的概念

客户关系管理（Customer Relationship Management，CRM）的兴起并非偶然，而是企业应对环境变化的需求、技术进步的拉动以及管理理念发展的结果。面对激烈竞争，只有掌握并保持客户资源的企业才能生存和发展；而计算机、通信技术和网络应用的飞速发展使得客户关系管理不再停留在梦想阶段；数据库营销、关系营销、一对一营销等营销新理念的诞生则为企业实施客户关系管理战略提供了坚实的基础。

美国是最早发展 CRM 的国家，由 Gartner Group 首先提出客户关系管理这个概念。CRM 的本质是一种经营理念和管理思想，是以建立和维护与客户的长期稳定关系为目标，为客户提供解决问题的方案，同时，提高顾客对企业的认知度的一种模式。Gartner Group 认为，CRM 是一种商业策略，它按照客户的分类情况有效地组织企业资源，培养以客户为中心的经营行为以及实施以客户为中心的业务流程，并以此为手段来提高企业赢利能力、利润以及顾客满意度。

CRM 包括三层含义：

1）CRM 是一种管理理念

CRM 的核心思想是将企业的客户（包括最终客户、分销商和合作伙伴）视为最重要的企业资产，通过完善的客户服务和深入的客户分析来满足客户的个性化需求，提高客户满意度和忠诚度，进而保证客户终生价值和企业利润增长的实现。CRM 吸收了"数据库营销""关系营销""一对一营销"等最新管理思想的精华，通过满足客户的特殊需求，特别是满足最有价值客户的特殊需求，来建立和保持长期稳定的客户关系，客户同企业之间的每一次交易都使得这种关系更加稳固，从而使企业在同客户的长期交往中获得更多的利润。

CRM 的宗旨是通过与客户的个性化交流来满足其个性需求，并在此基础上为其提供个性化的产品和服务，不断增加企业给客户的交付价值，提高客户的满意度和忠诚度，最终实现企业和客户的双赢。

2）CRM 是一种管理机制

CRM 也是一种旨在改善企业与客户之间关系的新型管理机制，可以应用于企业的市场营销、销售、服务与技术支持等与客户相关的领域。

CRM 通过向企业的销售、市场和客户服务的专业人员提供全面的、个性化的客户资料，强化其跟踪服务、信息分析的能力，帮助他们在客户和生意伙伴之间建立和维护一种亲密信任的关系，为客户提供更快捷和周到的优质服务，提高客户满意度和忠诚度。

成功的 CRM 可以帮助企业建立一套运作模式，随时发现和捕捉客户的异常行为，并及时启动适当的营销活动流程。这些营销活动流程可以千变万化，但是基本指导思想是不变的，即利用各种计算，在提高服务质量和节约成本之间取得一个令客户满意的平衡。如把低利润的业务导向低成本的流程，把高利润的业务导向高服务质量的流程。

3）CRM 是一种管理软件和技术

CRM 是信息技术、软硬件系统集成的管理方法和应用解决方法。以数据仓库为基础、实现统一客户视角的分析型 CRM。分析型 CRM 用于完成客户关系的深度分析，与数据仓库技术密切相关，运用数据挖掘、交互查询和报表等手段，了解客户的终身价值、信用风险和购买趋向等。基于多媒体联系中心、建立在接入平台上的协作型 CRM。协作型 CRM 为客户交互服务和收集客户信息提供了多种渠道及联系手段，提高了企业与客户的沟通能力。协作型 CRM 还利用网上聊天、语音处理以及其他基于 Internet 的技术，发掘了各种与用户交流的新途径。

2．网络客户关系管理策略的制定

1）客户识别

客户识别是通过一系列技术手段，根据大量客户的个性特征、购买记录等建立客户数据库，确定出对企业有意义的客户，作为企业客户关系管理的实施对象，从而为企业成功实施客户关系管理提供保障。通常情况下，客户识别有两层含义：一是它定义了客户范围，这里的客户不仅仅指产品的最终用户，还包括企业供应链上的任何一个环节，如供应商、分销商、经营商、批发商和代理商、内部客户等成员；二是它明确了客户的类别和属性，不同客户对企业利润贡献差异很大，满意度和流失性都不同。那么，在企业资源有限的情况下，如何把有限的资源分配在对企业贡献较大以及非常具有潜力的客户群体上，放弃或部分放弃那些对企业利润没有贡献，甚至使企业亏损、浪费企业资源的客户，将成为企业管理者不得不考虑的问题。因此，客户识别成为客户关系管理的核心内容之一，它直接影响企业能否成功地实施客户关系管理。

2）客户分析

企业通过网络寻找到客户的相应信息，帮助企业建立起完整的客户档案。企业可以通过各种方式对客户信息进行收集并整理。企业收集的客户资料包括最终客户资料、分销商资料和合作伙伴资料，而需要收集的客户信息主要包括年龄、性别、服务需求、家庭、行为方式、住址等，只有掌握了客户最基本的信息，才能利用相应的方式对客户进行分析，提供给客户满意的服务和产品。

接着企业需要在客户数据库的基础上，运用各种统计技术对客户的基础信息加以分析，来进一步确定客户的行为喜好。

掌握了客户这些数据和信息后，还要进一步对客户的价值加以分析。对于对企业有不同价值的客户，应该采取不同的方式来对其关系进行管理。客户价值分析目前主要有三种方法：ABC 分析法、RFM 分析法及 CLV 法。

（1）ABC 分析法。ABC 分析法是一种最常用和简洁的分类方法，其原理在于根据客户过去的交易金额进行分级。占全部交易额 80%的客户定为企业的 A 级客户，剩余 20%部分中的 95%定为 B 级客户，占 5%的那部分客户则被定为 C 级。（见图 5-2）企业客户管理的要点就在于根据不同等级客户所能创造的客户价值不同而加以区别对待，企业将优先发展 A 类客户，保持或者缩减 B 类客户，C 类客户将被抛弃。该种方法的不足之处在于未充分考虑客户价值的周期性和动态性。

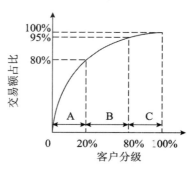

图 5-2　ABC 分析法

（2）RFM 分析法。RFM 分别对应英文"Recency""Frequency"和"Monetary"首字母。它是评价客户价值最有用的方法，是基于客户最近购买、消费频率以及消费金额这三个指标进行客户价值分析。企业运用 RFM 分析法可以在衡量客户盈利能力的同时，有效识别高价值客户。分析客户价值的基本要素：近度、频度和额度。

近度（R）：是指最近一次消费时间。理论上，近度越小的顾客，更容易在此消费。

频度（F）：是指一段时间范围内购买次数。往往频度越高的客户更有可能继续来消费。

额度（M）：是指一段时间范围内花费的金额。消费额度越大重复购买的可能性越大。

使用 RFM 来区隔客户，需要三个数据，单个客户最近交易的日期，同一时间内交易数量（以年为单位最好）和同样的时间内他们已经花费的总金额。

为了计算 RFM，需要给近度、频度和额度设定一个等级评估。为了简单说明方法，把客户区分为 3 个等级，分别用 1~3 数字表示，3 个值含义：1 是最不值钱的，2 是有些有价值，3 是最有价值。

为了更一步了解这种方法，让我们来看看下面的电子表格。（见表 5-2）

表 5-2 RFM 区隔客户的数据

客户	近度	频度	额度
A	1	2	1
B	3	1	1
C	2	3	2
D	1	2	1
E	2	1	3
F	2	1	3
G	1	1	2
H	1	1	2
I	2	3	1
J	3	2	1
K	3	4	2
L	3	3	1
M	3	2	1
N	3	1	1
O	2	2	1
P	1	1	1

根据 RFM 中的每一个变量获得对应的客户消费数据，然后把数据分成相等的三部分。以近度来说：过去四个月内购买的客户都给予了 3；四到八个月内购买的客户数值是 2；超过八个月购买客户给予评级 1。根据每个客户评级，算出 RFM 的最终得分。

在表 5-3 中，RFM 得分最高用黑色表示，其次用灰色表示，得分最低的用白色表示。

表 5-3 客户群的划分

客户	近度	频度	额度	RFM 评分
K	3	3	2	8
C	2	3	2	7
L	3	3	1	7
E	2	1	3	6
F	2	1	3	6
I	2	3	1	6
J	3	2	1	6
M	3	2	1	6
B	3	1	1	5
N	3	1	1	5
O	2	2	1	5
A	1	2	1	4
D	1	2	1	4
G	1	1	2	4
H	1	1	2	4
P	1	1	1	3

获得最高评分的是最有价值的客户群，通过数据分析，找到这些客户之间的共同点，确定为什么他们能提供更多的价值，以及如何更好地针对他们做个性化服务。

（3）CLV 法（Customer Lifetime Value）即用户终身价值，它是指每个用户在未来可能为企业带来的收益总和，每位用户的价值由历史价值、当前价值和潜在价值组成。CLV 这是一个可以准确地预测你的客户有多少真正价值的指标。

如何计算客户终生价值？

根据以上 RFM 分析法做的客户区隔，现在来计算各个时间段的客户终生价值。

为了计算每个细分段客户的 CLV，需要知道确定的时间内三个关键数据：平均订单价值、购买频率和客户价值。

平均订单价值表示一个客户平均每单的花费。平均订单价值=总收入/订单总数。

购买频率代表的每个客户的平均订单量。购买频率=总订单/客户总数。

客户价值代表了每一个客户的时间表中带给企业的平均货币价值。客户价值=平均订单值×购买频率。

最终，客户终生价值的计算公式：客户终生价值(CLV)=客户价值×客户平均寿命。

3）提升客户价值的决策

（1）掌握不同客户价值，将有限的资源定位于正确的客户。对于高价值客户应预先采取留住客户的行动，将资源集中于最有价值客户而不仅仅是目前业务最繁忙的客户，持续关心具有未来潜在业务和影响价值的客户，避免仅仅给一次性购买最大量服务的客户以最好的服务。

（2）关注客户价值的变化。根据客户价值的变动可以及时发现客户行为的改变，从而能够提前给高价值客户进行奖励或者减少其不满意度，以维持和提高价值。

（3）恰当的市场活动决策。例如决定吸引高价值客户的最好方法和途径。

4）发展关系网络

企业的关系网络对于企业的发展有着重要意义，并且将会对企业的经营规模和管理效率起到很大的帮助作用。在这个网络环境中的关系网络中，包括了客户、员工、供应商、分销商和合作伙伴等。企业应该利用网络技术，把企业的产品和服务等信息及时地传递给客户，同时，对于客户所反馈的信息通过网络使企业迅速了解到，以便企业及时跟进服务。这样，把内外的关系网络进行一个整合，就可以与客户建立良好的关系。

5.4 网络广告

5.4.1 网络广告概述

1．网络广告的发展

网络广告发源于美国。1994 年 10 月 27 日是网络广告史上的里程碑，美国著名的

Hotwired 杂志推出了网络版的 Hotwired，并首次在网站上推出了网络广告，这立即吸引了 AT&T 等 14 个客户在其主页上发布广告 Banner，这标志着网络广告的正式诞生。中国第一个商业性的网络广告出现在 1997 年 3 月，传播网站是 Chinabyte，广告表现形式为 468×60 像素的动画旗帜广告。我国网络广告一直到 1999 年初才稍有规模，历经多年的发展，网络广告行业经过数次洗礼已经慢慢走向成熟。2018 年中国互联网广告总收入 3694 亿元，年增长率为 24.2%，保持了较快的增长速度。

2. 网络广告的定义

网络广告是广告主为了推销其商品、劳务或观念，在付费的基础上，通过互联网向特定的对象进行的信息传播活动。根据拉斯韦尔 5W 模式，网络广告包括以下五个要素：

（1）广告主。广告主是为推销商品或提供服务，自行或者委托他人设计、制作、发布网络广告的法人、其他经济组织或者个人。

（2）广告信息。广告信息是网络广告所要传达的具体商品、劳务或观念信息。

（3）广告媒介。广告媒介是指能够借以实现广告主与广告对象之间信息传播的物质工具。网络广告媒介是互联网，它以超文本的形式，使文字、数据、声音、图像等信息转化为计算机语言进行传播。

（4）广告受众。广告受众即接受广告信息的民众，网络广告的受众就是众多网民。

（5）广告效果。广告效果是网络广告作品通过网络媒体刊播后所产生的作用和影响。网络广告的效果评估较传统广告容易，有其自身比较科学的评估方法。

3. 网络广告的优缺点

1）网络广告的优点

（1）交互性强。以互联网为传播媒体的网络广告可实现发送者与接受者之间即时双向的沟通，改变了传统广告单向传播和非交互性的状况，消除了信息相互隔离、有时差的弊端。

（2）灵活便捷。网络广告的灵活性，首先，体现在广告类型和表现形式的多样性上。其次，网络广告可以根据市场和受众的需要及时进行内容和形式上的调整。最后，网络广告可以及时得到广告信息反馈，受众可以根据自己的感受直接与广告主进行沟通，广告主也可以从广告统计中及时了解网络广告的效果。

（3）瞬时传播。网络广告的传递不受时间、空间的限制，广告信息一经发布，任何可以上网的人随时随地都可以接触到广告信息，并且瞬间转发分享，其传播速度非常惊人。

（4）效果容易测评。这是网络广告区别传统广告的重要特点。传统广告只能通过调查、分析和推测来判定消费者对广告的感受，无法准确统计接收广告的人数及接收人群的分布状况。而网络广告借助流量统计软件等统计工具可以精确对广告浏览者的情况进行统计，为广告主和广告商进一步分析广告效果提供可靠依据。

（5）成本低。网络广告比传统广告更经济。首先，网络广告的制作和发布费用比传统广告低廉和简便；其次，网络广告运用了自动化的软件工具进行创作设计和统计管理，能够及时、方便地调整广告内容和形式以适应广告受众的需求，容易获得更好的广告效果；第三，利用统计工具对网络广告进行有目的和针对性地统计使得收集和分析广告效果所用的时间和费用都有所降低。

（6）信息容量大。网络广告运用互联网的特点而拥有信息量大、形式丰富多样、画面绚丽多彩等特点。网络广告主可以通过网络技术把企业产品、服务等多方面的详细信息制成网页融入到网络广告中，广告受众可以根据自己需要来查看不同的广告页面。

2）网络广告的缺点

（1）网络受众对网络广告的限制。网络广告受到网络覆盖率的影响，目前网络广告的受众较窄，以中青年为主。

（2）技术对网络广告的限制。信息技术更新过快使得网络广告的投放技术越来越复杂和多样，随着技术的升级，网络广告的投放成本也会提高，采用什么样的广告投放技术、推广方式最有效是网络广告主和广告商所面临的问题。

（3）网络广告监管困难。由于网络广告形式多样，对网络广告内容的真实性问题难以监管，并且网络广告还缺乏相应的法律法规来规范，使得网络广告发展出现无序和混乱状态。

（4）网络广告创意局限。网络广告由于受众是主动点击，另外广告表现的空间有限，这就使得网络广告创意难度和要求比传统广告更高。如何创作出有足够吸引力、感染力的广告，对广告策划者是一个巨大的挑战。

5.4.2 网络广告的形式

1．Web 站点广告

Web 站点广告是最早应用于互联网中的广告形式，它和传统平面广告最大的区别在于，Web 站点广告（包括其他类型的网络广告）都具有链接功能，用户点击后可进入所链接的网页，从而获取更多的信息。常见的 Web 站点广告有以下形式。

1）旗帜广告

旗帜广告是最早的广告形式，也称横幅广告、条幅广告或标志广告。它利用图像展现广告内容，利用简练文字体现广告主题，通常是一些色彩艳丽的矩形图片，置于页面的顶部、底部或醒目处。通过点击链接到广告主的企业网站，或虽未与广告主网站链接，但浏览者通过点击也可以看到更详细的广告信息。

早期的旗帜广告多采用 GIF、JPG 等文件格式的图片，且多为静态无交互功能的方式，随着技术的进步，现在 SWF 格式的旗帜广告也比较常见。旗帜广告最常见的尺寸是 468mm×60mm 和 468mm×80mm，现在还有 728mm×90mm 的大尺寸。

2）按钮广告

按钮广告也称图标广告。一般显示公司产品或品牌的标志，采用与有关信息实现超链接的互动方式，点击可链接到广告主网站或相关信息页面上。按钮广告通常是

125mm×125mm、120mm×90mm、120mm×60mm、88mm×31mm 四种尺寸。按钮广告是一种小面积的广告形式，由于尺寸偏小，表现手法较简单，多用于提示性广告，容量不超过 2KB。

3）弹出式广告

弹出式广告是指当人们浏览某网页时，网页会自动弹出一个很小的对话框。随后，该对话框或在屏幕上不断盘旋、或漂浮到屏幕的某一角落。当你试图关闭时，另一个会马上弹出来，这就是互联网上的"弹出式"广告。弹出式广告有两种表现形式，一种是当用户打开网页时马上弹出广告窗口；另一种是当用户离开网站时才弹出广告窗口。弹出式广告虽能带来访问量的上升，但同时浏览者也会对过量的弹出式广告产生反感情绪。

4）文本链接广告

文本链接广告采用文字标识的方式，点击后可以进入相应的广告页面。这种广告形式是一种对浏览者干扰最少，但却最有效果的网络广告形式，通常运用于分类栏目中。为了追求良好的广告效果，文本链接广告一般放置在热门网站首页的关键位置，借助浏览者对热门网站的访问，吸引他们关注和点击广告。

5）搜索引擎广告

搜索引擎广告是当前网络广告的热门，主流形式是关键词广告和竞价排名。

（1）关键词广告。当用户在搜索引擎上输入需检索的关键词后，在检索结果页面会出现与该关键词相关的广告内容。搜索引擎将依据点击量（按事先协商约定的单次点击费用）向赞助商收取广告费用，无点击不收费。

（2）竞价排名。竞价排名是搜索引擎服务商的一种盈利模式，其基本原理是按用户的点击率收费，具体实现方式是：以用户在检索结果中点击某广告信息的次数为计费标准，而广告信息在检索结果中的排名先后则取决于广告主愿意为此付出的单次点击费用的高度，为每次点击支付价格最高的广告会排在第一位，然后依次排列。

6）漂浮广告

漂浮广告是一种可以在屏幕上移动的小型图片广告，它设计的出发点是为了避免旗帜广告、按钮广告等比较呆板的缺点，更主动和有效地吸引浏览者的注意。但由于漂浮广告随着页面的移动会影响浏览者的视觉，所以设计不当的移动广告会引起浏览者的反感。

2. 电子邮件广告

通过电子邮件发送广告，具有针对性强、费用低廉、广告内容不受限制的特点。其最大的优势在于，可以针对具体受众发送特定的分类广告，从而成为网络营销中实施精准营销的主要手段。电子邮件广告一般采用文本格式（兼容性最好）或 HTML 格式（Web 页广告）。通常情况下，网络用户需要事先同意加入到该电子邮件广告邮件列表中，以表示同意接受这类广告信息，他才会接受到电子邮件广告，这是一种许可行销的模式。那些未经许可而收到的电子邮件广告通常被视为垃圾邮件。

3. 富媒体广告

富媒体广告（Rich-media Advertisement）是以动画、声音和视频为媒介的网络广告。在互联网发展的初期，因为带宽的原因，网站的内容以文本和少量低质量的 GIF、JPG 图片为主，我们通常所说的网络广告也主要是指 Banner。随着技术的进步以及消费市场的成熟，出现了具备声音、图像、文字等多媒体组合的媒介形式，人们普遍把这些媒介形式的组合叫做富媒体（Rich Media），以此技术设计的广告叫做富媒体广告。

4. 植入式广告

植入式广告（Product Placement Advertising）是将产品或品牌的有代表性的视觉符号甚至内容，策略性地融入影视娱乐节目、游戏或软文中，给观众留下深刻印象的一种广告方式。它和传统广告形式相比，具有隐蔽性、关联性、经济性、说服性的特点。

（1）隐蔽性。植入式广告采取的是一种间接、委婉的方式来表达广告信息和广告诉求，很强的隐蔽性是影视植入式广告最明显的特点，也是最大的优点。由于所传达的商品或品牌形象巧妙地嵌入到文字和音频中，极大地消除了广告带给消费者的逆反心理，让观者或听众在不知不觉中接受广告信息。

（2）关联性。植入式广告需要兼顾艺术性和商业性的平衡，所以更强调创意，而不是单一重复的商业元素。因此植入式广告需要运用整合的营销思维模式，既要做到隐形又要有足够的关注度，所以需巧妙、含蓄、不动声色地与影视娱乐节目、游戏或软文融为一体，与故事情节高度关联，这样广告的到达率和记忆度才会达到最佳效果。

（3）经济性。植入式广告不受播出时段的限制，也不受广告媒体排期影响，广告信息会随节目的播出反复出现，使得观众记忆深刻。另外，传统广告播出时，受众会选择跳过避开，但植入式广告无法跳过。随着电视、电影等媒体经营成本上升，传统广告的价格会越来越高，而植入式广告的成本相对较低，具有很高的投资回报率。

（4）说服性。由于植入式广告的隐蔽性，产品广告信息都是借助剧情以顺其自然的方式展现出来，受众不知不觉地接受广告信息，减少排斥心理，因而具有较强的说服力。

5. 原生广告

原生广告（Native Advertising）是基于用户体验出发，软性植入品牌营销信息的广告。原生广告是从网站和 App 用户体验出发的盈利模式，由广告内容所驱动，并整合了网站和 APP 本身的可视化设计（简单来说，就是融合了网站、APP 本身的广告，这种广告会成为网站、APP 内容的一部分，如 Google 搜索广告、Facebook 的 Sponsored Stories 以及 Twitter 的 tweet 式广告都属于这一范畴）。

据艾瑞数据预测，至 2020 年，中国原生广告规模将占据网络广告 50% 以上。网易云音乐与农夫山泉跨界合作就是原生广告典型代表。网易云音乐与农夫山泉在 2017 年 8 月宣布合作，推出全新音乐瓶身，同时通过平台性合作打通线上线下用户体验。网易云音乐精选 30 段经典乐评上瓶身，赋予农夫山泉不一样的饮水心情。通过 AR 技术打造全新瓶身，通过品牌视频定调、快乐男声现场互动预热、纪念水壶事件、线下校园乐评车装置、超市互动点唱机,实现全方位整合营销。该跨界合作事件媒体转发量超过 1500 家,非主动传播达到 90%,曝光量突破 200 万次;合作的广告视频全平台播放量超过 800 万次;AR 体验超过 50 万人次。

原生广告具有以下特点:

(1)内容的价值性。原生广告为受众提供的是有价值有意义的内容,不是单纯的广告信息,而是该信息能够为用户提供满足其生活形态,生活方式的信息。

(2)内容的原生性。内容的植入和呈现不破坏页面本身的和谐,而不是为了抢占消费者的注意力而突兀呈现,破坏画面的和谐性。

(3)用户的主动性。用户乐于阅读,乐于分享,乐于参与其中。不是单纯的"到我为止"的广告传播,而是每个用户都可能成为扩散点的互动分享式的传播。

5.4.3 网络广告策略

1. 网络广告定位策略

网络广告定位是指确定宣传的主题、诉求的重点。如果说广告的创意与表现形式解决的是"怎么说"的问题,那么广告定位解决的则是"说什么"的问题。因此,定位是网络广告诸策略中的基础策略。定位策略通常包括以下六种策略。

1)抢先定位

抢先定位即利用人们先入为主的认知心理特点,使网络广告宣传的产品、服务或企业形象率先占领消费者的心理位置。抢先策略被认为是网络广告中最重要的策略。该策略适用于新上市的产品,尤其是在某些方面标新立异、能够引导消费潮流的产品。

2)比附定位

比附定位即通过与竞争品牌的比较来确定自身市场地位的一种定位策略。其实质是一种借势定位,借竞争者之势,衬托自身的品牌形象。比附定位中,参照对象的选择是一个重要问题。一般来说,只有与知名度、美誉度高的品牌作比较,才能借势提高自己的身价。这种策略适合企业品牌成长初期。比附定位一般有三种形式:

(1)甘居"第二"。这种策略会使人们对公司产生一种谦虚诚恳的印象,相信公司所说的是真实可信的,同时迎合了人们同情弱者的心理,较容易被消费者记住。

(2)攀龙附凤。首先承认同行业中卓有成就的品牌,本品牌自愧不如,但在某地区或某一方面还可与这些最受消费者欢迎和信赖的品牌并驾齐驱。

(3)高级俱乐部。公司如果不能取得第一或攀附第二名便退而采用这种策略。这种策略利用群体的声望来抬高自己,从而提高企业形象,例如宣传企业是中国十大知名名牌之一。

3)空隙定位

空隙定位是根据商品的特性,结合消费者的需求差异寻求更小的细分市场或创造新的需求来填补消费者心目中的空隙。这种策略尤其适合网络广告定位。空隙定位的关键点是寻找商业定位的空隙，常用的方法有地域区隔、时间区隔、包装区隔、消费者心理区隔等。

4）品牌形象定位

品牌形象定位是由大卫·奥格威于 20 世纪 60 年代中期提出的，他认为品牌和人一样是有个性的，所谓品牌形象就是品牌的个性，它体现在品牌名称、包装、价格、产品本身及广告风格等方面。该策略多用于高档消费品市场，利用产品个性和消费者的不同消费心态，通过广告将产品或品牌形象植入消费者心中并形成牢固的品牌地位。

5）企业形象定位

企业形象定位是指企业根据环境变化的要求、本企业的实力和竞争对手的实力，选择自己的经营目标及领域、经营理念，为自己设计出一个理想的、独具个性的形象位置。该策略一般是以社会公益广告的形式出现，宣传企业的特点、价值观、企业文化、社会责任等。

6）文化定位

企业文化定位是指企业在一定的社会经济文化背景下，根据企业的发展历程、发展战略、人员构成、目前管理方面需要解决的突出问题等现状进行调查研究，对企业文化中的某些要素进行重点培植和设计，使之在公众或竞争者心中留有深刻印象，从而树立起具有自身独特个性、有别于其他企业的独特形象和位置的企业战略活动，是塑造企业文化的首要一环。该策略适合具有不同文化背景的企业或产品广告。通过分析目标受众的文化背景，在内容、形式、表达方式乃至颜色搭配上，都注重用户群体的文化背景，很容易引起受众的共鸣。

2．网络广告时间策略

网络广告发布的时机、时序和时限等对其传播效果都将产生直接的影响，因此，科学地选择这些广告投放的时间策略，是提高目标受众浏览量和点击率的关键步骤。

1）时机策略

时机策略就是抓住有利的时机，发起网络攻势的策略，一些重大的赛事、文体活动、订货会、展览会、重要纪念日等都能成为网络广告宣传的良机。

2）时序策略

时序策略选择是指广告投放时间与所推广的产品进入市场孰先孰后的策略选择，分为提前、即时和置后三种策略。

（1）提前策略是在新产品上市前先行投放广告，以引起受众注意，为新产品上市造势。

（2）即时策略是广告投放与新产品上市同步，为企业所普遍采用。

（3）置后策略是在产品进入市场后再投放广告，此举可以根据产品上市后的市场初始反应，及时调整促销策略，以提高广告的促销效果。

3）时限策略

确定网络广告宣传的时间长短，以及如何使用既定的网络广告时限策略。主要有两种策略：集中速决型和持续均衡型。

（1）集中速决性。在短暂的时间里，大量、高频次投放广告。信息密集对目标受众的刺激强，适用于新产品投入期或流行商品进入市场期，也适用于一些季节性商品的促销。

（2）持续均衡型。持续均衡策略则是通过连续不断地给受众以信息刺激，以增强受众对广告信息的持久记忆。适用于产品的成长期和成熟期。但长时间采取这种策略会引起消费者的逆反心理，企业应慎重。

3．网络广告导向策略

1）利益导向策略

利益导向策略是根据受众注重自身利益的心理特点，利用网络广告实施针对不同消费者个性需求的诱导。如通过广告宣传产品的特殊功能，以满足消费者的特殊需要。

2）情感导向策略

网络广告宣传以调动消费者的某种情绪，以实现网络广告宣传的目的。

3）生活导向策略

生活导向策略是指网络广告宣传生活化，广告应有自然、亲切、可信之感。

4）观念导向策略

观念导向策略意在引导一种新的消费观念、生活观念，以拓展消费者的视野，创造新的生产需求空间。

4．网络广告展现策略

1）展示型策略

（1）直白型展示。用开门见山和浅显易懂的文字、图片或图像传递产品或服务的功能、作用和功效等受众所需的信息，这种策略主要用于消费品市场。

（2）解剖型展示。这是一种将产品的结构或制作过程层层分解，逐一展现给受众的广告策略。该策略尤其适用于一些技术、结构或制作工艺复杂的产品，尤其是一些新产品。

（3）信息型展示。该策略通过网络广告的超链接功能，为受众提供丰富的资料和各种形式的信息，以满足受众个性化需求。

2）互动型策略

（1）信息沟通型互动。在网络广告中提供电子邮件、留言板等的链接功能，为受众通过广告直接与企业或经销商进行沟通提供途径。

（2）试用型互动。这种广告策略可以为受众试用产品提供机会，对于报刊杂志、软件、网络游戏等数字化产品，可以通过在线方式实时地体验或感受产品的部分内容、主要功能及使用方法等，对于保健、美容以及一些快消品，则可通过网络广告索取试用品，获得使用该产品的真实体验。

（3）现场体验互动。对于一些大型家用电器、高档服装、数码产品、汽车、旅游景点、房地产等价格昂贵的产品或服务，通过网络广告提供虚拟的现场体验型互动体验产品功能或服务。

5.4.4 网络广告的计价方法和效果评价

1. 网络广告的计价方法

网络广告常用的计价法有以下几种。

1) CPM（Cost Per Milli）

CPM 意为每千人印象成本，指的是广告播放过程中，听到或看到某广告的每一人平均分担到多少广告成本。在网上广告，CPM 取决于"印象"尺度，通常理解为一个人的眼睛在一段固定的时间内注视一个广告的次数。例如说一个广告横幅的单价是 1 元/CPM 的话，意味着每一千个人次看到这个 Banner 的话就收 1 元，以此类推，10 000 人次访问的主页就是 10 元。至于每 CPM 的收费究竟是多少，要根据以主页的热门程度（即浏览人数）划分价格等级，采取固定费率。国际惯例是每 CPM 收费从 5 美元至 200 美元不等。

2) CPC（Cost Per Click）

CPC 意为每点击成本，即以每点击一次计费。它仍然以 1000 次单击为单位。与 CPM 相比，CPC 更科学、更细致，它按实际单击次数而不是页面浏览量为标准，这样就排除了有些网民只浏览页面而不看广告的情况，但 CPC 成本比 CPM 要高，尽管如此，CPC 比 CPM 更受欢迎，因为它能直接明确地反映网民是否对广告内容感兴趣，而且是宣传网站站点的最优方式。

3) CPP（Cost Per Purchase）

CPP 是指根据每个商品的购买成本决定广告费用，其好处是把商品的购买和广告费用联系起来。广告主为规避广告费用风险，只有在网络用户点击旗帜广告并进行在线交易后，才按销售笔数付给广告站点费用。

4) PFP（Pay For Performance）

意为按业绩付费。按业绩收费无论对网站还是广告商来说都是比较公平的。对发布商来说，如果浏览者不采取任何实质性的购买行动，就不可能获利。基于业绩的定价计费基准有点击次数、销售业绩、导航情况等，不管是哪种，可以肯定的是这种计价模式将得到广泛的采用。

5) 包时计费

包时计费就是买断某一时期的广告，实行固定收费制。通常以日、月、年等为计价单位，它操作简单，对网站技术水平要求较低，不需要对浏览量、单击数进行统计，而且广告主与受众之间的权利、义务关系也简洁明了，大多数小网站普遍采用这种方法。

6) 按位置、时段和广告形式的综合计费

按位置、时段和广告形式的综合计费是目前我国互联网广告主要计价模式。这种计价模式与广告发布位置、时间和广告形式挂钩，而不是与显示次数和访客行为挂钩。

2. 网络广告效果评价

网络广告效果评估，是指网络广告活动实施以后，通过对广告活动过程的分析、评价及效果反馈,以检验广告活动是否达到预期效果的行为。

1)评估指标

网络广告效果的评估指标有以下几种,广告主、网络广告代理商和服务商可结合自身广告效果评估的要求,运用这些指标进行效果综合评估。

(1)点击率。点击率是指网上广告被点击的次数与被显示次数之比。它一直都是网络广告最直接、最有说服力的评估指标之一。

(2)二跳率。当网站页面展开后,用户在页面上产生的首次点击被称为"二跳",二跳的次数即为"二跳量"。二跳量与到达量(进入网站的人)的比值称为页面的二跳率。这是一个衡量外部流量质量的重要指标。该值初步反映广告带来的流量是否有效,同时也能反映出广告页面的哪些内容是购买者所感兴趣的,进而根据购买者的访问行径,来优化广告页面,提高转化率和线上交易额,大大提升了网络广告投放的精准度,并为下一次的广告投放提供指导。

(3)业绩增长率。对一部分直销型电子商务网站,评估他们所发布的网络广告最直观的指标就是网上销售额的增长情况,因为网站服务器端的跟踪程序可以判断买主是从哪个网站链接而来、购买了多少产品、什么产品等情况,从而,对于广告的效果有了最直接的体会和评估。

(4)回复率。网络广告发布期间及之后一段时间内客户表单提交量,公司电子邮件数量的增长率,收到询问产品情况或索要资料的电话、信件、传真等的增长情况等等,回复率可作为辅助性指标来评估网络广告的效果,但需注意它应该是由于看到网络广告而产生的回复。

(5)转化率。"转化"被定义为受网络广告影响而形成的购买、注册或者信息需求。有时,尽管顾客没有点击广告,但仍会受到网络广告的影响而在其后购买商品。

2)评估方式

评价网络广告效果的三种基本方法:对比分析法、加权计算法和点击率与转化率。

(1)对比分析法。无论是旗帜广告,还是邮件广告,由于都涉及到点击率或者回应率以外的效果,因此,除了可以准确跟踪统计的技术指标外,利用比较传统的对比分析法仍然具有现实意义。当然,不同的网络广告形式,对比的内容和方法也不一样。对于标志广告,除了增加直接点击以外,广告的效果通常还表现在品牌形象方面,这也就是为什么许多广告主不顾点击率低的现实而仍然选择标志广告的主要原因。当然,品牌形象的提升很难通过量化指标衡量,不过可以利用传统的对比分析法,对网络广告投放前后的品牌形象进行调查对比。

(2)加权计算法。所谓加权计算法就是对投放网络广告后的一定时间内,对网络广告产生效果的不同层面赋予权重,以判别不同广告所产生效果之间的差异。这种方法实际上是对不同广告形式、不同投放媒体或者不同投放周期等情况下的广告效果比较,而不仅仅反映某次广告投放所产生的效果。显然,加权计算法要建立在对广告效果有基本监测统计手段的基础之上。

下面以一个例子来说明：

第一种情况，假定在 A 网站投放的 BANNER 广告在一个月内获得的效果为：产品销售 100 件（次），点击数量 5000 次；

第二种情况，假定在 B 网站投放的 BANNER 广告在一个月内获得的效果为：产品销售 120 件（次），点击数量 3000 次；

如何判断这两次广告投放效果的区别呢？可以为产品销售和获得的点击分别赋予权重，根据一般的统计数字，每 100 次点击可形成 2 次实际购买，那么可以将实际购买的权重设为 1.00，每次点击的权重为 0.02，由此可以计算上述两种情况下，广告主可以获得的总价值。

第一种情况，总价值为：$100 \times 1.00 + 5000 \times 0.02 = 200$；

第二种情况，总价值为：$120 \times 1.00 + 3000 \times 0.02 = 180$。

可见，虽然第二种情况获得的直接销售比第一种情况要多，但从长远来看，第一种情况更有价值。这个例子说明，网络广告的效果除了反映在直接购买之外，对品牌形象或者用户的认知同样重要。

（3）点击率与转化率。点击率是网络广告最基本的评价指标，也是反映网络广告最直接、最有说服力的量化指标，不过，随着人们对网络广告了解的深入，点击它的人反而越来越少，除非特别有创意或者有吸引力的广告，造成这种状况的原因可能是多方面的，如网页上广告的数量太多而无暇顾及、浏览者浏览广告之后已经形成一定的印象无须点击广告或者仅仅记下链接的网址，在其他时候才访问该网站等等，因此，平均不到 1%的点击率已经不能充分反映网络广告的真正效果。

于是，对点击以外的效果评价问题显得重要起来，与点击率相关的另一个指标——转化率，被用来反映那些观看而没有点击广告所产生的效果。

"转化率"最早由美国的网络广告调查公司 AdKnowledge 在"2000 年第三季度网络广告调查报告"中提出，AdKnowledge 将"转化"定义为受网络广告影响而形成的购买、注册或者信息需求。正如该公司高级副总裁 David Zinman 所说，"这项研究表明浏览而没有点击广告同样具有巨大的意义，营销人员更应该关注那些占浏览者总数 99%的没有点击广告的浏览者"。

5.5 网络营销的主要方法

网络营销职能的实现需要通过一种或多种网络营销方法，常用的网络营销方法主要有：搜索引擎营销、病毒性营销、网络社区营销、移动营销、博客营销、微博营销、E-mail 营销等。

5.5.1 搜索引擎营销

1. 搜索引擎基础

1）搜索引擎定义

搜索引擎（Search Engine）是指根据一定的策略、运用特定的计算机程序搜集互联网上的信息，在对信息进行组织和处理后，并将处理后的信息显示给用户，是为用户提供检索服务的系统。

2）分类

（1）全文搜索引擎。全文搜索引擎是广泛应用的主流搜索引擎。它的工作原理是计算机索引程序通过扫描文章中的每一个词，对每一个词建立一个索引，指明该词在文章中出现的次数和位置，当用户查询时，检索程序就根据事先建立的索引进行查找，并将查找的结果反馈给用户的检索方式。全文按索引擎一般由信息采集、索引和检索三部分组成。

信息采集的工作由搜索器和分析器共同完成，搜索引擎利用称为"网络爬虫"（Crawlers）、"网络蜘蛛"或"网络机器人"（Robots）的自动搜索机器人程序来查询网页上的超链接。

搜索引擎整理信息的过程称为"建立索引"。搜索引擎不仅要保存建立起来的信息，还要将它们按照一定的规则进行排序。

检索是用户向搜索引擎发出查询信息，搜索引擎接受查询信息并向用户返回资料。有的系统在返回结果之前对网页的相关度进行了计算和评估，并根据相关度进行排序，将相关度大的放在前面，相关度小的放在后面；也有的系统在用户查询前已经计算了各个网页的网页登记，返回查询结果时网页等级高的放在前面，网页等级低的放在后面。

不同搜索引擎有不同的排序规则，因此在不同的搜索引擎中搜索相同关键词，排序是不同的。主要的全文搜索引擎有 Google 和百度等。

（2）分类目录搜索引擎。分类目录搜索引擎也同样由信息采集、索引和检索三部分组成，只不过分类目录搜索引擎的信息采集和索引两部分主要依靠人工完成。用户在查询信息时，可以选择按照关键词搜索，也可按照分类目录逐层查询。如以关键词搜索，返回的结果跟全文搜索引擎一样，也是根据信息关联程度排列网站。需要注意的是，分类目录的关键词查询只能在网站的名称、网址和简介等内容中进行，它的查询结果也只是被收录网站首页的 URL 地址，而不是具体的页面。主要的分类搜索引擎有雅虎、新浪分类目录等。

（3）元搜索引擎。元搜索引擎（META Search Engine）接受用户查询请求后，同时在多个搜索引擎上搜索，并将结果返回给用户。2005 年成立的比比猫是我国首家元搜索引擎，它独创国际领先的聚类和去重技术，为用户提供精准、简捷、快速、智能、丰富的体验，但它只经历了短暂的生命周期，现已倒闭。元搜索引擎的工作原理如图 5-3 所示。

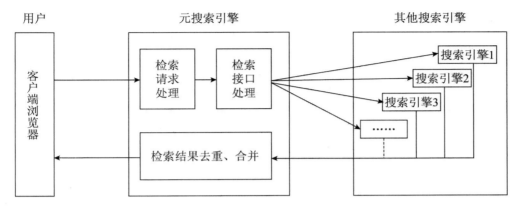

图 5-3 元搜索引擎工作原理图

（4）垂直搜索引擎。又称行业搜索引擎，是搜索引擎的细分和延伸。当用户需要查询专业或者特定领域信息时，垂直搜索引擎是最好的选择，具有"专、精、深"的特点，垂直搜索引擎是有针对性地为某一特定领域、特定人群或特定需求提供的有一定价值的信息和相关服务，可以简单地说成是垂直搜索引擎领域的行业化分工。例如慢慢买就是一个垂直搜索引擎。

2. 搜索引擎营销的定义

搜索引擎营销，英文是 Search Engine Marketing，简称为 SEM。简单来说，搜索引擎营销就是基于搜索引擎平台的网络营销，利用人们对搜索引擎的依赖和使用习惯，在人们检索信息的时候尽可能将营销信息传递给目标客户。搜索引擎营销追求最高的性价比，以最小的投入，获得最大的来自搜索引擎的访问量，并产生商业价值。

3. 搜索引擎营销的任务

1）构造适合搜索引擎检索的信息源

信息源被搜索引擎收录是搜索引擎营销的基础，由于用户检索之后还要通过信息源获取更多的信息，因此企业网站的构建不仅要搜索引擎友好，而且应该用户友好。网站优化不仅仅是搜索引擎优化，而且包含三个方面，即对用户、搜索引擎、网站管理维护的优化。

2）创造网站/网页被搜索引擎收录的机会

网站建设完成并发布到互联网上并不意味着可以达到搜索引擎营销的目的。无论网站建设多么精美，如果不能被搜索引擎收录，用户便无法通过搜索引擎发现网站中的信息，也就无法实现网络营销信息传递的目的。因此，让尽可能多的网页被搜索引擎收录是网络营销的基本任务之一，也是搜索引擎营销的基本步骤。

3）在搜索结果中排名靠前

企业信息如果出现在靠后的位置，通常无法吸引用户的注意力，被发现的机会就会降低，也就无法保证搜索引擎营销的效果。因此，搜索引擎营销希望企业信息在搜索结果中排名靠前。

4）为用户获取信息提供方便

企业营销的最终目的是将浏览者转化为顾客。用户点击搜索结果进入网站，并不意味着已经成为了购买者，还要取决于产品本身的质量、价格等因素。在这个阶段，搜索引擎营销与网站信息发布、顾客服务、网站流量统计分析等工作有着密切的联系，应对浏览者感兴趣的信息进行深入的研究，在为用户获取信息提供方便的同时，与用户建立密切的关系，使其成为产品或服务的购买者。

4. 搜索引擎营销的目标层次

一般认为，搜索引擎营销主要目标有两个层次：被搜索引擎收录和在搜索结果中排名靠前。从实际情况来看，仅仅达到这两个层次的目标还很不够，因为取得这样的效果实际上并不一定能增加用户的点击率，更不能保证将访问者转化为顾客或者潜在的顾客，因此只能说以上目标只是搜索引擎营销两个最基本的目标。归纳起来，搜索引擎营销目标包括4个层次：

（1）被搜索引擎收录；

（2）在搜索结果中排名靠前；

（3）增加用户的点击（点进）率；

（4）将浏览者转化为顾客。

在这四个层次中，前三个可以理解为搜索引擎营销的过程，而只有将浏览者转化为顾客才是最终目的。在一般的搜索引擎优化中，通过设计网页标题、META 标签中的内容等，通常可以实现前两个初级目标（如果付费登录，当然直接就可以实现这个目标了，甚至不需要考虑网站优化问题）。为实现高层次的目标，还需要进一步对搜索引擎进行优化设计，或者说，设计从整体上对搜索引擎友好的网站。

5. 搜索引擎优化策略

1）网站内容优化

网站内容优化是搜索引擎优化的一个重要策略，网站内容优化应该从以下几个方面做起：

（1）原创的网站内容。原创文章较多的网站很容易被众多的网站引用，如果引用的文章所在的网站加了这个页面的链接地址，那么这个页面就会获得较好的评分，排名也就上升。所以原创网站应注意：①内容必须和主题相关；②段落包含要描述的关键词；③内容要及时更新；④站内内部链接，如建立网站地图，上面放置网站上所有页面的链接，另外网站的每个页面，从首页开始点击不要超过 4 次。

（2）提高关键字密度。关键字密度是一个关键字或一个关键词在网页上出现的总次数与其他文字的比例，它是衡量页面相关性的重要指标之一。为了提高在搜索引擎的排名位置，网站中页面的关键字密度不能太高，也不能太低，一般在 2%～8%较为合适。企业要谨记千万不要将所有的关键字或关键字段堆积在一起，这样搜索引擎会认为这是恶意行为而直接降低企业网站的排名。另外做好关键字的布局是 SEO 中至关重要的一点，一般而言，title 和 description 两部分的关键字分布最为重要，尤其网站首页，这两部分一定要写好，通常来说，title 部分关键字出现三次以内较好，最好是三次，description 部分关键字出现 5～6 次，但是建议不要超过 8 次，辅助关键字各出现一次。

（3）突出关键词。关键词突出体现在标题（title）、网页描述、强调文本和正文文本几个方面，这里重点介绍标题和网页描述。

①标题。对于搜索引擎而言，标题是网页上最重要的部分。搜索结果页面上展示的就是标题，而且出现在浏览器的窗口上。所以要把关键词中的重要关键词放在标题的最前面，这样有利于排名。如果目标关键词去定好了，最好把它放在标题里，同时需要注意整个标题最好不要超过 30 个字。

②网页描述。一般搜索引擎允许网页描述的字数在 150 字之内，所以控制 150 字之内才能保证网站描述的完整性。另外好的描述才会被搜索引擎信任，才会被搜索引擎推荐给用户访问。因此网页描述非常重要。

（4）提高点击流行度。所谓点击流行度是被点击的页面次数。一般经常被点击的页面，其点击流行度就较高，其在搜索引擎中的排名就会提高。企业需要注意不要尝试去重复点击你的网站，对于同一 IP 的重复点击，搜索引擎会将其删除，当再次登录到搜索引擎时会大大影响排名。企业要想提高点击流行度，需要对企业网站进行特色定位，设置有吸引力的标题，紧跟社会热点，合理运用推广手段。

（5）提高链接流行度。链接流行度是指该网站上外来链接的总数量。企业想使自己的网站获得 TOP 位置，不仅需要对页面进行优化，还需要增强其网站的高端链接流行度。现在仅靠链接的数量取胜已经行不通，不仅需要关注链接的数量，还需将外来链接的质量放在首要地位，这就需要引入链接分析概念。链接分析是指向企业网站的外部导入链接的数量和质量。企业如何提高网站链接的流行度，通常需要从以下几个方面来做。

①首先需要建设一个高质量的网站，即网站内容有价值。

②需要使链接变得更简易。如在交换链接页面放置交换链接代码，把交换链接的联系方式放在显眼的地方。

③在搜索引擎中找出竞争对手的链接伙伴，和他们进行交换链接。

④在重要的网站中做广告或者在收费目录中提交企业网站。

5.5.2 病毒性营销

1．病毒性营销的定义

病毒性营销是一种常用的网络营销方法，常用于进行网站推广、品牌推广等。病毒性营销利用的是用户口碑传播原理，在互联网上，这种"口碑传播"更为方便，可以像病毒一样迅速蔓延，因此病毒性营销成为一种高效的信息传播方式，而且，由于这种传播是用户之间自发进行的，因此几乎是不需要费用的网络营销手段。

以下是可口可乐公司运用病毒性营销的典型案例：

2008年3月24号，可口可乐公司推出了火炬在线传递。而这个活动堪称经典的病毒性营销案例。

如果你争取到了火炬在线传递的资格，将获得"火炬大使"的称号，头像处将出现一枚未点亮的图标，之后就可以向你的一个好友发送邀请。

如果10分钟内可以成功邀请其他用户参加活动，你的图标将被成功点亮，同时将获取可口可乐火炬在线传递活动专属QQ皮肤的使用权。火炬在线传递活动的QQ面板皮肤。而这个好友就可以继续邀请下一个好友进行火炬在线传递，以此类推。

网民们以成为在线火炬传递手为荣，"病毒式"的链式反应一发不可收拾，"犹如滔滔江水，汹涌不绝"。

这个活动在短短40天之内就"拉拢"了4千万人（41 169 237人）参与其中。平均起来，每秒钟就有12万多人参与。一个多月的时间内，在大家不知不觉中，身边很多朋友的QQ上都多了一个火红的圣火图标（同时包含可口可乐的元素）。

2. 病毒性营销的特性

病毒性营销与其他营销方式相比，具有以下特性：

（1）病毒性营销提供的是有价值的产品或者服务。如果商家想要进行病毒性营销，就需要让消费者觉得你的产品或者信息是有价值的。价值越大，信息传播的速度就越快，病毒性营销就是利用这种诱导的方式，在宣传产品的同时给予客户相关的知识或者资源信息，顾客得到利益的同时就将产品的信息不断地传播了出去。

（2）通过他人的信息交流频道或者行为来进行传播。病毒性营销的典型做法往往是搭建一个交流的平台，并且提供可以交流的信息，使得用户与用户之间进行相互交流实现盈利的目的。最具创造性的病毒性营销策划往往是利用别人的资源达到宣传自己产品的目的。

（3）充分利用互联网的特点。鉴于互联网所具有的全球性、即时性以及交互性特点，可以使得信息在非常短的时间内快速地传递到成千上万的用户手中，就像病毒一样快速地复制和传播。携带营销信息的媒体必然便于传递和传播，通过即时通信、论坛以及E-mail传递信息是非常容易的，并且信息的传递几乎不需要成本，从而每个用户都变成了信息源，然后再传播给别人。

（4）几何倍数的传播以及高效率的接收。病毒性营销是自发的、扩张性的信息推广，人际关系以及群体传播是其流通渠道，信息被消费者传递给那些与他们有着联系的个体，因为信息是从熟悉的人那里获得的，接收过程就具有更加积极的心态，接收的渠道也较为私人化，这就克服了大众媒体广告造成的受众戒备抵触心理的产生以及接收环境复杂的缺点。

3. 成功病毒性营销的基本要素

美国电子商务顾问Ralph F·Wilson将一个行之有效的病毒性营销战略的基本要素归

纳为以下六个方面：

（1）提供有价值的产品或服务。提供有价值的产品或服务是病毒性营销的核心。营销的目的在于满足消费者的需求，而这恰恰需要用消费者满意的产品或服务提升其满意度，进而对企业产生依赖感，增强其购买黏性。

（2）提供无须努力向他人传递信息的方式。人们愿意分享其看到的或听到的前提就是便捷。如果传递一个信息需要花费大量的时间，势必造成传递成本的增加、消费者传播热情的降低。

（3）信息传递范围很容易大规模扩散。病毒性营销相对传统营销的特点是容易扩散，因此其携带的营销信息必须易于传递和复制，如 E-mail、图表、软件下载等；为了像一样迅速扩散，传输手段必须操作简便，这样才能实现一传十、十传百的效应。

（4）利用公众的积极性和行为。公众积极性体现在其兴趣点和情感。企业要从消费者的情感需要出发，唤起和激发消费者的情感需求，诱导消费者心灵上的共鸣；另外也可利用消费者的民族自豪感、自我实现感、同情心理等设计相关的活动。

（5）利用现有的通信网络。企业要善于利用移动通信设备进行病毒性营销的设计和传播，方便消费者，增加他们的参与度。

（6）利用别人的资源进行信息传播。善于利用一些知名的网络、论坛、社区等传播载体，借用他们的人气和影响力，寻找自己的目标群体，发布自己的产品或服务信息。

4. 病毒性营销的实施步骤

尽管每个网站具体的病毒性营销方案可能千差万别，但在实施病毒性营销的过程中，一般都需要经过方案的规划和设计、信息源和传递渠道的设计、原始信息发布、效果跟踪管理等基本步骤，认真对待每个步骤，病毒性营销才能最终取得成功。

（1）病毒性营销整体方案的规划。确认病毒性营销方案符合病毒性营销的基本思想，即传播的信息和服务对用户是有价值的，并且这种信息易于被用户自行传播。

（2）独特的创意。最有效的病毒性营销往往是独创的。独创性的计划最有价值，跟风型的计划有些也可以获得一定效果，但要做相应的创新才更吸引人。在方案设计时，一个特别需要注意的问题是，如何将信息传播与营销目的结合起来？如果仅仅是为用户带来了娱乐价值（例如一些个人兴趣类的创意）或者实用功能、优惠服务而没有达到营销的目的，这样的病毒性营销计划对企业的价值就不大；反之，如果广告气息太重，可能会引起用户反感而影响信息的传播。

（3）信息源与信息传播渠道的设计。

（4）原始信息的发布和推广。最终的大范围信息传播是从比较小的范围内开始的，如果希望病毒性营销方法可以很快传播，那么对于原始信息的发布也需要经过认真筹划，原始信息应该发布在用户容易发现，并且用户乐于传递这些信息的地方（例如活跃的网络社区）。如果必要，还可以在较大的范围内去主动传播这些信息，等到自愿参与传播的用户数量比较大之后，才让其自然传播。

（5）对病毒性营销的效果进行跟踪和管理。

5. 实现病毒性营销的途径

（1）良好的口碑。良好的口碑永远都是最有效的营销方式，在病毒性营销中也是如此。出于种种原因，人们热衷于把自己的经历以及体验告诉别人，这种口传的影响非常大，正是人类传播信息的天性以及人们对于口碑的高度信任，在 21 世纪这个高度竞争的时代，口碑作为一种古老的载体依然显示着神奇的力量。

（2）提供免费服务或产品。"免费"在消费环节中一直是吸引人眼球的词语，大多数情况下病毒性营销计划就是通过提供免费的服务或产品吸引消费者的注意，例如免费下载、免费赠送、免费服务、免费信息等，当用户在使用这些免费的产品以及服务时，就为企业带来了广告收入、电子商务以及有价值的电子邮件地址等。"免费"是吸引消费者眼球的工具，以利于将消费者吸引到收费的产品上进行消费，是商家在开展病毒性营销初级阶段较为有用的营销手段。

（3）信息的载体要有吸引力。并不是只要在邮件的底部写上"请访问我们的网站"或者"请将此邮件转给更多的人"就是病毒性营销，这种营销方式并不会增加消费者的好感，并且由于采用形式的单一，缺乏对于消费者的吸引力。创新，永远都是吸引消费者的利器，在病毒性营销中也是如此。曾经流行一时的"吃垮必胜客"邮件就充分利用了这种营销理念。邮件介绍了自主沙拉装盘的办法，就是巧妙地利用黄瓜片、菠萝块和胡萝卜条搭建出较宽的碗边，一次性可以盛到七盘的沙拉，然后再配上真实的照片，引起了很多消费者的注意，所以很多消费者都决定去必胜客亲身感受这种沙拉，也就是这种邮件，使得必胜客的消费群体大增，由此可以看出，必胜客的此次病毒性营销取得了圆满的成功，并成为一个成功的典范。

（4）利用通讯工具提供便捷的传播工具。通讯工具如 QQ、BBS、E-mail、eBook 等具有即时性、直观性、廉价性等诸多优点，病毒性营销就可以利用通讯工具的这些优点，克服大多数人的传播惰性，使得用户愿意并且积极地参与病毒性信息的传播。

5.5.3 网络社区营销

1. 网络社区营销的定义

网络社区是指把具有共同兴趣的访问者集中到一个虚拟空间，达到成员相互沟通的目的，从而达到商品的营销效果。网络社区是网站所提供的虚拟频道，让网民产生互动、情感维系及资讯分享；从网站经营者的角度来看，网络社区经营成功，不仅可以带来稳定及更多的流量，增加广告收入，注册会员更能藉此拥有独立的资讯存放与讨论空间，会员多，人气旺，还给社区营销造就了良好的场所。

2. 网络社区的分类

从营销的角度进行划分，有公众型网络社区和品牌网络社区。公众型社区指作为第三方媒体平台出现的社区，如天涯、新浪论坛等；品牌网络社区是专门为某品牌建立的社区，如京东 360buy 的论坛，聚集了京东的买家讨论京东的买卖经验。网络社区按照功能不同可以大致分为三类：市场型、服务型和销售型。

（1）市场型社区。市场型社区产品主要是 b2C（Business To Customer）的产品，对象主要针对 80 后，例如索尼和可口可乐。因为消费受众追求生活和文化，而不是某一个产品，这样的企业使命是文化传播和市场推广。

（2）服务型社区。主要提供专业售后服务和技术支持。例如西门子的社区，拥有本地化工程师的 FAQ 的支持，社区不是回答顾客，很多是作为信息源。偏技术性和专业性的企业比较适合建设此类社区。这样可以很大程度降低服务成本，提高效率和顾客满意度。

（3）销售型社区。该类型成功的很少，消费者越来越理性，到了社区只会浏览售前讨论和售后评论，不太会留言，这样就不利于企业辨别用户需求和购买意向。因此，企业网络社区销售功能普遍很难推进。

3．网络社区营销的优势

社区营销是提供一个企业主、用户之间平等对话、交流沟通的机会，这是社区营销的本质。新兴网络社区正在企业营销中发挥越来越重要的价值。网络社区营销的优势主要体现在以下几个方面：

（1）广告投放更加精确。
（2）营销互动性强。
（3）口碑价值。
（4）营销可信度增强。
（5）低成本。

4．网络社区营销的缺陷和不足

1）同质化现象严重

企业开展网络社区营销的方式都大同小异，用单一的路径来引导用户参与，用户参与的积极性不高。例如，很多活动都是依靠博文大赛来获取奖品吸引用户参与。这种形式一开始很新颖，很受欢迎，但长期反复使用，就会导致一些潜在目标群体因为参与惰性而流失。另外国内的社区型网站，营销手段多以方案式和植入式为主，缺乏标准化、产品化，难以实现规模效益。

2）网络社区营销活动的效果难以评估

社区的天然属性决定了社区营销具有不可复制的特性。社区营销主要通过口碑、关键词、流量等相关指标来评估社区营销活动的效果，但这样的评估方法是不是合理，还存在一定争议。社区营销活动更适合塑造或者强化企业品牌，而非促销等销售活动。所以，社区营销活动效果需要时间的检验，而很多企业更看重短期对品牌、对产品的促进。

3）对网络营销起到反作用

"好事不出门，坏事传千里"，网络社区营销如果选择的平台或人群不对，或者营销的手段不当，负面信息通过网络社区快速传播，大范围的扩散，这会严重损害企业的形象。

5.5.4 移动营销

1. 移动营销概述

1) 移动营销的概念

美国移动营销协会 MMA 在 2003 年对移动营销这样定义：移动营销就是利用无线通信媒介作为传播内容和沟通的主要渠道所进行的跨媒介营销。从这个概念可以看出，移动营销和传统营销的区别在于两个方面：一是传播媒介必须是移动工具，例如手机、平板电脑等移动通信工具；二是跨媒介营销，使得用户能够在多种平台上找到相同的内容。我们给移动营销的定义是：移动营销是指面向移动终端用户，在移动终端上直接向目标受众定向和精确地传递个性化即时信息，通过与消费者的信息互动达到市场营销目标的行为。移动营销的实现方式有多种，我们在这里主要讨论微信营销、LBS、AR 及 APP。

2) 移动营销的特点

（1）整合性。移动互联网媒体形式的多样、资源的海量与碎片化决定了移动营销的整合性，它不仅仅是 APP 上的条幅广告、弹出广告、全屏广告，也不仅仅是 APP 推荐墙、游戏内植入广告，而是一切结合移动设备使用场景、时间和移动设备的技术优势，实施和创意包含音频、视频、互动等在内与消费者沟通的方式。

（2）互动性。移动营销通过建立客户数据库，增加客户参加活动的机会，更加强调消费者的互动、参与和体验。

（3）精准性。移动营销通过统计管理用户的移动行为，可以帮助企业发现商机，了解用户的兴趣偏好、时间频次等，并可以借助媒体综合分析、用户行为分析、广告精准播控等技术，为企业配置投放方案，实现目标人群匹配和精准投放。

3) 移动营销参与者

移动营销涉及多方面的参与者，包括：

（1）内容和应用服务提供商。内容提供商（Content Provider，CP）提供包括文字、图像、音频和视频等各种媒体内容。服务提供商（Service Provider，SP）通常指电信增值业务提供商，负责根据用户的要求开发和提供适合手机用户使用的服务。如纯文本短信（SMS）、游戏、彩铃、交友社区、广告等。

（2）门户和接入服务提供商。又分为门户网站运营商和互联网服务提供商，它们共同为用户提供无线网络接入服务，使得内容和提供的移动服务顺利到达用户，进而实现移动商品的价值。

（3）无线网络运营商。包括无线网络基础设施运营商和无线服务提供商。

（4）支持性服务提供商。主要为无线网络运营商提供各种支持性服务，如搭建无线传输网必要的硬件设施和软件程序，以及提供付费支持和安全保证等。

（5）终端平台和应用程序提供商。是指包括终端平台提供商、应用程序提供商和终端设备提供商在内的致力于为用户提供良好的服务界面的集合体。

(6) 最终用户。

2．微信营销

1) 微信营销的概念

微信营销是指企业利用微信平台，通过向用户传递有价值的信息而最终实现企业品牌力强化或产品、服务销量增长的一种营销策略。微信营销主要体现在以安卓系统、苹果系统的手机或者平板电脑中的移动客户端进行的区域定位营销，商家通过微信公众平台，结合微信会员卡管理系统展示商家微官网、微会员、微推送、微支付、微活动，已经形成了一种主流的线上线下互动的营销方式。

2) 微信营销的特点

（1）点对点精准营销。微信拥有庞大的用户群，借助移动终端、天然的社交和定位等优势，每条信息都可以推送给每个微信用户，并且能够让每个用户都有机会接收到这条信息，继而帮助商家实现点对点精准化营销。

（2）形式灵活多样。微信营销的形式有多种，可以使用漂流瓶、位置签名、二维码、开放平台、公众平台等方式。

（3）强关系的机遇。微信公众号的内容既可以主动推送，也可以把接收信息的权利交给用户，让用户自己选择感兴趣的内容。通过微信，企业可以和客户实时互动，答疑解惑，可以讲故事甚至可以"卖萌"，用一切形式让企业与消费者形成朋友的强关系，并将这些强关系用户转化为订单。

（4）运营成本低。微信本身是免费的，使用微信发布各种信息也不需要任何费用。

3) 微信营销的缺点

微信作为一个社交平台，在使用过程中容易泄露个人信息，再加上定位功能，会为用户的个人隐私带来困扰；另外频繁的信息推送会使用户产生厌烦情绪；最后，微信上的企业公众号需要用户自行搜索，企业发布一条消息，只有关注的用户能看到，互动性和扩散性差。

4) 微信营销策略

（1）充分发挥"意见领袖"的影响力。企业的高层管理人员大都是意见领袖，他们的观点具有相当强的辐射力和渗透力，对大众有着重大的影响作用，会潜移默化地改变人们的消费观念，影响人们的消费行为。

（2）发挥口碑效应。微信平台的群发功能可以有效的将企业拍的视频、制作的图片，或是宣传的文字群发到微信好友。企业还可以通过二维码的形式发送优惠信息，使顾客主动为企业做宣传，激发口碑效应，将产品和服务信息进行快速、大范围的传播。

（3）利用"视频、图片"进行营销。运用"视频、图片"开展微信营销，首先要在与微友的互动和对话中寻找目标市场，针对目标市场需求为潜在客户提供个性化、差异化服务；其次，善于供助各种技术，将企业产品、服务的信息传送给潜在客户，为企业赢得竞争优势，打造出优质的品牌服务。

3. LBS 营销

1）LBS 营销的概念

基于位置的服务（Location Based Service，LBS）营销就是企业借助互联网或无线网络，在固定用户或移动用户之间，完成定位和服务销售的一种营销方式。通过签到这种方式，可以让目标客户更加深刻地了解企业的产品和服务，最终达到企业宣传企业的品牌、加深市场认知度。这一系列的网络营销活动就叫做 LBS 营销。

2）LBS 营销思路

（1）利用徽章提升品牌形象。LBS 应用最核心的产品机制是在某个地点签到，有机会赢取一枚特殊的徽章。徽章对于 LBS 用户有非常大的吸引力。这也是品牌与 LBS 合作最简单的一种方式，利用用户赢取徽章的动力，与 LBS 合作发行具有特殊含义的品牌徽章，徽章一旦获得，将永远保留，对于品牌来说，将是长期的曝光，能够较好的让用户记住品牌形象。

（2）协助品牌进行产品促销。典型的方式是：当用户登录 LBS 客户端，LBS 会自动检索用户当前所在位置，并显示附近正在或即将举行活动的地点，用户可以点击查看活动详情，并选择前往任意一个地点签到、赢取徽章、参加活动。这种定位式广告特别适用于有线下门店的品牌，通过签到营销机制能将消费者直接带到门店，促进线下人流。

（3）通过同步形成口碑传播。社会化媒体平台上的口碑对于品牌来说是提升形象和驱动销售的最直接动力。目前几乎所有 LBS 应用都可以绑定各类微博和常用的 SNS 网站，通过 LBS 客户端的地点、签到、徽章以及商家优惠信息等都可以同步到这些平台。设置巧妙的签到营销机制，可以让消费者成为品牌的传播因子，以 TA 为核心，并通过好友圈子形成更大范围的口碑传播。

4. APP 及 AR

APP 应用与 AR 技术是未来移动互联网营销的两大趋势，在营销活动中通过 APP 增强活动的参与性、互动性，打通线下与线上的内容，而 AR 技术则可以提高用户的互动体验感。

1）APP

（1）APP 的定义。APP 就是应用程序 Application 的意思，APP 营销是通过智能手机、社区、SNS 等平台上运行的应用程序来开展的营销活动。

（2）APP 营销模式。APP 营销的主要模式有广告植入、用户植入和购物网站植入。

①广告植入。APP 营销常见的广告植入有三种：加载应用时段植入的广告、运行应用时穿插的广告及运行主界面中商家 LOGO 广告。

②用户植入。主要的应用类型是网站移植类和品牌应用类，企业把符合自己定位的应用发布到应用商店内，供智能手机用户下载，用户利用这种应用可以很直观地了解企业的信息。这种营销模式具有很强的实验价值，让用户了解产品，增强产品信心，提升品牌美誉度。

③购物网站植入。将购物网站移植到收集上,用户可以随时随地浏览网站获取商品信息,进行下单。这种模式相对于手机购物网站的优势是快速便捷、内容丰富,并且这种应用一般具有很多优惠措施。

2) AR

(1) AR 的定义。增强现实技术(Augmented Reality,AR),是一种实时地计算摄影机影像的位置及角度并加上相应图像、视频、3D 模型的技术,这种技术的目标是在屏幕上把虚拟世界套在现实世界并进行互动。这种技术 1990 年提出。随着随身电子产品 CPU 运算能力的提升,预期增强现实的用途将会越来越广。

(2) AR 的特点。

①真实世界和虚拟世界的信息集成;

②具有实时交互性;

③是在三维尺度空间中增添定位虚拟物体。

(3) AR 的营销价值。

①虚实结合,震撼体验。借助 AR 的虚实交互体验,增强产品发布会的趣味性和互动性。另外借助 AR 技术,可以展示模拟现实条件无法表现的细节和创意,使消费者更直观形象地感知产品,提升对企业品牌形象的理解,尤其适用于工艺复杂、技术含量高、价值相对较高的产品。

②体验营销。AR 技术实现品牌和消费者零距离接触,在游戏或互动中潜移默化地传达产品内容、活动及促销信息,加深消费者对品牌的认可和了解。AR 技术借助手机摄像头可以生动地再现产品使用场景,增强用户的购物体验,解决电子商务当下无法试用、试穿的瓶颈,给我们生活带来极大地便利和乐趣。

③与微博、SNS 等社交媒体整合。利用 AR 技术与微博、SNS 等社交媒体的融合打通,实现从体验营销到自营销,最终形成消费者对产品和品牌的信任和钟爱,满足了消费者购买咨询、体验和分享的需求,促成消费者形成良好的口碑并促进购买。

5.5.5 博客营销与微博营销

1. 博客的定义和特点

博客(Blog)是一个新型的个人互联网出版工具,是网站应用的一种新方式,它是一个网站,它为每一个人提供了一个信息的发布、知识交流的传播平台,博客使用者可以很方便地用文字、链接、影音、图片建立起自己个性化的网络世界。博客内容发布在博客托管网站上,如博客网、Google 属下的 Blogger 网站等,这些网站往往拥有大量的用户群体,有价值的博客内容会吸引大量潜在用户浏览,从而达到向潜在用户传递营销信息的目的。博客具有以下特点:

(1)博客是一个信息发布和传递的工具。博客发挥着传递网络营销信息的作用,这是博客营销的基础。

（2）博客文章的内容题材和发布方式更为灵活。由于博客文章内容题材和形式多样，因而更容易受到用户的欢迎。此外，专业的博客网站用户数量大，有价值的文章通常更容易迅速获得大量用户的关注，从而在推广效率方面要高过一般的企业网站。

（3）博客传播具有更大的自主性，并且无须直接费用。

（4）博客的信息量更大，表现形式灵活。博客文章的信息发布与供求信息发布是完全不同的表现形式，博客文章的信息量完全取决于对某个问题描写的需要，博客文章并不是简单的广告信息，实际上单纯的广告信息发布在博客网站上也起不到宣传的效果，所以博客文章写作与一般的商品信息发布是不同的，在一定意义上可以说是一种公关方式，只是这种公关方式完全是由企业自行操作的，而无须借助于公关公司和其他媒体。

（5）博客文章更正式，可信度更高。博客文章与论坛文章比较，其最大优势在于，每一篇博客文章都是一个独立的网页，而且博客文章很容易被搜索引擎收录和检索，这样使得博客文章具有长期被用户发现和阅读的机会，而一般论坛的文章读者数量通常比较少，而且很难持久，几天后可能已经被人忘记。所以，博客营销与论坛营销相比的优势非常明显。

2．博客营销的价值

博客营销（Blog Marketing）简单来说，就是利用博客这种网络应用形式开展网络营销。其价值主要表现在以下方面：

（1）博客可以直接带来潜在用户。博客内容发布在博客托管网站上，如博客网 www.bokee.com 属下的网站（www.blogger.com）等，这些网站往往拥有大量的用户群体，有价值的博客内容会吸引大量潜在用户浏览，从而达到向潜在用户传递营销信息的目的，用这种方式开展网络营销，是博客营销的基本形式，也是博客营销最直接的价值表现。

（2）博客营销的价值体现在降低网站推广费用方面。网站推广是企业网络营销工作的基本内容，大量的企业网站建成之后都缺乏有效的推广措施，因而网站访问量过低，降低了网站的实际价值。通过博客的方式，在博客内容中适当加入企业网站的信息（如某项热门产品的链接、在线优惠券下载网址链接等）达到网站推广的目的，这样的"博客推广"是极低成本的网站推广方法，降低了网站推广的费用，或者在不增加网站推广费用的情况下，提升了网站的访问量。

（3）博客文章内容为用户通过搜索引擎获取信息提供了机会。多渠道信息传递是网络营销取得成效的保证，通过博客文章，可以增加用户通过搜索引擎发现企业信息的机会。其主要原因在于，访问量较大的博客网站比一般企业网站的搜索引擎友好性要好，用户可以比较方便地通过搜索引擎发现这些企业博客内容，从而达到利用搜索引擎有效推广网站的目的。

（4）博客文章可以方便地增加企业网站的链接数量。获得其他相关网站的链接是一种常用的网站推广方式，但是当一个企业网站知名度不高且访问量较低时，往往很难找到有价值的网站给自己链接，而通过自己的博客文章为本公司的网站作链接则是顺理成章的事情。拥有博客文章发布的资格增加了网站链接主动性和灵活性，这样不仅可能为网站带来新的访问量，也增加了网站在搜索引擎排名中的优势，因为一些主要搜索引擎把一个网站被其他网站链接的数量和质量作为计算其排名的因素之一。

（5）可以实现更低的成本对读者行为进行研究。当博客内容比较受欢迎时，博客网站也成为与用户交流的场所，有什么问题可以在博客文章中提出，读者可以发表评论，从而可以了解读者对博客文章内容的看法，作者也可以回复读者的评论。当然，也可以在博客文章中设置在线调查表的链接，便于有兴趣的读者参与调查，这样扩大了网站上在线调查表的投放范围，同时还可以直接就调查中的问题与读者进行交流，使得在线调查更有交互性，其结果是提高了在线调查的效果，也就意味着降低了调查研究费用。

（6）博客是建立权威网站品牌效应的理想途径之一。作为个人博客，如果想成为某一领域的专家，最好的方法之一就是建立自己的 BLOG。如果你坚持不懈地博客下去，你所营造的信息资源将为你带来可观的访问量，这些信息资源包括各种有价值的文章、网站链接、实用工具等，这些资源也为你持续不断地写作更多的文章提供很好的帮助，这样形成良性循环，这种资源的积累实际上并不需要多少投入，但其回报却是可观的。对于企业博客也是同样的道理，只要坚持对某一领域的深度研究，并加强与用户的多层面交流，对于获得用户的品牌认可和忠诚提供了有效的途径。

（7）博客减小了被竞争者超越的潜在损失。博客（BLOG）在 2004 年成为全球热门的词汇之一，不仅参与博客写作的用户数量快速增长，而且浏览博客网站内容的互联网用户数量也在急剧增加。在博客方面所花费的时间成本，实际上已经从其他方面节省的费用所补偿，例如为博客网站所写作的内容，同样可以用于企业网站内容的更新，或者发布在其他具有营销价值的媒体上。反之，如果因为没有博客而被竞争者超越，所造成的损失将是不可估量的。

（8）博客让营销人员从被动的媒体依赖转向自主发布信息。在传统的营销模式下，企业往往需要依赖媒体来发布企业信息，不仅受到较大局限，而且费用相对较高。当营销人员拥有自己的博客园地之后，可以随时发布你希望发布的信息！只要这些信息没有违反国家的有关法律，并且信息对用户是有价值的。

3．博客营销的操作方式

博客营销的易操作性和最初的低投入成本，使其具有较强的可实施性。以如何利用第三方博客平台的博客文章发布功能开展网络营销活动为例，介绍博客营销的操作方式：

（1）选择博客托管网站、开设博客账号。即选择适合本企业的博客营销平台，并获得发布博客文章的资格。一般来说，应选择访问量比较大以及知名度较高的博客托管网站，这些资料可以根据（www.alexa.com）全球网站排名系统等信息进行分析判断，对于某一领域的专业博客网站，则应在考虑其访问量的同时还要考虑其在该领域的影响力，影响力较高的网站，其博客内容的可信度也相应较高。如有必要，也可选择在多个博客托管网站进行注册。

（2）制定一个中长期博客营销计划。这一计划的主要内容包括从事博客写作的人员计划、每个人的写作领域选择、博客文章的发布周期等。由于博客写作内容有较大的灵活性和随意性，因此博客营销计划实际上并不是一个严格的"企业营销文章发布时刻表"，而是从一个较长时期来评价博客营销工作的一个参考。

（3）创建合适的博客环境，坚持博客写作。无论一个人还是一个博客团队，要保证发挥博客营销的长期价值，就需要坚持不懈的写作，一个企业的一两个博客偶尔发表几篇企业新闻或者博客文章是不足以达到博客营销的目的，因此如果真正将博客营销纳入到企业营销战略体系中，企业创建合适的博客环境，采用合理的激励机制是很有必要的。

（4）综合利用博客资源与其他营销资源。博客营销并非是独立的，它属于企业营销活动的一个组成部分，同时博客营销的资源也可以发挥更多的作用，将博客文章内容与企业网站的内容和其他媒体资源相结合，对于博客内容资源的合理利用也就成为博客营销不可缺少的工作内容。

（5）对博客营销的效果进行评估。与其他营销策略一样，对博客营销的效果也有必要进行跟踪评价，并根据发现的问题不断完善博客营销计划，让博客营销在企业营销战略体系中发挥应有的作用。对博客营销的效果评价方法，还没有一个完整的评价模式，不过可参考网络营销其他方法的评价方式来进行。

4. 博客营销策略

（1）选择博客托管网站、注册博客账号。即选择功能完善、稳定、适合企业自身发展的博客系统、博客营销平台，并获得发布博客文章的资格。

（2）选择优秀的博客。在营销的初始阶段，用博客来传播企业信息首要条件是拥有具有良好写作能力的博客，博客在发布自己的生活经历、工作经历和某些热门话题的评论等信息的同时，还可附带宣传企业，如企业文化、产品品牌等，特别是当发布文章的博客是在某领域有一定影响力的人物，所发布的文章更容易引起关注，吸引大量潜在用户浏览，通过个人博客文章内容为读者提供了解企业信息的机会。这说明具有营销导向的博客需要以良好的文字表达能力为基础。因此企业的博客营销需要以优秀的博客为基础。

（3）创造良好的博客环境。企业应坚持长期利用博客，不断的更换其内容，这样才能发挥其长久的价值和应有的作用，吸引更多的读者。因此进行博客营销的企业需要创造良好的博客环境，采用合理的激励机制，激发博客的写作热情，促使企业博客们有持续的创造力和写作热情。

（4）协调个人观点与企业营销策略之间的分歧。从事博客写作的是个人，但从事网络营销活动的是企业。因此博客营销必须正确处理两者之间的关系，如果博客所写的文章都代表企业的观点，那么博客文章就失去了其个性特色，也就很难获得读者的关注，从而失去了信息传播的意义。但是，如果博客文章只代表个人观点，而与企业立场不一致，就会受到企业的制约。因此，企业应该培养一些有良好写作能力的员工进行写作，他们所写的东西既要反映企业，又要保持自己的观点和信息传播性，这样才会获得潜在用户的关注。

（5）建立自己的博客系统。当企业在博客营销方面开展的比较成功时，则可以考虑使用自己的服务器，建立自己的博客系统，向员工、客户以及其他外来者开放。博客托管网站的服务虽是免费的，但服务缺乏保障。如果中断服务，企业通过博客积累的大量资源将可能毁于一旦。如果使用自己的博客系统，则可以由专人管理，定时备份，从而保障博客网站的稳定性和安全性。而且开放博客系统将引来更多同行、客户来申请和建立自己的博客，使更多的人加入到企业的博客宣传队伍中来，在更大的层面上扩大企业的影响力。

5．微博营销

1）微博的定义

微博，即微博客（MicroBlog）的简称，是一个基于用户关系的信息分享、传播及获取平台，用户以 140 字以内的文字随时随地分享所见所闻，图片、链接、文字等均可通过互联网、短信、彩信、3G 手机完成，不需标题和文章构思，瞬间的灵感即可便捷地发布，并被病毒传播似地分享。

微博鼻祖 Twitter 是全球最火爆的微博网站，拥有着众多的铁杆粉丝。福布斯、百思买、福特汽车、可口可乐、星巴克、肯德基等 500 强企业的纷纷入驻，使得微博成了公关营销中不可缺少的利器。

微博营销，就是借助微博这一平台进行的包括品牌推广、活动策划、个人形象包装、产品宣传等一系列营销活动。

2）博客营销与微博营销的区别

由于博客概念的普及，人们对微博的认识和接受也就顺理成章了。显然，微博的普及要比博客容易得多。由于博客营销的价值已经被广泛认可，作为企业营销人员，很快也就把注意力集中到微博营销上来。微博营销与博客营销的本质区别，主要表现在以下三个方面。

（1）信息源的表现形式差异。博客营销以博客文章（信息源）的价值为基础，并且以个人观点表述为主要模式，每篇博客文章表现为独立的一个网页，因此对内容的数量和质量有一定要求，这也是博客营销的瓶颈之一。微博内容则短小精练，重点在于表达现在发生了什么有趣（有价值）的事情，而不是系统的、严谨的企业新闻或产品介绍。

（2）信息传播模式的差异。微博注重时效性，同时，微博的传播渠道除了相互关注的好友（粉丝）直接浏览之外，还可以通过好友的转发向更多的人群传播，因此是一个快速传播简短信息的方式。博客营销除了用户直接进入网站或者 RSS 订阅浏览之外，往往还可以通过搜索引擎搜索获得持续的浏览。博客对时效性要求不高的特点，决定了博客可以获得多个渠道用户的长期关注，因此建立多渠道的传播对博客营销是非常有价值的，而对于未知群体进行没有目的的"微博营销"通常是没有任何意义的。

（3）用户获取信息及行为的差异。用户可以利用计算机、手机等多种终端方便地获取微博信息，发挥"碎片时间资源集合"的价值，也正因为是信息碎片化及时间碎片化，使得用户通常不会立即做出某种购买决策或者其他转化行为，因此微博作为硬性推广手段只能适得其反。

3）微博营销的实施

首先，应做好准备工作。具体包括：

（1）规划微博营销。首先要对微博营销有一个大概的规划，如微博发布哪些内容、由谁负责更新等。

（2）注册专属的企业微博。以新浪微博为例，登录新浪微博首页，按照提示一步一步注册微博账号，建议使用品牌名称作为微博昵称。注册完成后，补充个人资料，如把品牌标识，作为微博头像，在个人介绍里面填写品牌介绍，等等。尽量申请新浪微博的"身份认证"，这样会获得更多的信任和关注。

（3）寻找消费者，建立粉丝群。

（4）投放广告和搜索工具。要赢得关注，首先要学会主动出击。一是通过微博的搜索功能，来寻找潜在客户。二是在一些门户类网站、百度推广等平台发布企业微博的广告，增加普通网民的关注度。三是邀请企业内部员工、客户、潜在用户，使用指定的链接注册，其后会自动关注企业微博。

（5）开展有奖、打折等促销活动。

（6）利用微博开展售后服务，帮助用户解决问题，增进与用户的情感，提高用户的忠诚度。

其次实现和用户的互动和沟通：

（1）信息发布。发布恰当的信息是微博营销的关键，所以要掌握一定的技巧，如不要发布单纯的企业新闻、广告和与产品有关的常识。应定期选择一些有价值的顾客对产品的感受发到微博上，可以引起潜在消费者的兴趣。为了提高微博粉丝的数量和活跃度，可以组织一些优惠活动，如新品免费试用、产品购买优惠折扣等。要适当控制发布频率，每天有 10 条左右的更新。不要使用自动更新的方式，而是人为选择一些让消费者感兴趣的话题进行更新。

（2）反馈与交流。微博的魅力就在于互动性，所以一定要及时回复消费者的意见和建议，对于消费者提出的问题，应给予及时的解决。

5.5.6　E-mail 营销

1. E-mail 营销的定义

E-mail 营销 EDM，即 E-mail Direct Marketing 的缩写，是在用户事先许可的前提下，通过电子邮件的方式向目标用户传递价值信息的一种网络营销手段。E-mail 营销有三个基本因素：用户许可、电子邮件传递信息、信息对用户有价值。三个因素缺少一个，都不能称之为有效的 E-mail 营销。

E-mail 营销是利用电子邮件与受众客户进行商业交流的一种直销方式，它广泛应用于网络营销领域。

2．E-mail 营销的分类

1）按照发送信息是否经过用户许可划分

可将 E-mail 营销分为许可 E-mail 营销和未经许可的 E-mail 营销。未经许可的 E-mail 营销也就是通常所说的垃圾邮件，正规的 E-mail 营销都是基于用户许可的。

2）按照 E-mail 地址资源的所有权划分

潜在用户的 E-mail 地址是企业实施 E-mail 营销的重要资源，根据对用户 E-mail 地址资源的所有权归属，可将 E-mail 营销分为内部 E-mail 营销和外部 E-mail 营销，或者称为内部列表和外部列表。内部列表是一个企业/网站利用一定方式获得用户自愿注册的资料来开展的 E-mail 营销，而外部列表是指利用专业服务商或者具有与专服务商一样可以提供专业服务的机构提供的 E-mail 营销服务，自己并不拥有用户的 E-mail 地址资料，也无须管理和维护这些用户资料。

3．E-mail 营销的基础条件与实施步骤

1）E-mail 营销的基础条件

开展 E-mail 营销需要一定的基础条件，尤其内部列表 E-mail 营销，是网络营销的一项长期任务。在 E-mail 营销的实践中，企业最关心的问题是：E-mail 营销首先要获得用户的许可，许可 E-mail 营销如何实现？获得用户许可的方式有很多，如用户为获得某些服务而注册为会员，或者用户主动订阅的新闻邮件、电子刊物等。也就是说，许可营销是以向用户提供一定有价值的信息或服务为前提。可见开展 E-mail 营销需要解决三个基本问题：向哪些用户发送 E-mail，发送什么内容的 E-mail，以及如何发送这些邮件。

以下将这三个基本问题进一步归纳为 E-mail 营销的三大基础条件：

①E-mail 营销的技术基础。从技术上保证用户加入、退出邮件列表，并实现对用户资料的管理，以及邮件发送和效果跟踪等功能。

②用户的 E-mail 地址资源。在用户自愿加入邮件列表的前提下，获得足够多的用户 E-mail 地址资源，是 E-mail 发挥作用的必要条件。

③E-mail 营销的内容。营销信息是通过 E-mail 向用户发送的，邮件内容对用户有价值才能引起用户的关注，有效的内容设计是 E-mail 发挥作用的基本前提。

只有具备了上述三个基础条件，E-mail 营销才能真正开展，其营销效果才能逐步体现出来。

2）实施 E-mail 营销的步骤

实施 E-mail 营销的主要步骤包括：

①制定 E-mail 营销计划，分析公司所拥有的 E-mail 营销资源。如果公司本身拥有用户的 E-mail 地址资源，首先应利用内部资源；

②决定是否利用外部列表投放 E-mail 广告，并且要选样合适的外部列表服务商；

③针对内部和外部邮件列表分别设计邮件内容；

④根据计划向潜在用户发送 E-mail 信息；

⑤对 E-mail 营销活动的效果进行分析总结。

以上是开展 E-mail 营销一般要经历的过程，但并非每次活动都要经过这些步骤，并且不同的企业、在不同的阶段，E-mail 营销的内容和方法也都有所区别。

一般来讲，内部列表 E-mail 营销是一项长期性工作，通常在企业网站的策划建设阶段就已经纳入计划，内部列表的建立需要相当长时间的资源积累，而外部列表 E-mail 营销可以灵活地采用，因此这两种 E-mail 营销的过程有很大差别。

本章小结

本章首先回顾了网络营销的发展历程，然后在澄清对网络营销片面理解的基础上，将网络营销定义为"网络营销是企业整体营销战略的一个组成部分，是为实现企业总体经营目标所进行的，以互联网为基本手段营造网上经营环境的各种活动。"同时阐述了网络营销的八种主要职能及网络营销系统的构成。接着就网络市场调研、网络营销策略和网络广告的内容进行分析，最后从网络营销实践出发，从定义、特点、原理和应用介绍了网络营销常用的方法：搜索引擎营销、病毒性营销、网络社区营销、移动营销、博客营销、微博营销和 E-mail 营销。

参考文献

[1] 方美琪，潘勇. 网络营销[M]. 北京：清华大学出版社，2013.

[2] 冯英健. 网络营销基础与实践[M]. 4 版. 北京：清华大学出版社，2014.

[3] （美）乔治·邓肯. 直复营销：互联网、直递邮件及其他媒介[M]. 杨志敏，杨建民，译. 上海：上海人民出版社，2003.

[4] 瞿鹏志. 网络营销[M]. 2 版. 北京：高等教育出版社，2004.

[5] 孔伟成，陈水芬. 网络营销[M]. 北京：高等教育出版社，2002.

[6] （美）朱迪·斯持芳斯，雷蒙德·弗罗斯特. 网络营销[M]. 5 版. 时启亮，孙相云，刘芯愈，译. 北京：中国人民大学出版社，2010.

[7] 程虹. 网络营销[M]. 北京：北京大学出版社，2013.

[8] 黎友隆. 网络营销[M]. 北京：中国言实出版社，2012.

[9] 刘蓓琳. 网络营销理论与实务[M]. 北京：中国经济出版社，2014.

[10] 宋晓兵，董大海. 网络营销[M]. 北京：对外经济贸易大学出版社，2011.

[11] 贺霄娟，陈莹. 网络营销理论与实践[M]. 大连：大连理工大学出版社，2016.

[12] 陈志浩，刘新燕. 网络营销[M]. 武汉：华中科技大学出版社，2013.

[13] 赵玉明，杜鹏. 网络营销[M]. 北京：人民邮电出版社，2013.

[14] 丁俊杰. 广告学概论[M]. 北京：高等教育出版社，2018.

第 6 章　电子商务法律规范与伦理道德

6.1　电子商务法基本范畴

6.1.1　电子商务法的含义

电子商务法是指调整电子商务活动中所产生的社会关系的法律规范的总称。电子商务的快速发展，不但带来了全新的商务规则和方式，也给传统法律带来了冲击和挑战。电子商务交易过程涉及商家、电信服务提供者、消费者、金融管理者等多个当事人，其中任何一个环节出现问题，都可能引起纠纷，需要相关法律法规来规范和约束。电子商务特有的方式、手段与环境却往往令传统法律无法适应。因此，随着电子商务的发展，对电子商务法律建设也提出了更多要求。

作为调整以电子交易为内容的商事关系的规范性体系，电子商务法调整的对象主要包括两种类型：

（1）以数据电文为交易手段而形成的商务关系，解决的问题主要集中在如电子合同问题、电子签名效力的确认、网上电子支付问题等方面。

（2）电子交易本身和相关交易引起的特殊法律问题，如电子商务中的知识产权保护、电子商务中的个人隐私保护等问题。

6.1.2　电子商务法律主体

1．电子商务法律主体含义

和传统商务活动一样，电子商务也需要买卖双方的参与。但电子商务还需要交易双方之外其他第三方共同介入到商务活动和交易之中，彼此联系，在完成商务活动同时，形成各种各样的法律关系。这些参与商务活动的第三方和交易双方一起共同构成了电子商务法律主体。

2．电子商务法律主体类型

具体来说，电子商务法律主体主要包括以下几种类型：

（1）交易双方。

（2）电子商务交易平台。

（3）结算机构。

（4）认证机构。

（5）物流机构。

6.1.3　电子商务法律客体

电子商务法律客体是指经济主体享有的经济权利和承担的经济义务所指向的对象。电子商务法律主体相互之间为达到一定的经济目的而形成了相应的法律关系，这种经济目的就是电子商务法律关系的客体，如有的是为了取得一定的财物，有的是为了提供一定的劳务或者完成一定的工作，有的是为了获得一定的智力成果。因此，按照这样的标准，可以将电子商务法律客体分为三种常见类型：

1. 物

此类电子商务法律客体是与电子商务活动有直接关系的物，包括有形商品和无形商品。但不同于传统商务活动中的商品，这里的物通过网络实现交易。

2. 行为

在电子商务环境下，这类法律客体指的是网上的商务行为，包括上传、下载行为，发布广告行为，拍卖行为，招标与投标，信息服务等行为。

3. 智力成果和无形财产

电子商务中的智力成果和无形财产是企业在长期的经营实践中不断积累而形成的，包括企业商誉、商标权、专利权、著作权、商业秘密与专有技术等。

6.2　电子商务立法的现状

电子商务改变了传统的贸易方式，给现代经济生活带来深刻变革。而随着计算机信息技术在商务领域的广泛应用，以往的法律法规已无法完全适应全球化的网络环境和电子商务的发展。随着发展电子商务的浪潮席卷全球，关于电子商务的立法活动也在全球范围内形成了一种浪潮，不论是发达国家，新兴工业国家和地区，还是发展中国家都加入了电子商务立法的行列。

6.2.1　电子商务立法的主要内容

基于电子商务发展与现行法律的冲突问题，电子商务立法主要从几下内容着手进行，为电子商务环境下的市场行为提供规则。

1. 数据电文

1）数据电文的法律效力

按照《中华人民共和国电子签名法》和联合国的《电子商务示范法》，数据电文是指经由电子手段、光学手段或类似手段生成、发送、接收或储存的信息，这些手段包括但不限于电子数据交换、电子邮件、电报、用户电报或传真。

基于数据电文的特性和电子商务发展的需要，包括我国电子签名法在内的电子商务

相关法规,对数据电文的法律形式进行了规范和界定:

①数据电文的书面形式。按照法律规定,能够有形的表现所载内容,并可以随时调取差用的数据电文,视为符合法律、法规要求的书面形式;

②数据电文的原件形式。能够有效地表现所载内容并可供随时调取查用,并能够可靠地保证自最终形成时起,内容保持完整未被更改,则视为满足法律法规规定的原件形式要求;

③数据电文的保存件。能够有效地表现所载内容并可供随时调取查用,数据电文的格式与其生成、发送或者接收时的格式相同,或者格式不相同但是能够准确表现原来生成、发送或者接收的内容,并能够识别数据电文的发件人、收件人以及发送、接收的时间等条件的数据电文,视为满足法律、法规规定的文件保存要求;

④数据电文的证据法律效力。以电子形式存在的、能够证明案件真实情况的一切材料及其派生物则可成为电子证据。数据电文不得仅因为其是以电子、光学、磁或者类似手段生成、发送、接收或者储存的而被拒绝作为证据使用。

由于数据电文使用的是在实体社会中人们难以直接观察到的电子、光学、磁或类似手段,因此人们常常怀疑数据电文作为证据的可靠性。这种怀疑成为推动数据电文应用的巨大障碍。但尽管如此,法律确认了数据电文的法律效力。本节关于电子邮件公正邮的案例就是对于数据电文如何作为证据使用的一种非常有益的尝试做法。

2)数据电文的发送与接收

为避免在电子商务交易中产生贸易纠纷,数据电文发送和收到的时间、地点也应进行明确规定。以我国电子签名法为例:

①数据电文发送和收到时间。数据电文进入发件人控制之外的某个信息系统的时间,视为该数据电文的发送时间。数据电文进入收件人指定特定接收系统的时间,视为该数据电文的接受时间;未指定特定系统的,数据电文进入收件人的任何系统的首次时间,视为该数据电文的接受时间。

②数据电文发送和接收地点。一般情况下,除非发件人与收件人另有协议,数据电文应以发件人的主营业地为数据电文发送地点,收件人的主营业地为数据电文接收地点。没有主营业地的,则以其常居住地为发送或接收地点。数据电文发送和接收地点对于确定合同成立的地点和法院管辖、法律适用具有重要意义。

2. 市场准入

在法律世界里,不存在虚拟主体,而电子商务的发展却背离了法律的这个要求,出现了交易的虚拟主体,因此,电子商务法律需要解决交易主体的市场准入问题,也就是要通过对市场主体的管制使当事人能够确认彼此的真实身份。

市场主体身份的监管需要政府的市场准入管制来进行。在现行法律体制下,任何长期固定的从事盈利性事业的当事人必须进行登记,尤其在开展跨境贸易时,所有的经营主体必须通过一定的程序(在我国,对跨境贸易经营主体的管理体现为商务部主管下的对外贸易经营者资格的备案登记制)。网络的开放性却使任何人都可以通过设立网站或设立在线商店面向全球网络消费者销售商品。因此,哪些主体可以从事在线商务便成为电子商务法律要着重解决的问题之一。

3. 税收

由于电子商务交易方式的特点,给税收管辖权的确定带来困难,因而引起了改革传统税收法律制度、维护国家财政税收利益的课题。1997 年的美国《全球电子商务纲要》主张对网上交易免征一切关税和新税种,1998 年 WTO 第二届部长会议通过的《关于全球电子商务的宣言》,规定至少一年内免征因特网上所有贸易活动关税,然而 2013 年美国参议院通过的《市场公平法案》则主张网络销售也应纳税以维护市场公平,但这一法案仍需美国众议院认可方可推行,因此,是否对网络交易征税问题在美国也依然处于悬而未决的状态。而我国基于电子商务的快速发展现状,因此在 2019 年开始实施的《中华人民共和国电子商务法》的第十一条中明确规定,电子商务经营者应当依法履行纳税义务,并依法享受税收优惠。

4. 电子合同

1)电子合同界定

在网络环境下,传统商务合同成立的四个基本要素的形式发生了变化。合同内容:与传统合同没有区别,但电子合同应注意合同内容的完整性和不可更改性;合同载体:电子合同使用数据电文作为合同载体;合同签名或盖章:电子签名或电子盖章;合同文本的交换方法:电子合同使用电子通信交换合同文本。

基于此,电子合同可以定义为:平等主体的自然人或法人、其他组织之间以数据电文为载体,使用电子签名,并利用电子通信设立、变更、终止民事权利义务关系的协议。

2)电子合同的成立与生效

我国在与电子商务有关的法律建设中对电子合同的成立沿用了传统合同法的到达主义规则,并在《中华人民共和国合同法》中进行了明确规定:"采用数据条文形式订立合同,收件人指定特定系统接受数据电文的,该数据电文进入该特定系统的时间视为到达时间,未指定特定系统的,该数据电文进入收件人的任何系统的首次时间视为到达时间""采用数据电文形式订立的合同,收件人的主营业地为合同成立的地点;没有主营业地的,其经常居住地为合同成立的地点。当事人另有约定的,按其约定",从而为我国电子商务活动中合同当事人开始履行合同义务的时间、管辖范围的确定提供了重要的法律依据。

合同成立后并不一定能受到法律的约束,只有符合法律规定生效要件的合同才会产生法律约束力。一般来说,电子合同生效需三个要件的满足:

(1)电子合同缔约当事人具有相应的民事行为能力;

(2)缔约双方当事人意思表示自愿、真实、一致;

(3)合同内容与形式不违反法律或社会公共利益。

此外,由于数据电文本身易修改的特性,在确定电子合同是否生效时,还应充分考虑合同生成、存储或传递数据电文的方法的可靠性。

在我国 2019 年开始实施的新的电子商务法中，也对电子商务合同的订立与履行进行了明确界定，为电子商务当事人订立和履行合同提供了更多法律依据，在明确了电子合同法律效力同时会，明确要求电子商务经营者不得以格式条款等方式约定消费者支付价款后合同不成立，并要求电子商务经营者应当清晰、全面、明确地告知用户订立合同的步骤、注意事项、下载方法等事项，并保证用户能够便利、完整地阅览和下载，在提交订单前可以更正输入错误。通过这些规定，使电子合同的订立与生效更好的遵循法律的要求，并能更好地保护消费者权益。

5. 安全与保密

在电子数据传输的过程中，安全和保密是电子商务发展的一项基本要求。电子商务系统中网络和交易各方面都面临着安全的威胁。

1）网络主要安全隐患

（1）计算机病毒。

（2）黑客入侵问题。

（3）操作系统中存在的安全隐患问题。

2）交易主要安全隐患

（1）信息的截获和窃取。如消费者的银行账号、密码以及企业的商业秘密等。

（2）信息的篡改和恶意破坏。

（3）信息的假冒。如伪造电子邮件，虚开网店窃取商家商品信息和用户信用信息，假冒他人身份，冒充主机欺骗合法客户，冒充网络控制程序套取或修改使用权限、密钥等。具体做法如伪装成银行网站窃取访问者提交的账号和密码信息等的"钓鱼"网站。

（4）交易的反悔和抵赖。交易的反悔和抵赖包括发信者事后否认曾发送过某条信息或指令；收信者不承认曾经收到过某信息或指令等内容；电子商务中购买者下了订单不承认、商家签下订单却因价格差不承认原有交易等表现。

为规避电子商务中的安全隐患，加强保密措施的实施，一些国际组织已相继制定了一些规定。1997 年国际商会制定了《电传交换贸易数据统一行为的守则》，联合国贸法会 1996 年《电子商务示范法》也对数据电子的可靠性、完整性以及电子签名、电子认证等作了规定。OECD、欧盟、美国及其他发达国家都先后制定了网络交易安全与保密方面的规则。

我国也建立了从刑法、国务院行政法规、全国人大常委会决定，到最高人民法院司法解释、各部委规章制度等多层次的安全法律体系。

在计算机病毒方面，规定任何单位和个人不得制作、传播计算机病毒、不得故意输入计算机病毒、危害计算机信息系统安全；不得向他人提供含有计算机病毒的文件、软件、媒体；不得有其他传播计算机病毒的行为；还明确了计算机信息系统的使用单位应履行的计算机病毒防治职责。在互联网管理方面，从立法角度对互联网管理进行了规定和限制，如不得利用互联网危害国家安全，不得利用互联网入侵计算机信息系统、销售伪劣商品或做虚假宣传、损害他人商业信誉或和商品名誉、侵犯他人知识产权，不得利用互联网发布传播扰乱金融秩序的虚假信息等，不得在互联网建立、提供、传播淫秽内容，不得利用互联网进行盗窃、诈骗和敲诈勒索等，并规定了政府的管理职责以及互联网服务商、网吧等网络运行管理单位的管理制度以保障网络安全和信息安全。此外，还通过加强电子商务安全技术保障如加密技术、数字签名和安全技术及标准规范建设等为电子商务安全交易提供了法律保障。

但是总体来说，相对于实践中不断出现的安全问题，电子商务安全法律体系还很不完善，需要更加完善的法律体系来保障计算机网络的安全运行，保证电子商务的顺利发展。

6. 知识产权

网络知识产权具有与传统知识产权完全不同的特点，如一般知识产权具有专有性，而网络知识产权保护的则是公开、公共的信息；知识产权一般均具有地域性，而网络知识产权一般都是无国界的。同时，又因网络技术无限的复制性、全球的传播性和变幻莫测的交互性，使网络知识产权保护陷入到一个非常困难的境地。网络知识产权侵权行为非常普遍，而开展维权成本高、效率差，使现行知识产权保护制度面临新的更加复杂的挑战。

世界知识产权组织（WIPO）1996年通过《WIPO版权条约》（WCT）和《WIPO表演与录音制品条约》（WPPT），这两项条约被称为"因特网"条约，是网络知识产权保护的重要法律内容。

随着科技和电子商务不断发展，知识产权的范畴也越来越大。因此，电子商务中的知识产权法律规范包含了从网络著作权保护、电子商务专利保护、商标权保护到域名保护等多个范畴。

1）网络著作权保护

随着网络的不断推广，在我国甚至全球范围内，网络著作权案件在知识产权案件中的比重越来越大，且呈现明显增长的态势。在我国司法实践中遇到的网络著作权侵权行为主要有三种类型：

（1）传统媒体与网络站点间发生的相互抄袭、未经许可使用、拒付报酬等；

（2）网络站点间发生的相互抄袭、未经许可使用、拒付报酬等行为；

（3）网络使用者与著作权人间发生的抄袭、未经许可使用、拒付报酬等行为，网络服务商违反法律规定或行业经营义务，作为或不作为地实施了导致前者的侵权行为的发生等。

2）电子商务专利保护

电子商务专利的客体主要可分为电子商务技术和商业方法两类。电子商务技术包括计算机技术、通信技术、数据处理技术和经营系统、基础结构技术等，商业方法则包括网上购物方法、网上银行及促销方法等。

电子商务专利保护的立法主要涉及计算机软件能否成为专利保护的客体，在互联网广泛性和开放性环境下专利的"新颖性"如何体现，专利的电子申请方式等。

世界知识产权组织 WIPO 的《专利法案条约》和《专利合作条约》细则的修改中，已经确认了电子申请的合法性。日本专利局第一个成功地建立电子申请系统并于 1990 年开始接受专利的电子申请。专利文献无纸化将成为今后发展的方向。

3）商标权保护

在电子商务环境下，商标权的保护主要涉及以下内容：

（1）网络链接上的商标侵权。在因特网上，处于不同服务器上的文件可以通过超文本标记语言链接起来。如果在自己网页上将他人注册商标或驰名商标设为链接，采用深度链接或加框链接技术，绕开被链接网站的主页，这种行为就有借他人商标的知名度来增加自己点击率和浏览量的"搭便车"的嫌疑。因此，在网站设计时，相关图标的设计需注意避免商标侵权现象，不要随意采用别的网站或公司图标，否则容易陷入到商标侵权的知识产权纠纷之中。

（2）网络搜索引擎上的隐私商标侵权。当网络用户使用搜索引擎服务时，在搜索框中输入某个词或句子后，搜索引擎便会根据第三方网站内容与该关键词句的匹配度等因素以从高到低的顺序在页面上显示出相关的搜索结果。隐性商标侵权的特点是某个网页所有者将他人的商标置于自己的网页代码或者搜索引擎服务商的系统关键词内，这样虽然用户不会在该网页上看到他人的商标，但是当用户使用网上搜索引擎查找商标时，该网页就会位居搜索结果前列。这种隐性使用他人商标、靠他人商业信誉把用户吸引到自己网页的做法，往往会引发商标侵权的诉讼，在搜索引擎提供商所提供的增值服务或推广服务中，这种纠纷更为多见。如在网络用户使用谷歌法国的搜索引擎输入关键词"Louis Vuitton"所得到的搜索结果中，位于页面右侧"推广链接"标题下，曾经出现销售仿制路易威登公司商品的网站链接，于是路易威登公司便以侵犯商标权将谷歌（法国）公司告上法庭。

（3）其他电子形式的商标侵权。电子商务中还存在通过网络广告、远程登录数据库查索、电子邮件账户以及在电子商务活动中假冒、盗用他人的注册商标推销、兜售自己的产品或服务或在网上随意地诋毁他人商标信誉等侵权行为。这些也都构成了网络环境下的商标侵权行为。

4）域名保护

在电子商务环境下，域名保护成为企业知识产权保护的重要内容。

合法的域名一旦注册，就受到法律的保护。非正常注册他人商号、商标或其缩写，商号或商标的合法持有人可提出异议，制止其注册。然而，在域名注册中先到先得的注册管理却导致了很多抢注现象的发生。在对域名的保护中，美国政府提出一种"域名服务于商标"的基本法律定位。互联网域名的最高管理机构"互联网名称与数字地址分配机构"（简称ICANN）在 1999 年就颁布了统一域名争议解决政策即 UDRP 仲裁机制，使知名品牌可以通过仲裁在很短时间内夺回自己的域名。UDRP 仲裁适用于以.com、.net、.org、.biz、.info 结尾的中英文域名。该仲裁机制明显倾向知名品牌。

今后应当在有关贸易标志方面的各种法律规章如商标法、企业名称登记管理规定、反不正当竞争法等的相应内容上做出扩大解释或补充规定，为域名保护提供充分的法律依据。

7. 隐私权保护

现代信息技术大大增加了侵犯隐私权的可能性和范围。电子商务活动中侵犯个人隐私权的行为主要有：

（1）对个人资料的不当收集和使用。个人资料一般包括消费者的姓名、性别、电话、信用卡信息、家庭住址等。电子商务所凭借的计算机信息系统在消费者一系列网络活动中可以记录获得大量的个人信息，若网络经营者为了追求利益使用甚至买卖这些信息，会给消费者带来不必要的损失。如 2014 年初，国内著名旅游网站携程网被曝收集存储包括信用卡信息等在内的客户资料，引起全国一片哗然。尽管携程网在事后诚恳道歉并积极赔偿相关当事人的损失，但公众对于相关网站的安全和隐私的质疑和担忧并未因此减少。

（2）对通信秘密和通信自由权利的侵犯。通信秘密和通信自由是公民享有的宪法权利，电子邮件是网络环境下最常用的信息手段，其安全性取决于传输网络的安全以及发送和接收服务器的安全。

（3）侵犯个人自主、独立生活的权利。例如，以电子邮件形式或弹窗式的网络广告泛滥成灾，需要花费大量的时间去查阅处理，极大地干扰和破坏了消费者的个人生活安宁。

满足消费者在保护个人资料和隐私方面的愿望是构建全球电子商务框架必须考虑的问题。OECD 1990 年《保护隐私和跨界个人资料指南》、欧盟 1998 年 10 月生效的《欧盟隐私保护指令》对网上贸易涉及的敏感性资料及个人数据给予法律保护，对违规行为追究责任。这些均体现了隐私权保护的法律要求。

对于消费者隐私权保护，美国联邦贸易委员会提出了四条信息公平操作的原则，即网络用户应该拥有被收集信息的知情权、选择权、合理的访问权限、足够的安全性等原则；并提出可通过指定信息安全官员来确保消费者信息使用的合法性，以设置密码、防火墙、文档加密、安装安全相机等方式保护信息收集的安全性等建议。

我国在 2019 年实施的电子商务法中也对消费者隐私保护提出了要求。电子商务法要求电子商务经营者收集、使用其用户的个人信息应当遵守法律、行政法规有关个人信息保护的规定之外，还提出了额外特殊要求。一是电子商务法要求电子商务经营者根据消费者的兴趣爱好、消费习惯等特征向其提供商品或者服务的搜索结果的，应当同时向该消费者提供不针对其个人特征的选项，该条款规范了平台利用个人数据做精准广告营销行为，保障了消费者对商品自由选择的权利。二是电子商务法要求电子商务经营者不得对用户信息查询、更正、删除以及用户注销设置不合理条件，该条款规范了平台对个人数据控制行为，保障了个人对个人信息的查询、删除和销毁等权益，与欧盟对个人信息数据保护进一步接轨。

在电子商务交易中，个人资料往往是商家提供个性化服务的基础，这也是电子商务相对传统商务方式的优越性之一。随着科技不断发展，人类即将迎来大数据时代，但在大数据的发展过程中，人们对隐私保护问题越来越担心。因此，电子商务消费者隐私权保护的法律建设，应在商家和消费者之间找到一个平衡点，从而能够在提供有针对性服务同时，又不伤害消费者的个人隐私权。

8. 电子支付

利用电子商务进行交易必然会涉及到支付，电子支付是电子商务发展的一个重点。在电子支付的法律关系中，需要着重解决的问题有：在电子支付中当事人需要共同遵守的规则；为保证电子支付的顺利进行所制定的相关法律和法规；电子支付当事人的权利、义务和责任；电子货币的法律地位；支付中的争议解决办法；支付的风险和责任划分；分担制度的规定等。

网络电子支付方面的立法也应对电子支付本身易引发的风险进行防范。如软件开发和设计风险、系统奔溃风险、操作不规范风险、黑客侵入风险、计算机病毒危害风险等。电子商务立法也需从法律上确认风险承担，严惩违法侵入者，配合技术发展，增强电子支付当事人的自我防护能力。

我国电子商务法中也对电子支付进行了相关规定，主要体现在对电子支付服务提供者的义务进行逐项规定，以更好的保护消费者权益；但是同时也要求用户应核对支付指令，妥善保管交易密码等安全工具、发现盗用及时通知服务提供者等义务；同时明确了当发现因使用电子支付而造成损失时用户和电子支付服务者责任的界定原则。

综上所述，电子商务立法涉及面广、内容复杂。国际上还没有形成一个统一的、各国均适用的电子商务法律体系。由于电子商务本身具有超越国界的特征，要求电子商务法律不仅要适合自己国家的发展情况和需求，还要与国际普遍接受的原则和法律规范相协调。而且，在电子商务法律建设中需注意留有余地，不宜过分严格和具体琐细，要在保护合法经营、保障合法权益、打击违法犯罪行为的同时，给企业创新留下发展的自由空间。同时，也应更多的依靠行业自律、鼓励企业自我约束、自我发展，使这一科技手段能为消费者带来更多的福利与便利。此外，在电子商务法律建设中，既要通过制定新的法规来完善立法，也要考虑电子商务中的新问题，对传统立法做出必要的调整，构建符合现实需要的电子商务法律体系。

6.2.2 电子商务立法的基本情况

1. 国际电子商务立法现状

1）国际和区域组织电子商务立法现状

国际组织在电子商务立法方面走在世界前列，主要为各国电子商务立法提供借鉴和指导性建议。

在国际组织立法活动的成果中，最为重要的是联合国国际贸易法委员会负责起草并于 1996 年 6 月提出的《电子商务示范法》（以下简称"示范法"）。在这份极有借鉴价值的文件中，电子商务的形式、法律承认、书面形式要求、签字、原件、数据电文的可接受性和证据力、数据电文的留存、电子合同的订立和有效性、当事人对数据电文的承认、数据电文的归属、确认收讫、发出与收到时间、当事人协议优先适用等重要问题均有明确规定。虽然该"示范法"在性质上既非国际公约，亦非各国公认的有约束力的国际惯例，其目的只是供各国评价涉及使用计算机技术或其他现代通讯技术的商务关系中本国法律和惯例的某些方面并使之现代化时参照的范本，也可作为电子商务领域尚无相关法律国家制定有关法规的参照范本，因此，严格地说，它不能算是一个法律性文件。但是，"示范法"的颁布对各国的电子商务立法产生了重大的推动作用，并为各国电子商务立法提供了基本框架和原则，成为各国电子商务法律制定的参考蓝本。此后，各国在其电子商务法制订中都不同程度地借鉴了"示范法"的内容。作为"示范法"的有效补充，联合国国际贸易法律委员会在 2001 年 3 月又公布了《电子签字示范法》，2005 年 11 月通过了《联合国国际合同使用电子通信公约》。其中，《联合国国际合同使用电子通信公约》是全球电子商务领域第一项具有法律效力的国际公约，促进了世界各国间电子商务发展障碍的消除，同时也促进了现有国际贸易法律文件执行中可能产生的障碍的消除。

经济合作与发展组织（OECD）也是电子商务立法的积极推动者。1998 年经合组织召开了一次以电子商务为主题的会议，在此次会议上形成并通过了一批和电子商务有关的文件，包括《OECD 电子商务部长级会议结论》《全球电子商务行动报告》《OECD 国际电子商务行动计划》《国际组织和地区性组织电子商务活动和计划报告》等，随后 OECD 又制定了《电子商务消费者保护准则》等，对电子商务的实际运作及电子商务中的消费者保护都提出了指导性的建议。

随着电子商务的发展，原有的国际贸易惯例也已不能满足国际间商业往来电子化的需要，因此，国际商会也在加快制定电子商务指导性交易规则，以促进国际贸易的安全进行。1997 年 11 月 6 日国际商会通过《国际数字保证商务通则（GUIDEC）》，该通则试图平衡不同法律体系的原则，为电子商务提供指导性政策，并统一有关术语。2002 年国际商会还专门制定了 eUCP，即《跟单信用证统一惯例的电子交单附则》，该附则于 2002 年 4 月 1 日生效，对信用证业务中电子交单的有关问题作出了专门规定。2004 年国际商会制定《国际商会 2004 年电子商务术语》，2005 年制定《国际商会有效部署和实施电子商品编码原则》等，同时，国际商会还在跨境电子贸易领域积极开展立法工作，根据实践需要在其《国际贸易术语解释通则》中增加了电子商务的相关内容。同时，国际商会还与 SWIFT（环球同业银行金融电讯协会）于 2011 年开始合作确立国际结算服务的相关规则，并于 2013 年合作制定了银行付款责任统一规则，成为国际结算电子化环境下协调银行付款责任（BPO）业务的纲领性文件。

欧盟则于 1997 年提出《关于电子商务的欧洲建议》，1998 年又发表了《欧盟电子签字法律框架指南》和《欧盟关于处理个人数据及其自由流动中保护个人的指令》（或称《欧盟隐私保护指令》），1999 年发布了《数字签名统一规则草案》，2000 年颁布了《电子商务指令》等。这些法律，不仅为规范欧盟电子商务活动制定了政策框架，也构成了欧盟国家电子商务立法的核心和基础。进入 21 世纪后，互联网贸易迅猛发展，网络销售和消费已经成为一种重要的贸易方式。因此，在原有《远程销售指令》和《上门销售指令》之外，欧盟在 2011 年 11 月 22 日公布了《消费者权利指令》，重点突出了对互联网交易问题的关注，包括数字内容消费问题、经营者的告知义务问题和消费者的后悔权问题。

2）其他国家的电子商务立法

俄罗斯电子商务发展起步较晚，却是世界上最早进行电子商务立法的国家之一。1994 年俄罗斯开始建设俄联邦政府网，1995 年俄罗斯国家杜马审议通过了《俄罗斯信息、信息化和信息保护法》，此后，俄罗斯颁布了从一般性信息化法律法规到专项电子商务法律法规及电子商务发展规划等，为推动俄罗斯电子商务健康有序发展奠定法律基础。主要包括 2001 年出台的《俄联邦电子商务法》，对电子商务经营主体的权责、电子合同订立程序、电子文件凭证效力和电子商务信息管理等做出规定；2001 年颁布的《俄联邦电子商务发展规划（2001—2006 年）》明确了一系列促进电子商务发展的措施的实施；2002 年颁布《"电子俄罗斯"联邦专项规划（2002—2010 年）》以促进俄罗斯国内电子通信、电子政务和电子商务发展与国际接轨；2011 年出台的《俄联邦国家支付系统法》对电子货币业务管理做出明确规定；同年出台的《俄联邦电子签名法》则规定了电子签名的效力、确认、保存期限和管理办法等。

美国是电子商务的主导国家，电子商务发展及其立法均处于全球领先地位。1994 年，美国宣布国家信息基础设施计划，1995 年美国犹他州制定了世界上第一个《数字签名法》，1997 年 7 月 1 日，又正式颁布《全球电子商务纲要》，正式形成美国政府系统化电子商务发展政策。1999 年美国统一州法全国委员会通过了《统一电子交易法》，对电子文件、电子签章与电子合同的效力做出明确规范，截至 2017 年 12 月 24 里，美国除伊利诺伊州、纽约州和华盛顿州外均采纳了这一法案，是美国目前最重要的电子商务法律。美国联邦议会于 2000 年也颁布了《全球和全国商务电子签名法》，赋予电子交易和电子签章法律效力，对美国电子商务产生重大影响。20 世纪末，美国就已有 44 个州制定了与电子商务有关的法律，通过一系列法律和文件的出台，构成了美国电子商务的法律框架。之后，2003 年美国在对《统一商法典》买卖篇的修改中增加了一些涉及电子商务的新概念，对电子代理人的缔约能力、电子代理人行为的归属等重要问题做出了明确的规范，同时，将原有法律规定中的"书面记载"改成"记录"，使电子记录取得了与纸质书面记载同样的法律效力。美国也注重在互联网领域的知识产权保护，1998 年就颁布了旨在保护版权拥有者在互联网上权益的《数字千禧版权法案》（The Digital Millennium Copyright Act，DMCA），2011 年 5 月通过《防止互联网威胁经济创造力以及知识产权侵叉法案》（PROTECT IP ACT），旨在打击那些利用电子商务配送策略在全世界销售假冒商品和盗版商品的网站。此外，随着美国电子商务发展，网络消费行为是否需要纳税成为美国法律新议题并引起较大争议。

其他西方发达国家也在电子商务立法方面起步较早。1999年加拿大制定了《统一电子商务法》，正式承认数字签名和电子文件的法律效力。此后，加拿大通过不断及时更新法律法规，消除电子商务的障碍。1999年澳大利亚颁布了《电子交易法》，确定了电子交易的有效性，并对适用范围进行了适当限制，对"书面形式""签署""文件之公示""书面信息的保留""电子通信发出、接收的时间和地点""电子讯息的归属"等进行了规定。欧洲地区除了欧盟有关电子商务法律的制定外，其成员国如德国1997年的《信息与通信服务法》，意大利1997年的《数字签名法》，法国2000年的《信息技术法》等，都在积极推进电子商务的法律建设。

在亚洲地区，新加坡是发展电子商务较早、较快的国家，早在1986年就宣布了国家贸易网络开发计划，1998年制定了《电子交易法》及配套法规《电子交易（认证机构）规则》，并逐步建立起完整的法律和技术框架。为了在不断发展的电子商务市场保持优势，2010年，新加坡对《电子交易法》和《电子交易（认证机构）规则》进行了重大修正。马来西亚是亚洲最早进行电子商务立法的国家，1995年开始提出建设"多媒体超级走廊"的计划，1997年颁布了《数字签名法》，该法采用了以公共密钥技术为基础，并建立配套认证机制的技术模式，极大地促进了电子商务发展。韩国1999年的《电子商务基本法》是最典型的综合性电子商务立法，该法包括：关于电子信息和数字签名的一般规定、电子信息、电子商务的安全、促进电子商务的发展、消费者保护及其他，对电子商务的各方面作出基础性的规范。印度1998年推出《电子商务支持法》，并在2000年针对电子商务的免税提出实施方案，促进了信息产业和相关产业的持续增长。随着电子商务的不断发展，各国也在不断调整或制定相关法律以更好的规范电子商务活动。如印度就在2014年提出消费者保护法的修改草案以加强对电子商务消费者的权益保护。

日本于2000年制定《电子签名与认证服务法》，对认证服务进行了全面细致的规定；该法还明确了指定调查机构的权利与义务，形成了独特的监管模式。而2001年出台的《IT基本法》则是确立国家发展电子商务的宏观法律。此外，日本相继制定了《个人信息保护法》《反垃圾邮件法》《禁止非法读取信息法》和《电子契约法》等专门法规来处置网络违法行为、维护健康网络环境。

从上述阐述可见，国际电子商务立法已成为国际经贸立法的热点而受到各国及国际组织的关注，从而获得快速发展。

2．我国电子商务立法现状

我国大陆地区电子商务立法尽管起步较晚，但也取得较大进展。我国大陆地区电子商务法律建设主要体现在以下几个方面。

1）对传统法律的修改和补充

我国电子商务法律建设首先体现在对已有法律体系中与电子商务相关的内容调整。

如我国在 1999 年颁布的《中华人民共和国合同法》中增加的"数据电文"条款，承认数据电文这种新交易形式的法律效力，就是专门为适应电子商务活动设立的。

2001 年我国修订的《中华人民共和国著作权法》赋予著作权人的信息网络传播权和获取报酬权。

2009 年的刑法修正案（七）将原有刑法第二百八十五条中仅约束非法侵入国家国防事务尖端科技等领域计算机系统的违法行为扩大到对所有计算机系统的非法侵入及数据的非法获取，这一调整为电子商务活动中的系统运行和信息安全提供了法律保障。2010 年开始实施的侵权责任法在责任主体认定中也将利用网络侵害他人民事权益纳入到侵权责任法的调整范围之中。

2013 年对消费者权益保护法的修订则将 7 天无理由退货写入法律条文中，并且明确了网络消费者和其他消费者一样，在合法权益受到损害时有权要求赔偿，从消费者权益保护角度为电子商务规范发展提供了法律支持。

此外，在 2013 年《最高人民法院关于适用<中华人民共和国保险法>若干问题的解释（二）》中，也对在网络、电话等方式下订立的保险合同双方的责任义务进行了明确界定。

2）与电子商务有关的行政法规和文件

随着电子化网络化发展，一些部门也在制定相关行政法规和管理办法等文件，虽然并未直接针对电子商务，但却与电子商务发展有非常密切的联系。

如 2000 年开始颁布实施的《互联网信息服务管理办法》（国务院）、《网上证券委托暂行管理办法》（证监会）、《教育网站和网校暂行管理办法》（教育部）、《经营性网站备案登记管理暂行办法》（国家工商总局）等，均系与电子商务有关的规章制度。类似行政法规和文件也在相继制定和发布。如 2005 年，中国人民银行发布的《电子支付指引（第一号）》，为规范电子支付业务、防范支付风险进行了政策性的指导。

2009 年工信部通过并公布新的（旧版为 2005 年发布）《电子认证服务管理办法》，对电子认证服务行为及服务提供者的监督管理提供了适用管理办法。

在电子税收方面，国家税务总局联合有关单位，先后出台了《关于个人通过网络买卖虚拟货币取得收入征收个人所得税问题的批复》（2008.9.28）、《关于跨境电子商务零售出口税收政策的通知》（2013.12.30）、《关于加强网络红包个人所得税征收管理的通知》（2015.7.28）、《关于跨境电子商务零售进口税收政策的通知》（2016.3.24）、《海关总署关于加强跨境电子商务网购保税进口监管工作的通知》（2016.12.16）、《网络发票管理办法》（2018.6.15 修正）等文件，及时对我国税收领域的相关法律进行补充和完善。

3）专门的电子商务法律体系建设

我国电子商务专项法律经过不断发展，已形成从纲领性文件到专门的电子商务法建设的较为全面的建设体系：

（1）纲领性文件出台。2005 年初，国务院办公厅发布《关于加快电子商务发展的若干意见》，明确了我国电子商务法律建设的具体内容。2006 年，国务院印发《2006—2020

年国家信息化发展战略》，确定大力发展信息化的战略举措。十八大以来，国务院相继出台一系列促进电子商务发展的政策文件，2016年，继《电子商务"十二五"发展规划》后，商务部和中央网信办、发改委联合发布《电子商务"十三五"发展规划》，明确了电子商务发展的指导思想、基本原则和发展目标，为推动我国电子商务发展提供了指导性纲领性文件。

（2）电子签名法的颁布实施。2005年正式开始实施的《中华人民共和国电子签名法》是我国电子商务领域的第一部法律。该法共5章三十六条，赋予电子签名与手写签名或盖章具有同等的法律效力，明确了电子认证服务的市场准入制度，通过规范电子签名行为和维护相关各方的合法权益，从法律制度上保障了电子交易的安全，促进了电子商务和电子政务的发展，为我国电子商务安全认证体系和网络信任体系的建立奠定了重要基础。

（3）电子安全法的颁布实施。2017年开始正式实施的《中华人民共和国网络安全法》是为了保障网络安全，维护网络空间主权和国家安全、社会公共利益，保护公民、法人和其他组织的合法权益，促进经济社会信息化健康发展而制定的法律，是我国第一部全面规范网络空间安全管理方面问题的基础性法律。虽然该法的着眼点并非电子商务本身，但是它完善了网络各主体的安全义务和责任，加大了网络违法的查处力度，因此，有效保障了电子商务中各参与主体的合法权利，并为电子商务法的颁布实施奠定了良好基础。

（4）相关管理办法制定实施。为推动电子商务健康发展、维护各方权益，我国各管理机构还相继出台了系列有关电子商务的管理办法和规范。如2007年起，商务部陆续发布《关于网上交易的指导意见（暂行）》《商务部关于促进电子商务规范发展的意见》《商务部关于加快流通领域电子商务发展的意见》（2009）、《商务部关于促进网络购物健康发展的指导意见》（2010）等文件，为推动网上交易健康发展、规范网上交易行为、明确网络交易应遵循的基本原则等提供了宏观指导。2010年，国家工商行政总局发布《网络商品交易及有关服务行为管理暂行办法》，明确了包括网络商务、服务经营者及网络交易平台经营者的义务及工商部门的管理责任。2013年，国家发改委联合多部委公布的《电子招标投标办法》则为规范电子商务中的电子招标投标活动提供了管理依据。2014年，在国家2013年《关于实施支持跨境电子商务零售出口有关政策意见》基础上，财政部及国家税务总局下达《关于跨境电子商务零售出口税收政策的通知》。这些政策和文件的相继出台，为我国跨境电子商务健康发展提供了科学管理的政策依据。

2014年，国家出台了系列对于网络交易的一般规定，如《网络交易管理办法》《网络交易平台经营者履行社会责任指引》等。此后，随着网约车等互联网业务的逐渐兴起，国家还出台了如《网络预约出租汽车服务管理暂行办法》（2016.7.27）、《互联网药品信息服务管理办法》（2017.11.17）、《网络食品安全违法行为查处办法》（2016.7.13）、《关于利用互联网销售彩票行为有关问题的公告》（2015.4.3）、《网络接待信息中介业务活动管理暂行办法》（2016.8.17）等文件，这些政策和文件的相继出台，为我国电子商务健康发展提供了科学管理的政策依据。

（5）《中华人民共和国电子商务法》的颁布实施。2013年12月27日，全国人大财经委召开电子商务法起草组成立暨第一次全体会议，明确了电子商务法立法的指导思想、原则、框架设想和主要内容，标志着我国电子商务法立法工作正式启动，2018年8月31日，第十三届全国人民代表大会常务委员会第五次会议通过了《中华人民共和国电子商务法》（本书简称《电子商务法》），并于2019年1月1日起正式实施。这是我国第一个专门的完整的电子商务法，该法律的出台进一步明确了电子商务经营者，平台经营者，消费者、支付、物流等第三方机构各自的权利义务，对于个人信息保护，平台监管职责、知识产权保护等内容都有了明确规定，同时对支付、进出口监管、物流、跨境电子商务、农村电子商务等具体问题也作出规定，有利于进一步促进电子商务的健康发展。它不仅完善了我国法律体系，有益于切实保护消费者的网购权益，同时还将对企业产生引导作用。

6.3　我国电子商务法的主要内容及解读

《电子商务法》的出台将进一步明确电子商务经营者，平台经营者，消费者、支付、物流等第三方机构各自的权利义务，对于个人信息保护，平台监管职责、知识产权保护等内容都有了明确规定，同时对支付、进出口监管、物流、跨境电子商务、农村电子商务等具体问题也作出了规定，有利于进一步促进电子商务的健康发展。

6.3.1　电子商务法的定位与体例、结构

对于立法定位，电子商务法第一条开宗明义地指出"为了保障电子商务各方主体的合法权益，规范电子商务行为，维护市场秩序，促进电子商务持续健康发展，制定本法。"由此可见，电子商务法的定位与一般的民事法规或行政管理法规不同，其中既有规范市场秩序、实施市场促进的公法内容，又有规范电子商务主体交易行为、界定电子合同效力的私法内容，其立法定位介于公法与私法之间，是一部综合性的法律。

之所以采用这样的立法定位，是因为电子商务活动的复杂性。与传统的民事法律关系或合同关系不同的是，电子商务活动对于电子商务基础设施的要求极高，而这些基础设施依靠当事人的意思自治或市场自由竞争是很难建立的。此类基础设施包括：身份认证体系、数字证书体系、消费维权体系、电子支付体系等，而且上述体系的运行和调整，都需要政府监管机构的介入，因此，电子商务作为一个交易体系，与传统的民商事交易体系存在一定差异。电子商务活动的属性，决定了公权力的介入程度一定是高于传统民商事交易的。基于上述背景，电子商务法的立法定位也就顺理成章了。

从电子商务法的体例和机构看，同样体现了其综合性。该法一共分为七章，共包含八十九条，分别从电子商务的经营监管原则、电子商务经营者、电子商务平台经营者、电子商务合同的订立与履行、电子商务争议解决、电子商务促进以及相关法律责任等方

面对电子商务领域的活动进行规范。

6.3.2 电子商务法的适用范围和调整对象

案例：企业职工张某下班后，在路边商店买了一件商品，付款的时候通过支付宝扫码进行了支付。之后，张某发现所购商品质量有问题，和卖家就售后服务产生了纠纷。

请问：张某的维权是否可适用《电子商务法》？

电子商务法在第一章第二条第一款规定，"中华人民共和国境内的电子商务活动，适用本法"。

第二条第二款则界定了电子商务的概念，根据该条规定，"电子商务，是指通过互联网等信息网络销售商品或者提供服务的经营活动"。

有学者认为电子商务的形式特征是经营活动通过互联网等信息网络进行，其实质特征则在于经营活动的远程性（distance sales），与之对应的概念是面对面交易（face to face sales）。"远程性"强调的是，合同的缔结不是由交易双方以面对面的方式达成，而是远程达成的。"远程性"的特征使得买方在合同缔结时往往属于"双盲"状态：一是没有物理性的接触商品或服务，二是没有物理性的接触经营者。按照这个界定，买方在经营者营业场所进行的交易，即使支付或者合同缔结环节通过互联网等信息网络完成，也不属于电子商务。因此，上述案例不在电子商务法的适用范围之内。

也有学者认为，以电子商务的整个流程是否完全在网络上进行为标准，电子商务可以分为完全电子商务和非完全电子商务。完全电子商务是指合同的订立与履行等电子商务的整个流程都在网络上进行。如购买电子书、数字音乐等，合同订立、交付商品、支付价款、开具发票或者提供购物凭证等整个电子商务流程都在网络上进行；非完全电子商务是指电子商务的部分流程在网络上进行，如在线订立合同，线下送货或者支付价款。或者是线下订立合同，线上付款或者在线交货，例如，在实体店购物通过微信或者支付宝付款。非完全电子商务的特殊性在于法律适用问题，即非完全电子商务的部分环节如合同订立、线上付款或者线上交货等线上环节适用电子商务法，其他环节适用合同法等电子商务以外的法律。因此，上述案例中的交易是在线下完成的，其支付环节虽属电子商务法调整范围，但是张某因为购买商品和商家的契约关系则并不适用于电子商务法。

此外，电子商务法的这一规定，明确了电子商务不仅监管通过互联网等信息网络销售商品的行为，还监管通过互联网等信息网络提供服务的行为，因此网约车、外卖、旅游、家政等各种网络平台提供服务，也都属于电子商务法所管辖范围。对于这些网络服务平台而言，不仅要接受相应行业主管部门行业管理规章约束，还要接受电子商务法的监管，服务在双重监管下会变得更加规范。另外，考虑到某些服务行业的特殊性，该法律同时明确了金融类产品和服务以及利用信息网络提供新闻信息、音视频节目、出版以及文化产品等内容方面的服务不属于电子商务法管辖范围。

案例：张某业余喜欢跳舞，他喜欢将自己跳舞的视频和朋友分享，因此，他下载并注册了好几个视频软件如某音某手等，经常上传自己的跳舞视频，拥有了很多粉丝并获得了很多打赏，这些打赏成为他本职工作之外的另一收入来源。

请问，张某的这一活动是否受电子商务法制约？

电子商务法第二条第三款规定："法律、行政法规对销售商品或者提供服务有规定的，适用其规定。金融类产品和服务，利用信息网络提供新闻信息、音视频节目、出版以及文化产品等内容方面的服务，不适用本法"。

相比一般的产品和服务，金融类产品和服务的交易具有极强的特殊性，其交易本身受到金融监管部门的强力监管，如证监会对证券交易的监管。如果电子商务法将金融类产品和服务纳入，无疑将导致实践中出现混乱，所以应该排除。

那么，该条文是否意味着这些特殊产品和服务的交易如电子书的交易、网络音乐的交易不适用电子商务法呢？

"利用信息网络提供新闻信息、音视频节目、出版以及文化产品等内容方面的服务"，这里明确了对于内容服务的监管除外，也即是说，将有关于国家安全和社会安全的内容合法性监管，不适用本法，但是，这些服务交易适用电子商务法，与这些服务的内容监管之间并不冲突。

以网络视频网站的视频服务为例，内容监管强调的是网络视频服务提供者要具备合法资质，具有信息网络传播视听许可证，视频的内容要合法，不得违反网络安全法和互联网视听节目服务管理规定相关法律法规的规定。视频服务的内容合法性监管机关为国家广播电视总局和网信办等部门。交易环节，如消费者为观看视频付费给网络视频网站的交易，则属于电子商务法的适用范围。

因此，本例中张某通过直播视频获取打赏收入的行为属于电子商务法的适用范围，要受其制约。

6.3.3 电子商务法对电子商务经营者的规定

电子商务法对电子商务经营者的规定主要集中在其第二章、第三章、第四章和第六章，分别对电子商务经营者的界定及其义务、其合同的订立与履行、争议的解决及其法律责任等方面进行了详细规定。以下就其主要内容进行介绍和解读。

1. 电子商务经营者的规定

案例：张某除了上班和做视频直播之余，还在淘宝开了个网店卖点自己视频的周边产品如舞蹈服装等，他女朋友有空了也帮他在微信上推销和销售这些商品。随着张某直播的粉丝越来越多，他们俩的网店生意也蒸蒸日上，有一个月营业额甚至超过 7 位数。有一天，同小区的一个大妈听说张某网店开的好，请他帮自己也开了一家网店卖卖自己做的手工刺绣。后来张某听说 2019 年元旦以后电子商务经营者需要办理市场主体登记，他不知道自己是否需要办理，但是他的一个粉丝说个人的网店不需要，只有这些网络平台和平台上做 B2B 或者 B2C 的卖家以及有自建网站卖自家产品的企业才需要办理。

请问：张某粉丝的说法是否正确？本例中几个当事人是否都属于电子商务经营者？是否需要按照电子商务法的规定来办理市场主体登记？

电子商务法的第二章是对电子商务经营者进行规范。其中第九条规定，"本法所称电子商务经营者，是指通过互联网等信息网络从事销售商品或者提供服务的经营活动的自然人、法人和非法人组织，包括电子商务平台经营者、平台内经营者以及通过自建网站、其他网络服务销售商品或者提供服务的电子商务经营者。"

"本法所称电子商务平台经营者，是指在电子商务中为交易双方或者多方提供网络经营场所、交易撮合、信息发布等服务，供交易双方或者多方独立开展交易活动的法人或者非法人组织。"

"本法所称平台内经营者，是指通过电子商务平台销售商品或者提供服务的电子商务经营者。"

因此，按照电子商务法规定，将"电子商务经营者"的内涵和外延基本涵盖至通过互联网进行营销活动的所有经营主体。电子商务法将电子商务活动中的经营者分为三类：电子商务平台经营者（电商平台）、平台内经营者（商家）以及通过企业自身网络平台销售商品或者提供服务的电子商务经营者（电商平台与商家的竞合）。根据这一规定，在上面案例中，所有的销售者都属于电子商务经营者，所不同的是，上例中提到淘宝、微信等网络平台属于电子商务平台经营者，而张某及其女友和大妈以及其他在平台上的卖家则属于平台内经营者，通过自建网站卖自家产品的企业则属于第九条第一款最后提到的"通过自建网站、其他网络服务销售商品或者提供服务的电子商务经营者"。

那么，既然以上所有都属于电子商务经营者，是否都需要按照电子商务法的规定来办理市场主体登记呢？

电子商务法第十条规定"电子商务经营者应当依法办理市场主体登记。但是，个人销售自产农副产品、家庭手工业产品，个人利用自己的技能从事依法无须取得许可的便民劳务活动和零星小额交易活动，以及依照法律、行政法规不需要进行登记的除外"。因此，在上面案例中的小区大妈的网店，如销售的手工刺绣件数少且金额不大，则可按照这里的除外条款，无需进行市场主体登记。而其他本案例中提到的电子商务经营者都需要按照法律规定办理市场主体登记。

对电子商务经营者的界定关系到主体所对应的权利义务，因此，在电子商务法第二章中，除上述第十条规定的登记要求外，还对电子商务经营者的纳税义务、行政许可的要求、提供商品和服务的要求、出具发票、公开信息、保障消费者权益等法律义务进行了明确规定，即包括电商平台在内的所有电子商务经营者的一般性义务。

具体来说，电子商务运营者的一般性义务包括：

（1）依法办理市场主体登记（第十条）；

（2）依法纳税（第十一条）；

（3）依法取得相关行政许可（第十二条）；

（4）销售的商品或提供的服务应符合保障人身、财产安全的要求和环境保护要求（第十三条）；

（5）依法出具纸质发票或者电子发票等购货凭证或服务单据（第十四条）；

（6）信息公示义务，包括公示营业执照信息并及时更新，营业终止信息（第十五条、第十六条）；

（7）披露商品或者服务信息，保障消费者知情权和选择权（第十七条）；

（8）向消费者提供非针对个人特征的商品或服务的搜索结果（第十八条）；

（9）禁止默认同意的搭售（第十九条）；

（10）依承诺或约定向消费者交付商品或服务（第二十条）；

（11）及时退还消费者押金（第二十一条）；

（12）禁止滥用市场支配地位，排除、限制竞争（第二十二条）；

（13）用户个人信息保护义务（第二十三条）；

（14）保障用户信息查询、更正、删除及用户注销（第二十四条）；

（15）依法向主管部门提供电子商务数据信息（第二十五条）；

（16）依法从事跨境电子商务（第二十六条）。

综观上述法律义务条款，可以看出电子商务法对电子商务经营者的一般性义务规定范围比较广泛全面，涉及电信、纳税、消费者权益保护、工商管理、网络安全与个人信息保护、反不正当竞争以及反垄断等多个领域。这次措施不但可以更好地保护消费者权益，维持市场秩序，而且电子商务法从两方面措施入手让国家监管部门和消费者对电子商务经营者信息有了更加全面了解。一是电子商务法要求电子商务经营者应当依法办理市场主体登记和履行纳税义务，使得监管部门对电子商务经营者信息有了更加全面的了解和掌握，有效地支撑国家电子商务方面政策制定。二是电子商务法要求电子商务经营者应当在其首页显著位置持续公示营业执照信息以及与其经营业务有关的行政许可信息，当信息发生变更时要求经营者及时更新公示信息，使消费者对经营者的信息有了更加全面了解，经营者的合法性得到进一步认可。电子商务经营将更加公开透明。

同时，在第二章第二节中，对电子商务平台经营者这一重要市场主体的各项义务进行了明确规定。

2．电子商务平台经营者的规定

在电子商务法下，不仅淘宝、京东、苏宁易购等在线购物平台属于电子商务范畴，而且如58到家、携程、滴滴等提供家政、旅游、网约车服务的平台均属于电子商务范畴。电商平台，是指在电子商务中为交易双方或者多方提供网络经营场所、交易撮合、信息发布等服务，供交易双方或者多方独立开展交易活动的法人或者非法人组织，其自身往往并不是商品或服务的提供者。而这些平台在快速发展而法制法规建设未能同步的情况下，侵犯消费者权益的事件屡见不鲜。那么，这些电子商务平台又该承担什么责任呢？

案例：2018年5月6里，某航空公司21岁女孩空乘李某在河南郑州搭乘滴滴顺风车前往郑州火车站途中被害，引起社会广泛关注，后经警方调查发现犯罪嫌疑人为滴滴顺风车司机刘某华，此事激起社会公众愤怒和议论。然而，这一事件余波未平，同年8月24日，浙江乐清20岁女孩赵某乘坐滴滴顺风车失联，警方后证实赵某被滴滴司机钟某强奸、杀害，再次引起社会公众对于滴滴及其顺风车服务的质疑和不满。

公众质疑滴滴公司，犯罪为什么三个月间两次发生？滴滴公司应承担什么责任？滴滴公司在管理上、技术上存在什么缺陷和漏洞？电商平台在维护消费者权益方面是否应承担责任，承担什么责任？

对滴滴的谴责声一直不绝于耳，但无论对滴滴进行道义上的谴责，还是滴滴承诺对受害人的赔偿，事实上，在电商法出台前，让滴滴担责并无明确的法律依据。

滴滴顺风车的事故发生，恰好是我国电子商务法出台的前夕。电商平台的责任承担是立法过程中的核心问题，审议过程中一直存在广泛争议，而这些意外事故的发生则使人们对于这一内容尤为关注。而电子商务法中则通过对电子商务平台的法律规定进一步明确了电商平台的法律责任。在电子商务法中，除列明了电子商务经营者的一般性义务之外，第二章第二节还专门对电子商务平台经营者的各项特殊义务进行了明确规定。根据特殊义务的应用场景，大致可以分为与电商平台自身经营活动相关的义务和电商平台对平台内经营者（商家）的管理义务两个方面。

1）与电商平台自身经营活动直接相关的义务

（1）保障网络安全义务（第三十条）；

（2）依法记录、保存商品、服务信息以及交易信息（第三十一条）；

（3）制定并公示平台服务协议和交易规则，并在修改前述协议和规则时确保有关各方充分表达意见（第三十二条、第三十三条、第三十四条）；

（4）禁止对平台内商家交易、交易价格等进行不合理限制、附加不合理条件或收取不合理费用（第三十五条）；

（5）及时公示依据服务协议和交易规则对平台内商家的处理措施（第三十六条）；

（6）显著标记平台自营业务与平台内商家开展的业务（第三十七条）；

（7）建立健全信用评价制度，公示信用评价规则，禁止删除消费者对商品、服务的评价（第三十九条）；

（8）多种方式向消费者显示商品或服务的搜索结果，并对竞价排名的商品或服务显著标明"广告"（第四十条）；

（9）依法向平台内商家提供服务，禁止采取集中竞价、做市商等集中交易方式以及标准化合约交易（第四十六条）。

2）对平台内商家的管理义务

（1）对商家信息进行核验、登记，建立登记档案并定期核验更新（第二十七条）；

（2）向市场监督管理部门以及税务部门报送商家相关信息信息，提示并配合办理市场主体登记和税务登记（第二十八条）；

（3）对违法商品、服务信息采取必要处置并向主管部门报告（第二十九条）；

（4）对平台内商家侵害消费者合法权益行为采取必要措施（第三十八条）；

（5）对平台内商家侵犯知识产权行为采取必要措施（第四十一条～第四十五条）。

通过以上规定，电子商务法不但明确了电商平台在开展自营业务时需承担商品销售者或服务提供者的责任，还明确了电商平台在未尽安全保障义务以及知识产权侵权情形下的连带责任。

其中，电子商务法第三十八条规定"电子商务平台经营者知道或者应当知道平台内经营者销售的商品或者提供的服务不符合保障人身、财产安全的要求，或者有其他侵害消费者合法权益行为，未采取必要措施的，依法与该平台内经营者承担连带责任"。

"对关系消费者生命健康的商品或者服务，电子商务平台经营者对平台内经营者的资质资格未尽到审核义务，或者对消费者未尽到安全保障义务，造成消费者损害的，依法承担相应的责任"。

因此，根据电子商务法的这一规定，今后对类似滴滴顺风车业务之类的电子商务平台，尽管不是商品或服务的直接提供者，但是仍然负有保护消费者权益的各项法定义务，并应承担相应的法律责任。

3．电子商务经营者的法律责任及消费者权益保护

电子商务法在第二章对电子商务经营者的界定及其法律义务等进行了明确规定，而在电子商务法的立法过程中，电子商务争议解决和消费者权益保护的话题，始终是社会各界关注的焦点。电子商务争议能否被公正、公平、快速处理和解决，既影响消费者的购物体验和信心，也是对电子商务经营者能否履行义务和责任的考验，更是司法、仲裁和调解水平、能力和效率的体现，这些方面都决定着消费者权益能否被有效保护。

因此，电子商务争议解决和消费者权益保护成为立法重点部分之一。电子商务法第四章"电子商务争议解决"，六条条款对电子商务争议解决和消费者权益保护及其中电子商务经营者应负担的责任等方面作出了明确规定。

电子商务法除了直接规定了对消费者权益的保护之外，同时还对电子合同与电子支付、市场秩序、知识产权保护、经营者义务、平台责任、数据信息保护、法律责任等各方面做了具体规定，这些都与消费者权益保护息息相关

在第六章，用十三条法规详细规定了电商经营者、电商平台经营者的法律责任，并明确了惩戒措施，如未在首页显著位置持续亮证等行为，可被处以一万元以下的罚款；电子商务平台经营者，修改交易规则未在首页显著位置公开征求意见，未按照规定的时间提前公示修改内容，或者阻止平台内经营者退出的，由市场监督管理部门责令限期改正，可以处二万元以上十万元以下的罚款；情节严重的，处十万元以上五十万元以下的罚款。

随着电子商务法的颁布实施，明确惩戒措施，电子商务经营的违法成本将大幅提高，

这对保护网购消费者权益、促进电子商务良性发展、规范电子商务行业体系等，具有积极高效的作业与意义。

6.3.4 电子商务法的行业促进

电子商务法除了对网购用户、电商经营者、电商平台经营者的权利、义务、责任等作了明确规范外，对于电子商务行业的发展促进、体系建设等，亦着墨不少，将从法律层面上规范与促进我国电子商务的发展。

（1）电子商务登堂入室，被纳入国民经济和社会发展规划。

电子商务法第六十四条、第六十五条规定，国务院和省、自治区、直辖市人民政府应当将电子商务发展纳入国民经济和社会发展规划，制定科学合理的产业政策，促进电子商务创新发展。同时规定，国务院和县级以上地方人民政府及其有关部门应当采取措施，支持、推动绿色包装、仓储、运输，促进电子商务绿色发展。

（2）线上线下地位平等、融合发展，是主基调。

电子商务法第四条、第六十七条规定，国家平等对待线上线下商务活动，促进线上线下融合发展，各级人民政府和有关部门不得采取歧视性的政策措施，不得滥用行政权力排除、限制市场竞争。同时电子商务法还支持电子商务与各产业融合发展。

（3）电子商务体系化建设，将得到长足发展。

电子商务法第三条、第五十八条、第六十六条、第七十条等规定，推动电子商务诚信体系建设，鼓励电子商务平台经营者建立商品、质量担保机制，加强电子商务标准体系建设，支持开展电子商务信用评价等。这意味着，我国电子商务将迎来体系化建设的春天。

（4）对电商经营者的责任与义务，作了清晰界定，保障市场秩序。

电子商务法第五条，电子商务经营者从事经营活动，应当遵循自愿、平等、公平、诚信的原则，遵守法律和商业道德，公平参与市场竞争，履行消费者权益保护、环境保护、知识产权保护、网络安全与个人信息保护等方面的义务，承担产品和服务质量责任，接受政府和社会的监督。

为了更好地维护互联网市场秩序，电子商务法从多个方面对电子商务经营者诚信经营提出了相应要求。一是要求电子商务经营者不得以虚构交易、编造用户评价等方式进行虚假或者引人误解的商业宣传，欺骗、误导消费者，该条款使得传统的刷单、诱导好评等较为普遍的不诚信经营行为都将会得到法律严格管制。二是电子商务法要求电子商务平台经营者不得删除消费者对其平台内销售的商品或者提供的服务的评价，该条款从法律层面保障了消费者的评价权，堵住了不诚信企业企图通过平台删除用户真实评价的监管漏洞，用户评论重要性被进一步提高。三是对电子商务信用评价、信用体系构建等问题也作出了相应的规定，不诚信经营行为将会得到有效遏制。

案例：2018年4月9日，刚进入外卖市场的滴滴外卖在江苏省无锡市上线，随即引爆与外卖市场两大巨头美团外卖、饿了么的"激战"，三方都以高额补贴吸引消费者，甚至推出"一元吃炸鸡、一元喝奶茶"的优惠。

激烈的竞争甚至发展到了强迫商家站队的地步。据当地媒体报道，商家在使用滴滴外卖后，发现自己在美团外卖和饿了么的商铺被无故下架，无法登录。甚至有外卖平台的市场经理表示："如果你要上滴滴，就把美团和饿了么都关掉。"

从腾讯与360大战要求用户在QQ和360管家之间"二选一"到阿里、京东、苏宁易购等电商平台在618、双11大战中要求商家站队；从在线旅游平台同城指责途牛旅游网要求供应商"二选一"到腾讯旗下的超市禁用支付宝……近年来，电商平台强迫商家或消费者"二选一"站队的事件屡次发生。

正如本案例所示，我国互联网领域发展速度飞快，因此，许多破坏市场竞争秩序的行为屡有发生。因此，在2015年原国家工商总局颁布了《网络商品和服务集中促销活动管理暂行规定》，该规定第十一条明确要求："网络集中促销组织者不得违反反垄断法和反不正当竞争法等法律、法规、规章的规定，限制、排斥平台内的网络集中促销经营者参加其他第三方交易平台组织的促销活动。"因此，在电子商务法出台以前，对于本案例中违反这一规定的平台经营者，可依照反垄断法和反不正当竞争法等法律、法规、规章的规定查处。而2019年实施的电子商务法更是加强了对这一领域的要求和管理。

电子商务法在第五条提出电子商务经营者应公平参与市场竞争，在第八条提出行业组织要引导本行业公平竞争，进而在第二十二条提出要求要求电子商务经营者因其技术优势、用户数量、对相关行业的控制能力以及其他经营者对该电子商务经营者在交易上的依赖程度等因素而具有市场支配地位的，不得滥用市场支配地位，排除、限制竞争。因此，按照电子商务法的规定，最近两年发生的大型平台之间为了争夺用户采取"二选一"要求或者补贴等行为都涉嫌违犯电子商务法。因此，随着电子商务法的出台，发改、工商、商务等门反垄断职能的有效整合、国家市场监督管理总局的成立，未来国家在互联网领域反垄断能力将会大大加强，促进互联网市场更有序健康运行。

（5）县级以上政府，可自行确定部门职责划分。

电子商务法第六条，国务院有关部门按照职责分工负责电子商务发展促进、监督管理等工作。县级以上地方各级人民政府可以根据本行政区域的实际情况，确定本行政区域内电子商务的部门职责划分。因此，电商经营者、电商平台经营者们，需密切留意本地政府有关电子商务的部门职责。

（6）行业组织效能提升，推动协同管理体系。

电子商务法第七条、第八条指出，国家建立符合电子商务特点的协同管理体系，推动形成有关部门、电子商务行业组织、电子商务经营者、消费者等共同参与的电子商务市场治理体系。同时对电子商务行业组织的工作开展提供了指向性意见。

（7）电子商务在精准扶贫、农村经济发展等方面的价值，更显重要。

电子商务法第六十八条，国家促进农业生产、加工、流通等环节的互联网技术应用，鼓励各类社会资源加强合作，促进农村电子商务发展，发挥电子商务在精准扶贫中的作用。

（8）交易安全与公共数据共享，将早日到来。

电子商务法第六十九条，国家维护电子商务交易安全，保护电子商务用户信息，鼓励电子商务数据开发应用，保障电子商务数据依法有序自由流动。国家采取措施推动建立公共数据共享机制，促进电子商务经营者依法利用公共数据。这将有望建设成功公共数据共享平台，从而打破目前各平台、机构所属数据自说自话的数据乱象。

（9）我国电子商务将迎来国际化时代。

电子商务法第七十三条，国家推动建立与不同国家、地区之间跨境电子商务的交流合作，参与电子商务国际规则的制定，促进电子签名、电子身份等国际互认，电子商务法的这些规定，将从法律层面，推动我们电子商务的国家化发展，与世界更好链接。

6.4 跨境电子商务的法律规范

6.4.1 跨境电子商务的法律适用

随着电子商务的不断发展，跨境电子商务也成为电商发展中一颗耀眼的新星。以我国为例，2009 年之前，跨境电子商务以阿里巴巴黄页推广等模式为主；2009 年后，整合海外推广、交易支持、在线物流、在线支付、售后服务、信用体系和纠纷处理等多项服务内容，已经成为跨境电子商务运作模式的基本术语；国家统计局数据调查显示，2017 年全国电子商务交易额达 29.16 万亿元，同比增长 11.7%。根据交易情况来分析，商品及服务类的成交量连续提高。合约类电商交易额 7.33 万亿元，同比下降 28.7%。增速比 2016 年提高 10.2 个百分点。而网购人数从 2010 年 1.61 亿，增加到 2017 年的 5.33 亿。此外，传统国际贸易也逐渐借助互联网来达成交易并进行合同的履行，因此，跨境电子商务的法律适用也成为关注焦点。

1．电子商务法的适用

从内容上看，除了互联网金融、互联网新闻、互联网音视频、出版及文化产品等，其他所有依托互联网等信息网络开展商品销售和服务提供的经营活动都被涵盖在这部立法调整的范围内，因此，我国企业和个人的跨境电子商务也成为该法律的适用范围和调整对象。

2．跨境电子商务的相关法律

除电子商务法外，跨境在线电子交易行为也应受传统的法律框架和体系管辖，因此，跨境电子商务也应遵循传统商务法律和惯例的约束。其次，从跨境电子贸易的磋商阶段其数据电文的法律效力，到交易达成后电子合同的成立与生效等诸多环节，均适用于本章前面篇幅所陈述相关电子商务法律法规并受其约束。

3．跨境电子商务中的国际贸易惯例

为了推动跨境电子商务发展，早在 1990 年，国际商会在《国际贸易术语解释 1990

年通则》中就认可了电子信息传输的使用,并在《国际贸易术语解释 2000 年通则》及《国际贸易术语解释 2010 年通则》中继续认可电子单证的效力。1990 年国际海事委员会通过了《电子提单规则》,1999 年国际商业银行委员会起草了《电子贸易和支付统一规则》,2002 年国际商会正式发布了《跟单信用证统一管理电子交单附则》,联合国通过了《联合国国际贸易法委员会电子签字示范法》,2004 年国际商会制定了《国际商会 2004 年电子商务术语》,次年,联合国通过了《联合国国际合同使用电子通信公约》。这些文件对于在国际贸易中应用电子商务发挥了巨大作用。

国际贸易惯例指在国际贸易实践中逐渐自发形成的,某一地区、某一行业中普遍接受和经常遵守的任意性行为规范。

国际贸易惯例是国际法的一个重要渊源。国际贸易惯例本身并不是法律,因此,贸易双方当事人有权在合同中达成不同于惯例规定的贸易条件。但许多国家在立法中明文规定了国际惯例的效力,特别是在《联合国国际货物销售合同公约》中,惯例的约束力得到了充分的肯定。在下列情况中,国际贸易惯例对当事人有约束力:第一,当事人在合同中明确表示选用某项国际惯例;第二,当事人没有排除对其已知道或应该知道的某项惯例的适用,而该惯例在国际贸易中为同类合同的当事人所广泛知道并经常遵守,则应视为当事人已默示地同意采用该项惯例。随着国际贸易逐渐借助于电子网络而发展为跨境电子贸易,国际贸易惯例在跨境电子贸易中也应得到普遍遵守,是从事跨境电子贸易的人员所必须熟知的重要内容。

国际贸易惯例就其所涉及的内容来看,通常有以下几种。有关信用证的国际惯例:《跟单信用证统一惯例》(简称 UCP600),具体到跨境电子商务领域则体现为跟单信用证统一惯例的电子交单附则,即 eUCP;有关托收的国际惯例:《托收统一规则》(简称 URC522);有关国际贸易术语的国际惯例。

6.4.2 跟单信用证电子交单国际惯例

信用证是国际贸易中一种非常重要的结算方式,而信用证的使用需遵循一定的规则。国际商会制定的《ICC 跟单信用证统一惯例第 600 号出版物》(UCP600)是国际通行的信用证规则,为了顺应国际间电子商务的发展趋势,国际商会又于 2002 年制定了《跟单信用证统一惯例的电子交单附则》,简称 eUCP,2002 年 4 月 1 日生效,对信用证业务中电子交单的有关问题作出了专门规定,成为调整国际间跨境电子贸易单证的重要文件。

1. eUCP 简介

eUCP 共 12 条,主要包括适用范围、eUCP 与 UCP 的关系、定义、格式、交单、审核、拒绝通知、正本与副本、出单日期、运输、交单后电子记录的损坏、eUCP 电子交单的额外免责。

在 eUCP 中,明确了一些贸易术语在电子单据与纸制单据的不同定义;规定了电子交单的格式与电子拒绝通知的操作;明确了银行系统无法收到电子记录以及电子记录损坏的后果；定义了电子正本单据等核心问题。

与 UCP 一样，eUCP 也不是法律，而是习惯规则的成文法典化。但不同于 UCP 的是，eUCP 涉及了商法中多个方面的问题，它包括信用证法和电子商务法。因此，在 eUCP 中会碰到许多 UCP 中没有的潜在法律分支问题。电子信用证的诞生解决了电子商务中结算支付的电子化问题，eUCP 和电子商务法在立法目的、立法精神以及主要内容上有着紧密的联系。

2．eUCP 主要内容

1）eUCP 的适用范围

eUCP 补充了《跟单信用证统一惯例》只提交纸制单据的规定，从而既可以用电子记录单独提交也可以与纸制单据联合提交。因此，当信用证表明受 eUCP 约束时，eUCP 作为 UCP 的补充适用。

2）eUCP 和 UCP 的关系

受 eUCP 约束的信用证（"eUCP 信用证"）也应受 UCP 的约束；但如果适用 eUCP 和 UCP 而产生不同的结果时，则优先适用 eUCP。

此外，如果 eUCP 信用证允许受益人在交单时选择纸制单据或电子记录，若受益人选择仅提交纸制单据的，或 eUCP 信用证只允许提交纸制单据，则该交单只适用 UCP。

3）定义

该规则对在 UCP 中使用的"表面内容""单据""交单地点""签名""附加的""批注"或"签章的"等术语在适用于 eUCP 时扩充了含义；对仅在 eUCP 中使用的"电子记录""电子签名""格式""纸制单据""收到"等特定术语做了定义。

4）格式

eUCP 信用证必须指定所提交的电子记录的格式，如未指定，则可提交任何格式的电子记录。

5）交单

eUCP 信用证允许提交电子记录，也可以提交纸制单据，但提交纸质单据时必须注明交单地点；电子交单必须注明有关 eUCP 信用证；电子记录可以分别提交，但要通知银行。未注明的 eUCP 信用证或未通知的，将被视为未曾交单。此外，还规定了银行的系统不能接收电子记录情况的处理办法。

6）审核

该规则规定了银行审核电子记录的内容、职责及范围。

7）拒绝通知

如果银行对包括电子记录的交单提出拒绝，在发出拒绝通知 30 天内未收到被拒绝方关于电子记录的处理指示，该银行应退还交单人以前尚未退还的任何制纸单据，但可以任何认为合适的方式自行处理该电子记录，而不承担任何责任。

8）正本和副本

提交一份电子记录即满足了 UCP 和 eUCP 信用证对一份或多份正本或副本电子记录

的要求。

9）出单日期

出单人发送电子记录的日期即为电子记录的出单日期，收到日期将即为发出日期，除非电子记录中另有明显规定。

10）运输

电子记录的出具日期即为装运或发运日期，但如果电子记录注明装运或发运日期时，则该注明的日期视为装运或发运日期。

11）交单后电子记录的损坏

如果银行收到损坏的电子记录，该银行可通知交单人30天内重新交单，但任何期限不得延展。如果交单者未能在规定的时间内重新提交，被视为没有交单。

12）eUCP电子交单的额外免责

银行在审核电子记录表面一致性时，对于发送者的身份、信息来源不承担责任，并且除了使用商业上可接受的用于接收、核实和识别电子记录的数据过程即可发现的外，银行对电子记录是否完整及未经更改也不承担责任。

3．eUCP的评价

eUCP的出现是网络科技和商务活动相结合的必然结果，也是电子商务法律逐步完善的表现。eUCP在信用证与电子商务之间架起了一座桥梁，把信用证带进了电子时代，适应了国际贸易电子化迅速发展的需要，同时也是国际货运提单电子化发展的需要，是各国海关无纸化报关发展趋势下跨境贸易电子化的重要推动力。

eUCP的使用也存在一定现实问题和矛盾，如电子提单等电子议付文件、电子签名、电子证据的法律效力等。SWIFT等机构的加入也会引发一些法律问题，并可能使国际电子商务的具体技术问题将变得更为复杂。

跨境电子商务和贸易单证化的结合使用，所有单据的制作、传递都是靠电子信息工具，各种单据的伪造变得非常容易。如何在开放环境下，做到有效的防范欺诈，也是电子信用证必须考虑的一个新问题。

电子信用证的成功运作需要物流、海关、商检等系统进行全方位的电子化协同运作，完全意义上的电子信用证运作还需假以时日，纸质国际结算方式在一段时间内特别是在发展中国家将保持不变，因此电子网络化国际结算的实务性操作统一规范有待进一步推广和完善，实践对于完善电子信用证的规则有着至关重要的作用。同时，也只有建立在丰富的实践基础之上的eUCP规则，才是名副其实的电子信用证的业务惯例。

6.4.3 网络环境下的国际贸易术语

1．国际贸易术语解释通则的法律特征

贸易术语用一个简短的概念或英文字母的缩写来表明国际贸易中货物价格的构成、买卖双方有关费用的负担、手续的办理以及风险责任的划分。

1936 年，国际商会制定了《国际贸易术语解释通则》，为普遍使用的国际贸易术语提供解释的国际规则，以避免或减少各国不同解释而出现的不确定性。此后解释通则又多次修订，最新的版本是 2011 年开始生效的《2010 年国际贸易术语解释通则》（简称 2010 通则）。

国际贸易术语解释通则是被国际上认可的惯例性文件。作为一项惯例性文件，国际商会和联合国国际贸易法委员会建议将通则在国际货物买卖中使用，此外，也有个别国家如澳大利亚等以国内立法的形式公布国际贸易术语通则为国内法。一般来说，若合同当事人在合同中既不排除，又不明确规定采用何种贸易术语，一旦争讼，仲裁庭或法院就可援引某一公认的、被人们经常遵守的贸易术语规则作出处理。

在一个具体合同中采用某国际贸易术语时，对其可修改和补充，但应注意不要改变贸易术语的特征和性质。此外，虽然 2010 通则于 2011 年 1 月 1 日正式生效，但并非 2000 通则就自动作废。因为国际贸易惯例在适用的时间效力上并不存在"新法取代旧法"的说法，当事人在订立贸易合同时仍然可以选择适用 2000 通则甚至 1990 通则。

2. 2010 通则的适用范围

（1）仅限于销售合同当事人的权利、义务中与已售"有形的"货物的交货有关的事项。不包括电脑软件等"无形的"货物。

（2）只涉及与交货有关的事项：货物的进口和出口清关、货物的包装、买方受领货物的义务以及提供履行各项义务的凭证等。

（3）既适用于跨越国境的货物销售，也适用于国内的货物销售。

3. 2010 通则中有关电子商务的相关规定和解释

首先，根据 2010 通则的阐述，在各种贸易术语中所指的交货凭证，意指用于证明已完成交货的凭证：运输凭证或相应的电子记录。确认了电子记录可以作为交货凭证的地位。

其次，由于在 2010 通则中，电子通信被赋予与纸质通信完全同等的功效，因此，对买卖双方而言，由一种或更多的电子信息组成的一系列信息所构成的电子记录或信息，其在效力上与相应的纸质文件等同。

同样，在跨境贸易中，单据可以是具有同等效力的电子记录或者程序。在通则的早期版本已经对需要的单据作出了适应电子商务发展的规定，即所需单据可被电子数据交换信息替代。而 2010 通则更加确认了这一点。

正如 2010 通则中所说，有关电子通信及电子单据的法律效力的新规定将有利于在国际贸易中新的电子程序的演变发展。

6.5 电子商务中的伦理道德

6.5.1 电子商务中的道德问题

电子商务的发展基于互联网的发展，互联网具有一些和现实交往所不同的特征——

广泛性、开放性、隐蔽性和无约束性。因此，在很好地将散落在社会各个角落的资源和需求联系起来的同时，这些特性也使人们的网络交易行为同现实的商务活动产生很大差异，从而使电子商务中的道德性突破了传统道德规范。不论是电子商务中的企业还是消费者，都将面临网络环境下的道德考验和问题。

1. 电子商务中的欺诈行为违反道德

电子商务中的资金流和物流分离，消费者支付货款与取得实际商品在时间上存在一定时间差，因此，出现道德风险的可能性明显增大，主要体现在以下几个方面：

（1）虚假交易问题。在电子商务中，消费行为多数是异地网络交易，买卖双方不能像传统交易中那样一手交钱一手交货，同时单笔交易金额一般也并不大，因此消费者即使被骗后，不管从金钱成本还是从时间成本等方面来说都难以采取具体的法律行动，给虚假交易提供了一定的生存空间。

（2）假冒伪劣商品问题。消费者在网络交易时，很难事先见到商品，这就给不良商家提供了利用这种信息不对称提供假冒伪劣商品、伤害消费者利益的空间。尽管在电子商务法的严格约束下，包括阿里巴巴公司等企业和公安机关等多部门不断加强对电子商务假冒伪劣商品的打击查处力度，但电子商务中的假冒伪劣现象并未因此而销声匿迹，影响着电子商务的正常发展。

2. 网上发布虚假信息等违反道德

网络信息发布过程中的过于随意、缺乏有效监督等问题，造成了电子商务的信息道德问题，主要体现在两个层面：虚假信息的发布；信息内容及形式的不健康甚至违法的问题。在商务领域则主要是虚假广告等信息的发布，经营者在互联网发布对产品质量、制作成分、性能、用途、生产者、企业概况等虚假宣传而诱导消费者购买其商品或服务，影响范围大、速度快，而网络的隐蔽性又使执法者难以检查或处罚，因此，往往会造成网络中诚信缺失等道德问题。其次比较突出的则是网上商业诽谤等，通过网络虚假信息的提供，诽谤竞争对手，削弱对手的竞争能力等不正当竞争行为也是较为多见的一种违反道德的网上虚假信息的呈现方式。

3. 网络信息收集使用中的隐私问题

一是收集信息过程中可能会侵犯消费者的知情权；二是在使用信息的过程中可能会出现违背收集信息初衷的情况。如从携程网用户银行卡信息漏洞，到汉庭、如家等快捷酒店客户信息泄露，再到小米手机用户信息泄漏，各种"安全门"的出现暴露了电子商务中的安全隐患，也为人们憧憬期待的"大数据"时代敲响了道德警钟。

4. 电子商务中的邮件道德问题

电子商务发展过程中离不开各类商务邮件的使用，然而，与之伴生的则是邮件使用中的道德问题。其中最主要的方面是垃圾邮件的滥用。许多企业滥用垃圾邮件开展网络营销等，不但对电子邮件营销的前景产生不利影响，造成全球范围内的网络道德问题，同时也侵犯了消费者的隐私权，是电子商务诸多道德问题中不容忽视的一个方面。与之类似的还有网络弹窗式广告的滥用等问题。对弹窗式广告的滥用造成众多网络用户的困扰以至于其发明者伊森·祖克曼在媒体上对公众公开道歉。

5. 人工智能引发的道德问题

案例：2016 年 3 月，微软人工智能聊天机器人 Tay 上线，它可以通过和网友们对话来学习怎样交谈，结果，在与网民互动过程中，她很短时间内就"误入歧途"，集性别歧视、种族歧视于一身，最终微软不得不让它"下岗"。

人工智能的发展必须要算法支持，但是，人工智能的深度学习还是一个典型的"黑箱"算法，可能连设计者都不知道算法如何决策，因而要在系统中发现是否存在歧视和歧视根源，技术上也较为困难。算法的"黑箱"特征使其决策逻辑缺乏透明性和可解释性。随着大数据"杀熟"、算法歧视等事件的出现，社会对算法的质疑也逐渐增多。

信息爆炸的时代，数据的处理、分析、应用很多都是由算法来实现的，越来越多的决策正被算法所取代。从内容推荐到广告投放，从信用额度评估到犯罪风险评估，算法无处不在——它操作的自动驾驶或许比司机更加安全，它得出的诊断结果可能比医生更准确，越来越多的人开始习惯一个由算法构建的"打分"社会。

作为一种信息技术，人工智能及其所依赖的算法在拨开信息和数据"迷雾"的同时，也面临着伦理上的挑战：利用人工智能来评估犯罪风险，算法可以影响刑罚；当自动驾驶汽车面临危险，算法可以决定牺牲哪一方；应用于武器系统的算法甚至可以决定攻击的目标……由此引发了一个不容忽视的问题：如何确保算法的公正？

腾讯研究院法律研究中心高级研究员曹建峰认为，即使作为一种数学表达，算法本质上也是"以数学方式或者计算机代码表达的意见"。算法的设计、模型、目的、成功标准、数据使用等，都是编程人员的主观选择，偏见会有意或者无意地嵌入算法，使之代码化。"算法并不客观，在算法决策起作用的诸多领域，算法歧视也并不鲜见。"

"算法决策多数情况下是一种预测，用过去的数据预测未来的趋势，算法模型和数据输入决定着预测的结果，因此这两个要素也就成为算法歧视的主要来源。"曹建峰解释说，除了主观因素以外，数据本身也会影响算法的决策和预测。"数据是社会现实的反映，数据可能是不正确、不完整或者过时的，训练数据本身也可能是歧视性的，用这样的数据训练出来的算法系统，自然也会带上歧视的烙印。"

但是算法倾向于将歧视固化或放大，使歧视长存于整个算法之中。因此，如果将算法应用在关系人们切身利益的场合，一旦产生歧视，就可能危害个人乃至社会的利益。因此，人工智能的持续进步和广泛应用带来的好处是巨大的，为了让它真正有益于社会，同样不能忽视的还有对人工智能的价值引导、伦理调节以及风险规制。人工智能的发展，一方面可能会给人们带来极大收益，但其中的道德风险也不容忽视。

6.5.2 电子商务信用体系建设

电子商务环境下的道德问题凸显，对电子商务发展带来负面影响。在电子商务法制建设外，电子商务信用体系建设也是促进电子商务合理健康发展的必要保障。信用不但是在传统市场运行的通行证，同样应是电子商务存在和发展的基础。

1. 信用体系建设的基本情况

合理规范的信用体系不但有利于电子商务的健康、规范发展，而且对树立全社会信用意识，建立公平公正的市场经济秩序起着巨大的推动作用。国际上主要存在以下几种征信规范模式：

（1）政府推动、直接监管型。这是一种以政府力量为主导建立的征信管理体系，政府在征信行业管理领域投入较大。一些发展中国家就属于这种发展模式。它的主要特征是政府监管部门对资信评级机构和评级业务的推动及有效监管是评级业务发展的主要动力之一。从亚洲各国的实践来看，这个政府驱动的发展模式效果并不理想。

（2）市场运作、立法指导型。该模式最主要的特征是诚信机构的设立、运作、消亡，基本是通过市场机制进行的。政府则通过立法形式对征信行业进行管理。包括以美国为代表的以征信公司商业运作形成的信用管理体系和欧洲为代表的以中央银行建立的中央信贷登记为特征的征信管理体系等两大类。总体来说，西方发达国家的社会诚信体系建设相对较为成功。

2. 电子商务信用模式

在电子商务实践中主要形成了四种较为典型的信用模式，即中介人模式、担保人模式、网站经营模式和委托授权模式。

1）中介人模式

将电子商务网站作为交易中介人，达成交易协议后，购货的一方将货款、销售一方将货物分别交给网站设置的办事机构，网站的办事机构核对无误后再将货款及货物交给对方。这种信用模式试图通过网站的管理机构控制交易的全过程，虽能在一定程度减少商业欺诈等商业信用风险，但却需要网站有较大的投资，且还牵扯到交易速度和交易成本等问题。

2）担保人模式

以网站或网站的经营企业为交易各方提供担保为特征，试图通过这种担保来解决信用风险问题。这种将网站或网站的主办单位作为一个担保机构的信用模式，也有一个核实谈判的过程，无形中会增加交易成本。因此，在实践中这种信用模式一般只适合用于具有特定组织性的行业。

3）网站经营模式

通过建立网上商店的方式进行交易活动，在取得商品的交易权后，让购买方将购买的商品的货款支付到指定的账户上，网站收到购物款后才给购买者发送货物。这种信用模式是单边的，以网站的信誉为基础，一般主要适用于从事零售业的网站。

4）委托授权模式

网站通过建立交易规则，要求参与交易的当事人按预设条件在协议银行建立交易公共账户,网络计算机按照预设程序对交易资金进行管理,从而确保双方交易在安全的状况下进行。这种信用模式中电子商务网站并不直接进入交易过程,交易双方的信用保证是以银行的公平监管为基础的。

电子商务所采用的这四种信用模式,是从事电子商务企业为解决商业信用问题的积极探索,但各自存在的缺陷也是显而易见的。特别是,这些信用模式所依据的规则基本上都是企业性规范,缺乏必要的稳定性和权威性。因此,为适应电子商务的飞速发展,避免电子商务中道德问题的出现,电子商务中的信用模式还需随着实践而不断完善。

6.5.3 电子商务网络伦理体系的建立

电子商务中出现的道德问题是多方面的,电子商务伦理体系也需要从宏观法规的建立和调整,必要的舆论监督,行业协会的有效管理,到微观个体的自我约束等几个方面共同努力,多头共进,从而建立起适应网络经济和电子商务发展的网络伦理体系:

1. 宏观层面:政府规范+舆论监督

1)政府规范作用

首先,政府还通过电子商务立法等途径,在构建电子商务网络伦理体系中承担重要作用。将电子商务中一些具有共性的、对整个经济社会更具有重要影响的道德问题,由政府通过制定执行全国性或地方性法规及行业性的规章制度并加以执行,对电子商务中的不道德行为进行约束。如我国对电子商务模式及交易行为和服务进行规范的《电子商务模式规范》《网络交易服务规范》(2009),均是在商务部主导下提出制定和予以推广的。2019年开始实施的《电子商务法》更是成为约束电子商务各主体行为的重要法律依据和手段。

其次,在加强电子商务伦理道德规范管理过程中,也需要政府的参与和引导。如在电子商务信用体系建立过程中,可由政府作为可靠的管理者来建立电子商务信用档案,将网上交易的信用情况记录并反映在资信报告中,为其他电子商务交易者提供借鉴;政府也可授权或组建电子签名的安全认证机构、建立信息监管机构对各类网站及发布信息进行严格监管,包括监管企业自身网站发布产品信息的真伪、中介平台为各企业发布相关信息的真伪、网上条款的合法性审核等,提高电子商务交易中的道德水平。

2)社会网络舆论监督

首先,充分利用传统新闻舆论监督。传统新闻舆论虽然收到互联网的一定冲击,但仍然在人们获取信息过程中占据非常重要的地位,因此,新闻媒体在行使新闻舆论监督职能时,应对电子商务中的不道德行为进行更多关注、报道、曝光和揭露,借助新闻媒体的广泛传播迅速将人们的注意力聚集,形成巨大的社会压力,从而达到对不道德行为进行制约的目的。而且,传统新闻舆论也可借助互联网平台来更好的发挥其新闻舆论监督作用。

其次,充分利用消费者的网络舆论监督。互联网环境给广大消费者带来了更多的发言权，消费者可以利用互联网的舆论表达方式，对电子商务中的各种现象和行为发表自己的观点和看法，产生和形成强大的舆论压力，从而对电子商务活动起到监督、检查和评估的功效。

案例：2018年11月14日，新浪微博知名用户"花总丢了金箍棒"发布了自己录制的酒店业视频，名为《杯子的秘密》，在视频中曝光了服务员用脏毛巾擦杯子等我国酒店业长期存在的卫生问题，该微博用户希望通过曝光酒店卫生乱象，倒逼经营者提升质量。视频一经发布，立即引起网友广泛关注，涉事酒店迫于舆论压力，纷纷进行公开表态，然而众多消费者并不满意其道歉行为，进而在网民及各界的呼吁和关注下，这一事件持续发酵，并引发各地卫生管理部门对涉事酒店的处罚和警告等。

消费者的网络舆论监督已成为电子商务中规避道德风险的有效保障。因此，结合传统新闻舆论监督与网络舆论监督的双重作用，可以有效地减少和克服电子商务中的不道德问题。

在利用网络发挥消费者的舆论监督时，也应注意消费者自己的道德约束，不能发布不实信息误导其他消费者。

2．中观层面：行业自律

行业自律则主要依靠行业协会的管理等方式来实现。

行业协会作为一种自治性民间社会组织，通过行业规则实行自律管理。行业规则是典型的内部规则，它是在对行业内各个企业的权利和利益进行协调、平衡的过程中，通过谈判、协商、妥协等方式，达成的一种共识，由协会成员共同遵守。行业自律管理能够培养协会成员的理性自律精神，避免非理性的集体行动，促进利益和权利诉求的理性化和程序化，同时在行业内部形成一种自生自发的秩序。当国家制定法缺位或有局限时，行业规则所建立的"私序"就成为国家制定法所建立秩序的一种重要补充和替代。

随着市场经济的不断发展和完善，行业协会已普遍成为各个国家行业信息的集散地，也成为各种技术标准、游戏规则、道德规范的制定者，甚至是国家制定产业政策的主要参谋和建议者。如在俄罗斯，成立于2003年的非盈利组织俄罗斯全国电子商务协会，在组织公布电子商务市场年度分析报告，举行相关研讨会和圆桌会议等工作同时，就完善俄罗斯电子商务领域现行法律法规和制定信息安全标准提出修改建议也是其主要工作之一。在我国，由中国电子商务协会牵头制定的《网络交易平台服务规范》，成为对网络交易平台服务进行规范以期实现行业自律的重要文件。

3．个体层面：自我约束

电子商务活动是由其中每一个活动个体来真正完成的，因此，要解决电子商务中的道德问题，建立完善电子商务网络伦理体系，最终要靠每一个参与者的自我约束。具体则可从以下几方面着手：

（1）企业自律：建立并实施电子商务道德规章制度。这一方面体现在企业管理上，即将道德纳入到日常规章制度中，使之成为从员工到企业整体活动的道德自律依据，并通过企业管理制度的落实和实施，建立企业自身的电子商务网络伦理体系，并对不道德的行为要根据事先设定的标准和过程迅速处理；另一方面，则体现在企业的对外商务活动管理中，如一些电商企业建立的交易保障金制度，当交易出现损害一方利益的情况时，可通过交易保障金先行支付，从而防止因另一方违约而产生的道德风险。类似的制度安排还有如第三方认证、退货承诺、担保等。

（2）个人自律：树立全民道德意识。全民道德意识的树立和提高，是电子商务网络伦理体系建立的重要条件。

从电商企业角度，则体现在帮助全体员工树立道德意识。如在企业网站上明确指出消费者隐私保护的规章制度，不但可借此明确告诉消费者企业隐私保护措施，也可由此使员工明确知道自己的行为准则和道德标准、教育职工树立道德意识。

从消费者个人角度，则体现在交易规则尚未完善时期的个人自我保护和自我约束。在网上进行交易时不能贪便宜，要能够识别可疑信息并懂得保护自己的信息，不轻信各种可能泄露个人隐私的网络交易方式等。全民道德意识的树立要求参与网络活动的个人也必须确定网络行为准则和网络礼仪。美国计算机道德研究学会所制定的"网络用户指南和礼仪"，明确指出在网络环境下的道德和礼仪标准的 10 条戒律：

（1）不得用计算机来伤害他人。
（2）不得妨碍他人的计算机工作。
（3）不得窥探他人的文件。
（4）不得使用计算机进行盗窃。
（5）不得使用计算机做伪证。
（6）不得使用或复制你不曾付费的软件。
（7）不得在未授权情况下使用他人的计算机资源。
（8）不得窃用他人的脑力劳动成果。
（9）必须考虑所写的软件的社会影响。
（10）必须以深思熟虑和敬重的方式来使用计算机。

电子商务最终的实施者是个人，因此，电子商务的健康发展最终仍需依靠不断成熟与完善的网络礼仪来约束人们的行为，进而建立完善电子商务网络伦理体系，使之成为约束电子商务交易双方道德、建立公平、公正交易的网络市场。

4．典型案例

企业电子商务道德管理案例——淘宝网的隐私权政策

当消费者要在淘宝网（www.taobao.com）购买商品时，必须首先注册并拥有淘宝网账户，而在注册账户之前，必须阅读并同意淘宝网的一系列协议文件，其中就包括了"隐私权政策"。淘宝网在其中明确表示对于其提供的所有产品和服务（同时也明确标明适用的例外情况），都将按法律法规要求，采取相应安全保护措施，尽力保护消费者的个人信息安全可控。同时，也要求消费者在使用淘宝网各项产品或服务前，须务必仔细阅读并透彻理解该政策,并以粗体/粗体下划线的方式,对需要消费者重点阅读的内容进行了突出表示,确保消费者能够做到对该政策的充分理解,要求消费者在确认充分理解并同意后再开始使用该网站进行注册购物等活动。

例如该政策在有关如何收集使用信息的条款中明确告知,消费者可在开启相机/摄像头权限后使用该功能进行扫码用于登录、购物、领取优惠信息,拍摄照片或视频用于评价、分享,以及特定场景下经授权的人脸识别等功能;可在开启麦克风权限后使用麦克风实现语音购物等功能。同时,淘宝网用粗体下划线的形式强调说明"请您注意,您开启任一权限即代表您授权我们可以收集和使用相关个人信息来为您提供对应服务,您一旦关闭任一权限即代表您取消了授权,我们将不再基于对应权限继续收集和使用相关个人信息,也无法为您提供该权限所对应的服务。但是,您关闭权限的决定不会影响此前基于您的授权所进行的信息收集及使用。"通过这样的明确告知,使消费者能够对自己在使用淘宝网的过程中的隐私权保护情况有充分的了解和认知,从而能够依此判断是否继续注册并在该网站进行购物,实现了对消费者隐私权的充分告知和有效保护。

淘宝网的隐私权政策具体从以下 9 个方面进行了详细介绍:
(1)我们如何收集和使用您的信息;
(2)我们如何使用 Cookie 和同类技术;
(3)我们如何共享、转让、公开披露您的信息;
(4)我们如何保护您的信息;
(5)您如何管理您的信息;
(6)我们如何处理未成年人的信息;
(7)您的信息如何在全球范围转移;
(8)本隐私权政策如何更新;
(9)如何联系我们。

本章小结

本章主要介绍了电子商务法的含义、电子商务法律主体及电子商务立法应遵循的原则等电子商务法基本范畴;介绍了电子商务立法主要内容和国际国内电子商务立法的基本情况;对我国电子商务法的主要内容进行了解读;此外,介绍了迅速发展的跨境电子商务中的法律适用及贸易惯例;最后,介绍了电子商务发展中的道德问题、电子商务信用体系建设和电子商务网络伦理体系的建立等内容。

参考文献

[1] 蹇洁等. 电子商务导论[M]. 北京:人民邮电出版社,2009.

[2] 卢金钟，张昭俊，王永生. 新编电子商务概论[M]. 北京：清华大学出版社，2012.

[3] 驻俄罗斯联邦经商参处. 俄罗斯电子商务发展概况[EB/OL]. 商务部网站. 2013-04-24. http://ru.mofcom.gov.cn/article/ztdy/201304/20130400102181.shtml.

[4] 吴兴光，甄仕权. 美国《统一商法典》买卖篇2003年修改评析[J]. 国际经贸探索，2011（01）.

[5] 丁咚，黄婧. 美国拟推网络销售税法案[EB/OL]. 电子信息产业网. 2015-01-15. http://cyyw.cena.com.cn/2015-01/15/content_258483.htm.

[6] 刘雨. 美国加力保护知识产权[J]. IT经理世界，2011（4）.

[7] 权彦敏，曹毅搏. 欧盟新《消费者权利指令》及启示[J]. 法制与社会，2012（18）.

[8] 中国电子商务研究中心. 日本通过立法加强对互联网监管[EB/OL]. 2011-4-24. http://www.100ec.cn/detail--5746908.html.

[9] 郑远民，李俊平. 新加坡电子商务法最新发展及对我国的启示[J]. 湖南师范大学社会科学学报，2012（05）.

[10] 何卓明，王慧. 浅谈我国电子商务税收应采取的原则[J]. 佛山科学技术学院学报，2010（3）.

[11] 张倩怡. 电子邮件内容将可直接公证[N]. 北京日报，2014-07-09（11）.

[12] 杨坚争. 国际电子商务[M]. 北京：电子工业出版社，2009.

[13] 陶乾. 中欧搜索引擎关键词引发的商标侵权案件分析[J]. 知识产权，2011（4）.

[14] 兰宜生. 电子商务基础教程[M]. 北京：清华大学出版社，2007.

[15] 詹朝霞. 跨境电子商务法律适用原则初探——以涉外电子为视角[EB/OL]. 法制网. 2014-03-11.

[16] 国际商会. ICC跟单信用证统一惯例及UCP500关于电子交单的附则（eUCP）[M]. 北京：中国民主法制出版社，2003.

[17] 陈原，李忱. 电子信用证在国际贸易结算中的应用[J]. 商业时代，2006（10）.

[18] 杨思明. 弹窗广告发明人道歉："对不起，我错了"[J]. 青年参考，2014-9-3（42）.

[19] 法律出版社法规中心. 电子商务法规汇编[M]. 北京：法律出版社，2018.

[20] 黄欢. 在新媒体时代发挥好主流媒体舆论监督的作用[J]. 南昌教育学院学报，2014（6）.

[21] 做电商须知：未来买家线上点评趋势[EB/OL]. 商务部网站. 2014-09-10. http://www.mofcom.gov.cn/article/difang/henan/201409/20140900725331.shtml.

[22] 吴碧林，眭鸿明. 行业协会的功能及其法治价值[J]. 江海学刊，2007（6）.

[23] 方美琪，刘鲁川. 电子商务设计师教程[M]. 北京：清华大学出版社，2005.

[24] EliasM. Award. 电子商务：从愿景到实现[M]. 3版. 北京：人民邮电出版社，2009.

[25] 苏丽琴. 电子商务法[M]. 2版. 北京：电子工业出版社，2010.

[26] 姚志伟.《电子商务法》适用范围探讨[N]. 中国市场监管报，2019-01-22（007）.

[27] 刘颖. 我国电子商务法调整的社会关系范围[J]. 中国法学. 2018-08-09：195-216.

[28] 邱宝昌. 滴滴事件给电子商务立法的启示. 中国消费网. 2018.08.29. http://www.ccn.com.cn/html/wangluojiadian/wangluo/2018/0829/363674.html.

[29] 刘玲.电子商务法出台，我们再谈滴滴顺风车女孩遇害案. 搜狐. http://www.sohu.com/a/253283692_120032.

[30] 周洋，马军热议的《电子商务法》，你知道新法下的平台责任有哪些吗？. 中伦咨询. 20180908. http://www.zhonglun.com/content/2018/09-08/1412041148.html.

[31] 殷浩萱，吴科鑫.《电子商务法》对中国跨境电商的影响分析[J]. 经贸实践，2018（12）：186.

[32] 谷业凯. "刷脸"会不会刷走安全（解码·人脸识别技术）[N]. 人民日报，2018年08月16日.12版.

[33] 陆峰.《电子商务法》实施带来的影响及应对措施[N]. 中国经济时报，2019-01-18.

[34] 任震宇. 强迫商家站队外卖平台涉嫌不正当竞争. 中国消费网. 2018-04-19. http://www.ccn.com.cn/html/news/xiaofeiyaowen/2018/0419/347600.html.

[35] 佘颖. "花总"们的监督权应予保护[N]. 经济日报. 2018年11月28日. 8版.

第三篇　电子商务技术类知识与技术

- ◆ 第7章　电子商务系统规划
- ◆ 第8章　电子商务系统程序设计
- ◆ 第9章　电子商务系统建设
- ◆ 第10章　电子商务系统的测试
- ◆ 第11章　电子商务系统的运维与评价
- ◆ 第12章　电子商务项目控制与优化
- ◆ 第13章　电子商务新技术与新应用

第 7 章　电子商务系统规划

7.1　电子商务应用系统的总体规划

7.1.1　电子商务应用系统的生命周期和开发模型

1．电子商务应用系统的生命周期

任何事物都有产生、发展、成熟、消亡或更新的过程，电子商务系统也不例外。任何一个电子商务系统在使用过程中随着其生存环境的变化，都需要不断维护、修改，当它不再适应的时候就要被淘汰，就要由新系统代替老系统，这种周期循环称为生存周期。

宏观上讲，在电子商务环境下，任一个信息系统的生存周期都可以分为系统规划、系统分析、系统设计、系统实施、系统运行和维护等五个阶段。

（1）系统规划阶段。系统规划阶段的任务是对企业的环境、目标、现行系统的状况进行初步调查，根据企业目标和发展战略，确定信息系统的发展战略，对建设新系统的需求做出分析和预测，同时考虑建设新系统所受的各种约束，研究建设新系统的必要性和可能性。根据需要和可能，给出拟建系统的备选方案。对这些方案进行可行性分析，写出可行性分析报告。可行性报告审议通过后，将新系统建设方案及实施计划编成系统设计任务书。

（2）系统分析阶段。系统分析阶段的任务是根据系统设计任务书所确定的范围，对现行系统进行详细调查，描述现行系统的业务流程，指出现行系统的局限性和不足之处，确定新系统的基本目标和逻辑功能要求，即提出新系统的逻辑模型。系统分析阶段的工作成果体现在系统说明书中。

（3）系统设计阶段。系统设计阶段的任务是根据系统说明书中规定的功能要求，考虑实际条件，具体设计实现逻辑模型的技术方案，即设计新系统的物理模型。这个阶段的技术文档是《系统设计说明书》。

（4）系统实施阶段。系统实施阶段是将设计的系统付诸实施的阶段。这一阶段的任务包括程序的编写和调试，人员培训，数据文件转换，计算机等设备的购置、安装和调试，系统调试与转换等。这个阶段的特点是几个互相联系、互相制约的任务同时展开，必须精心安排、合理组织。

系统实施是按实施计划分阶段完成的，每个阶段应写出实施进度报告。系统测试之后写出系统测试分析报告。

（5）系统运行和维护阶段。系统投入运行后，需要经常进行维护和评价，记录系统运行的情况，根据一定的规格对系统进行必要的修改，评价系统的工作质量和经济效益。对于不能修改或难以修改的问题记录在案，定期整理成新需求建议书，为下一周期的系统规划做准备。

2．开发模型

电子商务应用系统开发模型是描述系统开发过程中各种活动如何执行的模型。系统生命周期模型确立了开发和演绎中各阶段的次序限制以及各阶段或机动的准则，确立开发过程所遵守的规定和限制，便于各种活动的协调，便于各种人员的有效通信，有利于活动重用，有利于活动管理。常见的生命周期模型有如下 5 个模型。

1）瀑布模型（Waterfall Model）

瀑布模型是将软件生命周期各个活动规定为依线性顺序连接的若干阶段的模型。它包括可行性分析、项目开发计划、需求分析、概要设计、详细设计、编码、测试和维护。它规定了由前至后、相互衔接的固定次序，如同瀑布流水，逐级下落。

瀑布模型为软件的开发和维护提供了一种有效的管理模式，根据这一模式制定开发计划，进行成本预算，组织开发力量，以项目的阶段评审和文档控制为手段有效地对整个开发过程进行指导，所以它是以文档作为驱动、适合于软件需求很明确的软件项目的模型。

但是，瀑布模型在大量的软件开发实践中也逐渐暴露出它的严重缺点。它是一种理想的线性开发模式，缺乏灵活性，特别是无法解决软件需求不明确或不准确的问题。

2）快速原型模型（Rapid Prototype Model）

快速原型模型的第一步是建造一个快速原型，实现客户或未来的用户与系统的交互，用户或客户对原型进行评价，进一步细化待开发软件的需求。通过逐步调整原型使其满足客户的要求，开发人员可以确定客户的真正需求是什么。

第二步则在第一步的基础上开发客户满意的软件产品。显然，快速原型方法可以克服瀑布模型的缺点，减少由于软件需求不明确带来的开发风险，具有显著的效果。

快速原型的关键在于尽可能快速地建造出软件原型，一旦确定了客户的真正需求，所建造的原型将被丢弃。因此，原型系统的内部结构并不重要，重要的是必须迅速建立原型，随之迅速修改原型，以反映客户的需求。

3）增量模型（Incremental Model）

增量模型又称演化模型。大量的软件开发实践表明，许多开发项目在开始时对软件需求的认识是模糊的，因此很难一次开发成功。为了减少因对软件需求的了解不够确切而给开发工作带来的风险，可以在获取了一组基本的需求后，通过快速分析构造出该软件的一个初始可运行版本，这个初始的软件通常称为原型，然后根据用户在使用原型的过程中提出的意见和建议对原型进行改进，获得原型的新版本。在使用增量模型时，第一个增量往往是实现基本需求的核心产品。核心产品交付用户使用后，经过评价形成下一个增量的开发计划,它包括对核心产品的修改和一些新功能的发布。这个过程在每个增量发布后不断重复,直到产生最终的完善产品。增量模型特别适用于对软件需求缺乏准确认识的情况。

4)螺旋模型(Spiral Model)

对于复杂的大型软件,开发一个原型往往达不到要求。螺旋模型将瀑布模型和增量模型结合起来,加入了两种模型均忽略的风险分析,弥补了这两种模型的不足。

螺旋模型将开发过程分为几个螺旋周期,每个螺旋周期大致和瀑布模型相符合。在每个螺旋周期分为如下四个工作步骤。

①制订计划。确定软件的目标,选定实施方案,明确项目开发的限制条件。

②风险分析。分析所选的方案,识别风险,消除风险。

③实施工程。实施软件开发,验证阶段性产品。

④用户评估。评价开发工作,提出修正建议,建立下一个周期的开发计划。

5)喷泉模型(Water Fountain Model)

喷泉模型是一种以用户需求为动力,以对象作为驱动的模型,适合于面向对象的开发方法。它克服了瀑布模型不支持软件重用和多项开发活动集成的局限性。喷泉模型使开发过程具有迭代性和无间隙性。迭代意味着模型中的开发活动常常需要重复多次,在迭代过程中不断地完善软件系统。无间隙是指在开发活动(如分析、设计、编码)之间不存在明显的边界,也就是说,它不像瀑布模型那样,需求分析活动结束后才开始设计活动,设计活动结束后才开始编码活动,而是允许各开发活动交叉、迭代地进行。

7.1.2 电子商务应用系统的规划内容与方法

1. 系统规划的内容

从上面介绍的生命周期可知,开发一个电子商务系统,首先第一步要做的便是制定系统的发展规划。一是因为电子商务系统的发展规划是企业战略规划的重要组成部分,由于电子商务系统可以为企业制定或调整企业战略规划提供各种必要的信息支持,因此,系统的发展规划应当与企业战略规划有机地配合,所以,电子商务系统的发展战略应与整个企业的发展战略保持一致。二是因为信息技术发展非常迅速,开发电子商务系统受各方面因素的影响,风险很大,若没有做好规划,有可能在开发或实施过程中失败,也有可能因为技术选型不当,成为落后或不受支持的系统。

信息是企业的重要资源,应当被全企业共享,只有经过规划和开发的信息资源才能发挥作用。由于企业或组织内外的信息资源很多,其内外之间都有大量的信息需要交换和共享,如何收集、存储、加工和利用这些信息以满足各种不同层次的需要,这显然不是分散的、局部的考虑所能解决的问题,必须有来自高层的、统一的、全局的规划,将这些信息提取并设计出来,才能实现信息的共享。

总的来说,电子商务系统的总体规划需要解决以下三个方面的内容:

（1）系统的总目标和发展战略。进行系统规划，应根据企业的战略目标和内外约束条件（例如地域因素、行业因素等），确定系统的总目标和总体结构。系统的总目标规定系统的发展方向，发展战略则提出具体的步骤和每步应达到的子目标，同时还应给出衡量具体工作完成的标准。

（2）了解企业电子商务系统以及管理状况。现有应用系统的状况，包括软件设备、硬件设备、人员、各项费用、开发项目的进展及应用系统的情况，应充分了解和评价。同时，对于企业当前的组织结构、业务流程、企业文化、管理制度等情况作一些分析。这些信息都是制定总体规划的基础。

（3）对相关信息技术的预测。电子商务系统战略规划必然受到信息技术发展的影响，因此，对规划中涉及的软、硬件技术和方法论的发展变化及其对应用系统的影响做出预测，有条件的还应进行评估，以提高技术选型和产品选型的正确性。

2．系统规划的方法

用于系统规划的方法很多，这里主要介绍关键成功因素法（Critical Success Factors，CSF）、战略目标集转化法（Strategy Set Transformation，SST）和企业系统规划法（Business System Planning，BSP），这是用得最多的三种方法。其他还有企业信息分析与集成技术（BIAIT）、产出/方法分析（E/MA）、投资回收法（ROI）、征费法、零线预算法、阶石法等。

1）关键成功因素法（CSF）

它包含以下四个步骤：了解企业目标；识别关键成功因素；识别性能的指标和标准；识别测量性能的数据。

关键成功因素法源自企业目标，通过目标分解和识别、关键成功因素识别、性能指标识别，一直到产生数据字典。这好像建立了一个数据库，一直细化到数据字典，因而有人又把这种方法用于数据库的分析与建立。关键成功因素就是要识别联系与系统目标的主要数据类及其关系，识别关键成功因素所用的工具是树枝因果图。

关键成功因素法在高层应用一般效果好，因为每一个高层领导人员日常总是在考虑什么是关键因素。对中层领导来说一般不太适合，因为中层领导所面临的决策大多数是结构化的，其自由度较小，对他们最好应用其他方法。

2）战略目标集转化法（SST）

这种方法把企业的战略目标看成是一个"信息集合"，由使命、目标、战略和其他战略变量（如管理的复杂性、改革习惯以及重要的环境约束）等组成。应用系统的战略规划过程是把组织的战略目标转变为应用系统战略目标的过程。

这个方法的第一步是识别企业的战略集，先考察一下该企业是否有写成文的战略或长期计划，如果没有，就要去构造这种战略集合。可以采用以下步骤：①描绘出企业各类人员结构，如卖主、经理、雇员、供应商、顾客、贷款人、政府代理人、地区社团及竞争者等；②识别每类人员的目标；③对于每类人员识别其使命及战略。当企业战略初步识别后，应立即送交企业有关领导审阅和修改。

第二步是将组织战略集转化成电子商务应用系统战略。应用系统战略应包括系统目标、系统约束以及开发策略和设计原则等。这个转化的过程包括对企业战略集的每个元素识别对应的应用系统约束，然后提出整个应用系统的结构。

3）企业系统规划法（BSP）

企业系统规划法是通过全面调查，分析企业信息需求，制定应用系统总体方案的一种方法。它有四个基本步骤：

（1）确定各级管理的统一目标，各个部门的目标要服从总体目标。通过对企业管理目标的定义，才能界定应用系统的目标。

（2）识别企业过程。这是 BSP 方法的核心。企业过程定义为逻辑上相关的一组决策和活动的集合。识别企业过程可对企业如何完成其目标有深刻的了解，并且有助于定义系统的功能和信息的流程。识别企业过程的步骤是：画过程流程图；写每一过程说明；过程分组；为过程组写说明；过程与组织相关；识别关键过程；修改、确认过程。

（3）定义数据类。在识别企业过程的基础上，分析每一个过程利用什么数据，产生什么数据，或者说每一过程的输入和输出数据是什么。将所有的数据分成若干大类。

在这一步骤中重点是分析数据实体及其相互之间的联系，按照各层管理人员和业务人员的管理经验和一些形式化方法，对数据实体进行聚集分析，将联系密切的实体划分在一起，形成一些实体组，即数据类。这些实体组内部的数据实体之间联系密切，而与外部实体联系很少，它们是划分数据类的依据，进而在数据类的基础上建立起主题数据库模型，为企业的不同管理需求提供必要的、稳定的、共享的总体数据模型。

（4）定义信息结构。定义信息结构也就是划分子系统，确定应用系统各个部分及其相关数据之间的关系。BSP 方法是根据信息的产生和使用来划分子系统的，它尽量把信息产生的企业过程和使用的企业过程划分在一个子系统中，从而减少了子系统之间的信息交换。

具体的做法是用，U 表示使用（Use），C 表示产生（Create）。U/C 矩阵的最左列是第二步识别出的企业过程，最上一行是第三步归纳出的数据类。如果某过程产生某数据，就在某行某列矩阵元中写 C；如果某过程使用某数据，则在其对应矩阵元中写 U。开始时数据类和过程是随机排列的，U、C 字母在矩阵中排列也是分散的。我们调整过程和数据类的顺序，尽量使 C 和 U 字母集中到对角线上排列，然后把字母 U 和 C 比较集中的区域用粗线条框起来，这样形成的框就是一个个子系统。在粗框外的 U 表示一个系统使用另一个子系统的数据。这样就完成了子系统划分，并确定了信息结构。划分好子系统后，应对这个子系统内容进行分析和说明，并把它们写成文档。

前面讲到了三种系统规划的方法，下面对它们进行比较。

CSF（关键成功因素法）能抓住主要矛盾，使目标的识别突出重点。由于经理们比较熟悉这种方法，用这种方法所确定的目标，经理们乐于努力去实现。该方法最有利于确定企业的管理目标。

SST（战略目标转化集法）从另一个角度识别管理目标，它反映了各种人的要求，而且给出了按这种要求的分层，然后转化为应用系统目标的结构化方法。它能保证目标比较全面，疏漏较少，但它在突出重点上不如前者。

BSP（企业系统计划法）虽然也首先强调目标，但它没有明显的目标导引过程。它通过识别企业"过程"引出了系统目标，企业目标到系统目标的转换时通过企业过程/数据类等矩阵的分析得到的。由于数据类也是在企业过程基础上归纳出的，所以我们说识别企业过程是 BSP 战略规划的中心，决不能把 BSP 方法的中心内容当成 U/C 矩阵。

这三种方法也可能综合起来，把它叫做 CSB 方法（即 CSF、SST 和 BSP 结合）。这种方法先用 CSF 方法确定企业目标，然后用 SST 方法补充完善企业目标，并将这些目标转化为应用系统目标，用 BSP 方法校核两个目标，并确定应用系统结构，这样就补充了单个方法的不足。当然这也使得整个方法过于复杂，而削弱了单个方法的灵活性。可以说迄今为止电子商务应用系统总体规划没有一个十全十美的办法。由于总规划本身的非结构性，可能永远也找不到一个唯一解。进行任何一个系统的规划均不应照搬以上方法，而应具体情况具体分析，选择以上方法可取的思想，灵活运用。

在总体规划中一定要强调数据位于系统的中心观念，即"数据中心"原理或"数据稳定性"原理。所谓"数据中心"原理是指，只要企业的性质和目标不变，它的数据类就是稳定的，任何经营管理活动都离不开对这些数据的存取。应用系统的开发应该面向数据类，而不应该面向处理过程，因为处理过程是多变的。尽管通过识别过程可以得到很多数据项，但开发新的应用系统时一定要明确数据模型是稳定的而处理是多变的基本原理和前提，在此基础上，尽量识别出企业的元数据和数据类。这样，电子商务应用系统就有较强的适应性。

7.1.3 电子商务系统方案的确定

我们分析完系统所涉及的问题、需求、环境等之后，就可以开始考虑新系统如何操作的问题了。在这个阶段里，我们的工作是确定候选方案，分析那些候选方案并推荐一个将被设计、构造和实现的目标系统。

这个阶段我们主要的工作有：确定候选方案、分析候选方案、比较候选方案、修改项目计划。

1. 确定候选方案

给定确立的业务需求后，我们首先必须确定候选方案。某些候选方案是由系统所有者和用户的设计思想和观点形成的，另一些候选方案可能有各种来源，并且某些技术选择可能受到一个预先定义的并已经被批准的技术架构的限制。评估候选方案不是这时的工作，这个阶段只需定义要被考虑的可能的候选方案。

2．分析候选方案

每个候选方案都必须进行可行性分析。当每个候选方案被确定时或者所有的候选方案都被确定后，我们都可以进行这项分析。我们在下一节将会对可行性分析做详细介绍。

3．比较候选方案

一旦完成了对每个候选方案的可行性分析后，就可以比较这些候选方案，从中选出一个或多个方案推荐给系统所有者和用户。首先，任何不可行的候选方案通常从进一步考虑中排除掉。对于剩下方案中最可行的方案，我们要确定和推荐在运行可行性、技术可行性、经济可行性和社会环境可行性方面提供整体最优组合的候选方案。

4．修改项目计划

当一步步了解了系统的问题、需求和方案时，我们不断地修改项目计划并相应地调整项目范围。所以根据我们推荐的方案，应该再一次评估项目范围，并相应地修改项目计划。

7.1.4　电子商务系统规划的人员组成

建设电子商务系统是一项浩大而复杂的工作，它涉及技术与业务多方面的内容，而到现在也没有一条唯一的成功之路，所以在电子商务应用系统的规划过程中，有必要听取多方意见，邀请不同领域的专业人员参与系统的规划。

参与系统规划的人员可以分为以下几类：

（1）企业领导层。企业领导层参与系统规划是非常必要的，因为他们了解企业的核心业务与商务过程，能够对应用系统起到控制与决策的作用。

（2）企业经营人员。企业经营人员掌握了解有关市场、客户、产品、商务流程、增值点与业务延伸等知识，并且他们非常清楚与其他企业的协作，同时也能够作为应用系统的最终用户，提供专项电子商务的需求。他们在系统规划中能够使商务模式、服务内容更加清晰，同时也能在企业流程再造、对商务逻辑的决策、系统评估、运行决策等方面做出贡献。

（3）企业外部的商务顾问、技术顾问与其他咨询人员。技术顾问会对电子商务系统需要的技术及集成提供建议，而商务顾问会对企业的未来和商务模式设计提供有用的建议、案例。其他咨询人员包括ISP（Internet Service Provider，Internet 服务供应商）或成功的电子商务运营商、物流专家、金融投资顾问等。这些咨询人员能够对多个方面提出建议，例如企业供应链设计、新系统的评估等等。

（4）技术人员。规划过程中必须包括各方面的专业技术人员，他们有项目管理经理、网络专家、Web 应用专家、数据通信方面的专家等精通信息技术与因特网技术的技术人员。

（5）其他人员。系统的规划中还必须适当地包括例如文档管理人员、法律人员等其他人员。他们能够利用特定的专业知识对规划提出建议并且辅助工作。

7.2　电子商务系统的可行性分析

7.2.1　信息收集的方法

电子商务应用系统的需求调查过程是各类原始素材的收集过程，相应的信息收集方法大致有以下几种：

1．查阅书面资料

尽可能地对所有数据载体（各类表格、记录、报告、手册等）以及岗位责任制、职责范围、规程手册、业务书籍等进行收集，掌握它们的来龙去脉、涉及范围。特别值得注意的是规程手册和与该企业有关的相关业务书籍。通过仔细阅读，掌握该企业的基本业务术语和主要业务流程，以减少有关术语的歧义性，增加需求分析的准确度。

2．实地观察

它又叫做直接观察法。实地观察的一个目的就是尽可能接近事件发生地，去研究真实系统。作为观察者要遵循一定的规则，在观察时尽可能多听、少说或不说；特别要注意那些一闪即逝的有用的信息。观察内容包括现有系统的实际布局、人员的安排、各项活动及工作情况。通过实地观察，可以增加系统开发人员的感性认识，有助于加快对业务流程与活动的理解。

3．调查表

调查表是一种具有特殊目的的文档，调研人员可以从它那里收集信息和观点。调查表方式的优点在于比较省时间，执行起来需要较少的技巧，问卷者有时间思考、计算、查阅资料，提供的信息更准确，能够相对廉价的从大量的人中收集数据，允许匿名填写，答案可以快速地表格化和分析等。缺点是回收率可能比较低，很多人难于清楚地表达自己的观点，尤其是回答发挥式问题时，许多人不愿动笔。此外，设计一个好的调查表往往不容易。

4．面谈

面谈是一种调查研究技术，调研人员借此从个人那里通过面对面的交流收集信息。一般认为个人面谈是最重要和最常用的调查研究技术。面谈可以用来实现如下目标：发现事实、验证事实、澄清事实、激发热情、让最终用户参与、确定需求以及征求想法和观点。这种方法的成功与否主要依赖于调研人员的提问水平。

面谈中需要注意以下几点：

（1）事先安排好时间、地点、面谈人员、顺序，保证清静的环境，使面谈不易被打断。

（2）最好准备一个面谈提纲或问卷。从系统目标出发，加上主观判断，规定调查的思路。不应该带着主观偏见去收集信息，但如果没有主观上规定数据的范围，而是以相同的权重看待所有信息，则只可能眉毛胡子一把抓，丢失重点。在面谈开始时应该首先交待清楚面谈的目的和内容，然后作为聆听者而非答辩者来展开具体的谈话，面谈时既要把握重点，又要注意提纲尚未出现但很可能很重要的信息。

（3）提的问题应该明确简洁，尽量使用清楚精确的语言。注意提问的方式与问题的提出顺序。

（4）认真聆听，避免争论。

（5）建立友好的关系与气氛。

（6）对采访纪要进行整理，并经受访者确认签字。

5. 业务专题报告

对于某些需要电子商务应用系统特别支持的业务需求或比较复杂的业务需求，最好能请有关人员为应用系统调研人员作专题报告。专题报告由报告人认真准备，故系统性、逻辑性、完整性、准确性都较强，极好地提高了调研效率。

采用上述五种主要的方法收集了信息后，应当将其记录下来，作为可行性分析报告的一部分，并且记录应当尽量完整、明确、可验证等。对企业信息的收集是新应用系统可行性研究阶段和系统分析阶段所必须进行的工作内容，无论是可行性研究阶段还是系统分析阶段均可采用上述方法，但是调查的程度有所不同：可行性研究阶段的调查不必非常详细，而系统分析阶段的调查则越详细越好。

7.2.2 可行性分析

在应用系统的目标需求已经确定，对系统的基本又有所了解的情况下，系统分析人员就可以进行可行性分析。

可行性分析就是根据系统的环境、资源等条件，判断新系统的建设项目是否有必要、有可能开始进行。做出这个决定的前提是明确和量化了目标，没有明确的定量检查目标，便无法进行可行性分析。

可行性包括以下四个方面：

1. 运行可行性

运行可行性是对方案在组织中的合适程度的度量，也是人们对该系统的感觉的度量。运行可行性的以下两个方面需要考虑：

（1）问题是否值得解决，或者问题的解决方案能工作吗？

（2）用户和管理人员对问题或问题的解决方案感觉如何？

我们不仅要评价一个系统是否能够满足功能性和非功能性需求，而且还要评价它是否受到管理层、最终用户等的支持，因为一个可以工作的方案仍可能由于最终用户和管理层的抵制而落选。

2. 技术可行性

分析所提出的要求在现有技术水平下是否有可能实现。这里所说的现有水平，是指社会上已经比较普遍地使用了的技术，不应该把尚在实验室里的新技术作为讨论的依据。

技术可行性主要涉及三个问题：建议的技术或方案在现有技术水平下是否可以实

现？企业目前拥有所需的技术吗？企业拥有所需的技术专家吗？

3. 经济可行性

从经济上考虑，包括对项目所需费用的预算和对项目效益的估算。这是非常重要的，如果忽略了，就会造成巨大的损失。在估算的过程中常常把费用估计低了而把收益估计高了，这是因为人们在考虑问题的时经常忽略一些重要的因素。例如人们在考虑费用的时候，常常是：

（1）只考虑了计算机的费用，而低估了外围设备的费用；

（2）只考虑了硬件的费用，而低估了软件的费用；

（3）只考虑了研制系统时所需要的一次性投资，而忘记或低估了日常运行的维持性费用（如备件、打印纸等各种耗材）；

（4）只考虑了设备材料等物资的费用，而忘记或低估了人员技术培训的费用。

所有这些都使人们低估了改善应用系统的费用。另一方面，对于项目的收益，人们往往把引入应用系统后所增加的信息处理能力，与实际发展出来的效益混为一谈。必须明确，当我们引进计算机或其他新技术的时候，只是使应用系统在某一环节增加了处理能力。

4. 社会环境可行性

要考虑各种社会因素，才能确定项目是否可行。由于电子商务应用系统是在社会环境中工作的，除了技术和经济等因素之外，还有许多社会因素对于项目的开展起着制约的作用。与项目有直接关系的人、处于变动中的企业的管理制度、工作人员的文化水平等等都必须作为社会和人的因素考虑在内。

总之我们需要从上述四个方面来判断项目是否具备开始进行的各种必要条件，这就是可行性分析。在可行性分析之后，应该把分析结果用可行性报告的形式编写出来，形成正式的工作文件。这个报告非常必要，因为我们把项目的目标用我们的语言表达出来，并按照我们的理解把它明确化、定量化，列出优选顺序并进行权衡考虑，这些是否符合使用者的原意，有没有偏离使用者的目标，都还没有得到验证。虽然我们尽力去体会使用者的意图，但是，由于工作背景和职业的差别，仍然难免发生一些误解和疏漏。因此，与使用者交流，请他们审核可行性分析报告也是非常必要的。

可行性报告的结果不一定可行，也有可能是得出在目前条件下不可行的结论，这是完全正常的。如果限定必须证明可行，那么可行性分析就没有意义了。判断不可行性比判断可行性的收获还大，因为这就避免了巨大的浪费。另外，可行性分析的结果也有可能是要求做一些局部的修改。

对可行性报告的讨论是研制过程中的关键步骤，必须在项目的目标及可行性问题上和领导及管理人员取得一致的认识，才能正式开始项目的详细调查研究。为了做好这一次讨论，在条件许可的情况下，可以请一些外单位的参加过类似系统研制的专家来讨论。他们的经验以及他们局外人的立场都有利于对于项目目标和可行性做出更准确的表达、判断与论证。可行性报告通过之后，项目就进入了实质性的阶段。

7.2.3 可行性研究的步骤

1. 复查并确定系统规模和目标

分析员对关键人员进行调查访问，仔细阅读和分析有关材料，以便对问题定义阶段书写的关于系统的规模和目标的报告书进行进一步的复查和确认，清晰地描述对目标系统的一切限制和约束，改正规模或不确切的叙述，确保分析员正在解决的问题确实是用户要求他解决的问题，这是这一步的关键。

2. 研究目前正在使用的系统

目前正在使用的系统可能是一个人工操作系统，也可能是旧的计算机系统，旧的系统必然有某些缺陷，因而需要开发一个新的系统且必须能解决旧系统中存在的问题。那么现有的系统就是信息的重要来源。人们需要研究现有系统的基本功能，存在哪些问题，运行现有系统需要多少费用，对新系统有什么新要求，新系统运行时能否减少使用费用等。

应该仔细收集、阅读、研究和分析先有系统的文档资料和使用手册，实地考察现有系统。观察现有系统可以做什么，为什么这样做，有何缺点，使用代价以及其他系统的联系等，但并不了解它怎样做这些工作。分析人员在考察的基础上，访问有关人员，画出描绘现有系统的高层系统流程图，有关人员一切审查该系统流程图是否正确，为目标系统的实现提供参考。

3. 建立新系统的高层逻辑模型

比较理想的设计通常总是从现有的物理系统出发，推导出现有系统的逻辑模型，由此再设想目标系统的逻辑模型，从而构造新的物理系统，然后使用建立逻辑模型的工具——数据流图和数据字典，来描绘数据在系统中流动和处理情况。数据流图和数据字典共同定义了新系统的逻辑模型，为目标系统的设计打下了基础。但要注意，现在还不是软件需要分析阶段，只是概括地描绘高层的数据处理和流动。

4. 导出和评价各种方案

分析人员建立了系统的高层逻辑模型之后，分析人员和用户有必要一起再复查问题的定义、工程模型和目标。如有疑义，应予以修改，直到提出的逻辑模型完全符合系统目标为止。在此基础上，分析员从他建立的系统逻辑模型出发，进一步导出若干个较高层次的（较抽象的）物理解法，根据经济可行性、技术可行性、操作可行性、法律可行性对各种方案进行评估，去掉行不通的解，就得到了可行的解法。

5. 推荐可行方案

根据可行性研究结果，分析人员应做出关键性的决定，即这项工程是否值得去开发。如果值得去开发，应该选择一种最好的解法，并说明该方案是可行的原因和理由。特别是对所推荐的可行方案要进行比较详细的成本/效益分析，供使用部门决策。

6. 草拟初步的开发计划

计划中除工程进度表之外，还应估计对各种开发人员和各种软、硬件资源的需要情况，初步估计系统生存周期每个阶段的成本，给出需求分析阶段的详细进度表和成本估计。

7. 编写可行性研究报告提交审查

应该把上述可行性研究各个步骤的结果写成可行性研究报告，提请用户和使用部门仔细审查，从而决定该项目是否进行开发，是否接受分析员推荐的方案。

7.2.4 数据流图

结构化分析（Structured Analysis，SA）方法是一种面向数据流的需求分析方法，也是一种建模活动。适用于分析大型数据处理系统，是一种简单、实用的方法，现在已经得到广泛的使用。

结构化分析方法的基本思想是自顶向下逐层分解。分解和抽象是人们控制问题复杂性的两种基本手段。对于一个复杂的问题，人们很难一下子考虑问题的所有方面和全部细节，通常可以把一个大问题分解成若干个小问题，每个小问题再分解成若干个更小的问题，经过多次逐层分解，每个最底层的问题都是足够简单，容易解决的，于是复杂的问题也就迎刃而解了。这个过程就是分解的过程。

SA方法的分析结果由以下几部分组成：一套分层的数据流图、一本数据词典、一组小说明（也称加工逻辑说明）、补充材料。

数据流图或称数据流程图（Data Flow Diagram，DFD），是一种便于用户理解、分析系统数据流程的图形工具。它摆脱了系统的物理内容，精确地在逻辑上描述系统的功能、输入、输出和数据存储等，是系统逻辑模型的重要组成部分。

1. DFD的基本成份

DFD的基本成份及其图形表示方法如图7-1所示。

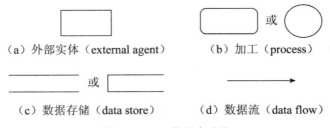

图7-1 DFD的基本成份

（1）外部实体（外部主体）。外部实体是指存在于软件系统之外的人员或组织，它指出系统所需数据的发源地和系统所产生的数据的归宿地。

（2）加工。加工描述了输入数据流到输出数据流之间的变换，也就是输入数据流经过什么处理后变成了输出数据流。每个加工有一个名字和编号。编号能反映出该加工位于分层DFD中的哪个层次和哪张图中，也能够看出它是哪个加工分解出来的子加工。

（3）数据存储。数据存储用来表示存储的数据，每个数据存储都有一个名字。

（4）数据流。数据流由一组固定成分的数据组成，表示数据的流向。值得注意的是，

DFD 中描述的是数据流，而不是控制流。除了流向数据存储或从数据存储流出的数据流不必命名外，每个数据流都必须有一个合适的名字，以反映该数据流的含义。

2. 分层数据流图的画法

（1）画系统的输入和输出。把整个软件系统看作一个大的加工，然后根据系统从哪些外部实体接收数据流，以及系统发送数据流到哪些外部实体，就可以画出系统的输入和输出图，这张图称为顶层图。

（2）画系统的内部。将顶层图的加工分解成若干个加工，并用数据流将这些加工连接起来，使得顶层图中的输入数据经过若干个加工处理后变换成顶层图的输出数据流。这张图称为 0 层图。从一个加工画出一张数据流图的过程实际上就是对这个加工的分解。

可以用下述的方法来确定加工：在数据流的组成或值发生变化的地方应画一个加工，这个加工的功能就是实现这一变化；也可根据系统的功能确定加工。

确定数据流的方法：当用户把若干个数据看作一个整体来处理（这些数据一起到达，一起加工）时，可把这些数据看成一个数据流。

对于一些以后某个时间要使用的数据可以组织成一个数据存储来表示。

（3）画加工的内部。把每个加工看作一个小系统，该加工的输入输出数据流看成小系统的输入输出数据流。于是可以用与画 0 层图同样的方法画出每个加工的 DFD 子图。

（4）对第（3）步分解出来的 DFD 子图中的每个加工，重复第（3）步的分解，直至图中尚未分解的加工都足够简单（也就是说这种加工不必再分解）为止。至此，得到了一套分层数据流图。

3. 对图和加工进行编号

对于一个软件系统，其数据流图可能有许多层，每一层又有许多张图。为了区分不同的加工和不同的 DFD 子图，应该对每张图和每个加工进行编号，以利于管理。

（1）父图与子图。假设分层数据流图里的某张图（记为图 A）中的某个加工可用另一张图（记为图 B）来分解，称图 A 是图 B 的父图，图 B 是图 A 的子图。在一张图中，有些加工需要进一步分解，有些加工则不必分解。因此，如果父图中有 n 个加工，那么它可以有 $0 \sim n$ 张子图（这些子图位于同一层），但每张子图都只对应于一张父图。

（2）编号。顶层图只有一张，图中的加工也只有一个，所以不必编号。0 层图只有一张，图中的加工号可以分别是 0.1、0.2、…或者是 1、2、…。子图号就是父图中被分解的加工号。图的加工号由图号、圆点和序号组成。例如，某图中的某加工号为 2.4，这个加工分解出来的子图号就是 2.4，子图中的加工号分别为 2.4.1、2.4.2、…。

【例 7-1】某考务处理系统有如下功能。

①对考生送来的报名单进行检查。
②对合格的报名单进行检查。
③对阅卷站送来的成绩清单进行检查，并根据考试中心指定的合格标准审定合格者。
④制作考生通知单（内含成绩合格/不合格标志）送给考生。

⑤按地区、年龄、文化程度、职业和考试级别等进行成绩分类统计和试题难度分析,产生统计分析表。

该考务处理系统的分层数据流图如图 7-2 所示。

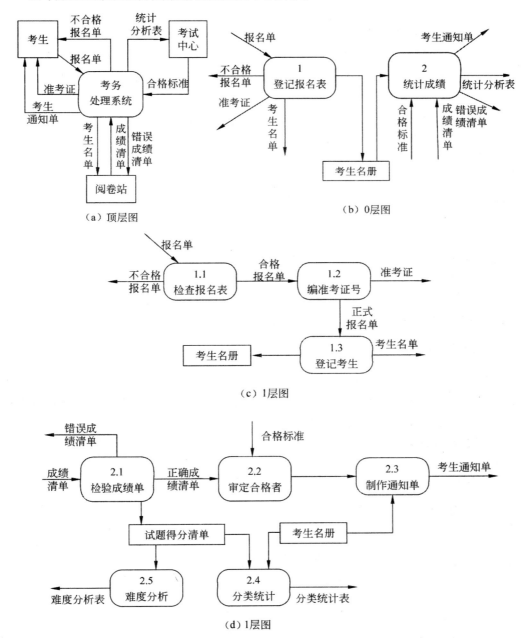

图 7-2 考务处理系统分层数据流图

应注意的问题如下。

①适当地为数据流、加工、数据存储、外部实体命名,名字应反映该成分的实际含义,避免空洞的名字。

②画数据流而不要画控制流。

③每条数据流的输入或者输出是加工。

④一个加工的输出数据流不应与输入数据流同名,即使它们的组成成分相同。

⑤允许一个加工有多条数据流流向另一个加工,也允许一个加工有两个相同的输出数据流流向两个不同的加工。

⑥保持父图与子图平衡。也就是说,父图中某加工的输入输出数据流必须与它的子图的输入输出数据流在数量和名字上相同。值得注意的是,如果父图的一个输入(或输出)数据流对应于子图中几个输入(或输出)数据流,而子图中组成这些数据流的数据项全体正好是父图中的这一个数据流,那么它们仍然算是平衡的。

⑦在自顶向下的分解过程中,若一个数据存储首次出现时只与一个加工有关,那么这个数据存储应作为这个加工的内部文件而不必画出。

⑧保持数据守恒。也就是说,一个加工所有输出数据流中的数据必须能从该加工的输入数据流中直接获得,或者是通过该加工能产生的数据。

⑨每个加工必须既有输入数据流,又有输出数据流。

⑩在整套数据流图中,每个数据存储必须既有读的数据流,又有写的数据流。但在某一张子图中可能只有读没有写,或者只有写没有读。

7.2.5 数据字典

数据流图描述了系统的分解,但没有对图中各成分进行说明。数据字典就是为数据流图中的每个数据流、文件、加工,以及组成数据流或文件的数据项作出说明。其中对加工的描述称为"小说明",也可以称为"加工逻辑说明"。

1. 数据字典的内容

数据字典有以下四类条目:数据流、数据项、数据存储和基本加工。数据项是组成数据流和数据存储的最小元素。源点、终点不在系统之内,故一般不在字典中说明。

(1)数据流条目。数据流条目给出了 DFD 中数据流的定义,通常列出该数据流的各组成数据项。在定义数据流或数据存储组成时,使用表 7-1 给出的符号。

表 7-1 在数据字典的定义式中出现的符号

符 号	含 义	举例及说明
=	被定义为	
+	与	x = a+b,表示 x 由 a 和 b 组成
[⋯|⋯]	或	x = [a|b],表示 x 由 a 或 b 组成
{⋯}	重复	x = {a},表示 x 由 0 个或多个 a 组成

续表

符号	含义	举例及说明
$m\{\cdots\}n$ 或 $\{...\}_m^n$	重复	$x = 2\{a\}5$ 或 $x = \{a\}_2^5$，表示 x 中最少出现 2 次 a，最多出现 5 次 a。5，2 为重复次数的上、下限
(…)	可选	$x = (a)$ 表示 a 可在 x 中出现，也可不出现
"…"	基本数据元素	$x = $ "a"，表示 x 是取值为字符 a 的数据元素
..	连接符	$x = 1..9$，表示 x 可取 1～9 中任意一个值

【例 7-2】定义数据流组及数据项

机票=姓名＋日期＋航班号＋起点＋终点＋费用

航班号＝"Y7100"…"Y8100"

终点=[上海|北京|西安]

数据流条目主要内容及举例如下。

数据流名称：订单。

别名：无。

简述：顾客订货时填写的项目。

来源：顾客。

去向：加工 1 "检验订单"。

数据流量：1000 份/每周。

组成：编号+订货日期+顾客编号+地址+电话+银行账号+货物名称+规格+数量。

（2）数据存储条目。数据存储条目是对数据存储的定义。

【例 7-3】

数据存储名称：库存记录。

别名：无。

简述：存放库存所有可供货物的信息。

组成：货物名称+编号+生产厂家+单价+库存量。

组织方式：索引文件，以货物编号为关键字。

查询要求：要求能立即查询。

（3）数据项条目。数据项条目是不可再分解的数据单位。

【例 7-4】

数据项名称：货物编号。

别名：G-No，G-num，Goods-NO。

简述：本公司的所有货物的编号。

类型：字符串。

长度：10。

取值范围及含义为：

第一位：进口/国产。

第 2～4 位：类别。

第 5～7 位：规格。

第 8～10 位：品名编号。

（4）加工条目。加工条目是用来说明 DFD 中基本加工的处理逻辑的，由于下层的基本加工是由上层的加工分解而来，只要有了基本加工的说明，就可理解其他加工。

【例 7-5】

加工名：查阅库存。

编号：2.1。

激发条件：接收到合格订单时。

优先级：普通。

输入：合格订单。

输出：可供货订单、缺货订单。

加工逻辑：根据库存记录。例如，

IF 订单项目的数量＜该项目库存量的临界值＞

THEN 可供货处理

ELSE 此订单缺货，登录，待进货后再处理

ENDIF

2．数据字典管理

字典管理主要是把词典条目按照某种格式组织后存储在字典中，并提供排序、查找和统计等功能。如果数据流条目包含了来源和去向，文件条目包含了读文件和写文件，还可以检查数据字典与数据流图的一致性。

7.3 电子商务系统需求分析

7.3.1 需求分析的任务与原则

1．需求分析的任务

需求分析的任务是确定系统必须完成哪些工作，也就是对目标系统提出完整、准确、清晰而且具体的需求。

需求分析实际上是调查、评价以至肯定用户对软件需求的过程，其目的在于精化软件的作用范围，也是分析和确认软件系统构成的过程，以确定未来系统的主要成分以及它们之间的接口细节。所以，需求分析实际上是一个对用户意图不断进行揭示和判断的过程，它并不考虑系统的具体实现，而是完整地、严密地描述应当"做什么"的一种过程。

首先，把用户提出来的各种问题和要求（这些问题和要求往往是十分模糊的）归纳

整理、分析和综合，弄清楚用户想要做什么，应当做什么。把这些作为要求和条件予以明确，这一步称为"用户意图分析"。其次，是在完全弄清用户对软件系统的确切需求的基础上，建立分析模型，从逻辑上完整、严密地描述所要开发的系统，并保证它能满足上述要求和条件。这一步称为"规范化"。

具体来说，可有以下几点。

（1）确定软件系统的综合要求。

①系统界面要求。描述软件系统的外部特性，即系统从外部输入哪些数据，系统向外部输出哪些数据。

②系统的功能要求。列出软件系统必须完成的所有功能。

③系统的性能要求。如响应时间、吞吐量、处理时间等。

④安全性、保密性和可靠性方面的要求。

⑤系统的运行要求。如对硬件、支撑软件和数据通信接口等的要求。

⑥异常处理要求。在运行过程中出现异常情况（如临时性或永久性的资源故障，不合法或超出范围的输入数据、非法操作和数组越界等）时应采取的行动以及希望显示的信息。

⑦将来可能提出的要求。主要是为将来可能的扩充和修改做准备。

（2）分析软件系统的数据要求。包括基本数据元素、数据元素之间的逻辑关系、数据量和峰值等。常用的数据描述手段是实体-关系模型。

（3）导出系统的逻辑模型。在结构化分析方法中可用数据流图来描述；在面向对象分析方法中可用类模型来描述。

（4）修正项目开发计划。在明确了用户的真正需求后，可以更准确地估算软件的成本和进度，从而修正项目开发计划。

（5）如有必要，可开发一个原型系统。对一些需求不够明确的软件，可以先开发一个原型系统，以验证用户的需求。

需要再次强调的是，需求分析阶段主要解决"做什么"的问题，而"怎么做"则由设计阶段来完成。

2．需求分析的原则

（1）必须能够表达和理解问题的数据域和功能域。数据域包括数据流、数据内容和数据结构三个方面，而功能域则反映数据域三个方面的控制信息。

（2）可以把一个复杂问题按功能进行分解并可逐层细化。

（3）建立模型可以帮助分析人员更好地理解软件系统的信息、功能、行为，这些模型也是软件设计的基础。

7.3.2 需求获取的方法

1．客户访谈

客户访谈是最早开始使用的获取用户需求的方法，也是至今仍然广泛使用的一种需求分析方法。客户访谈是一个直接与客户交流的过程，既可了解高层用户对软件的要求，也可以听取直接用户的呼声。访谈可分为正式的和非正式的两种基本形式。正式访谈时，系统分析员将提出一些用户可以自由回答的开发性问题，以鼓励被访问的人能说出自己的想法，例如，可以询问用户对目前正在使用的系统有哪些不满意的地方、为什么等问题。另外，对一些需要调查大量人员的意见的时候，可以采用向被调查人发调查表的方法进行。然后对收回的调查表仔细阅读，之后系统分析员可以有针对性地访问一些用户，以便向他们了解在分析调查表中所发现的问题。

2. 建立联合分析小组

系统在开始的时候，往往是系统分析员用户领域内的专业知识，而用户也不熟悉计算机知识，这样就造成他们之间的交流存在着巨大的文化差异。因而，需要建立一个由用户、系统分析员和领域专家参加的联合分析小组，由领域专家来沟通。这对系统分析员与用户逐渐的交流和需求的获取将非常有用。另外，特别要重视用户业务人员的作用。

3. 问题分析与确认

不要期望用户在一两次交谈中，就会对目标系统的需求阐述清楚，也不能限制用户在回答问题的过程中自由发挥。在每次访问之后，要及时进行整理、分析用户提供的信息，去掉错误的、无关的部分，整理有用的内容，以便在下一次与用户见面时由用户确认；同时准备下一次访问用户时更进一步的细节问题。如此循环，大概需要 3~5 个来回。

用传统的常规的需求获取方法定义需求时，用户过于被动，而且往往与开发者区分"彼此"。由于不能像同一个团队的人那样齐心协力地识别和精化需求，所以这种方法效果有时不太理想。为了解决这个问题，人们研究出一种面向团队的需求获得方法，称为简易的应用规格说明技术。这种方法提倡用户与开发者密切合作，共同标识问题，提出解决方案要素，商讨不同方案并指定基本需求。这种方法有许多优点：开发者与用户不分彼此，齐心协力，密切配合，共同完成需求获取工作。感兴趣的读者可以查阅相关资料。

7.3.3 系统分析与建模

系统分析是研制开发一个电子商务系统最重要的阶段，也是最困难的阶段。系统分析的好坏，直接影响到完成系统的质量、用户的满意度等，甚至直接影响项目的成功与否。

系统分析阶段要回答的中心问题是系统要"做什么"，即明确系统功能。这个阶段的成果是逻辑模型。而系统设计阶段要回答的中心问题是系统要"怎么做"，即如何实现系统分析说明书中规定的系统功能。要根据实际技术条件、经济条件和社会环境条件等，确立系统实施方案，建立系统物理模型，具体包括界定系统的外部边界，说明系统的组成及其功能和相互关系，描述系统的处理流程，给出未来系统的结构等。

模型是现实的一种抽象表示。一个电子商务系统的模型包括逻辑模型和物理模型两种。

逻辑模型也称概念模型，它展示了系统是什么，能够做什么事情。逻辑模型与实现无关，它们独立于任何的技术实现来描述系统。逻辑模型说明了系统的本质。逻辑模型降低了由于过分关注技术细节而丢失业务需求所带来的风险，使我们可以少用技术性的语言与最终用户进行沟通。

物理模型有时也称为技术模型，它展示了系统如何去做事情，即系统在实际上以及技术上是如何实现。它们是与实现相关的，反映了技术选择和所选技术的限制等。

电子商务系统分析的主要任务就是在系统规划的指导下，通过对企业各部门、各业务的详细调查研究，深入研究现有系统的工作流程，分析用户的需求，得到新系统的逻辑设计方案，以解决系统"能做什么"的问题。需要注意的是：现有系统不只包括企业现有的可在计算机运行的信息系统，也包括企业现有的手工作业条件下的业务流程。

系统分析阶段需要系统分析员和用户一起充分理解用户的需求，并把双方都认同的理解用书面文档（系统分析说明书）表达出来。而此系统分析说明书通过审核之后，将作为系统设计的依据和将来验收系统的依据。

系统分析阶段的工作必须深入详细，充分调动用户的积极性，系统分析员要与用户精诚合作。除此之外，也需要使用一定的技术与工具。例如图表等，直观的图表既可以帮助系统分析员理清思路，也便于与用户交流。

系统分析的具体步骤如下：

（1）现行系统详细调查。详尽的调查是系统分析与设计的基础。详细调查现行系统的基本情况和具体结构，并用一定的工具对现行系统进行形象的描述，这是系统分析最基本的任务。详细调查需要组织相关部门的业务人员、主管、系统分析员、系统设计人员的共同参与。系统分析人员要事先制订好调查计划，设计好调查问卷等。调查的具体方法包括阅读书面资料，实地考察，与业务人员进行面谈，发放调查表，请业务专家为系统分析员做专题报告等。

（2）需求分析。需求分析在详尽调查的基础上进行分析和综合，并进行评价和检查，进而提出对目标系统的综合要求。主要包括功能需求、性能需求、资源和环境需求、可靠性需求、安全保密需求、用户界面需求、成本消耗与开发进度需求、预先估计的可扩展性需求等。

（3）提出新系统逻辑模型。对新系统进行适当的文字说明，将已经得到的确切需求清晰准确地描述，并整理出系统分析报告。

逻辑建模过程包括过程建模和数据建模。使用的工具分别为数据流图和数据字典。

系统的设计就是在反映用户需求的逻辑方案的基础上，专注于系统的技术性和实现方面，科学合理地使用各种系统设计方法，得到一个详细的计算机系统方案。系统设计也被称为物理设计。

系统设计的目标是在保证逻辑模型的实现的基础上，设计出一个易于理解，容易维护的系统，尽可能提高系统的各项指标，即系统的效率、质量、可靠性、可变性和经济性等。系统设计根据系统分析的结果，对新信息系统进行深入设计，设计出一套与改进后的管理体制及管理手段相适应的新的信息系统，并为系统实施阶段的程序设计、调试提供依据。

7.3.4 数据模型

1. 数据模型的基本概念

模型就是对现实世界特征的模拟和抽象，数据模型是对现实世界数据特征的抽象。对于具体的模型人们并不陌生，如航模飞机、地图和建筑设计沙盘等都是具体的模型。最常用的数据模型分为概念数据模型和基本数据模型。

（1）概念数据模型，也称信息模型，是按用户的观点对数据和信息建模，是现实世界到信息世界的第一层抽象，强调其语义表达功能，易于用户理解，是用户和数据库设计人员交流的语言，主要用于数据库设计。这类模型中最著名的是实体联系模型，简称 E-R 模型。

（2）基本数据模型。它是按计算机系统的观点对数据建模，是现实世界数据特征的抽象，用于 DBMS 的实现。基本的数据模型有层次模型、网状模型、关系模型和面向对象模型（Object Oriented Model）。

2. 数据模型的三要素

数据库结构的基础是数据模型，是用来描述数据的一组概念和定义。数据模型的三要素是数据结构、数据操作和数据的约束条件。

（1）数据结构。它是所研究的对象类型的集合，是对系统静态特性的描述。

（2）数据操作。对数据库中各种对象（型）的实例（值）允许执行的操作的集合，包括操作及操作规则。如操作有检索、插入、删除和修改，操作规则有优先级别等。数据操作是对系统动态特性的描述。

（3）数据的约束条件。它是一组完整性规则的集合。也就是说，对于具体的应用数据必须遵循特定的语义约束条件，以保证数据的正确、有效和相容。例如，某单位人事管理中，要求在职的"男"职工的年龄必须大于 18 岁小于 60，工程师的基本工资不能低于 1500 元，每个职工可担任一个工种，这些要求可以通过建立数据的约束条件来实现。

3. E-R 模型

概念模型是对信息世界建模，所以概念模型能够方便、准确地表示信息世界中的常用概念。概念模型有很多种表示方法，其中最为常用的是 P.P.S.Chen 于 1976 年提出的实体-联系方法（Entity Relationship Approach）。该方法用 E-R 图来描述现实世界的概念模型，称为实体-联系模型（Entity-Relationship Model，E-R 模型）。

E-R 模型是软件工程设计中的一个重要方法，因为它接近于人的思维方式，容易理解并且与计算机无关，所以用户容易接受，是用户和数据库设计人员交流的语言。但是，

E-R 模型只能说明实体间的语义联系，还不能进一步地详细说明数据结构。在解决实际应用问题时，通常应该先设计一个 E-R 模型，然后再把其转换成计算机能接受的数据模型。

1）实体

在 E-R 模型中，实体用矩形表示，通常矩形框内写明实体名。实体是现实世界中可以区别于其他对象的"事件"或"物体"。例如，企业中的每个人都是一个实体。每个实体由一组特性（属性）来表示，其中的某一部分属性可以唯一标识实体，如职工号。实体集是具有相同属性的实体集合，例如，学校所有教师具有相同的属性，因此教师的集合可以定义为一个实体集；学生具有相同的属性，因此学生的集合可以定义为另一个实体集。

2）联系

在 E-R 模型中，联系用菱形表示，通常菱形框内写明联系名，并用无向边分别与有关实体连接起来，同时在无向边旁标注上联系的类型（1∶1、1∶n 或 m∶n）。实体的联系分为实体内部的联系和实体与实体之间的联系。实体内部的联系反映数据在同一记录内部各字段间的联系。

（1）两个不同实体之间的联系。两个不同实体集之间存在如下三种联系类型。一对一（1∶1）联系，指实体集 E_1 中的一个实体最多只与实体集 E_2 中的一个实体相联系。一对多（1∶n）联系，表示实体集 E_1 中的一个实体可与实体集 E_2 中的多个实体相联系。多对多（m∶n）联系，表示实体集 E_1 中的多个实体可与实体集 E_2 中的多个实体相联系。

例如，图 7-3 表示两个不同实体集之间的联系。其中：

电影院里一个座位只能坐一个观众，因此观众与座位之间是一个 1∶1 的联系，联系名为 V_S，用 E-R 图表示如图 7-3（a）所示。

部门 DEPT 和职工 EMP 实体集，若一个职工只能属于一个部门，那么这两个实体集之间应是一个 1∶n 的联系，联系名为 D_E，用 E-R 图表示如图 7-3（b）所示。

工程项目 PROJ 和职工 EMP 实体集，若一个职工可以参加多个项目，一个项目可以有多个职工参加，那么这两个实体集之间应是一个 m∶n 的联系，联系名为 PR_E，用 E-R 图表示如图 7-3（c）所示。

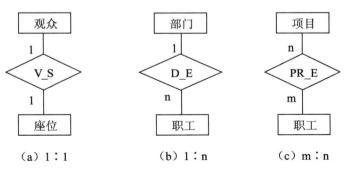

图 7-3 两个不同实体集之间的联系

（2）两个以上不同实体集之间的联系。两个以上不同实体集之间存在 1∶1∶1、1∶1∶n、1∶m∶n 和 r∶m∶n 的联系。例如，图 7-4 表示了三个不同实体集之间的联系。其中：

图 7-4（a）表示供应商 Supp、项目 Proj 和零件 Part 之间多对多对多（r∶n∶m）的联系，联系名为 SP_P。表示供应商为多个项目供应多种零件，每个项目可用多个供应商供应的零件，每种零件可由不同的供应商供应的语义。

图 7-4（b）表示病房、病人和医生之间一对多对多（1∶n∶m）的联系，联系名为 P_D。表示一个特护病房有多个病人和多个医生，一个医生只负责一个病房，一个病人只属于一个病房的语义。

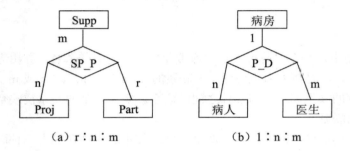

图 7-4　三个不同实体集之间的联系

注意，三个实体集之间的多对多联系和三个实体集两两之间的多对多联系的语义是不同的。例如，供应商和项目实体集之间的"合同"联系，表示供应商为哪几个工程签了合同。供应商与零件两个实体集之间的"库存"联系，表示供应商库存零件的数量。项目与零件两个实体集之间的"组成"联系，表示一个项目由哪几种零件组成。

（3）同一实体集内的二元联系。同一实体集内的各实体之间也存在 1∶1、1∶n 和 m∶n 的联系，如图 7-5 所示。

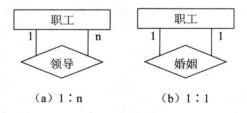

图 7-5　同一实体集之间的 1∶n 和 1∶1 联系

从图中可见，职工实体集中的领导与被领导联系是 1∶n 的。但是，职工实体集中的婚姻联系是 1∶1 的。

在 E-R 图中有表 7-2 所示的几个主要构件。

表 7-2 E-R 图中的主要构件

构件		说明
矩形	▭	表示实体集
双边矩形	▣	表示弱实体集
菱形	◇	表示联系集
双边菱形	◈	表示弱实体集对应的标识性联系
椭圆	○	表示属性
线段	——	将属性与相关的实体集连接，或将实体集与联系集相连
双椭圆	◎	表示多值属性
虚椭圆	⌒	表示派生属性
双线	===	表示一个实体全部参与到联系集中

说明 1：在 E-R 图中，实体集中作为主码的一部分属性以下划线标明。另外，在实体集与联系的线段上标上联系的类型。

说明 2：在本书中，若不引起误解，实体集有时简称实体，联系集有时简称联系。

【例 7-6】学校有若干个系，每个系有若干名教师和学生；每个教师可以担任若干门课程，并参加多项项目；每个学生可以同时选修多门课程。请设计该学校教学管理的 E-R 模型，要求给出每个实体、联系的属性。

解：该学校教学管理的 E-R 模型应该有 5 个实体：系、教师、学生、项目和课程。
①设计各实体属性如下：
系（系号，系名，主任名）
教师（教师号，教师名，职称）
学生（学号，姓名，年龄，性别）
项目（项目号，名称，负责人）
课程（课程号，课程名，学分）
②各实体之间的联系如下：

教师担任课程的 1：n "任课"联系；教师参加项目的 n：m "参加"联系；学生选修课程的 n：m "选修"联系；教师、学生与系之间所属关系的 1：n：m "领导"联系。其中"参加"联系有一个排名属性，"选修"联系有一个成绩属性。

通过上述分析，该学校教学管理的 E-R 模型如图 7-6 所示。

特别需要指出的是，E-R 模型强调的是语义，与现实世界的问题密切相关。这句话的意思是，尽管都是学校教学管理，但由于不同的学校教学管理的方法可能会有不同的语义，因此会得到不同的 E-R 模型。

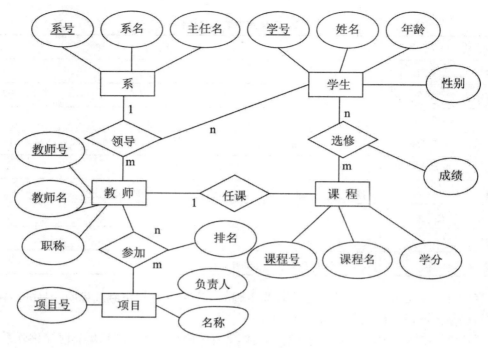

图 7-6　学校教学管理的 E-R 模型

4. 层次模型

层次模型（Hierarchical Model）采用树型结构表示数据与数据间的联系。在层次模型中，每一个节点表示一个记录类型（实体），记录之间的联系用节点之间的连线表示，并且根节点以外的其他节点有且仅有一个双亲节点。

【例 7-7】某商场的部门、员工和商品三个实体的 PEP 模型如图 7-7 所示。在该模型中，每个部门有若干个员工，每个部门负责销售的商品有若干种，即该模型还表示部门到员工之间的一对多（1∶n）联系，部门到商品之间的一对多（1∶n）联系。

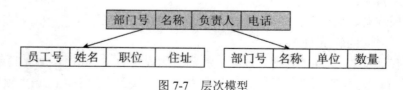

图 7-7　层次模型

图 7-7 给出的只是 PEP 模型的"型"，而不是"值"。在数据库中，所谓"型"就是数据库模式，而"值"就是数据库实例。模式是数据库是逻辑设计，而数据库实例是给定时刻数据库中数据的一个快照。图 7-8 表示销售部的一个实例。该实例表示在某一时刻销售部是由李军负责，销售部下属有 4 个员工，负责销售的商品有 5 种。

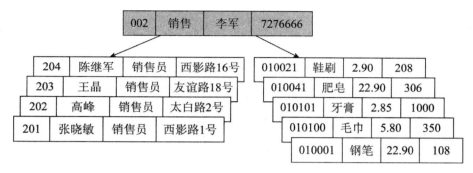

图 7-8　层次模型实例

层次模型不能直接表示多对多的联系。若要表示多对多的联系，可采用如下两种方法。

（1）冗余节点法。两个实体的多对多联系转换为两个一对多联系。该方法的优点是节点清晰，允许节点改变存储位置。缺点是需要额外的存储空间，有潜在的数据不一致性。

（2）虚拟节点分解法。将冗余节点转换为虚拟节点。虚拟节点是一个指引元，指向所代替的节点。该方法的优点是减少对存储空间的浪费，避免数据不一致性。缺点是改变存储位置可能引起虚拟节点中指针的修改。

层次模型的特点是记录之间的联系通过指针实现，比较简单，查询效率高。

层次模型的缺点是只能表示 1∶n 的联系，尽管有许多辅助手段实现 m∶n 的联系，但较复杂不易掌握；由于层次顺序严格和复杂，插入删除操作是限制比较多，导致应用程序编制比较复杂。1968 年，美国 IBM 公司推出的 IMS 系统（信息管理系统）是典型的层次模型系统，20 世纪 70 年代在商业上得到了广泛的应用。

7.3.5　需求分析图形工具

需求分析阶段除了使用以上介绍的数据流图和数据字典外，还经常利用一些图形工具来描述复杂的数据关系和逻辑处理功能，图形比文字叙述更形象直观，且更容易理解。在需求分析阶段还可能用到另外三种图形工具：层次方框图、Warnier 图和 IPO 图。

1．层次方框图

层次方框图是由一系列多层次的树形结构的矩形框组成，用来描述数据的层次结构。层次方框图的顶层是一个单独的矩形框，它代表数据结构的整体，下面各层的矩形框代表这个数据结构的子集，最底层的各个框代表组成这个数据是不能再分割的基本元素。随着结构描述的向下层的细化，层次方框图对数据结构的描述也越来越详细，系统分析员从顶层数据开始分类，沿着图中每条路径不断细化，直到确定了数据结构的全部细节时为止，这种处理模式很适合需求分析阶段的需要。但在使用中需要注意，方框之间的联系表示组成关系，不是调用关系，因为每个方框不是模块。

【例 7-8】微机系统的组成可用如图 7-9 所示的层次方框图描述。

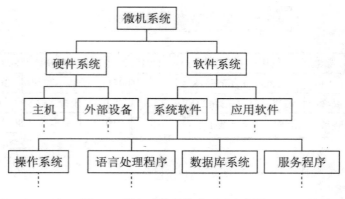

图 7-9 微机系统的组成层次方框图

2. Warnier 图

Warnier 图是表示信息层次体系的一种图形工具,是法国计算机科学家 J.D.Warnier 提出来的。Warnier 图又称 Warnier—Orr 图,同层次方框图类似,也可以用来描述树形结构的信息,可以指出一类信息或一个信息是重复出现的,也可指明信息是有条件出现的。在 Warnier 图中使用以下几种符号。

①大括号"{"用来区分信息的层次。

②异或符号"＋＋"指出一个信息类或一个数据元素在一定条件下出现,符号上、下方的名字代表的数据只能出现一个。

③圆括号"( )"指出这类数据重复出现的次数。

【例 7-9】用 Warnier 图描绘软件软品,如图 7-10 所示。

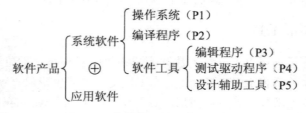

图 7-10 软件产品的组成 Warnier 图

3. IPO 图

IPO(Input—Process—Output)图即为输入—处理—输出图,是美国 IBM 公司发展完善起来的一种图形工具,它使用的基本符号少而简单,因此易学易懂。它的基本形式是画三个方框,在左边的框中列出有关输入数据,在中间框内列出主要处理,在右边的框内列出产生的输出数据。处理框中列出的处理次序是按执行顺序书写的。但是这些符号还不能精确地描述执行处理的详细情况,在 IPO 图中,还用类似向量符号的空心箭头清楚地指出数据流向的情况。

【例 7-10】国家公务员考试成绩管理系统的 IPO 图如图 7-11 所示,通过这个例子可以了解 IPO 图的用法。

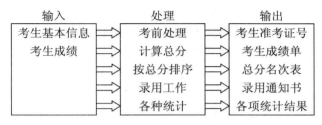

图 7-11　国家公务员考试成绩管理系统的 IPO 图

经过需求分析，软件开发人员已经基本理解了用户的要求，确定了目标系统的功能，定义了系统的数据，描述了处理这些数据的基本方法。将这些共同的理解进行整理，最后形成文档，即软件需求规格说明书。

7.3.6　系统方案的制定、评价和改进

通过可行性分析、需求分析阶段的工作，我们已经分析并定义了与软件开发目标相关的各种模型、分析出了软件的功能、性能要求等，解释了"软件目标是什么"的问题。在系统方案阶段，主要完成的工作则是解释"软件如何实现"的问题。

1．确定软件架构

在问题定义阶段得到的软件概念模型使用各种工具定义了软件项目的开发目标。在系统方案制定阶段才开始真正考虑如何去实现软件。其中最重要的工作，就是制定软件的实现架构。

通过使用软件架构技术的各种逻辑视图、进程视图、物理视图、开发视图、场景视图，具体描述软件系统的高阶抽象模型，揭示了系统需求和构成系统的元素之间的对应关系，指导后续软件的分析。

2．实现软件所需要的各种关键性设计要素和实现手段

实现要素对应于软件目标实现最重要的场景，表示了整个系统最主要的控制流程和实现机制。其中分析模型的结果，可能是采用结构化分析方法得到的功能分解体系，或面向对象的类和对象—关系图、对象—行为图。取决于具体选择的设计分析方法。

关键性的设计要素可能包括但不限于如下方面：

- 关键的用例、最主要的控制类、功能的组织和调度方式。
- 系统的分层方式、接口、协议、标准等。
- 对象（OOAD）或程序模块（结构化方法）的组织模式。
- 常用的和最关键的算法模型。
- 重要的设计、分析、开发标准和规范。

关键性的实现手段可能包括但不限于如下方面：

- 选定基础计算平台，如操作系统、数据库、Web 服务器、中间件平台等。

- 选定开发工具和开发环境，如计算机语言、构件库、工具软件等。
- 确定项目的组织方法、管理要件（如配置管理、需求管理、知识管理）方案。
- 确定软件过程方法，如 RUP、XP 或其他模式。

3. 归结软件目标到最适合的计算体系

通常，总是有一些标准的计算体系可供选择（如 Windows DNA、J2EE），对于大多数软件开发项目来说，可通过比较各种标准计算体系与预期目标之间的匹配程度选定计算体系。选择标准的计算体系去实现软件可忽略大多数基础平台和底层支撑技术的实现问题，从而大大提高软件质量、降低开发风险和成本。通常，可以根据基础平台的功能和性能指标、公司或项目组的技术积累、要开发软件系统的特点和分层方式等选定标准的计算平台。典型的系统分层方式包括如下几种：

- 常用三层服务：表示层、事务逻辑层、数据服务层。
- 多层结构的技术组成模型：表现层、中间层、数据层。
- 网络系统的常用三层结构：核心层、汇聚层、接入层。
- RUP 典型分层方法：应用层、专业业务层、中间件层、系统软件层。
- B/S 模式系统结构：浏览器端、服务器端、请求接收层、请求处理层。
- 六层结构：功能层（用户界面）、模块层、组装层（软件总线）、服务层（数据处理）、数据层、核心层。

在其他一些情况下，出于各种诸如用户指定，与用户现有的 IT 设施保持一致性、兼容性、扩展性、未来的维护能力等因素，软件的基础平台很可能在项目的论证阶段就已经被确定下来，如操作系统、数据库系统、Web 服务器、开发工具或开发环境等。在这种情况下，软件的计算体系实际上已经确定。

4. 将软件功能和关键要素分配到计算体系上

通过将前面得到的软件功能清单和软件实现的各种关键要素整理并分类，然后与现有的软件技术、标准的软件实现体系进行比较和匹配，就可以将软件概念模型定义的开发目标，进一步映射到真正可计算、可实现的软件架构上。

这个过程可以理解为一种不断归结、比较并匹配、设计以及分配的过程。进行匹配的过程常常是一种双向的选择和探究过程，一方面我们拿出一个软件目标中的功能或实现要素，询问：这部分功能属于表示层、业务逻辑，还是数据服务？另一方面，我们也研究标准计算体系提供的功能以及现有开发团队的技术能力和积累，例如：放在业务逻辑层合适吗？该体系的实现技术是什么？存在可复用的标准构件吗？如果开发则具体内容是什么？一旦完成了比较、匹配、分配、确认的过程，也就确认了从总体设计到具体模块开发的各层次上需要完成的工作内容。

归结设计要素的过程，可以看作是一个全面设计在头脑中不断演算、细化、规划评估、分配的快速过程，也是高度技术导向的。为了完成这一过程，系统分析员必须对流行的计算体系、实现技术、软件工具和方法以及模式、实现难度和代价等了如指掌，还必须具有一种兼顾总体把握和细微探究的能力，才能完成系统方案的制定、评价和改进。

7.4 电子商务系统设计

7.4.1 电子商务系统设计的概念与目标

所谓电子商务系统设计是指根据系统规划的内容，界定系统的外部边界，说明系统的组成及其功能和相互关系，描述系统的处理流程，目标是给出未来系统的结构。具体包括系统总体结构设计、系统信息基础设施设计、支持平台的设计和应用系统设计。

电子商务系统分析设计阶段需完成系统逻辑结构的描述，使我们可以把握未来电子商务系统的系统组成、应用功能和运行的环境，为系统的实施奠定了基础。其后，建造电子商务系统的下一步工作目标是完成系统的实施，将系统的逻辑模型，一步转化为相应的物理系统，经过测试后投入实际运行。在电子商务系统建成后，必须对系统进行有效的管理与维护，使系统始终处于技术上可靠、安全、高效，内容上不断更新、与用户密切联系的系统。

7.4.2 电子商务系统的组成与功能

1. 电子商务信息系统的概念与组成

广义上讲，电子商务系统是指支持商务活动的电子技术手段的集合。狭义上讲，电子商务系统是一个以电子数据处理、环球网络、数据交换和资金汇兑技术为基础，集订货、发货、运输、报送、保险、商检和银行结算为一体的综合商务信息处理系统。

需要注意的是，电子商务系统的结构是由一系列电子商务标准、协议和信息系统两部分共同构成。显然，要建设电子商务，既要重视信息系统的建设，又要重视电子商务标准和协议的制定。

电子商务信息系统是信息系统发展的一个高级阶段，企业信息系统由只考虑企业内部数据，以企业为中心，向考虑企业外部数据，考虑整个供应链转变。电子商务系统不是一个孤立的系统，它需要和外界发生信息交流。同时，这一系统内部还包括不同的部分，例如外部环境、网络、计算机系统、应用软件等。

1）外部社会环境

支持企业电子商务系统的外部环境包括电子化银行支付系统，认证中心（CA）的证书发行以及认证管理，供应链上其他厂商，消费者和政府部门等，如图7-12所示。

2）网络环境

电子商务系统由三个部分组成，分别为企业内部网（Intranet）、企业外部网（Extranet）和Internet。以上三部分构成以企业的分布式计算为核心的信息系统的集合体。

企业内部网是利用网络技术（包括TCP/IP协议以及其他协议等）构造的，面向企业内部的专用计算机网络系统。

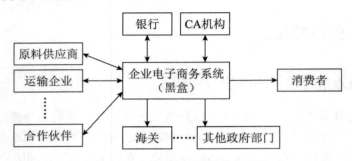

图 7-12　电子商务系统的外部环境

企业外部网与 Intranet 相对应，侧重于企业电子商务的外部环境以及与合作伙伴或外协厂的信息交换关系。

电子商务以 Intranet 为基础，实现企业内部工作流的电子化，在初步建成企业内部的信息系统之后，再进一步完善企业电子商务的外部环境，将企业的信息系统同合作伙伴或外协厂等联系起来，将 Intranet 扩展到 Extranet，完成企业与企业间的电子交换（包括EDI），其后再通过 Internet 向消费者提供联机（Online）服务。

3）硬件环境

计算机主机和外部设备以及服务器等构成了电子商务的硬件环境。

4）平台与软件环境

电子商务系统的系统平台对应于系统体系结构中的商务支持层和应用支持层。其内容一般包括：

（1）操作系统。

（2）数据库管理系统（DBMS）。

（3）应用服务器。

（4）中间件软件。

（5）开发工具。

（6）其他软件。

5）商务服务环境

商务服务环境为特定的商务应用软件（如零售业、制造业应用软件）的正常运行提供保证，为电子商务系统提供软件平台支持和技术标准。

商务服务环境和应用软件的区别在于：商业服务环境提供公共的服务功能，例如资金转账、定单传输、系统安全管理等。而应用软件则主要是实现企业某一具体功能。

6）应用服务

电子商务应用是企业利用电子手段展开商务活动的核心，也是电子商务系统组成的核心部分，是通过应用程序来实现的。事实上，企业商务服务的业务逻辑规划是否合理，直接影响到电子商务系统的功能。

2. 电子商务系统的常用构件和组件

1）构件

为了达到门户站点的基本要求,一个企业的网站应当由以下构件组成:

(1) 应用服务器(Application Server)。主要用于企业较大规模电子商务应用的开发、发布和管理,同时实现与企业原有系统的集成。

(2) 工作流和群件服务器。主要用于使工作人员和商业伙伴能通过 Internet 共享资源、协同工作。

(3) 内容管理子系统。简化企业网站的产品管理、提高效率,并将相应的、经过筛选的内容发送给最终用户。

(4) 目录服务器。企业使用它来管理防火墙内外的用户、资源和控制安全权限,同时为用户的通信和电子商务提供一个通道。

(5) 性能优化工具。改善网站服务质量,包括流量管理、动态数据缓存、网络动态负载(Load Balancing)、知识管理等。

(6) 邮件和消息服务器。使企业和服务提供者能为所有员工、合作伙伴和客户社区提供商业级的通信架构。

(7) 个性化信息服务。在实时分析用户数据的基础上提供一对一的交易平台。通过对用户行为的更好理解,企业更跟踪、分析和理解网站用户。

(8) 搜索引擎。用户提供更广泛的资源。

(9) 安全服务器。包括数据安全、应用安全和交易完全。其基本内容有用防火墙阻止对网络的非授权访问,在安全和个人的角色授权的基础上,只需一次登录就可以访问网站的所有应用,通过提供一种对在线交易的每一方的可信任的授权方式,帮助客户、合作伙伴和员工访问 Internet 应用。

(10) 网站服务器(Web Server)。将各种网站的信息发布给用户。

以上是通常构建网站所需要的构件,企业可针对自己的特点以及网站规模大小,应用的类型等自行选择。

在网站结构的实现上,通常在逻辑上将网站分为三层:表示层、应用逻辑层、数据层。这种结构使得网站具有较好的可扩充性,将表示层与业务功能的实现分离开来,能够更灵活地适应业务的发展。网站不需要对业务逻辑组件进行任何变动,就能够适用新出现的表示形式和客户端。例如,为了使用户更方便地在网站上购物,网站调整了页面格局和页面风格。由于网站结构层次分明,只需要改动网站表示层,业务逻辑层和数据连接层则不需要改变。

(11) 表示层和相关技术。表示层用于为最终用户提供一个友好的用户界面,接受用户提交的事件,并将处理的结果返还给用户。这一层作为应用的前端和"窗口",决定了用户对网站优劣的评价和总体印象。

网站从总体上说是独立于客户端的，客户端包括基于浏览器的 HTML 客户端、给予 Java 的客户端、传统的 C/C++应用、Power Builder 客户端以及 VB 客户端。

在表示层除了使用最基本的 HTML 语言外，通常还利用 JavaScript Internet 脚本语言，以及 Java Internet 程序开发语言。JavaScript 程序运行在客户端，能够完成用户事件获取、数据提交前的合法性校验、错误检查和实现动画效果等。而利用 Java 开发的 JavaServlet 程序运行于服务器端，负责实现与业务逻辑层的交互，从业务逻辑层获得数据，并将用户提交的信息传给业务逻辑层，而基于 Java 语言的 JSP 程序，则实现数据的动态显示，它将 JavaServlet 程序获得的数据形成相应的 HTML 页面传给客户端。

为了适应电子商务的各种需求，新的表示层技术不断发展。如 XML（可扩展标记语言）和 RDF（资源描述框架）等都是当前最新的、对表示层产生重大影响的技术。XML 通过一种结构化的文本方式来表述数据；RDF 提供一种统一的、可互操作的方法通过 Internet 在程序间交换元数据。

（12）商务逻辑与实现。商务逻辑层是电子商务系统的核心，也是系统建造过程中的重点和难点。商务逻辑层包括商务应用程序、支持平台（包括商务服务层、商务支持层和基础支持层）。

支持层向上层（商务应用层）提供的服务主要包括：表达、商务支持、运行支持、开发与集成服务。构成支持平台的技术产品至少应当包括：Web 服务器、商务支持软件、集成与开发工具、计算机主机、网络及其他系统软件（如操作系统、管理工具软件等）。

通常，Web 服务器、商务支持软件、部分集成开发环境被集成到一个被称为"应用服务器"的软件包里，所以商务逻辑层在物理上可以简化为以下三个部门：应用软件（实现商务逻辑）；应用服务器（为应用软件提供软件支持平台）和其他支持软件；计算机主机及网络（为应用软件提供硬件支持平台）。

构造商务逻辑层的任务是为选择合适的应用服务器和其他支持软件，开发实现商务逻辑的应用软件系统。

（13）数据层及实现。构造数据层的关键是开发电子商务与外部系统、内部资源系统的接口，完成系统集成。

数据层的数据源主要包括：相关信息系统（如 ERP 系统）的数据与企业的数据库，企业与协作企业（如供应商）间交换的数据，企业与银行间交换的数据，企业与认证中心之间的认证数据，企业与其他商务中介交换的电子数据。

由于企业商务逻辑的处理过程是一个从市场、销售、采购到客户服务的整体，所以必须将商务逻辑处理过程中所涉及到的数据集成到一起，因此构造数据层的任务是：实现电子商务系统与企业内部和外部信息系统之间的网络互联，并确保安全的网络环境，基于应用服务器平台的商务应用系统与企业内部数据的共享。

2）组件

组件是可执行的代码单元，对相关服务和功能提供了物理上的黑箱封装，只能通过统一的、公开的和规定了操作标准的接口对其进行访问。组件必须能被连接到其他组件上以组成一个应用。

在企业信息门户网站开发中，常用到的组件包括：电子目录、购物车、网上聊天、网上广播和网络电话。

（1）电子目录。电子目录是基于商务服务器的数据存储和数据管理系统，它包括完成一项交易所需的全部信息。

（2）电子购物车。电子购物车（electronic shopping cart）是一种订购处理技术，顾客可以将他们要购买的东西放入车中，继续采购。其中商务服务器（merchant server）可能会包含用户信息文件。

（3）在线论坛和聊天组。在线论坛（online forum）和聊天组（chat group）在电子商务应用中也比较多。在线论坛和 Usenet 新闻组对应（但拥有更好的界面），而聊天组与因特网中继聊天（IRC）类似。

在线论坛和聊天组可分为下列几类：
- 交流中心
- 客户服务
- 社区讨论
- 可视聊天

（4）网上广播。网上广播（Webcast）是指基于因特网的音频和视频内容的广播。它可以提供播放方和观众之间的双向交流。网上广播包括了大量内容，主要有：
- 文本流
- 实况网上转播
- 音频流

（5）网络电话。网络电话大体可以分成 3 种——计算机到计算机（PC-to-PC）、计算机到电话（PC-to-Phone）、电话到电话（Phone-to-Phone）。
- PC-to-PC 的因特网电话，呼叫方和接听方的计算机都要有相应的电话软件。
- PC-to-Phone 通话系统只要求呼叫方拥有因特网电话软件，接听方则是用普通的电话回话。
- Phone-to-Phone 的方式，要求呼叫方和接听方都使用普通电话。

3．电子商务系统网页的基本布局

1）网页版面布局步骤

（1）创建初始方案。新建的页面就像一张白纸，没有任何表格、框架和约定俗成的东西，网页设计人员可以尽可能地发挥其想象力，将可能想到的"景象"画上去。这属于创造阶段，不讲究细腻工整，不必考虑细节功能，只以粗陋的线条勾画出创意的轮廓即可。

（2）初步设计网页的布局。在初始方案的基础上，将前面已确定的需要放置的功能模块安排在页面上，注意必须遵循突出重点、平衡协调的原则，将网站标志、主菜单等最重要的模块放在最显眼、最突出的位置，然后再考虑次要模块的排放。

（3）定案。将初步布局精细化、具体化。

2）网页布局类型

网页布局大致可分为"国"字型、拐角型、标题正文型、左右框架型、上下框架型、综合框架型、封面型、变化型，下面分别论述。

（1）"国"字型。它也可以称为"同"字型，是一些大型网站所喜欢的类型，即最上面是网站的标题以及横幅广告条，接下来就是网站的主要内容，左右分列一些两小条内容，中间是主要部分，与左右一起罗列到底，最下面是网站的一些基本信息、联系方式、版权声明等。这种结构是我们在网上见到的几乎最多的一种结构类型。

（2）拐角型。这种结构与上一种其实只是形式上的区别，上面是标题及广告横幅，接下来的左侧是一窄列链接等，右列是很宽的正文，下面也是一些网站的辅助信息。在这种类型中，一种很常见的类型是最上面是标题及广告，左侧是导航链接。

（3）标题正文型。这种类型即最上面是标题或类似的一些东西，下面是正文，例如一些文章页面或注册页面等就是这种类。

（4）左右框架型。这是一种左右为分别两页的框架结构，一般左面是导航链接，有时最上面会有一个小的标题或标致，右面是正文。我们见到的大部分的大型论坛都是这种结构的，有一些企业网站也喜欢采用。这种类型结构非常清晰，一目了然。

（5）上下框架型。与上面类似，区别仅仅在于是一种上下分为两页的框架。

（6）综合框架型。上页两种结构的结合，相对复杂的一种框架结构，较为常见的是类似于"拐角型"结构的，只是采用了框架结构。

（7）封面型。这种类型基本上是出现在一些网站的首页，大部分为一些精美的平面设计结合一些小的动画，放上几个简单的链接或者仅是一个"进入"的链接甚至直接在首页的图片上做链接而没有任何提示。这种类型大部分出现在企业网站和个人主页，如果处理得好，会给人带来赏心悦目的感觉。

（8）变化型。即上面几种类型的结合与变化。

4．电子商务网站优化设计

网站优化的基本思想是：通过对网站功能、结构、布局、内容等关键要素的合理设计，使得网站的功能和表现形式达到最优效果，可以充分表现出网站的网络营销功能。网站优化设计的含义具体表现在三个方面：

（1）从用户的角度来说，经过网站的优化设计，用户可以方便地浏览网站的信息、使用网站的服务；

（2）从基于搜索引擎的推广网站的角度来说，优化设计的网站使得搜索引擎则可以顺利抓取网站的基本信息，当用户通过搜索引擎检索时，企业期望的网站摘要信息可以出现在理想的位置，使得用户能够发现有关信息并引起兴趣，从而点击搜索结果并达到

网站获取进一步的信息的服务,直至成为真正的顾客;

(3)从网站运营维护的角度来说,网站运营人员则可以对网站方便地进行管理维护,有利于各种网络营销方法的应用,并且可以积累有价值的网络营销资源,因为只有经过网站优化设计的企业网站才能真正具有网络营销导向,才能与网络营销策略相一致。

由此可见,网站优化包括三个层面的含义:对用户优化、对网络环境(搜索引擎等)优化,以及对网站运营维护的优化。

网站设计对用户优化的具体表现是:以用户需求为导向,设计方便的网站导航,网页下载速度尽可能快,网页布局合理并且适合保存、打印、转发,网站信息丰富、有效,有助于用户产生信任。

网站设计对网络环境优化的表现形式是:适合搜索引擎检索(搜索引擎优化)、便于积累网络营销网站资源(如互换链接、互换广告等)。网站设计对运营维护优化的含义是:充分体现网站的网络营销功能,使得各种网络营销方法可以发挥最大效果,网站更于日常信息更新、维护、改版升级,便于获得和管理注册用户资源等。

从上述对网站优化设计含义的理解也可以看出,网站优化设计并非只是搜索引擎优化,搜索引擎优化只是网站优化设计中的一部分,不过这部分内容对于网站推广的影响非常明显和直接,因此更容易引起重视。同时,我们也可以看出,在有关网站设计的对网站推广优化的内容中,这里并没有特别强调搜索引擎优化的作用,因为真正的网站设计优化不仅仅是搜索引擎优化,应坚持用户导向而不是搜索引擎导向。

7.4.3 电子商务系统设计相关技术

1. 中间件

随着计算机技术的飞速发展,各种各样的应用软件需要在各种平台之间进行移植,或者一个平台需要支持多种应用软件和管理多种应用系统,软、硬件平台和应用系统之间需要可靠和高效的数据传递或转换,使系统的协同性得以保证。这些,都需要一种构筑于软、硬件平台之上,同时对更上层的应用软件提供支持的软件系统,而中间件正是在这个环境下应运而生。

1)中间件的定义

由于中间件技术正处于发展过程之中,因此目前尚不能对它进行精确的定义。

普遍被接受的是 IDC 对中间件定义的描述:中间件是一种独立的系统软件或服务程序,分布式应用软件借助这种软件在不同的技术之间共享资源,中间件位于客户机服务器的操作系统之上,管理计算资源和网络通信。

IDC 对中间件的定义表明:中间件是一类软件,而非一种软件;中间件不仅仅实现互连,还要实现应用之间的互操作;中间件是基于分布式处理的软件,最突出的特点是其网络通信功能。

人们在使用中间件时,往往是一组中间件集成在一起,构成一个平台(包括开发平台和运行平台),但在这组中间件中必须有一个通信中间件,即:中间件=平台+通信,这个定义也限定了只有用于分布式系统中才能称为中间件,同时还可以把它与支撑软件和应用软件区分开来。

中间件的主要作用是:
① 缩短应用的开发周期。
② 节约应用的开发成本。
③ 减少系统初期的建设成本。
④ 降低应用开发的失败率。
⑤ 保护已有的投资。
⑥ 简化应用集成。
⑦ 减少维护费用。
⑧ 提高应用的开发质量。
⑨ 保证技术进步的连续性。
⑩ 增强应用的生命力。

2)中间件与电子商务

中间件是电子商务应用集成的关键之一,不管电子商务应用分布在什么硬件平台上,使用了什么数据库系统,透过了什么复杂的网络,电子商务应用的互连和互操作是电子商务中间件首先要解决的问题。

在通信方面,电子商务中间件要支持各种通信协议和通信服务模式,传输各种数据内容,数据格式翻译、流量控制、数据加密、数据压缩等;电子商务中间件还要解决名字服务、安全控制、并发控制、可靠性和效率保证等;在电子商务应用开发方面,要能提供基于不同平台的丰富的开发接口,支持流行的开发工具和异构互连接口标准等;在管理方面,解决电子商务中间件本身的配置、监控、调谐,为电子商务应用的易用易管理提供保证。针对不同的 Web 应用环境,对电子商务中间件有各种不同的要求。对工作流应用,需要根据条件以及条件满足状态,将信息、响应状态从一个应用传递到另一个应用;对联机事务处理,需要保证分布式的数据一致性、不停机作业、大量并发的高效率;对于一个数据采集系统需要保证可靠传输等。

在这种情况下,电子商务应用应包含以下层次:
① 浏览器。这是进入电子商务的通道。
② 电子商务应用平台。提供电子商务不同应用类型的生成工具软件,如网上商店、网络支付、虚拟社区等。
③ 电子商务交换平台。对内集成企业内部的各种与电子商务相关的业务系统,对外连接商业合作伙伴,如银行、供应商、客户、配送结构,完成各种不同业务系统之间数据转换和整合。
④ 电子商务基础平台。用来支持大量 Internet 客户的并发访问,使应用开发商快速开

发出灵活多变的电子商务应用，尽快把信息系统和商务活动放到 Internet 中。

在电子商务交换平台和电子商务基础平台中都不能没有中间件的存在。可以说，没有中间件就不能支撑今天的网络应用。

2．企业应用集成

大多数企业都在内部进行了一定程度的信息化建设，如内部网络基础设施和企业网站的构建，以及财务管理、生产自动化等应用系统的建设，都有由过去遗留下来的异构系统、应用、商务流程以及数据源构成的应用环境。应用环境的通信状况很混乱，只有很少的接口文档，并且维护代价也非常昂贵。当企业向 B2B 电子商务协作方向迁移时，它们首先要做的是审视它们内部的系统、应用以及业务流程。一些业务流程会横跨多个内部应用，在企业能够有效和外部网络连接之前，这些应用必须能够实时动态地进行通讯。

随着诸如企业资源规划（ERP）、客户关系管理（CRM）、供应链管理（SCM）以及企业门户（Enterprise Portal）等多种商业应用的引入，激增了企业信息系统的应用分割。早期这些系统被设计成自包含的"黑盒"系统，只有很少或者根本没有方法来访问它内部的数据和商务流程。虽然现在许多这些应用都提供了更好的访问它们的内部数据和商业逻辑的方法，可是把这些系统和企业里其他系统集成在一起仍是一个巨大的挑战。

1）什么是企业应用集成 EAI

EAI 能够将业务流程、应用软件、硬件和各种标准联合起来，在两个或更多的企业应用系统之间实现无缝集成，使它们像一个整体一样进行业务处理和信息共享。EAI 不仅包括企业内部的应用系统和组织集成，还包括企业与企业之间的集成，以实现企业与企业之间的信息交换、商务协同、过程集成和组建虚拟企业和动态联盟等。EAI 常常表现为对一个商业实体的信息系统进行业务应用集成，但当在多个企业系统之间进行商务交易的时候，EAI 也表现为不同公司实体之间的企业系统集成，例如扩展的供应链管理（eSCM）、客户关系管理（CRM）、虚拟企业（VE）和 Web Services 等。

2）EAI 的分类

EAI 从不同的角度可有不同的分类方法。从应用集成的对象来划分，可以分为面向数据的集成和面向过程的集成；从应用集成所使用的工具和技术来划分，则可以分为平台集成、数据集成、组件集成、应用集成、过程集成和业务对业务的集成六类；如果从企业组织的角度，EAI 又可分为水平的组织内的集成、垂直的组织内的集成和不同组织间系统的集成。

对于众多的分类方法，我们可以从广度和深度将其总括起来。从集成的深度上来说则从数据集成、应用系统的集成再到目前的面向过程的集成，集成的难度和能够取得的效益都是不同的；而从广度上来讲，从最初的部门内集成到部门间集成，及到企业范围内和企业间的集成。但不管如何分类，企业应用集成的目的都是实现在企业内外任何相连的应用系统和数据源间无限制的分享数据和业务过程。

从集成的深度上来说，从易到难有以下种类的集成：

（1）数据集成。为了完成应用集成和业务过程集成，必须首先解决数据和数据库的集成问题。在集成之前，必须首先对数据进行标识并编成目录，另外还要确定元数据模型。这三步完成以后，数据才能在数据库系统中分布和共享。

（2）应用系统集成。为两个应用中的数据和函数提供接近实时的集成。例如，在一些 B2B 集成中用来实现 CRM 系统与企业后端应用和 Web 的集成，构建能够充分利用多个应用系统资源的电子商务网站。

（3）业务流程集成。当对业务过程进行集成的时候，企业必须在各种业务系统中定义、授权和管理各种业务信息的交换，以便改进操作、减少成本、提高响应速度。业务过程集成包括业务管理、进程模拟以及综合任务、流程、组织和进出信息的工作流，还包括业务处理中每一步都需要的工具。

从集成的广度上来看，从易到难有以下种类的集成：
① 部门内部的信息系统集成和人员结构的调整。
② 部门之间的信息系统集成和关系的调整。
③ 企业级的信息系统集成和组织结构的调整。
④ 与有稳定关系的合作伙伴之间的信息系统实现面向业务过程的集成。
⑤ 与随机遇到的合作伙伴之间的信息系统实现面向业务过程集成。

3．Web 服务

Web 是为了程序到用户的交互，而 Web 服务是为程序到程序的交互做准备。Web 服务使公司可以降低进行电子商务的成本、更快地部署解决方案以及开拓新机遇。实现 Web 服务的关键在于通用的程序到程序通信模型，该模型应建立在现有的和新兴的标准之上，例如，HTTP、可扩展标记语言（Extensible Markup Language，XML）、简单对象访问协议（Simple Object Access Protocol，SOAP）、Web 服务描述语言（Web Service Description Language，WSDL）以及通用描述发现和集成（Universal Description Discovery and Integration，UDDI）。

1）Web 服务的定义

Web 服务是描述一些操作（利用标准化的 XML 消息传递机制可以通过网络访问这些操作）的接口。Web 服务是用标准的、规范的 XML 概念描述的，称为 Web 服务的服务描述。这一描述包括了与服务交互需要的全部细节，包括消息格式（详细描述操作）、传输协议和位置。该接口隐藏了实现服务的细节，允许独立于实现服务所基于的硬件或软件平台和编写服务所用的编程语言使用服务。Web 服务履行一项特定的任务或一组任务。Web 服务可以单独或同其他 Web 服务一起用于实现复杂的聚集或商业交易。

Web 服务体系结构基于三种角色（服务提供者、服务注册中心和服务请求者）之间的交互。交互涉及发布、查找和绑定操作。这些角色和操作一起作用于 Web 服务构件——Web 服务软件模块及其描述。在典型情况下，服务提供者托管可通过网络访问的软件模块（Web 服务的一个实现），服务提供者定义 Web 服务的服务描述并把它发布到服务请求者或服务注册中心。服务请求者使用查找操作来从本地或服务注册中心检索服务描述，然后使用服务描述与服务提供者进行绑定并调用 Web 服务实现或同它交互。服务提供者和服务请求者角色是逻辑结构，因而服务可以表现两种特性。图 7-13 描述了这些操作、提供这些操作的组件及它们之间的交互。

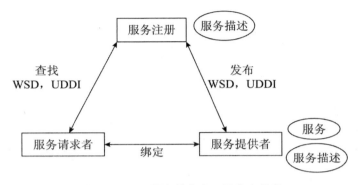

图 7-13　Web 服务的角色、操作和构件

2）WSDL——Web 服务描述语言（Web Service Description Language）

WSDL 是一种 XML Application，它将 Web 服务描述定义为一组服务访问点，客户端可以通过这些服务访问点对包含面向文档信息或面向过程调用的服务进行访问（类似远程过程调用）。WSDL 首先对访问的操作和访问时使用的请求/响应消息进行抽象描述，然后将其绑定到具体的传输协议和消息格式上以最终定义具体部署的服务访问点。相关的具体部署的服务访问点通过组合就成为抽象的 Web 服务。

3）UDDI——通用描述发现和集成（Universal Description Discovery and Integration）

（1）UDDI 的基本概念。UDDI 允许动态发现相关的 Web 服务并将其集成到聚合的业务过程中。UDDI 提供一种搜索有关企业和电子化服务的信息。在 UDDI 中发布企业与服务信息使其他企业能大范围访问到这些信息。UDDI 基于现成的标准，如可扩展标记语言（Extensible Markup Language，XML）和简单对象访问协议（Simple Object Access Protocol，SOAP）。

（2）UDDI 注册中心。在 UDDI 中，一个重要的概念就是 UDDI 注册中心。UDDI 注册中心包含了通过程序手段可以访问到的对企业和企业支持的服务所做的描述。此外，还包含对 Web 服务所支持的因行业而异的规范、分类法定义以及标识系统的引用。UDDI 提供了一种编程模式，定义与注册中心通信的规则。UDDI 规范中所有 API 都用 XML 来定义，包装在 SOAP 信封中，在 HTTP 上传输。

4．工作流

1）工作流的定义

工作流（Workflow）是针对业务流程中具有固定程序的常规活动而提出的一个概念，通过将业务流程分解定义良好的任务、角色、规则和过程来进行执行和监控，达到提高生产组织水平和工作效率的目的，工作流技术为企业更好地实现经营目标提供了先进的手段。工作流要解决的主要问题是：为实现某个业务目标，在多个参与者之间，利用计算机，按某种预定规则自动传递文档、信息或者任务。

一个工作流包括一组活动及它们的相互顺序关系，还包括过程及活动的启动和终止条件，以及对每个活动的描述。

2）工作流管理系统

工作流管理系统指运行在一个或多个工作流引擎上用于定义、实现和管理工作流运行的一套软件系统，它与工作流执行者（人、应用）交互，推进工作流实例的执行，并监控工作流的运行状态。

工作流管理系统将业务流程中工作如何组织协调在一起的规则抽象出来，从而分离了具体工作的逻辑和流程组织的逻辑。我们在工作流管理系统的协助下：开发人员遵从一定的编程接口及约定，就可以开发出更具灵活性的事务处理系统；最终用户无需重新开发事务处理系统，就可以自己更改工作流程，以适应业务变化的需要。

工作流管理系统可以描述不同覆盖范围和不同时间跨度的经营过程，根据经营过程以及组成活动的复杂程度，工作流管理系统可以采取多种实施方式，在不同实施方式中，所应用的信息技术、通信技术和支撑系统结构会有很大的差别，工作流管理系统的实际运行环境也可以在一个工作组内部，也可以在全企业所有业务部门。

工作流管理系统在实际系统中的应用一般分为三个阶段：即模型建立阶段、模型实例化阶段和模型执行阶段。在模型建立阶段，通过利用工作流建模工具，完成企业经营过程模型的建立，将企业的实际经营过程转化为计算机可处理的工作流模型。模型实例化阶段完成为每个过程设定运行所需的参数，并分配每个活动执行所需要的资源，模型执行阶段完成经营过程的执行，在这一过程中，重要的任务是完成人机交互和应用的执行。

3）工作流的功能

工作流最大的优点是实现了应用逻辑与过程逻辑的分离，因此可以在不修改具体功能的实现情况下，通过修改过程模型来改变系统功能，完成对生产经营部分过程或全部过程的集成管理，有效地把人、信息和应用工具合理地组织在一起，发挥系统的最大效能。工作流技术可以支持企业实现对经营管理和生产组织的过程控制以及决策支持，实现现代企业对"在适当的时间把适当的信息传给适当的人"的要求。

对于引入工作流的组织，能够在软件开发和业务两个层次受益。

- 方便开发，工作流管理系统能够简化企业级软件开发甚至维护。
- 降低开发风险——通过使用状态和动作这样的术语，业务分析师和开发人员使用同一种语言交谈。这样开发人员就不必将用户需求转化成软件设计了。
- 实现统一集中——业务流程经常变化，使用工作流系统的最大好处是：业务流程的实现代码，不再散落在各种各样的系统中。
- 加快应用开发——软件不用再关注流程的参与者，开发起来更快，代码更容易维护。

- 业务流程管理（BPM）——提高效率，在自动化过程中会去除一些不必要的过程。
- 提高对迭代开发的支持。

如果软件中业务流程部分不容易更改，组织就需要花很大的精力在开发前的业务流程分析中，希望一次成功。但可悲的是，在任何软件项目开发中，这都很少能实现。工作流系统使得新业务流程很容易部署，业务流程相关的软件可以一种迭代的方式开发，因此使用工作流系统使开发更有效、风险更低。

本章小结

本章首先介绍了电子商务应用系统的总体规划中涉及生命周期、开发模型，规划内容与方法等问题，接着介绍了可行性分析的内容和方法及数据流图、数据字典的知识。然后介绍了电子商务系统需求分析的任务与原则、需求获取的方法、分析与建模，需求分析图形工具，并重点讲解了数据流图和数据字典。本章还介绍了电子商务系统设计，包括电子商务系统设计的概念与目标、电子商务系统的组成与功能，最后对中间件、企业应用集成、Web 服务、工作流四种电子商务相关技术作了介绍。

参考文献

[1] 方美云，邝孔武. 信息系统的开发与管理教程[M]. 北京：清华大学出版社，2003.

[2] 方美琪，付虹蛟. 电子商务教程[M]. 北京：清华大学出版社，2002.

[3] 刘军，季常煦，曾洁琼. 电子商务系统的规划与设计[M]. 北京：人民邮电出版社，2004.

[4] Jeffrey L. Whitten Lonnie D. Bentley Kevin C. Dittman. 系统分析与设计方法[M]. 肖刚，孙惠，译. 北京：机械工业出版社，2003.

[5] 刘冰，赖函，翟中，等. 软件工程实践教程[M]. 北京：机械工业出版社，2009.

[6] 李东生，崔冬华，李爱萍，等. 软件工程——原理、方法和工具[M]. 北京：机械工程出版社，2009.

[7] 王曰芬，丁晟春. 电子商务网站设计与管理[M]. 北京：北京大学出版社，2002.

[8] 刘军，董宝田. 电子商务系统的分析与设计[M]. 北京：高等教育出版社，2003.

[9] 方美琪. 电子商务概论[M]. 北京：清华大学出版社，2002.

[10] 常晋义. 信息系统开发与管理[M]. 北京：机械工业出版社，2004.

[11] 刘军，季常煦，曾洁琼. 电子商务系统的规划与设计[M]. 北京：人民邮电出版社，2004.

[12] 张海藩. 软件工程导论[M]. 北京：清华大学出版社，2004.

[13] 张淑平. 软件设计师教程[M]. 4 版. 北京：清华大学出版社，2015.

第 8 章　电子商务系统程序设计

8.1　电子商务系统网络技术

8.1.1　Internet 技术

Internet 是电子商务应用的最重要的通信网络基础。给 Internet 下一个确切的定义很难，一般认为，它是指通过各种通信介质和数据通信网，将世界各地的计算机局域网、广域网连接起来，共同遵守传输控制协议/互联网协议，即 TCP/IP（Transfer Control Protocol/Internet Protocol）通信协议，从而构成的世界范围内的网际网，或者叫做网络的集合。实际应用的互联网常常是通过广域网将局域网相互连接而成的集合。所谓广域网是跨越很大地区的一种网，通常包含一个国家或省。它是多个局域网通过广域网中的通信子网互相连接而成的互联网。通信子网的作用是将信息从一台主机传到另一台主机，它由通信线路和路由器组成。单个主机或局域网上主机间通过路由器进行通信。

1. TCP/IP 基本概念

TCP/IP 是 20 世纪 70 年代中期美国国防部为 ARPANET 开发的网络体系结构和协议标准，并以它为基础组建了世界上规模最大的计算机互连网 Internet。

TCP/IP 虽然不是国际标准，但却是广大用户公认的"既成事实"的标准，它不是为某个厂商专有的。TCP/IP 使用范围广泛，从个人计算机到巨型计算机，从局域网到广域网，从政府部门到大专院校、科学研究机构、工矿企业和金融商业机构等都采用 TCP/IP 体系结构并连入了 Internet。各电信通信网（如 X.25 公用数据网）、分组无线网、PC 系列的 Novell 网以及网络数据库（如 Oracle）等也都提供了 TCP/IP 接口。

ISO/OSI 国际标准虽然能起到良好的规范和导向作用，但它的具体实施将受到新的政策、新的应用、计算机和通信领域的新技术及网络和站点增加等因素的制约，而且，实现遵循国际标准框架的高性能软件将需要相当长的时间来测试其一致性和检验实际的可靠运行。而 TCP/IP 已经多年实践检验，已相当成熟；建网机构和用户不会轻易放弃已在 TCP/IP 网上的巨额投资；ISO/OSI 在制定相应层次标准时，也主要参考了 TCP/IP 协议集。

TCP/IP 和 OSI 模型一样也采用分层体系结构，其共分四层，即网络接口层、网络层、传输层和应用层。每一层提供特定功能，层与层之间相对独立，与 OSI 七层模型相比，TCP/IP 没有表示层和会话层，这两层的功能由应用层提供，OSI 的物理层和数据链路层功能由网络接口层完成。其与 ISO/OSI 参考模型的对应关系如图 8-1 所示。

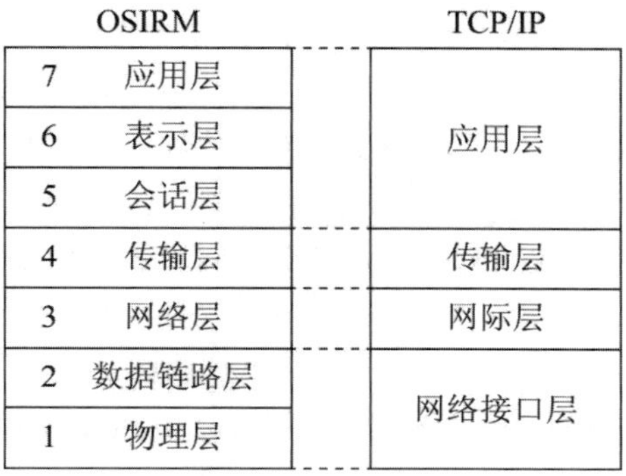

OSIRM	TCP/IP
7 应用层	应用层
6 表示层	
5 会话层	
4 传输层	传输层
3 网络层	网际层
2 数据链路层	网络接口层
1 物理层	

图 8-1　TCP/IP 参考模型与 OSI 参考模型

在 TCP/IP 参考模型中，网络（IP）层和传输（TCP）层起着承上启下、举足轻重的作用，各层协议所组成的 TCP/IP 协议簇中，这两层中的主要协议——传输控制协议 TCP 和互联协议 IP 占有极其重要的特殊地位，所以，把整个互联网的协议簇称为 TCP/IP 协议簇。

Internet 采用了 TCP/IP 协议，Internet 能以惊人的速度发展是与 TCP/IP 的贡献分不开的。我们知道，各种计算机网络都有各自特定的通信协议，如 Novell 公司的 IPX/SPX、IBM 公司的 SNA、DEC 公司的 DNA 等，这些通信协议相对于自己的网络都具有一定的排他性。而在很多情况下，需要把不同的系统连接在一起，以提高不同网络之间的通信能力。但是上列的通信协议由于其专用性，使得不同系统之间的连接变得十分困难。例如，使用 IPX 协议的 Novell 网络就不能与依赖 DNA 的 IBM 大型机相连接。

TCP/IP 很好地解决了这一问题。TCP/IP 提供了一个开放的环境，它能够把各种计算机平台，包括大型机、小型机、工作站和 PC 很好地连接在一起，从而达到了不同网络系统互联的目的。从 Netware 网络服务器和工作站，到 UNIX 系统主机、IBM 和 DEC 的大中型计算机等，TCP/IP 都提供了很好的连接支持。

由于 TCP/IP 的开放性，使得各种类型的网络都可以容易地接入 Internet。并且随着 Internet 的发展，将会有越来越多的网络接入 Internet，使用其丰富的资源。从这个意义上说，Internet 是以 TCP/IP 为主同时兼顾各种协议的网络，一些专家称 Internet 是多协议的计算机网络，是与 TCP/IP 的作用分不开的。并且在未来的信息社会发展中，这种开放的环境将会促使更多的资源加入进来，形成一个全球性的资源宝库。

2．TCP/IP 协议各层的主要功能

TCP/IP 协议采用了层次体系结构，所涉及的层次包括网络接口层、传输层、网络层和应用层。每一层都实现特定的网络功能，其中 TCP 负责提供传输层的服务，IP 协议实现网络层的功能。这种层次结构系统遵循着对等实体通信原则，即 Internet 上两台主机之间传送数据时，都以使用相同功能进行通信为前提，这也是 Internet 上主机之间地位平等的一个体现。前面讲到分组交换网中分组的概念。为了同其他网络相区别，在 Internet

中我们称分组为数据报。下面介绍 4 个 TCP/IP 层实现的具体功能和作用：

1）数据链路层（又称网络接口层）

数据链路层提供了 TCP/IP 与各种物理网络的接口，把 IP 数据报封装成能在网络中传输的数据帧，为数据报的传送和校验提供了可能。这些物理网络包括各种局域网和广域网，如以太网、令牌环网、X.25 公共分组交换网等。数据链路层最终将数据报传递到目的主机或其他网络。

2）网络层

数据链路层只提供了简单的数据流传送服务，而在 Internet 中网络与网络之间的数据传输主要依赖于网络层中的 IP 协议。网络层的功能主要体现在 IP 和 ICMP 协议上。

- IP 协议——网间协议：IP 构成网络层的一个主要部分。IP 负责 Internet 上网络与网络之间的通信，即将数据报由一个网络传输到另一个网络。IP 协议规定了 Internet 上的计算机之间通信所必须遵循的规则。此外，它还定义了 Internet 上 IP 地址的格式，并通过路由选择，将数据报由一台计算机传递到另一台计算机。但 IP 只负责传送数据报，而不考虑传输的可靠性、数据报的流量控制等安全因素。
- ICMP 协议——Internet 控制报文协议：ICMP 是 IP 的延伸和 IP 不可分割的组成部分。它使用 IP 数据报传输设施来发送报文，并且有下列传输控制、出错报告和其他的检查功能。
- 数据流控制。当数据报流量太大而无法处理时，目的主机或中间路由器就会通知数据源站暂停发送报文。
- 检测目的地是否可以抵达。当目的地不可抵达时，就由目的地的网络、主机或者端口，把"目的地不可抵达的报文"发送给数据报源站。
- 重选路由。当路由器或网关发现有更合适的路由时，就把"ICMP 重选路由报文"发给主机，以此通知主机使用另一个路由或网关。
- 检查远程主机。网上主机可以了解某个远程系统的 IP 协议是否正在工作。其办法是向远程系统发送一个"ICMP 回送报文"。当该系统收到报文后，就使用相同的分组报文应答源主机。

3）传输层

传输层的主要服务功能是建立、提供端到端的通信连接，亦即一个应用程序到另一个应用程序的通信连接。说到底，传输层主要是为任何两台需要相互通信的计算机建立通信连接。它可以同时从应用层的几个应用程序接收数据并发送给下一层（IP）。传输层的主要协议有 TCP（传输控制协议）和 UDP（用户报文协议）。TCP 是 TCP/IP 的两个最基本的协议之一。

TCP 协议。传输层中的 TCP 协议负责任何两台计算机之间的连接，此外还提供了一种可靠传输的方法，解决了 IP 协议的不安全因素，为数据报正确、安全地到达目的地提供了保障。

网络中由于带宽的限制，每一条线路上都有一个流量极限。当有大量数据报拥挤在一条线路上时，往往会超过其流量极限，就像是公路上阻塞的汽车一样。而在 Internet 上，当一条线路上的负荷已超出其极限流量时，一些数据报就会被丢失，导致数据报在传输的过程中失去安全保障。

IP 协议不负责处理数据报的丢失、误投递等情况，而 TCP 协议则提供了可靠传输的机制，它能够自动检测丢失的数据报并自动重传，弥补 IP 的不足。此外，它还负责过滤多个重复的数据报，接收最先到达的一个。因此，TCP 和 IP 总是协调一致地工作，以保证数据报的可靠传输。

TCP 协议提供的是一种面向连接的服务。在传输层中，用户数据报协议（User Datagram Protocol，UDP）。提供另一种面向无连接的服务，即在数据传输时不加上自己的头标，这样使得协议本身的开销非常小，性能也比 TCP 高。但其可靠性不如 TCP 协议，适合于传输一些不需要绝对可靠的数据（或由上层保障数据的可靠性）。

4）应用层

应用层根据不同用户的各种需求，向用户提供所需的网络应用程序服务。TCP/IP 协议的应用层提供了网上计算机之间的各种应用服务。例如，FTP（文件传输协议）、SMTP（简单邮件传输协议）、DNS（域名系统）等。这些实用程序通过 Socket 接口与各种应用协议相连接。应用层的网络应用程序（协议）也多种多样，这些应用程序包括以下三类：

第一类与下一层的 UDP 相配合，如 SNMP（简单网络管理协议），用于管理 IP 网络的节点，后来也能管理互连的集线器和计算机等设备；RPC（远程过程调用），它以简便的方式支持 Internet 的客户机－服务器分布式计算模式等等。

第二类与下一层的 TCP 相配合，如 Telnet（远程登录协议），它是提供远程终端连接服务的标准协议，能使某个用户终端犹如直接连通到一台远程计算机上一样；FTP（文件传输协议），它使一台计算机上的用户能在另一台计算机上取得文件，或者把文件传送给另一台计算机；SMTP（简单邮件传输协议），用于不同计算机之间的电子邮件传输，不过只限于服务器到服务器等。

第三类与下一层的 TCP 和 UDP 都有相互配合关系。例如 DNS（域名的命名系统协议），它实际上是为网上主机命名的一组规则。

8.1.2 Internet 的 IP 地址及域名

Internet 上采用了一种通用的地址格式，为互联网中的每一个网络和几乎每一台主机都分配了一个地址，这就使我们实实在在地感觉到它是一个整体。

1．IP 地址

接入互联网的计算机与接入电话网的电话相似，每台计算机或路由器都有一个由授权机构分配的号码，我们称它为 IP 地址。IP 地址也是采用分层结构。IP 地址由网络号与主机号两部分组成。其中，网络号用来标识一个逻辑网络，主机号用来标识网络中的一台主机。一台主机至少有一个 IP 地址，而且这个 IP 地址是全网唯一的，如果一台主机有两个或多个 IP 地址，则该主机属于两个或多个逻辑网络，一般用做路由器。

在表示 IP 地址时，将 32 位二进制分为 4 个字节，每个字节转换成相应的十进制，字节之间用"."来分隔。IP 地址的这种表示法叫做"点分十进制表示法"。例如，有下面的 IP 地址：

10001010 00001011 00000011 00011111

可以记为 138.11.3.31，显然这就方便得多。

2．IP 地址的分类

IP 地址采用分层结构。IP 地址由网络号与主机号两部分组成，其中，网络号（net-id）用来标识一个逻辑网络，主机号（host-id）用来标识网络中的一台主机。网络号相同的主机可以直接互相访问，网络号不同的主机需通过路由器才可以互相访问。TCP/IP 协议规定，根据网络规模的大小将 IP 地址分为 5 类（A、B、C、D、E），如图 8-2 所示。

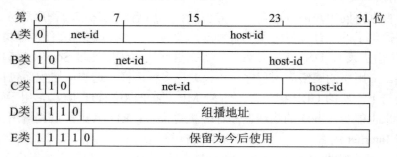

图 8-2　IP 地址的分类

- A 类地址：第一个字节用做网络号，且最高位为 0，这样只有 7 位可以表示网络号，能够表示的网络号有 2^7=128 个。后三个字节用做网络中的主机编号，有 24 位可表示主机号，能够为 $2^{24}-2$=16777214 台主机编址。A 类 IP 地址常用于大型的网络。
- B 类地址：前两个字节用做网络号，后两个字节用做主机号，且最高位为 10，最大网络数为 2^{14}=16382 个，范围是：128.1.0.0—191.255.0.0。可以容纳的主机数为 $2^{16}-2$=65534 台。B 类 IP 地址通常用于中等规模的网络。
- C 类地址：前三个字节用做网络号，最后一个字节用做主机号，且最高位为 110，最大网络数为 2^{21}=2097152 个，范围是：191.0.1.0—223.255.255，可以容纳的主机数为 2^8-2=254 台主机。C 类 IP 地址通常用于小型的网络。
- D 类地址：最高位为 1110，是多播地址，主要是留给 Internet 体系结构委员会 IAB（Internet Architecture Board）使用的。
- E 类地址：最高位为 11110，保留在今后使用。

目前大量使用的 IP 地址仅是 A 至 C 类三种。不同类别的 IP 地址在使用上并没有等级之分，不能说 A 类 IP 地址比 B 或 C 类高级，也不能说在访问 A 类 IP 地址时比 B 或 C 类优先级高，只能说 A 类 IP 地址所在的网络是一个大型网络。

3. 域名

一般在 Internet 上辨别一台计算机的方式是利用 IP 地址。但是一组 IP 地址数字很不容易记忆，因此，我们会为网上的服务器取一个有意义又容易记忆的名字，这个名字我们就叫它域名（Domain Name）。

例如一般使用者在访问淘宝网站时，都会输入 www.taobao.com，而很少有人会记住这台服务器的 IP 地址是多少。www.taobao.com 就是"淘宝"网站服务器的域名。

但是，能使用域名访问网络上的服务器，并不意味着服务器可以使用域名来标记和区分。实际上，在网络上，还是使用 IP 地址来访问服务器的。所以当使用者在浏览器的地址栏输入域名，并按下回车后，计算机必须要先去一台有域名和 IP 地址相互对应的数据库的主机中去查询这台计算机的 IP 地址，而这台被查询的主机，我们称它为域名服务器（Domain Name Server），简称 DNS。例如：当用户输入 www.taobao.com 时，计算机会将 www.taobao.com 这个名字传送到离他最近的 DNS 服务器去作分析，如果在 DNS 服务器上找到这个名字，则会将该名字对应的 IP 地址传回这台主机，然后主机将会使用 IP 地址访问服务器，服务器会将 www.taobao.com 的主页信息返回给这台主机，经浏览器解释并显示在浏览器上；如果在 DNS 服务器上找不到这个名字，这台主机将无法访问 www.taobao.com 的服务器，浏览器上将会显示无法找到该页的提示。因此，域名仅仅是帮助人们更容易的记忆一台服务器的标记，而真正要访问到该服务器，还需要域名服务器的帮助。一旦 DNS 服务器不工作了，就像是路标完全被毁坏，将没有人知道如何能找到要访问的服务器。

4. IPv6 地址

1）IPv6 地址的基本概念

前面我们谈到的 IP 地址是指 IPv4 地址，IPv4（IP version 4）标准是 20 世纪 70 年代末期制定完成的。20 世纪 90 年代初期，WWW 的应用导致互联网爆炸性发展，随着互联网应用类型日趋复杂，终端形式特别是移动终端的多样化，全球独立 IP 地址的提供已经开始面临沉重的压力。IPv4 所拥有的 32 位地址空间，地址不足的问题逐渐显现，这将严重影响互联网的长期发展，必须立即开始下一代 IP 网络协议的研究。由此，IETF 于 1992 年，成立了 IPNG（IP Next Generation）工作组；1994 年夏，IPNG 工作组提出了下一代 IP 网络协议（IPv6，IP version 6）的推荐版本；1995 年夏，IPNG 工作组完成了 IPv6 的协议文本；1995—1999 年完成了 IETF 要求的协议审定和测试；1999 年成立了 IPv6 论坛，开始正式分配 IPv6 地址，IPv6 的协议文本成为标准草案。

IPv6 具有长达 128 位的地址空间，可以彻底解决 IPv4 地址不足的问题。由于 IPv4 地址是 32 位二进制，所能表示的 IP 地址个数为 2^{32}=4294967296≈43 亿，如果将其中不可编址的地址排除的话,只有约 37 亿的可用地址。这样的地址空间,相对于目前移动终端大量增长的趋势来说,远远不能满足需求。将 32 位的 IPv4 升级至 128 位的 IPv6,互联网中的 IP 地址,从理论上讲会有 $2^{128}=3.4\times10^{38}$ 个,这样的地址空间,可以保证整个地球表面(包括陆地和水面)每平方米有 7×10^{23} 个 IP 地址;如果地址分配的速率是每秒分配 1000000 个,则需要 1019 年的时间才能将所有地址分配完毕。在想象得到的未来,IPv6 的地址空间都可以满足需要。除此之外,IPv6 还采用分级地址模式、高效 IP 包首部、服务质量、主机地址自动配置、认证和加密等许多技术。

2)IPv6 的地址表示

一般来讲,一个 IPv6 数据包的目的地址可以是以下三种基本类型地址之一。

- 单播(unicast)。单播就是传统的点对点通信。
- 多播(multicast)。多播就是一点对多点的通信,数据包交付到一组计算机中的每一个。IPv6 没有采用广播的术语,而是将广播看作多播的一个特例。
- 任播(anycast)。这是 IPv6 增加的一种类型。任播的目的站是一组计算机,但数据包在交付时只交付给其中的一个,通常是距离最近的一个。

为了使地址的表示简洁些,IPv6 使用冒号十六进制记法(colon hexadecimal notation,简写为 colon hex)。每 4 个字节一组,用十六进制表示,各组之间用冒号分隔。例如:

686E:8C64:FFFF:FFFF:0:1180:96A:FFFF

冒号十六进制记法允许零压缩(zero compression),即一连串连续的零可以用一对冒号所取代,例如:

FF05:0:0:0:0:0:0:B3　　可以写为:　　FF05::B3

为了保证零压缩有一个清晰的解释,建议中规定,在任一地址中,只能使用一次零压缩。该技术对已建议的分配策略特别有用,因为会有许多地址包含连续的零串。

另外,冒号十六进制记法可结合有点分十进制记法的后缀。这种结合在 IPv4 向 IPv6 的转换阶段特别有用。例如,下面表示是一个合法的冒号十六进制记法:

0:0:0:0:0:0:128.10.1.1

请注意,在这种记法中,虽然为冒号所分隔的每个值是一个 16bit 的量,但每个点分十进制部分的值则指明一个字节的值。再使用零压缩即可得出:

::128.10.1.1

8.1.3 Internet 服务

20 世纪 90 年代初期,随着 WWW 的发展,Internet 逐渐走向民用,由于 WWW 通过良好的界面大大简化了 Internet 操作的难度,使得用户的数量急剧增加,如今 Internet

已经深入到人们生活的各个部分，通过 WWW 浏览、电子邮件等方式，人们可以及时地获得自己所需的信息，Internet 大大方便了信息的传播，给人们带来一个全新的通信方式，可以说 Internet 是继电报、电话发明以来人类通讯方式的又一次革命。Internet 的飞速发展和广泛应用得益于其提供的大量服务，这些服务为人们的信息交流带来了极大的便利，目前 Internet 提供的服务主要是下面一些。

1. WWW 服务

WWW 即 World Wide Web 的缩写，称为万维网或环球信息网，也常常把 WWW 简称做 Web，二者实际上是同一含义。

创建 WWW 是为了解决 Internet 上的信息传递问题，在 WWW 创建以前，几乎所有的信息发布都是通过 E-mail（电子邮件）、FTP、Archie 和 Gopher 实现的。E-mail 使得在不同的团体和个人之间的信息交换变得很广泛。FTP（文件传输协议）用来从一台计算机到另一台计算机进行文件传输，Archie 用来查找 Internet 上的各种文件。由于 Internet 上的信息散乱地分布在各处，因此除非知道所需信息的位置，否则不能对信息进行搜索。这对于在 Internet 上信息搜索的人员无疑成为一个重要的问题。因为没有一个组织好的信息结构框架，所以 Internet 的作用不能得到充分的发挥。

通过 Web 方式传递信息，克服了许多早期信息传递的限制。Web 服务器利用 HTTP（超文本传输协议）传递 HTML（超文本标记语言）所组织的文件，Web 浏览器使用 HTTP 检索 HTML 文件。从 Web 服务器一旦检索到信息，Web 浏览器就会以静态或交互（如文本、图像）式显示各种对象，并可以使用超链接（指向 Web 页面的统一资源定位器（URL）的对象）的方式将多媒体信息和其他交互式应用，在 Web 页面上很好的组织和显示。

随着 Web 技术的不断发展，文本、图像、影像、声音等多媒体信息和交互式应用程序能够以很好的方式在 WWW 页面上呈现，它已经成为一种高效的信息发布和信息交换方式。正是由于 WWW 的出现，我们才可以在网页上浏览各种信息，超链接能够很容易地将多种信息组织在同一个 Web 页面上，利用超链接，用户从一个页面可以非常方便地跳转到另一个页面。超链接所指向的 Web 页面的地址，这种地址叫做 URL（Uniform Resource Locator，统一资源定位器）。每个 Web 页面都有一个或多个 URL 与之相关。在相应的应用程序和浏览器的推动下，Web 很快成为 Internet 上发布文本和多媒体信息的一种常见的手段。

2. 电子邮件服务（E-mail Service）

电子邮件是 Internet 上使用最早、最广泛和最受欢迎的服务之一，它是网络上的用户之间进行快速、简便、可靠且低成本联络的现代通讯手段。电子邮件使网络用户能够发送和接收文字、图像和语音等多种形式的信息。使用电子邮件的前提是拥有自己的电子信箱，即 E-mail 地址。E-mail 地址实际上是在邮件服务器上建立一个用于存储邮件的目录。电子邮件地址的典型格式为：username@mailserver.com，其中 mailserver.com 部分代表邮件服务器的域名，username 代表用户名。例如 test@mail.xaau.edu.cn，其含义表示为在域名为 mail.xaau.edu.cn 的主机上用户名为 test 的电子邮件地址。利用电子邮件可以获得其他各种服务（如 FTP、Gopher、Archie、WAIS 等）。当用户想从这些信息中心查询资料时，只需要向其指定的电子信箱发一封含有一系列信息查询命令的电子邮件，该邮件服务器程序将自动读取、分析该邮件中的命令，若无错误则将检索结果通过邮件方式发给用户。

3．文件传输服务（FTP）

FTP 服务解决了远程传输文件的问题，无论两台计算机相距多远，只要它们都加入 Internet 并且都支持 FTP 协议，则这两台计算机之间就可以进行文件的传送。FTP 实质上是一种实时的联机服务，在进行工作时，用户首先要登录到目的服务器上，之后用户可以在服务器目录中查询所需文件。FTP 几乎可以传送任何类型的文件，如文本文件、二进制文件、图像文件、影像文件、声音文件等。一般的 FTP 服务器都支持匿名登录，使用匿名登录时，用户无须事先注册用户名和口令，系统默认使用 anonymous 为用户名即可访问该 FTP 服务器。

4．远程登录服务（Telnet）

远程登录是 Internet 提供的最基本的信息服务之一，Internet 用户的远程登录是在网络通讯 Telnet 的支持下使自己的计算机暂时成为远程计算机仿真终端的过程。要在远程计算机上登录，首先应给出远程计算机的域名或 IP 地址，并拥有该远程计算机系统合法的账号和口令。

5．新闻组服务（NewsGroup）

新闻组又叫讨论组或公告牌。新闻组系统能使网上的用户与其他人在网上交流思想、公布公众注意事项、寻求帮助等。实际上 Internet 提供的服务远远不止这些，还有搜索引擎、软件上传或下载服务、各类信息查询、网上聊天室、BBS 电子公告栏、免费个人主页空间、网上游戏、网上炒股、网上购物或商务活动、短信服务、视频会议和多媒体娱乐（VOD 点播，网上直播，MP3、Flash 欣赏等）等。而且随着 Internet 的飞速发展，每天都在诞生新的服务，虽然 Internet 提供的服务越来越多，但这些服务一般都是基于 TCP/IP 协议的。

6．Intranet 技术

利用 Internet 技术，可以构建不同的应用。对于 Internet 在企业业务中的应用，可以按照对内和对外分成 Intranet 和 Extranet。

Intranet 技术是指采用 Internet 技术建立的企业内部网络，它基于 Internet 的网络协议、Web 技术和设备来组建仅为企业内部提供 Web 信息服务以及数据库访问等其他服务的企业内部网。用户使用浏览器来进行操作，完成数据处理和企业管理的各项工作。

Intranet 的功能与传统的管理信息系统（Manage Information System，MIS）相同，它们都是一个封闭的系统，只面向本企业内部，使用计算机来联系企业各个部门，完成企业的管理工作。但传统的 MIS 通常是基于客户机/服务器（Client/Server，C/S）架构的，维护起来比较困难。MIS 在对于跨国企业中各分支机构之间的通信问题必须依靠架设专线来解决，这需要一大笔费用；而 Intranet 是 B/W/D 结构，使用 Internet 作为网络基础，各种费用大大减少。

与普通的 Internet 应用相比，Intranet 上流动的是与企业业务相关的关键数据。因此，安全性问题显得至关重要。Intranet 网络安全技术包括防火墙技术、数据加密、身份认证和综合网络安全技术。

8.2 电子商务平台开发技术

8.2.1 .NET 平台技术及其结构

1. .NET 平台技术及其结构

.NET 是微软的新一代技术平台，根据微软的定义：.NET = 新平台 + 标准协议 + 统一开发工具。从技术的角度，一个.NET 应用是一个运行于.NET Framework 之上的应用程序。更精确地说，一个.NET 应用是一个使用.NET Framework 类库来编写，并运行于公共语言运行时（Common Language Runtime）之上的应用程序。

.NET 不仅可以管理代码的执行，而且能为代码提供服务，扮演双重角色。

其中.NET 提供的服务包括：①.NET Framework，是.NET 提供的一种新的运行环境；②ASP.NET，是为创建 HTML 页面而提供的一种新的编程模型；③Windows 窗体，是为编写各种程序提供的新方法；④XML Web，为 Internet 服务器提供新的方法；⑤ADO.NET，支持数据库访问。

.NET Framework 目标是成为新一代基于 Internet 的分布式计算应用开发平台。其框架层次结构如图 8-3 所示。

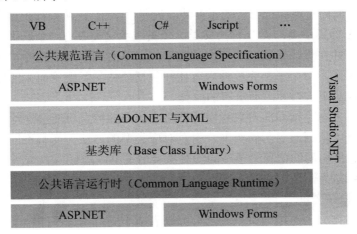

图 8-3 .NET 框架基本层次

.NET 框架支持多语言开发，便于建立 Web 应用程序及 Web 服务，加强 Internet 上各应用程序之间通过 Web 服务的沟通。

.NET 框架主要包括三个主要组成部分：公共语言运行时（Common Language Runtime，CLR）、服务框架（Services Framework）以及应用模版。

其中，CLR 管理了.NET 中的代码，管理内存与线程；服务框架为开发人员提供了一套基于标准语言库的基类库，除了基类之外，包括接口、值类型、枚举和方法，可完成许多不同的任务，以简化编程工作；应用模版包括传统的 Windows 应用程序模板（Windows Forms）和基于 ASP.NET 的面向 Web 的网络应用程序模版（Web Forms 和 Web Services）。

2．面向对象编程概述

1）面向对象程序设计思想

面向对象编程（Object-Oriented Programming，OOP）技术是当今占主导地位的程序设计思想和技术，也是开发电子商务平台中使用的重要技术。面向对象程序设计首先针对问题要处理的数据特征找出相应的数据结构，然后设计解决问题的各种算法，并将数据结构和算法看做一个有机的整体，即"类"。由"类"可以实例化出一个或者多个对象，每个对象各尽其职，分别执行一组相关任务。OOP 对问题的分析和解决基于两个原则：抽象和分类。

面向对象程序是由许多对象组成，对象是程序的实体，这个实体包含了对该对象属性的描述（数据结构）和对该对象进行的操作（算法）。

2）面向对象三大特征

（1）封装。封装是面向对象编程的特征之一，也是类和对象的主要特征。封装将数据以及加在这些数据上的操作组织在一起，成为有独立意义的构件——类。外部无法直接访问这些封装了的数据，从而保证了这些数据的正确性。

（2）继承。面向对象编程语言的重要特点就是"继承"。从编程角度来说，如果类 A 继承类 B，类 A 称为子类，类 B 称为父类，子类继承父类成为一个新类，直接获得父类的方法和属性，并在无需重新编写原来的类的情况下对这些功能进行扩展，是软件重用的重要方式。因此，一个子类完整的内容往往包括：从父类继承而来的成员；自身添加的成员；父类成员不符合要求而重写的成员。

（3）多态。多态是指面向对象程序运行时，相同的信息可能会送给多个不同的类型的对象，而系统可依据对象所属类型，引发对应类型的方法，而有不同的行为。简单来说，所谓多态意指相同的信息给予不同的对象会引发不同的行为。

3．C#语言编程基础

1）数据类型和变量

C#语言将数据分为不同的类型，它们分别表示不同范围、不同精度、不同用途的数据。C#语言数据类型体系如图 8-4 所示。

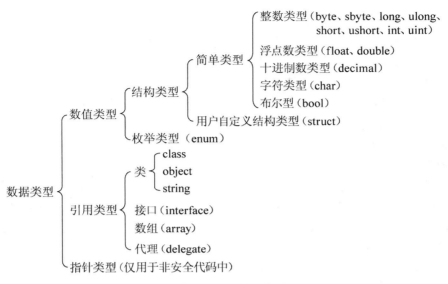

图 8-4 C#的数据类型

C#语言中具有数值类型的变量存储的是数值数据,而引用类型的变量则只存储数据的存储单元地址。

(1)变量和常量。

常量(Constant)是指在程序的运行过程中值不能改变的量。

定义常量的一般格式为:

[属性] [修饰符] const 数据类型 常量名=表达式;

变量是计算机内存中被命名的数据存储单元,其中存储的值是可以改变的。在程序中通过变量名来引用其中存储的信息。

在 C#中,变量名必须遵守以下规则:变量名不能与 C#中的库函数名称相同;首字符必须是字母、下画线或者"@";区分大小写;变量名不能与 C#关键字名相同。

C#规定在程序中所有用到的变量都必须在程序中定义,即遵守"先定义后使用"或"先声明后使用"的原则。

定义变量的一般格式:

[属性][修饰符] 数据类型 变量名1,变量名2,…,变量名n;

定义好的变量不能直接被用来使用和计算,需要先对其进行初始化才能使用。也就是说变量需要先赋值再使用。

变量初始化格式:

数据类型 变量名=表达式;

(2)整数类型。

整数类型是指那些没有小数部分的数字，包括整数常量和整数变量。

整数常量即整数类型的常数，一般包括以下两种形式。

- 十进制数：348、-56、0 等。
- 十六进制数：这类数据以"0x"（其中 0 是数字 0）开头，如：0x61，表示十六进制的 61，相当于十进制数据 97。

变量间进行赋值运算要注意其存储范围，一旦超出存储范围，否则会发生"溢出"现象，使程序报错。

(3)字符类型。

在 C#中，无论是字符类型常量还是字符类型变量，都是使用 Unicode 编码中的字符。可使用关键字 char 来定义字符类型数据。char 类型的变量占用 2 个字节的内存。

- 字符常量

字符常量是用单引号括起来的一个字符。如 's'、'x'、'Y' 等都是字符常量。

除了以上形式的字符常量外，还允许使用一种特殊形式的字符常量，就是以一个"\"开头的"转义字符"。例如，字符 '\n' 代表换行，'\t' 代表跳格等。

- 字符变量的赋值方法

给字符变量赋值有以下几种方法。

直接赋值：

char ch1='a';

用十六进制数转化：

char ch2='\0x61';

利用强制转换：

char ch3=(char)97;   //97 是字符 a 对应的 ASCII 码

(4)浮点数类型。

- float 型（单精度类型）

float 数据类型使用 4 个字节的内存来存储数字，float 型绝对值的最小值是 1.5×10^{-45}，这表示在小于 1.5×10^{-45} 和大于 -1.5×10^{-45} 之间的数据是无法表示的。float 型精度为 7 位有效数字。

- double 型（双精度类型）

double 类型的变量占用 8 个字节的内存，精度为 15～16 位有效数字。

(5)小数类型。

C#提供了 decimal 类型。这是一个占用 16 个字节（128 位）的数据类型，适用于金融货币计算，精度为 28～29 位有效数字。与其他数据类型不同的是，decimal 没有无符号形式。

（6）布尔型。

布尔类型是一种用来表示"真"和"假"的逻辑数据类型。布尔类型占用 1 个字节的内存。布尔类型变量只有两种取值：true（代表"真"），false（代表"假"）。

（7）引用类型。

C#提供了两种主要的信息存储方式：按值（by value）和按引用（by reference）。

当变量按值存储信息时，变量将包含实际的信息。当变量按引用存储信息时，存储的不是信息本身，而是信息在内存中的存储位置。

C#语言中属于引用类型的数据类型有：对象类型（object）、类类型（class）、字符串类型（string）、接口类型（interface）、数组类型（array）、代理类型（delegate）。

（8）字符串类型。

字符串类型的变量是由关键字 string 来定义的，它是类 System.String 的别名。

字符串类型也有常量和变量之分。字符串变量由关键字 string 来定义，而字符串常量用""括起来表示，例如"jack"。

2）运算符和表达式

（1）C#运算符概述。

运算符是用来指定在表达式中执行哪些操作的符号。

C#语言包括以下 3 种类型的运算符：单目运算符（带有 1 个操作数）；双目运算符（带有 2 个操作数）；三目运算符（带有 3 个操作数），目前只有条件运算符"？："是三目运算符。

C#中的运算符如表 8-1 所示。

表 8-1　C#运算符

运算符类别	运 算 符
算术	+　-　*　/　%
逻辑(布尔型和按位)	&　|　^　!　~　&&　||　true　false
字符串连接	+
自加、自减	++　--
移位	<<　>>
关系	==　!=　<　>　<=　>=
复合赋值	=　+=　-=　*=　/=　%=　&=　|=　^=　<<=　>>=
成员访问	.
索引(下标运算)	[ ]
强制类型转换	( )
条件	? :
代理连接和撤销	+　-
创建对象	new
类型信息	is　as　typeof　sizeof
溢出异常控制	checked　unchecked
间接取址	*◊　[ ]　&

当一个表达式含有多个运算符时，运算符的优先级就控制了单个运算符的求值顺序。给出了运算符从高到低的优先级如表 8-2 所示。

表 8-2 运算符优先级

类 别	运 算 符
初级	(x) x.y f(x) a[x] x++ x-- new typeof checked unchecked
单目	+ - ! ~ ++x --x (T)x
乘法类	* / %
加法类	+ -
移位	<< >>
关系	< > <= >= is as
等价性	== !=
逻辑与	&
逻辑异或	^
逻辑或	|
条件与	&&
条件或	||
条件	? :
复合赋值	= *= /= %= += -= <<= >>= &= ^= |=

（2）赋值运算符。

赋值表达式的格式：变量=表达式；

C#提供了复合赋值运算符（如表 8-2 所示），例如：x+=10；等价于赋值语句：x=x+10；

（3）算术运算符及其表达式。

算数运算符包括基本算术运算符"+、-、*、/、%"和自加自减运算符"++、--"等。

● 加法和减法运算符

参与运算的操作数都是数字时，加法运算同一般的数学运算是一致的。参与运算的操作数都是字符串，相加的结果是两字符串连接在一起。参与运算的操作数分别是数字和字符串，得到的结果是将数字转变为字符串，然后将两个字符串连接在一起。

● 自增自减运算符

自增运算符++将操作数的值自动加 1，自减运算符--将操作数的值自动减 1。含有自增和自减运算符表达式的两种应用形式：

y=++（或--）x：先将 x 值做++（或--）运算，然后再赋值给 y；

y=x++（或--）：先将 x 值赋给 y，然后再将 x 值做++（或--）运算。

● 乘法和除法运算符

一般来说，所有的数值类型都可以参与乘、除法运算，但在进行乘法运算时需考虑其运算结果是否超越了数据类型所能够容纳的最大值。如果超出则会发生溢出现象，程序无法通过编译。

- 取余运算符

取余运算将遵循以下规则：

第一，对于除数和被除数都是正数（包括正整数和正浮点数），将除数和被除数做减法，直到得到的结果小于被除数，这时的结果就是取余运算的结果。

第二，对于负数或负浮点数的取余运算，如果除数和被除数互相异号，即除数和被除数一个是正数一个是负数，则将除数和被除数做加法，直到得到的结果的绝对值小于被除数的绝对值为止，这时得到的结果就是取余运算的结果；如果除数和被除数都是负数，则按照两者都是正数时的运算方法求余数，判断终止取余运算同样也使用绝对值。

（4）关系运算符。

比较运算符"<、>、>=、<="是二目运算符，作用是比较两操作数的大小。其操作数可以是所有的数值类型变量，比较的结果是"true"或"false"。相等运算符"=="和不等运算符"!="是用来判断操作数是否相等或不等。等式运算的操作数可以是数值类型变量，也可以是引用类型变量。

（5）逻辑运算符。

"&&"运算符表示逻辑"与"，它被用于判断是否同时满足两个或两个以上的条件的时候。其操作数可以是布尔类型变量或关系表达式。在一个"与"操作中，如果第一个操作数是假，则不管第二个操作数是什么值，结果都是假。

"||"运算符表示逻辑"或"，它用来判断是否满足两个或两个以上的条件之一，其操作数可以是布尔类型变量或关系表达式。在一个"||"操作中，如果第一个操作数是真，则不管第二个操作数是什么值，结果都是真。

"!"运算符是一个一元运算符，表示逻辑非。同样，其操作数可以是布尔类型变量或者关系表达式。

（6）条件运算符。

条件运算符"？："是唯一的一个三目运算符，它需要3个操作数。

条件运算表达式的一般格式是：关系表达式？表达式1:表达式2

功能：如果关系表达式的值是 true，则条件运算表达式得到的值为表达式 1 的值，否则为表达式 2 的值。

3）程序控制语句

程序的执行过程控制是算法思路实现的逻辑路径，是程序设计的核心。根据结构化程序设计思想，程序的流程主要由 3 种基本结构组合而成：顺序结构、选择结构和循环结构，它们是现代程序设计的基础。

（1）选择结构。

在 C#语言中，提供了两种选择结构程序设计的语句结构：if-else 语句和 switch 语句。它们的作用就是根据某个条件是否成立，控制程序的执行流程。

- if 语句

if 语句是最常用的选择语句，它的功能是根据所给定的条件（常由关系、布尔表达式表示）是否满足，决定是否执行后面的操作。

```
if(表达式) {语句块}
```

功能：如果表达式的值为真（即条件成立），则执行 if 语句所控制的语句块；如果表达式的值为假（即条件不成立），则直接执行语句块后面的语句。

if 语句结构流程控制如图 8-5 所示。

- if-else 语句

```
if (表达式)
{语句组 1}
else
{语句组 2}
```

功能：如果表达式成立，则执行语句组 1，然后执行语句组 2 的下一条语句。如果表达式不成立，则跳过语句组 1，执行语句组 2，然后执行语句组 2 的下一条语句。

if-else 语句结构流程控制如图 8-6 所示。

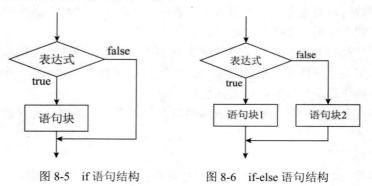

图 8-5　if 语句结构　　　图 8-6　if-else 语句结构

- else-if 多分支语句

```
if (表达式 1)   {语句组 1}
else if (表达式 2)  {语句组 2}
else if (表达式 3)  {语句组 3}
…
else if (表达式 n-1) {语句组 n-1}
else    {语句组 n}
```

功能：当表达式 1 为真时，执行语句组 1，然后跳过整个结构执行下一个语句；当表达式 1 为假时，跳过语句组 1 去判断表达式 2。若表达式 2 为真时，执行语句组 2，然后跳过整个结构去执行下一个语句；若表达式 2 为假时，则跳过语句组 2 去判断表达式 3。

以此类推，当表达式 1、表达式 2……表达式 n-1 全为假时，则执行语句组 n，再转而执行下一条语句。

else-if 多分支语句流程控制如图 8-7 所示。

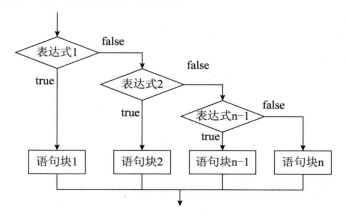

图 8-7　else-if 多分支语句结构

【例 8-1】 根据输入的学生成绩，显示相应的等级：优、良、中、及格和不及格。

```
using System;
class StuGrade1
{
    public static void Main()
    {
        int score;
        string grade;
        Console.Write("请输入学生的成绩：");
        score=Int32.Parse(Console.ReadLine());
        if(score>=90)
        grade="优";
        else if(score>=80)
        grade="良";
        else if(score>=70)
        grade="中";
        else if(score>=60)
        grade="及格";
        else
        grade="不及格";
        Console.WriteLine("该学生的考试成绩等级为：{0}", grade);
    }
}
```

程序运行结果：输入 90，显示考试成绩等级为优。

- switch 语句

switch 语句的一般形式：

```
switch(表达式)
{
case 常量表达式 1：{语句组 1} break;
case 常量表达式 2：{语句组 2}break;
…
case 常量表达式 n：{语句组 n}break;
default : {语句组 n+1}break;
}
```

其中：

"表达式"也可以是变量，但必须是能计算出具体的"常量表达式"表示的量。

"常量表达式"是"表达式"的计算结果，可以是整型数值、字符或字符串。switch 语句的执行过程：首先计算 switch 后面的表达式的值。其次，将上述计算出的表达式的值依次与每一个 case 语句的常量表达式的值比较。如果没有找到匹配的值，则进入 default，执行语句组 n+1；如果没有 default，则执行 switch 语句后的第一条语句；如果找到匹配的值，则执行相应的 case 语句组语句，执行完该 case 语句组后，整个 switch 语句也就执行完毕。因此，最多只执行其中的一个 case 语句组，然后将执行 switch 语句后的第一条语句。

（2）循环结构。

在程序中除了使用语句改变流程外，有时还需要重复执行某个代码段多次。为了实现重复执行代码的功能，C#提供了 while、do-while、for 和 foreach-in 4 种循环语句。

- while 循环

while 语句可用来实现当条件为"真"时，不断重复执行某个代码块的功能，其语句格式为：

```
while(条件表达式)
    {语句块}
```

while 语句其执行过程如下：

①计算 while 语句的条件表达式的值。

②如表达式的值为真，则执行循环体"语句块"，并改变控制循环变量的值。

③返回 while 语句的开始处，重复执行步骤 a 和 b，直到表达式的值为假，跳出循环并执行下一条语句。

while 语句结构流程控制如图 8-8 所示。

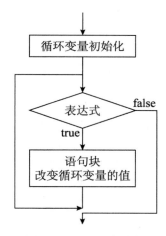

图 8-8 while 语句结构

【例 8-2】使用 while 语句，计算 1+2+3+…+100。

```
using System;
class Sum1
{
    public static void Main()
    {
        int sum = 0, i = 1;
        while(i <= 100)
        {
            sum += i++;    //循环变量是 i,i++是用于改变循环变量的
        }
        Console.WriteLine("sum={0}", sum);
    }
}
```

程序运行结果：sum=5050。

- do-while 循环

do-while 语句的特点是先执行循环，然后判断循环条件是否成立。其语句格式为：

do
   {语句块}
while(条件表达式);

while 语句其执行过程如下：

①当程序执行到 do 语句后，就开始执行循环体语句块，并改变循环变量的值。

②执行完循环体语句后，再对 while 语句括号内的条件表达式进行判断。若表达式条件成立（为真），转向步骤 a 继续执行循环体语句；否则退出循环，执行下一条语句。

do-while 语句结构流程控制如图 8-9 所示。

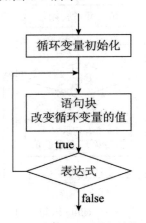

图 8-9　do-while 语句结构

【例 8-3】使用 do-while 语句，计算 1+2+3+…+100。

```
using System;
class Sum2
{
    public static void Main()
    {
        int sum = 0, i = 1;
        do
        { sum += i++; }         //循环变量是 i,i++是用于改变循环变量的
        while(i <= 100);        //while 语句后面的分号不能丢掉
        Console.WriteLine("sum={0}", sum);
    }
}
```

程序运行结果：sum=5050。

while 和 do-while 语句的区别：

do-while 语句不论条件表达式的值是什么，其循环体语句都至少要执行一次，而 while 语句只有当条件表达式的值为真时，才执行循环体语句，如果条件表达式一开始就不成立，则循环体语句一次都不必执行。总之，do-while 循环是先执行循环体，后判断条件表达式是否成立；而 while 语句是先判断条件表达式，再决定是否执行循环体。

- for 循环

for 语句是构成循环最灵活简便的一种方法。for 语句的一般格式为：

for(表达式 1;表达式 2;表达式 3)　{循环体语句组}

for 语句其执行过程如下：
①先计算表达式 1 的值。
②求解表达式 2 的值，若表达式 2 条件成立，则执行 for 语句的循环体语句组，然后执行下面的第 c 步；若条件不成立，则转到第 e 步。
③求解表达式 3。
④转回第 b 步执行。
⑤循环结束，执行 for 语句下面的一个语句。
for 语句结构流程控制如图 8-10 所示。

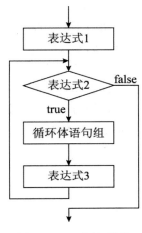

图 8-10　for 语句结构

【例 8-4】使用 for 语句，计算 1+2+3+…+100。

```
using System;
class Sum3
{
    public static void Main()
    {
        int i, sum = 0;
        for(i = 1; i <= 100; i++)
        { sum += i; }
        Console.WriteLine("sum={0}", sum);
    }
}
```

程序运行结果：sum=5050。

- break 和 continue 语句

break 语句通常用在 switch 语句和各种循环语句中。

break 语句的使用格式为：break;

在 switch 语句中，break 语句的作用是使程序流程跳出 switch 语句结构。在各种循环语句中，break 语句的作用是使程序中止整个循环。注意，如是多重循环，break 不是使程序跳出所有循环，而只是使程序跳出 break 本身所在的循环。

continue 语句用于各种循环语句中，continue 语句的使用格式为：continue;

continue 语句的作用是跳过循环体中剩余的语句而强行执行下一次循环。

continue 语句与 break 语句的区别：continue 语句用于结束本次循环，即跳过循环体中 continue 语句下面尚未执行的语句，再判断表达式的条件，以决定是否执行该循环体的下一次循环。而 break 语句则是终止当前整个循环，不再进行条件表达式的判断。在 while 和 do-while 语句中，continue 语句用于把程序流程转至执行条件测试部分，而在 for 循环中，则转至表达式 3 处，以改变循环变量的值。

5）数组

数组是一种一对多的数据类型，即它是可以存储多个同类型值（或元素）的单个数据类型，其中所有的值（或元素）可以通过数组的下标来访问，并且这些元素在内存中占据着一块连续的存储空间，这里介绍一维数组和二维数组。

（1）一维数组。

同变量一样，数组也必须"先定义，后使用"。定义一维数组的格式如下：

数据类型[ ] 数组名；

方括号"[ ]"在这里表示是定义一个数组，而不是普通的一个变量或对象。

例如：int[ ] arry；定义了一个名为 arry 的整型数组，意味着该数组可用来存放多个整数，但此时并没有为存储变量分配空间。在 C#语言中，定义数组后必须对其初始化（为数组分配内存空间）才能使用。初始化数组有两种方法：静态初始化和动态初始化。

①静态初始化。如果数组中包含的元素不多，且初始元素值是已知的，则可以采用静态初始化方法。静态初始化数组时，必须与数组定义结合在一起，否则会报错。

例如：

```
int[ ] arry={1,2,3,4};
string[ ] str={"China", "American", "Korea"};
```

②动态初始化。动态初始化需用 new 关键字将数组实例化为一个对象，再为该数组对象分配内存空间，并为数组元素赋初值。动态初始化数组的格式为：

例如：

```
int[ ] arry;              //定义了一个名为 arry 整型数组
arry=new int[10] ;        //为 arry 数组在内存中分配 4×10=40 个字节的存储空间,但元素
                            值均为 0
```

或写为：

```
int[ ] arry=new int[10];   //定义了一个名为 arry 整型数组,并为其在内存中分配
                           4×10=40 个字节的存储空间
```

当定义完一个数组，并对其初始化后，就可以引用数组中的元素了。一维数组的引用方式是：

数组名[下标]

数组的下标是元素的索引值，它代表了要被访问的数组元素在内存中的相对位置，就是从数组的第 1 个元素到某个数组元素的偏移量。在 C#中数组元素的索引是从 0 而不是 1 开始的，如数组 arry 的第 1 个元素是 arry[0]，第 2 个元素是 arry[1]，以此类推。

【例 8-5】 给定 10 个数，将其按从小到大的顺序输出。

```
using System;
class Order
{
    public static void Main()
    {
        int i, j, k, m;
        int[] que = new int[] { 3, 5, 34, 65, 15, 74, 28, 59, 122, 42 };
        for(i = 0; i < 10; i++)
        {
            k = i;
            for(j = i + 1; j < 10; j++)     //从 i 的下一个元素起开始比较
            {
                if(que[j] < que[k])          //比较数组元素
                {
                    k = j;                   //使 que[k]=que[j]
                    if(que[k] < que[i])      //通过临时变量 m ,交换 que[i]和 que[k]
                                             //的值,将参加比较的元素中的较小的数赋
                                             //给 que[i]
                    {
                        m = que[i];
                        que[i] = que[k];
                        que[k] = m;
                    }
                }
            }
        }
        Console.WriteLine("输出排序后的结果：");
```

```
            for(i = 0; i < 10; i++)          //通过for循环,依次输出数组元素值
                Console.Write("{0}\t", que[i]);
        }
    }
```

程序运行结果：排序后 3 5 15 28 34 42 59 65 74 122。

（2）二维数组。

在 C#语言中，多维数组可看作是数组的数组，即高维数组中的每一个元素本身也是一个低维数组，二维数组的定义格式：

数据类型[,] 数组名;

例如：

```
int[ , ] a;              //定义了名为 a 的整型二维数组
string[ , ] str;         //定义名为 str 的字符串型二维数组
```

二维数组也包括两种初始化方法，即：静态初始化和动态初始化，并且其初始化形式也非常相似。

例如，以下定义一个 3 行 2 列的整型二维数组并对其静态初始化：

```
int[ , ] a={{1,3},{7,4},{10,21}};
```

二维数组经过初始化后，其元素在内存中将按一定的顺序排列存储。二维数组的存储序列为按矩阵的"行"顺序存储，例如上例中 a 数组的存储顺序为：

a[0][0],a[0][1],a[1][0],a[1][1],a[2][0],a[2][1]

- 动态初始化

动态初始化例如：

```
int[ , ] a=new int[2,3];   //定义了一个 2 行 3 列的二维数组
```

在动态初始化二维数组时，也可直接为其赋予不同的初始值。例如：

```
int[ , ] a=new int[ , ]{{1,2,3},{3,2,5}};
```

与一维数组类似，二维数组也是通过数组名和下标值来访问数组元素的。唯一与一维数组不同的是，二维数组需由两个下标来标识一个数组元素，二维数组的引用形式为：

数组名[下标1,下标2]

例如：a[2, 3]表示是 a 数组的第 3 行、第 4 个元素。

6）类

类是 C#语言实现面向对象程序设计的基础，它是 C#封装的基本单元，类把对象、

属性和方法这些类成员封装在一起构成一个有机整体，即数据结构。当类的成员定义为保护或私有（protected 或 private）时，外部不能访问；定义为公有（public）时，则任何用户均可访问。

（1）类的结构及创建对象。

在 C#中用关键字 class 来定义类，其基本格式为：

```
class 类名
{
//类的成员定义
}
```

类是由数据成员和函数成员组成，它们分别是面向对象理论中类的属性和方法。类的数据成员包含类的常量成员和类的变量成员，它们可以是前面介绍的任何数据类型的变量，甚至可以是其他类。

类成员的访问权限用来限制外界对某一个类成员的访问。类成员的访问权限有以下几种：

- public：允许外界访问。
- private：不允许外界访问，也不允许派生类访问，只能在定义该成员的类中调用。
- protected：只允许在定义该成员的类或其派生类的内部被调用。
- internal：使用该声明符的类型或成员只允许在同一程序集内访问。

创建类对象的过程就是实例化类，其语句格式如下：

```
类名 对象名=new 类名();
```

其中对象名就是要创建的对象名称。

例如：

```
class Point{}
Point StringPoint=new Point();
```

定义（构造）一个 Point 类的对象 StringPoint，并为该对象分配存储空间。

（2）类的数据成员。

类数据成员在 C#中用来描述一个类的特征，即面向对象理论中类的属性。C#中有两类数据成员，一类是常量成员，另一类是变量成员。

在某个类中定义的常量就是这个类的常量成员，这个类的所有其他成员都可以使用这个常量来代表某个值。

在类中定义变量成员的格式：

```
class 类名
{
[变量修饰符] 数据类型 变量名1,变量名2…;
}
```

在应用中,一般将变量成员分为两类,静态变量成员(带 static 修饰符定义的变量)和非静态变量成员(又称为实例变量成员,即定义时不带 static 修饰的)。

(3)类的方法成员及使用。

方法是指类中用于对数据进行某种处理操作的算法,它就是实现某种功能的程序代码模块,在 C/C++中称作函数,在面向对象编程技术中,将函数称为方法。在方法中,代码必须是结构化的。方法是访问、使用私有成员变量的途径。在 C#中,方法与它操作的对象封装在一起构成类,所以方法是类的成员。在一个类中定义成员方法的格式为:

```
class  类名
{
[方法修饰符] 返回的数据类型 方法名([形式参数列表])
{ 方法体}
}
```

【例 8-6】设计一个 Employee 类(程序文件名为 Employee.cs)。

```
using System;
public class Employee               //定义类
{
    //定义数据成员变量
    private string name;             //姓名
    private long idcard;             //身份证号
    private double salary;           //工资基数
    private double increase;         //工资增加数额
    //输出私有成员变量的方法
    public void Print()
    {
        Console.WriteLine("姓名:{0}", name);
        Console.WriteLine("身份证号:{0}", idcard);
        Console.WriteLine("基本工资:{0,5:c}", salary);
        Console.WriteLine("增加工资:{0,5:c}", increase);
    }
    //计算普通员工工资增加数额的方法
    public void Raise(double percent)
    {
        increase = percent * salary;
    }
    //构造函数(构造对象的方法)
    public Employee(string n, long i, double m)
    {
        name = n;
```

```
            idcard = i;
            salary = m;
        }
}
```

调用实例方法的调用格式为：

类名 实例名=new 类名([构造函数参数表]); //创建类的实例(对象)
对象名.方法名(实参表);   //通过实例调用方法

调用方法和调用数据成员的区别是：调用方法时，不论是否有调用参数，方法名后必须跟括号。

以下将例 8-6 中 Employee 类看作一种数据类型，然后通过 Employee 的对象调用相应的方法。

【例 8-7】 使用"例 8-6"中自定义的类 Employee 的方法。

```
using System;
public class myApp      //应用程序类
{
    public static void Main()
    {
        //定义对象数组
        Employee[] e = new Employee[3];
        //使用构造方法实例化对象
        e[0] = new Employee("David", 20021106, 2000.0);
        e[1] = new Employee("Slash", 20021107, 2500.0);
        e[2] = new Employee("Tom", 20021108, 3000.0);
        //计算普通员工工资的增长
        Console.WriteLine("普通员工工资增加数额计算: ");
        e[0].Raise(0.05);//元素 e[0]调用自己的 RaisePT 方法,计算了相应的工资增
                         长额
        e[1].Raise(0.06);
        e[2].Raise(0.07);
        //使用 foreach 循环访问数组中的每一个元素
        foreach(Employee E in e) //E 为 Employee 对象,e 为 Employee 对象数组
        {
            E.Print();              //调用类 Employee 的打印方法,输出数据
            Console.WriteLine();    //输出一个空行
        }
    }
}
```

程序的运行结果：分别显示 David、Slash 和 Tom 的身份证号，基本工资和增加工资的具体数字。

（4）方法重载。

在程序中调用方法都是通过方法名来实现的，如果对于具有相同功能而参数不同的方法取不同的方法名，不但会降低程序员编写程序的效率，也降低了程序的可读性。

例如，以下是一些执行打印不同数据类型数据的打印方法，各种方法取不同的方法名。

```
public int Iprint(int) {…}           //打印整数
public double Dprint(double) {…}     //打印浮点数
public string Sprint(string) {…}     //打印字符串
```

以上 3 个方法都是执行打印功能，但却使用了 3 个不同的方法名，给编写、阅读和调用程序都带来了不便，如能使用同一个方法名，则会方便得多。在 C#语言中，可以在同一个类的内部定义多个名字相同而参数表不同的方法，这就是所谓的方法重载。换个说法，实现用同名的方法对不同类型的数据做不同的运算，就称为方法重载。

使用方法重载技术后，上述 3 个打印的方法可以如下定义：

```
public int print(int) {…}           //打印整数
public double print(double) {…}     //打印浮点数
public string print(string) {…}     //打印字符串
```

对于重载的方法，C#是通过方法中的参数匹配来决定调用哪个方法。所以调用方法时的参数类型、属性和个数一定要与类中将要被调用的方法的参数列表对应，这样才能实现正确调用。

7）继承

"继承"机制使我们能用一种简单的方式来描述事物。例如可以这样描述菱形：菱形是一种一组邻边相等的平行四边形。这里表明：菱形是由平行四边形类派生出来的，它是平行四边形类中的一种，即菱形继承了平行四边形的特性（两组对边分别平行的四边形），但它又同时具有自己的特征（有一组邻边相等）。"一组邻边相等"是菱形区别于平行四边形类中其他子类的属性。所以当我们已描述了平行四边的特征，再描述菱形时，只要举出菱形的个性化特征，就完全可以让人们理解什么叫菱形了。由此我们可以说，菱形继承了平行四边形的特征，或者说平行四边形派生了菱形。

从图 8-11 的继承关系上看，每个子类有且只有一个父类，所有子类都是其父类的派生类，它们都分别是父类的一种特例，父类和子类之间存在着一种"继承"关系。不同图形之间的继承层级结构示意图如图 8-11 所示。

我们在面向对象程序设计中就利用这种"继承"和"派生"关系来组织和描述及表达事物，常使用以下基本术语：

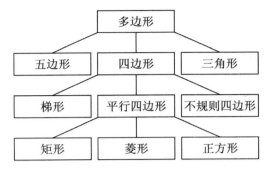

图 8-11 继承的层级结构示意图

- 基类：指被继承的类，也就是父类。通过继承，用户可以重用父类的代码，而只需专注编写子类的新代码。
- 派生类：指通过继承基类而创建的新类，也就是子类。
- 单继承：派生类是由一个（且只能是一个）基类创建的。C#只支持单继承。
- 多继承：派生类是由两个或以上的基类创建的。C#不支持多继承，而是通过"接口"来实现的。

从基类继承或派生出一个新子类的语句格式为：

class 派生类名：基类名
{派生类代码}

现在我们构造一个学生类 Student 作为基类，然后增加研究生类，由于研究生除了有其本身的特点外，还具有学生的所有属性，所以我们利用继承机制在研究生类中重用学生类的成员，同时在研究生类中再补充新的成员。具体实现过程如例 8-8 所示。

【**例 8-8**】类继承实例

（1）创建一个学生类 Student。

```
public class Student                          //定义一个学生类
{
    private string student_id;                //定义私有变量成员：Sno
    private string student_name;              //定义私有变量成员：学生姓名
    public static string information = "学生上课情况表";
    public Student(string id, string name)    //构造函数
    {
        student_id =id;                       //给变量 student_id 赋值
        student_name =name;
    }
    public string StudentID                   //用于访问私有变量 student_id 的属性
    {
        get
```

```csharp
            {return student_id;}
            set
            {student_id=value;}
        }
        public string StudentName       //用于访问私有变量student_name的属性
        {
            get
            {return student_name;}
            set
            {student_name=value;}
        }
        public string AddressClass(int  i)
        //定义一个方法,判断学生上课的教室
        {
            string CAddress;
            if(i==1)
                CAddress="2#楼" ;           //研究生在#楼上课
            else
                CAddress="5#楼";            //本科生在#楼上课
            return CAddress;
        }
}
```

（2）添加一个研究生类。

```csharp
public class Graduate : Student    //定义Student类的派生类Graduate,它继承
                                    Student类
{
//通过base关键字调用基类构造函数
    public Graduate(string i , string j, string tn): base(i,j)
    {
        teacher_name=tn;            //在基类构造函数的基础上再增加一个要构造的成员
    }
    public string TeacherName       //定义属性用于访问私有变量teachername
    {
        get
        {return teacher_name;}
        set
        {teacher_name=value;}
    }
        private string teacher_name;    //定义私有变量成员
}
```

（3）添加一个应用程序的类。

```
using System;
class AppStudent
{
    public static void Main()
    {
        Console.WriteLine("{0}", Student.information);
        //引用变量information
        Graduate gs = new Graduate("200201", "wang ming ", "zhang yang ");
        Console.WriteLine("研究生学号={0}", gs.StudentID);
        //调用属性.StudentID
        Console.WriteLine("研究生姓名={0}", gs.StudentName);
        Console.WriteLine("研究生上课地点={0}", gs.AddressClass(1));
        //调用方法AddressClass
        Console.WriteLine("教师姓名={0}", gs.TeacherName);
    }
}
```

该程序输出结果：显示研究生学号=200201，研究生姓名=wang ming，研究生上课地点=2#楼，教师姓名=zhang yang。

8）多态

在C#中，多态性是通过"虚方法重载"来实现在程序中调用相应对象所属类中的方法，而不是调用基类的方法。

C#语言可以在派生类中实现对基类的某个方法、属性或索引等类成员重新定义，而这些成员名和相应的参数都不变，这种特性叫虚成员重载。所以虚方法重载就是指将基类的某个方法在其派生类中重新定义，也叫重写方法，而方法名和方法的参数都不改变。实现虚成员重载的C#语言编程构架是：

先在基类中用virtual修饰符定义虚成员。虚成员可以是类的方法、属性和索引等，不能是域或私有变量成员。定义虚成员与定义普通成员的格式是一样的，只是另加修饰符virtual即可。

定义虚方法的格式为：

```
class FatherClass    //基类
{
…                            //其他类成员
[修饰符] virtual 返回类型 方法名(参数表)
{ 方法体 }
}
```

在派生类中用override修饰符重新定义与基类同名的覆盖成员，并根据需要重新定义基类中虚成员的代码（方法重写），以满足不同类的对象的使用需求，这就是重载虚成员多态的实现。

定义重载虚方法（覆盖方法）的格式为：

```
class SonClass:FatherClass  //派生类
{
…                           //其他类成员
[修饰符] override 返回类型 方法名(参数表)
{方法体}
}
```

9）异常处理

所谓异常就是指在程序运行期间发生的错误或意外情况。总之程序在运行期间出现异常是不可避免的，我们不能回避异常，而是要积极采取措施来控制和解决出现的异常现象。一般我们将产生异常的原因分为两种：由程序本身产生的和由程序运行环境（公共语言运行时环境）引起的。如果异常是由于运行的程序本身引起，则大多数情况下这种异常是可以恢复的；但如果异常是由于公共语言运行时环境所引起，则大多数异常难以恢复。

C#的异常处理指的是在程序中加入异常控制代码，使用 try/catch 语句块配合完成捕获异常和处理异常的任务。不能单独使用 try 或 catch 语句块，它们必须同时使用。通常情况下，try 可配合多个 catch 子句，每个 catch 子句对应一种特定的异常，就好像 switch…case 语句一样。try/catch 语句块基本格式如下：

```
try
{
可能产生异常的程序代码
}
catch(异常类型 1 异常类对象)
{
//处理异常类型 1 的异常控制代码
}
catch(异常类型 2 异常类对象)
{
//处理异常类型 2 的异常控制代码
}
```

当 try 子句中的程序代码产生异常时，系统就会在 catch 子句中查找，看是否有与设置的异常类型相同的 catch 子句，如果有，就会执行该子句中的语句；如果没有，则转到调用当前方法的方法中继续查找。该过程一直继续下去，直至找到一个匹配的 catch 子句为止；如果一直没有找到，则运行时将会产生一个未处理的异常错误。

catch 子句也可以不包含参数，即不包含对某种类型异常对象的捕获，这时 catch 子句将捕获所有类型的异常，这就好比 switch…case 语句中的 default 语句。

最后要说明一点：如果没有发生异常，那么 try 块正常结束，所有的 catch 语句被忽略，程序转到最后一个 catch 语句之后的第一条语句处开始执行。因此，只有发生异常，catch 语句才会执行。

有时候，我们希望在执行完 try/catch 块后再做一些善后处理。如果想要在 try/catch 结束后再执行一些关闭资源的操作，就在程序中包含一个 finally 语句块，可以根据需要构成 try…finally 或 try…catch…finally 语句结构形式。

```
try…catch…finally 语句格式
try
{可能产生异常的语句}
catch(异常类型 异常类对象)
{处理异常类型的异常}
finally
{最后的处理块}
```

try…catch…finally 语句的执行功能：不论 try 块是正常退出，还是因为发生了异常而退出，最后执行的都是由 finally 语句定义的代码块。即使 try 块中或者任何 catch 语句中的代码从方法中返回，finally 块也会得到执行。

8.2.2 J2EE 平台技术及其结构

1．J2EE 应用概述

1）J2EE 简介

目前，Java 2 平台有 3 个版本，它们是适用于小型设备和智能卡的 Java 2 平台 Micro 版（Java 2 Platform Micro Edition，J2ME）、适用于桌面系统的 Java 2 平台标准版（Java 2 Platform Standard Edition，J2SE）、适用于创建服务器应用程序和服务的 Java 2 平台企业版（Java 2 Platform Enterprise Edition，J2EE）。J2EE 是一种利用 Java 2 平台来简化企业解决方案的开发、部署和管理相关的复杂问题的体系结构。

J2EE 平台已经成为使用最广泛的 Web 程序设计技术。该技术主要支持两类软件的开发和应用。一类是做高级信息系统框架的 Web 应用服务器；另一类是在 Web 应用服务器上运行的 Web 应用程序。目前很多商业网站和管理信息系统大多采用 J2EE 平台作为首选的 Web 开发技术，每一个 Web 应用服务器都将需要企业开发和运行多种 Web 服务软件。

J2EE 核心是一组技术规范与指南，其中所包含的各类组件、服务架构及技术层次，均有共同的标准及规格，让各种依循 J2EE 架构的不同平台之间，存在良好的兼容性，解决过去企业后端使用的信息产品彼此之间无法兼容，企业内部或外部难以互通的窘境。

J2EE 平台架构如图 8-12 所示。

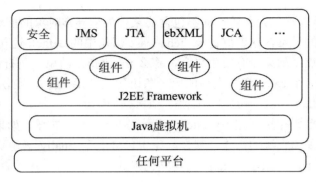

图 8-12　J2EE 平台架构

2）J2EE 的优势

J2EE 为搭建具有可伸缩性、灵活性、易维护性的商务系统提供了良好的机制，表现在如下几个方面：

（1）保留现存的 IT 资产。J2EE 架构可以充分利用用户原有的投资，并且由于基于 J2EE 平台的产品几乎能够在任何操作系统和硬件配置上运行，现有的操作系统和硬件也能被保留使用。

（2）高效的开发。J2EE 允许公司把一些通用的、很烦琐的服务端任务交给中间供应商去完成。这样开发人员可以集中精力在如何创建商业逻辑上，相应地缩短了开发时间。高级中间件供应商提供状态管理服务和持续性服务等。

（3）支持异构环境。J2EE 能够开发部署在异构环境中的可移植程序。基于 J2EE 的应用程序不依赖任何特定操作系统、中间件、硬件。因此设计合理的基于 J2EE 的程序只需开发一次就可部署到各种平台。J2EE 标准也允许客户订购与 J2EE 兼容的第三方的现成的组件，把它们部署到异构环境中，节省了由自己制订整个方案所需的费用。

（4）可伸缩性。基于 J2EE 平台的应用程序可被部署到各种操作系统上。J2EE 领域的供应商提供了更为广泛的负载平衡策略，能消除系统中的瓶颈，允许多台服务器集成部署。这种部署可达数千个处理器，实现可高度伸缩的系统，满足未来商业应用的需要。

（5）稳定的可用性。一个服务器端平台必须能全天候运转以满足公司客户、合作伙伴的需要。J2EE 部署到可靠的操作环境中，它们支持长期的可用性。

3）J2EE 的结构

这种基于组件，具有平台无关性的 J2EE 结构使得 J2EE 程序的编写十分简单，因为业务逻辑被封装成可复用的组件，并且 J2EE 服务器以容器的形式为所有的组件类型提供后台服务。容器和服务容器设置定制了 J2EE 服务器所提供得内在支持，包括安全，事务管理，JNDI（Java Naming and Directory Interface）寻址，远程连接等服务，以下列出最重要的几种服务：

- J2EE 安全（Security）模型，可以配置 Web 组件或 Enterprise Bean（服务器端组

件模型），这样只有被授权的用户才能访问系统资源。每一客户属于一个特别的角色，而每个角色只允许激活特定的方法。
- J2EE 事务管理（Transaction Management）模型，指定组成一个事务中所有方法间的关系，这样一个事务中的所有方法被当成一个单一的单元。当客户端激活一个 enterprise bean 中的方法，容器介入管理事务。因为有容器管理事务，在 enterprise bean 中不必对事务的边界进行编码。只需在布置描述文件中声明 enterprise bean 的事务属性，而不用编写并调试复杂的代码。容器将读此文件并处理此 enterprise bean 的事务。
- J2EE 远程连接（Remote Client Connectivity）模型，管理客户端和 enterprise bean 间的底层交互。
- 生存周期管理（Life Cycle Management）模型，管理 enterprise bean 的创建和移除，一个 enterprise bean 在其生存周期中将会历经几种状态。容器创建 enterprise bean，并在可用实例池与活动状态中移动它，而最终将其从容器中移除。即使可以调用 enterprise bean 的 create 及 remove 方法，容器也将会在后台执行这些任务。
- 数据库连接池（Database Connection Pooling）模型，因为获取数据库连接是一项耗时的工作，而且连接数非常有限。容器通过管理连接池来缓和这些问题。enterprise bean 可从池中迅速获取连接。

4）J2EE 的核心 API 与组件

J2EE 平台由一整套服务（Services）、应用程序接口（APIs）和协议构成，它对开发基于 Web 的多层应用提供了功能支持，下面对 J2EE 中的 13 种技术规范进行简单的描述：
- JDBC（Java Database Connectivity）：JDBC API 为访问不同的数据库提供了一种统一的途径。JDBC 对开发者屏蔽了一些细节问题，另外，JDCB 对数据库的访问也具有平台无关性。
- JNDI（Java Name and Directory Interface）：被用于执行名字和目录服务。它提供了一致的模型来存取和操作企业级的资源，本地文件系统或应用服务器中的对象。
- EJB（Enterprise JavaBean）：J2EE 技术提供了一个框架来开发和实施分布式商务逻辑，由此很显著地简化了具有可伸缩性和高度复杂的企业级应用的开发。EJB 规范定义了 EJB 组件在何时如何与它们的容器进行交互作用。容器负责提供公用的服务，例如目录服务、事务管理、安全性、资源缓冲池以及容错性。但这里值得注意的是，EJB 并不是实现 J2EE 的唯一途径。正是由于 J2EE 的开放性，使得有的厂商能够以一种和 EJB 平行的方式来达到同样的目的。
- RMI（Remote Method Invoke）：正如其名字所表示的那样，RMI 协议调用远程对象上方法。它使用了序列化方式在客户端和服务器端传递数据。RMI 是一种被 EJB 使用的更底层的协议。
- Java IDL/CORBA：Java IDL（Interface Definition Language）可实现网络上不同平

台上的对象相互之间的交互。在 Java IDL 的支持下，开发人员可以将 Java 和 CORBA（Common Object Request Broker Architecture，公共对象请求代理体系结构）集成在一起。

- JSP（Java Server Pages）：JSP 页面由 HTML 代码和嵌入其中的 Java 代码所组成。服务器在页面被客户端所请求以后对这些 Java 代码进行处理，然后将生成的 HTML 页面返回给客户端的浏览器。
- Java Servlet：Servlet 是一种小型的 Java 程序，它扩展了 Web 服务器的功能。作为一种服务器端的应用，当被请求时开始执行。Servlet 提供的功能大多与 JSP 类似，不过实现的方式不同。JSP 通常是大多数 HTML 代码中嵌入少量的 Java 代码，而 Servlet 全部由 Java 写成并且生成 HTML。
- XML（Extensible Markup Language）：XML 是一种可以用来定义其他标记语言的语言。它被用来在不同的商务过程中共享数据。XML 的发展和 Java 是相互独立的，但是，它和 Java 具有的相同目标正是平台独立性。通过将 Java 和 XML 的组合，可以得到一个具有平台独立性的解决方案。
- JMS（Java Message Service）：JMS 是用于和面向消息的中间件相互通信的应用程序接口。它既支持点对点的域，又支持发布/订阅（publish/subscribe）类型的域，并且提供对下列类型的支持：经认可的消息传递、事务型消息的传递、一致性消息和具有持久性的订阅者支持。
- JTA（Java Transaction Architecture）：JTA 定义了一种标准的 API，应用系统由此可以访问各种事务监控。
- JTS（Java Transaction Service）：JTS 是一个组件事务监视器。其规定了事务管理器的实现方式。JTS 事务管理器为应用服务器、资源管理器、独立的应用以及通信资源管理器提供了事务服务。
- JavaMail：JavaMail 是用于存取邮件服务器的 API，它提供了一套邮件服务器的抽象类。
- JAF（JavaBeans Activation Framework）：JavaMail 利用 JAF 来处理 MIME 编码的邮件附件。MIME 的字节流可以被转换成 Java 对象，或者转换自 Java 对象。

2．J2EE 体系结构

J2EE 是一种利用 Java2 平台来简化与多级企业解决方案的开发、部署和管理相关复杂问题的体系结构。J2EE 提供了一套完整的开发多层分布式应用的技术和设施，是为当今众多厂商支持的多层分布式应用的标准，为快速灵活地建立大规模的分布式企业应用提供了高效的解决方案。

J2EE 使用多层分布式的应用程序模型，根据功能的不同把应用程序逻辑划分为各个组件。一个组件应该被安装在什么地方，取决于该组件属于多层 J2EE 应用的哪一层。这些层分别是客户层、Web 层、业务层、企业信息系统层（EIS），结构如图 8-13 所示。

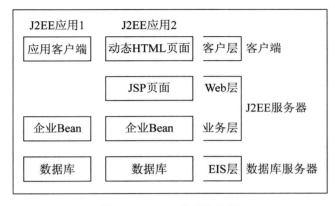

图 8-13 J2EE 体系结构图

1）客户层

J2EE 应用可以是基于 Web 的，也可以是不基于 Web 的。在一个基于 Web 的 J2EE 应用中，用户的浏览器在客户层中运行，并从一个 Web 服务器下载 Web 层中的静态 HTML 页面或者由 JSP/Servlet 生成的动态 HTML 页面。在一个不基于 Web 的 J2EE 应用中，一个独立客户程序，或者一个不是运行在 HTML 页面中，而是运行在其他基于网络的系统（如手持设备或者汽车电话）中的 Applet 程序。

2）Web 层

J2EE Web 组件可以由 JSP 页面、基于 Web 的 Applet（Java 创建的基于 HTML 的程序）以及显示 HTML 页面的 Servlet（一种服务器端的 Java 应用程序，可以生成动态的 Web 页面）组成。Web 层可能包含一个 JavaBean（Java 语言写成的可重用组件）来管理用户输入，并将输入发送给在业务层中运行的 EJB（Enterprise JavaBean）来处理。Web 层也称表示层。

3）业务层

作为满足某个特定业务领域（如银行、零售或金融业）需要的业务逻辑代码由运行在业务层的 EJB（Enterprise JavaBean）来执行。一个 EJB 从客户程序处接收数据，在需要的情况下对数据进行处理，再将数据发送到企业信息系统层存储。一个 EJB 还从存储中检索数据，并将数据送回客户程序。运行在业务层的 EJB 依赖于容器提供诸如事务、生命期、状态管理、多线程及资源缓冲池等十分复杂的系统级功能。业务层也称 EJB 层。

业务层和 Web 层一起构成了 J2EE 应用的中间层。

4）企业信息系统层（EIS）

企业信息系统层运行企业信息系统软件，这层包括企业基础设施系统。例如企业资源计划（EPR）、大型机事务处理（Mainframe Transaction Processing）、数据库系统等。J2EE 应用组件因为某种原因（如访问数据库）可能需要访问企业信息系统。

3. J2EE 框架

框架(Framework)是一个提供了可重用的公共结构的半成品。它为我们构件新的应用提供了极大的方便。一方面给我们提供了可以直接使用的工具,同时给我们提供了可重用的设计。框架这个词最早出现在建筑领域,指的是在建造房屋前构建的建筑骨架。对应用程序来说,"框架"的意义也在于此,是应用程序的骨架。开发者可以在这个骨架上添加自己的东西,完成符合自己需要的应用系统。

框架保证了我们程序结构风格统一,从企业的角度来说,降低了培训成本和软件的维护成本。框架在结构统一和创造力之间维持着一个平衡。框架和组件的意义是不同的。组件是构件应用程序的零件。而框架是一系列预装的,组合在一起的"零件",而且还定义了"零件"间协同工作的规则。

1)Struts 框架

Struts 是一种基于 Java 技术的 JSP Web 开发框架,Web 应用程序开发人员通过 Struts 框架即可充分利用面向对象设计、代码重用以及"一次编写、到处运行"的优点。Struts 提供了一种创建 Web 应用程序的框架,对应用程序的显示、表示和数据的后台代码进行了抽象。

Struts 是对 MVC(Model View Controller)设计模式的一种实现。MVC 设计模式为构建可扩展、可重用的代码打下了坚实的基础。以 MVC 设计模式构造软件,可以使软件结构灵活、重用性好、扩展性好。

MVC 设计模式目的就是将模型(业务逻辑)和视图(页面展示)分离,使模型和视图可以独立修改,而不会影响到对方。在 MVC 中,M 指的是 Model(模型),表示程序处理业务逻辑的部分;V 指的是 View(视图),表示程序负责展示数据、获得用户输入的部分;C 指的是 Controller(控制器),负责从 V 接收用户输入,调用 M,返回数据到 V。我们可以看出,C 在 MVC 起到"中介"的作用,从而保证 M 和 V 不会直接交互。

在 Struts 中,ActionServlet 起着一个控制器的作用。视图主要由 JSP 来控制页面输出。模型在 Struts 中,主要存在三种 bean,分别是:Action、ActionForm、EJB 或者 Java Bean。Struts 框架结构如图 8-14 所示。

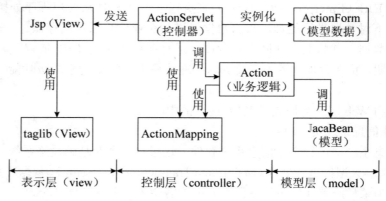

图 8-14 Struts 框架结构图

2）Spring 框架

Spring 是轻量级的 J2EE 应用程序开源框架。它是为了解决企业应用开发的复杂性而创建的。Spring 使用基本的 JavaBean 来完成以前只可能由 EJB 完成的事情。并且 Spring 的用途不仅限于服务器端的开发。从简单性、可测试性和松耦合的角度而言，任何 Java 应用都可以从 Spring 中受益。

Spring 的核心是个轻量级容器（container），是实现了 IoC（Inversion of Control）模式的容器；Spring 的目标是实现一个全方位的整合框架，在 Spring 框架下实现多个子框架的组合，这些子框架之间彼此可以独立，也可以使用其他的框架方案加以替代。

Spring 支持 AOP（Aspect-Oriented Programming），Spring 也提供 MVC Web 框架的解决方案，并且可以将 MVC Web 框架与 Spring 结合。Spring 还提供其他方面的整合，如 JDBC（Java Data Base Connectivity，Java 数据库连接）、事务处理等。Spring 框架结构如图 8-15 所示。

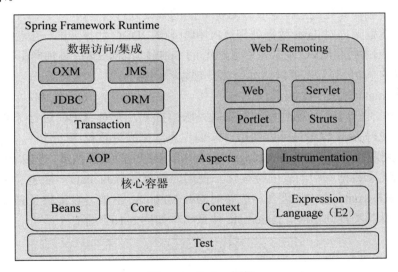

图 8-15　Spring 框架

Spring 的核心概念是 IoC（Inversion of Control），IoC 的抽象概念是"依赖关系的转移"，中文可以译为"控制反转"。IoC 表现在：高层模块不应该依赖低层模块，而是模块都必须依赖于抽象；实现必须依赖抽象，而不是抽象依赖实现；应用程序不应依赖于容器，而是容器服务于应用程序。

IoC 是由容器控制程序之间的关系，而非由程序代码直接操控。控制权由应用代码转到了外部容器。控制权的转移，就是所谓的反转。使用 IoC，对象是被动的接受依赖类，容器在实例化的时候主动将它的依赖类注入给它。

Spring 所采用的是依赖注入（Dependency Injection）。依赖注入的意义是：保留抽象接口，让组件依赖于抽象接口，当组件要与其他实际的对象发生依赖关系时，通过抽象接口来注入依赖的实际对象。依赖注入的目标是为了提升组件重用的几率，并为系统搭建一个灵活和可扩展的平台。

另外，Spring 提供一种无侵入式的高扩展性框架，不需要代码中涉及 Spring 专有类，即可纳入 Spring 容器进行管理。org.springframework.beans 包中包括了这些核心组件的实现类。

Spring 框架另一个重要方面是对 AOP 提供了一种优秀的实现。AOP（Aspect Oriented Programming），可翻译为"面向切面编程"。AOP 是针对业务处理过程中的切面进行提取，它所面对的是处理过程中的某个步骤或阶段，以获得逻辑过程中各部分之间低耦合性的隔离效果。AOP 组件与应用代码无关，应用代码可以脱离 AOP 组件独立编译。Spring 中的 AOP 通过运行期动态代理模式实现。

总结起来 Spring 框架的主要功能包括：
① 基于 Java Beans 的配置管理，减少各组件间相互依赖。
② 一个核心的，全局适用的 bean 工厂。
③ 一个一般抽象化的层面来管理数据库间的数据处理。
④ 建立在框架内对 Java 数据处理 API 和单独的 JDBC 数据源的一般性策略。
⑤ Web 应用中的 MVC 框架，基于核心的 Spring 功能，支持多种产生视图的技术。
⑥ 大量的 AOP 框架以提供诸如数据处理管理的服务。

3) Hibernate 框架

Hibernate 是一个开放源代码的对象关系映射框架，它对 JDBC 进行了非常轻量级的对象封装，使得 Java 程序员可以使用对象编程思维来操纵数据库。

"对象/关系"映射（O/R Mapping）是一门非常实用的工程技术，它实现了 Java 应用中的对象到关系数据库中的表的持久化。使用元数据（meta data）描述了对象与数据库间的映射。Hibernate 是非常优秀、成熟的 O/R Mapping 框架，它提供了强大的对象和关系数据库映射以及查询功能。Hibernate 体系结构如图 8-16 所示。

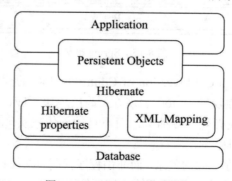

图 8-16　Hibernate 体系结构

Hibernate 的核心接口一共有 6 个，分别为：Session、SessionFactory、Transaction、Query、Criteria 和 Configuration。这 6 个核心接口在任何开发中都会用到。通过这些接口，不仅可以

对持久化对象进行存取，还能够进行事务控制。下面对这 6 个核心接口分别加以介绍。

（1）Session 接口。Session 接口负责执行被持久化对象的增删改查操作（增删改查的任务是完成与数据库的交流，包含了很多常见的 SQL 语句）。但需要注意的是 Session 对象是非线程安全的。

（2）SessionFactory 接口。SessionFactory 接口负责初始化 Hibernate。它充当数据存储源的代理，并负责创建 Session 对象。这里用到了工厂模式。需要注意的是 SessionFactory 并不是轻量级的，因为一般情况下，一个项目通常只需要一个 SessionFactory 就够，当需要操作多个数据库时，可以为每个数据库指定一个 SessionFactory。

（3）Configuration 接口。Configuration 接口负责配置并启动 Hibernate，创建 SessionFactory 对象。在 Hibernate 的启动的过程中，Configuration 类的实例首先定位映射文档位置，读取配置，然后创建 SessionFactory 对象。

（4）Transaction 接口。Transaction 接口负责事务相关的操作。它是可选的，开发人员也可以设计编写自己的底层事务处理代码。

（5）Query 和 Criteria 接口。Query 和 Criteria 接口负责执行各种数据库查询。它可以使用 HQL（Hibernate Query Language，官方推荐的 Hibernate 检索方式）或 SQL 语句两种表达方式。

8.2.3　移动端开发平台技术及其结构

目前，移动互联网已经深入到人们生活中的各个方面，如购物、社交、日常工作等，为人们的衣食住行提供了极大的便利，改变了人们的生活方式。传统的 IT 企业都在向移动互联转型，以拓宽业务空间来获得更大的利润增长点。当前互联网移动端开发主流的平台主要有 Android 和 iOS 两大平台，基本完全占据了移动市场操作系统，2018 年 1 季度时，安卓操作系统市场份额 71.82%，iOS 系统为 28.03%，其他平台占有率不足 1%。

1. Android 平台技术及其结构

1）Android 平台简介

Android 是一个以 Linux 为基础的开源移动设备操作系统，主要用于智能手机和平板电脑，由 Google 成立的 Open Handset Alliance（OHA，开放手持设备联盟）持续领导与开发中。

2）Android 的系统架构

基于 Linux 内核操作系统，Android 系统对 Linux 内核进行了加强。其系统架构如图 8-17 所示，采用了分层架构思想，从上到下分为 4 层，分别为 Application（应用层）、Application Framework（应用框架层）、Libraries and Android Runtime（系统库及 Android 运行时，系统运行库层）和 Linux Kernel（Linux 内核层），各层采用 Software Stack（软件栈）的方式进行构建。

（1）Android 应用层。Android 应用层提供的服务即我们常说的应用，它是与用户直接交互的。所有的应用程序（包括原生和第三方）都在应用层上进行构建，如系统自带的日历、通话、短信、浏览器等以及在 Android 应用商店中下载的游戏、音乐软件等；应用层运行在 Android 运行时内，并且使用了应用程序框架的类和服务。

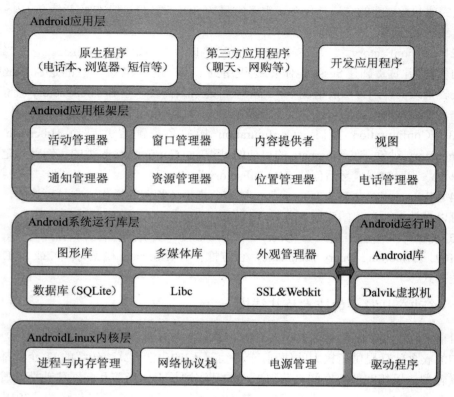

图 8-17　Android 系统架构

（2）Android 应用框架层。Android 应用框架层提供了开发 Android 应用程序所需的一系列类库，通常是系统 API 接口，使开发人员可以方便、快速地构建应用整体框架，其具体的模块内容及功能如下：

①Activity Manager（活动管理器）。管理各个应用程序活动窗口并为窗口提供交互的接口。

②Window Manager（窗口管理器）。管理所有开启的窗口程序。

③Content Provider（内容提供者）。提供应用内或应用程序间数据共享功能。

④View System（视图）。创建应用程序基本视图组件，如 ListView、TextView、WebView 等控件。

⑤Notification Manager（通知管理器）。用户可以自定义状态栏中的提示信息。

⑥Package Manager（包管理器）。应用程序安装进手机后，以包名作为文件夹名进行存储，此 API 提供诸如应用程序的安装与卸载功能以及提示相关的权限信息。

⑦Resource Manager（资源管理器）。提供图片、音视频等非代码资源。

⑧Location Manager（位置管理器）。提供位置信息服务。

⑨Telephony Manager（电话管理器）。管理所有移动设备功能。

⑩XMPP 服务。Google 提供的后台推送服务。

（3）Android 系统运行库层。Android 系统运行时库层包含两部分内容，一个是系统库，一个是 Android 运行时。

系统库提供了系统功能通过 Android 应用程序框架层为开发者提供服务，其类库的主要内容包含各种 C/C++核心库（如 Libc 和 SSL）、支持音频视频的多媒体库、用于本地数据库支持的 SQLite、2D/3D 图形处理引擎、外观管理器、数据传输服务（WebKit、SSL）等。另外，Android NDK（Android Native Development Kit，Android 原生库）也为开发者提供了直接使用 Android 系统资源的能力。

Android 运行时包含核心库与 Dalvik 虚拟机两部分：

①核心库提供了 Java SE API 的绝大多数功能，并提供 Android 的核心 API，如 android.os、android.net、android.util、android.meida 等。

②Dalvik 虚拟机是基于 Apache 的 Java 虚拟机，被改进以适应低内存、低处理速度的移动设备环境，负责运行 Android 应用程序，提供实现进程隔离与线程调试管理、安全和异常管理、垃圾回收等重要功能。

（4）Android Linux 内核层。Android Linux 内核层作为系统架构的最底层借助 Linux 内核服务实现硬件设备驱动，从而为上层提供诸如进程与内存管理、网络协议栈、电源管理以及驱动程序等功能，同时 Linux 内核也是硬件与软件之间的抽象层（Hardware Abstract Layer，HAL），它是对硬件设备具体实现的抽象，这样程序开发人员就无须考虑系统底部的实现细节，提高了开发效率。

3）Android 的应用程序组件

Android 应用程序是由一些松散的组件构成，每个应用程序中都会包含一个配置文件 AndroidManifest.xml，主要描述应用程序中所用到的各组件及其相互关系，还包括硬件要求、权限声明等。Android 应用程序各组件之间可以调用相互独立的基本功能模块，其中根据功能的不同，可以划分为四类不同的组件，即：

①Activity（活动）。用于表现功能。

②Service（服务）。后台运行服务，不提供界面呈现。

③BroadcastReceiver（广播接收器）。用于接收广播。

④ContentProvider（内容提供者）。支持在多个应用中存储和读取数据，相当于数据库。

各组件之间是通过 Intent 来实现消息传递，Intent 可以理解为不同组件通信的媒介或者信使。Intent 可以启动或停止一个 Activity 或 Service，还可以发起一个广播 Broadcast，Android 系统中大量使用了 Intent，在实际的应用程序开发中也会频繁使用 Intent 传递信息。

（1）Activity（活动）。是 Android 应用程序核心组件中最基本的一种，也是最常见的组件，是用户和应用程序交互的窗口。通常一个 Android 应用程序由一个或多个 Activity 组成，多个 Activity 之间可以进行相互跳转，例如按下一个 Button 按钮后，可能会跳转到其他的 Activity。与 Web 网页跳转不同的是，Activity 之间的跳转可以有返回值，例如从 Activity A 跳转到 Activity B，那么当 Activity B 运行结束的时候，有可能会给 Activity A 一个返回值，这样做在很多时候是非常方便。虽然 Android 应用程序有多个 Activity 组成，但是其中却只有一个主 Activity。

（2）Service（服务）。是一种类似 Activity 但没有用户界面的组件，运行在后台，相当于操作系统中的一个服务，并且可以和其他组件进行交互。Service 也是一种程序，是没有界面的长生命周期的代码，它可以运行很长时间，例如打开一个音乐播放器的程序，这个时候若想上网，再打开一个 Android 浏览器，歌曲播放并没有停止，而是在后台继续播放，就是由播放音乐的 Service 进行控制。

（3）BroadcastReceiver（广播接收器）。是一种全局监听器，用来接收来自系统或其他应用程序的广播。并作出回应，在 Android 系统中，当有特定的事件发生时就会产生相应的广播，并通过 NotificationManager 来通知用户有事件发生。

（4）ContentProvider（内容提供者）。主要是实现在不同应用程序之间数据的共享与交换，使得其他应用可以对自身的数据进行增、删、改、查操作（通常结合 SQLite 使用）。由于 Android 中的文件、数据库在系统内都是私有的，仅允许被特定的应用程序直接使用，所以 ContentProvider 类实现了一组标准方法的接口，从而能让其他的应用程序读取或保存 ContentProvider 提供的各类数据。Android 系统使用了许多 ContentProvider，例如：联系人资料、通话记录、短信、相册等，一般这些数据都存放于不同的数据库中。

4）Android 开发框架

Android 开发的常用框架分别为 MVC（Model-View-Controller）框架、MVP（Model-View-Presenter）框架和 MVVM（Model-View-ViewModel）框架，目前 Google 主推 MVVM 开发框架模式。MVC 前文已有介绍，在此主要介绍 MVP 和 MVVM 框架。

（1）MVP（Model-View-Presenter）。MVP 模式是目前 Android 系统非常流行的框架，是从 MVC 模式演变过来的，它们的基本思想有相通的地方：Controller/Presenter 负责逻辑的处理，Model 提供数据，View 负责显示。但是 MVP 与 MVC 有着一个重大的区别，如图 8-18 所示：在 MVP 中 View 并不直接使用 Model，二者完全分离以减少耦合，它们之间的通信是通过 Presenter（MVC 中的 Controller）来进行的，所有的交互都发生在 Presenter 内部，而在 MVC 中 View 会直接从 Model 中读取数据而不是通过 Controller。MVP 大大降低了耦合度（Activity 不再进行复杂的操作），层级更明显，相对 MVC 来说 MVP 更加适用于 Android 应用的开发。

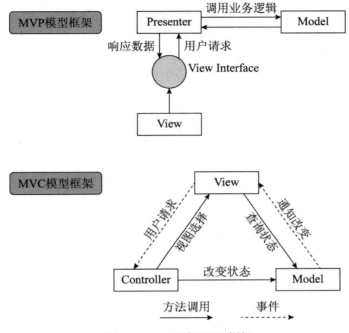

图 8-18　MVC 和 MVP 框架

- Model（模型）：依然是实体模型（作用与 MVC 相同）。
- View（视图）：在对应的 Activity 和 XML 文件中，负责 View 的绘制以及与用户的交互。
- Presenter（交互器/表示器）：负责完成 View 与 Model 间的交互和业务逻辑。

MVP 核心是过一个抽象的 View 接口（IView）将 Presenter 与 View 层进行解耦。Persenter 持有该 View 接口，对该接口进行操作，而不是直接操作 View 层。这样就可以把视图操作和业务逻辑解耦，从而使得 Activity 成为真正的 View 层。

虽然 MVP 使得 Android 开发变得更简单，但是也存在以下弊端：

①Presenter 层与 View 层是通过接口进行交互的，接口粒度不好控制。粒度太小，就会存在大量接口的情况，使代码太过碎版化；粒度太大，解耦效果不好。同时对于界面 UI 的输入和数据的变化，需要手动调用 View 层或 Presenter 层相关的接口，相对来说缺乏自动性、监听性。

②MVP 是以界面 UI 和事件为驱动的传统模型，更新 UI 都需要保证能获取到控件的引用，同时更新 UI 的时候还要考虑当前是否是 UI 线程，也要考虑 Activity 的生命周期。而且数据都是被动地通过 UI 控件做展示，但是由于数据的时变性，因此更希望数据能转被动为主动，数据能更有活性，由数据来驱动 UI。

③View 层与 Presenter 层还是有一定的耦合度。一旦 View 层某个 UI 元素更改，那么对应的接口就必须得改，数据如何映射到 UI 上、事件监听接口这些都需要转变。同时，

复杂的逻辑业务处理也可能会导致 Presenter 层代码变得异常臃肿。

（2）MVVM（Model-View-ViewModel）。为了解决 MPV 框架结构的弊端，MVVM 框架利用数据绑定（Data Binding）、依赖属性（Dependency Property）、命令（Command）、路由事件（Routed Event）等新特性打造了一个更加灵活高效的架构。Google 于 2016 年正式推出 MVVM 正式库，目前的 Android Studio 能够很好的支持在 MVVM 框架下开发应用程序。

作为 MVP 的升级版，MVVM 将 Presenter 改名为 ViewModel（视图模型）。如图 8-19 所示，MVVM 的核心思想是实现 View 和 Model 的双向绑定，当 View 有用户输入后，ViewModel 通知 Model 更新数据，同理 Model 数据更新后，ViewModel 通知 View 更新。

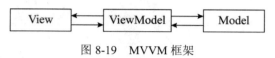

图 8-19　MVVM 框架

- Model（模型）：和 MVP 相同，基本就是实体模型（Bean），包括 Retrofit 的 Service。ViewModel 可以根据 Model 获取一个 Bean 的 Observable（RxJava），然后做一些数据转换操作和映射到 ViewModel 中的一些字段，最后把这些字段绑定到 View 层上。
- View（视图）：View 层实现和界面 UI 相关的工作，开发人员只在 XML 和 Activity 或 Fragment 写 View 层的代码。View 层不做和业务相关的事，Activity 不写和业务逻辑相关代码，也不需要根据业务逻辑来更新 UI 的代码，而更新界面 UI 通过 Binding 实现，在 ViewModel 里面更新绑定的数据源即可，Activity 要做的事就是初始化一些控件。Activity 可以更新 UI，但是更新的 UI 必须和业务逻辑和数据是没有关系的，只是单纯的根据点击或者滑动等事件更新 UI（如根据滑动颜色渐变、根据点击隐藏等单纯 UI 逻辑），Activity（View 层）只是处理 UI 本身的事件，简单地说：View 层不做任何业务逻辑、不涉及操作数据、不处理数据、UI 和数据严格分开。
- ViewModel（视图模型）：ViewModel 层做的事情刚好和 View 层相反，它只做和业务逻辑和业务数据相关的事，不做任何和界面 UI、控件相关的事，ViewModel 层不会持有任何控件的引用，不会在 ViewModel 中通过 UI 控件的引用去更新 UI。ViewModel 专注于业务的逻辑处理，操作也都是对数据进行操作，数据源绑定在相应的控件上会自动去更改 UI，开发者不需要关心更新 UI。

MVVM 的主要优点包括：

①数据驱动。在常规的开发模式中，数据变化需要更新界面 UI 的时候，需要先获取 UI 控件的引用，然后再更新 UI。在 MVVM 中，这些都是通过数据驱动来自动完成，数据变化后会自动更新 UI，UI 的改变也能自动反馈到数据层，数据成为主导因素。这样

MVVM 在业务逻辑处理中只要关心数据。对于版本迭代中频繁的 UI 改动，更新或新增一套 View 即可。

② 低耦合度。MVVM 框架的分工是非常明确，数据是独立于 UI。数据和业务逻辑处于一个独立的 ViewModel 中，ViewModel 只需要关注数据和业务逻辑，不需要和 UI 或者控件打交道，即便是控件改变了（例如：TextView 换成 EditText），ViewModel 也几乎不需要更改的。

③ 可复用性。一个 ViewModel 可以复用到多个 View 中。对于版本迭代中频繁的 UI 改动，更新或新增一套 View 即可。

MVVM 的优点还体现在团队协作、单元测试等方面。总之，Google 推进的 MVVM 开发框架优势非常明显，是今后 Android 开发框架的主要发展趋势。

2．iOS 平台技术及其结构

1）iOS 平台简介

iOS 是由苹果公司开发的移动操作系统，最初是设计给 iPhone 使用的，后来陆续套用到 iPod touch、iPad 以及 Apple TV 等产品上。

2）iOS 系统架构（结构）

iOS 系统分为可分为四级结构，如图 8-20 所示：由上至下分别为 Cocoa Touch Layer（可触摸层）、Media Layer（多媒体层）、Core Services Layer（核心服务层）、Core OS Layer（核心系统层），每个层级提供不同的服务。低层级结构提供基础服务如文件系统、内存管理、I/O 操作等。高层级结构建立在低层级结构之上提供具体服务如 UI 控件、文件访问等。

（1）Cocoa Touch Layer（可触摸层）。 Cocoa Touch Layer 是基于 Objective-C 的 API 接口，大部分功能与用户界面有关，主要负责用户在 iOS 设备上的触摸交互操作。该层共 11 个 framwork（框架），最核心的部分是 UIKit.framework，应用程序界面上的各种组件，全是由它来提供呈现的，除此之外，UIKit 还负责处理屏幕上的多点触摸事件、文字输出、图片/网页显示、相机或文件存取，以及加速感应的部分等。

该层还提供与用户交互相关的 EventKit（日历事件提醒等）、Notification Center（通知中心）、MapKit（地图显示）、Address Book（联系人）、iAd（广告）、Message UI（邮件与 SMS 显示）等框架。

（2）Media Layer（多媒体层）。Media Layer 提供了图片、音乐、影片等多媒体功能。图像分为 2D 图像和 3D 图像，前者由 Quartz2D 引擎支持，后者则是由 OpenglES 引擎支持；与音乐对应是 Core Audio 和 OpenAL，Media Player 等框架模块实现了影片的播放，而最后还提供了 Core Animation 来对强大动画的支持。该层既有基于 Objective-C 的 API 接口也有基于 C 语言的 API 接口。

因此，Media Layer 主要分为图像引擎、音频引擎、视频引擎：

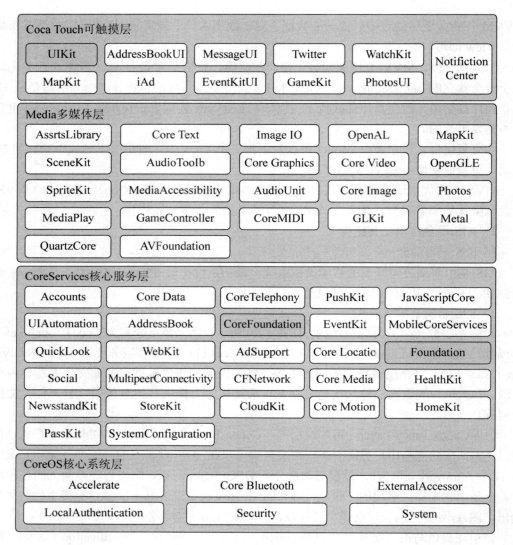

图 8-20　iOS 系统架构（结构）

- 图像引擎（Core Graphics、Core Image、Core Animation、OpenGLES、Quartz、OpenAL、Image IO 等）
- 音频引擎（Core Audio、AV Foundation、OpenAL、AudioToolbox、AudioUnit 等）
- 视频引擎（AV Foundation、Core Media、MediaPlayer 等）

（3）Core Services Layer（核心服务层）。Core Services Layer 是在 Core OS 基础上提供了更加丰富的服务，主要基于 C 语言 API 接口。该层包含了 Foundation.Framework 和 Core Foundation.Framework，之所以叫 Foundation，是因为它提供了一系列处理字串、排列、组合、日历、时间等基本功能。Foundation 是属 Objective-C 的 API，Core Fundation

是属于 C 的 API。另外 Core Services Layer 还提供了 CFNetwork（网络访问）、Core Data（数据存储）、Core Location（定位功能）、Core Motion（重力加速度，陀螺仪）、Webkit（浏览器引擎）、JavaScript（JavaScript 引擎）等模块框架。

（4）Core OS Layer（核心系统层）。Core OS Layer 包含或提供了大多数低级别接近硬件的功能，例如：硬件驱动、内存管理、程序管理、线程管理（POSIX）、文件系统、网络（BSD Socket）以及标准输入输出等等，所有这些功能都会通过 C 语言的 API 来提供。它所包含的框架常常被其他框架所使用，其中 Accelerate 框架包含数字信号、线性代数、图像处理的接口。针对所有的 iOS 设备硬件之间的差异做优化，保证写一次代码在所有 iOS 设备上高效运行。CoreBluetooth 框架利用蓝牙和外设交互，包括扫描连接蓝牙设备、保存连接状态、断开连接、获取外设的数据或者给外设传输数据等；Security 框架提供管理证书，公钥和私钥信任策略，keychain、hash 认证数字签名等与安全相关的解决方案。

8.3 Web 程序设计

8.3.1 HTML5 标记语言

1. HTML 和 HTML5 基础

1）HTML 基础

超文本标记语言，即 HTML（Hypertext Markup Language），是用于描述网页文档的一种标记语言，是建立电子商务网站页面的基础。

HTML 是一种规范，一种标准，它通过标记符号来标记要显示的网页中的各个部分。网页文件本身是一种文本文件，通过在文本文件中添加标记符，可以告诉浏览器如何显示其中的内容（如：文字如何处理，画面如何安排，图片如何显示等）。HTML 之所以称为超文本标记语言，是因为文本中包含了"超链接"点。所谓超链接，就是一种 URL 指针，通过单击它，可使浏览器方便地获取新的网页。

HTML 语言作为一种网页编辑语言，易学易懂，能制作出精美的网页效果，其主要功能：

- 利用 HTML 语言格式化文本。例如，设置标题、字体、字号、颜色；设置文本的段落、对齐方式等。
- 利用 HTML 语言可以在页面中插入图像。使网页图文并茂，还可以设置图像的各种属性。例如，大小、边框、布局等。
- 利用 HTML 语言可以创建列表，把信息用一种易读的方式表现出来。
- 利用 HTML 语言可以建立表格。表格为浏览者提供了快速找到需要信息的显示方式。

- 利用 HTML 语言可以在页面中加入多媒体。可以在网页中加入音频、视频、动画，还能设定播放的时间和次数。
- HTML 语言可以建立超链接通过超链接检索在线的信息，只需用鼠标单击，就可以链接到任何一处。
- 利用 HTML 语言还可以实现交互式表单等效果。

2）HTML5 基础

（1）HTML5 概述。HTML5 实际上指的是包括 HTML、CSS 样式和 JavaScript 脚本在内的一整套技术的组合，希望通过 HTML5 轻松实现许多丰富的网络应用需求，减少浏览器对插件的依赖，并且更多能有效增强网络应用的标准集。

在 HTML5 中添加了许多新的应用标签，其中包括<video>、<audio>和<canvas>等，添加这些标签是为了设计者能够更轻松地在网页中添加或处理图像和多媒体内容。其他标签还有<section>、<article>、<header>和<nav>，这些新添加的标签是为了能够更加丰富网页中的数据内容。除添加了许多功能强大的新标签和属性外，还对一些标签进行了修改以方便适应快速发展的网络应用。当然，也有一些标签和属性在 HTML5 标准中已经被去除。

（2）HTML5 的文档结构。编写 HTML 文件时，必须遵循 HTML 的语法规则。一个完整的 HTML 文件由标题、段落、列表、表格、单词和嵌入的各种对象所组成。这些逻辑上统一的对象统称为元素，HTML 标签来分割并描述这些元素。实际上整个 HTML 文件就是由元素与标签组成的。

HTML 文件基本结构如下：

```
<html>                  <!--HTML 文件开始-->
  <head>                <!--HTML 文件的头部开始-->
    头部内容
  </head>               <! --HTML 文件的头部结束-->
  <body>                <! --HTML 文件的主体开始-->
    文件的主体
  </body>               <! --HTML 文件的主体结束-->
</html>                 <!--HTML 文件结束-->
```

可以看到，HTML 中用一对标签（即一个开始标签和一个结束标签）来标识一个元素。开始标签由一个字符"<"、一个标签名和一个字符">"组成。结束标签和开始标签的区别只是在小于字符的后面要加上一个斜杠字符"/"。标签名并不区分大写和小写。

HTML 网页文档以<html>标签开始，到</html>标签结束，一对<html></html>表示一个页面，也称为 HTML 文档的根标签或根元素。一个完整的页面由文档头部标签<head></head>和文档主体标签<body></body>两部分构成。

（3）HTML5 的基本语法。绝大多数元素都有起始标签和结束标签，在起始标签和结束标签之间的部分是元素体,例如,<body>...</body>。每一个元素都有名称和可选择的属性,元素的名称和属性在起始标签内进行设置。

①普通标签。普通标签是由一个起始标签和一个结束标签所组成的,其语法格式如下:

<x>内容</x>

其中,x 代表标签名称。<x>和</x>就如同一组开关:起始标签<x>为开启某种功能,而结束标签</x>(通常为起始标签加上一个斜线/)为关闭功能,受控制的内容放在两个标签之间,例如代码:加粗文字

标签之中还可以附加一些属性,用来实现或完成某些特殊效果或功能,例代码:

<x a_1="V_1", a_2="V_2",…,a_n="V_n">内容</x>

其中,a_1,a_2,…,a_n 为属性名称,而 V_1,V_2,…,V_n 则是其所对应的属性。

②空标签。虽然大部分的标签是成对出现的,但也有一些是单独存在的,这些单独存在的标签称为空标签。其语法格式如下:<x>。同样,空标签也可以附加一些属性。

(4)HTML5 新增加的标签。

①结构标签。HTML5 中新增的结构标签说明如表 8-3 所示。

表 8-3 结构标签说明

标　　签	说　　明
<header>	定义页面主体上的页首部分,header 标签往往在一对 body 标签之中
<footer>	定义页面的底部(页脚)
<section>	定义用于表达书的一部分或一章,或者一章内的一节
<nav>	用于菜单导航、链接导航的标签,是 navigator 的缩写
<article>	用于表示一篇文章的主体内容,一般为文字集中显示的区域
<aside>	用于表达注记、贴士、侧栏、摘要、插入的引用等,作为补充主体的内容

②文本标签。HTML5 中新增的文本标签说明如表 8-4 所示。

表 8-4 文本标签说明

标　　签	说　　明
<bdi>	允许设置一段文本,使其脱离其父元素的文本方向设置
<mark>	定义页面中需要突出显示或高亮显示的内容
<time>	定义一个日期/时间
<output>	定义不同类型的输出,比如脚本的输出结果

③应用和辅助标签。HTML5 中新增的应用和辅助标签说明如表 8-5 所示。

表 8-5 应用和辅助标签说明

标 签	说 明
<audio>	定义声音，如音乐或其他音频流
<video>	定义视频，如电影片段或其他视频流
<source>	为媒介元素（如<video>和<audio>）定义媒介资源
<track>	为诸如 video 元素之类的媒介规定外部文本轨道。用于规定字幕文件或其他包含文本的文件，当媒介播放时，这些文件是可见的
<canvas>	定义图形，例如图表和其他图像，<canvas>标签只是图形容器，必须使用脚本来绘制图
<embed>	定义嵌入的内容，例如来在外部的互动内容或插件

④进度标签。HTML5 中新增的进度标签说明如表 8-6 所示。

表 8-6 进度标签说明

标 签	说 明
<progress>	定义运行中的进度（进程）。可以使用<progress>标签来显示 JavaScript 中耗费时间的函数的进度
<meter>	定义度量衡。仅用于已知最大和最小值的度量

⑤交互性标签。HTML5 中新增的交互性标签说明如表 8-7 所示。

表 8-7 交互性标签说明

标 签	说 明
<command>	表示用户能够调用的命令。标签可以定义命令按钮，例如单选按钮、复选框或按钮。只有当 command 元素位于 menu 元素为时，该元素才是可见的。否则不会显示这个元素，但是可以用它规定键盘快捷键
<datalist>	定义选项列表。与 input 元素配合使用该元素，来定义 input 可能的值。datalist 及其选项不会被显示出来，它仅仅是合法的输入值列表

⑥在文档和应用中使用的标签。HTML5 中新增的在文档和应用中使用的标签说明如表 8-8 所示。

表 8-8 在文档和应用中使用的标签说明

标 签	说 明
<details>	定义元素的细节，目前只有 Chrome 和 Safari 6 支持<details>标签。与<summary>标签配合使用
<summary>	包含 details 元素的标题，details 元素用于描述有关文档或文档片段的详细信息
<figcaption>	标签定义 figure 元素的标题（caption）。figcaption 元素应该被置于 figure 元素的第一个或最后一个子元素的位置
<hgroup>	给标题分组，为标题或者子标题进行分组，通常与 h1-h6 元素组合使用
<figure>	用于标签规定独立的流内容（图像、图表、照片、代码等）

⑦<ruby>标签。HTML5 中新增的<ruby>标签说明如表 8-9 所示。

表 8-9 <ruby>标签说明

标　　签	说　　明
<ruby>	标签定义 ruby 注释（中文注音或字符）
<rp>	在 ruby 注释中使用，以定义不支持 ruby 元素的浏览器所显示的内容
<rt>	定义字符（中文注音或字符）的解释或发音

⑧其他标签。HTML5 中新增的其他标签说明如表 8-10 所示。

表 8-10 其他标签说明

标　　签	说　　明
<keygen>	标签规定用于表单的密钥对生成器字段。当提交表单时，私钥存储在本地，公钥发送到服务器
<wbr>	标签全称 Word Break Opportunity。是用来规定在文本中的什么地方适合添加换行符。在浏览网页中，如果文本太长，浏览器会对文本换行，如担心浏览器会在不恰当的位置换行，就可以用<wbr>标签来添加换行

（5）HTML5 中废弃的标签。

在 HTML5 中也废弃了一些以前 HTML 中的标签，主要是以下几个方面的标签。

①可以使用 CSS 样式替代的标签。在 HTML5 之前的一些标签中，有一部分是纯粹用作显示效果的标签。而 HTML5 延续了内容与表现分离，对于显示效果更多地交给 CSS 样式去完成。所以这方面废弃的标签有：<basefont> <big> <center> <font> <s> <strike> <t>和<u>。

②不再支持 frame 框架。由于 frame 框架对网页可用性存在负面影响，因此在 HTML5 中已经不再支持 frame 框架，但是支持 iframe 框架。所以 HTML5 中废弃了 frame 框架的<frameset><frame>和<noframes>标签。

③其他废弃标签。在 HTML5 中其他被废弃的标签主要是因为有了更好的替代方案。

- 废弃<bgsound>标签，可以使用 HTML5 中的<audio>标签替代。
- 废弃<marquee>标签，可以在 HTML5 中使用 JavaScript 程序代码来实现。
- 废弃<apet>标签，可以使用 HTML5 中的<embed>和<object>标签替代。
- 废弃<rb>标签，可以使用 HTML5 中的<ruby>标签替代。
- 废弃<acronym>标签，可以使用 HTML5 中的<abbr>标签替代。
- 废弃<dir>标签，可以使用 HTML5 中的<u>标签替代。
- 废弃<isindex>标签，可以使用 HTML5 中的<form>标签和<Input>标签替代。
- 废弃<listing>标签，可以使用 HTML5 中的<pre>标签替代。
- 废弃<xmp>标签，可以使用 HTML5 中的<code>标签替代。
- 废弃<nextid>标签，可以使用 HTML5 中的 GUIDs 替代。
- 废弃<plaintext>标签，可以使用 HTML5 中的"text/plain"MIME 类型替代。

2. HTML/HTML5 常用标签

1）HTML 文档头部<head>标签设置

文档头部的相关标签必须嵌入在<head></head>标签内，用于设置页面的功能，包括页面标题及各种参数，这些标签内容不会显示在页面上。

（1）设置页面标题<title>。

基本语法：

```
<title dir="" language="">文档标题文本</title>
```

语法说明：一个网页最多一个<title>标签，也可以省略，但如果使用则必须是<head>中的第一个。<title>标签用于将指定文本显示在页面标题栏。<title>可用属性：dir 表示文本方向，language 表示语言。

（2）定义页面元信息<meta />。

在<head>头部中可以包含任意数量的<meta/>标签，用于定义该页面的相关参数信息。例如为搜索引擎提供信息、为浏览器设置显示该页面的相关参数等，语法格式如下所示：

①<meta name="键名" content="键值" />

搜索引擎会根据网页 META 标签提供的信息进行搜索，例如按关键字、作者姓名、内容描述等进行搜索。在<meta />标签中使用 name/content 属性可为网络搜索引擎提供信息，常见应用形式如下：

```
<meta name="keywords" content="内容关键字1, 关键字2, ……" />
<meta name="author" content="网页作者姓名" />
<meta name="revised" content="网页程序版本号" />
<meta name="description" content="页面描述文字" />
```

②<meta http-equiv="键名" content="键值" />

使用 http-equiv/content 属性可设置服务器发送给浏览器的 HTTP 头部信息，为浏览器显示该页面提供相关的参数。其中 http-equiv 属性提供参数类型，content 提供对应的参数值。常见应用形式如下：

```
<meta http-equiv="charset" content="文档字符编码方式" />
<meta http-equiv="refresh" content="页面自动刷新秒数" />
<meta http-equiv="refresh" content="秒数;url=页面 url" />（延时后自动转向指
    定页面）
<meta http-equiv="expires" content="客户机器页面缓存过期时间" />
<meta http-equiv="set-cookie" content="设置页面 cookie" />
```

（3）引用外部文件<link />。

一个页面往往需要多个外部文件配合，在<head>中使用<link />标签可引用外部文件，一个页面允许使用多个<link />标签引用多个外部文件。

基本语法：

```
<link type="目标文件类型" rel/rev="stylesheet" href="相对路径/目标文档或资源
    URL"
  [media="适用介质列表" charset="目标文件编码"] />
```

语法说明：href 为该属性指定引用外部文件的 URL。Type 为该属性规定目标文件类型。rel/rev 这两个属性表示当前源文档与目标文档之间的关系和方向。

2．设置文字与段落

在网页中添加文字，只要在<body></body>之间，需要插入文字的地方输入文字就可以实现。其他文字段落相关标签语法如下。

1）添加注释使用<!-->

基本语法：

```
<body>
<!--请在此添加注释语句！>
</body>
```

语法说明：给代码添加注释语句时，<!-->放在 HTML 文件的任何地方，都不会在网页中被显示出来。

2）添加空格 及特殊符号

在 HTML 文件中，添加空格需要使用代码" "控制。在 HTML 文件中，特殊符号对应特殊的代码，常见的特殊符号对应代码如表 8-11 所示。

表 8-11 部分特殊符号与对应代码

符　　号	对　应　代　码
&	&amp;
©	&copy;
™	&trade;
®	&reg;
¥	&yen;
§	&sect;

3）编辑网页文字样式<font>

基本语法：

```
<font face="" size="" color=""></font>
```

语法说明：在 HTML 文件中，利用成对<font></font>标签就可以将网页中的文字根据需要，对其进行样式的编辑。face 代表字体，size 代表字号，color 代表颜色。

4）文字修饰标签

基本语法：

`<b>`加粗的文字`</b>`
`<i>`斜体文字`</i>`
`<u>`添加下画线文字`</u>`
`<strike>`添加删除线文字`</strike>`

语法说明：在 HTML 文件中，利用成对字体样式编辑标签就可以将网页中的文字根据需要，显示为不同样式。各标签实现效果见标签对内的文字。

5）文字上下标

基本语法：

`<sup>`上标内容`</sup>`
`<sub>`下标内容`</sub>`

语法说明：在 HTML 文件中，成对的`<sup></sup>`标签可以表示上标，利用成对的标签`<sub></sub>`表示下标。

6）段落`<p>`和预格式化`<pre>`

在 HTML 文件中，`<p>`标签是一个段落标签符号，利用`<p>`标签可以对网页中的文字信息进行段落的定义，但不能进行段落格式的定义。利用`<pre>`标签不仅可以定义网页文字中的段落，还可以对段落格式进行定义。例如可以实现没有`<br>`的自然换行。

7）文字居中显示`<center>`

利用成对`<center></center>`标签，对齐标签之间在内容将会在网页中居中显示。

8）水平线`<hr>`

利用单标记`<hr>`标签可以插入水平线。同时利用水平线标签本身的属性，可以对水平线进行一些简单的设置。

9）列表

在 HTML 文件中，除了文字修饰标签修饰网页文字外，我们还可以使用列表来组织文字，以实现更好的布局。所谓列表，就是在网页中将项目有序或者无序罗列显示。常见的列表标签如表 8-12 所示。

表 8-12 列表类型及标签符号

列 表 类 型	标 签 符 号
定义列表	dl
无序列表	ul
有序列表	ol

（1）插入定义列表`<dl>`。

基本语法：

```
<dl>
    <dt>名称<dd>说明
    ...
<dl>
```

语法说明：<dt>标签定义了组成列表项名称部分，<dd>用于解释说明<dt>标签定义的项目名称。

（2）插入无序列表<ul>。

基本语法：

```
<ul>
    <li>项目名称</li>
    ...
<ul>
```

语法说明：在 HTML 文件中，利用成对<ul></ul>标签可以插入无序列表，但<ul>标签之间必须使用成对<li></li>标签添加列表项值。

（3）插入有序列表<ol>。

基本语法：

```
<ol type="">
    <li>项目名称</li>
    ...
</ol>
```

语法说明：在 HTML 文件中，利用成对<ol></ol>标签可以插入有序列表，但<ol>标签之间必须使用成对<li></li>标签添加列表项值。根据 Type 的取值不同，有序列表的列表项标号也不同，例如取值"a"代表小写字母，取值"I"代表大写罗马数字。

【例 8-9】HTML 段落文字设置综合实例一。

```
<html>
<head>
    <title>文字段落设置</title>
</head>
<body>
    <center>宋词欣赏</center>
    <hr width="100%" size="1" color="#00ffee">
    青玉案元夕(辛弃疾)<br>
    东风夜放花千树,
更吹落,星如雨。
宝马雕车香满路。
```

凤箫声动,玉壶光转,
一夜鱼龙舞。
蛾儿雪柳黄金缕,
笑语盈盈暗香去。
众里寻他千百度,
蓦然回首,那人却在,
灯火阑珊处。
<hr width="100%" size="1" color="#00ffee">
唐诗欣赏
<pre>
    登鹳鹊楼
    白日依山尽,
    黄河入海流。
    欲穷千里目,
    更上一层楼。
</pre>
<hr width="400" size="3" color="#00ee99" align="left">
<address>E-mail:xxx@xxx.com</address>
</body>
</html>
```

页面浏览效果如图 8-21 所示。

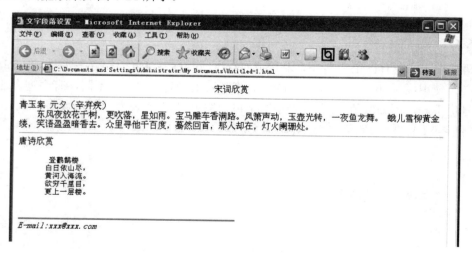

图 8-21　例 8-9 页面浏览效果

### 3. 创建表格

设计网页的过程中,为了以一定形式将网页中的内容组织起来,同时使网页更便于阅读和美观,需要确定一个页面的布局。表格就是网页制作中最常见的一种布局工具,
```

它可以将网页分成任意多个矩形区域。

1）设置基本表格结构<table><tr><td>

基本语法：

```
<table>
  <tr>
    <td></td>
    …
  </tr>
…
</table>
```

语法说明：<table>定义表格结构。<tr>定义行结构，一个表格可以有一行或者多行。<td>定义列结构，一个<tr>行中可以有一列或者多列。

2）设置表格标题<caption>

基本语法：

```
<table>
<caption>插入表格标题</caption>
  <tr>
    <td></td>
  </tr>
</table>
```

语法说明：在 HTML 文件中，使用成对<caption></caption>标签给表格插入标题。

3）设置表格表头<th>

基本语法：

```
<table>
  <tr>
    <th>…</th>
  </tr>
  …
```

语法说明：在 HTML 文件中，要将某一行作为表格文件的表头，只要将该行包含的列标签<td>改为<th>即可。

4）设置表格标签属性

表格是网页文件中布局的重要元素，制作网页的过程中常常要对表格做一些设置，对表格的设置其实是对表格标签属性的一些设置。

基本语法：

```
<table width="" height=""border=""  bordercolor="">
```

语法说明：在 HTML 文件中，<table>标签中的 width 用于设置表格的宽度，height 属性用于设置表格的高度，单位可以是像素或者是百分比，border 属性用于设置边框的粗细；bordercolor 设置表格边框的颜色。

5）设置表格行与单元格

在 HTML 文件中，插入表格行<tr>标签的属性主要用于设定表格中某一行的属性，<td>标签包含的属性主要用于设置表格单元格的属性。

基本语法：

```
<table cellspacing="" cellpadding="">
<tr align="" valign="">
  <td rowspan="数值" colspan="数值"></td>
   …
</tr>
</table>
```

语法说明：在 HTML 文件中，设置行内容水平对齐方式常用的有：Left 设置内容左对齐；Right 设置内容右对齐；Center 设置内容居中对齐。常用的 4 种垂直对齐方式有：top 内容顶端对齐；middle 内容居中对齐；bottom 内容底端对齐；baseline 内容基线对齐。设置单元格的跨行，只要设置<td>标签中的 rowspan 的属性值即可实现，属性值一般为数字。设置单元格的跨列，只要设置<td>标签中的 colspan 的属性值即可实现，属性值一般为数字。设置<table>标签中的 cellspacing 属性值就可以设置表格中单元格的间距。单元格间距以像素为单位。设置<table>标签中的 cellspacing 属性值就可以设置单元格中内容与边框之间的间距。单元格间距以像素为单位。

6）表格的嵌套

所谓表格的嵌套，就是指在一个表格某个单元格中又包含一个或者多个表格。

4．创建图片标签页面

1）图像的插入和编辑

图片是网页设计中必不可少的元素，在 HTML 中我们可以在网页的任何位置插入图片，并且对图片进行设置及建立超链接和热区等操作。

（1）图片的基本用法。

基本语法：

```
<img src="图片地址"alt="提示文字" width="数值" height ="数值" border="数值">
```

语法说明：img 标签的作用就是插入图片，src 属性用来指定图片文件所在的路径，这个路径可以是相对路径，也可以是绝对路径。当鼠标移动至图片区域内停留时会显示提示文字，alt 属性的提示文字可以是中文也可以是英文。width 和 height 属性分别代表图片的宽和高，单位可以是像素，也可以是百分比。如果在使用宽度和高度属性中，只设置了其中一个属性，那么另一个属性会按原始图片宽高等比例显示。但是如果两个属性没有按原始大小的缩放比例设置，图片可能变形。border 为边框线的宽度，用数字表示，单位为像素。

（2）超链接及设置图片链接<a>。

超链接在网页制作中是一个必不可少的部分，在浏览网页时，单击一张图片或者一段文字就可以弹出一个新的网页，这些功能都是通过超链接来实现的，超链接通过<a>标签来实现。

① 插入超链接。

基本语法：

```
<a href="URL">链接内容</a>
```

语法说明：在 HTML 文件中，需要使用超链接时用<a>标签将需要建立链接的内容包括起来，href 属性的 URL 值可以设置为相对路径或者绝对路径。

② 设置图片链接。

基本语法：

```
<a href="URL" target="目标窗口的打开方式"><img src="图片地址"></a>
```

语法说明：href 属性是用来设置图片的链接地址 URL，target 属性用来设置目标窗口的打开方式。

③ 设置图片热区链接。

基本语法：

```
<img src="图片地址"usemap="#映射图片名称">
```

热区图像及热区链接属性的定义如下：

```
<map name="映射图片名称">
<area shape="热区形状"coords="热区坐标"href="URL">
…
</map>
```

语法说明：<img>标签用来插入图片和引用映射图片名称，即用 usemap 属性来引用在<map>标签中所定义的映射图片名称，并且要在名称前加上#号。<map>标签只有一个 name 属性，用来定义映射图片的名称。<area>标签有三个属性，shape 属性、coords 属性和 href 属性。href 属性用来定义超链接的目标地址；shape 属性用来定义热区的形状，可以取 3 个属性值；coords 属性用来定义热区的坐标，不同的形状其 coords 属性的设置方式也不同，shape 属性值对应的 coords 属性值如表 8-13 所示。

表 8-13　shape 属性值对应的 coords 属性值

shape	coords 属性可取值	说　明
rect	left、right、top、bottom	代表矩形 4 个定点坐标
circle	center-x、center-y、radius	代表圆心和半径
poly	取决于多边形的形状	代表各顶点坐标

2）音频和视频的插入和编辑

（1）插入音频或视频文件<embed>。

基本语法：

<embed src="多媒体文件地址"width="文件宽度"height="文件高度"autostart="true|false"loop="true|false"></embed>

语法说明：src 属性用来指定插入的多媒体文件地址或多媒体文件名，同时文件一定要加上后缀名；width 和 height 属性用来设置多媒体文件的宽度和高度，单位为像素；autostart 属性用来设置多媒体文件的自动播放，有两个取值 true 和 false，true 表示在打开网页时自动播放多媒体文件，false 是默认值，表示打开网页时不自动播放；loop 属性用来设置多媒体文件的循环播放，只有两个取值 true 和 false，true 表示多媒体文件将无限循环播放，false 表示多媒体文件只播放一次。

（2）添加 HTML5 新增的多媒体标签<audio>/<video>。

为了能够更加方便地在页面中嵌入音频和视频文件，HTML5 新增了<audio>和<video>标签，用于统一 HTML 页面中多媒体应用的规范。HTML5 对多媒体的支持是顺势发展，但是目前还没有规范得很完整，各种浏览器支持的差别也很大。

检查浏览器是否支持<audio>和<video>标签，检查浏览器是否支持<audio>和<video>标签，可以通过 JavaScript 脚本代码动态地创建标签，脚本代码如下。

var support=!!document.createElement("audio").canPlayType

这段脚本代码会动态创建 audio 元素，然后检查 canPlayType()函数是否存在。通过执行两次逻辑非运算符"!"，将其结果转换成布尔值，就可以确定音频对象是否创建成功。同样，video 元素也可以采用这种方法检查。

①使用音频<audio>标签。

基本语法：

<audio src="音频文件名.后缀名" controls></audio>

语法说明：src 属性用来指定音频文件的地址或文件名，而且文件要加上后缀名；controls 属性向用户显示控件，例如播放按钮。

②使用视频<video>标签。

基本语法：

```
<video src="视频文件名.后缀名" width="562" height"423"controls></video>
```

语法说明：src 属性用来指定视频文件的地址或文件名，而且文件要加上后缀名；width 和 height 属性设置，从而控制视频的宽度和高度。controls 向用户显示控件，例如播放按钮。

③套接<source>标签。

由于各种浏览器对音频和视频的编解码器的支持不一样，为了能够在各种浏览显示音频和视频效果，可以提供多种不同格式的音频和视频文件。这就需要使用<source>签为<audio>或<video>提供多个备用多媒体文件，代码如下。

```
<audio src="images/music mp3">
<source src=images/music.ogg" type="audio/ogg">
<source src=images/music.wav" type="audio/wav">
你的浏览器不支持 audio 标签</audio>
```

或

```
<video arc"images/movie.mp4" width=n562" height="423" controls>
<source src="images/movie.ogg" types"video/ogg" codes="theora,vorbis">
<source src="images/movie.mp4" type"video/mp4">
</video>
```

由上面可以看出，使用<source>代替了< audio >或< video>标签中的 src 属性，这样，浏览器可以根据自身的播放能力，按照顺序自动选择最佳的源文件进行播放。

5. 创建框架页结构

框架是一种在一个页面中显示多个网页的技术，通过超链接可以为框架之间建立内容之间的联系，从而实现页面导航的功能。<frame>和<frameset>标签虽然在浏览器中可以正常显示，但是 HTML5 已经不支持这两个标签，因此尽量用 div+<iframe>方式取代这两个标签。

浮动框架<iframe>

基本语法：

```
<html>
<head><title>利用 iframe 布局</title></head>
<body>
<div class="top"></div>
<div class="left"><iframe scr="left.html" name="menu"></div>
<div class="right"><iframe src="main.html" name="main"></div>
</body>
</html>
```

语法说明：调用了三个 div，其中"left"实现左边的 scr 调用的 left.html 显示布局，"right"

实现右边的 scr 调用的 main.html 显示布局,至于 css 如何写 div 的布局这里就略过了。浮动框架在表现形式上和框架不同,属性设置和框架类似。

6. 创建表单

表单是网页中提供的一种交互式操作手段,在网页中的使用十分广泛。用户可以通过提交表单信息与服务器进行动态交流。表单主要可以分为两部分:一是用 HTML 源代码描述的表单,可以直接通过插入的方式添加到网页中;二是提交后的表单处理,需要调用服务器端编写好的程序对客户端提交的信息作出回应。

1)插入表单<form>

基本语法:

```
<form name="" method="" action="" enctype="" target=""></form>
```

语法说明:name 设置表单名称;method 设置表单发送的方式,可以是"post"或者"get";action 设置表单处理程序;enctype 设置表单编码方式;target 设置表单显示目标。

2)信息输入<input>

表单是网页中提供的交互式操作手段,HTML 中也提供了很多用于交互的控件,用户必须在表单控件中输入必要的信息,发送到服务器请求响应,然后服务器将结果返回给用户,这样才体现了交互性。这主要通过<input>标签来实现。

基本语法:

```
<form><input name="" type=""></form>
```

语法说明:在<input>标签中,name 属性显示插入的控件名称,type 属性显示插入的控件类型,例如:文本框、单选按钮、复选框等。

下面分别介绍常用的表单控件的使用语法。

(1)插入文本框 text 和密码框 password。

基本语法:

文本框:

```
<form><input name="" type="text" maxlength="" size="" value="">
</form>
```

密码框:

```
<form><input name="" type="password" maxlength="" size="">
</form>
```

语法说明:在表单中插入文本框和密码框,只要将<input>标记中 type 属性值设为 text 或者 password 就可以插入单行的文本框或者密码框。设置为密码框之后输入内容不会出现,以符号代表。maxlength 代表文本框的最大长度,size 代表宽度,value 显示文本框默认值。

（2）插入文件域 file。

基本语法：

```
<form><input name="" type="file"></form>
```

语法说明：在表单中插入文件域，只要将<input>标记中 type 属性值设为 file 就可以插入文件域。可以利用文件域选取文件。

（3）插入复选框 checkbox 和单选框 radio。

基本语法：

复选框：

```
<form><input name="" type="checkbox" id="" value="">
</form>
```

单选框：

```
<form><input name="" type="radio" id="" value="">
</form>
```

语法说明：在表单中插入复选框，只要将<input>标记中 type 属性值设为 checkbcx 就可以插入复选框。其中的 id 为可选项。在表单中插入单选按钮，只要将<input>标记中 type 属性值设为 radio 就可以插入单选按钮。

（4）插入按钮。

基本语法：

```
<form><input name="" type="button/submit/reset" id="" value="按钮上的文字">
</form>
```

语法说明：在表单中插入按钮，<input>标记中 type 属性值设为 button 就可以插入标准按钮。设为 submit 代表提交按钮，当用户填完表单对象中的信息后，需要有一个提交信息的动作，可以使用提交按钮，这会引起页面的刷新。设为 reset 代表重置按钮，当用户填完表单对象中的信息后，对自己填过的信息不满意时，想清除所填内容，可以使用重置按钮。

（5）插入图像域 image。

基本语法：

```
<form><input name="" type="image" src="图片地址" width="" height="" border=""></form>
```

语法说明：为了美观效果，可以用一张图片做提交或者其他类型的按钮，可以通过插入图像域来实现。在表单中插入图像域，只要将<input>标记中 type 属性值设为 image。

（6）插入文字域 textarea。

基本语法：

```
<form><textarea name="" rows="" cols="" wrap="" id=""></textarea>
</form>
```

语法说明：如果需要输入多行文字，行间可以换行，可以使用文字域。在表单中插入文字域，只要插入成对的文字域标记<textarea></textarea>即可。其中的"wrap"和"id"为任选项。rows 代表文字域行数，cols 代表文字域列数，取值都为数字。

（7）插入下拉菜单<select>和列表项<option>。

基本语法：

```
<form>
  <select name="" size="">
  <option value="">
  <option value="">
    …
  </select>
</form>
```

语法说明：在表单中插入下拉菜单和列表项，只要插入成对的<select></select>，其中嵌套<option>代表具体的列表项。

3）HTML5 新增表单控件类型

HTML5 大幅改进了<input>标签的控件，不同控件的表单元素所附加的功能也不相同。到目前为止，对 HTML5 新增表单控件支持最多、最全面的浏览器是 Opera 浏览器。对于不支持新增表单类型的浏览器来说，会默认识别为 text 控件，即显示为普通文本。

下面分别介绍新增的表单控件的使用语法。

（1）输入地址定义的文本框 url。

基本语法：

```
<form>
<input type="url" name="" id="weburl" value="http://www.xxxx.com">
</form>
```

语法说明：在表单中插入 url 地址定义的文本框，只要将<input>标签中 type 属性值设为 url。在验证输入文本的格时，如果该文本框中的内容不符合 url 地址的格式，会提示验证错误。

（2）插入地址定义文本框 email。

基本语法：

```
<form><input name="" type="email" value="***.163.com></form>
```

语法说明：在表单中插入 email，只要将<input>标签中 type 属性值设为 email 就可以插入 E-mail 地址定义的文本框。在验证输入文本的格式时，如果该文本框中的内容不符合 E-mail 地址的格式，会提示验证错误。email 的<input>元素还有一个 multiple 属性，表示在该文本框中可输入隔开的多个邮件地址。

（3）插入范围选择器 range。

基本语法：

```
<form><input name="" type="range" id="volumn" min="0" max="10"
Step="2">
</form>
```

语法说明：在表单中插入 range，只要将<input>标签中 type 属性值设为 range 就可以插入数值选择器滑动条，表明为某一特定范围内的数值选择器。它还具有 min 和 max 属性，表示选择范围的最小值（默认为 0）和最大值（默认为 100）；还有 step 属性，表示拖动步长（默认为 1）。

（4）插入数字文本框 number。

基本语法：

```
<form><input type="number" name="score" id="score" min="0" max="10"
step=0.5>
</form>
```

语法说明：在表单中插入专门为输入特定的数字而定义的文本框，<input>标签中 type 属性值设为 number。与 range 控件类似，都具有 min、max 和 step 属性，表示允许范围的最小值、最大值和调整步长。

（5）插入电话文本框 tel。

基本语法：

```
<form><input type="tel" id="tel" ></form>
```

语法说明：在表单中插入电话文本框，只要将<input>标签中 type 属性值设为 tel 就可以插入专门为输入电话号码而定义的文本框。

（6）插入搜索文本框 search。

基本语法：

```
<form><input type="search" id="search">
</form>
```

语法说明：在表单中只要将<input>标签中 type 属性值设为 search 就可以插入专门为输入搜索引擎关键词定义的文本框。

（7）插入颜色选择器 color。

基本语法：

```
<form><input type="color" id="color"></form>
```

语法说明：在表单中只要将<input>标签中 type 属性值设为 color 就可以插入颜色选择器，可以看到颜色表单元素的效果。

（8）插入时间有关的选择器 date/month/week/time/datetime-local。

基本语法：

```
<form>
<input type="date" name="date" id="date">
<input type="week" nane="week"id="week">
<input type="time" name="time" id="time">
<input typen"datetime" name="datetime" id="datetime">
<input type="datetime-local" name="datetime-local" id="datetime-local">
<input type="color" id="color"></form>
```

语法说明：在表单中只要将<input>标签中 type 属性值设为相应的选择器就可以显示相应的控件。其中，date 会提供日期选择器；month 会提供月选择器；week 会提供周选择器；time 会提供时间选择器；datetime 会提供完整的日期和时间（包含时区）的选择器。

【例 8-10】创建表单综合实例。

```
<html>
<head>
<title>表单应用</title>
</head>
<body>
<form name="form1" method="post" action="">
<table width="408" border="1" align="center">
    <tr>
        <td width="34" height="32"> </td>
        <td colspan="2">会员注册</td>
    </tr>
    <tr>
        <td> </td>
        <td width="83"><div align="right">用户名：</div></td>
        <td width="269"><input type="text" name="textfield"></td>
    </tr>
    <tr>
        <td> </td>
        <td><div align="right">密码：</div></td>
```

```html
        <td><input type="password" name="textfield2"></td>
    </tr>
    <tr>
        <td> </td>
        <td><div align="right">确认密码：</div></td>
        <td><input type="password" name="textfield3"></td>
    </tr>
    <tr>
        <td> </td>
        <td><div align="right">性别：</div></td>
        <td><input type="radio" name="radiobutton" value="radiobutton">
          男
          <input type="radio" name="radiobutton" value="radiobutton">
          女</td>
    </tr>
    <tr>
        <td> </td>
        <td><div align="right">爱好：</div></td>
        <td><input type="checkbox" name="checkbox" value="checkbox">
          体育
          <input type="checkbox" name="checkbox2" value="checkbox">
          音乐
          <input type="checkbox" name="checkbox3" value="checkbox">
          文学
          <input type="checkbox" name="checkbox4" value="checkbox">
          其他</td>
    </tr>
    <tr>
        <td> </td>
        <td><div align="right">特长：</div></td>
        <td><select name="select">
          <option value ="s1">英语</option>
          <option value ="s2">计算机</option>
          <option value="s3">数学</option>
          <option value="s3">其他</option>
          </select></td>
    </tr>
    <tr>
        <td> </td>
        <td><div align="right">联系电话：</div></td>
        <td><input type="text" name="textfield4"></td>
```

```
          </tr>
          <tr>
            <td> </td>
            <td><input type="submit" name="Submit" value="提交"></td>
            <td><input type="reset" name="Submit2" value="重置"></td>
          </tr>
        </table>
      </form>
    </body>
</html>
```

页面浏览效果如图 8-22 所示。

图 8-22　例 8-10 页面浏览效果

7．创建画布

在 HTML5 中新增了<canvas>画布标签是为客户端矢量图形而设计的，通过该标签可以在网页中绘制各种几何图形。<canvas>有一个基于 JavaScript 的绘图 API 函数库，有多种绘制路径、矩形、圆形、字符以及添加图像的方法，使用<canvas>标签与 JavaScript 脚本代码相结合，可以绘制出相应的图形。

1）插入画布<canvas>

基本语法：

```
<canvas id="myCanvas" width="300" height="200" ></canvas>
```

语法说明：id 属性决定了<canvas>的唯一性，方便查询。width 和 height 设置了画布的宽和高。

2）创建<canvas>的绘图流程

（1）获得 canvas 对象。

在绘图之前，首先要从页面获取 canvas 对象。一般使用 document 对象的 getElementById()

方法获取。例如下面的代码获取页面上的 id 名称为"myCanvas"。

```
var canvas=document.getElementById('myCanvas');
```

（2）创建二维的绘图上下文对象。

canvas 对象包含了不同类型的绘图 AP1，还需要使用 getContext("2d")方法获取要使用的绘图上下文对象。

```
var cxt=c.getContext("2d");
```

getContext("2d")对象是内建的 HTML5 对象，拥有多种绘制路径、矩形、圆形、字符以及添加图像的方法。

（3）在 canvas 上绘制文字或图形。

设置绘制文字的字体样式、颜色和对齐方式。例如下面代码：

```
cxt.fontpx,宋体";
cxt.fillstyle="#045";
cxt.textAlign="center";
cxt.fillText("中国人民",100,120,200);//绘制文字
```

绘制一个红色的矩形，例如下面代码：

```
cxt.fillStyle="#FF0000";
cxt.fillRect(0,0,150,75);
```

【例 8-11】创建画布绘图综合实例。

```
<!DOCTYPE html>
<html>
  <head><title>Simple Demo</title>
  <style>
    body { margin: 0px;padding: 0px; }
    #myCanvas {border: 2px solid #9C9898; }
  </style>
</head>
<body>
  <canvas id = "myCanvas" width = "600px" height = "400px"></canvas>
  <script type = "text/javascript" language="javascript">
    var canvas = document.getElementById("myCanvas");
      var context = canvas.getContext("2d");
      //画直线
      context.beginPath();                    //开始绘制
      context.strokeStyle = "#000000";
      context.moveTo(50, 50);
```

```
            context.lineTo(400, 200);
            context.stroke();                   //绘制结束
            context.beginPath();                //画矩形
            context.strokeStyle = "#ce0000";//设置或返回用于笔触的颜色、渐变或模式
            context.rect(100,100,350,150);
            context.stroke();
            context.beginPath();                //画圆
            context.strokeStyle = "#009100";
            context.arc(300,300,100,0,2*Math.PI, true);
            context.stroke();
            context.beginPath();                //渐变色
            var grd=context.createLinearGradient(0,0,170,0);//线性渐变
            grd.addColorStop(0,"green");
            grd.addColorStop(1,"red");
            context.fillStyle=grd;
            context.fillRect(20,20,150,100);
            context.stroke();
            context.beginPath();                //阴影
            context.shadowBlur=20;              //阴影模糊级
            context.shadowColor="green";        //阴影颜色
            context.fillStyle="blue";
            context.arc(500,200,100,0,2*Math.PI);
            context.fill();
            context.stroke();
        </script>
    </body>
</html>
```

页面浏览效果如图 8-23 所示。

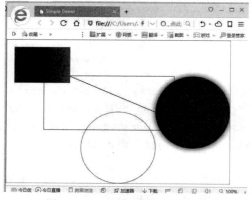

图 8-23　例 8-11 页面浏览效果

8．创建 **HTML5 文档结构**

在 HTML 页面中通常会包含头部、导航、主体内容、侧边内容和页脚等区域。以前的 HTML 页面中，这些区域全部都使用<div>标签进行标识，这种方式并不易于用户的识别和浏览器引擎的分析。在 HTML5 中新增了描述文档结构的相关标签，通过使用这些标签，可以很清晰地在 HTML 代码中标识出页面的结构。下面主要介绍常用的几种文档标签。

1）标题<header>

基本语法：

```
<header>
<h1>头部相关信息,标题内容</h1>
<p>可以加入段落或图片进行说明</p>
</header>
```

语法说明：<header>标签是一种具有引导和导航作用的结构元素，通常用来放置整个页面或页面内一个内容区块的标题，但也可以包含其他内容，如数据表格、搜索表单或相关的 Logo 图片因此整个页面的标题应该放在页面的开头。

2）文章<article>

基本语法：

```
<article>
<header>文章头部相关信息（标题）</header>
文章内容
</article>
```

语法说明：<article>通常有自己的标题，一般放在一个<header>标签中。网页中常常出现大段的文章内容，通过文章结构元素可以将网页中大段的文章内容进行标识，使网页的代码结构更加整齐。在 HTML5 中新增的<article>标签便可以在网页中定义独立的内容，包括文章、博客和用户评论等。

3）章节<section>

基本语法：

```
<section>
<header>内容头部相关信息</header>
    内容块
</section>
```

语法说明：section 标签用于对页面上的内容进行分块，例如将文章分为不同的章节、页面内容分为不同的内容块。

4）页脚<footer>

基本语法：

```
<footer>页脚信息内容（注释、版权等）</footer>
```

语法说明：使用<footer>标签分别为页面中的文章和整个页面加相应的页脚信息。

5）联系信息<address>

基本语法：

```
<address>联系信息内容</address>
```

语法说明：<address>用来描述电子邮箱或地址等联系信息，还可以用来描述与文档相关的联系人的相关信息以及网站链接信息。例如下面的代码：

```
<address>
<ahref="http://www.w3c.org">w3c</a>
<ahref="http://whatwg.org">whatwg</a>
<ahref="http://www.mhtm15.com">html5研究小组</a>
</address>
```

6）导航<nav>

一个页面中可以拥有多个<nav>标签，作为页面整体或不同部分的导航。具体来说，<nav>标签可以用于以下位置：

- 传统导航条。常规网站都设置有不同层级的导航条，其作用是将当前页面跳转到网站的其他主要页面上去。
- 侧边栏导航。主流博客网站及电商网站上都有侧边栏导航，其作用是将页面从当前页面跳转到其他页面上去。
- 页内导航。页面导航的作用是在本页面几个主要的组成部分之间进行跳转。
- 翻页操作。翻页操作是指在多个页面的前后页或博客网站的前后篇文章滚动。

基本语法：

```
<nav>导航的内容</nav>
```

语法说明：<nav>标签标识的是一个可以用作页面导航的链接组，其中的导航元素链接到其他页面或当前页面的其他部分。注意，并不是所有的链接组都需要被放置在<nav>标签中，只需要将主要的、基本的链接组放进<nav>标签中即可。

7）辅助内容<aside>

基本语法：

```
<aside>辅助信息内容</aside>
```

语法说明：<aside>标签用来表示当前页面或文章的辅助信息内容部分，包含与当前页内容相关的引用、侧边栏、广告、导航条等。

8）日期时间<time>

基本语法：

<time>标签用于表示 24 小时中的某个时间或某个日期</time>

语法说明：<time>表示能够以机器可读的方式对日期和时间进行编码，例如用户代理能够把生日提醒或排定的事件添加到用户日程表中，搜索引擎也能够生成更智能的搜索结果。

8.3.2　CSS3 样式表

1. CSS 和 CSS3 基础

1）CSS 基础

（1）CSS 格式。

基本语法：

selector {property: value; property: value ……property: value }

语法说明：selector 代表选择符，property 代表属性，value 代表属性值。选择符包括多种形式，所有的 HTML 标签都可以作为选择符，如 body、p、table 等都是选择符。但在利用 CSS 的语法给它们定义属性和值时，其中属性和值要用冒号隔开。如果属性的值由多个单词组成，并且单词间有空格，那么需给值加上双引号。如果需要对一个选择符指定多个属性时，用分号将属性分开。例如：p{text-align:center; color:#FF0000; font-size:10px}。相同属性和值的选择符组合起来称为选择符组。如果需要给选择符组定义属性和值，只要用逗号将选择符分开即可，这样可以减少重复定义样式。例如：p, table{text-align:center; font-size:10px}。

（2）CSS 选择符类型。

①类选择符。

基本语法：

标签名.类名{样式属性:取值;样式属性:取值;...}

语法说明：用类选择符可以把相同的元素分类定义成不同的样式。在定义类选择符时，在自定义类名称的前面加一个点"."。

②id 选择符。

基本语法：

标签名#标识名{样式属性:取值;样式属性:取值;...}

语法说明：在 HTML 文档中，需要唯一标识一个元素时，就会赋予它一个 id 标识，以便在对整个文档进行处理时能够快速地找到这个元素。而 id 选择符就是用来对这个单一元素定义单独的样式。其定义方法与类选择符大同小异，只需要把点"."改为井号"#"。

③伪类。

伪类不属于选择符，它是让页面呈现丰富表现力的特殊属性。之所以称为"伪"，是因为它指定的对象在文档中并不存在，它们指定的是元素的某种状态。

应用最为广泛的伪类是链接的 4 个状态：未访问的链接状态（a:link）；已访问链接状态（a:visited）；鼠标指针悬停在链接上的状态（a:hover）；被激活（在鼠标单击与释放之间发生的事件）的链接状态（a:active）。

（3）插入 CSS 的 4 种方式。

插入 CSS 到 HTML 文件有四种方式，分别为：链入外部样式表、内部样式表、嵌入样式表和导入外部样式表。

①链入外部样式表。

基本语法：

```
<head>
<link rel="stylesheet" type="text/css" href="样式表文件的地址">
</head>
```

语法说明：rel="stylesheet"是指在 HTML 文件中使用的是外部样式表；type="text/css"指明该文件的类型是样式表文件；href 中的样式表文件地址，可以为绝对地址或相对地址；外部样式表文件中不能含有任何 HTML 标签，如<head>或<style>等。

②内部样式表。

基本语法：

```
<head>
<style type="text/css">选择符{样式属性:取值;样式属性:取值;…}</style>
</head>
```

语法说明：<style>标签用来说明所要定义的样式；type="text/css"说明这是一段 CSS 样式表代码。

③嵌入样式表。

基本语法：

```
<HTML 标签 style="样式属性:取值;样式属性:取值;…">
```

语法说明：HTML 标签就是页面中标签 HTML 元素的标签，例如 body、p 等。style 参数后面引号中的内容就相当于样式表大括号里的内容。

④导入外部样式表。

基本语法：

```
<head>
<style type="text/css">
@import url(外部样式表文件地址);
…
</stytle>
```

...
</head>

语法说明：Import 语句后面的";"是不可省略的；外部样式表文件的文件扩展名必须为.css；样式表地址可以是绝对地址，也可以是相对地址。

2）CSS3 基础

（1）CSS3 概述。CSS3 是 CSS 技术的升级版本，主要包括盒子模型、列表模块、超链接方式、语言模块、背景和边框、文字特效、多栏布局等模块。CSS3 规范的一个新特点是被分为若干个相互独立的模块。一方面分成若干较小的模块较利于规范及时更新和发布，及时调整模块的内容，这些模块独立实现和发布，也为日后 CSS 的扩展奠定了基础。另外一方面，由于受支持设备和浏览器厂商的限制，设备或者厂商可以有选择地支持一部分模块，支持 CSS3 的一个子集，这样有利于 CSS3 的推广。

CSS3 的语法也是建立在 CSS 原先版本基础上的，它允许使用者在标签中指定特定的 HTML 元素而不必使用多余的 class、ID 或 JavaScript。CSS 选择器中的大部分并不是在 CSS3 中新添加的，只是在之前的版本中没有得到广泛的应用。如果想实现一个干净的、轻量级的标签以及结构与表现更好的分离，CSS3 高级选择器是非常有用，它们可以减少在标签中的 class 和 ID 的数量并让设计师更方便地维护样式表。

（2）CSS3 全新功能简介。与之前的 CSS 版本相比，CSS3 的改进是非常大的。CSS3 不仅进行了修订和完善，更增加了很多新的特性，把样式表的功能发挥得淋漓尽致。之前的很多效果都借助图片实现，CSS3 只需要几行代码就能搞定了。这样不仅简化了设计师的工作，页面代码也会更加简洁和清晰。

CSS3 的全新功能简介如表 8-14 所示。

表 8-14 CSS3 的全新功能简介

功　　能	说　　明
选择器	CSS3 增加了更多的 CSS 选择器，包括通配符选择器、类选择器、id 选择器、元素选择器（又叫标签选择器）、属性选择器、伪类选择器、伪元素选择器等，可以实现更简单但是更强大的功能
文字效果	在 CSS3 中，可以给文字添加阴影，换行和发光等效果；还可以自行定义特殊的字体
边框	在 CSS3 中，可以直接给边框设计圆角、阴影、边框背景等，其中，边框背景会自动把背景图切割显示
背景	背景图片的设计更加灵活，可以改变背景图片的大小、裁剪背景图片、设置多重背景
色彩模式	CSS3 的色彩模式除了支持 RGB 颜色外，还支持 HSL（色调、饱和度、亮度），并且针对这两种色彩模式又增加了可以控制透明度的色彩模式
盒布局和多列布局	这两种模式可以弥补现有页面布局的不足，为页面布局提供更多的手段
渐变	CSS3 支持渐变效果
动画和过渡	采用 CSS3 动画和过渡，设计师不用编写脚本，可以直接让页面元素动起来并且不会影响整体的页面布局
媒体查询	可以针对不同设备、屏幕尺寸自动调整页面布局

2. CSS/CSS3 设置文字效果

1）文字字体的设置

（1）设置字体 font-family。

基本语法：

```
font-family:字体1,字体2,字体3,……;
```

语法说明：应用 font-family 属性可以一次定义多个字体，而在浏览器读取字体时，会按照定义的先后顺序来决定选用哪种字体。若浏览器在计算机上找不到第一种字体，则自动读取第二种字体，以此类推。

（2）设置字号 font-size。

基本语法：

```
font-size:绝对尺寸|关键字|相对尺寸|百分比
```

语法说明：绝对尺寸是指尺寸大小不会随着显示器分辨率的变化而变化，也不会随着显示设备的不同而变化。绝对尺寸可以使用的单位包括 in（英寸）、px（像素）、cm（厘米）、mm（毫米）、pt（点）、pc（皮卡）。相对尺寸是指尺寸大小继承于该元素属性的前一个属性单位值。百分比是基于父元素中字体的大小为参考值的。

（3）设置字体样式 font-style。

基本语法：

```
font-style:normal|italic|oblique
```

语法说明：normal 代表正常显示（浏览器默认的样子）；italic 代表斜体显示文字；oblique 代表歪斜体显示。

（4）设置字体加粗 font-weight。

基本语法：

```
font-weight:normal|bold|bolder|lighter|number
```

语法说明：normal 表示正常粗细；bold 表示粗体；bolder 表示加粗体；lighter 表示细体（比正常字体还细）；number 取值为数字，一般都是整百，有九个级别（100～900），数字越大字体越粗。

2）文字排版的设置

（1）调整字符间距 letter-spacing。

基本语法：

```
letter-spacing:normal|长度
```

语法说明：normal 表示间距正常显示，是默认设置；长度包括长度值和长度单位，长度值可以使用负数。

（2）调整单词间距 word-spacing。

基本语法：

```
word-spacing:normal|长度
```

语法说明：normal 表示间距正常显示，是默认设置；长度包括长度值和长度单位，长度值可以使用负数。

（3）添加文字修饰 text-decoration。

基本语法：

```
text-decoration: underline|overline|line-through
```

语法说明：语法中的属性值可以是上面所列的一个或多个。依次代表下画线、上画线、删除线。

（4）设置文本排列方式 text-align。

基本语法：

```
text-align:left|right|center|justify
```

语法说明：该语法中的 4 个属性值可以任意选择其中一个。其中，left 代表左对齐方式；right 代表右对齐方式；center 代表居中对齐方式；justify 代表两端对齐方式。该属性可应用于 HTML 中的任何模块级标签。

（5）设置段落缩进 text-indent。

基本语法：

```
text-indent:长度|百分比
```

语法说明：长度包括长度值和长度单位，长度单位同样可以使用之前提到的所有单位。百分比则是相对上一级元素的宽度而定的。

（6）调整行高 line-height。

基本语法：

```
line-height:normal|数字|长度|百分比
```

语法说明：normal 为浏览器默认的行高，一般由字体大小属性来决定；数字表示行高为该元素字体大小与该数字相乘的结果；长度表示行高由长度值和长度单位确定；百分比表示行高是该元素字体大小的百分比。

3）文本溢出处理 text-overflow（CSS3 新增）

基本语法：

```
text-overflow: clip|ellipsis|string
```

语法说明：clip 规定对溢出的文本进行裁切。ellipsis 规定使用"..."替代溢出的文本。string 规定使用指定的字符串替代溢出的文本。

4）控制文本换行 overflow-wrap 和 word-break（CSS3 新增）

overflow-wrap 基本语法：

```
overflow-wrap:normal|break-word|anywhere
```

语法说明：normal 默认值，保持浏览器的默认处理。break-word 规定当字符串过长时，允许在单词间断行。anywhere 规定当字符串过长时，允许在单词任意字符处内断行。

word-break 基本语法：

```
word-break:normal | break-all | keep-all | break-word
```

语法说明：normal 默认值，保持浏览器的默认处理。break-all 强制将单词截断实现换行效果。keep-all 规定不允许字断开。break-word 属性值用于确保文本不会溢出。

5）文本阴影 text-shadow（CSS3 新增）

基本语法：

```
text-shadow:[颜色 x轴 y轴 模糊半径],[颜色 x轴 y轴 模糊半径]...
```

语法说明：颜色表示阴影的颜色值。x 轴为水平方向的偏移量，单位是像素。y 轴为垂直方向的偏移量，单位是像素。模糊半径为阴影的影响范围，不能为负值，值越大越模糊。

6）使用服务器端字体@font-face（CSS3 新增）

基本语法：

```
@font-face {  font-family: <WebFontName>;
   src: <source> [<format>][,<source> [<format>]]*;
   [font-weight: <weight>];  [font-style: <style>];}
```

语法说明：@font-face 的作用可以引入服务器端网络字体，如果不使用此属性，那么只能够使用本机已经安装的字体 WebFontName 必需，自定义字体的名称。source 必需规定自定义字体的路径，可以是相对路径也可以是绝对路径。format 规定自定义字体的格式。font-weight 规定字体是否为粗体。font-style 规定字体的样式，例如斜体。

3．CSS/CSS3 设计图像和背景

1）设置颜色 color

基本语法：

```
color:关键字|RGB 值
```

语法说明：颜色关键字就是用颜色的英文名称来设置颜色。例如：red 代表红色，black 代表黑色等；RGB 值有多种表示方式，如十六进制的 RGB 值和 RGB 函数值。

2）设置背景颜色 background-color
基本语法：

`background-color: 关键字|RGB 值|transparent`

语法说明：关键字和 RGB 值可参颜色设置中的语法说明。transparent 表示透明值，是背景颜色 background-color 属性的初始值。

3）插入背景图片 background-image
基本语法：

`background-image:url|none`

语法说明：url 指定要插入的背景图片路径或名称，路径可以为绝对路径也可以为相对路径。图片的格式一般以 GIF、JPG 和 PNG 格式为主。none 是一个默认值，表示没有背景图片。

4）插入背景附件 background-attachment
基本语法：

`background-attachment:scroll|fixed`

语法说明：scroll 表示背景图片是随着滚动条的移动而移动，是浏览器的默认值；fixed 表示背景图片固定在页面上不动，不随着滚动条的移动而移动。

5）设置重复背景图片 background-repeat
基本语法：

`background-repeat:repeat|repeat-x|repeat-y|no-repeat`

语法说明：repeat 表示背景图片在水平和垂直方向上平铺（默认值）；repeat-x 表示背景图片在水平方向上平铺；repeat-y 表示背景图片在垂直方向上平铺；no-repeat 表示背景图片不平铺。

6）设置背景图片位置 background-position
基本语法：

`background-position: 百分比|长度|关键字`

语法说明：利用百分比和长度设置图片位置时，都要指定两个值，并且这两个值要用空格隔开。一个代表水平位置，一个代表垂直位置。水平位置的参考点是网页页面的左边，垂直位置的参考点是页面的上边。关键字在水平方向的主要有 left、center、right，表示居左、居中和居右。关键字在垂直方向的主要有 top、center、bottom，表示顶端、居中和底端。其中水平方向和垂直方向的关键字可相互搭配使用。

7）渐变背景颜色处理（CSS3 新增）
线性渐变基本语法：

```
background:linear-gradient(direction, color-stop1, color-stop2, ...)
```

语法说明：direction 表示线性渐变的方向，top 是从上到下、left 是从左到右，如果定义成 left top，那就是从左上角到右下角。第二个 color-stop1 和第三个 color-stop2 参数分别是起点颜色和终点颜色。

径向渐变基本语法：

```
background:radial-gradient(center,  shape,  size,  start-color,...,
last-color)
```

语法说明：center 表示渐变起点的位置，可以为百分比，默认是图形的正中心。shape 表示渐变的形状，ellipse 表示椭圆形，circle 表示圆形。默认为 ellipse，如果元素形状为正方形的元素，则 ellipse 和 circle 显示一样。size 是渐变的大小，即渐变到哪里停止，它有四个值。closest-side：最近边；farthest-side：最远边；closest-corner：最近角；farthest-corner：最远。后面参数和线性渐变含义一致。

8）设置多背景图像（CSS3 新增）

基本语法：

```
background-image:url1,url2,....
```

语法说明：在第一个 url1 声明之后用逗号分开加入第二个 url2，以此类推，可以加入重叠的背景图像。

9）设置背景图像大小 background-size（CSS3 新增）

基本语法：

```
background-size: length|percentage|cover|contain
```

语法说明：length 是背景的宽度如 200px，percentage 是背景的高度取值在 0～100%，cover 将图片等比例放大或者缩小，背景图片等比缩放至完全覆盖容器，超出容器的尺寸将会被裁切。contain 只要求某一个方位上将容器覆盖，比如纵向或者横向能够最小程度将容器覆盖。

10）设置背景图像原点 background-origin（CSS3 新增）

基本语法：

```
background-origin:border-box|padding-box|content-box2
```

语法说明：①padding-box 的值为 background-origin 的默认值，决定 background-position 的起始位置，从 padding 的外边缘（border 的内边缘）开始显示背景图片；②border-box 的值决定了 background-position 的起始位置从 border 的外边缘开始显示背景图片；③content-box 的值决定了 background-position 的起始位置从 content 的外边缘（padding 的内边缘）开始显示背景图片。

11）设置背景图像显示区域 background-clip（CSS3 新增）

基本语法：

```
background-clip:border-box|padding-box|content-box|text|no-clip
```

语法说明：border-box（默认值）规定背景图片可以在边框范围内显示。padding-box 规定背景图片可以在 padding 范围内显示。content-box 规定背景图片可以在 content 区域。text 从前景内容的形状（例如文字）作为裁剪区域向外裁剪，也就是说只有前景内容的形状内显示背景图片，例如只有文字内显示背景。

【例 8-12】CSS 设置图片及背景综合实例。

```
<html>
<head>
    <title>CSS 设置图片和背景</title>
    <style type=text/css>
    <!--
    body{background-image:url(pic1.jpg);
    background-repeat:no-repeat;
    background-position:bottom right}
    h2{font-family: 黑体;color:white;font-size:20px;background-image:url(pic2.jpg);
    background-repeat:repeat-x}
    .p1{font-size:18px;color:blue;background-color:yellow;}
    -->
    </style>
</head>
<body>
    <center>
    <h2>黄鹤楼</h2>
    <hr>
    <p class=p1>昔人已乘黄鹤去,此地空余黄鹤楼。</p>
    <p class=p1>黄鹤一去不复返,白云千载空悠悠。</p>
    <p class=p1>晴川历历汉阳树,芳草萋萋鹦鹉洲。</p>
    <p class=p1>日暮乡关何处是,烟波江上使人愁。</p>
    </center>
</body>
</html>
```

页面效果如图 8-24 所示。

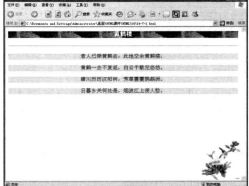

图 8-24　例 8-12 浏览效果

4. CSS/CSS3 设置不透明级别和色彩

1）设置元素的不透明级别

基本语法：

```
opacity: value|inherit
```

语法说明：opacity 设置元素的透明度。value 介于 0～1 的数字。inherit 继承父元素的 opacity 属性值。

2）设置色彩模式

基本语法：

```
RGBA(R,G,B,A)
```

语法说明：RGBA 是在 RGB 的进化版本，通过增加一个参数来控制透明度。R 为红色值。G 为绿色值。B 为蓝色值。这三个值取正整数或百分数。A(Alpha)：Alpha 透明度，取值 0～1 之间，0 表示完全透明，1 表示完全不透明。

5. CSS/CSS3 设置边框和边距

边框属性包括边框样式、边框颜色和边框宽度，主要用来设置网页中各个元素的边框。

1）设计边框样式 border-style

基本语法：

```
border-style:样式取值
border-top-style:样式取值
border-bottom-style:样式取值
border-left-style:样式取值
border-right-style:样式取值
```

语法说明：边框样式属性中 border-style 是一个复合属性，其他 4 个都是单个边框的样式属性，只能取一个值，而复合属性 border-style 可以同时取 1 到 4 个值。下面分别说明 border-style 属性的 4 个取值方法：取一个值，四条边框均使用这一个值；取两个值，上下边框使用第一个值，左右边框使用第二个值，两个值一定要用空格隔开；取三个值，上边框使用第一个值，左右边框使用第二个值，下边框使用第三个值，取值之间要用空格隔开；取第四个值，四条边框按照上、右、下、左的顺序来调用取值。取值之间也要用空格隔开。具体的样式取值和说明如表 8-15 所示。

表 8-15 边框样式属性取值说明

样式的取值	说　　明
none	不显示边框，为默认值
dotted	点线
dashed	虚线

续表

样式的取值	说　明
solid	实线
double	双直线
groove	凹型线
ridge	凸型线
inset	嵌入式
outset	嵌出式

2）调整边框宽度 border-width

基本语法：

`border-width:关键字|长度;border-top-width:关键字|长度;border-bottom-width:关键字|长度;border-right-width:关键字|长度;border-left-width:关键字|长度`

语法说明：基本语法中边框宽度属性 border-width 是一个复合属性，可以同时设置四条边框的宽度。具体使用方法和边框样式的复合属性 border-style 是一样的。长度包括长度值和长度单位，不可以使用负数。长度单位可以使用绝对单位也可使用相对单位，如 px、pt、cm 等。

3）设置边框颜色 border-color

基本语法：

`border-color:颜色关键字|RGB 值;border-top-color:颜色关键字|RGB 值;border-bottom- color:颜色关键字|RGB 值;border-left-color:颜色关键字|RGB 值;border-right-color:颜色关键字|RGB 值`

语法说明：如果只设置 1 种颜色，则四条边框的颜色一样；设置 2 种颜色，则边框的上下为一个颜色，左右为另一个颜色；设置 3 种颜色，边框的颜色顺序为上、左右、下；设置 4 种颜色，边框的颜色顺序为上、右、下、左。

4）设置外边距 margin-top /margin-bottom /margin-left/ margin-right/margin

基本语法：

`margin-top:长度|百分比;margin-bottom: 长度|百分比;margin-left: 长度|百分比;margin-left: 长度|百分比;margin: 长度|百分比`

语法说明：margin 用来设置元素到上一级元素的外边距。

5）设置填充内边距 padding-top/padding- bottom /padding-left / padding- right /padding

基本语法：

`padding-top:长度|百分比;padding-bottom: 长度|百分比;padding-left: 长度|百分比;padding-right: 长度|百分比;padding: 长度|百分比`

语法说明：padding 用来设置元素的内边距。

6）设置图像边框 border-image 属性（CSS3 新增）

基本语法：

```
border-image: source slice/width/outset/repeat
```

语法说明：source 用于规定是否用图片定义边框样式或者规定图像来源路径。slice 用于规定图片的切割位置。width 用于规定边框图片宽度。repeat 用于规定切割后的边框图片中间部分（演示图片中的黄色部分）在元素对应部分的存在方式。

7）设置圆角边框 border-radius 属性（CSS3 新增）

基本语法：

```
border-radius:水平半径/垂直半径
```

语法说明：两者之间用"/"分隔，如果只设置水平半径，那么垂直半径的值和水平半径值相同，例如在以上实例中只设置了水平半径，那么水平半径的值也应用于垂直半径。水平半径和垂直半径都可以分别设置四个值：如果只设置了一个值，那么四个圆角都使用这个值。如果设置了两个值，第一个值作用于左上角和右下角，第二个值作用于右上角和左下角。（如果设置了三个值，第一个值作用于左上角，第二个值作用于右上角和左下角，第三个值作用于右下角。如果设置了四个值，那么分别作用于四个角，从左上角开始，按顺时针。

8）设置图像边框 border-image 属性（CSS3 新增）

基本语法：

```
box-shadow:h-shadow v-shadow blur spread color inset
```

语法说明：h-shadow 设置元素阴影水平偏移量，可以为负值，单位是像素。v-shadow 设置元素阴影垂直偏移量，可以为负值，单位是像素。blur 设置阴影模糊半径，只能够为正值，如果为 0，表示不具有模糊效果，单位是像素。spread 设置阴影的扩展半径尺寸，可以为负值，单位是像素。color 设置阴影的颜色；省略此参数，浏览器选取默认颜色，浏览器的默认可能不同，有的为透明。inset 可以将外部阴影改为内部阴影。

【例 8-13】CSS 设置边框和边距综合实例。

```
<html>
<head>
    <title>CSS 设置边框和边距</title>
    <style type=text/css>
    h2{font-family:黑体;font-size:18px;
    border-bottom:10px dotted #FF00FF}
    .b1{margin:10px;border:5px groove red;padding:20px}
```

```
    .b2{margin-left:25px;border:5px dotted green}
    </style>
</head>
<body>
    <center>
    <h2>综合设置边框和边距</h2>
    </center>
    <p class=b1>
    登金陵凤凰台
    <img class=b2 src="a.jpg"><br>
    凤凰台上凤凰游,凤去台空江自流。<br>
    吴宫花草埋幽径,晋代衣冠成古丘。<br>
    三山半落青天外,二永中分白鹭洲。<br>
    总为浮云能蔽日,长安不见使人愁。<br>
    </p>
</body>
</html>
```

页面效果如图 8-25 所示。

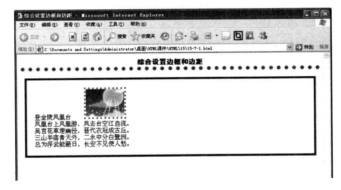

图 8-25　例 8-13 页面浏览效果

6．CSS3 新增的多列布局

1）设置列数 column-count

基本语法：

```
column-count: number|auto
```

语法说明：列数 number 取正整数。auto 为默认值，将取决于其他属性,例如："column-width"。

2）设置列宽 column-width

基本语法：

```
column-width: auto|length
```

语法说明：length 指定列宽的长度。auto 为默认值，由浏览器决定列的宽度。

3）设置列数 column-rule

基本语法：

```
column-rule: column-rule-width column-rule-style column-rule-color
```

语法说明：column-rule-width 设置列中之间的宽度。column-rule-style 设置列中之间的样式。column-rule-color 设置列中之间的颜色。

7. 使用 CSS3 实现动画 animation 和过渡 transition 效果

1）动画 animation 的实现

基本语法：

```
animation: name duration timing-function delay animation-iteration-count direction fill-mode play-state
```

语法说明：name 规定动画的名称，利用它可以与@keyframes 关联起来。duration 规定动画的时长，时间是秒，例如 5s。timing-function 规定动画的过渡类型，可以使用内置固定的关键字，也可以自定义数据。delay 规定动画开始前的延迟时间。iteration-count 规定动画的重复次数。direction 规定动画循环中是否会反向运动。fill-mode 规定对象动画时间之外的状态。play-state 规定动画是否正在运行或暂停。

2）过渡 transition

基本语法：

```
transition:[transition-property] || [transition-duration] || [transition-timing-function] || [transition-delay]
```

语法说明：transition-property 设置要进行过渡的 CSS 属性。transition-duration 设置过渡效果持续的时间。transition-timing-function 设置过渡效果动画类型。transition-delay 设置过渡效果延迟的时间。

8. CSS 与 DIV

DIV 层是网页制作中用于定位元素或者布局的一种技术，层的布局比表格更加灵活，它能够将层中的内容摆放到浏览器的任何位置，同时放到层中的 HTML 元素可以为：文字、图像、动画或者是另一个 DIV 层。一个网页中也可以使用多个层，层与层之间可以重叠。同时配合 CSS 样式表可以对层进行精确定位和显示。

1）层的创建

基本语法：

```
<body>
<div id="" style="position:关键字; left:数值; top:数值; width:数值; height:
```

数值;"></div>
</body>

语法说明：层由成对的<div>标签来定义，在进行层的定义时，需要将层的样式同时定义，否则在网页中不会显示出来。position 属性代表定位方式，可以是绝对定位或者相对定位等。left 和 top 属性进行左边距和顶端间距的设置。width 和 height 属性进行宽度和高度设置。

2）定位方式 position
基本语法：

```
position:static|absolute|relative
```

语法说明：static 表示为静态定位，是默认设置；absolute 表示绝对定位，与位置属性 top、bottom、right、left 等结合使用可实现对元素的绝对定位；relative 表示相对定位，对象不可层叠，但也要依据 top、bottom、right、left 等属性来设置元素的具体偏移位置。

3）设置位置 top/bottom/right/left
基本语法：

```
top:auto|长度值|百分比;bottom: auto|长度值|百分比;left: auto|长度值|百分比; right: auto|长度值|百分比
```

语法说明：top、bottom、right、left 分别表示对象与其他对象的顶部、底部、左边和右边的相对位置；auto 表示采用默认值；长度值包括数字和长度单位；百分比作为属性，可以是相对值。

4）设置层的宽 width 和高 height
基本语法：

```
width:auto|长度;height:auto|长度
```

语法说明：width 表示的是宽度，而 height 表示的是高度。长度包括长度值和单位，长度也可使用相对值中的百分比。

5）设置层可见 visibility
基本语法：

```
visibility:visible|hidden|inherit
```

语法说明：visible 表示该层是可见的；hidden 表示该层被隐藏，是不可见的；inherit 表示子层或子元素会继承父层或父元素的可见性，父级元素可见则子级元素也可见。

【例 8-14】CSS 设置 DIV 层实例。

```
<html>
<head>
```

```html
    <title>网页中层的使用</title>
<style type="text/css">
#d1 {
    position:absolute;
    left:138px;
    top:55px;
    width:192px;
    height:146px;
    z-index:1;
    background-color: #990000;
}
#d2 {
    position:absolute;
    left:216px;
    top:115px;
    width:196px;
    height:173px;
    z-index:2;
    background-color: #0099FF;
}
#d3 {
    position:absolute;
    left:265px;
    top:181px;
    width:197px;
    height:184px;
    z-index:3;
    background-color: #FF9900;
}
#d4 {
    position:absolute;
    left:470px;
    top:65px;
    width:258px;
    height:44px;
    z-index:4;
    background-color: #339999;
    font-size:24px;
    color:#FF0000;
}
</style>
```

```
</head>
<body  bgcolor="#666666">
<div id="d1">层一</div>
<div id="d2">层二</div>
<div id="d3">层三</div>
<div id="d4">在网页中建立不同的层</div>
</body>
</html>
```

页面效果如图 8-26 所示。

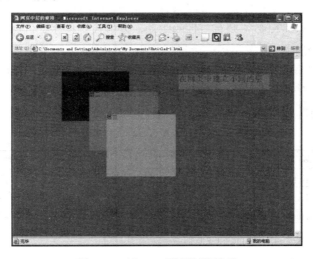

图 8-26 例 8-14 页面浏览效果

8.3.3 JavaScript

1. JavaScript 语法基础

JavaScript 是一种网页的脚本编程语言，同时也是一种基于对象的编程语言。它只能通过浏览器实现网络的访问和动态交互。在 HTML 中嵌入 JavaScript 小程序后，提高了网页的动态性。JavaScript 可以直接对用户提交的信息在客户端做出回应。它的运行环境与操作系统没有关系，它是一种依赖浏览器本身运行的编程语言。

1）基本数据类型

JavaScript 提供了 4 种数据类型：数值型、字符型、布尔型和空值。四种数据类型的数据可以是常量也可以是变量。

JavaScript 和其他编程语言一样，变量的命名也必须符合以下的变量命名规则：只能由字母、数字和下画线组成，并且第一个字符必须是字母或者下画线；JavaScript 语言区分大小写；不能使用已有的关键字作为变量名。

2）运算符

JavaScript 中运算符主要分为：算数运算符、比较运算符和逻辑运算符等。JavaScript 中的算数运算符和其他编程语言差异不大。

3）程序结构

JavaScript 语言的程序结构与其他语言一样，也是顺序、选择及循环等三种结构，其中，选择结构也是分为 if 语句和 switch 语句，循环结构分为，while、do…while 和 for 语句，结构与语法与前文 C#语言基本相同。

2．JavaScript 中的事件

JavaScript 是一门基于对象的编程语言，虽然没有面向对象编程语言那样规范和严格，但有面向对象的编程必须要有事件的驱动，才能执行程序。例如，当用户填写完表单数据，点击提交按钮时，就发生了一个鼠标单击（onClick）事件，需要浏览器做出处理，返回给用户一个结果。使用语法如：<input name="按钮名称" type="button" onClick="处理语句或是函数" value="按钮文字">，其他事件使用语法类似。

常见的事件和说明如表 8-16 所示。

表 8-16　常见的事件和说明

事　　件	说　　明
onClick	鼠标单击事件
onChange	文本框内容改变事件
onSelect	文本框内容被选择事件
onFoucus	聚焦事件
onLoad	网页加载事件
onUnload	关闭网页事件
onBlur	失去焦点事件
onMouseOver	鼠标移入事件
onMouseOut	鼠标移出事件

【例 8-15】JavaScript 事件响应实例。

```
<html>
  <head>
    <title></title>
  <head>
  <body>
    <script language="javascript">
    function rec(form)
    { form.recanswers.value=(form.recshortth.value* form.recheightth.
    value+ form.reclength.value*form.recheightth.value)/2}
    </script>
```

```
<form>
    <h1>梯形面积</h1>
    上底
    <input type="text" name="recshortth"><br>
    下底
    <input type="text" name="reclength"><br>
    高度
    <input type="text" name="recheightth"><br>
    <input name="button" type="button" onClick="rec(this.form)" value="
    面积">
    <br>
    <input type+"text" name="recanswers"><br>
</form>
</body>
</html>
```

运行页面，输入如图 8-27 所示数据，单击"面积"按钮，即可计算梯形面积。

图 8-27　例 8-15 页面浏览效果

3．JavaScript 中的函数和对象

在编写程序的过程中，为了提高运行效率，方便后期的组织和调试以及更新维护，并不是把所有程序堆积在一起，而是将一个大程序分解为多个小程序块，也就是函数。

1）JavaScript 中的函数

（1）有参函数的定义。

基本语法：

```
function  函数名(参数 1, 参数 2,…,参数 n)
{   函数体  }
```

语法说明：function 是定义函数的关键字，函数的形参可以有一个或者多个，具体的函数内容写在一对花括号之中。

（2）无参函数的定义。

基本语法：

```
function 函数名()
{  函数体 }
```

语法说明：function 是定义函数的关键字，具体的函数内容写在一对花括号之中。

2）JavaScript 中的对象

JavaScript 脚本语言是一门基于面向对象的编程语言，它也有一些预定义对象支持的简单对象模型。JavaScript 中有浏览器内部对象，也有内置对象，现对一些重要的对象进行介绍。

（1）Navigator 对象。

Navigator 对象管理着浏览器的基本信息，如版本号、操作系统等。例如显示版本号可以使用<script>document.write(navigator.appVersion)</script>。

（2）Location 对象。

Location 是浏览器内置的一个静态的对象，它显示的是一个窗口对象所打开的地址。使用此对象是要考虑权限问题，不同的协议或者不同的主机不能互相引用彼此的 Location 对象。

（3）Window 对象。

Window 是一个优先级很高的对象，该对象包含了丰富的属性、方法。程序员可以简单地操作这些属性方法，对浏览器窗口进行控制。

（4）Document 对象。

JavaScript 的输入和输出需要通过对象来完成，Document 对象就是输出对象其中之一。Document 对象最主要的方法是 write()。

（5）内置对象和方法。

JavaScript 脚本语言也提供了一些内置的对象，程序员可以利用这些对象以及对象的属性和方法更好的编程。内置对象包括 Date 对象、String 对象、Math 对象等。使用内置对象的语法格式如下：对象名.方法名称（参数）。

8.3.4 jQuery

1．jQuery 概述

jQuery 是轻量级库的 JavaScript 库，它兼容 CSS3，还兼容各种浏览器，jQuery 2.0 及后续版本将不再支持 IE 6/7/8 浏览器。jQuery 使用户能更方便地处理 HTML、events 实现动画效果，并且方便地为网站提供 AJAX 交互。jQuery 还有一个比较大的优势是，它的文档说明很全，而且各种应用也说得很详细，同时还有许多成熟的插件可供选择。jQuery 能够使用户不用再在 HTML 通过<script>标签插入一大堆 JavaScript 语句来调用命令，只需要定义 id 即可。jQuery 的语法设计可以使开发更加便捷，例如操作文档对象、选择 DOM 元素、制作动画效果、事件处理、使用 Ajax 以及其他功能。除此以外，jQuery 提供 API 让开发者编写插件，其模块化的使用方式使开发者可以很轻松的开发出功能强大的静态或动态网页。

jQuery 的主要功能包括：
- HTML 的元素选取。
- HTML 的元素操作。
- DOM 遍历和修改。
- JS 特效和动画效果。
- CSS 操作。
- HTML 事件操作。
- Ajax 异步请求方式。

2．jQuery 库的引用

jQuery 是一个轻量级的 JavaScript 库，里面包含所有的 jQuery 方法。如果要使用这些方法，那么必须首先引用这个库。引用分为在线引用和本地引用，本地引用就要事先把 jQuery 下载到本地，src 指定引用地址路径。一般推荐在线引用，如直接引用官方地址：

```
<script type="text/javascript"src="http://code.jquery.com/jquery-latest.js">
</script>
```

其中 latest 表示最新官方版本。

3．jQuery 语法基础

jQuery 基本结构由两个部分组成：
（1）获取 jQuery 对象。
（2）对 jQuery 对象执行的操作。

基本语法：

```
$(selector).action()
```

语法说明：$定义 jQuery，将被选的 DOM 对象转换成 jQuery 对象，$是 jQuery 的简写，也可以直接用 jQuery 代替$。selector 是选择器，类似于 CSS 选择器。action()是要对 jQuery 对象行的操作。

4．jQuery 选择器

jQuery 元素选择器和属性选择器允许通过标签名、属性名或内容对 HTML 元素/元素组进行选择和操作。jQuery 选择器也允许对 DOM 元素组或单个 DOM 节点进行操作。分为基本选择器、层次选择器、伪类选择器、属性选择器。使用最多的是基本选择器，其用法如下：

1) jQuery 元素选择器

jQuery 使用 CSS 选择器来选取 HTML 元素。例如以下代码:

$("p")选取<p>元素
$("p.intro")选取所有 class="intro"的<p>元素
$("p#demo")选取所有 id="demo"的<p>元素

2) jQuery 属性选择器

jQuery 使用 XPath 表达式来选择带有给定属性的元素。例如以下代码:

$("[href]")选取所有带有 href 属性的元素。
$("[href='#']")选取所有带有 href 值等于"#"的元素。
$("[href!='#']")选取所有带有 href 值不等于"#"的元素。
$("[href$='.jpg']")选取所有 href 值以".jpg"结尾的元素。

5. jQuery 中的事件

HTML 页面对不同访问者的响应叫做事件。事件处理程序指的是当 HTML 中发生某些事件时所调用的方法。例如在元素上移动鼠标、选取单选按钮、点击元素等动作触发的相应都可以对应相应的事件(处理程序)。jQuery 的本质就是为这些事件处理特别设计的 API 库。

常见的 DOM 事件如表 8-17 所示。

表 8-17 常见的 DOM 事件

鼠标事件	键盘事件	表单事件	文档/窗口事件
click	keypress	submit	load
dblclick	keydown	change	resize
mouseenter	keyup	focus	scroll
mouseleave	hover	blur	unload

在 jQuery 中,大多数 DOM 事件都有一个等效的 jQuery 方法。例如 jQuery 文档 load 事件基本用法:

$(document).ready(function(){ })

鼠标单击 click 事件基本用法:

$("元素").click(function(){});

8.3.5 AJAX

1. AJAX 概述

AJAX 的全称是 Asynchronous JavaScript and XML,中文翻译为"JavaScript 和 XML

异步网络请求",它是 Web 2.0 技术的核心,由多种技术组合而成。使用 AJAX 技术不必刷新整个页面,只需对页面的局部进行更新,可以节省网络带宽,提高网页加载速度,从而缩短用户等待时间,改善用户体验。AJAX 技术主要包括:客户端脚本语言 JavaScript、异步数据获取技术 XmlHttpRequest、数据互换和操作技术 XML 和 XSLT、动态显示和交互技术 DOM 及基于标准的表示技术 XHTML 和 CSS 等。AJAX 极大的发掘了 Web 浏览器的潜力,开启了大量的可能性,从而有效地改善了用户操作体验。

传统的 Web 应用允许用户填写表单 form,当提交表单时就向 Web 服务器发送一个请求。服务器接收并处理传来的表单,然后返回一个新的网页。这个做法浪费了许多带宽,因为在前后两个页面中的大部分 HTML 代码往往是相同的。与此不同,AJAX 应用可以仅向服务器发送并取回必需的数据,它使用 SOAP 或其他一些基于 XML 的 Web Service 接口,并在客户端采用 JavaScript 处理来自服务器的响应。因为在服务器和浏览器之间交换的数据大量减少,结果我们就能看到响应更快的应用。同时很多的处理工作可以在发出请求的客户端机器上完成,所以 Web 服务器的处理时间也减少了。

2. AJAX 的工作原理和 XmlHttpRequest 对象

AJAX 的工作原理如图 8-28 所示。首先通过 XmlHttpRequest 对象来向服务器发异步请求,服务器处理后向浏览器返回数据,然后用 JavaScript 操作 DOM 处理数据,最后用 CSS 和 XHTML 设置数据的样式来更新页面。这其中最关键的一步就是从服务器获得请求数据。

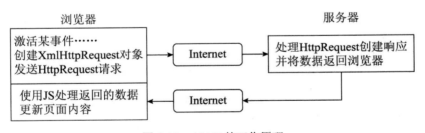

图 8-28 AJAX 的工作原理

这里,XmlHttpRequest 对象是 AJAX 的核心。该对象用于在后台与服务器交换数据,利用该对象 AJAX 就可以实现:

- 在不重新加载页面的情况下更新网页。
- 在页面已加载后从服务器请求数据。
- 在页面已加载后从服务器接收数据。
- 在后台向服务器发送数据。

1) XmlHttpRequest 对象的属性

XmlHttpRequest 对象的属性如表 8-18 所示。

表 8-18　XmlHttpRequest 对象的属性

属　性	说　明
readyState	表示当前对象处于什么状态,判读此次请求的状态然后做出相应的操作。"0"表示未初始化状态,已经创建了一个 XMLHttpRequest 对象,但是还没有初始化。"1"表示准备发送状态:已经调用了 XMLHttpRequest 对象的 open()方法,并且 XMLHttpRequest 对象已经准备好将一个请求发送到服务器。"2"表示已发送状态,已经通过 send 方法把一个请求发送到服务器,等待响应。"3"表示正在接收状态,已经接收到 HTTP 响应头部信息,但是消息体部分还没完全接收到。"4"表示此时已经完成了 HttpResponse 响应的接收
esponseText	服务器端接收到 HTTP 响应的文本内容,当 readyState<3 时为一个空字符串;当 readyState=3 时,接受到本分响应信息;当 readyState=4,responseText 属性才包含完整的响应信息
responseXML	只有当 readyState=4,该属性才会有值,用来描述被 XMLHttpRequest 解析后的 XML 文档的属性
status	由服务器返回的 HTTP 状态代码,如"200"表示请求成功,而"404"表示未找到网页。当 readyState<3 的时候读取这一属性会导致一个异常
statusText	返回当前请求的响应行状态,只读。如"200"表示请求成功,而"404"表示未找到网页。当 readyState<3 的时候读取这一属性会导致一个异常

2) XmlHttpRequest 对象的方法

XmlHttpRequest 对象的方法如表 8-19 所示。

表 8-19　XmlHttpRequest 对象的方法

方　法	说　明
open()	XMLHttpRequest 对象是通过调用 open()方法来进行初始化工作,建立到服务器的新请求,open()有五个参数:request-type 发送请求的类型,典型的值是 GET 或 POST,但也可以发送 HEAD 请求。url 要连接的 URL。asynch 如果希望使用异步连接则为 true,否则为 false。该参数是可选的,默认为 true。username 和 password 惊醒身份认证,一般情况下省略
send()	调用 open()方法后,就可以通过调用 send()方法按照 open 方法设定的参数将向服务器发送请求。当 open 方法中 async 为 true,在 send()方法调用后立即返回,否则将会中断直到请求返回。要注意的是,send 方法必须在 readyState 为 1 时调用 open 方法以后才能调用
abort()	该方法可以暂停一个 HttpRequest 的请求发送或者 HttpResponse 的接收,并且将 XMLHttp Request 对象设置为初始化状态
setRequestHeader()	该方法用来设置请求的头部信息。当 readyState 属性为 1 时,可以调用 opne 方法后调用这个方法;否则将得到一个异常 setRequestHeader(header, value)方法包含两个参数,第一个是 header 指定 HTTP 头的键名,后一个是键值
getResponseHeader()	该方法用于检索响应的头部值,仅当 readyState 属性是 3 或者 4（既响应头部可用以后）才可用调用该方法。否则,该方法返回一个空字符串。此外,还可以通过 getAllResponseHeader()方法获取所有的 HttpResponse 的头部信息

3．AJAX 的使用步骤

（1）首先，创建 XMLHttpRequest 对象。

基本语句：

```
var xmlhttp;
if (window.XMLHttpRequest) {
xmlhttp = new XMLHttpRequest();                    //目前主流浏览器
} else {
xmlhttp = new ActiveXObject("Microsoft.XMLHTTP");//针对浏览器比如 IE5 或 IE6
}
```

（2）使用 XMLHttpRequest 对象的 open()方法发送请求给服务器。

open(request-type，url，async)方法包括三个参数，其中 request-type 包括 get 和 post 两种请求方式，分别对应不同的 send()用法；async 参数一般为 true，默认为异步操作。

例如 get 请求方式：

```
var url = url 地址;
xmlhttp.open("get",url,true);
```

例如 post 请求方式：

```
var url = url 地址;
//必须对 header 进行设置
xmlhttp.setRequestHeader("Content-Type",header 类型);
xmlhttp.open("post",url,true);
```

另外，post 传输数据量大，主要用于向服务器发送大的数据，可以大到 2MB；get 传输数据量小，主要向服务器发送小的请求，发送数据最大为 2KB。相比之下 get 发送更快，但是发送包含未知字符的用户输入时，post 比 get 更稳定也更可靠。

（3）调用回调函数。如在上一步 open 的第 3 个参数是 true，那么当前就是异步请求，这时需要写一个回调函数，XMLHttpRequest 对象的 onreadystatechange 属性，这个属性返回的是一个匿名方法，所以回调函数就写成 xmlhttp.onreadystatechange=function{}，其内部就是回调函数的内容。回调函数是请求在后台处理完再返回到前台所实现的功能。下面例子的回调函数要实现的功能是接收后台处理后反馈给前台的数据，然后将这个数据显示到指定 id 的 div 上。因为从后台返回的数据可能是错误的，所以在回调函数中首先要判断后台返回的信息是否正确，如果正确才可以继续执行。代码如下：

```
xmlhttp.onreadystatechange = function() {
if (xmlhttp.readyState == 4&&xmlhttp.status == 200) {
    var obj = document.getElementById(id);
    Obj.innerHTML = xmlhttp.responseText;
```

```
        }
    else {
            alert("AJAX 服务器返回错误！");
        }
}
```

（4）发送 HTTP 请求。在经过以上步骤的设置之后，就可以将 HTTP 请求发送到 Web 服务器上去了。发送 HTTP 请求可以使用 XMLHttpRequest 对象的 send() 方法，其代码如下所示：

```
xmlhttp.send(data);
```

其中 data 是个可选参数，如果请求的数据不需要参数，即可以使用 null 来替代。data 参数的格式与在 URL 中传递参数的格式类似。在使用 send() 方法之后，XMLHttpRequest 对象的 readyState 属性值才会开始改变，也才会激发 readystatechange 事件，并调用函数，把服务器的数据传到前端，通过局部 div 进行更新变化。

8.3.6 JSON

1. JSON 概述

JSON（JavaScript Object Notation）是一种轻量级的数据交换格式，是基于 JavaScript 的一个子集，采用完全独立于编程语言的文本格式来存储和表示数据。JSON 将 JavaScript 对象中表示的一组数据转换为字符串，可以在函数之间轻松地传递这个字符串，或者在异步应用程序中将字符串从 Web 客户机传递给服务器端程序。JSON 具有简洁和清晰的层次结构，易于阅读和编写，同时也易于机器解析和生成，并有效地提升网络传输效率。JSON 文件的文件类型是 ".JSON"，MIME 类型是 "application/JSON"。

2. JSON 语法规则

在 JavaScript 语言中，一切都是对象。因此，任何支持的类型都可以通过 JSON 来表示，例如字符串、数字、对象、数组等。但是对象和数组是比较特殊且常用的两种类型。

JSON 语法有以下几个特点：
- 数据表示为名称和键值对。
- 数据由逗号分隔。
- 花括号保存对象。
- 方括号保存数组。

（1）JSON 名称/键值对。JSON 数据的书写格式是：名称/键值对。包括字段名称（在双引号中），后面写一个冒号，然后是值。例如：

```
"myname":"张三"
```

等价于 JavaScript 语句：

```
myname="张三"
```

（2）JSON 值。

JSON 值是：

- 数字（整数或浮点数）。
- 字符串（在双引号中）。
- 逻辑值（true 或 false，注意是小写）。
- 对象（在大括号 { } 中）。

例如：

```
{"name":"baidu","url":"www.baidu.com"}//一个对象可以包括多个值
```

- 数组（包括在中括号[]中）。

例如：

```
var sites=[
    {"name":"baidu","url":"www.baidu.com"},
    {"name":"google","url":"www.google.com" },]//数组里面有两个对象
```

- Null（空值）。

（3）JSON.parse()。JSON 通常用于与服务端交换数据。在接收服务器数据时一般是字符串，可以使用 JSON.parse()方法将数据转换为 JavaScript 对象。

基本语法：

```
JSON.parse(text[, reviver])
```

语法说明：text 是一个有效的 JSON 字符串。reviver 可选，一个转换结果的函数，将为对象的每个成员调用此函数。

（4）JSON.stringify()。是将一个 JavaScript 值（对象或者数组）转换为一个 JSON 字符串。

基本语法：

```
JSON.stringify(value[, replacer[, space]])
```

语法说明：value 是要转换的 JavaScript 值（通常为对象或数组）。replacer 可选，用于转换结果的函数或数组，replacer 为函数，则 JSON.stringify 将调用该函数，并传入每个成员的键和值；如果 replacer 是一个数组，则仅转换该数组中具有键值的成员。space 可选，文本添加缩进、空格和换行符，如果 space 是一个数字，则返回值文本在每个级别缩进指定数目的空格，如果 space 大于 10，则文本缩进 10 个空格。

3．JSON 的应用

JSON 最常见的用法之一是从 Web 服务器上读取 JSON 数据（作为文件或作为

HttpRequest），将 JSON 数据转换为 JavaScript 对象，然后在网页中使用该数据。

由于 JSON 语法是 JavaScript 语法的子集，JavaScript 通过 eval()函数可用于将 JSON 文本转换为 JavaScript 对象。eval()函数使用的是 JavaScript 编译器，可解析 JSON 文本，然后生成 JavaScript 对象。

eval()函数的用法：

var obj = eval ("(" + txt + ")");

其中，txt 是 Son 文本。

【例 8-16】JSON 字符串数组中创建对象并显示。

```
<html>
<head><meta charset="utf-8"></head>
<body>
<h2>通过 JSON 字符串数组来创建对象</h3>
<p>
First Name: <span id="fname"></span><br />
Last Name: <span id="lname"></span><br />
</p>
<script type="text/javascript">
vartxt='{"employees":['+
'{"firstName":"Bill","lastName":"Gates"},{"firstName":"George","lastName":"Bush" },{"firstName":"Thomas","lastName":"Carter" }]}';
var obj = eval ("(" + txt + ")");
document.getElementById("fname").innerHTML=obj.employees[1].firstName
document.getElementById("lname").innerHTML=obj.employees[1].lastName
</script>
</body>
</html>
```

页面效果如图 8-29 所示。

图 8-29　JSON 字符串数组创建对象

8.3.7　XML

1．XML 概述

XML 指可扩展标记语言（Extensible Markup Language），XML 的设计宗旨是传输数据，而非显示数据。XML 标签没有被预定义，需要自行定义标签。XML 语言具有自我描述性。

XML 是纯文本，有能力处理纯文本的软件都可以处理 XML。不过，能够读懂 XML 的应用程序可以有针对性地处理 XML 的标签。标签的功能性意义依赖于应用程序的特性。

XML 不是对 HTML 的替代，是对 HTML 的补充。在大多数 Web 应用程序中，XML 用于传输数据，而 HTML 用于格式化并显示数据。

XML 应用于 Web 开发的许多方面，具体一些用途如下：

（1）XML 把数据从 HTML 分离。如果你需要在 HTML 文档中显示动态数据，那么每当数据改变时将花费大量的时间来编辑 HTML。通过 XML，数据能够存储在独立的 XML 文件中。这样就可以专注于使用 HTML 进行布局和显示，而且修改底层数据不再需要对 HTML 进行任何的改变。

（2）XML 简化数据共享。在真实的世界中，计算机系统和数据使用不兼容的格式来存储数据。XML 数据以纯文本格式进行存储，因此提供了一种独立于软件和硬件的数据存储方法。这让不同应用程序可以共享数据变得更加容易。

（3）XML 简化数据传输。通过 XML，可以在不兼容的系统之间轻松地交换数据。对开发人员来说，不兼容系统之间交换数据是非常费时费力的工作。由于 XML 可以通过各种不兼容的应用程序来读取数据，所以降低了这种复杂性。

（4）XML 简化平台的变更。升级到新的系统（硬件或软件平台），常需要转换大量的数据，不兼容的数据经常会丢失。XML 数据以文本格式存储，这使得 XML 在不损失数据的情况下，更容易扩展或升级到新的操作系统、新应用程序或新的浏览器。

2．XML 基本语法

1）基本语法说明

与 HTML 不同，XML 的语法有着严格的要求。对于 XML 文档有两层要求：格式良好的（well-formed）和有效的（valid）。其中格式良好是基本要求。

格式良好的要求包括：

①确定且唯一的根元素。

②开始标记和结束标记匹配。

③正确的标记嵌套关系。

④属性值要用引号括起。

⑤同一个元素的属性不能重复。

2）建立 XML 文档

完整的建立一个 XML 文档如例 8-17 所示。

【例 8-17】XML 文档的建立。

```xml
<!--以下是 XML 文档声明-->
<? xml version= "1.0" encoding ="GB2312" standalone= "no"?>
<? xml-stylesheet type="text/xsl" href="mystyle.xsl"?>
<!--书单的示范-->
<书单>
    <样书>
        <作者>Smith</作者>
        <作者介绍>He has written several books. He is a popular writer.</作者介绍>
        <!--使用 CDATA 说明书的内容-->
        <章节概要>
        <![CDATA[
            <第一章>
            <简介>第一章描绘了故事的背景</简介>
            </第一章>
            <第二章>
            <简介>第二章主人公出场情节开始展开</简介>
            </第二章>
        ]]>
        </章节概要>
    </样书>
</书单>
```

主要结构包括：

（1）XML 声明。

```
<? xml version= "1.0" encoding ="GB2312" standalone= "no"?>
```

XML 标准要求声明须放在文档的第一行，声明也是处理指令的一种。声明一般由"<?"开始，至"?>"结束。

（2）处理指令。

```
<? xml-stylesheet type="text/xsl" href="mystyle.xsl"?>
```

处理指令为处理 XML 的应用程序提供信息。应用程序则根据这些信息处理文档。以上例子中的处理指令指明与本文档配套的样式单的类型（XSL）和文件名（mystyle.xsl）。

（3）元素。

元素是 XML 文档的核心，基本语法：

```
<标记>数据内容</标记>
```

在本例中"书单""样书""作者"等都是元素。元素中可以嵌套其他元素。如"样书"中包括了"作者""作者介绍"等元素。XML 语法规定每个 XML 文档都要包含至少一个根元素，如例子中根元素就是"书单"，根标记必须是非空标记，包括整个文档的数据内容。

数据内容位于标记之间，可由任何合法 Unicode 字符组成。但不能包含标记开始符"<"。标记中的任何字符都是数据内容，包括换行符。同时数据内容也可以为空。

标记的基本语法：

```
<标记名 "姓名"="属性值" …>…</标记名>
```

属性部分可以省略，标记名可由字母、数字、下画线、冒号、句号和连字符组成。但不能由数字、句号、连字符开始。中间不能出现空格和"xml"组合（Xml、XML、xmL 等）。属性名的命名规则和标记名相似，属性名中还可以出现空格、标点、实体引用等。

（4）注释。

就像其他程序语言一样，XML 也有自己的注释方式，基本语法：

```
<! -- 注释的内容 -- >
```

（5）不由 XML 解析器进行解析的文本数据 CDATA。

基本语法：

```
<! [CDATA [内容 ]]>
```

CDATA 标记中的内容 XML 处理器会看成字符数据，像注释一样，忽略 CDATA 标记内容中的标记、实体引用。但内容中不得含有"]]>"，以防和 CDATA 的结束标志混淆。

3）文档类型定义 DTD

当编写了有效的，格式良好的 XML 文档后，一般都会定义很多新标记。XML 是允许程序员使用自己的标记，但同时如何让其他程序员和用户理解你定义的标记就成为一个问题。在 XML 1.0 标准中，我们用文档类型定义（Document Type Definition）解决这个问题。

在 DTD 中你可以向其他人或 XML 的语法分析器精确解释你标记集中每一个标记的含义，这也要求你要保证所有你使用的标记词汇表规则都在 DTD 中。否则 XML 解析器无法根据 DTD 验证文档的有效性。DTD 同样规定了关于你使用的新词汇的语法，这一点对于 XML 文档的分析是十分重要的。

DTD 根据其出现的位置可分为内部 DTD 和外部 DTD 两种。内部 DTD 是指 DTD 和相应的 XML 文档都在同一个文档中。外部 DTD 文档是在 XML 文档之外，另外创建文件名为*.dtd 的文档。下面分别对两种类型的 DTD 进行说明。

（1）内部 DTD。

内部 DTD 出现在 XML 的开始部分，内部 DTD 与 XML 在同一篇文档中。下面通过例 8-18 来说明内部 DTD 的使用方法。

【例 8-18】内部 DTD 的使用。

```
<?xml version="1.0" encoding="GB2312" standalone="yes"?>
<?DOCTYPE 学生档案 [
    <!ELEMENT 学生档案 ANY>
    <!ELEMENT 学生 (姓名, 性别, 年龄, 来源, 班级)>
    <!ELEMENT 姓名 (#PCDATA)>
    <!ELEMENT 性别 (#PCDATA)>
    <!ELEMENT 年龄 (#PCDATA)>
    <!ELEMENT 来源 (省份, 城市)>
    <!ELEMENT 省份 (#PCDATA)>
    <!ELEMENT 城市 (#PCDATA)>
    <!ELEMENT 班级 (#PCDATA)>
]?>
<?xml-stylesheet type="text/xsl" href="mystyle.xsl" ?>
<学生档案>
    <学生>
        <姓名>张岳</姓名>
        <性别>男</性别>
        <年龄> 20 </年龄>
        <来源>
            <省份>江苏</省份>
            <城市>南京</城市>
        </来源>
        <班级>一班</班级>
    </学生>
</学生档案>
```

由此例可以看出内部 DTD 的定义形式为：

```
<?xml version="1.0" encoding="GB2312" standalone="yes"?>
<!DOCTYPE 根元素名[
元素定义
]>
//XML 文档部分
```

（2）外部 DTD。

外部 DTD 文档是将 XML 文档和 DTD 文档分成两个文件。

4）Schema 简介

DTD 对于文档结构的描述是很出色的。但是 DTD 使用不同于 XML 的独立的语法规则，而且 DTD 不支持数据类型。在 DTD 中，只有"PCDATA"一种类型的数据。但是在应用中，往往需要表达复杂的数据类型，像布尔型、时间、日期等。

DTD 的标记集是固定的，用户不能扩充标记。DTD 的新标记集只有通过新的 DTD 标准来定义。换句话说，DTD 不是开放的和可扩充的。Schema 则具有开放的和可扩充的特性。

DTD 使用的是自己的语法结构，使用与 XML 不同的符号和标记，用户必须学习新的语法规则，使用新的标记和字符，这些语法和符号有时是复杂的。XML 强大的自描述性使得 XML 自己可以表示自己，于是有了 Schema 的出现。

新的 XML 描述方法 Schema 完善了 DTD 的不足。Schema 本身就是一种 XML 的应用形式。所以，使用 XML 的语法和标记，适用 XML 的编辑器和解析器。Schema 对于文档的结构、数据的属性、类型的描述是全面的。Schema 还是 DTD 的一种扩展和补充。对于数据类型的定义弥补了 DTD 存在的缺陷。还有，Schema 的出现解决了 DOM 和 SAX 无法应用于 DTD 的问题，因为 Schema 就是 XML 文档，DOM 和 SAX 当然可以实现对 XML 文档的访问了。作为新的文档描述方式 Schema 不仅弥补了 DTD 的不足，同时还具有 DTD 的优势，这使得可以预见 Schema 将会替代 DTD 成为 XML 新的描述语言。

8.3.8 数据库技术

计算机与人类相比的最大优势就是能够迅速准确地处理大量数据。因此，自从计算机发明以来，数据处理就是它的基本功能和关键技术。数据处理的中心问题是数据管理，即对数据的分类、组织、编码、存储、检索和维护等。而数据库技术正是数据处理技术发展到比较成熟后的产物。可以说，数据库技术是现代计算机应用的基础。电子商务以电子计算机及其网络技术取代传统方式来进行生产经营活动，当然离不开数据库技术的支持。数据库技术对电子商务的支持主要表现在两方面：

存储和管理各种商务数据：这是数据库技术的基本功能。

决策支持：近几年，随着数据仓库和数据挖掘技术的产生和发展，使企业可以科学地对数据库中海量的商务数据进行科学地组织、分析和统计，从而更好地服务于企业的决策支持。可以说，数据库技术是电子商务的一项支撑技术，在电子商务的建设中占有重要的地位。

1. 数据库技术基本理论

电子商务是利用电子网络进行的商务活动，这里的电子网络主要是指 Internet 和基于 Internet 技术的 Intranet（企业内部网）、Extranet（企业外部网）。其进行的商务活动不仅包含电子数据交换所涉及的电子交易，还包括电子函件交流、网上站点宣传和利用 Internet 技术改造的其他传统应用。但电子商务应用的前提是企业管理信息系统的广泛应用。数据库技术是企业管理信息系统的核心技术之一，所以，要深入理解电子商务就应该先了解数据库的一些基本理论。

1）数据模型

模型就是对现实世界特征的模拟和抽象，数据模型是对现实世界数据特征的抽象。对于具体的模型人们并不陌生，如航模飞机、地图和建筑设计沙盘等都是具体的模型。最常用的数据模型分为概念数据模型和基本数据模型。

（1）概念数据模型，也称信息模型，是按用户的观点对数据和信息建模，是现实世界到信息世界的第一层抽象，强调其语义表达功能，易于用户理解，是用户和数据库设计人员交流的语言，主要用于数据库设计。这类模型中最著名的是实体联系模型，简称 E-R 模型。

（2）基本数据模型。它是按计算机系统的观点对数据建模，是现实世界数据特征的抽象，用于 DBMS 的实现。基本的数据模型有层次模型、网状模型、关系模型和面向对象模型（Object Oriented Model）。

数据库结构的基础是数据模型，是用来描述数据的一组概念和定义。数据模型的三要素是数据结构、数据操作和数据的约束条件。

- 数据结构。是所研究的对象类型的集合，是对系统静态特性的描述。
- 数据操作。对数据库中各种对象（型）的实例（值）允许执行的操作的集合，包括操作及操作规则。如操作有检索、插入、删除和修改，操作规则有优先级别等。数据操作是对系统动态特性的描述。
- 数据的约束条件。是一组完整性规则的集合。也就是说，对于具体的应用数据必须遵循特定的语义约束条件，以保证数据的正确、有效和相容。

2）关系数据库

（1）基本概念。关系数据库是以关系模型为基础的数据库，它利用关系来描述现实世界。关系模型有三部分组成：数据结构、关系操作集合、关系的完整性。

- 数据结构。在关系模型中，无论是实体还是实体之间的联系均由单一的结构类型即关系来表示。
- 关系操作。关系代数（或等价的关系演算）中并、交、差、选择、投影、连接等。关系模型给出了关系操作的能力和特点，但不对 DBMS 的语言给出具体的语法要求，关系语言的特点是高度的非过程化。其操作方式的特点是集合操作，即操作的对象和结果是集合，称为一次一集合的方式，而不是一次一记录的方式。
- 关系完整性。实体完整性、参照完整性和用户自己定义的完整性。实体完整性是保证数据库中记录的唯一性，即每个记录的主键不能为空值也不能与其他记录的主键相同。参照完整性是保证表与表之间语意上的完整性，即当一个表引用在另一个表中定义的实体时，要保证这个实体的有效性。这两种完整性是关系模型必须满足的约束条件，应该由关系系统自动支持。而用户自定义完整性反映了用户的要求，是用户自行定义的。

（2）结构化查询语言（SQL）。结构化查询语言（Structured Query Language，SQL）的理论是在 1974 年被提出的，并在 IBM 公司的 System R 上实现。由于它功能丰富、使用方式灵活、语言简洁易学等优点，在计算机工业界和用户中备受青睐，很快得以推广。后来，美国国家标准局（ANSI）和国际标准化组织（ISO）先后批准 SQL 作为关系数据库语言的美国及国际标准。至此，SQL 就成为关系数据库的标准语言，关系数据库系统一般都支持标准 SQL 语句。所以，尽管当今不同品牌的关系数据库有这样或那样的差异，人们都可以通过标准 SQL 语句对数据库进行操作，这就大大减轻了用户的负担。

SQL 虽被称为"查询语言"，其功能却不仅仅是查询，它的功能包括数据定义、数据操纵、数据库控制、事务控制四个方面，是一个综合、通用、功能强大的关系数据库语言。其中：

- 数据定义。用于定义和修改数据库对象。如 CREATE TABLE（创建表）、DROP TABLE（删除表）等。
- 数据操纵。对数据的增、删、改和查询操作。如 SELECT（查询数据）、INSERT（插入记录）、DELETE（删除记录）、UPDATE（修改数据）等。
- 数据库控制。控制用户对数据库的访问权限。如 GRANT（授予权利）、REVOKE（取消权利）等。
- 事务控制。控制数据库系统事务的运行。如 COMMIT（事务提交）、ROLLBACK（事务撤销）等。

SQL 有如下几个比较突出的优点。

- 一体化。SQL 可以完成包括数据库定义、修改、删除、数据更新、数据查询等数据库生命周期中的全部活动，给用户使用带来很多方便。
- 灵活。SQL 有两种使用方式。一种是联机交互使用，另一种是嵌入某种高级程序设计语言的程序中。这两种方式的语法结构是统一的。这样既给用户带来了灵活的选择余地，又不会带来不一致的困扰。
- 高度非过程化。与高级编程语言相比，SQL 对数据库的操作方面是非常有优势的。使用 SQL 用户只需提出"做什么"，不用了解实现的细节，复杂的过程均由系统自动完成。
- 语言简洁，易学易用。

（3）关系数据的规范化理论。为了使数据库设计的方法走向完备，人们提出规范化理论。规范化可以使关系的结构简化，更加有规律，存储尽量减少冗余，使数据库设计得更为合理。规范化的目的可以概括为以下几点：①保证库中每一个分量都不可再分；②消除冗余存储，简化检索操作；③消除插入异常和删除异常。

3）数据库系统的建立

数据库系统是企业整个管理信息系统的核心和基础，它的任务就是把系统中大量的数据按一定的模型组织起来，以便及时、准确地提供给用户。一个管理信息系统的各部分是否能紧密地结合在一起以及如何结合，关键在数据库。因此只有对数据库进行合理的逻辑设计和有效的物理设计才能开发出完善而高效的管理信息系统。数据库系统是整个管理信息系统建设重要的组成部分。

建设数据库系统一般要分为两步：一是设计和建立高效的数据库（DB），二是设计和建立数据库管理系统（DBMS）。其基本过程如图 8-30 所示。

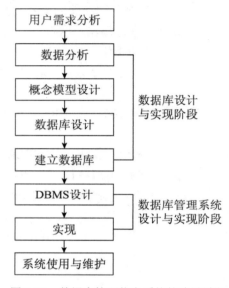

图 8-30　数据库管理信息系统的建设过程

2. 数据仓库、联机分析处理和数据挖掘

广义概念上的数据仓库是一种帮助企业作决策的体系化解决方案，它包括了三个方面的内容：数据仓库技术（Data Warehouse，DW）、联机分析处理技术（Online Analytical Processing，OLAP）和数据挖掘技术（Data Mining，DM）。

1）数据仓库技术

数据仓库是一种只读的、用于分析的数据库，常常作为决策支持系统的底层。它从大量的事务型数据库中抽取数据，并将其清理、转换为新的存储格式，即为了决策目标而把数据聚合在一种特殊的格式中。数据仓库之父 W. H. Inmon 对数据仓库的定义是：数据仓库是支持管理决策过程的、面向主题的、集成的、随时间变化的、但信息本身相对稳定的数据集合。其中，"主题"是指用户使用数据仓库辅助决策时所关心的重点问题，每一个主题对应一个客观分析领域，如销售、成本、利润的情况等。那么，所谓"面向主题"就是指数据仓库中的信息是按主题组织的，按主题来提供信息。"集成的"是指数据仓库中的数据不是业务处理系统数据的简单拼凑与汇总，而是经过系统地加工整理，是相互一致的、具有代表性的数据。所谓"随时间变化"，是指数据仓库中存储的是一个时间段的数据，而不仅仅是某一个时点的数据，所以主要用于进行时间趋势分析。一般数据仓库内的数据时限为 5～10 年，数据量也比较大。"信息本身相对稳定"，是指数据一旦进入数据仓库，一般情况下将被长期保留，变更很少。

数据仓库，是在数据库已经大量存在的情况下，为了进一步挖掘数据资源，为了决策需要而产生的，它并不是所谓的"大型数据库"。数据仓库的方案建设的目的，是为前端查询和分析作为基础，由于有较大的冗余，所以需要的存储也较大。为了更好地为前端应用服务，数据仓库往往有如下几个特点：

（1）数据效率足够高。数据仓库的分析数据一般分为日、周、月、季、年等，可以看出，日为周期的数据要求的效率最高，要求 24 小时甚至 12 小时内，客户能看到昨天的数据分析。由于有的企业每日的数据量很大，设计不好的数据仓库经常会出问题，延迟 1～3 日才能给出数据，显然不行的。

（2）数据质量足够好。数据仓库所提供的各种信息，肯定要准确的数据，伹由于数据仓库流程通常分为多个步骤，包括数据清洗、装载、查询、展现等，复杂的架构会更多层次，那么由于数据源有脏数据或者代码不严谨，都可以导致数据失真，客户看到错误的信息就可能导致分析出错误的决策，造成损失，而不是效益。

（3）数据有足够的扩展性。之所以有的大型数据仓库系统架构设计复杂，是因为考虑到了未来若干年的扩展性，这样的话，未来不用太快花钱去重建数据仓库系统，就能很稳定运行。主要体现在数据建模的合理性，数据仓库方案中多出一些中间层，使海量数据流有足够的缓冲，不至于数据量大很多，就运行不起来了。

数据仓库组织和管理数据的方法与普通数据库不同。主要表现在三个方面：

（1）依据决策要求，只从数据库中抽取那些需要的数据，并进行预处理使系统获得特定的数据格式。

（2）数据仓库是多维的，即数据仓库的数据的组织方式有多层的行和列。

（3）支持决策处理，不同于普通的事务处理。

数据仓库技术在近几年蓬勃发展起来，不少厂商都推出了他们的数据仓库产品，同时也推出了一些分析工具。仅仅拥有数据仓库是不够的，在其上应用各种工具进行分析，才能使数据仓库真正发挥作用。联机分析处理和数据挖掘就是这样的分析工具。

2）联机分析处理技术

联机分析处理是针对特定问题的联机数据访问和分析，通过对信息进行快速、稳定、一致和交互式的存取，对数据进行多层次、多阶段的分析处理，以获得高度归纳的分析结果。联机分析处理是一种自上而下、不断深入的分析工具：在用户提出问题或假设之后，它负责提取出关于此问题的详细信息，并以一种比较直观的方式呈现给用户。联机分析处理技术的发展速度很快，在数据仓库的概念提出不久，联机分析处理的理论及相应工具就被相继推出了。

联机分析处理要求按多维方式组织企业的数据，传统的关系数据库难以胜任。为此，人们提出了多维数据库的概念。正是这一技术的发展使决策分析中的数据结构和分析方法相分离，才有可能研制出通用而灵活的分析工具，并使分析工具产品化。维是人们观察现实世界的角度，决策分析需要从不同的角度观察分析数据，以多维数据为核心的多维数据分析是决策的主要内容。多维数据库是以多维方式来组织数据的。目前，联机分析处理的工具可分为两大类，一类是基于多维数据库的，另一类是基于关系数据库的。两者的相同点是基本数据源仍是数据库和数据仓库，都是基于关系数据模型的，都向用户显示多维数据视图；不同点在于，前者是把分析所需的数据从数据仓库中抽取出来，物理地组织成多维数据库，而后者则是利用关系表来模拟多维数据，并不是物理地生成多维数据库。

3）数据挖掘技术

数据挖掘的基本思想就是从数据中抽取有价值的信息，其目的是帮助决策者寻找数据间潜在的关联，发现被忽略的要素，而这些信息对预测趋势和决策行为也许是十分有用的。

从数据库的角度看，数据挖掘就是这样一个过程，它从数据库的数据中识别出有效的、新颖的、具有潜在效用的并最终可理解的信息（如规则、约束等）的非平凡过程。非平凡是一个数学概念，用来描述其复杂程度，即数据挖掘既不是把数据全部抽取，也不是所有数据都不抽取，而是抽取出隐含的、未知的、可能有用的信息。

从决策支持的角度看，数据挖掘是一种决策支持的过程，主要基于人工智能、机器学习、统计学和数据库技术等多种技术，能高度自动地分析企业原始的数据，进行归纳推理，从中挖掘出潜在的模式，使系统能通过这些发现的知识来预测客户的行为，帮助企业的决策者调整市场策略，从而减少风险，辅助做出正确的决策。它是提高商业和科学决策过程质量和效率的一种新方法。

数据挖掘和联机分析处理都可以在数据仓库的基础上对数据进行分析，以辅助决策，那么它们之间是否有差别呢？答案是肯定的。从某种意义上来说，联机分析处理还是一种传统的决策支持方法。即，在某个假设的前提下通过数据查询和分析来验证或否定这个假设，所以联机分析处理是一种验证型的分析。一般来说验证型的分析有如下局限性：

（1）常常需要以假设为基础。用户的假设能力有限，只能局限于对几种变量进行假设。

（2）联机分析处理需要对用户的需求有全面而深入的了解，然而实际上有些时候用户的需求并不是确定的。

（3）抽取信息的质量依赖于用户对结果的解释，容易导致错误。

我们可以看出，联机分析处理是由用户驱动的，很大程度上受到用户水平的限制。与联机分析处理不同，数据挖掘是数据驱动的，是一种真正的知识发现方法。使用数据挖掘工具，用户不必提出确切的要求，系统能够根据数据本身的规律性，自动地挖掘数据潜在的模式，或通过联想，建立新的业务模型，帮助决策者调整市场策略，并找到正确的决策。这显然利于发现未知的事实。从数据分析深度的角度来看，联机分析处理位于较浅的层次，而数据挖掘则处于较深的层次。所以，联机分析处理和数据挖掘的主要差别就在于是否能自动地进行数据分析。

近几年,越来越多的联机分析处理产品融入了数据挖掘的方法,所以联机分析处理与数据挖掘间的界限正在逐渐模糊。

3. SQL 语言

1) SQL 概述

SQL(Structured Query Language)结构化查询语言,是一种数据库查询及程序设计语言,用于存取数据以及查询、更新和管理关系数据库系统。它不要求用户指定对数据的存放方法,也不需要用户了解具体的数据存放方式,不同底层结构的不同数据库系统可以使用相同的 SQL 语言作为数据输入与管理的接口,常用的数据库开发系统,都支持 SQL 语言作为查询语言。

SQL 语言主要具有以下优点:

- 非过程化语言。SQL 是一个非过程化的语言,因为它一次处理一个记录,对数据提供自动导航。SQL 允许用户在高层的数据结构上工作,而不对单个记录进行操作。
- 统一的语言。SQL 将许多任务统一在一种语言之中,包括:查询数据;在表中插入、修改和删除记录;建立、修改和删除数据对象;控制对数据和数据对象的存取;保证数据库一致性和完整性。
- 是所有关系数据库的公共语言。由于主流的关系数据库管理系统都支持 SQL 语言,所以 SQL 语言具有很强的公用性,所有用 SQL 编写的程序都是可以移植的。

2) SQL 语法基础

(1) CREATE 建立表结构语句。

基本语法格式:

```
CREATE TABLE table_name
(
column_name data_type,
…
)
```

语法说明:CREATE 语句用于创建数据库中的表。其中 column_name 代表表中的字段名称,data_type 代表字段可容纳何种数据类型。常用的数据类型可以是 integer(size)、int(size)、smallint(size)、tinyint(size)、decimal(size,d)、numeric(size,d)、varchar(size)、date(yyyymmdd)等。CREATE 语句的应用格式如下所示。

```
CREATE TABLE Student
(
Id int,
Snamevarchar(255),
Snovarchar(255),
```

```
Ssexvarchar(255),
Sclass varchar(255),
Snativevarchar(255)
)
```

该语句创建 Student 学生表，其中包含 Id、Sname 等六个字段。

（2）SELECT 查询语句。SELECT 语句是数据库最基本语句之一，也是最常用的 SQL 操作。用户使用 SELECT 语句可以从数据库中按照自身的需要查询数据信息。系统按照用户的要求选择数据，然后将选择的数据以用户规定的格式整理后返回给用户。用户使用 SELECT 语句不但可以对数据库进行精确查询，还可以进行模糊查询。

基本语法格式：

```
SELECT [ALL|DISTINCT] select_list
[INTO new_table_list]
FROM table_list
[WHERE search_conditions]
[GROUP BY group_by_list]
[HAVING search_conditions]
[ORDER BY order_list[ASC|DESC]]
```

语法说明：ALL|DISTINCT 用来标识在查询结果中出现相同行时的处理方式。如果使用关键字 ALL，则返回查询结果中的所有行（包括重复行）；如果使用关键字 DISTINCT，返回删除相同行的查询结果；select_list 表示获取字段信息的字段列表，各个字段名称之间用逗号分隔。在这个列表中可以包含数据源表或视图中的字段名称及其他表达式，例如常量或函数。如果用户用"*"来代替字段列表，那么系统将返回指定数据库表中的全部数据信息；INTO new_table_list 代表创建一个新的数据表，这个数据表的名称是 new_table_list，包含的数据信息是查询出来的结果集；table_list 表示数据信息的数据源表列表；WHERE search_conditions 代表查询条件，该子句表示一个或多个筛选条件的组合。WHERE 子句中可以使用算数运算符、比较运算符和逻辑运算符来设置条件。还可以使用 BETWEEN…AND…、LIKE、IN、NOT IN 等特殊运算符；GROUP BY group_by_list 表示查询的分组条件，即归纳信息类型；HAVING search_conditions 表示组或聚合的查询条件；ORDER BY order_lis 表示查询结果的排序方式。具体应用格式如以下 SQL 语句所示。

语句一：

```
Select * From Student
```

该语句查找 Student 学生表中所有学生的信息。

语句二：

```
Select Sno,Sname,Sclass From Student Where Ssex='女' AND Snative='广东'
```

该语句查找 Student 学生表中广东籍女学生的 Sno、Sname 和 Sclass 信息。

语句三：

```
Select Top 10 * From Student Order By SnoAsc
```

该语句查找 Student 学生表中 Sno 最小的前 10 个记录。

语句四：

```
Select * From Student Where SnativeNot In('湖南','湖北')
```

该语句查找 Student 学生表中所有 Snative 既不是湖南也不是湖北的学生信息。

语句五：

```
Select Sclass,Count(*) As Scount From Student Group By Sclass
```

该语句查询以 Sclass 作为分组条件，查询结果为 Student 学生表中每个班的人数。

语句六：

```
Select Sclass,Count(*) As 人数 From Student Group By SclassHAVING Count(*)>=30
```

该语句查找 Student 学生表中人数大于 30 的 Sclass 和人数。HAVING 子句总是跟在 GROUP BY 子句之后，不可以单独使用。

（3） INSERT 插入语句。在 SQL 语句中，向数据表中添加数据的常用方法就是使用 INSERT 语句。

语法格式：

```
INSERT [INTO] {<table name>|<view_name>}
[(<column name>) [{,<column name>…}]]
VALUES(<value>[,{<value>}…])
```

语法说明：INSERT INTO 子句用于指定向某数据表插入数据。数据表名跟在 INSERT INTO 关键字后面；column name 用于指定该数据表的列名，可以指定一列或者多列，所有这些列都必须放在圆括号"()"中。如果要指定多个列，则必须用逗号隔开。如果指定了列名，那么在目标数据表中所有未被指定的列必须支持空值或者默认值；VALUES 子句主要用于提供向表中插入的值。这些值也必须放在圆括号中，如果指定的值为多个时，这些值之间也必须用逗号隔开。具体应用形式可见以下语句。

```
INSERT INTO Student(Sname,Sno,Ssex,Sclass,Snative) VALUES ('刘晶晶','090423','女','会计一班','山东')
```

该语句向 Student 学生表插入一条新的记录。

4） UPDATE 更新语句

当数据被添加到数据表之后，会经常需要修改。在 SQL 语言中，对数据的修改是通过使用 UPDATE 语句来实现的。

语法格式：

```
UPDATE [Top] {table_name|View_name}
SET {column_name={expression|DEFAULT|NULL}|variable=expression}[,…]
[WHERE {search_conditions}]
```

语法说明：UPDATE 子句和 SET 子句是必需的，而 WHERE 子句是可选的。在 UPDATE 子句中，必须指定将要更新的数据表的名称。在 SET 子句中，必须指定一个或多个子句表达式。使用 UPDATE 语句可以更改表中单行、多行或者表或视图中所有行的数值。具体应用形式可见以下语句。

```
UPDATE Student SET Sclass= '会计三班', Snative= '广东' WHERE Sname= '刘晶晶'
```

将 Student 学生表中 Sname 为刘晶晶的 Sclass 和 Snative 记录进行更新。

5）DELETE 删除语句

DELETE 语句用来从表或视图中删除一行或者多行记录。

语法格式：

```
DELETE FROM table_name [WHERE search_conditions]
```

语法说明：DELETE FROM 子句要求指定从中删除行的表的名称，WHERE 指定搜索条件。如果在 DELETE 语句中没有包括 WHERE 子句，那么将从指定的表中删除所有行。在 DELETE 语句中没有指定列名，这是因为不能从表中删除单个列的值。具体应用形式可见以下语句。

```
DELETE FROM Student WHERE Sname= '刘晶晶'
```

该语句删除 Student 学生表中 Sname 为"刘晶晶"的记录。

8.4　电子商务系统平台配置

8.4.1　电子商务系统总体规划

建立电子商务网站平台之前，良好的规划对网站建设起到指导作用，对网站的内容和维护起到定位作用。一个网站的成功与否与建站前的网站规划有着极为重要的关系。在建立网站前应明确建设网站的目的、确定网站的功能、确定网站规模、投入费用以及进行必要的市场分析等。只有详细的规划，才能使网站建设顺利进行。对电子商务网站进行总体规划可以从以下几个方面入手。

1．确定网站建设目的

建设电子商务网站，必须首先确定网站建设的目的。电子商务网站建设的目的一般可以分为开展 B2B 交易、开展 B2C 交易、开展拍卖业务、用于企业形象建设、拓展企业联系渠道、作为交易中间商、建立市场交易场所、开展中介服务、作为服务性网站或者其他应用目的等。

2．定位网站客户

对于电子商务网站来说，必须清楚网站的目标市场在哪里，目标客户是谁，他们为什么会光顾这个站点，是否再次访问。要摸清真正需要或即将需要产品和服务的是哪些人，他们的兴趣何在，怎样创建一个兴趣圈唤醒客户，用你所提供的信息和服务让他们受益等。这将成为整个网站所有设计思想的基础，无论企业网站采用何种形式，提供什么内容，进行怎样的包装，都要以此为出发点来考虑。

3．理顺结构和层次

确定建站目的和客户群体后，下一步工作是目标细化，构架网站内容框架，主要包括网站核心内容、主要信息、服务项目等。然后，将网站内容大纲交给上级或业务人员审核批准，形成网站设计的总体报告。在内容框架里，还应注明这些内容的信息来源，哪个部门应该提供哪方面的信息等。

确定内容框架后，就可以勾画网站的结构图了。结构图有很多种，如顺序结构、网状结构、继承结构、Web 结构等。网站结构应依据自己网站的内容讨论后确定。多数复杂的网站会综合运用到几种不同的结构图。例如，给一家酿酒厂设计网站结构，在说明酿造工艺过程时，用表示顺序的流程图就比较合适；在展示销售网络时，用网状结构图就能更好地体现其销售市场的旺盛和辐射力；在叙述公司历史和组织结构时，用继承结构就显得简洁明了。画出结构图的目的，一方面便于有逻辑的组织站点和链接，同时也益于网站制作人员进行分工和协作，及时查漏补缺。

4．设定网站盈利模式

没有利润的企业网站肯定是不能长期维持下去的，因此，盈利模式的设定对网站来说是十分重要的。网站的经营收入目标与企业网站自身的知名度、网站的浏览量、网站的宣传力度、广告吸引力、上网者的购买行为对本网站的依赖程度等因素有十分密切的关系。因此，企业网站应该从对上述因素的分析来设定本网站的盈利模式。

5．设定主要业务流程

网上交易流程应当尽量做到对客户透明，使客户购物操作方便，让客户感到在网上购物与在现实世界中的购物流程没有本质的差别和困难。在很多电子商务网站中上网者都可以找到"购物车""收银台""会员俱乐部"这样熟悉的词汇，不论购物流程在网站的内部操作多么复杂，其面对用户的界面必须是简单和操作方便的。

8.4.2 电子商务网站的基本构件

常见电子商务网站应由以下构件构成：

（1）应用服务器。主要用于企业较大规模电子商务应用的开发、发布和管理，同时与企业原有系统集成。

（2）工作流和群件子系统。主要在于使工作人员和商业伙伴能通过因特网共享资源、协同工作。

（3）内容管理子系统。主要是简化企业网站的产品管理、提高效率，并把筛选后的相应内容发给最终用户。

（4）目录服务器。主要用来管理防火墙内外的用户、资源和控制安全权限，同时为用户的通信和电子商务交易提供通道。

（5）性能优化工具。主要是改善网站服务质量，包括：流量管理、动态数据缓存、网络动态负载、知识管理等。

（6）邮件和消息服务器。为企业员工、合作伙伴和客户提供商业级的通信架构。

（7）个性化信息服务。主要是在实时分析用户数据的基础上提供服务，从而对用户行为更好地理解，使得企业能够跟踪、分析、理解网站用户。

（8）搜索引擎。电子商务网站要具备优秀的搜索功能。因为如果消费者无法搜索到他们想要的商品，他们就会转移到其他网站。

（9）安全服务器。为了保证电子商务系统的数据安全、应用安全和交易安全。

（10）网站服务器。主要是为了把网站的信息发布给用户。

以上构件是建设电子商务网站通常所需的，可以根据企业自身情况以及网站的应用类型进行调整。

8.4.3 电子商务网站的基本功能

成熟的电子商务网站至少应包括以下几方面的基本功能。

1. 信息发布

在电子商务中，商业信息发布的实时性和方便性是传统媒体所无法比拟的，也是电子商务网站重要的功能之一。信息查询技术的发展，以及多媒体的广泛使用都使得这些信息比过去更加精彩，更加吸引人。电子商务平台可凭借企业的 Web 服务器和客户的浏览，在互联网上发布各类商业信息。客户可借助网上的检索工具迅速地找到所需的商品信息，而商家可利用网上主页和电子邮件在全球范围内做广告宣传。

2. 网上订购

网上订购是通过网上交互进行的，厂商或者大型零售商在网页上面提供有关商品的详细信息，并且附有订购信息处理手段，让用户与厂商直接进行交互。当用户提交完订购单后，系统会回复确认信息，以保证订购信息的确定。当然安全保密措施也是必不可少的。网上订购功能是电子商务网站必不可少的重要功能。

3．网上支付

用户填完订单之后，就需要转至付款的环节。目前付款方式各有不同，数字货币、数字支票、信用卡系统等综合网上支付手段不仅方便迅速，还可节省大量人力、物力以及时间。支付过程在商务活动中占有重要地位，网上支付必须解决好安全问题，否则后果不堪设想。在管理上，要加强对如欺骗、窃听、冒用等非法行为的惩处力度，这必须有银行、信用卡公司、保险公司等金融单位提供网上服务。在技术上，则要加强对如数字凭证、身份验证、加密等技术手段的应用。安全问题是一个非常值得注意的问题，需要认真对待。

4．咨询洽谈

网上的咨询和洽谈能超越人们面对面洽谈的限制，提供多种方便的异地交谈形式。电子商务可借助非实时的电子邮件和实时的讨论组来了解市场和商品信息，洽谈交易事务。

5．电子账户

网上支付必须要有电子金融来支持，即银行或信用卡公司及保险公司等金融单位要为金融服务提供网上操作行为的服务，而电子账户管理就是其基本的组成部分。信用卡号或银行账号都是电子账户的一种标志，其可信度需配以必要技术措施来保证。数字证书、数字签名、加密等手段的应用为电子账户的操作提供了网站安全保证。

6．服务传递

对于已付款的客户，厂家应将其订购的货物尽快地递到他们手中。对于本地和异地的货物，需要统一进行合理的调配管理。

7．意见征询

电子商务能十分方便地采用网页上的"选择""填空"等格式文件来收集用户对销售服务的反馈意见。这样使企业的市场运营能形成一个封闭的回路。客户的反馈意见不仅能提高售后服务的水平，更使企业获得改进产品、发现市场的商业机会。

8．交易管理

交易管理是电子商务中重要的一环，整个交易的管理将涉及到人、财、物多个方面，企业和企业、企业和客户及企业内部等各方面的协调和管理。因此，交易管理是涉及商务活动全过程的管理。它是电子商务网站建设一个必备的步骤。

8.4.4 系统平台的选择与配置

开发电子商务网站，需要根据网站需求和规模以及开发成本选择搭建合适的开发平台，应用不同的开发技术进行建设。目前主流的开发平台包括.NET 平台、Java 平台和 PHP 平台。相对应的主流动态网页开发技术包括 ASP.NET、JavaEE 和 PHP 技术。

那么开发电子商务网站平台应该如何选择，下面对这三个主流开发平台的特点做一个简单比较。

Java 平台和.NET 平台两者对前端 HTTP、进程内通信、数据库处理都进行了很好的支持。在使用上.NET 平台在开发时相对便捷一些，但是在跨平台性上不如 Java 平台。Java 平台下开发时，各个部件之间相对松散独立，需要一定的组合过程，而.NET 平台风格贴近 Windows 系统，所有组件相对紧密的结合在一起。在后端数据层，两个平台都为数据库连接量身定做了一套数据存取模型：JavaEE 的 JDBC 和.NET 的 ADO.NET，它们在支持传统 SQL 数据源的同时，也支持新型的 XML 数据源。PHP 平台最大的优势就是开源免费，PHP 同时也具有良好的跨平台性和安全性。在数据库操作方面，目前 PHP 平台开发常配合 MySQL 数据库使用。

下面简述几种不同开发平台的搭建，举例过程中涉及的软件产品并非确定和唯一，只选取具有代表性的来讲解。

1. PHP 平台的搭建

搭建 PHP 开发平台之前，首先要下载相应的软件进行安装和配置。常见的环境搭建组合为：MySQL+PHP+Apache。

MySQL 是一个小型关系型数据库管理系统，开发者为瑞典 MySQL AB 公司。MySQL 被广泛地应用在 Internet 上的中小型网站中。由于其体积小、速度快、成本低，尤其是开放源码这一特点，许多中小型网站为了降低网站总体成本而选择了 MySQL 作为网站数据库。

PHP 混合了 C、Java、Perl 以及 PHP 自创新的语法。用 PHP 做出的动态页面与其他的编程语言相比，PHP 是将程序嵌入到 HTML 文档中去执行，执行效率比完全生成 HTML 标记的通用网关接口（Common Gateway Interface，CGI）要高许多；PHP 还可以执行编译后代码，编译可以达到加密和优化代码运行，使代码运行更快。PHP 具有非常强大的功能，所有的 CGI 的功能 PHP 都能实现，而且支持几乎所有主流数据库以及操作系统。

Apache 是世界使用排名第一的 Web 服务器软件。它可以运行在几乎所有计算机平台上，由于其跨平台和安全性被广泛使用，是最流行的 Web 服务器端软件之一。

MySQL 和 Apache 可以通过下载的软件直接进行安装，PHP 压缩包可以直接解压至本地磁盘，然后通过配置 windowsphp.inc 文件、设置 MySQL 连接驱动和配置 Apache 配置文件等步骤完成开发环境的搭建。

2. .NET 平台的搭建

搭建.NET 开发平台同样需要安装和配置相应的软件，主要包括：Microsoft Visual Studio 系列集成开发环境、SQL Server 数据库和 IIS 服务器。常见的组合例如：Microsoft Visual Studio 2008+ SQL Server 2008+ IIS 6.0。

Microsoft Visual Studio 2008 是微软公司推出的集成开发环境，可以用来创建 Windows 平台下的 Windows 应用程序和网络应用程序，也可以用来创建网络服务、智能设备应用程序和 Office 插件。Visual Studio 2008 提供了高级开发工具、调试功能、数据库功能和创新功能。Visual Studio 2008 包括各种增强功能，如可视化设计器（使用.NET Framework 3.5 加速开发）、对 Web 开发工具的大量改进以及能够加速开发和处理所有类型数据的语言增强功能。Visual Studio 2008 为开发人员提供了所有相关的工具和框架支持，帮助创建支持 AJAX 的 Web 应用程序。开发人员能够利用这些丰富的客户端和服务器端框架轻松构建以客户为中心的 Web 应用程序，这些应用程序可以集成任何后端数据提供程序、在任何浏览器内运行并完全访问 ASP.NET 应用程序服务和 Microsoft 平台。

SQL Server 2008 能够处理多种不同的数据形式，它可以小到只用于少量用户，也可以大到足以支持大型企业。它没有 Oracle 或者 Sybase 那样高的价钱，但却能向上扩展并处理太字节（TB）的数据而无需太多的考虑。SQL Server 2008 易于安装，并且由于大多数功能在一个完整的包中，执行简单的安装就够了。SQL Server 2008 同样涉及处理像 XML 这样的数据、紧凑设备以及位于多个不同地方的数据库安装。另外，它提供了在一个框架中设置规则的能力，以确保数据库和对象符合定义的标准。

Internet Information Server（简称 IIS）是 Windows 系统提供的一种服务，它包括 WWW 服务器、FTP 服务器和 SMTP 服务器，是架设个人网站的首选。IIS 6.0 提供了更智能的、更可靠的 Web 服务器环境，包括应用程序健康监测、应用程序自动地循环利用。其可靠的性能提高了网络服务的可用性并且节省了管理员用于重新启动网络服务所花费的时间。IIS 6.0 将提供最佳的扩展性和强大的性能从而充分发挥每一台 Web 服务器的最大功效。

搭建.NET 开发平台，可以先下载上述 SQL Server 2008 和 Visual Studio 2008 的安装软件包，在本机进行安装。然后安装 IIS 6.0 后，通过配置 IIS 的 IP 地址、TCP 端口等属性，以及设置 IIS 的访问路径、访问权限等完成.NET 开发平台的搭建。

3．Java 平台的搭建

Java 平台的搭建通常需要下载和安装相应的开发工具和软件，如 JDK 开发工具包、Tomcat 服务器以及 MyEclipse 等。常见的组合例如：JDK 7.0+Tomcat 6.0+MyEclipse 8.0。

JDK（Java Development Kit）是 Sun Microsystems 针对 Java 开发者的产品。自从 Java 推出以来，JDK 已经成为使用最广泛的 Java SDK。JDK 是整个 Java 的核心，包括了 Java 运行环境，Java 工具和 Java 基础的类库。从 SUN 的 JDK 5.0 开始，提供了泛型等非常实用的功能，其版本也不断更新，运行效率得到了非常大的提高。

Tomcat 是一个轻量级应用服务器，在中小型系统和并发访问用户不是很多的场合下被普遍使用，是开发和调试 JSP 程序的首选。Tomcat 很受广大程序员的喜欢，因为它运行时占用的系统资源小，扩展性好，支持负载平衡与邮件服务等开发应用系统常用的功能。并且它还在不断的改进和完善中，任何一个感兴趣的程序员都可以更改它或在其中加入新的功能。因为 Tomcat 技术先进、性能稳定，而且免费，成为目前比较流行的 Web 应用服务器。

MyEclipse，是一个十分优秀的用于开发 Java, J2EE 的 Eclipse 插件集合，MyEclipse 的功能非常强大，支持也十分广泛，尤其是对各种开源产品的支持十分不错。利用它我们可以在数据库和 J2EE 的开发、发布以及应用程序服务器的整合方面极大地提高工作效率。它是功能丰富的 J2EE 集成开发环境，包括了完备的编码、调试、测试和发布功能，完整支持 HTML、Struts、JSP、CSS、Javascript、Spring、SQL 和 Hibernate。

要完成 Java 开发环境的搭建，首先我们需要下载和安装 JDK，安装完成后还需要对环境变量进行配置，主要包括对 CLASSPATH 和 PATH 的配置。CLASSPATH 它是一个路径列表，是用于搜索 Java 编译或者运行时需要用到的类。在设置 JDK 的 CLASSPATH 时会包含一个 jre\lib\rt.jar，Java 查找类时会把这个.jar 文件当作一个目录来进行查找。设置 Path 的作用为：当执行一个可执行文件时，如果该文件不能在当前路径下找到，则会到 Path 中依次寻找每一个路径；如果在 Path 中也没有找到，就会报错。安装配置完 JDK 后，我们可以下载和安装 Tomcat 以及 Myeclipse，在 Myeclipse 中对 Tomcat 进行整合即可完成 Java 开发环境的搭建。

4. App 开发平台的搭建

App 开发平台分为 Android App 开发平台和 iOS 开发平台，和其他平台搭建类似需要下载和安装相应的开发工具和软件。目前的 App 开发大多以 Android 为主，因此这里主要给出 Android App 在 Eclipse 环境开发平台的搭建过程。

目前 Android App 开发主流语言是 Java 语言，Java 语言最大的特性就是提高了软件的交互可能性，可以说 Android 平台几乎所有应用程序都是利用 Java 语言来进行编写的。使用 Java 语言开发的软件的程序库、数据库、运行库都是 Android 手机软件的一大特点。Java 语言自身的优点也有很多，所以安卓应用软件的开发应用到了 Java 的核心类的知识量，这也让使用 Java 语言开发的安卓软件具备优势。

实现 App 开发平台的搭建，主要分为以下几个步骤。

①下载并安装 JDK。JDK 的安装和配置过程和 Java 平台搭建的相同。安装完成后配置 JDK 的安装路径，创建环境变量%JAVA_HOME%作为统一引用路径，其值为 JDK 的安装路径。然后在环境变量 Path 下加入%JAVA_HOME%bin。最后创建环境变量 CLASSPATH，用于编译时 JAVA 类的路径，其值为：.;%JAVA_HOME%libtools.jar，注意这里设置了两个值，"."表示的是 JVM 先搜索当前目录。

②Eclipse 为 Java 及 Android 开发的 IDE。Eclipse 不需要安装，把下载下来的 Eclipse 解压包解压后，把 Eclipse 文件夹复制到要运行的磁盘或目录，打开时设置当前的工作目录即可。

③Andorid SDK 为 Android 管理开发包工具，提供了 Android 各级平台的开发包和工具。Android SDK 是独立安装，不是在 Eclipse 的 Marketplace 集成安装。把下载的 Android SDK（如 android-sdk_r24.4.1-windows.zip）解压到自定义的目录后，运行目录中的 SDK Manage，建议把 Android2.2 版本以上的开发包都安装上。

④ADT 是用于关联 Android SDK 的工具。打开 Eclipse 软件，在 Help→Install New Software→Add 输入地址 http://dl-ssl.google.com/android/eclipse/ ，选取要安装的项，按照向导完成安装并重启即可。

⑤最后，配置 ADT。选择 Window→Preferences，在弹出面板中就会看到 Android 设

置项，填上安装的 SDK 路径，则会出现刚才在 SDK 中安装的各平台包，按 OK 则完成配置。此时 Android App 的开发环境就搭建完成，可以进行 Android 项目的开发了。

本章小结

本章主要介绍了在电子商务系统建设过程中需要用到的相关开发技术。内容比较庞杂，覆盖的知识面比较广，这里主要以最简明的方式勾勒出了每种技术的重点部分。总体上概述了网络的基本概念、网络体系结构及协议标准、Internet 相关技术、TCP/IP 协议、Web 技术结构等内容作了介绍，概述了建设主流电子商务系统的不同平台搭建和工具选择；具体讲解了.NET 平台下的 C#编程语言、J2EE 框架结构及移动端开发平台结构，开发电子商务系统相关的 HTML 语言、CSS 样式表、JavaScript 脚本程序设计、jQuery 语言、AJAX 技术、JSON 技术、XML 语言等。针对数据库的应用介绍了数据库、数据挖掘等基础知识，并简单介绍了 SQL 语言如何实现对数据库的不同操作等。

参考文献

[1] 孙良君，胡秀娥. HTML+CSS+JavaScript 网页设计与布局实用教程[M]. 北京：清华大学出版社，2011.

[2] 黄开枝，康会光，于永军. SQL Server 2005 中文版基础教程[M]. 北京：清华大学出版社，2007.

[3] 黄理，曹林有，张勇. ASP.NET/XML 深入编程技术[M]. 北京：希望电子出版社，2002.

第 9 章　电子商务系统建设

9.1　B/S 结构程序设计

9.1.1　Web 编程技术概述

Web 编程技术能够实现 B/S 结构的程序，本节介绍几种常见的 Web 编程技术。

1. JSP（JavaServer Pages）

JSP 也是一种动态网页设计技术，以 Java 语言作为脚本语言。Web 服务器在遇到访问 JSP 网页的请求时，首先将 JSP 页面编译成对应的 Servlet，然后执行该 Servlet，将执行结果以 HTML 格式返回给客户。JSP 可以跨平台、跨服务器运行，且将内容与外观分离。

2. J2EE/JavaEE

Sun 公司为企业级应用推出的标准平台，包括三个版本：JavaEE、JavaSE、JavaME。

3. PHP（Hypertext Preprocessor）

PHP 是一种开源工具，主要用于服务器端应用程序及动态网页上，适合开发轻量级 Web 应用系统。

4. ASP.NET

ASP.NET 是一种易于编程开发、运行效率高的 Web 编程技术，关于它的详细介绍将是本章的重点内容。

9.1.2　ASP.NET 概述

ASP.NET 是微软.NET 体系结构的一部分，是创建动态网页的一种服务器端技术。ASP.NET 语法上兼容 ASP，可以采用面向对象程序设计模式，可以使用多种语言（包括 Microsoft Visual Basic.NET、Microsoft Visual C#和 Microsoft JScript .NET）开发。在 ASP 技术中，将脚本语言代码嵌入网页中，解释执行，而在 ASP.NET 中，实现了代码分离，即将 HTML 页面代码与服务器代码分离在不同的文件中，服务器代码可以编译执行，实现一次编译，多次执行的特点。

1. ASP.NET 的特点

（1）新的运行环境，方便设置断点，易于调试。

（2）丰富的控件库。.NET 提供了 80 多种控件，采用控件+事件驱动方式的编码，可以提高编程效率。

（3）多语言支持。

（4）性能高效。ASP.NET 程序相对于 ASP 程序而言，程序的执行效率、代码安全性等方面都有了很大的提高。

（5）安全。ASP.NET 为 Web 应用程序提供了默认的授权和身份验证方案，开发人员可以根据应用程序的需要设置 Web 应用程序的权限及身份认证等。

（6）页面缓存技术。根据应用程序的需要，ASP.NET 可以缓存页数据、页的一部分或整个页。

（7）支持多种平台。ASP.NET 支持任何设备上的任何浏览器。

（8）与现有 ASP 应用程序的兼容性。ASP 和 ASP.NET 可并行运行在 IIS Web 服务器上而互不冲突。ASP.NET 仅处理具有.aspx 文件扩展名的文件。具有.asp 文件扩展名的文件继续由 ASP 引擎来处理。

2．创建 ASP.NET 应用程序

1）创建 ASP.NET 项目

【例 9-1】创建一个 ASP.NET Web 应用程序。

①打开 Visual Studio，选择菜单"文件"→"新建"→"项目"，打开如图 9-1 所示对话框。

图 9-1　新建 ASP.NET 项目

②在打开的对话框中选择项目类型为"Visual C#"，模板选择为"ASP.NET Web 应用程序"，名称命名为"Hello"，位置选择为"D:\电子商务师\Program"。

③新建了一个 ASP.NET 项目"Hello"，在该项目中包含一个网页文件"Default.aspx"，该文件对应的后台类代码文件为"Default.aspx.cs"，在该文件的 Page_Load 方法中编写如下代码：

```
Response.Write("Hello,ASP.NET");
```

④保存"Default.aspx.cs"文件，选择菜单"生成"→"生成解决方案"，如果状态栏显示"生成成功"，表示代码没有语法错误。否则，需要查看并修改相应的错误。

⑤单击工具栏上的"运行"按钮，程序将运行默认页"Default.aspx"，运行结果是在页面上显示内容"Hello，ASP.NET"。

2）解决方案组成

解决方案资源管理器中包含了该程序的所有资源文件，例 9-1 项目的解决方案资源管理器如图 9-2 所示，包含以下内容：

①Properties 文件夹中的 AssemblyInfo.cs 文件：主要用来设置有关程序集常规信息的一些参数，例如：公司信息、版权、版本等。

②引用：该项目需要引用的资源。

③Default 网页：页面文件，对应的还有页面的类代码文件。一个 ASP.NET 项目中可以有多个网页文件，一般 Default 也为默认页。

④Web.Config：站点配置文件，可以设置一些网站的整体规则等。

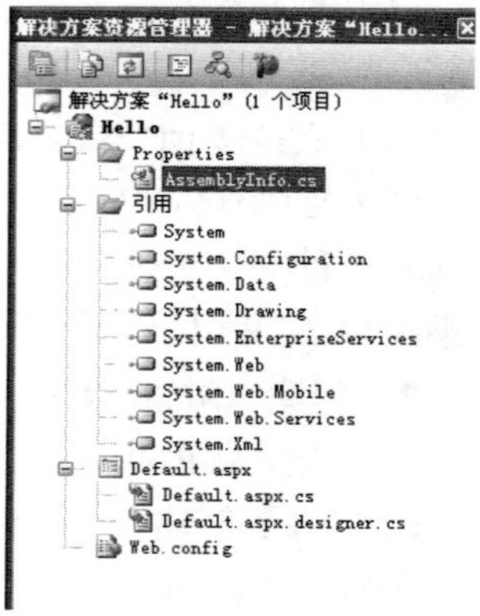

图 9-2　解决方案组成

3．ASP.NET 的网页代码模型

ASP.NET 网页一般由三部分组成：

①ASPX 文件：包括 HTML 标记、服务器控件、脚本代码等。

②CS 文件：包括事件处理程序和代码。

③designer.cs 文件：用来为页面的控件做初始化工作，一般只有 ASP.NET 应用程序（Web Application）才有 designer.cs 文件。

ASP.NET 页面一般都是代码隐藏页模型，代码隐藏页模型将事件处理程序及其他服务器脚本程序都存放在 cs 文件中，而不嵌入在 aspx 网页文件中，当 ASP.NET 网页运行的时候，先处理 cs 文件中的代码，再处理.aspx 页面中的代码。这种模式被称为代码分离。

代码分离将页面的 HTML 代码与动态的服务器代码放在不同的文件中，使得网页设计人员也可以单独设计静态样式页面，而程序员可以独立设计服务器代码，二者基本没有影响。另外，代码分离使得程序的调试和运行结构清晰。在代码分离模型的 aspx 文件第一行程序代码如下：

```
<%@ Page Language="C#" AutoEventWireup="true" CodeFile="Default.aspx.cs" Inherits="_Default" %>
```

其中，CodeFile="Default.aspx.cs"，说明该文件对应的服务器代码被定义在.aspx.cs 类文件中。可以通过事件的方式将对应的程序代码写在.aspx.cs 文件中，当然，也可编写其他符合 C#语言的代码。

页面文件的第一行是一条 page 页面指令，ASP.NET 页面支持多个页面指令，页面指令用来通知编译器在编译页面时做出的特殊处理，如缓存、使用命名空间等。当需要执行页面指令时，通常的做法是将页面指令包括在文件的头部，常用的页面指令如下：

- @ Page：定义 ASP.NET 页（.aspx 文件）的属性。
- @ Control：定义 ASP.NET 用户控件（.ascx 文件）的属性。
- @ Import：将命名空间导入到页中。
- @ Implements：实现指定的.NET Framework 接口。
- @ Output Cache：输出缓存策略。
- @ Assembly：在编译过程中将程序集链接到当前页，以使程序集的所有类和接口都可用在该页上。
- @ Register：注册用户控件，为用户控件定义前缀。

4．ASP.NET 页面生命周期

一个获取 ASP.NET 网页的请求（通过用户提交或通过超链接完成的）被发送到 Web 服务器后，页面生命周期就开始了，在生命周期内，该页面将执行一系列的步骤，包括控件的初始化，控件的实例化，还原状态和维护状态以及通过 IIS 反馈给用户呈现成 HTML。ASP.NET 生命周期通常情况需要经历如下几个阶段。

- 页请求：页请求发生在页生命周期开始之前。用户请求页时，ASP.NET 将确定是否需要分析和编译页（从而开始页的生命周期），或者是否可以在不运行页的情况下发送页的缓存版本以进行响应。
- 开始：发生了请求后，页面就进入了开始阶段。在该阶段，页面将确定请求是回发请求还是新的客户端请求，并设置 IsPostBack 属性。
- 初始化：在页面开始后，进入了初始化阶段。初始化期间，页面可以使用服务器控件，并为每个服务器控件进行初始化。
- 加载：如果当前请求是回发请求，则将使用从视图状态和控件状态恢复的信息加载控件属性。
- 验证：调用所有验证程序控件的 Vailidate 方法，来设置各个验证程序控件和页的属性。
- 回发事件：如果是回发请求，则调用所有事件处理的程序。
- 呈现：在呈现期间，视图状态被保存并呈现到页。
- 卸载：完全呈现页面后，将页面发送到客户端并准备丢弃时，将调用卸载。此时，将卸载页属性（如 Response 对象和 Request 对象）并执行清理。

5．ASP.NET 页面生命周期中的事件

在 ASP.NET 页面生命周期各阶段中，页面将会引发多种事件。对于控件产生的事件，是通过用户的操作来引发的。而 ASP.NET 内置的事件如 Page_Load、Page_Init 等事件，是页面执行过程中自动引发的,下面按照事件发生的顺序介绍常见的 ASP.NET 内置事件。

(1)页面预初始化事件 PreInit。PreInit 事件是由 Page 引发,发生在页面初始化之前。在这个事件发生时,可以检查 IsPostBack 属性来确定是不是第一次处理该页,创建或重新创建动态控件,读取或设置配置文件属性值。

(2)页面初始化事件 Init。在所有控件都已初始化且已应用所有外观设置后引发。使用该事件来读取或初始化控件属性。

(3)页面预加载事件 PreLoad。发生在页面加载事件之前。在 Page 引发该事件后,它会为自身和所有控件加载视图状态,然后会处理 Request 实例包括的所有回发数据。

(4)页面加载事件 Load。Load 事件是在页面加载的时候引发的。在 Load 事件中,使用页面的 IsPostBack 属性来判断页面是回传加载还是首次加载,回传加载 IsPostBack 属性为 true,否则为 false。

(5)页面卸载事件 Unload。该事件发生在页面被卸载时,可以通过 Unload 事件用来执行页面卸载时的清除工作,如关闭文件或数据库连接、完成日志记录或者其他的程序请求。

9.1.3 ASP.NET 控件

1. ASP.NET 控件概述

ASP.NET 程序开发的高效性,一个重要的原因就是.NET 提供了丰富的控件,这些控件能够实现交互复杂的 Web 应用功能。控件支持拖曳、可视化设计等。ASP.NET 控件包括 HTML 控件、服务器控件,而且还支持 AJAX 及第三方的控件,本节主要介绍服务器控件。

2. 标准服务器控件

1)Label 控件

Label 控件用于在页面上显示文本且不能被用户更改。添加 Label 控件可以从 VS 工具箱中将标签控件拖放到页面中,拖放到页面后,该页面将自动生成一段标签控件的声明代码:

```
<asp:Label ID="Label1" runat="server" Text="标签"></asp:Label>
```

该程序声明了一个标签控件,其中,ID="Label1"表示控件的 ID 值为 Label1,runat="server"表示该控件运行在服务器端,Text="标签"表示 Label 控件显示文本为"标签"。Label 控件的 ID 属性及 Text 属性都可以改变,也可以通过服务端程序设置 Label 控件的 Text 属性,程序如下所示:

```
Label1.Text = "标签";
```

Label 控件的其他常见属性:

- ForeColor 属性：文字颜色；
- Visible 属性：是否可见。

2）TextBox 控件

TextBox 控件在页面上显示一个可编辑的文本框，例如用户注册、登录等，就需要文本框控件来接受用户输入的信息。

文本框控件的常用属性：
- AutoPostBack：在文本修改以后，是否自动提交；
- MaxLength：用户输入的最大字符数；
- ReadOnly：是否为只读；
- Rows：作为多行文本框时所显式的行数；
- TextMode：文本框的模式，分为三种：
  - SingleLine：指示为单行输入，默认模式；
  - MultiLine：指示为多行输入；
  - Password：密码输入方式。

3）Button 控件

Button 控件在页面上显示一个按钮，按钮控件能够触发事件，或者将网页中的信息回传给服务器。在 ASP.NET 中，包含三类按钮控件，分别为 Button、LinkButton、ImageButton。

按钮控件的常用属性：
- Text：按钮的显示文本；
- Causes Validation：按钮是否导致激发验证检查；
- CommandArgument：与此按钮管理的命令参数；
- CommandName：与此按钮关联的命令。

这三种按钮，它们起到的作用基本相同，主要区别是表现形式不同。

按钮的常用事件：

①Click 单击事件。在 Click 单击事件中，通常用于编写用户单击按钮时所需要执行程序。在页面设计视图中，双击按钮即可打开 Click 事件对应的方法，也可以在按钮的事件视图中打开 Click 事件对应的方法，在方法体中直接编写程序内容即可在页面运行时单击按钮执行这些代码。

②Command 命令事件。按钮的 Command 事件可以传递参数，负责传递参数的属性是上面介绍的 CommandArgument 和 CommandName 属性。

【例 9-2】使用按钮的 Command 事件。
- 添加一个 Web 窗体，命名为 Button.aspx，并在该页面中放置一个按钮。
- 将按钮 ID 设为"btnCommand"，Text 设为"Command"，CommandArgument 设为"ASP.NET"，CommandName 设为"Show"，代码如下：

```
<asp:ButtonID="btnCommand"runat="server" Text="Command"
CommandArgument="ASP.NET" CommandName="Show" />
```

- 单击按钮属性窗口中的图标 , 创建一个 Command 事件并在事件方法中编写如下代码：

```
protected void btnCommand_Command(object sender, CommandEventArgs e)
{
    if(e.CommandName == "Show")
    {
        Response.Write(e.CommandArgument.ToString());
    }
}
```

运行时，单击按钮首先会触发 Command 事件，该程序中 Command 事件方法判断事件对象的 CommandName 属性是否为"Show"，如果是，则在页面上输出事件对象的 CommandArgument 值。

- 生成成功后，浏览 Button.aspx 页面，单击按钮，在页面上输出"ASP.NET"。

Command 有一些 Click 不具备的优势，就是传递参数。可以对按钮的 CommandArgument 和 CommandName 属性分别设置，通过判断 CommandArgument 和 CommandName 属性来执行相应的方法。这样一个按钮控件就能够实现不同的方法，使得多个按钮与一个处理代码关联或者一个按钮根据不同的值进行不同的处理和响应。

LinkButton 控件和 ImageButton 控件与 Button 按钮相似，LinkButton 控件是超链接按钮形式，ImageButton 控件是图片按钮形式。

【例 9-3】标签、文本框及按钮的综合应用，设计一个留言板，要求如下：
- 分别使用 TextBox 控件的 TextMode 属性的三种值展示单行、多行和密码文本框；
- 使用 Button 控件提交内容；
- 使用 Label 控件显示提交的内容。

设计过程如下：

①设计 aspx 页面，在页面上放置文本框、按钮、标签等 5 个控件，主要代码如下：

```
<asp:TextBox ID="txtTitle" runat="server"></asp:TextBox>
<asp:TextBox ID="txtPassword" runat="server" TextMode="Password">
</asp:TextBox>
<asp:TextBox ID="txtContent" runat="server" Height="92px" TextMode=
"MultiLine" Width="176px"></asp:TextBox>
<asp:Button ID="Button1" runat="server" Text="提交" OnClick="Button1_
Click" />
<asp:Label ID="lblShow" runat="server" Width="386px"></asp:Label>
```

②在页面的设计视图下双击"提交"按钮，进入后台类文件中按钮对应的 Click 事件方法中，编写如下代码：

```
this.lblShow.Text = "您好,"+this.txtTitle.Text+",您的留言是："+this.txtContent.Text;
```

③生成成功后，运行结果如图 9-3 所示。

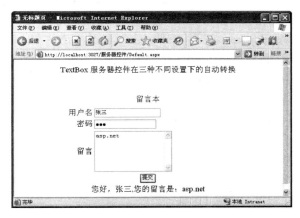

图 9-3　例 9-3 运行结果

4）Image 控件

Image 控件用来在 Web 页面中显示图像，常用的属性如下：

- AlternateText：在图像无法显式时显示的备用文本；
- ImageAlign：图像的对齐方式；
- ImageUrl：要显示图像的 URL。

5）HyperLink 控件

HyperLink 控件在页面显示一个超链接，相当于实现了 HTML 代码中的"<a href=""></a>"效果，但 HyperLink 控件是服务器控件，所以可以在程序中改变控件的链接 URL，使其链接到不同的 URL。超链接控件通常使用的两个属性如下所示：

- ImageUrl：要显示图像的 URL；
- NavigateUrl：要跳转的 URL。

提示：如果只实现静态的超链接，使用 HTML 的<a>标签效率比较高。

6）DropDownList 控件

DropDownList 控件是一个下拉列表选项控件，其中包含多个选项，用户根据需要选中其中某一项。例如，在输入性别时就可以使用 DropDownList 控件，控件包含两个选项"男"和"女"，该控件的使用避免了用户输入麻烦及输入错误。

DropDownList 控件的常用属性：

- Items：选项集，可以直接在属性框中设置，也可以通过程序动态设置；

- Text：选中项的文本；
- SelectedIndex：选中项索引；
- SelectedItem：选中项；
- SelectedValue：选中项的值。

DropDownList 列表控件常用事件：
- SelectedIndexChanged：该事件在选择项发生变化时引发。

7）ListBox 控件

ListBox 控件与 DropDownList 控件相似，也包含多个选项，但 ListBox 控件可以多项选择。设置 SelectionMode 属性为 Single 时，表明只允许用户从列表框中选择一个项目，而当 SelectionMode 属性的值为 Multiple 时，用户可以按住 Ctrl 键或者使用 Shift 组合键从列表中选择多个选项。

ListBox 控件的常用属性及事件与 DropDownList 控件基本相同，另外还有一个 Rows 属性，表示要显示的选项的行数。

8）CheckBox 控件和 CheckBoxList 控件

ASP.NET 提供了复选框控件和复选组控件来实现多选。复选框控件和复选组控件都是通过 Checked 属性来判断是否被选择。

（1）复选框控件（CheckBox）。

CheckBox 控件常用属性：
- Text：复选框显示文本；
- Checked：复选框是否被选中。

CheckBox 控件常用事件：
- CheckedChanged：选中状态发生变化时触发。

（2）复选组控件（CheckBoxList）。

CheckBoxList 控件常用属性：
- Items：复选组所包含的项。

CheckBoxList 控件常用事件：
- SelectedIndexChanged：当控件中某项的选中状态被改变时，则会触发该事件。

复选组控件通过 Items 集合来获取、选择某个或多个选中的项目值。

9）RadioButton 控件和 RadioButtonList 控件

（1）单选控件（RadioButton）。

单选控件可以为用户选择某一个选项，单选控件常用属性：
- Checked：控件是否被选中；
- GroupName：单选控件所处的组名，同一组中的 RadioButton 只能选一个；
- TextAlign：文本标签相对于控件的对齐方式。

单选控件常用的事件：

- CheckedChanged：当控件的选中状态改变时，则触发该事件。

（2）单选组控件（RadioButtonList）。

与单选控件相同，单选组控件也是只能选择一个选项的控件，而与单选控件不同的是，单选组控件没有 GroupName 属性，但是却能够列出多个单选项目。另外，单选组控件所生成的代码也比单选控件实现的相对较少。

单选组控件的常用属性如下所示：

- Items：单选项的集合；
- RepeatColumn：用于布局项的列数；
- RepeatDirection：项的布局方向；
- RepeatLayout：是否在某个表或者流中重复。

RadioButtonList 控件常用事件如下：

- SelectedIndexChanged：当控件中某项的选中状态被改变时，则会触发该事件。

10）日历控件（Calender）

日历控件可以显示一个日历，用户能够通过日历控件进行时间的选取。通过设置日历控件的属性，可以更改日历控件的外观。日历控件的常用属性如下：

- DayHeaderStyle：月历中显示一周中每一天的名称和部分的样式；
- DayStyle：所显示的月份中各天的样式；
- NextPrevStyle：标题栏左右两端的月导航所在部分的样式；
- OtherMonthDayStyle：上一个月和下一个月的样式；
- SelectedDayStyle：选定日期的样式；
- ShowDayHeader：显示或隐藏一周中的每一天的标头；
- ShowGridLines：显示或隐藏一个月中的每一天之间的网格线；
- ShowNextPrevMonth：显示或隐藏到下一个月或上一个月的导航控件；
- ShowTitle：显示或隐藏标题部分；
- TitleStyle：位于日历顶部，包含月份名称和月导航连接的标题栏样式；
- TodayDayStyle：当前日期的样式；
- WeekendDayStyle：周末日期的样式。

通过上述属性可以设置日历控件的样式，Visual Studio 还为开发人员提供了默认的日历样式，可以选择自动套用格式进行样式设置。

日历控件常用事件：

- DayRender：当日期被显示时触发该事件；
- SelectionChanged：当用户选择日期时触发该事件；
- VisibleMonthChanged：当所显示的月份被更改时触发该事件。

【例 9-4】控件综合实例，用户注册页面程序设计。

①添加 Register.aspx 页面，并添加、设置相应的控件，页面设计视图如图 9-4 所示。

图 9-4　Register.aspx 页面设计视图

Register.aspx 页面中控件的主要代码如下：

```
<asp:Label ID="lblUserName" runat="server" Text="用户名"></asp:Label>
<asp:TextBox ID="txtUserName" runat="server"></asp:TextBox>
<asp:Label ID="lblPassword" runat="server" Text="密码"></asp:Label>
<asp:TextBox ID="txtpassword" runat="server" TextMode="Password" Width="150px"></asp:TextBox>
<asp:Label ID="lblSex" runat="server" Text="性别"></asp:Label>
<asp:RadioButton ID="rdbMan" runat="server" GroupName="sex" Text="男" />
<asp:RadioButton ID="rdbWomen" runat="server" GroupName="sex" Text="女" />
<asp:Label ID="lblNation" runat="server" Text="民族"></asp:Label></td>
<asp:DropDownList ID="ddlNation" runat="server" Width="73px">
      <asp:ListItem>汉</asp:ListItem>
      <asp:ListItem>蒙古</asp:ListItem>
      <asp:ListItem>满</asp:ListItem>
      <asp:ListItem>回</asp:ListItem>
      </asp:DropDownList>
<asp:Label ID="lblLike" runat="server" Text="爱好"></asp:Label>
<asp:CheckBoxList ID="ckblLike" runat="server" RepeatDirection="Horizontal">
      <asp:ListItem>读书</asp:ListItem>
      <asp:ListItem>上网</asp:ListItem>
      <asp:ListItem>看电影</asp:ListItem>
      <asp:ListItem>打篮球</asp:ListItem>
      <asp:ListItem>踢足球</asp:ListItem>
      </asp:CheckBoxList>
```

```
<asp:Label ID="lblBirthday" runat="server" Text="生日"></asp:Label>
<asp:TextBox ID="txtBirthday" runat="server" ></asp:TextBox>
<asp:LinkButton ID="lkbtnOpen" runat="server" OnClick="lkbtnOpen_Click">
打开日历</asp:LinkButton>
<asp:Calendar ID="cldBirthday" runat="server" OnSelectionChanged=
"cldBirthday_SelectionChanged"></asp:Calendar>
<asp:Button ID="btnRegister" runat="server" OnClick="btnRegister_Click"
Text="注册" />
<asp:ImageButton ID="imgbtnCancle" runat="server" ImageUrl="~/images/
bclear.jpg" OnClick="imgbtnCancle_Click" />
<asp:Label ID="lblOut" runat="server"></asp:Label>
```

②日历控件默认是隐藏的，当单击"打开日历"按钮时，显示日历控件，需要在按钮的 Click 事件中编写的代码如下：

```
this.cldBirthday.Visible= !this.cldBirthday.Visible;
```

③当在日历控件中选定日期后，要将选定的日期显示在日历文本框中，然后再将日历控件隐藏，需要在日历控件的 SelectionChanged 事件中编写代码如下：

```
this.txtBirthday.Text = this.cldBirthday.SelectedDate.ToShortDateString();
this.cldBirthday.Visible= !this.cldBirthday.Visible;
```

④单击"注册"按钮，显示"注册成功"，需要在"注册"按钮的 Click 事件中编写代码如下：

```
this.lblOut.Text = "注册成功";
```

⑤单击"清空"按钮，将页面中的控件值清空，需要在"清空"按钮的 Click 事件中编写代码如下：

```
this.txtUserName.Text = "";
this.txtBirthday.Text = "";
this.ckblLike.ClearSelection();
this.rdbMan.Checked = false;
this.rdbWomen.Checked = false;
this.ddlNation.SelectedIndex = -1;
```

⑥生成成功后，可浏览该网页。

3．验证控件

在浏览运行网页时，经常会遇到用户登录、用户注册等情况，这时，有一些内容是必填项，例如用户名和密码等，这通常先要做有效性验证，再执行相应的程序。在 ASP.NET 中，可以使用验证控件在客户端浏览器页面上进行验证，只有验证通过的才可以被发送到服务器。ASP.NET 中包含多种验证控件，其层次结构如图 9-5 所示。

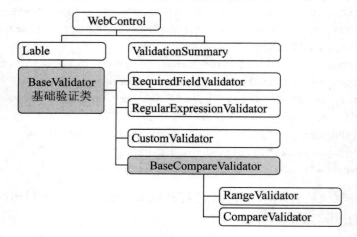

图 9-5　ASP.NET 中验证控件层次结构

1）RequiredFieldValidator 控件

RequiredFieldValidator 验证控件为非空验证，在进行验证时，RequiredFieldValidator 控件必须绑定一个要验证服务器控件。

RequiredFieldValidator 控件的常用属性如表 9-1 所示。

表 9-1　RequiredFieldValidator 控件的常用属性

属 性 名 称	说　　明
ControlToValidate	验证的控件 id
Text	出错时的提示
ErrorMessage	提交给 ValidationSummary 的错误提示，当 Text 为空时，也会显示该错误信息

2）CompareValidator 控件

CompareValidator 用于比较控件的值，例如，注册时，密码需要输入两次，并且一致；付款时，金额需大于 0 等情况。

CompareValidator 控件的常用属性如表 9-2 所示。

表 9-2　CompareValidator 控件的常用属性

属 性 名 称	说　　明
ControlToCompare	要进行对比的控件
ControlToValidate	验证的控件
Type	比较类型设置，不同类型的比较可能会出错
Operator	比较运算符，默认为等于

3）RangeValidator 控件

RangeValidator 控件可以检查用户的输入是否在指定的上限与下限之间。通常情况下用于检查数字、日期、货币等。范围验证控件的常用属性如表 9-3 所示。

表 9-3　RangeValidator 控件的常用属性

属性名称	说明
MaximumValue	范围的上界（最大值）
MinimumValue	范围的下界（最小值）
Type	验证类型（字符串、整型、双精度、日期、货币五种）

4）RegularExpressionValidator 控件

在上述控件中，虽然能够实现一些验证，但是验证的能力是有限的，一般只能验证非空、是否是数字或者满足一定范围等。正则验证控件（RegularExpressionValidator）可以进行复杂的验证，它用于确定输入的控件的值是否与某个正则表达式所定义的模式相匹配，如电子邮件、电话号码及身份证号码等。

RegularExpressionValidator 控件的常用属性是 ValidationExpression，它用来指定用于验证的正则表达式。

5）CustomValidator 控件

CustomValidator 控件为自定义验证，可以手写 JS 脚本进行客户端验证，也可以编写服务器端的验证事件，或者联合两种方式验证。

CustomValidator 控件的常用属性为 ClientValidationFunction，用于客户端验证的函数。

CustomValidator 控件的常用事件为 ServerValidate，表示服务器端验证的事件。

6）ValidationSummary 控件

ValidationSummary 验证组控件能够对同一页面的多个控件进行验证。同时，验证组控件通过 ErrorMessage 属性为页面上的每个验证控件显示错误信息，其常用属性如表 9-4 所示。

表 9-4　ValidationSummary 控件的常用属性

属性名称	说明
ShowMessageBox	是否在消息框中显示摘要
ShowSummary	控制是显示还是隐藏 ValidationSummary 控件

9.1.4　ASP.NET 的内置对象

ASP.NET 应用程序运行在服务器端，而在 Web 应用程序中，通常需要存储客户端的信息，或者在客户端及服务器端传递信息。在 ASP.NET 中包含了一些类，这些类在页面中可以直接使用，称之为内置对象。使用这些内置对象可以在页面之间传递参数，保存页面内的状态等。

在 ASP.NET 中，内置对象包括 Page、Response、Request、Application 等。

1. Page 对象

Page 对象对应于 .aspx 文件。ASP.NET 网页在执行时将自动生成 Page 对象，此对象无需特别指定名称，其保留名称为 Page。

（1）Page 对象的主要用途。
- 提供网页开始或已经下载后自动触发的事件，供程序设计者编写事件处理程序。
- 提取浏览器提交的内容，或者输出信息给浏览器。
- 设定是否保持 Web Form 中各控件最近的状态。
- 进行与数据绑定有关的操作。

（2）Page 对象的常用属性。
- Controls：获取 ControlCollection 对象，该对象并不包含页面内的所有控件，它只显示 Page 类的直接子控件，而不再显示这些子控件的子控件。
- IsPostBack：该属性返回一个布尔值，true 表示当前网页是由于客户端返回数据而加载的，false 表示首次加载而非回传。
- IsValid：该属性获取一个布尔值。true 表示网页上的验证控件全部验证成功，false 表示至少有一个验证控件验证失败。
- EnableViewState：设置是否启用 Web Form 的状态保持功能，该属性的默认值为 ture。

（3）Page 对象的常用方法。
- DataBind：将数据源绑定到被调用的服务器控件及子控件。
- FindControl(id)：查找指定 id 的服务器控件，如果存在，则返回该控件，否则为 null。
- RegisterClientScriptBlock：向客户端发送脚本块。
- Validate：指示页面中的验证控件进行验证。

（4）Page 对象的常用事件。

在 ASP.NET 网页开始载入到被完全写入浏览器的过程中，产生的与 Page 对象有关的主要事件有 Init、Load 和 UnLoad 等三个。

①Init：当服务器控件初始化时发生。
②Load：当服务器控件加载到 Page 时发生。
③UnLoad：当服务器控件从内存中卸载时发生。
这些事件触发顺序如图 9-6 所示。

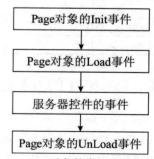

图 9-6　Page 对象的常用事件触发顺序

2. Request 传递请求对象

Request 对象主要用于获取来自客户端的数据，如用户填入表单的数据、保存在客户端的 Cookie 等。

1）Request 对象常用的属性

（1）QueryString：获取通过 URL 路径传来的数据。

在 ASP.NET 中，页面跳转时需要在页面间传递参数，可以将参数写在 URL 中，并通过 QueryString 属性是用来获取 URL 字符串变量的集合。QueryString 主要用于收集 http 协议中 get 请求发送的数据，如果在一个请求事件中被请求的 URL 地址出现了 "？" 形式的参数传递，则表示此次请求方式为 get，该方式能够传递 256 字节的数据。

例如在用户登录成功后需要将用户名传递给管理页面，假设登录页面为 Login.aspx、管理页面为 Manager.aspx，可以按照如下方式实现。

①在登录页的类文件中，如果登录成功，编写如下代码：

```
Response.Redirect("Manager.aspx?username=" + username);
```

该语句表示登录成功页面跳转到 Manager.aspx，并且通过 URL 传递一个参数 username，值为变量 username（程序中保存用户名的变量）中的值。

②在 Manager.aspx 页的类文件的 Page_Load 事件方法中，编写如下代码：

```
if (!String.IsNullOrEmpty(Request.QueryString["username"]))
//如果传递的 username 值不为空
{
    username = Request.QueryString["username"];
}
```

上述代码使用 Request 的 QueryString 属性来获取传递的 URL 参数 username 的值。在 URL 中也可以包含多个参数，中间用 "&" 隔开。

（2）Form：获取通过表单提交传输的数据。

在通过 QueryString 获取 URL 参数时，只能获取 get 方式传递的值、传递值的大小有限、且参数值显示在了 URL 中（不安全）。另一种传递方式为 post，可传递较大内容，且传输的数据加密、不在 URL 中显示。表单就是这样一种形式，可以使用 Request 的 Form 获取使用 post 方式传递的参数，形式为：Request. Form["参数名"]。

（3）Params：获取 get 方式或 post 方式传递的参数。

（4）UserHostAddress：获取远程客户端主机的 IP 地址。

（5）Browser：获取有关正在请求的客户端的浏览器功能的信息。

（6）Path：获取当前请求的虚拟路径。

（7）ContentLength：指定客户端发送数据的长度（以字节为单位）。

（8）FilePath：获取当前请求的虚拟路径。

（9）Headers：获取 HTTP 头集合。

（10）HTTPMethod：获取 HTTP 传输方式（get 还是 post）。

2）Request 对象有两个常用方法

- MapPath(VirtualPath)：该方法将请求中的 URL 虚拟路径转换成服务器的物理路径。
- SaveAs(fileName，includeHeaders)：该方法将客户端的 Http 请求保存在磁盘，参数

fileName 表示服务器的保存位置，参数 includeHeaders 表示是否同时保存 Http 头。

3. Response 请求响应对象

Response 对象主要用于生成 HTML 内容并送交浏览器。

1) Response 对象的常用属性
- BufferOutput：获取或设置一个值，该值指示是否缓冲输出，并在完成处理整个页面之后将其发送。
- Cache：获取 Web 页面的缓存策略。
- Charset：获取或设置输出流的 HTTP 字符集类型。
- IsClientConnected：获取一个值，通过该值指示客户端是否仍连接在服务器上。
- ContentEncoding：获取或设置输出流的 HTTP 字符集。
- TrySkipIisCustomErrors：获取或设置一个值，指定是否支持 IIS 7.0 自定义错误输出。

2) Response 对象的常用方法

Response 可以输出 HTML 流到客户端，其中包括发送信息到客户端和客户端 URL 重定向，不仅如此，Response 还可以设置 Cookie 的值以保存客户端信息。Response 的常用方法如下所示：
- Write：向客户端发送指定的 HTTP 流。
- End：停止页面的执行并输出相应的结果。
- Clear：清除页面缓冲区中的数据。
- Flush：将页面缓冲区中的数据立即显示。
- Redirect：客户端浏览器的 URL 地址重定向。

4. Application 状态对象

Web 站点事实上是一个多用户的应用程序。Application 对象是 Web 应用程序中的一个公共变量，任何一个用户写入其中的信息都可以被其他用户看到。Application 对象的生命周期与 Web 应用程序的生命周期相同，始于 Web 站点开始运行时，终于站点停止运行时。在此期间，任何一个访问者都可以读取或改写 Application 对象中的内容。第一个用户访问网站时，将触发 Application 对象的 OnStart 事件，而站点服务终止时，将触发 Application 对象的 OnEnd 事件。在 ASP.NET 中，上述两个事件的处理程序应放置在 Global.asax 中。在 Application 对象的 OnStart 事件的处理程序中，通常用 Add 方法来添加 Application 变量。在 Application 对象的 OnEnd 事件的处理程序中，通常进行释放 Application 变量的操作。

1) Application 对象常用的属性
- AllKey：获取 HttpApplicationState 集合中的访问键。
- Count：获取 HttpApplicationState 集合中的对象数。

2) Application 对象常用的方法
- Add：新增一个 Application 对象变量。

例如：

```
Application.Add("userCount", "0");//增加 Application 对象"userCount",初值为 0
```

若需要使用 Application 对象，可以通过索引 Application 对象的变量名进行访问，例如：

```
Response.Write(Application["userCount "].ToString());
                            //输出 Application 对象"userCount "的值
```

- Clear：清除全部的 Application 对象变量。
- Get：通过索引关键字或变量名称得到变量的值。

例如：

```
Response.Write(Application.Get("userCount ").ToString());
```

- GetKey：通过索引关键字获取变量名称。
- Lock：锁定全部的 Application 对象变量。
- UnLock：解锁全部的 Application 对象变量。

Application 是网站公共的对象，任何一个用户都可以访问，所以为了防止各用户间访问的冲突，在使用 Application 对象时可以加锁，使用完再解锁。例如：

```
Application.Lock();
Application["userCount "] =Convert.ToInt32 (Application["userCount "])+1;
//新的网站访问人数是原访问人数+1,Application.UnLock();
```

- Remove：使用变量名称移除一个 Application 对象变量。
- RemoveAll：移除所有的 Application 对象变量。
- Set：使用变量名更新一个 Application 对象变量。

3）Application 对象常用的事件
- Start 事件：该事件是在 Web 应用程序启动时发生。
- End 事件：该事件在 Web 应用程序结束时发生，即 Web 服务器关闭或重新启动时。

5．Session 状态对象

当用户请求一个 ASP.NET 页面时，系统将自动的建立一个 Session（会话），用户退出应用程序或服务器关闭时，会话撤销。Session 创建时，系统为 Session 建立一个标识字符串 SessionID，用来管理和跟踪 Session，该标识字符串很长，而且具有随机性和唯一性，保证了每个用户 Session 不会冲突以及 Session 的安全性。

Session 一般用来存储跨页程序的变量或对象，功能基本同 Application 对象类似。但 Application 对象针对整个网站，Session 对象变量只针对一个用户，即同一个网站的不同用户的 Session 对象是不相同的，而且每个用户之间也不能互相访问 Session。Application 对象终止于 IIS 服务停止，但是 Session 对象当网页使用者关闭浏览器或者网页使用者在页面进行的操作时间超时，Session 对象将会自动注销。

1）Session 对象的属性
- Count：获取 Session 对象中子对象的数量。
- IsCookieLess：返回一个布尔值，true 表示将 SessionID 嵌套在 URL 中，否则存放在 Cookies 中。
- IsNewSession：如果用户访问页面时创建新会话，则此属性将返回 true，否则返回 false。
- IsReadOnly：返回一个布尔值，表示 Session 是否为只读。
- SessionID：获取 SessionID 的值。
- TimeOut：传回或设置 Session 对象变量的有效时间，如果在有效时间内有没有任何客户端动作，则会自动注销。

注意：如果不设置 TimeOut 属性，则系统默认的超时时间为 20 分钟。

2）Session 对象的方法
- Add：创建一个 Session 对象。
- Remove：删除会话集合中的项。
- RemoveAll：删除会话集合中的所有项。
- RemoveAt(index)：删除会话指定索引的项。
- Abandon：该方法用来结束当前会话并清除对话中的所有信息，如果用户重新访问页面，则可以创建新会话。
- Clear：此方法将清除全部的 Session 对象变量，但不结束会话。

注意：Session 对象可以不需要 Add 方法进行创建，直接使用 Session["变量名"]=变量值的形式也可以创建 Session 对象。

3）Session 对象常见属性
- Start 事件：在创建 Session 时发生。
- End 事件：在会话结束时发生。

注意：当用户关闭浏览器或者退出应用程序时，并不会触发 Session_End 事件。End 事件只有在服务器 Web 应用程序退出，或者用户调用 Abandon 方法或者未执行任何操作时间超过了 Session 设定的 TimeOut 时才触发。

4）Session 对象的使用

①给 Session 中写入值的操作如下：

```
Session["对象名"] =对象值;                //保存session
```

或者

```
Session.Add("对象名",对象值);
```

②修改 Session 中的数据操作如下:

```
Session["对象名"] =对象值;
```

③读取 Session 对象中的数据:

```
Session["对象名"];
```

注意:Session["对象名"]返回值是一个 Object 类型的对象,读取时注意类型的转换。

Session 对象可以使用于安全性较高的场合,如后台登录。在管理员登录后台以后,管理员拥有一定的操作时间,而如果管理员在这段时间不进行任何操作的话,为了保证安全性,后台将自动注销,如果管理员需要再次进行操作,则需要再次登录。在管理员登录时,如果登录成功,则需要给管理员一个 Session 对象,代码如下:

```
Session["admin"] = "sysadmin";              //保存 session
Response.Redirect("index.aspx");            //跳到主页
```

为了防止非法访问主页 index.aspx,在 index.aspx.cs 文件的 Page_Load 方法中,可以判断是否已经存在 Session 对象,如果存在 Session 对象,则说明管理员当前的权限是正常的,而如果不存在 Session 对象,则说明当前管理员的权限可能是错误的,或者是非法用户正在访问该页面,代码如下:

```
protected void Page_Load(object sender, EventArgs e)
{
    if (String.IsNullOrEmpty(Session["admin"].ToString()))
    //则判断是否为空字符串
    {
        lblAdmin.Text= Session["admin"].ToString()+":你好!"
    }
    else
    Response.Redirect("login.aspx");        //跳到登录页
}
```

当管理员单击注销按钮时,则会注销 Session 对象并提示再次登录,例如:

```
protected void btnCancel_Click(object sender, EventArgs e)
{
    Session.Clear();                        //删除所有 Session 对象
    Response.Redirect("login.aspx");        //跳到登录页
}
```

6. Server 服务对象

Server 对象是 HttpServerUtility 的一个实例,该对象提供对服务器上的方法和属性进行访问。

1）Server 对象的常用属性
- MachineName：获取远程服务器的名称。
- ScriptTimeout：获取和设置请求超时时间。

2）Server 对象的常用方法
- Execute：使用另一个页面执行当前请求。
- Transfer：终止当前页面的执行，并为当前请求开始执行新页面。
- HtmlDecode：对已被编码的消除 Html 无效字符的字符串进行解码。
- HtmlEncode：对要在浏览器中显示的字符串进行编码。

HTML 中，诸如 "<" 等字符是具有特定含义的，如果希望在页面上显示 "<"，就必须对字符进行 HTML 编码在显示，例如：

```
string str = "<hr>表示一个水平线";              //声明字符串
Response.Write(Server.HtmlEncode(str));   //字符串编码后输出,结果为"<hr>表示
                                             一个水平线"
```

在使用了 HtmlEncode 方法后，编码后的 HTML 标注会被转换成相应的字符，如符号 "<" 会被转换成字符 "<"。在进行解码时，相应的字符会被转换回来，并呈现在客户端浏览器中。

- MapPath：返回与 Web 服务器上的执行虚拟路径相对应的物理文件路径。
- UrlDecode：对 URL 字符串进行解码。
- UrlEncode：编码字符串，以便通过 URL 从 Web 服务器到客户端浏览器的字符串传输。

URL 地址中不能包括空格、换行符等符号，如果需要使用这些符号，可以使用 UrlEncode 方法和 UrlDecode 方法进行变量的编码解码，例如：

```
string str = Server.UrlEncode("错误信息 \n 操作异常");  //使用 UrlEncode 进行
                                                           编码
Response.Redirect("index.aspx?str=" + str);  //页面跳转,并传递 URL 编码后的
                                                参数
```

在 index.aspx.cs 文件的 Page_Load 方法中可以接收该字符串并解码。

```
String str = Server.UrlDecode(Request.QueryString["str"]);
//使用 UrlDecode 进行解码,特殊字符可以正常传输
```

3）重定向到其他网页

在 ASP.NET 中，Response.Redirect()和 Server.Transfer()都能实现网页重定向。这两个方法的区别在于：

利用 Response.Redirect()，可重定向到已存在的任何网页；而 Server.Transfer()只能用

于重定向到已存在的位于同一目录或同一目录之下的 ASP.NET 网页。

利用 Response.Redirect()完成重定向后，浏览器地址栏将显示新网页的 URL，而利用 Server.Transfer()完成重定向后，浏览器地址栏仍然显示原网页的 URL。

利用 Server.Transfer()完成重定向后，原网页中所有内置对象的值仍保留；而利用 Response.Redirect()完成重定向后，原网页中所有内置对象的值将不存在。

就重定向速度而言，Server.Transfer()优于 Response. Redirect()。

7．Cookie 状态对象

Cookie 对象也是保存用户信息的一种对象，但 Cookie 对象保存在客户端的硬盘中，而 Session 对象和 Application 对象保存在服务器端，所以 Cookie 对象能够长期保存。通过 HttpRequest 的 Cookies 集合来进行访问 Cookie 对象，Cookie 的特点如下：

Cookie 对象可以配置过期时间，如果没有配置将在浏览器会话结束后立即到期。

无需任何服务器资源：Cookie 无需任何服务器资源，存储在本地客户端中。

大多数浏览器支持最大 Cookie 数据为 4K。

如果客户端浏览器配置禁用 Cookie 配置，则 Web 应用中使用的 Cookie 将被限制，客户端将无法保存 Cookie。

Cookie 对象可以存放非敏感的用户信息。现在有很多的软件能够伪装 Cookie，这意味着保存在本地的 Cookie 并不安全，Cookie 能够通过程序修改为伪造，这会导致 Web 应用在认证用户权限时会出现错误。

1）Cookie 对象的属性
- Name：获取或设置 Cookie 的名称。
- Value：获取或设置 Cookie 的 Value。
- Expires：获取或设置 Cookie 的过期的日期和时间。
- Version：获取或设置 Cookie 符合 HTTP 维护状态的版本。

2）Cookie 对象的方法
- Add：增加 Cookie 变量。
- Clear：清除 Cookie 集合内的变量。
- Get：通过变量名称或索引得到 Cookie 的变量值。
- Remove：通过 Cookie 变量名称或索引删除 Cookie 对象。

3）Cookie 对象的应用

（1）创建 Cookie 对象。通过 Add 方法能够创建一个 Cookie 对象，并通过 Expires 属性设置 Cookie 对象在客户端中所持续的时间，例如：

```
HttpCookie hcCookie = new HttpCookie("UserName", "张华");
hcCookie.Expires = DateTime.Now.AddDays(5);     //设置Cookie过期时间为5天
Response.Cookies.Add(hcCookie);
```

（2）获取 Cookie 对象。Web 应用在客户端浏览器创建 Cookie 对象之后，就可以通过 Cookie 的方法读取客户端中保存的 Cookies 信息，例如：

```
string UserName=Request.Cookies["UserName"].Value;
```

在一些网站或论坛中，经常使用到 Cookie，当用户浏览并登录在网站后，如果用户浏览完毕并退出网站时，Web 应用可以通过 Cookie 方法对用户信息进行保存。当用户再次登录时，可以直接获取客户端的 Cookie 的值而无需用户再次进行登录操作。

9.1.5　ADO.NET 数据库访问技术

ADO.NET（ActiveX Data Objects.NET）是 ASP.NET 与数据库的接口，是.NET 操作数据库对象的集合。它能够让开发人员更加方便的在应用程序中使用和操作数据。在 ADO.NET 中，大量的复杂的数据操作的代码被封装起来，当开发人员只需要编写少量的代码即可处理复杂的操作。

1．ADO.NET 的作用与组成

ADO.NET 是 ASP.NET 与数据库的接口，其访问数据源的方式如图 9-7 所示。

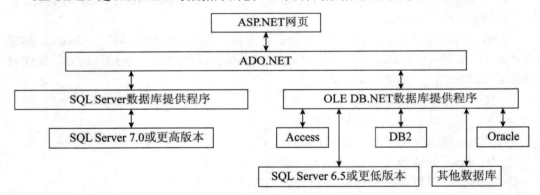

图 9-7　ADO.NET 访问数据库方式

ADO.NET 是通过.NET 数据库提供程序来访问数据源的。其中：SQL Server.NET 数据提供程序用于访问 Microsoft SQL Server 7.0 或更高版本的数据库，可提供很高的访问效率。OLE DB.NET 数据提供程序则用于访问 Access、SQL Server 4.5 更低版本、DB2、Oracle 或其他支持 OLE DB 驱动程序的数据库。.NET 数据提供程序类型如表 9-5 所示。

表 9-5　.NET 数据提供程序类型

.NET Framework 数据提供程序	说　明
SQL Server .NET 数据提供程序	Microsoft SQL Server 数据源，System.Data.SqlClient 命名空间
OLE DB .NET 数据提供程序	OLE DB 公开的数据源，System.Data.OleDb 命名空间
ODBC .NET 数据提供程序	ODBC 公开的数据源，System.Data.Odbc 命名空间
Oracle .NET 数据提供程序	Oracle 数据源，System.Data.OracleClient 命名空间

ADO.NET 操作数据库是通过连接数据源、执行数据操作、将数据结果显示在应用程序中等过程完成的，其结构如图 9-8 所示。

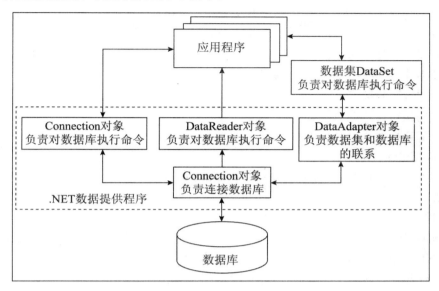

图 9-8　ADO.NET 操作数据库结构图

ADO.NET 的常用对象有连接对象 Connection、执行命令对象 Command 等，各对象及含义如表 9-6 所示。

表 9-6　ADO.NET 的对象内容

对象	描述
Connection	与数据源建立连接
Command	对数据源执行操作命令并返回操作结果
DataReader	从数据源提取只读、顺序的数据集
DataAdapter	在 DataSet 与数据源之间建立通道，将数据源中的数据写入 DataSet，或根据 DataSet 中的数据改写数据源
DataSet	将服务器的数据取出，放到本地内存中的数据库
DataView	用于显示 DataSet 中的数据

对于复杂的数据库应用系统而言，经常将数据从数据库服务器中取出，放入本地内存数据库，即 DataSet 中，若需将数据显示在页面中，则应使用 DataView，数据流程如图 9-9 所示。

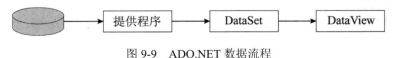

图 9-9　ADO.NET 数据流程

2. ADO.NET 使用过程

在 ADO.NET 中对数据库的操作一般需要三个步骤,即创建一个连接、执行命令、关闭连接。使用 ADO.NET 的对象,不仅能够通过控件绑定数据源,也可以通过程序实现数据源的访问。ADO.NET 的规范步骤如下:

- 创建一个连接对象。
- 使用连接对象的 Open 方法打开连接。
- 创建一个封装 SQL 命令的对象。
- 调用执行命令的对象。
- 关闭连接。

3. 连接 SQL 数据库

ADO.NET 通过 Connection 对象连接数据库,Connection 对象是数据库与应用程序之间的桥梁。

1)建立连接

操作不同的数据库需要不同的对象,在本教材中,主要以 SQL Server 数据库为例讲解 ADO.NET 的使用。在数据库的连接中,需要使用.NET 提供的 SqlConnection 对象来对数据库进行连接。该对象包含的主要属性和方法如表 9-7 所示。

表 9-7 SqlConnection 对象主要属性和方法

属性或方法	说　明
ConnectionString 属性	连接字符串
Open 方法	打开数据库连接
Close 方法	关闭数据库连接

使用 SqlConnection 对象连接数据库步骤为:

(1)定义连接字符串。

在连接数据库前,需要为连接对象设置连接字符串,连接字串基本格式为:

```
Data Source=服务器名;Initial Catalog=数据库名; User ID=用户名;PWD=密码
```

SqlConnection 类将会通过此字符串来进行数据库的连接。其中,Data Source 是 SQL 服务器的地址,如果相对于应用程序而言数据库服务器是本地服务器,则配置为(local)即可,如果是远程服务器,则需要填写具体的 ip 地址;Initial Catalog 表示需要访问的数据库名;另外,User ID 是数据库登录时的用户名,PWD 是数据库登录时使用的密码。

(2)创建 SqlConnection 对象。

创建 SqlConnection 对象语句如下:

```
SqlConnection connection = new SqlConnection(connString);
```

创建 SqlConnection 对象时，构造方法中的参数 connString 就是第一步定义的连接字符串。

（3）打开数据库连接。

打开数据库连接程序如下：

```
connection.Open();
```

.NET 对于不同类型数据库提供不同的程序，连接对象对于不同的数据库也有不同的类型，如表 9-8 所示。

表 9-8　不同类型的连接对象

命名空间	对应的连接对象
System.Data.SqlClient	SqlConnection
System.Data.OleDb	OleDbConnection
System.Data.Odbc	OdbcConnection
System.Data.OracleClient	OracleConnection

【例 9-5】连接数据库。

①在项目中添加一个页面，页面上放置一个按钮，id 为 "btnTest"。

②在按钮的 Click 事件中添加如下代码：

```
string strcon = "server='(local)';database='MySchool';uid='sa';pwd='sa';";
SqlConnection con = new SqlConnection(strcon);   //新建 SQL 连接
con.Open();                                       //打开 SQL 连接
Response.Write("连接成功");                       //提示成功信息
```

③上述代码连接了本地数据库服务器中的 MySchool 数据库。单击按钮，在页面显示连接成功。

4．DataSet 数据集

如果在操作数据库时，需要大批量的查询、修改数据或者想在断开数据库连接的情况下操作数据，.NET 提供了一种方式，可以一次性将数据从数据库服务器中取出，放在本地进行操作，而不用一直保持数据库连接。实现这种机制的是 DataAdapter 对象和 DataSet 对象，DataAdapter 对象用于从数据库中采集数据，而 DataSet 是将采集到的数据保存在本地计算机内存中。

DataSet 数据集表示来自一个或多个数据源数据的本地副本，是数据的集合，也可以看作是一个虚拟的数据库。DataSet 中可以包含多个 DataTable，DataTable 的结构与数据库中表的结构相同，也是由若干行和若干列构成的，DataSet 能够支持多表、表间关系、数据库约束等，可以模拟一个简单的数据库模型。DataSet 的结构如图 9-10 所示。

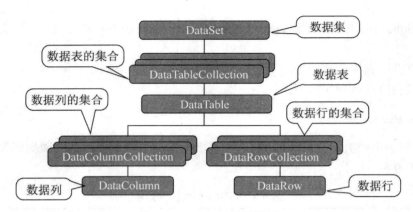

图 9-10 DataSet 的结构图

在 DataSet 中，主要包括 DataTableCollection，DataTable 在 System.Data 中定义，它能够表示存储在内存中的一张表，表包含一个 DataColumnCollection 的对象，代表数据表的各个列的定义，还包含 DataRowCollection 对象，代表数据表中的所有的行。

DataSet 对象允许应用程序半独立于数据源运行，因为 DataSet 从数据源中采集数据后，就会断开与数据源的连接，开发人员可以直接使用和处理这些数据，当数据发生变化并要更新时，则可以使用 DataAdapter 重新连接并更新数据源。DataAdapter 的工作原理如图 9-11 所示。

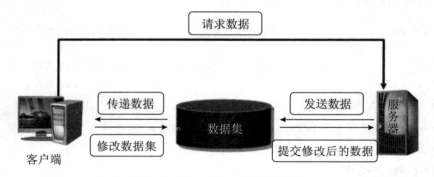

图 9-11 DataAdapter 的工作原理

创建一个 DataSet 时，可以指定一个数据集的名称，如果不指定名称，则默认被设为"NewDataSet"，创建 DataSet 格式如下：

```
DataSet 数据集对象 = new DataSet("数据集的名称");
```

5．DataAdapter 适配器对象

DataSet 是一个本地数据集，如何将数据库的数据放在 DataSet 中，.NET 中使用 DataAdapter 对象完成这个任务。DataAdapter 对象是数据采集器，可以将数据库中的数据采集后，填充到 DataSet 中，是数据库与 DataSet 之间的桥梁。微软针对于不同的数据库提供

多种 DataAdapter 对象，如表 9-9 所示。

表 9-9　不同命名空间的 **DataAdapter** 对象

命　名　空　间	对应的 DataAdapter 对象
System.Data.SqlClient	SqlDataAdapter
System.Data.OleDb	OleDbDataAdapter
System.Data.Odbc	OdbcDataAdapter
System.Data.OracleClient	OracleDataAdapter

创建 SqlDataAdapter 对象的过程如下：
①创建 SqlConnection 连接对象；
②定义查询 SQL 语句字符串；
③创建 SqlDataAdapter 对象，形式为：

```
SqlDataAdapter 对象名 = new SqlDataAdapter(查询用 sql 语句, 数据库连接对象);
```

通过 DataAdapter 对象的 Fill 方法，可以将返回的数据以表的形式填充到数据集 DataSet 中，根据填充的顺序定义每张表的索引，也可以在填充的时候给表命名，例如：

```
da.Fill(ds, "student");//填充查询到的数据,并将这些数据保存成一张表,名为
                      "student"
```

当返回的数据被存放到数据集中后，可以通过循环语句遍历和显示数据集中的信息。当需要显示表中某一行某一字段的值时，可以通过 DataSet 对象获取相应行的某一列的值，例如：

```
ds.Tables[0].Rows[0][" studentname"].ToString();
//获取数据集中第 0 张表第 0 行"studentname"列的值
```

当需要遍历 DataSet 时，可以使用 DataSet 对象中的 Count 来获取行数，例如：

```
for (int i = 0; i < ds.Tables[0].Rows.Count; i++)//遍历 DataSet 数据集
{
Response.Write(ds.Tables[0].Rows[i][" studentname"].ToString()+"<br/>");
//输出 DataSet 数据集中第 0 张表第 i 行"student name"列的值
}
```

DataSet 不仅可以通过编程的方法来实现显示，也可以使用 ASP.NET 中提供的控件来绑定数据集并显示。ASP.NET 中提供了常用的显示 DataSet 数据集的控件，包括 Repeater、DataList、GridView 等数据绑定控件。将 DataSet 数据集绑定到 GridView 控件中可以方便地在控件中显示数据库中的数据并实现分页操作，例如：

```
gridView.DataSource = ds. Tables[0];          //绑定数据集
gridView.DataBind();                          //绑定数据
```

上述代码就能够将数据集 ds 中的 Table[0]中的数据绑定到 GridView 控件中。

【例 9-6】使用 SqlDataAdapter 查询

①在例 9-5 的基础上，在页面上添加一个 GridView 控件"gvStudent"。
②创建 SqlDataAdapter 对象。
③创建 DataSet 对象，并使用 SqlDataAdapter 对象填充数据。
④将 GridView 控件的数据源绑定到 DataSet 对象的数据。

程序代码如下：

```
protected void btnTest_Click(object sender, EventArgs e)
{
    string strcon = "server='(local)';database='MySchool';uid='sa';
    pwd='sa';";
    SqlConnection con = new SqlConnection(strcon);//新建 SQL 连接
    string sqlStr = "select * from Student";
    try
    {
        con.Open();                              //打开 SQL 连接
        Response.Write("连接成功");               //提示成功信息
        SqlDataAdapter da = new SqlDataAdapter(sqlStr, con);
        DataSet ds = new DataSet();
        da.Fill(ds);
        gvStudent.DataSource = ds.Tables[0];
        gvStudent.DataBind();
    }
//异常处理程序省略
}
```

⑤运行程序，单击"连接数据库"按钮，结果如图 9-12 所示。

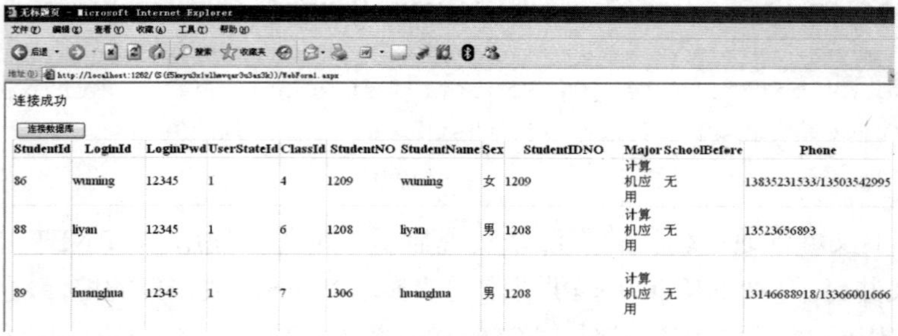

图 9-12　例 9-6 运行结果

结果是将"MySchool"数据库中"Student"表中所有数据采集并绑定显示到 GridView 控件。

6. DataView 数据视图对象

使用 DataView 对象可以按照不同的视图显示 DataSet 中的数据。DataSet 中的每一个 DataTable 都有一个默认的 DataView，在例 9-6 中，绑定显示数据的程序语句：

```
gvStudent.DataSource = ds.Tables[0];
```

等价于：

```
gvStudent.DataSource = ds.Tables[0] .DefaultView;//使用默认数据视图
```

也可以自定义 DataView 对象，该对象能够设置 RowFilter 属性（筛选表达式，其值为布尔值）。同时，该对象能够设置 Sort 属性进行排序，排序表达式可以包括列名或一个算式。

【例 9-7】 使用 DataView

在例 9-6 的基础上进行相应的改进，向 DataSet 中填充数据后，增加如下代码：

```
DataView dv = new DataView();
dv = ds.Tables[0].DefaultView;              //设置默认视图
dv.RowFilter = "StudentID<88";              //设置筛选表达式
dv.Sort = "StudentID DESC";                 //设置排序表达式
gvStudent.DataSource = dv;
gvStudent.DataBind();
```

上述程序使用了 DataView，要求显示数据源中"StudentID<88"的数据，并且按照"StudentID"降序方式显示，在页面上单击"连接数据库"按钮，显示结果如图 9-13 所示。

图 9-13 例 9-7 运行结果

7. Command 执行对象

Command 对象可以使用数据命令直接与数据源进行通信。通常情况下，Command 对象用于数据的操作，例如执行数据的插入和删除，也可以执行数据库结构的更改。使用 Command 步骤如下：

①创建数据库连接；
②定义 SQL 语句；

③创建 Command 对象;
④执行命令。

Command 对象的主要属性如表 9-10 所示。

表 9-10 Command 对象的主要属性

属性	说明
Connection	Command 对象使用的数据库连接
CommandText	执行的 SQL 语句或存储过程
CommandType	指定是使用 SQL 语句或存储过程,默认情况下是 SQL 语句
Parameters	命令对象的参数

Command 对象的主要方法如表 9-11 所示。

表 9-11 Command 对象的主要方法

方法	说明
ExecuteNonQuery	执行不返回行的语句,如 UPDATE 等
ExecuteReader	返回 DataReader 对象
ExecuteScalar	返回单个值,返回值为查询结果中的第一行第一列的值

ExecuteNonQuery 方法

当 Command 对象指定了一个数据库的数据进行增删改的 SQL 语句,就可以通过 ExecuteNonQuery 方法来执行语句的操作。ExecuteNonQuery 不仅可以执行 SQL 语句,也可以执行存储过程,该方法返回受影响记录的行数。

【例 9-8】使用 Command 对象及 ExecuteNonQuery 方法。
①在页面中添加按钮,id 为 "btnCommand"。
②在按钮的 Click 事件方法中实现数据删除,主要程序如下:

```
string strcon = "server='(local)';database='MySchool';uid='sa'; pwd='sa';";
SqlConnection con = new SqlConnection(strcon);        //新建 SQL 连接
string sqlStr = "delete from Student where studentID=89";
try
{
    con.Open();                                        //打开 SQL 连接
    Response.Write("连接成功");                         //提示成功信息
    SqlCommand command = new SqlCommand(sqlStr, con);
    if(command.ExecuteNonQuery()>0)
        Response.Write("删除成功");                     //提示删除成功
    else
```

```
        Response.Write("删除失败,可能是要删除的数据不存在");//提示删除失败
        con.Close();
}
```

以上程序执行 SQL 删除语句，如果数据库中存在要删除的数据，则 command.ExecuteNonQuery()方法返回值为删除的数据记录数，页面显示"删除成功"，否则方法返回值为 0，页面显示"删除失败，可能是要删除的数据不存在"。

8．DataReader 数据访问对象

DataSet 可以提供无连接的数据库副本，DataSet 对象在表的生命周期内会为这些表进行内存的分配和维护，但 DataSet 占用却消耗了较大的本地内存资源。当对数据仅需要进行一些简单的操作时，可以使用 DataReader 对象。

DataReader 对象可以产生只读，只进的数据流，这些数据流都是从数据库返回的。所以，每次的访问或操作只有一个记录保存在服务器的内存中。相比 DataSet 而言，DataReader 具有较快的访问能力，并且能够使用较少的服务器资源，DataReader 具有快速的数据库访问。.NET 针对不同类型数据库提供了多种 DataReader 对象，如表 9-12 所示。

表 9-12　各种 DataReader 对象

命　名　空　间	对应的 DataReader 对象
System.Data.SqlClient	SqlDataReader
System.Data.OleDb	OleDbDataReader
System.Data.Odbc	OdbcDataReader
System.Data.OracleClient	OracleDataReader

DataReader 对象常用属性为 HasRows，表示是否存在记录行。

DataReader 对象的常用方法如表 9-13 所示。

表 9-13　DataReader 对象的常用方法

方　　法	说　　明
Read	前进到下一行记录
Close	关闭 DataReader 对象

使用 DataReader 检索数据的步骤：
①创建和打开数据库连接；
②创建 Command 对象；
③调用 Command 对象的 ExecuteReader()方法创建 DataReader 对象；
④使用 DataReader 的 Read()方法逐行读取数据；
⑤读取某列的数据，(type)dataReader[ ]，中括号内可以使索引，也可以是列名；
⑥关闭 DataReader 对象。

【例 9-9】 使用 DataReader 对象。

①创建 Web 页面，并在页面上添加一个 Label 控件（id 为 lblGrade，Text 为年级）和一个 dropdownlist 控件（id 设为 ddlGrade）。

②使用 DataReader 对象读取数据库中 Grade 表中的 GradeName 并添加到下拉控件 ddlGrade 的下拉项中。主要程序如下：

```
public void BindGrade()
{
    string strcon = "server='(local)';database='MySchool';uid='sa';pwd='sa';";
    SqlConnection con = new SqlConnection(strcon);  //新建 SQL 连接
    string sql = "SELECT GradeName FROM Grade";     //查询年级的 sql 语句
    SqlCommand command = new SqlCommand(sql, con);
    try
    {
        con.Open();                                 //打开数据库连接
        SqlDataReader dataReader = command.ExecuteReader();   //执行查询
        string gradeName = "";                      //年级名称
        //循环读出所有的年级名,并添加到年级列表框中
        while (dataReader.Read())
        {
            gradeName = (string)dataReader["GradeName"];
            this.ddlGrade.Items.Add(gradeName);
        }
        dataReader.Close();
    }
}
```

③运行程序，结果如图 9-14 所示。

图 9-14　例 9-9 运行结果

9.1.6 数据绑定控件

ASP.NET 中，可以使用 ADO.NET 对数据库中的数据进行访问查询，而且查询到的数据可以通过数据绑定控件显示在页面上，如 GridView、DataList、Repeater 等控件都可以实现数据绑定的功能，.NET 中数据绑定控件结构如图 9-15 所示。

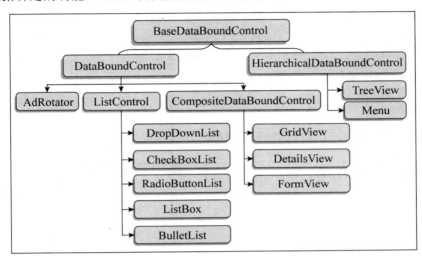

图 9-15　数据绑定控件

1．网格视图控件（GridView）

GridView 是 ASP.NET 中功能非常丰富的数据控件之一，它可以以表格的形式显示数据库的内容并通过数据源控件自动绑定和显示数据。开发人员能够通过配置数据源控件对 GridView 中的数据进行选择、排序、分页、编辑和删除等操作。GridView 控件还能够指定自定义样式，在没有任何数据时可以自定义无数据时的 UI 样式。

1）GridView 控件的常用属性

GridView 控件的常用属性如表 9-14 所示。

表 9-14　GridView 控件的常用属性

属　　性	说　　明
AllowPaging	是否允许分页
PageSize	每页显示数据记录数
DataSourceID	绑定数据源控件
DataSource	绑定数据源
DataKeyNames	数据源中的关键字段
GridLines	控件网格线设置
AutoGenerateColumns	是否自动生成数据列

除了上述属性以外,GridView 还提供了很多设置 GridView 样式的属性,例如 RowStyle、HeaderStyle 等,通过设置这些属性的值可以设置 GridView 控件的样式。GridView 还提供了设置格式的简捷方式,在页面设计视图中 GridView 的右键菜单中选择"自动套用格式",在弹出的窗口中可以设置 GridView 中的样式。

2) GridView 控件绑定数据

GridView 控件提供两种数据绑定方式,一种则是使用 DataSource 属性进行数据绑定,这种方法能够将 GridView 控件绑定到包括 ADO.NET 数据和数据读取器内的各种对象,该方法在介绍 DataSet 部分已经介绍;另一种是使用数据源控件进行数据绑定。

【例 9-10】使用数据源控件绑定数据。

① 添加页面 GridViewTest.aspx,在页面上放置一个 GridView 控件,选择"自动套用格式"为"大洋洲"。

② 单击 GridView 控件的智能标记按钮,在选择数据源的下拉框中选择"新建数据源",如图 9-16 所示。

③ 在数据源配置向导窗口中,应用程序选择从哪里获取数据,选择"数据库",单击"确定"按钮。

图 9-16 新建数据源

④ 在选择数据连接窗口中,单击"新建连接",在弹出的"添加连接"窗口中设置服务器、连接方式、数据库名等,如图 9-17 所示。

图 9-17 数据库连接

⑤ 在"是否将连接字符串保存在保存在应用程序配置文件中"的窗口中选择"是,将此连接另存为",直接单击下一步。

⑥ 在"配置 select 语句"窗口中,选择"指定来自表或视图的列",名称选择"Student",并选择相应的列,如图 9-18 所示。

图 9-18 配置 Select 语句

⑦单击"完成"按钮,浏览该网页,结果如图 9-19 所示。

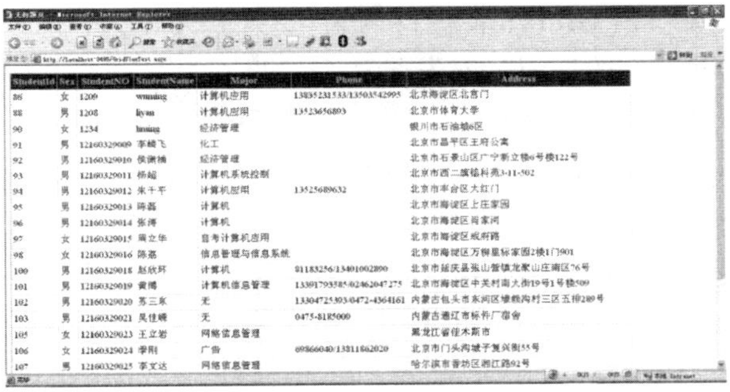

图 9-19 例 9-10 运行结果

注:在配置数据源时,除了使用数据库作为数据源,还可以配置的数据源有 Access 数据库、XML 文件、对象、站点地图等。

配置数据源绑定数据之后,GridView 显示数据格式还可以进一步修改,单击 GridView 智能标记选择"编辑列"选项来编辑相应列的样式,如表头文本 HeaderText、列样式 ItemStyle 等,还可以添加新列或删除列,如图 9-20 所示。

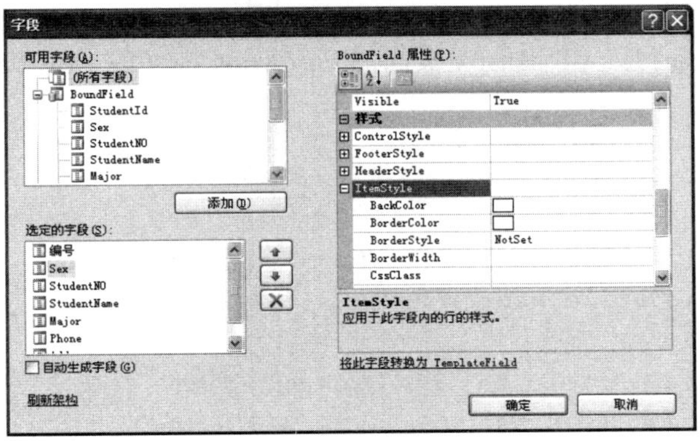

图 9-20 编辑列

3）GridView 控件的常用事件
- RowCommand：在 GridView 控件中单击某个按钮时发生。
- PageIndexChanging：在单击页导航按钮时发生。
- PageIndexChanged：在单击页导航按钮后发生。
- SelectedIndexChanging：在单击 GridView 控件内某一行的 Select 按钮（其 CommandName 属性设置为"Select"的按钮）时发生。
- SelectedIndexChanged：在单击 GridView 控件内某一行的 Select 按钮后发生。
- Sorting：在单击某个用于对列进行排序的超链接时发生。
- Sorted：在单击某个用于对列进行排序的超链接后发生。
- RowDataBound：在 GridView 控件中的某个行被绑定到一个数据记录时发生。
- RowCreated：在 GridView 控件中创建新行时发生。
- RowDeleting：在单击 GridView 控件内某一行的 Delete 按钮（其 CommandName 属性设置为"Delete"的按钮）时发生。
- RowDeleted：在单击 GridView 控件内某一行的 Delete 按钮后发生。
- RowEditing：在单击 GridView 控件内某一行的 Edit 按钮（其 CommandName 属性设置为"Edit"的按钮）时发生。
- RowCancelingEdit：在单击 GridView 控件内某一行的 Cancel 按钮（其 CommandName 属性设置为"Cancel"的按钮）时发生。
- RowUpdating：在单击 GridView 控件内某一行的 Update 按钮（其 CommandName 属性设置为"Update"的按钮）时发生。
- RowUpdated：在单击 GridView 控件内某一行的 Update 按钮后发生。
- DataBound：此事件继承自 BaseDataBoundControl 控件，在 GridView 控件完成到数据源的绑定后发生。

【例 9-11】实现 GridView 控件光棒效应。

光棒效应的基本原理是将 GridView 控件当前行背景色设置为与其他行有明显区分，称为光棒效应。

①在例 9-10 中 GridVewTest.aspx 页面的 GridView 控件的 RowDataBound 事件中，编写如下程序：

```
if(e.Row.RowType == DataControlRowType.DataRow)
{
    e.Row.Attributes.Add("onmouseover", "currentcolor=this.style.backgroundColor;this.style.backgroundColor='#6699ff'");
    e.Row.Attributes.Add("onmouseout", "this.style.backgroundColor=currentcolor");
}
```

②浏览 GridVewTest.aspx 页面，当鼠标移动到第二行时，结果如图 9-21 所示。

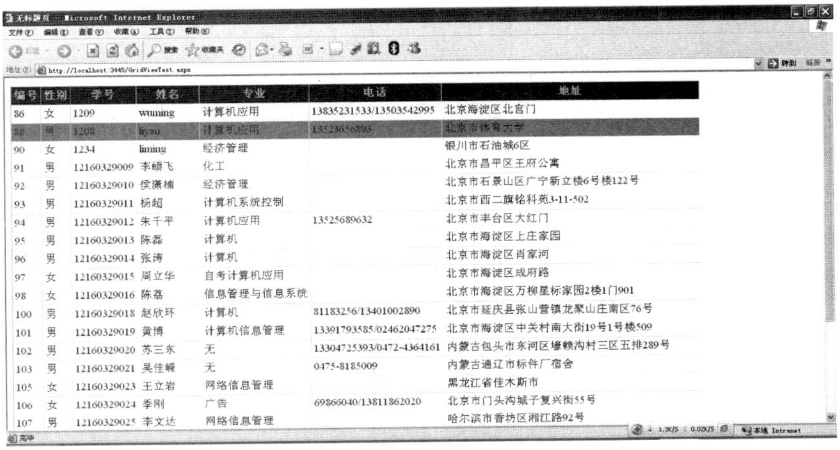

编号	性别	学号	姓名	专业	电话	地址
86	女	1209	wuming	计算机应用	13835231533/13503542995	北京海淀区北宫门
88	男	1208	liyan	计算机应用	13523636893	北京市体育大学
90	女	1234	liming	经济管理		银川市石油城6区
91	男	12160329009	李頔飞	化工		北京市昌平区王府公寓
92	男	12160329010	侯潇楠	经济管理		北京市石景山区广宁新立楼6号楼122号
93	男	12160329011	杨超	计算机系统控制		北京市西二旗铭科苑3-11-502
94	男	12160329012	朱千平	计算机应用	13525689632	北京市丰台区大红门
95	男	12160329013	陈磊	计算机		北京市海淀区上庄家园
96	男	12160329014	张涛	计算机		北京市海淀区肖家河
97	女	12160329015	周立华	自考计算机应用		北京市海淀区成府路
98	女	12160329016	陈荔	信息管理与信息系统		北京市海淀区万柳星标家园2楼1门901
100	男	12160329018	赵欣环	计算机	81183256/13401002890	北京市延庆县张山营镇龙聚山庄南区76号
101	男	12160329019	黄博	计算机信息管理	13391793585/02462047275	北京市海淀区中关村南大街19号1号楼509
102	男	12160329020	苏三东	无	13304725393/0472-4364161	内蒙古包头市东河区壕赖沟村三区五排289号
103	男	12160329021	吴佳嵘	无	0475-8185009	内蒙古通辽市标件厂宿舍
105	女	12160329023	王立岩	网络信息管理		黑龙江省佳木斯市
106	女	12160329024	季刚	广告	69866040/13811862020	北京市门头沟城子复兴街55号
107	男	12160329025	李文达	网络信息管理		哈尔滨市香坊区湘江路92号

图 9-21　例 9-11 浏览结果

2．重复列表控件（Repeater）

重复列表控件（Repeater）是一个可重复显示的控件。它能够通过使用模板显示一个数据源的内容，而且这些模板可以自己设计。Repeater 控件可以将一段 HTML 代码或者某些.NET 服务器控件进行组合构成一个模板，Repeater 控件会根据绑定的数据源中的记录个数重复该模板。Repeater 控件支持 5 种模板，这 5 种模板的功能如下：

- AlternatingItemTemplate：交替项模板。
- ItemTemplate：模板项。
- HeaderTemplate：标题模板。
- FooterTemplate：页脚模板。
- SeparatorTemplate：分隔符模板。

在上面 5 种模板中，必须使用的是 ItemTemplate 模板，其他的模板可以选用。

【例 9-12】使用 Repeater 控件

①添加页面 RepeaterTest.aspx，拖放 Repeater 控件，并按照例 9-11 的步骤设置 Repeater 控件的数据源（需要选择“Teacher”表和[TeacherId]，[TeacherName]，[Sex]，[Birthday] 列，在后面的程序中将会看到）。

②设置 HeaderTemplate 及 ItemTemplate，主要程序代码下所示：

```
    <div>
    <asp:Repeater ID="Repeater1" runat="server" DataSourceID="SqlDataSource1">
<HeaderTemplate>
    姓名 | 性别 | 生日 | 选择
    </HeaderTemplate>
    <ItemTemplate>
```

```
<div style="border-bottom:1px dashed #ccc; padding:5px 5px 5px 5px;">
<table><tr>
<td style="width:120px;"><%# Eval("TeacherName")%></td>
<td style="width:120px;"><%# Eval("Sex")%></td>
<td style="width:200px;"><%# Eval("Birthday")%></td>
<td style="width:120px;"><asp:CheckBox id="ckb1" runat ="server" Text="选择"/>
</td></tr></table>
</div>
</ItemTemplate>
</asp:Repeater>
<asp:SqlDataSource ID="SqlDataSource1" runat="server" ConnectionString="<%$ ConnectionStrings:MySchoolConnectionString %>"
SelectCommand="SELECT [TeacherId], [TeacherName], [Sex], [Birthday] FROM [Teacher]">
</asp:SqlDataSource></div>
```

③浏览该页面，结果如图 9-22 所示。

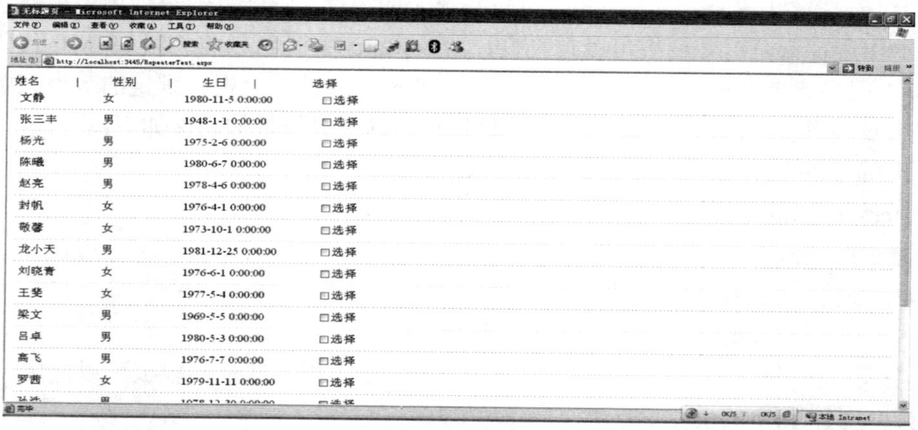

图 9-22　例 9-12 执行结果

在上面的程序中，"<%#%>"符号之间的语句表示数据绑定表达式，可以直接使用数据源控件中查询出来字段。ASP.NET 中还可以使用"<%#bind("字段名称")%>"来显示数据字段的值，但这种方式只能用于一个控件属性值赋值，例如：<asp:Label ID="lbl1" runat="server" Text='<%# Bind("TeacherName")%>'></asp:Label>

Repeater 控件常用的事件有：
- ItemCommand：当重复列表控件中有按钮被激发时触发。
- ItemCreated：创建一项时触发。
- ItemDataBound：一项被绑定到数据源时触发。

3．数据列表控件（DataList）

与 Repeater 控件相似，DataList 控件也支持多种类型的模板，通过为 DataList 指定不同的样式，可以自定义 DataList 控件的外观。不同的是，Repeater 控件只能自定义模板，自行绑定数据，而 DataList 控件本身自带部分模板，也可以自动绑定数据字段，且属性更丰富，DataList 控件常用属性如下：

- AltermatingItemStyle：编写交替行的样式。
- EditItemStyle：正在编辑的项的样式。
- FooterStyle：列表结尾处的脚注的样式。
- HeaderStyle：列表头部的标头的样式。
- ItemStyle：单个项的样式。
- SelectedItemStyle：选定项的样式。
- SeparatorStyle：各项之间分隔符的样式。

通过修改 DataList 控件的相应的属性，能够实现复杂的 HTML 样式。同 GridView 一样，DataList 控件也可以套用自定义格式实现显示样式。

DataList 控件常见事件如下：

- ItemCommand：当重复列表控件中有按钮被激发时触发。
- ItemCreated：创建一项时触发。
- ItemDataBound：一项被绑定到数据源时触发。

4．表单视图控件（FormView）

FormView 控件一次只能显示一条数据，并且提供对数据的分页操作。FormView 控件同样支持模板，FormView 控件支持的模板如下：

- ItemTemplate：用于在 FormView 中呈现一个特殊的记录。
- HeaderTemplate：用于指定一个可选的页眉行。
- FooterTemplate：用于指定一个可选的页脚行。
- EmptyDataTemplate：当 FormView 的 DataSource 缺少记录的时候，EmptyDataTemplate 将会代替 ItemTemplate 来生成控件的标记语言。
- PagerTemplate：如果 FormView 启用了分页的话，这个模板可以用于自定义分页的界面。
- EditItemTemplate / InsertItemTemplate：如果 FormView 支持编辑或插入功能，那么这两种模板可以用于自定义相关的界面。

FormView 控件常用事件除了在 Repeater 控件中介绍的几种外，还有一些事件，如下所示：

- ItemCommand：Command 命令引发。
- ItemDeleted：执行 Delete 命令后引发。
- ItemDeleting：执行 Delete 命令前引发。
- ItemInserted：执行 Insert 命令后引发。

- ItemInserting：执行 Insert 命令前引发。
- ItemUpdated：执行 Update 命令后引发。
- ItemUpdating：执行 Update 命令前引发。
- ModeChanged：模式发生变化后引发。
- ModeChanging：模式发生变化前引发。
- PageIndexChanged：页索引发生变化后引发。
- PageIndexChanging：页索引发生变化前引发。

5. 详细视图控件（DetailsView）

DetailsView 控件与 FormView 比较类似，DetailsView 控件每次也只能够显示一条记录，并且支持对数据源控件中的数据进行插入、删除和更新等操作。但是 DetailsView 控件与 FormView 控件不同的是，DetailsView 控件不支持 ItemTemplate 模板，它是以一种表格形式所呈现的。DetailsView 控件能够支持 Ajax。DetailsView 控件可以通过选择是否包括更新、删除等操作，而无需手动的添加相应的事件，如图 9-23 所示。

图 9-23　配置 DetailsView 任务

当选择了【启用分页】选项后 DetailsView 控件就能够自动进行分页，还可以配置 Pager Settings 属性允许自定义 DetailsView 控件生成分页的外观，它将呈现向前和向后导航的方向控件，PagerSettings 属性的常用模式有：

- NextPrevious：以前一个，下一个形式显示。
- NextPreviousFirstLast：以前一个，下一个，最前一个，最后一个形式显示。
- Numeric：以数字形式显示。
- NumericFirstLast：以数字，最前一个，最后一个形式显示。

如果在"配置 DetailsView 任务"时选择了"启用插入""启用编辑""启用删除"，则会自动生成新建、编辑、删除等按钮，如图 9-24 所示。单击这些按钮时，会触发相应的事件，切换到相应的模式，例如单击编辑按钮后的结果如图 9-25 所示。

图 9-24　DetailsView 控件的新建、删除及编辑

图 9-25　DetailView 控件编辑模式

9.1.7 WebApp 开发

1．WebApp 概述

WebApp 是指页面应用。它是一种依赖 Web 浏览器，通过网络访问的应用程序。随着 HTML5 的快速发展、智能手机的普及，WebApp 在手机应用程序的开发上得到了迅猛的发展。

WebApp 与原有的 Native App（原生态网络应用）相比，WebApp 的优点在于一次性开发跨平台使用，开发成本低，周期短，内容设置限制比较小，用户总能访问到最新版本，无需手动更新需求。不足之处是性能体验有待提高，因为许多操作需要链接到互联网，因此不能离线操作，而且不能充分发挥移动硬件设备的硬件性能，用户体验上还不能完全替代 Native App 的功能和性能优势。目前，随着 WebApp 开发技术日趋成熟，其性能正在不断地改进和提升，从长远来看 WebApp 有着良好的发展前景。

基于 MUI 框架 WebApp 的开发

目前，比较流行的有 Cordova、MUI、PhoneGap、appMobi、WeX5 等主流的构建 WebApp 框架。MUI 是一个高性能的 HTML5 开发框架，从 UI 界面到执行效率都在极力追求原生体验，是接近 Native App 体验的高性能前端框架。主要特点为：轻量级别，不依赖任何第三方 JS 库，压缩后的 JS 和 CSS 文件仅有 100+K 和 60+K；原生 UI，以 iOS 平台 UI 为基础，补充部分 Android 平台特有的 UI 控件。

Hbuilder 工具是由 DCloud（数字天堂）推出的一款支持 HTML5 的 Web 开发 IDE，该工具能够快速搭建 MUI 框架，实现 WebApp 的开发。下面给出 Hbuilder 工具开发 MUI 框架的 WebApp 的基本流程。

（1）使用 HBuilder 新建移动 WebApp 项目。启动 Hbuilder，单击"文件"→"新建"→"项目"，然后选择"5+App"并输入项目名称，就直接搭建完成一个基于 MUI 的移动 App 项目。

（2）配置 manifest.json 文件。manifest.json 是项目的配置文件，包含了要申请的 AppID 号、App 的名称、版本号、首页文件、应用的图标、应用的启动图片以及需要的各种 SDK。根据需要可以自行配置。

（3）生成含 MUI 的 html 文件。在新建 HTML 文件时，选择"含 MUI 的 html"，就可以生成以 MUI 架构为基础的网页文件，代码如下所示：

```html
<!doctype html>
<html>
    <head>
        <meta charset="utf-8">
        <title></title>
        <meta name="viewport" content="width=device-width,initial-scale=1,minimum-scale=1,maximum-scale=1,user-scalable=no" />
```

```html
        <link href="css/mui.css" rel="stylesheet" />
    </head>
    <body>
        <script src="js/mui.js"></script><!--导入页面所需要的MUI的JS文件-->
        <script type="text/javascript">
            mui.init()           //MUI 页面初始化函数
        </script>
    </body>
</html>
```

这里 mui.init()初始化函数，接收一个对象参数，用于进行页面的各种配置，例如子页面的加载、页面预加载等。如下代码，设置手势：

```
mui.init({
/*设置各种手势操作的开关*/ gestureConfig:{
tap: true,           //默认为 true,点手机屏幕
doubletap: true,     //默认为 false
longtap: true,       //默认为 false
swipe: true,         //默认为 true
drag: true,          //默认为 true
hold:false,          //默认为 false,不监听
release:false        //默认为 false,不监听} });
```

（4）搭建首页 HTML 布局。首先在 body 中输入"m"选择 mHead，生成头部导航栏，然后在导航栏下面，输入 mbody，生成页面的主体部分，其实就是一个 div。页面中除了 Header 和 Footer 以外的全部内容，必须包含在 body 中。接着在 body 中，输入一个个元素，例如添加一个列表 mList 等。最后为每个元素添加事件，例如添加跳转页面，这里和 JSP 类似，要调用 mui.plusReady(function(){绑定事件})函数，例如一个列表的每项实现到下一个页面的跳转，如下代码：

```
var page = ["index0.html","index1.html","index1.html","index1.html"];
var arr=document.getElementsByTagName("a");
for(var i=0; i<arr.length; i++){
!function(i){
//在手机 APP 中,事件绑定推荐使用 DOM2 模型。用 tap 事件取代 click 事件
arr[i].addEventListener("tap",function(){
 mui.openWindow({ url:page[i], id:page[i],//penWindow 打开一个新页面窗口。
}) }) }(i); }
```

（5）模拟运行。在开发过程中完成某一功能，就可以进行调试，HBuilder 支持多种方式，可以直接通过浏览器调试，也可以通过手机运行或通过模拟器调试，如图 9-26 所示。

（6）打包 WebApp。一旦开发测试完成，就可以应用打包工具生成 Andriod 的 APK 文件和 iPhone 的 IPA 文件。单击 HBuilder 菜单导航栏的"发行"→"原生 App"-"云打包"，可以看到如图 9-27 所示的对话框，打包过程非常简单，这也是 HBuilder 得到广泛应用的优势之一。

图 9-26　网页功能调试

图 9-27　WebApp 打包

9.2　电子商务系统框架设计

9.2.1　电子商务系统开发常用数据库的设计

电子商务网站与一般网站相比较，最大的区别在于电子商务网站除了一般网站的信息展示功能外，还有在线购买和在线支付等功能。一个电子商务网站的基本功能分为前台功能和后台功能。

1．前台功能

前台主要是为普通用户提供服务与功能，主要包括：

- 商品展示。
- 分类目录。
- 商品搜索。
- 商品评论。
- 购物车。
- 促销活动。
- 个人中心。
- 新闻动态。

2. 后台功能

后台主要是为电子商务网站管理人员提供的服务与功能，主要包括：

- 商品管理。
- 新闻/内容管理。
- 商品类别管理。
- 会员管理。
- 订单管理。
- 分组权限管理。
- 统计访问。
- 电子商务网站高级功能。
- 秒杀活动。
- 团购。
- 会员积分。
- 加盟中心。
- 供应商中心。

因此，在设计电子商务系统数据库时应根据实际需求，以实现功能为目标，设计相应的数据库。下面以常见的电子商务系统功能设计数据库，数据库表设计定为 10 张表。

1）sw_user（用户信息表）

电子商务系统离不开用户，在实现个人中心、会员管理等功能时都有涉及到用户，用户信息表的结构如表 9-15 所示。

表 9-15 sw_user 表结构

字 段	数据类型	主/外键	说 明
sw_userid	varchar	PK	用户 ID
sw_username	varchar		用户名
sw_password	varchar		用户密码
sw_name	varchar		用户真实姓名
sw_question	varchar		丢失密码问题
sw_answer	varchar		用户回答答案，用于找回密码
sw_sex	varchar		性别
sw_phone	varchar		电话
sw_email	varchar		电子邮件
sw_address	varchar		地址
sw_post	bigint		邮编
sw_province	varchar		省份
sw_city	varchar		城市
sw_mark	varchar		标记

2）sw_bigclass（商品大类）

电子商务系统中商品越丰富，网站吸引力越强。为了便于对这个庞大的商品集合进行管理以及方便用户浏览检索商品，需要将这些商品进行分类。当商品特别多时，分成大类和小类。商品大类表的结构如表 9-16 所示。

表 9-16　sw_bigclass 表

字　段	数据类型	主/外键	说　明
sw_bigclassid	varchar	PK	商品大类 ID
sw_bigclassname	varchar		商品大类名称

3）sw_smallclass（商品小类）

商品小类表的结构如表 9-17 所示。

表 9-17　sw_smallclass 表结构

字　段	数据类型	主/外键	说　明
sw_smallclassid	varchar	PK	商品小类 ID
sw_bigclassid	varchar	FK	关联大类 sw_bigclassid
sw_smallclassname	varchar		商品小类名称

4）sw_product（商品信息）

商品是电子商务系统运行的主体，各种商务活动都是围绕商品进行的，商品信息表的结构如表 9-18 所示。

表 9-18　sw_product 表结构

字　段	数据类型	主/外键	说　明
sw_productid	varchar	PK	商品 ID
sw_smallclassid	varchar	FK	关联商品小类 sw_smallclassid
sw_pname	varchar		名称
sw_pdetail	varchar		商品信息
sw_pprice	float		商品价格
sw_pmemderprice	float		会员价
sw_pfewprice	float		差价
sw_ppicture	varchar		图片
sw_ptime	DateTime		添加时间
sw_pstock	Int		商品库存量
sw_phit	bigint		点击数
sw_pdetail1	varchar		其他描述

5）sw_administrators（管理员）

电子商务系统中，管理员负责处理订单、商品管理、类别管理、新闻管理等，管理员表的结构如表 9-19 所示。

表 9-19 sw_administrators 表结构

字段	数据类型	主/外键	说明
sw_adminid	varchar	PK	管理员 ID
sw_roleid	varchar	FK	关联权限表 sw_roleid
sw_adminname	varchar		管理员姓名
sw_adminpassword	varchar		管理员密码

6）sw_roles（管理员角色）

在大型电子商务系统中，应该有各种角色的管理员，比如订单管理员只负责处理订单，发货管理员只负责发货，财务员根据订单管理员的信息核对货款并通知发货员发货等，这样将管理员分成不同角色，每个角色拥有不同的权限，便于电子商务系统的管理，管理员角色表的结构如表 9-20 所示。

表 9-20 sw_roles 表结构

字段	数据类型	主/外键	说明
sw_roleid	varchar	PK	管理员角色 ID
sw_rolename	varchar		角色名称
sw_roleRight	varchar		角色权限描述

7）sw_news（新闻）

电子商务系统中，经常会发布网站新闻或者其他信息，新闻表的结构如表9-21 所示。

表 9-21 sw_news 表结构

字段	数据类型	主/外键	说明
sw_newsid	varchar	PK	新闻 ID
sw_adminid	varchar	FK	关联管理员表 sw_adminid
sw_title	varchar		新闻标题
sw_content	varchar		新闻内容
sw_time	DateTime		添加时间
sw_type	varchar		类型

8）sw_guest（评论）

用户在购买商品以后，经常会对购买的商品进行评价，用户的评价对其他希望购买该商品的用户起到引导性的作用，评论表的结构如表 9-22 所示。

表 9-22 sw_guest 表结构

字段	数据类型	主/外键	说明
sw_gid	varchar	PK	新闻 ID
sw_productid	varchar	FK	关联商品表 sw_productid
sw_userid	varchar	FK	关联用户表 sw_userid
sw_gcontent	varchar		评价内容
sw_ggrade	Int		评价等级
sw_gtime	DateTime		评价时间
sw_type	varchar		类型

9）sw_orderlist（订单表）

用户一次购买的多个商品就形成了一张订单，电子商务系统运营商要对这些订单进行处理，核对、发货等，订单表的结构如表 9-23 所示。

表 9-23　sw_orderlist 表结构

字　　段	数据类型	主/外键	说　　明
sw_orderlistid	varchar	PK	订单 ID
sw_userid	varchar	FK	关联用户表 sw_userid
sw_linkman	varchar		联系人
sw_email	varchar		联系人电子邮件
sw_phone	varchar		联系人电话
sw_orderdate	DateTime		订单日期
sw_postalcode	Int		送货处邮编
sw_address	varchar		送货地址
sw_result	Int		处理结果
sw_remark	varchar		备注
sw_deliverydeadline	DateTime		送货期限
sw_deliveryType	varchar		送货方式
sw_paymentType	Int		付款方式
sw_error	varchar		意外说明

10）sw_orderdetails（订单详细表）

一张订单可能会包括多种商品，一种商品也可能有多个，所以对一张订单的详细情况还需要一张订单详细表，订单详细表的结构如表 9-24 所示。

表 9-24　sw_orderdetails 表结构

字　　段	数据类型	主/外键	说　　明
sw_orderdetailid	varchar	PK	订单详细 ID
sw_orderlistid	varchar	FK	关联订单表 sw_ordelistrid
sw_productid	varchar	FK	关联商品表 sw_productid
sw_quantity	Int		订货数量
sw_unitcost	float		单价
sw_gtime	DateTime		评价时间
sw_type	varchar		类型

这些表与表之间的联系如图 9-27 所示。

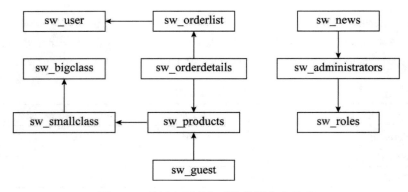

图 9-27 常用电子商务系统数据库表关系

根据上面设计数据库逻辑结构,就可以设计数据库的物理结构,即建立物理数据库。不同的电子商务系统运行模式及功能都不尽相同,所以所设计的数据库肯定也有区别,这里仅仅给出了一个较为常见的电子商务系统的数据库设计,在实际建立电子商务系统时应该按照实际需求来设计数据库。

9.2.2 ASP.NET 母版页

一个网站包含多个页面,而这些页面的一个共同特征是其具有一致的站点级页面布局和导航模式。ASP.NET 中的母版页和网站导航,极大地简化了站点级页面布局和导航模式的实现过程。母版页允许开发人员创建具有指定的可编辑区域的站点级模板,在模板中集中实现站点级页面布局,为所有页面创建一致的外观,此模板可应用到网站中的 ASP.NET 页面上。这些 ASP.NET 页面只需为母版页中指定的可编辑区域提供相应内容。

母版页的后缀名为.master,母版页同 Web 窗体在结构上基本相同,不同的是,母版页的声明方法不是使用 Page 指令声明,而是使用 Master 指令进行声明,如下所示:

```
<%@ Master Language="C#" AutoEventWireup="true" CodeBehind="Reception.master.cs" Inherits="School.Reception" %>
```

母版页提供一个对象模型,其他页面能够通过母版页快速的进行样式控制和布局,使用母版页具有以下好处:

- 母版页可以集中处理页面的通用功能,包括布局和控件定义,便于站点维护。
- 使用母版页可以定义通用性的功能,包括页面中某些模块的定义。
- 提供高效的内容整合能力。
- 提供一种便于利用的对象模型。

1. 创建母版页

在 Visual Studio 中单击"添加项"选项,选择"母版页"项目,即可向项目中添加一个母版页。一个新建母版页主要内容如下:

```
<%@ Master Language="C#" AutoEventWireup="true" CodeBehind="Reception.
    master.cs" Inherits="School.Reception" %>
<asp:ContentPlaceHolder ID="CPHo1" runat="server"></asp:ContentPlaceHolder>
```

可以看出，母版页使用的指令是 Master 指令，其中，ContentPlaceHolder 是一个内容页占位符。在创建内容页时，需要将内容页的 content 控件的 ContentPlaceHolderID 属性设为母版页中 ContentPlaceHolder 控件的 ID，一个母版页可以根据布局需要放置多个 ContentPlaceHolder。另外，母版页不能单独浏览，但母版页可以嵌套。

2．创建内容页

使用母版页的页面被称作称内容页，内容页无需过多的考虑页面布局，只需要在母版页预留给内容页的地方编写相应的内容。当用户请求内容页时，内容页将与母版页合并，并将母版页的布局和内容页的布局组合在一起呈现给用户。在使用母版页之后，内容页不能修改母版页中的内容。

创建内容页的方法与创建 Web 窗体方法基本一样，在 Visual Studio 中创建 Web 窗体时，选中"选择母版页"选项，单击"添加"按钮，系统会提示选择相应的母版页，选择相应的母版页后，单击"确定"按钮即可创建内容页。使用母版页的内容页代码如下：

```
<%@ Page Language="C#" AutoEventWireup="true" CodeBehind="WebForm2
    aspx.cs" Inherits="School.WebForm2" MasterPageFile="~/Reception.Master" %>
<asp:Content ID="Content1" ContentPlaceHolderID="CPH1" runat="server">
</asp:Content>
```

其中 page 指令中的 MasterPageFile 属性即表示母版页的位置。另外在内容页中，不能存在 html、head、body、form 等 HTML 标签，因为这些标签在母版页中已经存在。

也可以将现有 Web 页面改为应用母版页的内容页，过程如下：

①在@Page 标记中指定 MasterPageFile 位置；
②去除内容页的多余 html、head、body、form 等标签；
③创建<asp:Content>标签，并放入对应的内容；
④指定相应的 ContentPlaceHolderID。

9.2.3 ASP.NET 站点导航

在电子商务系统中，常常会看到菜单、站点地图等导航形式，这些导航可以让用户能够更加方便快捷地查阅到相关的信息和资讯，或者跳转到相关的版块。ASP.NET 提供了站点导航的控件有：SiteMapPath、TreeView、Menu，这三个控件的基本特征如下：

- SiteMapPath：指示页面在站点的逻辑位置的导航。
- TreeView：以树形目录方式导航的控件。并且 TreeView 控件支持数据绑定。
- Menu：Menu 控件提供静态和动态混合的菜单功能。

1. 站点地图

ASP.NET 站点导航控件是基于站点地图的，站点地图是对站点结构的 XML 描述，站点地图文件名为 Web.sitemap，例如，某商务网站结构如图 9-28 所示。

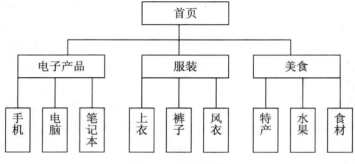

图 9-28　网站结构

根据这个站点结构创建一个 Web.sitemap 站点地图文件如下：

```
<?xml version="1.0" encoding="utf-8" ?>
<siteMap xmlns="http://schemas.microsoft.com/AspNET/SiteMap-File-1.0" >
<siteMapNode url="index.aspx" title="首页" description="首页">
<siteMapNode url="~/Electronics/Electronics.aspx" title="电子产品" description="电子产品" >
<siteMapNode url="~/Electronics/mobile.aspx" title="手机" description="手机" />
<siteMapNode url="~/Electronics/computer.aspx" title="电脑" description="电脑" />
<siteMapNode url="~/Electronics/Notebook.aspx" title="笔记本" description="笔记本" />
        </siteMapNode>
        <siteMapNode url="~/Clothing/Clothing.aspx" title="服装" description="服装" >
        <siteMapNode url="~/Clothing/Jacket.aspx" title="上衣" description="上衣" />
        <siteMapNode url="~/Clothing/Pants.aspx" title="裤子" description="裤子" />
        <siteMapNode url="~/Clothing/Windbreaker.aspx" title="风衣" description="风衣" />
        </siteMapNode>
        <siteMapNode url="~/Food/Food.aspx" title="美食" description="美食" >
            <siteMapNode url="~/Food/Specialties.aspx" title="特产" description="特产" />
```

```xml
            <siteMapNode url="~/Food/Fruits.aspx" title="水果"
            description="水果" />
            <siteMapNode url="~/Food/ingredients.aspx" title="食材"
            description="食材" />
        </siteMapNode>
    </siteMapNode>
</siteMap>
```

这是一个 XML 文件，包含如下几个标签：
- siteMap：根节点，一个站点地图只能有一个 siteMap 元素。
- siteMapNode：对应于页面的节点，一个节点描述一个页面。
- title：提供链接的文本描述。
- url：文件在解决方案中的位置，如果要表示根目录，需要用 "~/"。
- description：说明性文本，并提供光标停留时，显示的内容。

编写站点地图时，需要注意以下事项：
- 站点地图根节点为<siteMap>元素，每个文件有且仅有一个根节点。
- <siteMap>下一级有且仅有一个<siteMapNode>节点。
- <siteMapNode>下面可以包含多个新的<siteMapNode>节点。
- 站点地图中，同一个 URL 仅能出现一次。

站点地图文件可以作为站点导航控件的数据源（导航控件的数据源也可以是其他方式），有了站点地图，就可以创建站点导航控件了。

2．SiteMapPath 控件

SiteMapPath 控件可以显示站点网页层次结构，并且可以标明用户当前所在位置，可以帮助用户理解站点结构，可以迅速定位。

SiteMapPath 控件使用比较方便，它使用站点地图作为控件的数据源。例如，在图 9-28 描述的商务网站中，存在一个页面 Fruits.aspx，在该页面中放置一个 SiteMapPath 控件，SiteMapPath 控件会根据站点地图文件的内容自动生成 SiteMapPath 控件内容，如图 9-29 所示。

图 9-29　SiteMapPath 控件

SiteMapPath 控件的重要属性如下：
- PathSeparator 属性：分隔符的样式。PathSeparator 属性只能设置一些简单的符号或文字，如果希望使用图片或其他复杂符号作间隔符，可以通过编辑模板<PathSparatorTemplate>更改分隔符为任意样式。如果既设置了 PathSeparator 属性，又设置了<PathSparatorTemplate>模板，则以<PathSparator Template>模板为准。
- PageLevelsDisplayed 属性：导航显示的级数。浏览 Fruits.aspx 页面，当鼠标停留在某个节点上时，会出现该节点的 description 属性内容，当鼠标单击某个节点时，会跳转到该节点 url 所指向的页面。

9.2.4　Web 系统的三层结构

构建 B/S 系统时，不仅要考虑系统的功能，还要考虑系统的灵活性、可伸缩性，可扩展性等。开发 B/S 系统一般采用层次体系结构，这种多层结构在层与层之间相互独立，任何一层的改变不会影响其他层的功能，本节以三层结构介绍 Web 系统层次结构。三层结构如图 9-30 所示。

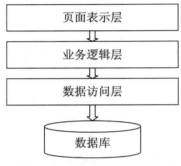

图 9-30　Web 系统三层结构

三层的功能如下：
- 数据访问层：实现对数据库中数据的访问功能，如增加、删除、修改、查询数据。并为业务逻辑层提供服务。
- 业务逻辑层：实现业务的具体逻辑功能，如商品分类、下订单、发货等。并为页面显示层提供服务。
- 页面显示层：为用户提供一种交互式操作界面，如显示商品信息等。

在设计三层结构程序时，应注意以下原则：

①表示层只是一个用户交互式操作界面，在该层中，一般不要包含业务处理及数据访问的程序，这样减少了表示层与业务逻辑层的耦合性，当页面需要调整布局或改变样式时，不影响业务处理逻辑。另外，表示层要使用的业务逻辑方法应该是业务逻辑层提供的，不要直接从数据访问层中调用。

②将数据的增删改查等与数据库直接交互的操作写在数据访问层中，数据访问层将查找到的数据进行封装，以对象的方式传递给业务逻辑层。另外，数据访问层应该提供针对各种数据库访问操作的方式，以便系统的扩展与移植。

③数据访问层和业务逻辑层中的方法应该具有统一的规格，以便其他层次的引用。

④各层次之间数据传递可以使用数据集对象，而采用实体泛型集合，程序安全可靠性更高。

基于层次结构的 WEB 系统具有很多优点，具体如下：
- 层次结构分明，便于流水化的开发，一类开发人员可以只关注整个结构中某一层；
- 层与层之间耦合度低，一个层次的变换不会影响到其他层次；

- 利于程序代码的复用，如果要将 B/S 的系统改成 C/S 结构系统，数据访问层及业务逻辑层的类库是可以直接引用的。

9.2.5 App 前端框架

WebApp 前端框架开发基本技术包括三个要素：HTML、CSS 和 JSP，还有很多高级的前端框架，例如主流的 Bootstrap、jQuery Mobile、PhoneGap、MUI 等，每个框架都有其鲜明的特点，开发者应根据具体的开发需求来选取最合适的开发框架。下面简单介绍对几个国内外常用的 WebApp 开发框架。

1）Bootstrap

Bootstrap 是美国 Twitter 公司的设计师 Mark Otto 和 Jacob Thornton 合作基于 HTML、CSS、JavaScript 开发的简洁、直观、强悍的前端开发框架，使得 Web 开发更加快捷。主要用于开发响应式布局、移动设备优先的 Web 项目。一些国内移动开发者较为熟悉的框架如 WeX5 前端开源框架就是基于 Bootstrap 源码进行性能优化而来。

Bootstrap 的特点是简单灵活，具有可用于架构流行的用户界面和交互接口的 HTML、CSS、JavaScript 工具集；是响应式布局设计，让网站可以兼容不同分辨率的设备，同时给用户提供更好的视觉使用体验。

2）jQuery Mobile

jQuery Mobile 是 jQuery 在手机上和平板设备上的版本。jQuery Mobile 不仅会给主流移动平台带来 jQuery 核心库，而且会发布一个完整统一的 jQuery 移动 UI 框架。支持全球主流的移动平台。

3）ionic 框架

ionic 是一个强大的 HTML5 免费开源应用程序开发框架，开发者使用 HTML、CSS 和 JSP 构建接近原生体验的移动应用程序。ionic 主要关注应用程序的外观和体验以及和应用程序的 UI 交互，特别适合用于基于 Hybird 模式的 HTML5 移动应用程序开发。

4）PhoneGap 框架

PhoneGap 能够让开发者使用 HTML、CSS 和 JSP 来开发跨平台移动 App 的开源免费框架，一直以来都深受开发者喜爱，从 iOS、Android、BB10、Windows Phone 到 Amazon Fire OS、Tizen 等，各大主流移动平台一应俱全，还能让开发者充分利用地理位置、加速器、联系人、声音等手机核心功能。业界很多主流的移动开发框架均源于 PhoneGap。较著名的有 Worklight、appMobi 等。

5）MUI 框架

MUI 是由 DCLOUD 开发的 APP 框架，借助 HBuilder 开发工具，可以快速开发可跨平台 APP 应用程序。MUI 的主要具有以下特点：

- 轻量级，追求性能体验，是我们开始启动 MUI 项目的首要目标，轻量必然是重要特征；MUI 不依赖任何第三方 JS 库,压缩后的 JS 和 CSS 文件仅有 100+K 和 60+K。

- MUI 的 UI 设计理念是以 iOS 为基础，补充 Android 平台特有的控件；因此 MUI 封装的控件更符合 APP 的原生态体验。

9.3 电子商务系统组件设计

9.3.1 用户登录

1．PC 端用户登录

1）功能描述

登录是用户在电子商务网站中进行各种商务活动的前提，登录模块的功能是判断用户是否合法（已注册），如果合法用户忘记了密码要能根据注册信息找回密码，如果是非法用户，登录了多次是否要进行限制，只有合法用户且密码正确才能登录成功。登录模块的基本功能如图 9-31 所示。

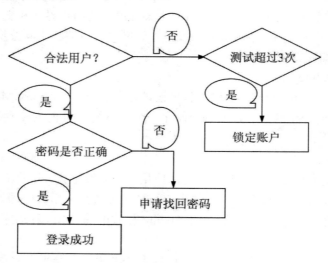

图 9-31　登录模块基本流程图

2）界面设计

登录页面包括 TextBox 和 Label 控件，分别用于用户信息的输入及显示提示性文本信息，另外，验证控件对用户输入进行验证。登录页面如图 9-32 所示。

3）代码实现

当用户单击"登录"按钮时，首先验证控件会验证用户是否填写信息，如果没有填写则提示用户

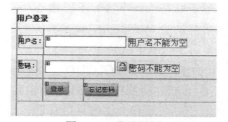

图 9-32　登录界面

填写，如果已经填写了，则判断用户是否是合法用户，如果是合法用户，再判断用户密码是否正确。主要程序代码如下：

```
protected void imgbtnLogin _Click(object sender, EventArgs e)
{
string username=txtUser.Text;
string password=txtPWD.Text;
string str = "server='(local)';database='sw';uid='sa';pwd='sa'";
//连接数据库
SqlConnection con = new SqlConnection(str);       //创建连接
string  strsqluser="select  *  from  sw_users  where  sw_username='"+
username+"'";
SqlDataAdapter dauser = new SqlDataAdapter(strsql, con);
DataSet dsuser = new DataSet();
int countuser=da.Fill(ds);                        //count 为查询到的记录数
if(countuser> 0)                                  //合法用户
{
string strsql =
"select * from sw_users where sw_username='"+username+"' and password='"
+password+"'";
SqlDataAdapter da = new SqlDataAdapter(strsql, con);
DataSet ds = new DataSet();
int count=da.Fill(ds);                            //count 为查询到的记录数
if(countuser> 0)                                  //登录成功
{
Session["username"] =username;                    //使用 Session 保存用户名
Response.Redirect("index.aspx");                  //登录成功,转向 index.aspx
}
else
{
Response.Write("<script>alert('用户名或密码错误,请重新输入！')</script>");
//登录失败,弹出警告框
    } }
else//非法用户
{
ViewState["logincount"]=Convert.ToInt32(ViewState["logincount"])+1;
//非法登录次数增加一次
    if(Convert.ToInt32(ViewState["logincount"])>3)//非法登录次数超过 3 次
this. imgbtnLogin.Enabled=false;
  }}
```

2. 移动端用户登录

1）功能描述

与 PC 端一样，移动端登录是商务活动不可或缺的功能。用户应用社交、电商、金融等 App 必须进行注册登录，如微信、QQ、支付宝、淘宝、美团等。移动端用户账号登录注册主要有几种形式：第三方账号、手机号、邮箱。

（1）第三方账号（QQ、微信、微博等）。使用第三方账号优势是用户操作简单，方便用户快速的体验产品；其缺点是通过第三方平台获取到的用户信息太少，手机没有安装对应 App 时，通过网页进行登录认证需要输入账号密码，复杂度很高。移动端第三方登录模块的基本功能如图 9-33 所示。

（2）手机号注册登录。通过手机获取验证码（短信），验证后设置密码进行注册；登录时使用手机号和密码登录。获取验证码的优点是可以很大程度上防止恶意注册，可以导入通讯录关系而且用户不需要记忆成本；其缺点是短信验证码需要成本，用户隐私可能泄露，手机号丢失后找回复杂。移动端手机号注册登录模块的基本功能如图 9-34 所示。

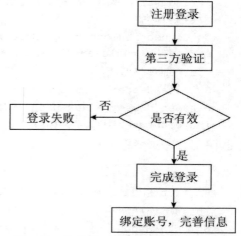

图 9-33 移动第三方登录模块基本流程图

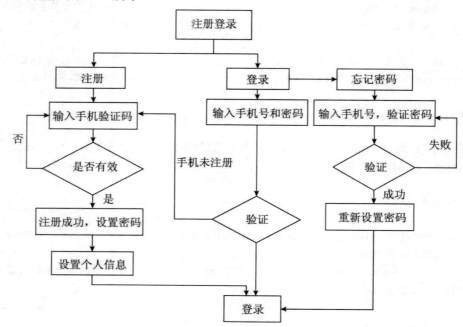

图 9-34 移动手机号注册登录模块基本流程图

（3）邮箱登录注册。邮箱登录验证成本低，对用户来说隐私性更好，但是移动端邮箱输入复杂，验证不方便，普及率不高普及率高。

2）界面设计

由于移动端（手机）屏幕的限制，长字符串的输入以及字母数字符号间的切换对用户来说很不方便，因此要特别注意在注册登录界面的设计环节。在输入方面增加单词的输入联想，邮箱的后缀列为选择菜单，输入手机号/卡号/验证码时自动弹出数字输入面板，减少冗余操作，默认勾选用户协议等；在显示方面，手机号、银行卡等长字符串应进行分类，如手机号显示为***-****-****，验证码短信发送时将数字显示到短信最前方，这样用户可以直接从短信摘要取得信息而不需要切换到短信应用。

3）代码实现

移动端界面的代码实现由于采用的编程方式各不相同，实现的过程差异很大，这里通过 HTML、CSS 和 JSP＋MySQL 数据库设计一个简单的手机验证登录界面，如图 9-35 所示。当用户单击"获取验证码"按钮时，获取验证码设置点击事件，并将值发送到 send()方法，然后判断是否传输成功。如果成功，为数据库中添加字段，由前端控制器方法实现添加成功后，服务器端 JSON 返回信息，随后前台进行登录验证。

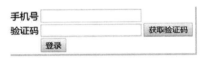

图 9-35　一个简单的手机注册登录界面

主要代码如下：

```
//单击"获取验证码"按钮时,获取验证码设置点击事件
$(document).on('click','#identifyingcodebtuuon',function () {
    var a = $("[name='phone']").val();
    if(a==""){
        return false;//判断输入的手机号是否为空
    }
    $.get(
        "{:url('index/send')}",
        {phone:a},
        function (data) {
            if(data==1){ alert('发送成功')
        } )})
//传输成功之后,为数据库中添加字段,前端控制器方法
public function send(){
        $data['phone']=input('get.phone');          //获取手机号
        $data['identifyingcode'] = rand(1000,9999); //设置随机数
        $data['identify_time'] = time();            //添加时间戳
        $res = Db::table('identify')->insert($data);//将数据添加至 yz 数据库
        if($res){
```

```php
            return 1;//添加成功,则返回1
        }
    }
}
//随后进行验证,以及修改验证码的状态
class Index extends Controller {
    public function index(){
        if(Request::instance()->isGet()){
            return view();
        }
        else{
            $val = input('post.identify');     //接收表单中输入的验证码
            if($val==""){
                $this->error('验证码不能为空');   //判断验证码是否为空
            }
            //进行数据查询,判断接收到的验证码是否存在以及状态是否为1
            $res=Db::table('entifying')->where('dentifyingcode','like',
                $val)->where('status','in',1)->find();
            if($res){
                $t = time();//获取当前时间
                if($res['dentify_time']-$t>60){//如果时间大于60秒则验证码过期
                    $this->error('验证码过期');
                }
            Db::table('yz')->where('entifyingcode','like',$val)
            ->where('status','in',1)->update(['status'=>2]);
             //如果登录成功,表明已经使用过该验证码,则改变其状态
             $this->success('登录成功');
            }
            else{
                $this->error('验证码错误');
            }
        }
    }
}
```

9.3.2 购物车设计

1. 功能描述

电子商务系统购物车只是一个临时保存用户选购商品的容器,每个在线的用户选购商品时应具有独立的购物车,当用户确认购买下订单后或者用户退出网站后,购物车中的内容都应该清空。根据购物车的这些特征,一般采用 session 对象实现购物车。购物车

保存商品名称、商品数量、商品单价、商品图片等信息。

购物的一般流程为：单击购买按钮，如果购物车已存在该商品，商品数量加1；否则，将对应的商品放入购物车（默认数量为1）。在查看购物车时，可以查看已选购商品的种类及数量，总计价格等，还可以修改商品的数量，删除某种商品等操作。

2．程序设计

（1）将商品放入购物车相关程序代码如下。

```
protected void imgb_Buy_Click(object sender, ImageClickEventArgs e)
{
    if(Session["username"] != null)//用户已登录
    {
        if(Session["Cart"] == null)  //购物车为空
        {
            this.BuildCart();//用session创建购物车,并将当前商品放入购物车
        }
        else
        {
            DataTable cart = Session["Cart"] as DataTable;
            if(this.ExistProduct(cart))//为判断是否存在某商品,如果存在,直接将
                                      商品数量加1,如果不存在,执行下列语句
            {
                this.BuildSession(cart);//在购物车中添加该商品
            }
        }
    }
    else
    {
        Response.Redirect(@"UserLogin.aspx");
    }
}
public bool ExistProduct(DataTable cart)//不存在商品,返回为true,否则,修
                                        改商品数量
{
    foreach(DataRow dr in cart.Rows)
    {
if(dr["ProductName"].ToString().Equals(this.lblProductName.Text.Trin()))
//lblProductName 表示商品页面上显示商品名的 Label 控件
        {
            dr["Number"] = Convert.ToInt32(dr["Number"]) + 1;
            Session["Cart"] = cart;
            Response.Redirect("Cart.aspx");
```

```
            }
        }
        return true;
    }
    public void BuildCart()//新建购物车
    {
        DataTable cart = new DataTable();
        cart.Columns.Add("ProductId");
        cart.Columns.Add("ProductName");
        cart.Columns.Add("Number");
        cart.Columns.Add("UnitPrice");
        cart.Columns.Add("ImageUrl");
        this.BuildSession(cart);
    }
    public void BuildSession(DataTable cart)//将商品添加到购物车中
    {
        DataRow dr = cart.NewRow();
        dr["ProductId"] = ViewState["ProductId"].ToString();
        dr["ProductName"] = this.lblProductName.Text.Trim();
        dr["Number"] = "1";
        dr["UnitPrice"] = this.lblPrice.Text.Substring(0, this.lblPrice.Text.
        Length - 1);
//去掉价格字符串中的"元"字
        dr["ImageUrl"] = this.imgProduct.Text.Trim();
        cart.Rows.Add(dr);
        Session["Cart"] = cart;
    }
```

（2）购物车页面的后台类文件主要程序如下。

在页面加载方法中，首先要判断用户是否登录，如果用户登录且购物车不为空，要将购物车中的内容显示在页面上。代码如下：

```
protected void Page_Load(object sender, EventArgs e)
    {
        if(Session["username"] == null)
        {
Response.Write("<script>alert('登录超时,请重新登录');document.location=
'MemberShip/UserLogin.aspx';</script>");
            return;
        }
        if(!IsPostBack)
        {
```

```
            if(Session["Cart"] != null)
            {
                BindGridView();
            }
        }
    }
```

将 session 中内容取出转换成 DataTable,并绑定到页面的 Gridview 控件上,代码如下:

```
private void BindGridView()
{
    DataTable cart = Session["cart"] as DataTable;
    TotalPrice(cart);
    this.gvCart.DataSource=cart;
    this.gvCart.DataBind();
}
```

当要删除购物车中的商品时,GridView 删除按钮处理事件代码如下:

```
protected void gvCart_RowDeleting(object sender, GridViewDeleteEventArgs e)
{
    DataTable cart = Session["cart"] as DataTable;
    cart.Rows[e.RowIndex].Delete();
    Session["cart"] = cart;
    BindGridView();
}
```

如果需要修改购物车中的信息,只允许修改商品数量,GridView 更新按钮处理事件程序代码如下:

```
protected void gvCart_RowUpdating(object sender, GridViewUpdateEventArgs e)
{
    DataTable cart = Session["cart"] as DataTable;
    foreach (DataRow dr in cart.Rows)
    {
if(dr["ProductName"].ToString().Equals((gvCart.Rows[e.RowIndex].FindControl
("lblProductName") as Label).Text))
        {
dr["Number"] = (gvCart.Rows[e.RowIndex].FindControl("txtNumber") as
TextBox).Text.Trim();
        }
    }
    Session["cart"] = cart;
```

```csharp
    gvCart.EditIndex = -1;
    BindGridView();
}
```

将购物车中的商品绑定到页面之后，还需要将商品的总价计算出来，程序如下：

```csharp
private void TotalPrice(DataTable cart)
{
    foreach (DataRow dr in cart.Rows)
    {
        double Total = 0;
Total += Convert.ToDouble(dr["UnitPrice"].ToString()) * Convert.
 ToDouble(dr["Number"].ToString());
        this.ltrSalary.Text = Total.ToString();
    }
}
```

9.3.3 搜索设计

电子商务系统中搜索功能是非常重要的一部分，用户可以使用搜索找到自己希望购买的商品，因此，搜索功能要设计全面、高效，可以按照多种方式查询。一般在电子商务系统中有两种搜索类型：快速搜索和高级搜索，快速搜索根据用户输入的信息快速查找商品，而高级搜索是根据类型、商品名等条件进行精确查找。

快速搜索的页面需要一个用来输入搜索关键字的文本框、一个按钮和一个绑定查询结果的 GridView 控件，搜索过程的主要程序内容都在按钮的 Click 事件中，程序如下：

```csharp
protected void btnSerch_Click(object sender, EventArgs e)
{
        string strcon = "server='(local)';database='sw';uid='sa';pwd=
        'sa';";   //编写连接字符串
        SqlConnection con = new SqlConnection(strcon);   //新建 SQL 连接
        string keyword = this.txtKeyword.Text;
string sqlStr = "select * from sw_product where sw_pname like '%" + keyword
 + "%' or sw_pdetail like '%" + keyword + "%'";
        try
        {
            SqlDataAdapter da = new SqlDataAdapter(sqlStr, con);
            DataSet ds = new DataSet();
            da.Fill(ds);
            gvProduct.DataSource = ds.Tables[0];
            gvProduct.DataBind();
        }
```

//异常处理程序省略
}

快速搜索的过程是在商品表中,将关键字按照商品名称或者按照商品信息进行模糊查询。

高级查询的页面设计如图 9-36 所示。

在设计程序时,首先要将数据库中商品大类及商品小类分别绑定到页面上相应的下拉框中,并在商品大类下拉框的下拉项发生变化时,商品小类下拉框中的下拉项要随之变化。在搜索时,如果某些搜索条件不为空,就要根据这些搜索条件进行组合查询,查询按钮的 Click 事件中,程序代码如下:

图 9-36 高级搜索页面

```csharp
protected void btnSearch_Click(object sender, EventArgs e)
{
    string strcon = "server='(local)';database='sw';uid='sa';pwd='sa';"; //编写连接字符串
    SqlConnection con = new SqlConnection(strcon);   //新建SQL连接
    string sqlStr = "select sw_productID ,sw_pname,sw_ pdetail,sw_pprice,sw_ pmemderprice,sw_ pfewprice,sw_ ppicture";
    sqlStr += " from sw_product ,sw_bigclass,sw_smallclass where sw_product.sw_ smallclassid=sw_smallclass.sw_ smallclassid ";
    sqlStr+=" and sw_bigclass.sw_ bigclassid=sw_smallclass.sw_ bigclassid ";
    if(ddlBigClass.Text!="全部")
    sqlStr += " and sw_bigclass.sw_ bigclassid = '" + ddlBigClass.SelectedItem.Value+ "' ";
    if (ddlSmallClass.Text != "全部")
    sqlStr += " and sw_smallclass.sw_ smallclassid = '" + ddlSmallClass.SelectedItem.Value + "' ";
    if (txtProductid.Text != "")
        sqlStr += " and sw_product.sw_ sw_productID = '" + txtProduct.Text + "' ";
    if (txtProductName.Text != "")
    sqlStr += " and sw_product.sw_ sw_productName like '%" + txtProductName.Text  + "%' ";
    if (txtProductDetail.Text != "")
       sqlStr += " and sw_product.sw_ sw_pdetail = '" + txtProductDetail.Text + "' ";
    try
    {
```

```
            SqlDataAdapter da = new SqlDataAdapter(sqlStr, con);
            DataSet ds = new DataSet();
            da.Fill(ds);
            gvProduct.DataSource = ds.Tables[0];
            gvProduct.DataBind();
        }
//异常处理程序省略
    }
```

在高级搜索时,如果输入多个条件,则按照多条件进行查询。如果一个条件都没有,则查询所有的商品。

9.3.4 添加模块设计

电子商务系统的后台管理中,添加、修改、删除数据功能模块都是必不可少的。下面,以商品的各种操作为例,介绍各个功能模块的设计。

添加商品的页面设计如图 9-37 所示。

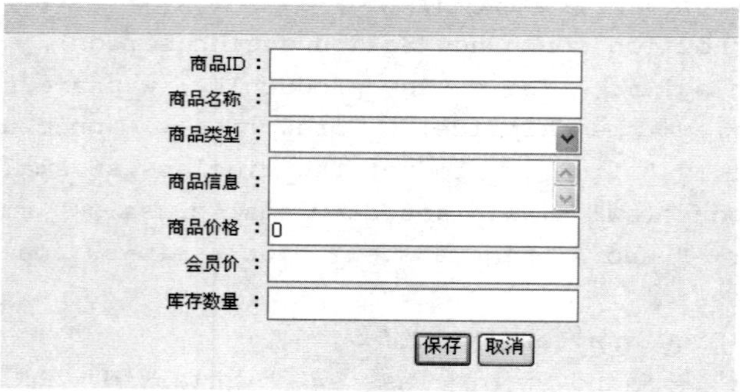

图 9-37 添加商品

页面中各控件的属性设置按照通用设置即可,商品类型下拉框需要绑定商品小类数据。添加商品的主要程序是在"保存"按钮的 click 事件中,如下所示:

```
   string strcon = "server='(local)';database='sw';uid='sa';pwd='sa';";//编写连接字符串
   SqlConnection con = new SqlConnection(strcon);      //新建SQL连接
string  sqlStr  =  "insert  into  sw_product(sw_productID,sw_pname,
   smallclassid,sw_ pdetail,sw_ pprice,sw_ pmemderprice,sw_ stock),
   values('";
   sqlStr +=txtProductID.Text+"','"+txtProductName.Text+"','"+ddlSmallClassid.SelectedItem.Value+"','";
    sqlStr +="','"+txtDetail.Text+"','"+txtPrice.Text+","+txtMemderprice.Text+","+txtStock.Text+")";
```

```
    try
{
con.Open();                                          //打开 SQL 连接
SqlCommand command = new SqlCommand(sqlStr, con);
if(command.ExecuteNonQuery() == 0)
    Response.Write("添加成功");
else
    Response.Write("添加失败,可能是要添加的记录已存在");
    //提示失败信息
}
//异常处理程序省略
}
```

9.3.5 修改模块设计

修改商品数据的过程是首先在商品管理页面（如图 9-38 所示）上的绑定商品信息的 Gridview 控件中添加一列"编辑"超级链接列，代码如下：

```
<asp:HyperLinkField DataNavigateUrlFields="sw_productID"
DataNavigateUrlFormatString="Modify.aspx?id={0}"  HeaderText="编辑"
Text="编辑"><ControlStyle Width="50px" /></asp:HyperLinkField>
```

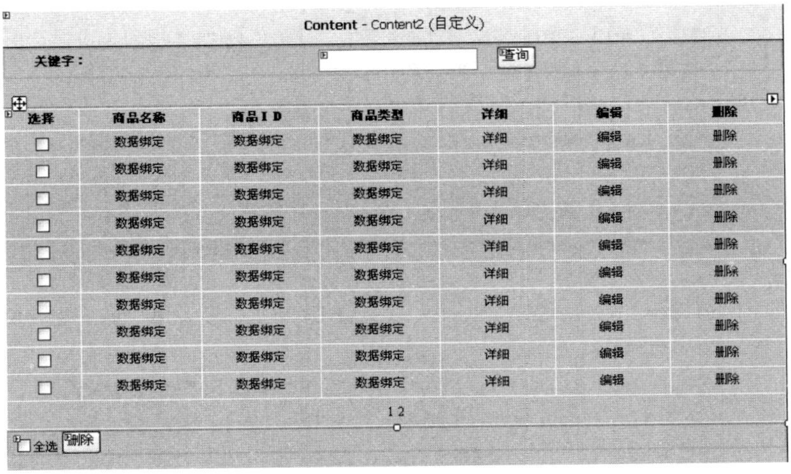

图 9-38　商品管理页面

"编辑"超级链接指向的 URL 是 Modify.aspx 页面，并且传递参数"sw_productID"，可以在 Modify.aspx 页面上根据参数"sw_productID"获取商品信息，Modify.aspx 页面设计与添加商品的页面设计基本一致。在 Modify.aspx.cs 文件中，首先要获取传递的参数 "sw_productID"，然后根据参数值获取商品信息并显示在页面上，再根据需要对商品信息进行修改。主要程序代码如下：

```csharp
    protected void Page_Load(object sender, EventArgs e)
    {
        if(!Page.IsPostBack)
        {
            if(Request.Params["id"] != null && Request.Params["id"].Trim() != "")
            {
String sw_productID=Request.Params["id"].ToString();
ShowInfo(sw_productID);//根据 sw_productID 获取商品信息并显示在页面上
            }
        }
    }
    private void ShowInfo(stringsw_productID)                //显示商品信息
    {
string strcon = "server='(local)';database='sw';uid='sa';pwd='sa';";
                                                    //编写连接字符串
SqlConnection con = new SqlConnection(strcon);         //新建 SQL 连接
string sqlStr = "select * from sw_product where sw_productID = '" + sw_productID + "'";
try
{
            SqlDataAdapter da = new SqlDataAdapter(sqlStr, con);
            DataSet ds = new DataSet();
            da.Fill(ds);
            this.txtproductID.Text = ds.Tables[0].Rows[0]["sw_productID"].ToString();
            txtProductID.Enenbled = false;
            txtProductName.Text  =  ds.Tables[0].Rows[0]["sw_pname"].ToString();
            ddlSmallClassid.Text = ds.Tables[0].Rows[0]["sw_SmallClassid"].ToString();
            txtDetail.Text = ds.Tables[0].Rows[0]["sw_pdtail"].ToString();
            txtPrice.Text = ds.Tables[0].Rows[0]["sw_pprice"].ToString();
            txtMemderprice.Text = ds.Tables[0].Rows[0]["sw_pmemderprice"].ToString();
            txtStock.Text = ds.Tables[0].Rows[0]["sw_pstock"].ToString();
}
//异常处理程序省略
}
protected void btnSave_Click(object sender, EventArgs e) //修改保存商品信息
{
```

```
string strcon = "server='(local)';database='sw';uid='sa';pwd='sa';";
                                                        //编写连接字串
SqlConnection con = new SqlConnection(strcon);     //新建 SQL 连接
string sqlStr = "update sw_product set sw_pname='"+txtProductName.Text+"',
smallclassid='" ;
sqlStr += ddlSmallClassid.SelectedItem.Value+"', sw_ pdetail ='"+
txtDetail.Text;
sqlStr +="', sw_ pprice ='"+ txtPrice.Text +"', sw_ pmemderprice='"+
txtMemderprice.Text;
sqlStr +="', sw_ stock ='"+ txtStock.Text +"' where sw_productID='"+
txtProductID.Text+"'";
try
{
            con.Open();                                 //打开 SQL 连接
            SqlCommand command = new SqlCommand(sqlStr, con);
            if(command.ExecuteNonQuery() == 0)
                Response.Write("修改成功");              //提示成功信息
            else
                Response.Write("修改失败,请检查后重新修改");//提示失败信息
}
//异常处理程序省略
}
```

9.3.6 删除模块设计

删除商品功能是在商品管理页面中完成的,删除分为单行删除和多行删除。

1. 单行删除

单行删除需要在 GridView 控件每一行数据后加一个删除按钮列,代码如下:

```
<asp:TemplateField HeaderText="删除">
<ItemTemplate>
<asp:LinkButton ID="LinkButton1" runat="server" CausesValidation="False"
CommandName="Delete"     Text="删除"></asp:LinkButton>
</ItemTemplate>
<ControlStyle Width="50px" />
</asp:TemplateField>
```

单行删除的事件方法程序如下:

```
protected void gvProduct_RowDeleting(object sender, GridViewDelete-
EventArgs e)
    {
string strcon = "server='(local)';database='sw';uid='sa';pwd='sa';";
```

```
        //编写连接字符串
        SqlConnection con = new SqlConnection(strcon);    //新建 SQL 连接
        string productID = gvProduct.DataKeys[e.RowIndex].Value;
        string sqlStr = "delete from sw_product where sw_productID='" +
productID+"'";
        try
        {
            con.Open();                                    //打开 SQL 连接
            SqlCommand command = new SqlCommand(sqlStr, con);
            if(command.ExecuteNonQuery() == 0)
                Response.Write("删除成功");
            else
                Response.Write("删除失败,可能是要删除的数据不存在");
            //提示失败信息
        }
//异常处理程序省略
        BindData();//重新绑定数据
}
```

删除结束后,需要将 sw_Products 表中的数据重新绑定到页面 GridView 控件上,调用 BindData()完成该功能。BindData()方法与第 9.3.3 节搜索设计程序类似,在此不再介绍。

2. 多行删除

多行删除需要在 GridView 控件每一行数据前加一个复选框列,代码如下:

```
<asp:TemplateField HeaderText="选择">
    <ItemTemplate>
        <asp:CheckBox ID="DeleteThis" runat="server" onclick="javascript:
        CCA(this);" />
    </ItemTemplate>
    <ControlStyle Width="30px" />
</asp:TemplateField>
```

另外,还要再增加一个全选复选框和一个删除按钮,代码如下:

```
<asp:CheckBox ID="chkAll" runat="server" onclick="GetAllCheckBox(this)"
Text="全选" />
<asp:Button ID="btnDelete" runat="server" Text="删除" OnClick="btnDelete_
Click"/>
```

其中,全选复选框的 onclick 事件方法是一个 js 方法,代码如下:

```
function GetAllCheckBox(CheckAll)
{
```

```javascript
            var items = document.getElementsByTagName("input");
            for(i=0; i<items.length;i++)
            {
                if(items[i].type=="checkbox")
                {
                    items[i].checked = CheckAll.checked;
                }
            }
}
```

删除按钮的 click 事件方法程序如下：

```csharp
protected void btnDelete_Click(object sender, EventArgs e)
    {
string idlist = GetSelIDlist();                     //获取所有选中的商品 id
if(idlist.Trim().Length == 0)
return;
string strcon = "server='(local)';database='sw';uid='sa';pwd='sa';";
                                                    //编写连接字符串
SqlConnection con = new SqlConnection(strcon); //新建 SQL 连接
string sqlStr = "delete from sw_product where sw_productID in ("+idlist +")";
try
{
con.Open();                                         //打开 SQL 连接
SqlCommand command = new SqlCommand(sqlStr, con);
if(command.ExecuteNonQuery() == 0)
Response.Write("删除成功");
else
            Response.Write("删除失败,可能是要删除的数据不存在");
            //提示失败信息
}
//异常处理程序省略
BindData();//重新绑定数据
}
```

其中 GetSelIDlist()方法功能是获取所有选中的商品 id，程序代码如下：

```csharp
private string GetSelIDlist()
{
string idlist = "'";
bool BxsChkd = false;
for(int i = 0; i < gridView.Rows.Count; i++)
{
```

```
CheckBox ChkBxItem = (CheckBox)gridView.Rows[i].FindControl("DeleteThis");
if(ChkBxItem != null && ChkBxItem.Checked)
{
BxsChkd = true;
if(gridView.DataKeys[i].Value != null)
{
                idlist += gridView.DataKeys[i].Value.ToString() + "','";
            }
        }
}
    if(BxsChkd)
    {
        idlist = idlist.Substring(0, idlist.LastIndexOf("','"));
    }
return idlist;
}
```

9.3.7 App 扫码设计

目前，常见的二维码都是以 QR 码作为编码的码制，它是在一个矩形空间内，通过黑、白像素在矩阵中的不同分布来进行编码的。它比传统的 Bar Code 条形码能存更多的信息，也能表示更多的数据类型。

App 扫码设计主要解决二维码扫描、闪光灯开启、本地二维码图片识别、二维码生成这几个关键问题。目前，App 扫码设计开发最常用的开源框架是 zxing 和 zbar。

1．zxing

zxing 的内核采用 C++编写，是 Google 推出的用来识别多种格式条形码的开源项目，项目地址为 https://github.com/zxing/zxing。zxing 目前持续在维护，支持 Java、C#、Ponthy 等主流编程语言，也是目前还在维护的较受欢迎的二维码扫描开源项目之一。

2．zbar

zbar 的内核用 C 来编写，速度极快，运行速度大概是 zxing 的 4～5 倍。zbar 推出了 iPhone 的 SDK 和 Android 的相关调用方法（JNI），在 Andriod 和 iPhone 上运行效率很高。但是相对 zxing 而言，zbar 项目已经多年没有开发人员维护，项目地址为 https://github.com/ZBar/ZBar。

zxing 和 zbar 的区别：

- zxing 支持更多的码制：datamatix、PDF417 等，zbar 不能很好支持 PDF417（但是在源码中有对于 PDF417 码的处理）。
- zxing 的执行解码效率低于 zbar，从耗费内存空间角度看，zbar 更适合嵌入式设备开发，大部分手机 App 的解码采用的是 zxing，因为 zxing 当初就是面向 Android 开发。

- zbar 和 zxing 两者都不能很好地支持条码扫描，在摄像头分辨率低、目标条码打印在曲面上或者目标条码密集或扫描角度非垂直的情况下，很难识别条形码，且条码扫描会产生误读，这种致命缺点致使激光扫描头仍然为条码识读领域的工业级设备。
- zxing 在解码运算中执行的浮点运算非常耗时，一般不支持浮点运算的 CPU 在做图像处理方面会严重延时。
- 两者在扫描 QR 码方面基本没有什么差异，都能准确快速地接触码值。

9.4 电子商务系统安全设计

9.4.1 电子商务系统安全威胁

电子商务系统安全威胁是多方面的。从网站内部看，网站服务器、通信设备的可靠性、操作系统、网络协议、数据库系统、网站程序等自身的安全漏洞，都是电子商务系统安全威胁。从网站外部看，网络黑客、计算机病毒也是电子商务系统安全威胁的重要因素。这些安全威胁可以分为两大类：硬件威胁和软件威胁。解决硬件威胁的主要措施是提高硬件的可靠性。软件威胁的种类非常多，例如网络钓鱼、地址欺骗、窃取账户密码、攻击数据库、木马程序、循环测试、SQL 注入攻击等，本节主要介绍的是电子商务系统设计时所遇到软件安全威胁及安全防范措施。

电子商务系统的安全准则如下：
①网站软件的安全：网站的软件不被非法篡改，不受计算机病毒的侵害。
②信息的完整性与真实性：网站的数据信息不被非法复制、破坏和丢失。
③信息的保密性：网站的技术信息、管理员的信息、网站用户信息等要求具备保密性。
④信息的不可否认性：用户在电子商务系统中进行电子商务活动一旦发生，具有不可抵赖性。
⑤确保服务器及通信设备的安全：确保各种硬件的可靠性。
⑥身份认证：电子商务系统用户或者数据库用户必须要经过身份认证才能访问。
⑦安全策略：网站、服务器应具有相应的安全机制。
⑧备份与恢复：定期对数据进行备份，以备发生异常时恢复数据。
基于这些安全准则，设计相应的安全措施。

9.4.2 安全措施设计

电子商务系统设计的安全措施有很多种，例如用户密码加密、验证码技术、防止 SQL 注入攻击、安全脚本程序、定期备份数据等，本书将重点介绍用户密码加密、验证码技术、防止 SQL 注入攻击、安全脚本程序这几种安全措施。

1. 用户密码加密

用户密码等信息是保密性要求非常高的信息，因此，即使密码保存在数据库中，也要对密码进行加密，将密码以密文的形式存放在数据库中，以防止密码泄露。

数据加密的方法有两种：双向加密和单向加密。双向加密是指数据既能被加密也能被解密。单向加密是指数据只能加密，而不能被解密；数据一旦被转换为密文之后，无论采用什么方法都无法还原为最初的数据。单向加密的优点就在于：即使密文被泄露，也不能理解这些密文信息的真正含义。

单向加密一般所采用的方法是哈希算法，哈希算法是将任意长度的二进制值映射为固定长度的较小二进制值，这个二进制值称为哈希值。哈希值是一段数据唯一且极其紧凑的数值表示形式。MD5 是最常用的哈希算法，也是采用单向加密的加密算法，MD5 有两个非常重要的特性：第一是任意两段不同的数据，加密之后的密文也是不相同的；第二是任意一段数据，经过加密以后，其结果永远是相同的。

C#提供了有关 MD5 哈希算法的类——MD5CryptoServiceProvider。MD5CryptoServiceProvider 类位于 System.Security.Cryptography 命名空间中，作用是使用加密服务提供程序提供的方法完成对输入数据 MD5 哈希值的计算。计算哈希值的方法为：

```
public byte[] ComputeHash(byte[] buffer)
```

此方法只能接受 byte 型数组作为最初的原始数据，输出的密文数据也是 byte 型数组。因此，在对字符串加密之前，首先需将这些字符串转化为 byte 型数组（使用 UTF8Encoding 类的 GetBytes 方法）。加密方法的程序如下：

```
public String GetPwd(String strpwd)
{
try
{
byte[] data = Encoding.UTF8.GetBytes(strpwd);
MD5CryptoServiceProvider md5Service = new MD5CryptoServiceProvider();
byte[] result= md5Service.ComputeHash(data);
string strhash = "";
int count = result.Length;
for(int i = 0; i < count; i++)
{
    strhash += string.Format("{0:X}",result[i]);
}
    return strhash;
    }
//异常处理程序省略
}
```

用户注册时，调用加密方法将密码加密，将密文密码保存在数据库中。用户登录时，同样也调用该方法对用户输入的密码进行加密得到密文密码，然后再与数据库中的密文密码进行比对，以此判断用户的合法性。

2. 验证码

验证码（CAPTCHA）是"Completely Automated Public Turing test to tell Computers and Humans Apart"（全自动区分计算机和人类的图灵测试）的缩写，是一种区分用户是计算机和人的技术。可以防止恶意破解密码、刷票、论坛灌水等现象。在电子商务系统中，可以通过验证码控件实现验证码的功能。

验证码控件一般属于第三方控件，将验证码控件引入到.NET 系统中就可以使用了。在用户注册页面上增加一个验证码控件及输入验证码的文本框，主要代码如下：

```
<asp:TextBox ID="txtCode" runat="server"></asp:TextBox> 
<cc1:SerialNumber ID="snCode" runat="server"></cc1:SerialNumber>
```

在用户注册页后台类文件中，首先在页面加载方法中生成验证码，主要程序如下：

```
snCode.Create();
```

在用户提交注册信息的时候，首先要判断验证码是否正确，程序如下：

```
protected void btnSubmit_Click(object sender, ImageClickEventArgs e)
{
    if(!CeckCode())
    {
        this.ltMain.Text = "<script>alert('验证码错误！')</script>";
        return;
    }
//用户注册程序,省略
}
protected bool CeckCode()
{
    if(snCode.CheckSN(txtCode.Text.Trim()))
    {
        return true;
    }
    else
    {
        snCode.Create();
        return false;
    }
}
```

3. 防止 SQL 注入攻击

SQL 注入攻击是黑客对数据库进行攻击的常用手段之一。很多程序员在编写代码的时候，没有对用户输入数据的合法性进行验证，使应用程序存在安全隐患。如果用户在提交数据时，提交了一段数据库查询代码，而程序在没有做输入数据合法性验证的情况下，就会根据提交的查询代码执行并返回结果，从而获得数据库中的数据，这就是所谓的 SQL Injection，即 SQL 注入攻击。

1）SQL 注入攻击的种类

（1）没有正确过滤转义字符。

在用户输入的数据没有过滤转义字符时，就会发生这种形式的注入式攻击。例如在 ASP.NET 程序中，用户登录时，使用下面的 SQL 语句查询用户的合法性：

```
sqlStr = "SELECT * FROM sw_users WHERE sw_username = '" + userName + "' and sw_password ='"+password+"'";
```

这条代码的设计功能根据输入的用户名和密码在用户表中查找数据，但是，如果密码被一个恶意的用户用一种特定的方式伪造，这个语句所执行的操作可能就不是预计的功能了。例如，将密码变量（即 sw_password）设置为：

```
1' or '1'='1,
```

此时原始语句为：

```
sqlStr = "SELECT * FROM sw_users WHERE sw_username = '" + userName + "' and sw_password ='1' or '1'='1'";
```

SQL 查询条件'1'='1'永远是正确的，因此不管用户名和密码合不合法，只要用户表中存在数据，那么一定能查到记录，也就可以成功登录系统了。甚至还有一些 SQL 注入可以删除数据、非法查询所有数据等。下面语句中的密码值将会导致删除用户表，还可以从"sw_product"表中选择所有的数据。

```
1'; DROP TABLE sw_users; SELECT * FROM sw_product WHERE sw_productid LIKE'%
```

此时原始语句为：

```
sqlStr = "SELECT * FROM sw_users WHERE sw_username = '" + userName + "' and sw_password ='1'; DROP TABLE users; SELECT * FROM DATA WHERE name LIKE '%';
```

造成这些安全威胁的原因就是没有过滤转义字符，如果对用户输入的内容中的"'"等 SQL 语句中的特定字符进行转义，这种形式的 SQL 注入将会出现 SQL 语法错误、无法执行，从而避免了漏洞。

（2）类型不正确的处理。

如果一个用户提供的字段并非一个强类型，或者没有实施类型强制，就会发生这种形式的攻击。当在一个 SQL 语句中使用一个数字字段时，如果程序员没有检查用户输入的合法性（是否为数字型）就会发生这种攻击。例如：

```
statement = "SELECT * FROM sw_users WHERE sw_userid = " + userid + ";
```

这条语句设计的目的是通过数字型的值查找用户。但是如果变量 userid 类型是字符串型，将 userid 设置为："1; DROP TABLE sw_users"，SQL 语句变成：

```
SELECT * FROM sw_users WHERE sw_userid = 1; DROP TABLE sw_users;
```

该语句会将"sw_users"表从数据库中删除。

（3）盲目 SQL 注入式攻击。

当一个 Web 应用程序遭受攻击而又不显示其结果，就会发生所谓的盲目 SQL 注入式攻击。有漏洞的网页可能并不会显示数据，而是根据注入到合法语句中的逻辑语句的结果显示不同的内容。这种攻击相当耗时，因为必须为每一个获得的字段而精心构造一个新的语句。

（4）条件性差错。

如果 SQL 语句中的 WHERE 条件为真，这种类型的盲目 SQL 注入会迫使数据库执行一个引起错误的语句，从而导致一个 SQL 错误。例如：

```
SELECT 1/0 FROM sw_users WHERE sw_username='zhangsan'
```

显然，如果用户名为"zhangsan"的记录存在，被零除将导致错误。

（5）时间延误。

时间延误是一种盲目的 SQL 注入，根据所注入的逻辑，它可以导致 SQL 引擎执行一个长队列或者是一个时间延误语句。攻击者可以衡量页面加载的时间，从而决定所注入的语句是否为真。

实际中 SQL 注入攻击还有很多种，而且将来可能还会有新的类型出现。这里只介绍了一些常见的 SQL 注入。

2）防止 SQL 注入攻击的措施

（1）使用参数化的过滤性语句。

要防御 SQL 注入，用户的输入就不能直接被嵌入到 SQL 语句中，必须经过过滤，或者使用参数化的语句。参数化的语句使用参数而不是将用户输入嵌入到语句中。在多数情况中，SQL 语句就得以修正。例如，在 ASP.NET 程序中：

```
StringBuilder strSql=new StringBuilder();
    strSql.Append("select count(1) from admin");
    strSql.Append(" where adminID=@adminID ");
    SqlParameter[] parameters = {
    new SqlParameter("@adminID", SqlDbType.Decimal)};
    parameters[0].Value = adminID;
```

这段程序就使用了参数化的 SQL 语句。

（2）在程序出现错误或异常时，要避免出现一些详细的错误或异常消息，因为这些信息会为攻击者带来方便。

（3）在 Web 应用程序开发过程的所有阶段实施代码的安全检查。首先，要在部署 Web 应用之前实施安全测试，其次，企业还应当在部署之后用漏洞扫描工具和站点监视工具对网站进行测试。

4. 安全脚本设计

脚本攻击是指将恶意的字符插入到网页中来，浏览器无法验证这些插入的字符，并且会将它们作为网页的一部分进行处理。

从浏览器的角度来看，网页只是一个长的字符串，浏览器会按照顺序处理这个字符串，在此过程中，会显示某些字符，同时按照某些规则解释其他字符。如果恶意用户将某些特殊字符插入到网页中来，则浏览器不知道这些特殊字符不应该处于该位置，而将它们作为页面的一部分进行处理。

假如现在用户在 TextBox 中输入恶意代码如：<script>alert('我进来了，我是来攻击你的');</script>，我们单击一个按钮在 Lable 控件上显示用户输入的内容，单击按钮就会弹出一个提示框，这种情况被称为脚本攻击。

这些攻击可以窃取用户的信息或传播病毒等，其威胁也是非常大的，一般来说，脚本攻击分为两类。

1）简单的脚本攻击

此类攻击例如弹出警告框、加入 HTML 标记等，由于程序上过滤的不严密，使攻击者可以植入这些安全威胁小的非法脚本代码。

2）危险的脚本攻击

这类脚本攻击已经过渡到可以窃取管理员或者是其他用户信息的程度上了。例如 cookies 窃取，利用脚本对客户端进行本地的写操作等。

在 ASP.NET 中，防范脚本攻击的措施是对脚本进行过滤，可以使用 Server.HtmlEncode() 方法对输入的字符串进行 HTML 编码，使用户输入的字符串起不到脚本的作用。但有些时候，用户正常输入了一些敏感字符，例如 ">" 等，如果全部采用 Server. HtmlEncode() 方法进行编码，就无法实现用户的正常需求了，为了方便的过滤，一般只需要将 HTML 脚本和 JS 脚本中的几个关键字符过滤掉就可以了，过滤的程序如下：

```
public static string FiltrateWord(string str)
    {
        str = str.Replace("& ", "&amp; ");
        str = str.Replace(" < ", "&lt; ");
        str = str.Replace("> ", "&gt ");
        str = str.Replace(" ' ", " ' ");
        str = str.Replace("* ", "×");
```

```
str = str.Replace("? ", "? ");
str = str.Replace("select ", "    ");
str = str.Replace("insert ", "    ");
str = str.Replace("update ", "    ");
str = str.Replace("delete ", "    ");
str = str.Replace("create ", "    ");
str = str.Replace("drop ", "    ");
str = str.Replace("delcare ", "    ");
str = str.Replace("^ ", "    ");
str = str.Replace("% ", "  %");
str = str.Replace("+ ", "＋");
str = str.Replace("- ", "－");
str = str.Replace("exec ", "    ");
str = str.Replace(": ", "： ");
str = str.Replace("; ", "； ");
return str;
}
```

用户的输入使用该方法进行过滤，屏蔽了那些可能会产生脚本攻击的特殊字符，当然，程序员也可以根据需要增减要替换的字符，以满足安全需要。

本章小结

本章主要介绍了电子商务系统建设的相关技术，涉及的内容有 Web 编程技术，主要包括 ASP.NET 控件、内置对象、ADO.NET、数据绑定及 WebApp 开发技术等；电子商务系统设计的相关技术，包括电子商务系统数据库设计、母版页设计、站点导航、Web 系统的层次结构及 App 前端框架等；电子商务系统常用组件设计，包括用户登录（PC 端及 App 登录）、购物车、搜索、添加、修改、删除及 App 扫描设计等；电子商务系统安全设计，包括电子商务系统安全威胁及安全措施等。通过本章的学习，读者可以掌握电子商务系统设计的基本过程和方法。

参考文献

[1] 林小芳. 电子商务网站开发与设计[M]. 北京：清华大学出版社，2009.

[2] 高怡新. 电子商务网站建设[M]. 北京：人民邮电出版社，2005.

[3] 商玮. 电子商务网站设计与建设[M]. 北京：人民邮电出版社，2011.

第 10 章　电子商务系统的测试

10.1　软件测试的基本概念

　　软件测试是在软件投入运行之前，对软件需求分析、设计规格说明与编码的最终复审，是保证软件质量的关键步骤之一。软件测试是为了发现错误而审查和执行软件的过程。在软件生命周期中的编码阶段，通常每编写出一个模块之后就对它做必要的测试，即模块测试或称单元测试。编码与单元测试属于软件生命周期中的同一阶段。软件生存中还有一个独立的测试阶段，对软件系统进行各种综合测试。软件测试总是试图以最少的代价发现软件分析、设计和编码等过程中存在的各种不同类型的错误，从而提高软件质量，降低软件系统的总成本。软件测试不是打消软件工程师积极性的过程，而是同软件分析与设计一样，是为了建成高质量的软件，只不过是从不同的侧面来进行。

　　软件测试（Software Test）是利用特定的技术和方法，运行、评价和验证软件的过程，其目的在于检验它是否满足规定的需求或搞清预期结果与实际结果之间的差别。

　　为了深入理解软件测试的定义，可以从如下几个方面来理解：

　　（1）软件测试的目的。软件测试的目的是发现软件中的错误，而不能证明软件无错，是在软件投入运行前，对软件需求分析、设计和编码各阶段产品的最终检查，是为了保证软件开发产品的正确性、完全性和一致性，从而检测并修正软件错误的过程。

　　（2）软件测试的性质。在软件开发过程中，分析、设计与编码等工作具有"建设性"，只有测试可能具有一定"破坏性"，如使用不合理用例测试。

　　（3）软件开发。软件测试以检查软件产品的内容和功能特性为核心，是软件质量保证的关键步骤，也是成功实现软件开发目标的重要保障。

　　（4）软件工程。软件测试是软件工程的一部分，是软件工程过程中的重要阶段。

　　（5）软件质量保证。软件质量保证是管理学范畴的概念，软件测试主要是技术实现范畴的概念，是软件质量保障的关键措施。

　　著名软件工程专家 Grenford.J.Myers 在其著作《软件测试技巧》中将软件测试的目的归纳为：

　　（1）测试是一个为了发现错误而执行程序的过程。

　　（2）一个好的测试用例在于能发现至今为止尚未发现的错误。

　　（3）一个成功的测试是发现了至今为止尚未发现的错误的测试。

　　E.W.Dijkstra 指出："程序测试能证明错误的存在，但不能证明错误不存在"。

下面的一些规则有助于测试人员实现软件测试的目标。

(1) 软件测试证明不了程序的正确性。程序的正确性必须通过穷尽式测试来证明，即将软件所有可能的执行情况都运行一遍。但是，就算是一个中等规模的程序，其执行路径的组合也非常庞大。受时间和费用的影响，也不可能穷尽测试。因此，测试只能帮助发现尽可能多的错误，而无法严格证明程序的正确性。

(2) 测试用例需要精心准备。软件测试中需要数据，即为测试而设计的测试用例，利用测试用例去运行程序，能帮助发现程序错误。但是，并不是所有的数据都具有相同的发现错误的能力。找到有代表性的测试用例，不仅能发现更多的错误，而且有助于控制测试的成本。

(3) 测试应该由独立的第三方人员完成。从心理学的角度看，由软件开发人员来测试自己编写的系统并不是一个好的选择，他们的潜意识里存在证明程序正确的想法。因而在综合测试阶段，由独立的第三方来执行测试工作是一个最佳的选择。

(4) 软件测试应该分步骤进行。通常软件是一个庞大的系统。从一开始就将整个系统作为一个单独实体来测试很难实现。软件的测试应该从较小规模的实体开始，如单个模块。然后逐渐进行大规模测试，如多个模块组装起来的子系统。

根据测试的目的，软件测试主要有以下一些基本原则。

(1) 所有的测试都应追溯到用户需求。软件测试的目的在于暴露软件所存在的错误和缺陷。而从用户角度看，最严重的错误就是那些导致软件无法满足需求的错误。程序中问题的根源可能在开发前期的各阶段，因而这些问题的解决、错误的纠正也必须追溯到软件开发的前期工作。

(2) 应该尽早制订测试计划，并严格执行测试计划。把"尽早地和不断地进行软件测试"作为软件开发者的座右铭。由于原始问题的复杂性，软件系统本身的复杂性和抽象性，软件开发各个阶段工作的多样性，以及参加开发的各种层次人员之间工作的配合关系等因素，使得软件开发的各个环节都有可能产生错误。

测试计划应包括以下内容：测试目的、被测试软件的功能、输入和输出、测试内容、各项测试进度安排、资源要求、测试资料、测试工具、测试用例、测试控制方式和过程、系统组装方式、跟踪规程以及评价标准等。测试计划应和软件系统的其他文档资料一样长期保存，直到该软件系统被废弃为止。对于测试计划，要明确规定，不要随意解释。测试计划制订出来以后应排除测试的随意性。

(3) 应该由第三方进行测试工作。严格地说，一个软件项目的开发人员不应该同时是该软件的测试人员。从心理学角度讲，让一个人否定自己所做的工作将是一件非常沮丧的事情。另外，如果程序中包含了由于程序员对程序功能需求的误解而产生的错误，当程序员测试自己的程序时，往往还会带着同样的误解而使错误难以发现。因此，基于人本身的弱点，要克服这种盲目的自信心及对功能要求误解的延续性，测试工作应避免由系统开发人员或开发机构本身来承担。为了得到最好的测试效果，应由第三方人员或者说另一个独立的机构（即不是设计系统或编写程序的机构和个人）对软件进行客观、严格的独立测试。更一般地，测试工作应由软件系统设计编程部门以外的另一个独立部门来进行，但查出错误之后的排错，则仍应由程序的原编写者自己进行。

（4）穷举测试是不可能的。在进行软件测试时，只要对每一种可能情况都进行测试（亦即穷举测试），就可以得到完全正确的程序。但是，能不能把所有隐藏的错误全都找出来呢?或者说能不能把所有可能做的测试无遗漏地做完呢?事实上这是不可能的，也是不现实的。应该有选择地进行测试，选取有代表性的、典型的数据作为测试用例。

（5）充分重视测试中的群集现象。有的测试人员经过测试发现错误后，就认为错误找的差不多了，不再继续进行测试。经验表明，测试后软件中仍存在错误的概率与已经发现的错误数成正比。根据这一规律，应该对出现错误多的程序段进行重点测试，以提高测试效率。

（6）设计测试用例应全面。在设计测试用例时，不仅要包括合理、有效的输入条件，也要包含不合理、失效的输入条件。人们往往习惯按照合理的、正常的情况进行测试，而忽略了对异常、不合理的、意想不到的情况进行测试，而这些隐患如果没有排除，在今后的正式运行中就有可能暴露出来。

在测试程序时，不仅要检测程序是否做了该做的事，还要检测程序是否做了不该做的事。多余的工作会带来相应的副作用，会影响程序的效率，有时甚至会带来潜在的危害或错误。

10.2　软件测试文档

测试计划描述所有的测试活动，主要有：测试的内容、进度安排、测试所需的环境和条件（包括设备、被测项目、人员等）、测试培训安排，等等。

软件测试计划模板一般包括以下要素。

```
①引言：目的、背景、范围、定义、参考资料。
②测试内容：测试功能清单。
③测试规则：进入准则、暂停/退出准则、测试方法、测试手段、测试要点、测试工具。
④测试环境：硬件环境、软件环境、特定测试环境要求。
⑤项目任务：测试规划、测试设计、测试执行准备、测试执行、测试总结。
⑥实施计划：工作量估计、人员需求及安排、进度安排、其他资源需求及安排、可交付工件。
⑦风险管理。
```

测试大纲是测试的依据。它明确详尽地规定了在测试中针对系统的每一项功能或者特性所必须完成的基本测试项目和测试完成的标准。无论是自动测试还是手动测试，都必须满足测试大纲的要求。

测试大纲模板

目录

1　引言

1.1　编写目的

1.2　参考资料

1.3　定义

1.4　测试内容和测试种类

2　系统结构（图表形式表示）

3　测试目的

4　测试环境

4.1　硬件：列出进行本次测试所需的硬件资源的型号、配置和厂家。

4.2　软件：列出进行本次测试所需的软件资源，包括操作系统和支持软件（不含待测软件）的名称、版本、厂家。

5　人员：列出一份清单，说明在整个测试期间人员的数量、时间、技术水平的要求。

6　测试说明：可以把整个测试过程按逻辑划分为几个组（包括测试计划中描述的总体测试要求的每个方面），并给每个组命名一个标识符。

6.1　测试 1 名称及标识符说明

6.1.1　测试概述：对测试 1 进行一个总体描述，主要说明这组测试的基本内容。

6.1.2　测试准备：描述本测试开始前系统必须具备的状态和数据。

6.1.3　测试步骤：对各测试操作按先后顺序进行编号。具体操作和数据见附录。

6.2　测试 2 名称及标识符说明

……

测试用例的设计和编制是测试活动中关键的一步。根据测试大纲，设计和生成测试用例，并产生测试用例说明文档。用例内容主要包括：测试目标、待测功能、测试环境、测试日期、输入数据、测试步骤、预期结果及评价准则，等等。测试用例控制着软件测试的执行过程，它是对测试大纲中每个测试项目的进一步实例化。一个良好的测试用例，应该有较高的发现错误的概率。

测试的实施由一系列测试周期组成，在每个测试周期中，测试人员和开发人员依据预先编制好的测试大纲和准备好的测试用例对被测软件进行完整的测试。测试与纠错通常是反复交替进行的。测试的步骤分别按硬件系统、网络系统和软件系统进行测试，最后对整个系统进行总的综合测试。

软件测试分成五步：单元测试、集成测试、确认测试、系统测试和验收测试。每一步测试的内容和要求将在后面作详细说明。

测试完成后，要形成相应的测试报告，对测试活动及其结果进行总结，并对结果进行评价，指出缺陷和错误。另外，给出一些建议，如：可采用的修改方法，各项修改预计的工作量及修改的负责人等。

10.3 准备测试环境

测试环境是由测试数据、硬件配置、软件、接口、网络、人员、手册、设备等所有用于支持测试工作的元素组成的集合。一个好的测试环境应该是稳定的、可重复的，它不仅能达到测试执行的技术要求，并且能够得到正确的、可重复的测试结果。下面介绍部分环境的配置。

硬件环境指测试必需的服务器、客户端、网络连接设备以及打印机/扫描仪等外部设备所构成的环境。硬件配置必须要达到系统运行的最低要求，确保能支持软件正常运行。另一方面，由于不同的用户可能会在硬件方面存在细微的差别，但要在测试环境中对每一种环境进行设计是不现实的。因此，实际的做法是通过抽样调查等方式得出一系列配置文件，归纳出一些常见的配置分情况进行测试。

软件环境指被测软件运行时的操作系统、数据库及其他应用软件构成的环境。与硬件环境类似，在测试时应尽量选择几种比较普遍的软件平台（操作系统、数据库及其他支持系统运行的应用软件），对每种配置分别进行测试，检验系统的兼容性，同时要保证测试的软件环境是无病毒的。需要注意的是，为了更好地模拟系统运行的真实环境，软件环境中还应当包括用户常用的驻留于测试环境之中的其他应用程序，这些共驻软件可能并不与被测程序进行交互。

测试中的人员主要有测试经理、测试文档审核师、测试设计师和测试工程师。进行测试时，需要有不同人员的参与，包括具有一定开发经验的计算机专业人员、业务人员及非专业人员。

- 单元测试通常由开发人员负责；
- 集成测试通常由各个开发团队协同合作；
- 系统测试由于工作量非常大，其测试队伍包括开发员、QA 人员、用户、技术文员、售后服务人员、培训人员等；
- 验收测试应当主要由使用系统的人来完成，包括用户、客户服务代表、培训员、市场营销员及其他测试人员等。

10.4 软件测试的基本方法

按照测试过程是否在实际应用环境中运行来分类，软件测试方法一般可以分成静态测试和动态测试。测试方法又可以分为分析方法与非分析方法。其中，分析方法包括静态分析法与白盒法，非分析方法又称为黑盒法。

10.4.1 静态测试

　　静态测试实际上是确认在给定的外部环境中软件的逻辑正确性，它应该包括规格说明和程序等的确认。静态测试一般不在计算机上实际执行程序，它针对的是软件规格说明等文档及源程序代码文件。软件正确性的确认主要通过以下手段：人工测试、计算机辅助静态分析及程序正确性证明。

1．人工测试方法

　　人工测试是通过人工阅读分析以及评审软件的文档、程序资料等，以发现程序中的错误。人工评审能找出那些设计中在机器上不易发现的逻辑错误。据统计，好的人工评审可以发现 30%～70%的逻辑设计和编码错误。

　　人工评审具有许多优点。它可以成批地发现错误并成批纠正，具有较高的测试效率，而且能在早期发现错误及早纠正，降低了测试的成本，也减少软件错误可能造成的损失。另外，人工评审有利于软件开发人员在一个开发组内取长补短，互相学习。

　　静态分析中进行人工测试的主要方法有桌面检查、代码评审和走查。

　　桌面检查是一种传统的检查方法，主要由程序员检查自己编写的程序。程序员在程序通过编译之后，进行单元测试设计之前，对源程序代码进行分析、检验，并补充相关的文档，以发现程序中的错误。由于程序作者熟悉自己编写的程序，可以节省检查时间，但也要避免主观片面性。

　　代码评审是由若干程序员和测试人员组成一个评审小组，通过阅读、讨论和争议，对程序进行静态分析的过程。首先让评审人员阅读软件的各种文档和源程序资料，然后召开程序审查会，对各种问题进行讨论，审查问题是否存在。

　　走查与代码评审基本相同。但它不是简单地阅读程序和对照错误检查表进行检查，而是让与会者"充当"计算机，集体扮演计算机的各种角色，让事先准备的有代表性的测试用例沿程序的逻辑运行一遍，随时记录程序的踪迹，供分析和讨论用。

　　通过对规格说明文档及源程序资料的检查，对程序的逻辑和功能提出各种问题，并开展热烈的讨论和争议，能够发现软件更多的错误。

2．计算机辅助静态分析

　　使用静态分析工具对被测试的程序进行静态分析，从中提取一些有用的信息，可以显著提高测试的效率。例如，可以用静态分析工具检查程序中的局部变量和全局变量、参数的匹配、判断与循环的嵌套匹配、潜在的死循环、无法执行到的代码段、过程调用层次等。

3．程序正确性证明

　　程序正确性证明就是试图利用某种特定的方法，去证明所开发出来的程序是正确的，不存在任何错误。所谓证明，就是确信一个断言真实性的论证。这种证明可以是形式化的或非形式化的。断言是一种逻辑表达式，它规定必须存在的一个程序状态，或者规定在程序执行过程中某一个特定点上程序变量必须满足的条件集合。

10.4.2 动态测试

动态测试也称为机器测试，就是直接在计算机上运行所要测试的软件，从实际运行的结果发现并纠正错误。动态测试主要是通过动态分析以及程序测试来检查程序的执行状态，以确认程序的正确性。动态测试的工作包括设计一组测试用例，执行被测试的程序，分析执行后的结果并发现错误。

动态测试的基本思想是：将程序视为一个函数，该函数描述了程序的输入与输出的关系。输入的全体称为函数的定义域，输出的全体称为函数的值域。动态测试的过程实际上是取定义域中每个数位作为输入，实际运行程序，判定执行结果是否全部包含在函数的值域中，用以检验程序的正确性、有效性和可靠性。

具体地讲，一个动态测试过程可以分为以下5个步骤：

①选取定义域中的有效值，或定义域外无效值。
②对已选取的值确定其预期的结果。
③用选取的位作为输入，执行程序。
④观察程序的行为，记录其执行结果。
⑤将第④步的结果（程序执行结果）与第②步的结果（预期结果）相比较，不吻合则表明程序存在错误。

用定义域中的每个元素执行上述测试过程，可以证明程序中是否存在错误，这就是穷尽测试。实际使用的测试方法是一种抽样检查，它把穷尽测试变成一个可行的测试过程。为了进行选择测试，首先就要寻找一个合适的定义域中具有代表性的测试数据集。专家们已经证明，并不存在寻找测试数据集的标准算法。而测试用例中的预期结果实际上是与所选出来的定义域子集相对应的值域子集。

常用的动态测试方法有白盒测试和黑盒测试。白盒测试和黑盒测试是软件测试中的两大方法，传统的测试活动基本上都可以划到这两类方法当中。如果了解软件产品的内部逻辑结构，针对某些特定条件设计测试用例对软件的逻辑路径进行测试，可以用白盒法。如果已经了解软件产品规定的功能，测试是为了证实各个功能已经被软件实现，并在各功能中查找其中的错误，可以用黑盒法。

10.4.3 白盒测试

白盒测试是对软件的开发过程中细节做细致的检查，把测试对象看作一个打开的盒子，它允许测试人员利用程序内部的逻辑结构及有关信息，设计或选择测试用例，对程序所有的逻辑路径进行测试。通过在不同点检查程序状态，以确定实际状态是否与预期的状态一致。因此，白盒测试又称为结构测试或逻辑驱动测试。

白盒测试只测试软件产品的内部结构和处理过程，而不测试软件产品的功能。白盒测试用于纠正软件系统在描述、表示和规格上的错误，是进一步测试的前提。

白盒测试方法分为静态测试和动态测试。静态测试是不通过执行程序而进行的测试，用于检查软件的表现和需求规格说明描述是否一致。动态测试是指软件执行时，在模拟或真实的软件环境中对软件系统执行之前、执行之中和执行之后进行测试，根据程序的控制结构设计测试用例，具体原则如下：

（1）保证一个模块中的所有独立路径至少被使用一次。
（2）对所有的逻辑值均需测试 true 和 false。
（3）在上下边界及可操作范围内运行所有循环。
（4）检查内部数据结构以确保其有效性。

1. 逻辑覆盖法

逻辑覆盖法又称为控制流覆盖，是选择一组实体以满足覆盖标准，如语句覆盖、判定覆盖、条件覆盖、判定-条件覆盖、条件组合覆盖和路径覆盖等，然后再选择一组覆盖该组实体的有限路径。下面通过示例来讲解逻辑覆盖方法。

【例 10-1】 简单数值计算的程序流程图如图 10-1 所示。

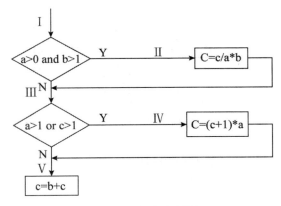

图 10-1　程序流程图

1）语句覆盖

语句覆盖又称为线覆盖面或段覆盖面。其含义是指，选择足够数目的测试数据，使被测程序中的每条语句至少执行一次。

语句覆盖率=(至少被执行一次的语句数量)/(可以执行的语句总数)

例 10-1 的测试用例选择 a=2，b=2，c=4，程序按照路径Ⅰ->Ⅱ->Ⅲ->Ⅳ->Ⅴ执行，程序段中的 5 个语句均执行，符合语句覆盖。但是，如果测试用例选择 a=2，b=-2，c=4，程序按照路径Ⅰ->Ⅲ->Ⅳ->Ⅴ执行。则未能达到语句覆盖。

语句覆盖测试法仅仅针对程序中的显式语句，对隐藏条件无法测试。若例 10-1 中第一个逻辑运算符"and"误写成"or"，测试用例 a=2，b=2，c=4 仍能达到语句覆盖的要求，但是并未发现程序中的误写错误。

语句覆盖可以直接应用于目标代码，不需要处理源代码，但是，作为最弱逻辑覆盖，语句覆盖对一些控制结构不敏感。由于逻辑覆盖很低，往往发现不了在判断中逻辑运算符出现的错误。

2）判定覆盖

判定覆盖又称为分支覆盖或所有边覆盖。测试控制结构中的布尔表达式分别为真和假，布尔型表达式被认为是一个整体，取值为真和假，而不考虑内部是否包含"逻辑与"或"逻辑或"等操作符。

判定覆盖的基本思想是，设计的测试用例使得程序中的每个判定分别取"真"和取"假"分支至少一次，即判断真假值均被满足。

判定覆盖率=(判定结果被评价的次数)/(判定结果的总数)

例 10-1 的判定覆盖测试用例见表 10-1。

表 10-1 例 10-1 的判定覆盖测试用例

测试用例	a>0 and b>0	a>1 or c>1	执 行 路 径
a=1，b=1，c=6	T	T	I ->II->III->IV-> V
a=1，b=-2，c=-4	F	F	I ->III-> V
a=1，b=1，c=-4	T	F	I -> II->III-> V
a=1，b=-2，c=4	F	T	I ->III->IV-> V

op 判定覆盖比语句覆盖要多几乎一倍的测试路径，当然也就具有比语句覆盖更强的测试能力。同样，判定覆盖也具有和语句覆盖一样的简单性，无须细分每个判定就可以得到测试用例。但是，往往大部分的判定语句是由多个逻辑条件组合而成，若仅仅判断其最终结果，而忽略每个条件的取值情况，必然会遗漏部分测试路径。

由于短路操作符，判定覆盖有时会忽略布尔表达式的内部分支。分析下面一段代码。

```
If(condition1&&( condition2||function1()))
    statement1;
else
    statement2;
```

当 condition1 和 condition2 取值为真时，执行 statement1 表达式；当 condition1 取值为假，则 condition2 取值不进行判定，执行 statement2 表达式。可见，在这段代码的控制结构的执行中，短路操作符＆＆排除了 condition2||function1()的影响，使得不用考虑 condition1 之后的表达式。

编译器在不生成不需要的测试代码时称为惰性判定。例如，"or"表达式的第一个条件为真，则第二个条件就不测试。又如，"and"表达式中的第一个关系为假，则第二个条件就不进行判定。因此，判定语句由多个逻辑条件组合而成，仅仅判断最终结果，忽略每个条件的取值情况,必然会遗漏部分测试路径。

3)条件覆盖

条件覆盖是设计测试用例,使每个判断中每个条件的可能取值至少满足一次。

条件覆盖率=(条件操作数值至少被评价一次的数量)/(条件操作数值的总数)

例10-1的条件覆盖测试用例见表10-2。

表10-2 例10-1的条件覆盖测试用例

测试用例	覆盖条件	取值条件	执行路径
a=2,b=-1,c=-3	T1,F2,T3,F4	A>0,B≤0,A>1,C≤1	I ->III->IV->V
a=-1,b=2,c=3	F1,T2,F3,T4	A≤0,B>0,A≤1,C>1	I ->III->IV->V

针对例10-1中的条件表达式a>0 and b>0,a>0取值为"真",记为T1;a>0取值为"假",记为F1;b>0取值为"真",记为T2;b>0取值为"假",记为F2;针对条件表达式a>1 0r c>1,a>1取值为"真",记为T3;a>1取值为"假",记为F3;C>1取值为"真",记为T4;c>1取位为"假",记为F4。

条件覆盖比判定覆盖增加了对复合判定情况的测试,增加了测试路径。但条件覆盖只能保证每个条件至少有一次为真,而不考虑所有的判定结果。

4)判定-条件覆盖

既然判定覆盖不一定包含条件覆盖,条件覆盖也不一定包含判定覆盖,那么就自然会提出一种能同时满足两种覆盖标准的逻辑覆盖,这就是判定-条件覆盖。

判定-条件覆盖的含义是通过设计足够的测试用例,使得判断条件中的所有条件可能至少执行一次取值,同时,所有判断的可能结果至少执行一次。因此,判定-条件覆盖的测试用例须满足如下条件:

(1)所有条件的可能结果至少执行一次取值。

(2)所有判断的可能结果至少执行一次取值。

判定条件覆盖率=(条件操作数值或者判定结果至少被评价一次的数量)/(条件操作数值总数+判定结果的总数)

例10-1的判定-条件覆盖测试用例见表10-3。

表10-3 例10-1的判定—条件覆盖测试用例

测试用例	覆盖条件	执行路径
a=2,b=-1,c=6	T1,T2,T3,T4	I ->II->III->IV->V
a=-1,b=-2,c=-3	F1,F2,F3,F4	I ->III->V

判定-条件覆盖能同时满足判定、条件两种覆盖标准,是判定和条件覆盖设计方法的并集,具有两者的简单性,却没有两者的缺点。表面上,判定-条件覆盖测试了所有条件的取值,但事实并非如此,往往某些条件掩盖了另一些条件,并没有覆盖所有的"真"和"假"取值的条件组合情况,会遗漏某些条件取值错误的情况。为了彻底地检查所有

条件的取值,需要将判定语句中给出的复合条件表达式进行分解,形成多个基本判定嵌套的流程图。这样就可以有效地检查所有的条件是否正确了。

5) 条件组合覆盖

条件组合覆盖的基本思想:设计测试用例,使得判断中每个条件的所有可能至少出现一次,并且每个判断本身的判定结果也至少出现一次。它与条件覆盖的差别是,条件组合覆盖不是简单地要求每个条件都出现"真"与"假"两种结果,而是要求这些结果的所有可能组合都至少出现一次。

条件组合覆盖率=(被评价的分支条件组合数量)/(分支条件组合总数)

条件组合覆盖是一种相当强的覆盖准则,可以有效地检查各种可能的条件取值的组合是否正确。它不但覆盖所有条件的可能取值的组合,还覆盖所有判断的可取分支。

例 10-1 的条件组合覆盖测试用例见表 10-4、表 10-5。

表 10-4 覆盖条件取值

序 号	覆盖条件	取值条件
1	T1,T2	A>0 and B>0,取真
2	T1,F2	A>0 and B>0,取假
3	F1,T2	A>0 and B>0,取假
4	F1,F2	A>0 and B>0,取假
5	T3,T4	A>1 or C>1,取真
6	T3,F4	A>1 or C>1,取真
7	F3,T4	A>1 or C>1,取真
8	F3,F4	A>1 or C>1,取假

表 10-5 例 10-1 的条件组合覆盖测试用例

测试用例	覆盖条件	组合编号	执行路径
a=2,b=1,c=6	T1,T2,T3,T4	编号 1,编号 5	I ->II ->III->IV-> V
a=2,b=-1,c=-3	T1,F2,T3,F4	编号 2,编号 6	I ->III->IV-> V
a=-2,b=2,c=-3	F1,T2,F3,T4	编号 3,编号 7	I ->III->IV-> V
a=-2,b=-2,c=-3	F1,F2,F3,F4	编号 4,编号 8	I ->III-> V

条件组合覆盖准则虽然满足判定覆盖、条件覆盖和判定-条件覆盖准则,但线性地增加了测试用例的数量,不能保证所有的路径都被执行测试,仍可能有部分路径被遗漏,测试还不够全面。

6) 路径覆盖

程序能否得到正确的运行结果,必须保证沿着特定的路径执行。路径覆盖的基本思想:选择足够的测试用例,使得程序中所有的可能路径都至少被执行一次。每一条路径都是从函数的入口到出口分支的一个唯一序列。

路径覆盖率=(至少被执行一次的路径数)/(总的路径数)

例 10-1 的路径覆盖测试用例见表 10-6。

表 10-6 例 10-1 的路径覆盖测试用例

测 试 用 例	组 合 编 号	执 行 路 径
a=2，b=1，c=6	编号 1，编号 5	I ->II ->III->IV->V
a=2，b=-1，c=-3	编号 1，编号 8	I ->II ->IV->V
a=-2，b=2，c=-3	编号 3，编号 7	I ->III->IV->V
a=-2，b=-2，c=-3	编号 4，编号 8	I ->III->V

虽然路径覆盖比前面几种逻辑覆盖法的覆盖率都大，但它也有如下缺点：随着程序代码复杂度的增加，测试工作量将呈指数级增长；例如，一个函数包含10 个 if 语句，就有 2^{10}=1024 条路径要测试。如果增加一个 if 语句，就有 2^{11}=2048 条路径要测试。

7）逻辑覆盖法总结

逻辑覆盖法中的语句覆盖、判定覆盖、条件覆盖、判定-条件覆盖、条件组合覆盖和路径覆盖具有相互包含的关系。其中，语句覆盖最弱，其他覆盖依次增强，路径覆盖的效果最好。

逻辑覆盖法普遍具有如下问题：语句覆盖或判定覆盖作为测试数据的主要依据，经过所选的路径并不能保证所有错误都被查出，带有循环的程序将有无穷多条路径。

2. 基本路径测试法

基本路径测试法是在程序控制流图的基础上，通过分析控制构造的环路复杂性，导出基本可执行路径的集合，从而设计测试用例的方法。

基本路径测试的关注点在于条件判定节点与循环节点对程序路径带来的复杂度的提高，它通过对程序执行路径的遍历来实现程序的覆盖。该法所遵循的基本测试原则是：对程序模块的所有独立执行路径至少测试一次。

1）程序的控制流图

程序的控制流图（可简称流图）是对程序流程图进行简化后得到的，它可以更加突出地表示程序控制流的结构，如图 10-2 所示。

控制流图中包括两种图形符号：结点和控制流线。

结点由带标号的圆圈表示，可代表一个或多个语句、一个处理框序列和一个条件判定框（假设不包含复合条件）。

控制流线由带箭头的弧或线表示，可称为边。它代表程序中的控制流。

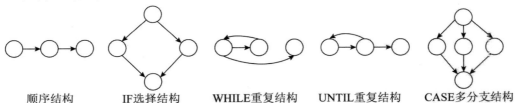

图 10-2 控制流图的图形符号

2）环形复杂度

环形复杂度也称为圈复杂度，它是一种为程序逻辑复杂度提供定量尺度的软件度量。

可以将环形复杂度用于程序基本路径测试。环形复杂度可以提供：程序基本集的独立路径数量和确保所有语句至少执行一次的测试数量的上界。

其中独立路径是指程序中至少引入了一个新的处理语句集合或一个新条件的程序通路，即独立路径必须至少包含一条在本次定义路径之前不曾用过的边。

测试可以被设计为基本路径集的执行过程，但基本路径集通常并不唯一。

环形复杂度以图论为基础，为我们提供了非常有用的软件度量。可用如下三种方法之一来计算环形复杂度：

（1）控制流图中区域的数量对应于环形复杂度。

（2）给定控制流图 G 的环形复杂度 V(G)，定义为

$$V(G) = E-N+2$$

其中，E 是控制流图中边的数量，N 是控制流图中的节点数量。

（3）给定控制流图 G 的环形复杂度 V(G)，也可定义为

$$V(G) = P+1$$

其中，P 是控制流图 G 中判定节点的数量。

3）基本路径测试法步骤

基本路径测试方法包括以下 4 个步骤：

①画出程序的控制流图。

②计算得到控制流图 G 的环形复杂度 V(G)，导出程序基本路径集中的独立路径条数，这是确定程序中每个可执行语句至少执行一次所必须的测试用例数目的上界。

③导出基本路径集，确定程序的独立路径。

④根据③中的独立路径，设计测试用例的输入数据和预期输出。

【例 10-2】以下面的 C 函数为例，说明测试用例的设计过程。

```
  void Sort(int irecordnum, int itype)
1 {
2     int x=0;
3     int y=0;
4     while(irecordnum-- > 0)
5     {
6         If(itype==0)
7             x=y+2;
8     else
9         if(itype==1)
10            x=y+10;
```

```
11        else
12            x=y+20;
13    }
14 }
```

①画出控制流图，如图10-3所示。

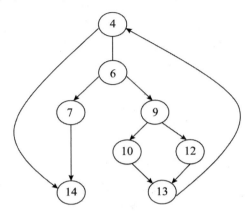

图10-3 例10-2的控制流图

②计算环形复杂度。

$$V(G) = E-N+2=10(条边)-8(个结点)+2=4$$

③导出独立路径（用语句编号表示）。

路径1：4→14

路径2：4→6→7→13→4→14

路径3：4→6→9→10→13→4→14

路径4：4→6→9→12→13→4→14

④设计测试用例。

根据实例中的独立路径，设计测试用例的输入数据和预计输出。设计的测试用例如表10-7所示。

表10-7 设计的测试用例

	输入数据	预期输出
测试用例1	irecordnum = 0 itype = 0	x = 0 y = 0
测试用例2	irecordnum = 1 itype = 0	x = 2 y = 0
测试用例3	irecordnum = 1 itype = 1	x = 10 y = 0
测试用例4	irecordnum = 1 itype = 2	x = 20 y = 0

10.4.4 黑盒测试

黑盒测试又称为数据驱动测试、基于规格的测试、输入输出测试或者功能测试。黑盒测试基于产品功能规格说明书，从用户角度针对产品特定的功能和特性进行验证活动，确认每个功能是否得到完整实现，用户能否正常使用这些功能。

黑盒测试在不知道系统或组件内部结构的情况下进行，不考虑内部逻辑结构，着眼于程序外部结构，在软件接口处进行测试。黑盒测试主要具有如下功能：

（1）检查程序功能能否按需求规格说明书的规定正常使用，测试各个功能是否有遗漏，检测是否满足性能等特性要求。

（2）检测人机交互是否错误，检测数据结构或外部数据库访问是否错误，程序是否能适当地接收输入数据而产生正确的输出结果，并保持外部信息（如数据库或文件等）的完整性。

（3）检测程序初始化和终止方面的错误。

黑盒测试方法主要有等价类划分、边界值分析、决策表、因果图、错误推测和功能图法等测试方法，本节主要介绍等价类划分、边界值分析、决策表和元素分析法与错误推测法。

1. 等价类划分

等价类是指某个输入域的子集合。在该子集合中，测试某等价类的代表值就等于对这一类其他值的测试，对于揭露程序的错误是等效的。因此，将输入的全部数据合理划分为若干等价类，在每一个等价类中取一个数据作为测试的输入条件，就可以用少量代表性的测试数据取得较好的测试结果。

等价类划分有两种情况，即有效等价类和无效等价类。

（1）有效等价类。对于程序的规格说明来说，它是由合理的、有意义的输入数据构成的集合，利用它可检验程序是否实现了规格说明中所规定的功能和性能。

（2）无效等价类。与有效等价类相反，它是由对程序的规格说明无意义、不合理的输入数据构成的集合。

测试用例的设计不仅接收合理的数据，也能经受意外的不合理数据的考验，这样才能确保软件具有较高的可靠性。

分析可能的输入情况，按照如下几条规则对等价类进行划分。

（1）在输入条件规定了取值范围或值的个数的情况下，确立一个有效等价类和两个无效等价类。

例如，若输入条件规定了 x 的取值为 1~100 的整数，则等价类划分有效等价类 $1 \leqslant x \leqslant 100$，两个无效等价类分别为 x<1 或 x>100。

（2）按照数值集合划分。在输入条件规定了输入值的集合或者规定了"必须如何"的条件下，确立一个有效等价类和一个无效等价类。

例如，输入条件规定了 x 的取值为偶数，则有效等价类为 x 的值为偶数，无效等价类为 x 的值不为偶数的整数。

（3）输入条件是一个布尔量的情况，确定一个有效等价类和一个无效等价类。

（4）规定输入数据取一组值（假定 n 个），并且程序要在对每一个输入值分别处理的情况下，确立 n 个有效等价类和一个无效等价类。

例如，分房方案中对教授、副教授、讲师、助教分别计分，则有效类为 4 个；无效类为 1 个。

（5）按照限制条件或规则划分。在规定输入数据必须遵守的规则的情况下，确立一个有效等价类（符合规则）和若干个无效等价类（从不同角度违反规则）。

例如，C 程序设计语言的语法规定. 每个语句应以 ";" 结束，则其有效类有 1 个，而无效类有若干个（如以 ","结束、以 ":" 结束、以空格结束等）。

（6）在确知已划分的等价类中各元素在程序处理方式不同的情况下，再将该等价类进一步划分为更小的等价类。

等价类划分后，形成等价类表，见表 10-8。

表 10-8 等价类表样式

输入条件	有效等价类	无效等价类
…	…	…

根据等价类表，确定测试用例。首先，为每一个等价类规定唯一编号；其次，设计新的测试用例，使其尽可能多地覆盖尚未被覆盖的有效等价类，重复这一步，直到所有的有效等价类都被覆盖为止；最后，设计新的测试用例，使其仅覆盖一个尚未被覆盖的无效等价类，重复这一步，直到所有的无效等价类都被覆盖为止（通常，程序在执行一个错误后不继续检测其他错误，故每次只测一个无效类）。

【例 10-3】某城市的电话号码由地区码、前缀和后缀 3 部分组成。地区码由空白或 3 位数字组成；前缀是非 "0" 或 "1" 开头的 3 位数字；后缀是 4 位数字。

步骤 1：确定等价类划分，见表 10-9。

表 10-9 等价类表

输入条件	有效等价类	无效等价类
地区码	空白（1） 3 位数字（2）	有非数字字符（5） 少于 3 位数字（6） 多于 3 位数字（7）
前缀	200～999 之间的 3 位数字（3）	有非数字字符（8） 起始位为 "0"（9） 起始位为 "1"（10） 少于 3 位数字（11） 多于 3 位数字（12）
后缀	4 位数字(4)	有非数字字符（13） 少于 4 位数字（14） 多于 4 位数字（15）

步骤 2：根据等价类表，确定测试用例。

表 10-10 中的有效等价类共有 4 个，设计两个测试用例，见表 10-10。

表 10-10 有效等价类的测试用例

测 试 数 据	测 试 范 围	期 望 结 果
（　　）276—2345	等价类（1）（3）（4）	有效
（635）805—9323	等价类（2）（3）（4）	有效

表 10-11 中的无效等价类为 11 个，设计 11 个测试用例。

表 10-11 无效等价类测试用例

测 试 数 据	测 试 范 围	期 望 结 果
（20A）276-2345	无效等价类（5）	无效
（33）236-2345	无效等价类（6）	无效
（3333）236-2345	无效等价类（7）	无效
….	…	…
	无效等价类（15）	

2. 边界值分析

软件测试实践中，大量的错误往往发生在输入或输出范围的边界上，而不是发生在输入输出范围的内部。例如，数组下标、循环控制变量等边界附近往往出现大量错误。因此，作为等价类划分方法的补充，边界值分析方法不是选择等价类的任意元素，而主要是针对各种边界情况设计测试用例。

常见的边界值一般具有如下情况：

（1）对 16 位的整数而言，32767 和-32768 是边界。

（2）屏幕上的光标在最左上、最右下位置是边界。

（3）报表的第一行和最后一行是边界。

（4）数组元素的第一个和最后一个是边界。

（5）循环的第 0 次、第 1 次和倒数第 2 次、最后一次是边界。

边界值分析法应着重测试的情况，一般选取等价类划分的输入和输出的边界正好等于或刚刚大于或刚刚小于边界的值作为测试数据，而不是选取等价类中的典型值或任意值作为测试数据。

边界值分析方法具有如下原则。

（1）如果输入条件规定了值的范围，则应选取刚达到范围的边界值，以及刚刚超越边界的值作为测试的输入数据。

（2）如果输入条件规定了值的个数，则用略低于最小值、最小值、略高于最小值、正常值、略低于最大值、最大值和略高于最大值作为测试数据。

（3）如果程序规格说明给出的输入域或输出域是有序集合，则应选取集合的第一个元素和最后一个元素作为测试用例。

【例10-4】三角形问题的边界值分析测试用例。

输入三个整数 a、b、c，分别作为三角形的三条边，三角形每边边长的取范围值设值为[1，100]。测试用例如表 10-12 所示。

表 10-12　三角形问题的边界值分析测试用例

测 试 用 例	a	b	c	预 期 输 出
Test 1	60	60	1	等腰三角形
Test2	60	60	2	等腰三角形
Test3	60	60	60	等边三角形
Test4	50	50	99	等腰三角形
Test5	50	50	100	非三角形
Test6	60	1	60	等腰三角形
Test7	60	2	60	等腰三角形
Test8	50	99	50	等腰三角形
Test9	50	100	50	非三角形
Test10	1	60	60	等腰三角形
Test11	2	60	60	等腰三角形
Test12	99	50	50	等腰三角形
Test13	100	50	50	非三角形

3．决策表

决策表又称为判定表，用于分析多种逻辑条件下执行不同操作的技术。在程序设计发展的初期，决策表是程序编写的辅助工具。决策表可以把复杂的逻辑关系和多种条件的组合情况表达明确，与高级程序设计语言中的 if-else、switch-case 等分支结构语句类似，它将条件判断与执行的动作联系起来。但与程序语言中的控制语句不同的是，决策表能将多个独立的条件和多个动作联系清晰地表示出来。

决策表的组成如下。

（1）条件桩：列出了问题的所有条件。通常认为，列出的条件次序无关紧要。

（2）动作桩：列出了问题规定可能采取的操作，这些操作的排列顺序没有约束。

（3）条件项：列出了针对条件桩的取值在所有可能情况下的真假值。

（4）动作项：列出了在条件项的各种取值的有机关联情况下应该采取的动作。

规则即任何条件组合的特定取值及其相应要执行的操作。在决策表中，贯穿条件项和动作项的列就是规则。显然，决策表中列出多少个条件取值，也就有多少个规则，条件项和动作项就有多少列。

所有条件都是逻辑结果的决策表称为有限条件决策表。如果条件有多个值，则对应的决策表就叫做扩展条目决策表。决策表用来设计测试用例，条件解释为输入，动作解释为输出。

决策表适合以下特征的应用程序：
（1）if-then-else 分支逻辑输出。
（2）输入变量之间存在逻辑关系。
（3）涉及输入变量子集的计算。
（4）输入和输出之间存在因果关系。
（5）很高的圈复杂度。

构造决策表的步骤：
①确定规则的个数。
有 n 个条件的决策表有 2^n 个规则（每个条件取真、假值）。
②列出所有的条件桩和动作桩。
③填入条件项。
④填入动作项，得到初始决策表。
⑤简化决策表，合并相似规则。

【例 10-5】三角形问题的决策表。

由于三角形问题有 4 个件，每个条件取 2 个值，有 2^4=16 种规则。合并相似规则后得到三角形问题的决策如表 10-13 所示。

表 10-13 三角形问题的决策表

选项 \ 规则	规则 1-8	规则 9	规则 10	规则 11	规则 12	规则 13	规则 14	规则 15	规则 16
条件：									
c1：a，b，c 构成三角形？	N	Y	Y	Y	Y	Y	Y	Y	Y
c2: a=b?	-	Y	Y	Y	Y	N	N	N	N
c3: a=c?	-	Y	Y	N	N	Y	Y	N	N
c4: b=c?	-	Y	N	Y	N	Y	N	Y	N
动作：									
a1：非三角形	√								
a2：一般三角形									√
a3：等腰三角形					√		√	√	
a4：等边三角形		√							
a5：不可能			√	√		√			

4. 元素分析法与错误推测法

元素分析法主要是对测试对象中的各个元素的属性、范围、特点等进行分析，通过对元素的分析，寻找出测试空间和缺陷空间，设计测试用例的方法。

元素分析法的基本过程如下：
（1）找出测试对象中的各个元素。

（2）分析每个元素的特点和属性，确定测试空间与缺陷空间。

（3）分析元素的组合情况。

错误推测法是基于经验和直觉的推测，列举出程序中所有可能错误和容易发生错误的特殊情况，有针对性地设计测试用例。

经验表明，一段程序中已发现的错误数目和尚未发现的错误数目成正比。程序中容易出错的情况如下所示：当输入数据为零时，或者输入或输出的数目允许变化（例如，被检索的或生成的表的项数），或者输入或输出的数目为 0 和 1 的情况（例如，表为空或只有一项）等，都较容易发生错误。又如，在单元测试时曾列出许多在模块中常见的错误，以前产品测试中曾经发现的错误等，这些就是经验的总结。

错误推测法是根据测试人员的经验来确定测试的范围和程度，主要采用如下技术：

（1）有关软件的设计方法和实现技术。

（2）有关前期测试阶段结果的知识。

（3）根据测试类似或相关系统的经验，了解在以前的这些系统中曾在哪些地方出现过缺陷。

（4）典型的产生错误的情况，如被零除错误等。

（5）通用的测试经验规则。

10.5 软件测试阶段

按阶段展开测试是一种基本的测试策略，一般可分为单元测试、集成测试、确认测试、系统测试、验收测试这几个阶段，不同的测试阶段将制定不同的测试目标，采用不同的测试方法和技术，具有各自的特点。

10.5.1 单元测试

单元测试是通过对每个最小的软件模块进行测试，对源代码的每一个程序单元实行测试，检查各个程序模块是否正确地实现了规定的功能，确保其能正常工作。

单元测试由开发人员执行，一般由模块单元开发者设计测试用例并修改缺陷。单元测试具有如下三种行为：

（1）单元测试是一种验证行为。验证程序中的每项功能的正确性为代码的重构提供了保障。

（2）单元测试是一种设计行为。软件设计阶段考虑如何实现软件的功能、性能和用户界面等，而不考虑实现的代码。单元测试关注于软件的具体功能实现是否符合需求设计，而不仅仅定位于代码的实现。

（3）单元测试是一种文档的行为。单元测试是函数或类等软件模块如何设计、实现和使用的最佳文档。

1．单元测试的特性

单元测试具有如下特性：

（1）单入测试是覆盖代码区间的最小单元。
（2）单元测试支持组包测试。
（3）单元测试的执行率为100%。
（4）单元测试确定变动后的代码对原代码的功能未做修改。
（5）单元测试提升了软件系统整体的可信赖度。
（6）单元测试包含对可能出现问题的代码进行排查。
（7）单元测试支持开发人员先测试后编码的行为。
（8）单元测试支持变化，任何变化导致的失败情况均会被反映出来。
（9）单元测试准确地反映了代码设计，便于后期维护。

2．单元测试的认识误区

（1）单元测试是全部规范。单元测试本质上是种特定的测试方式，是系统的实现方法规范的补充，而不是整个规范。
（2）单元测试浪费时间。单元测试不会浪费太多的时间，反而会节省项目时间。
（3）单元测试只需使用测试工具就可完成。单元测试工具生成的测试用例往往无法对被测试的程序进行有效覆盖，必须进行人工检查。
（4）单元测试是针对代码进行的测试。单元测试依据详细设计报告设计测试用例，不仅仅只是对代码的测试。

3．单元测试的原则

单元测试需要遵守如下原则。

（1）单元测试遵循《软件单元测试计划》和《软件单元测试说明》文档，根据详细设计编写单元测试用例，而不能根据代码编写单元测试用例。
（2）单元测试执行前先检查单元测试入口条件是否全部满足。
（3）单元测试必须满足一定的覆盖率，重要的接口函数必须做单元测试。
（4）单元测试在修改代码后修改测试用例，将全部单元测试用例进行回归测试。
（5）单元测试必须满足预定的出口条件才能结束。
（6）在单元测试完成后，记录《单元测试报告》，分析问题的种类和原因。
（7）单元测试始终在配置管理控制下进行，软件问题的修改必须符合变动规程的要求。
（8）单元测试文档、测试用例、测试记录和被测程序等齐全，符合规范。

4．单元测试的主要任务

单元测试主要针对程序模块进行测试，主要有5个任务：模块接口、局部数据结构、执行路径、出错处理和边界条件。

1）模块接口测试

通过对被测模块的数据流进行测试，检查进出模块的数据是否正确。因此，必须对模块接口，包括参数表、调用子模块的参数、全局变量、文件 I/O 操作进行测试。具体涉及以下内容：
- 模块接受输入的实际参数个数与模块的形式参数个数是否一致。
- 输入的实际参数与模块的形式参数的类型是否匹配。
- 输入的实际参数与模块的形式参数所使用的单位是否一致。
- 调用其他模块时，所传送的实际参数个数与被调用模块的形式参数的个数是否相同。
- 调用其他模块时，所传送的实际参数与被调用模块的形式参数的类型是否匹配。
- 调用其他模块时，所传送的实际参数与被调用模块的形式参数的单位是否一致。
- 调用内部函数时，参数的个数、属性和次序是否正确。
- 在模块有多个入口的情况下，是否引用有与当前入口无关的参数。
- 是否修改了只读型参数。
- 全局变量是否在所有引用它们的模块中都有相同的定义。

2）局部数据结构测试

测试用例检查局部数据结构的完整性，如数据类型说明、初始化、默认值等方面的问题，并测试全局数据对模块的影响。

在模块的工作过程中，必须测试模块内部的数据能否保持完整性，包括内部数据的内容、形式及相互关系不发生错误。

局部数据结构应注意以下几类错误：不正确或不一致的类型说明；错误的初始化或默认值；错误的变量名，如拼写错误或书写错误；下溢、上溢或者地址错误。

3）执行路径测试

测试用例对模块中重要的执行路径进行测试，其中对基本执行路径和循环进行测试往往可以发现大量的路径错误。测试用例必须能够发现由于计算错误、不正确的判定或不正常的控制流而产生的错误。

常见的错误有误解或不正确的算术优先级；混合模式的运算；错误的初始化；精确度不够精确；表达式的不正确符号表示。

针对判定和条件覆盖，测试用例能够发现的错误有：不同数据类型的比较；不正确的逻辑操作或优先级；应当相等的地方由于精确度的错误而不能相等；不正确的判定或不正确的变量；不正确的或不存在的循环终止；当遇到分支循环时不能退出；不适当地修改循环变量。

4）出错处理测试

测试出错处理的重点是模块在工作中发生了错误，其中的出错处理设施是否有效。

检验程序中的出错处理可能面对的情况有以下几种：
- 对运行发生的错误描述难以理解。
- 所报告的错误与实际遇到的错误不一致。

- 出错后，在错误处理之前就引起系统的干预。
- 例外条件的处理不正确。
- 提供的错误信息不足，以致无法找到错误的原因。

5）边界条件测试

边界条件测试是单元测试的最后一步，必须采用边界值分析方法来设计测试用例。在为限制数据处理而设置的边界处，测试模块是否能够正常工作。

一些与边界有关的数据类型，如数值、字符、位置、数量、尺寸等，以及边界的第一个、最后一个、最大值、最小值、最长、最短、最高和最低等特征。

在边界条件测试中，应设计测试用例检查一下情况。

- 在 n 次循环的第 0 次、第 1 次、第 n 次是否有错误。
- 运算或判断中取最大值、最小值时是否有错误。
- 数据流、控制流中刚好等于、大于、小于确定的比较值是否出现错误。

5．单元测试的执行过程

通常，单元测试在编码阶段进行，在源程序代码编制完成，经过评审和验证，确认没有语法错误之后，开始设计单元测试用例。

由于模块并不是一个独立的程序，在考虑测试模块时，同时要考虑与其有关的外界联系，因此使用一些辅助模块去模拟与被测模块相关的其他模块。辅助模块分为以下两种：

（1）驱动（Drive）模块。用于模拟被测试模块的上一级模块，相当于被测模块的主程序，用于接收测试数据，并把这些数据传送给被测模块，启动被测模块，最后输出实测结果。

（2）桩（Stub）模块。用于模拟被测模块工作过程中所调用的模块。桩模块一般只进行很少的数据处理，不需要把子模块的所有功能都带来，但不允许什么事情也不做。

6．单元测试停止的条件

单元测试停止的条件如下。

（1）单元测试用例设计已经通过评审。
（2）按照单元测试计划完成了所有规定单元的测试。
（3）达到了测试计划中关于单元测试所规定的覆盖率的要求。
（4）被测试的单元每千行代码必须发现至少 3 个错误。
（5）软件单元功能与设计相一致。
（6）在单元测试中发现的错误已经得到修改，各级缺陷修复率达到标准。

10.5.2 集成测试

1999 年 9 月，火星气象人造卫星在经过 41 周 4.16 亿英里飞行后，在即将要进入火星轨道时失败了，为此，美国投资 5 万美元调查事故原因，发现太空科学家洛克希德·马丁采用的是英制（磅）加速度数据，而喷气推进实验室则采用的是公制（牛顿）加速度数据进行计算。如果他们进行了集成测试，事故本来是可以避免的。

在每个模块完成单元测试之后，需要着重考虑的一个问题是：通过什么方式将模块组合起来进行集成测试，这将影响到模块测试用例的设计、所用测试工具的类型、模块编码的次序、测试的次序以及设计测试用例的费用和纠错的费用等。

集成测试的主要目的是验证组成软件系统的各模块的接口和交互作用，一般不使用真实数据，可以使用一部分代表性的测试数据。在创建测试数据时，应保证数据能充分测试软件系统的边界条件。

1．集成测试的方法

集成测试包括非增量式集成测试和增量式集成测试。

非增量式集成测试采用一步到位的方法来进行测试，对所有模块进行个别的单元测试后，按程序结构图将各模块连接起来，把连接后的程序当做一个整体进行测试。

增量式集成测试具体包括自顶向下增量式测试和自底向上增量式测试。

1）自顶向下增量式测试

自顶向下增量式测试按结构图自上而下进行逐步集成和逐步测试。模块集成的顺序是首先集成主控模块（主程序），然后按照软件控制层次结构向下进行集成。自顶向下的集成方式可以采用深度优先策略和广度优先策略，如图 10-4 所示。由图可知，深度优先顺序为 T1->T2->T5->T8->T6->T3->T7->T4，广度优先顺序为 T1->T2->T3->T4->T5->T6->T7->T8。

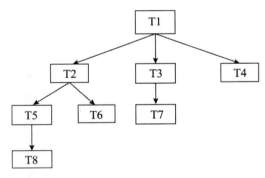

图 10-4　自顶向下的集成方式

该方法由下列步骤实现。

①以主模块为所测试模块兼驱动模块，而所有直属于主模块的下属模块全部用桩模块替换，并对主模块进行测试。

②采用深度优先或广度优先测试方式，用实际模块替换相应桩模块，再用桩代替它们的直接下属模块，从而与已经测试的模块或子系统组装成新的子系统。

③进行回归测试排除组装过程中的错误可能性。

④判断是否所有的模块都已经组装到系统中。如果是，则测试结束，否则，转到②。

自顶向下增量式测试方式具有如下优点：
- 在测试过程中较早地验证主要的控制点。
- 功能性的模块测试可以较早地得到证实。
- 最多只需要一个驱动模块就可进行测试。
- 支持缺陷故障隔离。

自顶向下增量式测试方式具有如下缺点：
- 随着底层模块的不断增加，会导致底层模块的测试不充分，特别是被重用的模块。
- 由于每次组装都必须提供桩，会使得桩的数目急剧增加，从而维护桩的成本也会快速上升。

因此，该方法适合采用结构化方法开发软件的体系结构相对比较简单的软件系统。

2）自底向上增量式测试

自底向上增量式测试是从"原子"模块（软件结构中最低层的模块）开始，按结构图自下而上逐步进行集成和测试。

该方法的具体实现可由下列几个步骤完成。

①把底层模块组合成实现某个待定的软件子功能的族。
②写一个驱动程序（用于测试的控制程序），协调测试数据的输入和输出。
③对由模块组成的子功能族进行测试。
④去掉驱动程序，沿软件结构由下向上移动，把子功能族组合成更大的功能族。
⑤不断重复②～④，直到完成。

自底向上增量式测试方法具有如下优点：
- 虽然模拟中断或异常需要设计一定的桩模块，但总体上减少了桩模块的工作量。
- 允许对底层模块行为进行早期验证。
- 在测试初期，可以并行进行集成，相应地比使用自顶向下的方式效率高。

自底向上增量式测试方法具有如下缺点：
- 随着集成到顶层，整个系统变得越来越复杂，对于底层的一些模块将很难覆盖。
- 驱动模块的开发工作量很大。

下面给出了非增量式集成测试和增量式集成测试的比较结果。

（1）非增量式集成测试模式是先分散测试，然后集中起来一次完成集成测试。如果在模块的接口处存在错误，只会在最后的集成测试时一下子暴露出来。在非增量式集成测试时可能发现很多错误，但为每个错误定位和纠正非常困难，并且在改正一个错误的同时又可能会引入新的错误，从而更难断定出错的原因和位置；与此相反，增量式集成测试采用逐步集成和逐步测试的方法，测试的范围逐步增大，从而错误易于定位和纠正。因此，增量式集成测试比非增量式集成测试有比较明显的优越性。

（2）自顶向下测试的主要优点是逐步求精，从一开始让测试者了解系统的框架。它的主要缺点是需要提供被调用的模拟子模块，被调用的模拟子模块可能不能反映真实情况，因此测试有可能不充分。

（3）自底向上测试的优点在于，由于驱动模块模拟了所有调用参数，从而测试数据没有困难。其主要缺点在于，只有到最后一个模块被加入之后才能知道整个系统的框架。

（4）核心系统先行集成测试能保证一些重要功能和服务的实现，对于快速软件开发十分有效。如果采用此种模式的测试，则要求系统应能明确区分核心软件部件和外围软件部件，采用高频集成，借助于自动化工具实现测试。

总之，采用自顶向下集成测试和自底向上集成测试的方案较为常见。在实际测试工作中，应该结合项目的实际环境及各种测试方案适用的范围进行合理的选型。

2．集成测试遵循的原则

为了做好集成测试，需要遵循以下原则：

（1）所有公共接口都要被测试到。

（2）关键模块必须进行充分的测试。

（3）集成测试应当按一定的层次进行。

（4）集成测试的策略选择应当综合考虑质量、成本和进度之间的关系。

（5）集成测试应当尽早开始，并以总体设计为基础。

（6）在模块与接口的划分上，测试人员应当和开发人员进行充分的沟通。

（7）当接口发生修改时，涉及的相关接口必须进行再测试。

（8）测试执行结果应当如实记录。

3．集成测试过程中的两个重要的里程碑

在集成测试过程中的两个重要的里程碑是功能冻结和代码冻结的确定。这两个里程碑可界定出回归测试期的起止界限。

（1）功能冻结。经过测试，符合设计要求，确认系统功能和其他特性均不再做任何改变。

（2）代码冻结。理论上，在无错误时冻结程序代码，但实际上，代码冻结只标志系统当前版本的质量已达到预期的要求，冻结程序的源代码，不再对其做任何修改。这个里程碑设置在软件通过最终回归测试之后。

4．集成测试与单元测试的区别

集成测试与单元测试的区别如下。

（1）测试的单元不同。单元测试是针对软件从基本单元（如函数等）所做的测试；而集成测试则是以模块和子系统为单位进行的测试，主要测试接口间的关系。

（2）测试的依据不同。单元测试是针对软件详细设计所做的测试，测试用例主要依据详细设计；而集成测试是针对高层（概要）设计所做的测试，测试用例主要依据概要设计。

（3）测试空间不同。集成测试的测试空间与单元测试和系统测试是不同的。集成测试也不关心内部实现层的测试空间，只关注接口层的测试空间，即关注的是接口层可变数据间的组合关系。

（4）使用的方法不同。集成测试关注的是接口的集成，和单元测试只关注每个单元不同，因此在具体的测试方法上也不同，集成测试在测试用例设计方面和单元测试有一定的差别。

5. 集成测试停止的条件

集成测试用例设计已经通过评审。

按照集成构建计划及增量集成策略完成了整个系统的集成测试。

达到了测试中处于集成测试所规定的覆盖率的要求。

被测试的集成工作版本每千行代码必须发现两个错误。

集成工作版本满足设计定义的各项功能、性能要求。

在集成测试中发现的错误已经得到修改，各级缺陷修复率达到标准。

10.5.3 确认测试

确认测试又称为合格性测试，用来检验软件是否符合用户的需求。软件确认一般采用黑盒测试法，通过一系列证明软件功能和要求的测试来实现。

确认测试需制订测试计划和测试过程。测试计划应规定测试的种类和测试进度，测试过程主要定义一些特殊的测试用例，旨在说明软件与需求是否一致。确认测试着重考虑软件是否满足合同规定的所有功能和性能，文档资料是否完整。确认人机界面和其他方面（如可移植性、兼容性、错误恢复能力和可维护性等）是否令用户满意。

确认测试的结果只有两种可能，一种是功能和性能指标满足软件需求说明的要求，用户可以接受；反之，功能和性能指标不满足软件需求说明的要求，此时发现的错误一般很难在预定的工期内改正，因此往往需与用户协商，寻求一个妥善的解决办法。

确认测试过程的重要环节就是配置审查工作。配置审查的文件资料包括用户手册、操作手册和设计资料。其目的在于确保软件的所有文件资料均已编写齐全，用于支持日后软件的维护工作。

10.5.4 系统测试

系统测试将软件与整个系统的硬件、外设、支持软件、数据和人员等结合起来，以需求规格说明为依据，在实际运行环境下进行测试。系统测试过程分为计划与准备、执行、返工与回归测试 3 个阶段，系统测试一般要完成功能测试、性能测试、恢复测试、安全测试、强度测试以及其他限制条件的测试。

系统测试由独立测试小组在测试组长的监督下进行，测试组长主要负责保证在质量控制和监督下使用测试技术执行系统测试。系统测试过程由一个独立的测试观察员来监控测试工作。

1. 负载测试

负载测试是通过测试系统在资源超负荷情况下的表现,以发现设计上的错误或验证系统的负载能力。负载测试的目标是确定并确保系统在超出最大预期工作量的情况下仍能正常运行。此外,负载测试还要评估性能特征,例如,响应时间、事务处理速率和其他与时间相关的方面。

负载测试的加载方式通常有如下几种。

(1) 一次性加载。一次性加载某个数量的用户,在预定的时间段内持续运行。例如,在早晨上班的时间访问网站或登录网站的时间非常集中,基本属于扁平负载模式。

(2) 递增加载。有规律地逐渐增加用户,每几秒增加一些新用户,交错上升。借助这种负载方式的测试,容易发现性能的拐点,即性能瓶颈。

(3) 高低突变加载。某个时间用户数量很大,突然降到很低,过一段时间,又突然加到很高,反复几次。借助这种负载方式的测试,容易发现资源释放和内存泄露等问题。

(4) 随机加载方式。由随机算法自动生成某个数量范围内变化的、动态的负载,这种方式可能是和实际情况最为接近的一种负载方式。虽然不容易模拟系统运行出现的瞬时高峰期,但可以模拟系统长时间的运行过程的状态。

2. 压力测试

压力测试又称为强度测试,是在强负载(加大数据量、大量并发用户等)下的测试,用于查看应用系统在峰值使用情况下的操作行为,目的是发现系统的功能隐患、系统是否具有良好的容错能力和可恢复能力。压力测试分为高负载下的长时间(如 24 小时以上)的稳定性压力测试和极限负载情况下导致系统崩溃的破坏性压力测试。

微软测试实践经验表明,如果软件产品通过 72 小时压力测试,则在 72 小时后出现问题的可能性微乎其微。所以,72 小时成为微软产品压力测试的时间标志。

负载测试与压力测试是两个很容易混淆的概念。负载测试是通过逐步增加系统负载,测试其变化,看最后在满足性能的情况下,系统最多能接受多大负载的测试。压力测试是在满足性能的情况下,能使系统处于失效的状态,通俗来说,就是发现在什么条件下,系统的性能会变得不可接受。

压力测试的一般步骤如下:

① 进行简单多任务测试。

② 简单压力缺陷修正后,增加系统的压力直到系统崩溃。

因此,负载压力测试的主要目的是度量应用系统的性能和扩展性。在实施并发负载过程中,通过实时性能监测来确认和查找问题,并针对所发现的问题对系统性能进行优化。负载压力测试工具能够对整个企业架构进行测试,通过这些测试,企业能最大限度地缩短测试时间,优化性能和加速应用系统的发布周期。

3. 可靠性测试

软件可靠性是软件质量的一个重要标志。美国电气和电子工程师协会(IEEE)将软件可靠性定义为：系统在特定的环境下，在给定的时间内无故障地运行的概率。软件可靠性涉及软件的性能、功能、可用性、可服务性、可安装性，以及可维护性等多方面特性，是对软件在设计、生产以及在它所预定环境中具有所需功能的置信度的一个度量。

可靠性测试一般伴随着强壮性测试，是评估软件在运行时的可靠性，通过测试确认平均无故障时间（Mean Time to Failure，MTTF）、故障发生前平均工作时间（Mean-Time-To-First-Failure，MTTFF）或因故障而停机的时间（Mean Time To Repairs，MTTR）在一年中应不超过多少时间。可靠性测试强调随机输入，并通过模拟系统实现，很难通过实际系统的运行来实现。

4．安全性测试

安全性测试是测试系统在应付非授权的内部/外部访问、非法侵入或故意的损坏时的系统防护能力，检验系统有能力使可能存在的内/外部的伤害或损害的风险限制在可接受的水平内。可靠性通常包括安全性，但是软件的可靠性不能完全取代软件的安全性。安全性还涉及到数据加密、保密和存取权限等多个方面。

安全性测试需要设计一些测试用例试图突破系统的安全保密措施，检验系统是否有安全保密漏洞，验证系统的保护机制是否能够在实际中不受到非法的侵入。在安全测试过程中，测试者扮演成试图攻击系统的角色，尝试获取系统密码，利用能够瓦解任何防守的客户软件攻击系统；或者把系统"制服"，使别人无法访问。

安全性测试是要检验在系统中已经存在的系统安全性、保密性措施是否发挥作用，有无漏洞。破坏系统保护机构的主要方法有以下几种：

（1）正面攻击或从侧面、背面攻击系统中易受损坏的那些部分。

（2）以系统输入为突破口，利用输入的容错性进行正面攻击。

（3）申请和占用过多的资源压垮系统，以破坏安全措施，从而进入系统。

（4）故意使系统出错，利用系统恢复的过程，窃取用户口令及其他有用的信息。

（5）通过浏览残留在计算机各种资源中的垃圾（无用信息），以获取如口令、安全码和译码关键字等信息。

（6）浏览全局数据，期望从中找到进入系统的关键字。

（7）浏览那些逻辑上不存在，但物理上还存在的各种记录和资料等。

一般情况下，网络软件的安全评估包括以下情况：

（1）检验和测试网络软件中涉及数据传输各部分的配置对安全的影响。

（2）会话跟踪是否足够。

（3）是否正确使用了加密技术。

（4）变量限制的设定。

（5）在服务器端执行程序中的安全漏洞。

（6）HTML源码中是否有敏感的信息或没有必须出现的信息。

5．兼容性/配置测试

兼容性/配置测试用于测试软件与先前发布过的版本、有依赖关系的外部软件、运行的系统的各种版本和硬件平台的不同配置的兼容情况。

可以从如下几个方面进行兼容性测试。

（1）检查版本是否兼容。检查新版本操作习惯与老版本是否兼容，目的是使老版本的用户很快地适应新版本的变化。

（2）检查数据格式是否兼容。数据格式有许多种形式，如文件格式、网络协议和共享数据等。例如，通信协议软件版本升级后，检查升级版本和老版本的通信协议是否一致等。

（3）检查系统调用的兼容性。检查系统的哪些功能依赖于系统调用，是否属于某个平台或版本独有，是否在不同平台上有差异。

（4）检查是否支持操作系统、数据库系统、硬件和软件平台。配置测试用例设计主要指软硬件环境配置的测试用例，检查计算机系统内各个设备或各种资源之间的相互关联和功能分配中的错误。

6．容错性测试

容错性测试是检查软件在异常条件下自身是否具有防护性措施或者灾难恢复手段。如当系统出错时，能否在指定时间间隔内修正错误并重新启动。可以把容错性测试看作是由系统异常处理测试和恢复测试组成的。

7．可用性测试

可用性是指系统正常运行的能力和用户接受的程度，一般用如下公式表示。

$$可用性 = 平均正常工作时间 / (平均正常工作时间 + 平均修复时间)$$

影响可用性的因素有如下几个：

（1）不充分的测试。

（2）更改管理问题。

（3）缺少在线监视和分析。

（4）操作错误。

（5）弱编码。

（6）与外部服务或应用程序的交互。

（7）不同的操作条件（使用级别更改、峰值重载）。

（8）异常事件（安全性失败、广播风暴）。

（9）硬件故障（硬盘、控制器、网络设备、服务器、电源、内存和CPU）。

（10）环境问题（电源、冷却、火、洪水、灰尘、自然灾害）。

下面给出提高系统可用性的一些办法。

（1）使用集群。集群是指将至少两个系统连接到一起，像一个系统那样工作。当某一系统出现失效时，集群提供即时故障转移服务。

（2）使用网络负载平衡。当检测某服务器失败后，网络负载平衡自动将通信量重新分发给仍然运行的服务器。

（3）使用服务级别协议。可用性指标的期望服务级别要求达到 4 个或 5 个 "9"。例如，"该应用程序应每周运行 7 天，每天 24 小时，年可用性为 99.99％" 是指全年不能正常工作的时间仅仅只有 52 分钟，不足 1 个小时。

（4）提供实时的监视。监视系统的工作负荷和失败数据，实时监视对于发现趋势和改善服务至关重要。

（5）使用数据备份，保证数据安全。

（6）检查所有的安全计划。安全性是确保应用程序服务只对有权使用系统的用户可用，还意味着使得应用程序使用的所有分布式组件和资源受到保护。

8．文档测试

文档测试是指对软件开发、测试和维护过程中产生的所有文档的测试，包括对需求规格分析说明书、详细设计报告、系统设计报告、用户手册以及与系统相关的一切文档的审阅和评测。例如，系统需求分析和系统设计说明书中的错误将直接导致编码的错误，用户手册作为软件的一部分，将直接影响用户对系统的使用效果。

文档测试强调文档的表述应该清楚、准确，主要包含：

- 正确地按照文档描述的方法使用系统。
- 测试每一个提示和建议信息。
- 使用文档作为测试用例的来源。
- 测试每一个在线帮助的超链接。
- 测试每条语句。
- 测试文档中提供的每一个样例。
- 把缺陷写入缺陷跟踪库。
- 检查所有的错误信息。

10.5.5 验收测试

验收测试在测试组的协助下，由用户代表执行。测试人员在验收测试工作中将协助用户代表执行测试，并和测试观察员一起向用户解释测试用例的结果。

1．验收测试的主要任务

验收测试完全采用黑盒测试技术，其主要任务是文档资料的审查验收、软件系统的功能测试、性能测试、强化测试、性能降级执行方式测试、检查系统的余量要求、安装测试以及用户操作测试。

2．Alpha 测试和 Beta 测试

事实上，开发人员不可能完全预见用户实际使用程序的情况。例如，用户可能错误地理解命令，或提供一些奇怪的数据组合等。因此，软件是否真正满足最终用户的要求，

应由用户进行一系列"验收测试",通常执行 Alpha 测试(α 测试)和 Beta 测试(β 测试),其目的是从实际终端用户的使用角度,对软件的功能和性能进行测试,以便发现可能只有是最终用户才能发现的错误。

Alpha 测试是由一个用户在开发环境下进行的测试,也可以是公司内部的用户模拟实际操作环境下进行的受控测试,Alpha 测试不能由程序员或测试员完成,Alpha 测试发现的错误,在测试现场立刻反馈给开发人员,由开发人员及时分析和处理。目的是评价软件产品的功能、可使用性、可靠性、性能和支持。尤其要注重产品的界面和特色。Alpha 测试可以从软件产品编码结束之后开始,或在模块(子系统)测试完成后开始,也可以在确认测试过程中产品达到一定的稳定和可靠程度之后开始。

Beta 测试是多个用户在一个或多个用户的实际使用环境下进行的测试。开发者通常不在测试现场,不由程序员或测试员完成;因而,Beta 测试是在开发者无法控制的环境下进行的软件现场应用。在 Beta 测试中,一旦遇到问题应向开发者报告,开发者根据用户报告,做出修改后交付给全体用户使用;Beta 测试着重于产品的支持性,包括文档、客户培训和支持产品的生产能力;当 Alpha 测试达到一定的可靠程度后,即可开始 Beta 测试。

10.5.6 回归测试

回归测试是一种验证已变更的系统的完整性与正确性的测试技术,是指重新执行已经做过的测试的某个子集,以保证修改没有引入新的错误或者没有发现出于更改而引起之前未发现的错误,也就是保证改变没有带来非预期的副作用。

1. 回归测试的实施前提

(1)当软件中所含错误被发现时,如果错误跟踪与管理系统不够完善,则可能会遗漏对这些错误的修改。

(2)开发者对错误理解得不够透彻,也可能导致所做的修改只修正了错误的外在表现,而没有修复错误本身,从而造成修改失败。

(3)修改还有可能产生副作用,导致软件未被修改的部分产生新的问题,使本来工作正常的功能产生错误。

2. 回归测试与一般测试的比较

通常从下面 5 点比较回归测试与一般测试:测试用例的新旧、测试范围、时间分配、完成时间和执行效率。

(1)测试用例的新旧。一般测试主要依据系统规格说明书和测试计划,测试用例都是新的;而回归测试依据的可能是更改了的规格说明书、修改过的程序和需要更新的测试计划,因此测试用例大部分都是旧的。

(2)测试范围。一般测试的目标是检测整个程序的正确性;而回归测试的目标是检测被修改的相关部分的正确性。

(3)时间分配。一般测试所需时间通常在软件开发之前预算;而回归测试所需的时间（尤其是修正性的回归测试）往往不包含在整个产品进度表中。

（4）完成时间。由于回归测试只需测试程序的一部分，完成所需时间通常比一般测试所需时间少。

（5）执行效率。回归测试在一个系统的生命周期内往往要多次进行，一旦系统经过修改就需要进行回归测试。

10.6 基于 Web 的系统测试方式

以上主要从软件测试的角度介绍电子商务系统的测试，基于电子商务系统是基于 Internet 的信息系统，因此，其测试对传统的软件测试提出了新的要求，即基于 Web 的系统测试。不但需要检查和测试系统是否按照设计的要求运行，还要从用户的角度出发，考虑客户端兼容性、Web 安全性和可用性等等。下面从 Web 系统测试的角度，从界面测试、功能测试、数据库测试、帮助系统测试等多个方面介绍电子商务测试的内容。

10.6.1 用户界面测试

用户界面测试用于核实用户与软件之间的交互，检查用户界面中的设计是否合乎用户的期望或要求，界面中的对象是否按照预期的方式运行。对所有用户界面测试活动来说，都需要有外部人员最好是最终用户的参与。界面测试主要针对界面的正确性、导航性、易用性、协调性、规范性及独特性几个方面进行。界面测试首先要保证网站中每个页面为用户提供的功能和内容都是准确无误的，确保用户得到的信息是准确可靠的。对于 Web 应用系统来说，一个良好的导航能使用户方便快速地访问到他们所需的信息，因此，要对界面的导航性进行测试，这一点对于信息量大且结构复杂的网站尤为重要。导航测试的主要目的是确保用户能凭直觉方便快速地找到他们所需要的信息，提高网站的访问效率。这也是提高网站易用性的目的所在。为了使用户在访问网站时能舒适地享受系统提供的各种功能和服务，界面的美观与协调也是不可忽视的。通常，界面设计都应遵循业界的标准，其规范化程序越高，系统的易用性相应就越好；但在遵循统一标准的基础上，也要突出自己的个性，具有自己独特风格的界面给人印象深刻，能够吸引更多的用户，尤其在商业软件流通中有着很好的宣传作用。有关详细测试内容见表 10-14。

表 10-14 用户界面测试

指标	测试内容
正确性	用户界面是否与系统的功能相符 界面显示的内容是否正确，信息来源是否可靠 文字的拼写、句法是否正确无误 各种提示信息是否正确 各操作的返回信息是否正确

续表

指　标	测　试　内　容
导航性	页面是否具有逻辑层次，所有页面的界面风格是否统一 是否每个页面都有导航条 导航条是否一致，是否直观 在任何一点上的用户是否都能确认其在网站中的位置 用户是否能容易地返回到上一状态或返回到主页面 是否突出了重要信息 是否提供了联机帮助、站点地图或搜索引擎 站点地图上的链接是否确实存在，地图是否包括了站点上的所有链接
易用性	界面是否按功能划分出区域，是否有相应的功能说明 界面结构是否能够清晰地反映工作流程 是否所有的图片都是有意义的 图片的格式是否会明显影响页面的加载速度 按钮名称是否通俗易懂，图标是否直观 同一页面中的不同按钮是否易于区分 常用的按钮和菜单是否有快捷方式 默认按钮是否支持 Enter 及选择操作 窗体显示后，默认的光标是否停留在最合理的控件上，方便用户操作 是否对重要的输入数据进行校验 当输入非法数据时，是否能正确给出提示信息，同时将光标重置于正确的位置上 复选框和选项框是否有默认选项，各选项是否根据选择概率的高低排列 对于严格限制的输入信息是否提供下拉列表等选择方式，以防止输入的随意性 是否所有界面元素都提供了充分而必要的提示，提示信息是否正确 执行有风险的操作时，是否有"确认"与"放弃"等提示 是否根据用户的权限自动屏蔽某些功能 是否提供 Undo 功能用以撤销不期望的操作 与正在进行的操作无关的按钮是否加以屏蔽 非法的输入或操作是否有足够的提示说明 提示、警告、或错误说明是否清楚、恰当 对于有增加、修改或删除等有变动操作的页面，是否能自动随操作及时刷新 系统是否能自动提取并录入用户经常输入的数据（如用户 ID 等），以避免用户经常的重复录入
协调性	页面布局是否合理，不宜过于密集，也不能过于空旷 同一界面上的功能或控件数目是否过多，一般最好不要超过 10 个 控件长宽是否接近黄金点比例 按钮大小是否基本相近，是否与界面的大小和空间协调 图片、字体的大小是否与界面的大小比例协调 图片是否清晰 前景与背景色搭配是否协调舒适，通常反差不宜太大

续表

指标	测试内容
协调性	页面颜色是否柔和，避免刺目的颜色 重要的对象是否用醒目的色彩表示突出 窗体大小变动时，窗体上的控件的大小是否有必要随着窗体而缩放 是否恰当地利用窗体和控件的空白，以及分割线条 能否正常进行窗口切换、移动及大小的调整 界面元素是否在水平或者垂直方向对齐 界面元素的尺寸是否合理，行、列的间距是否保持一致
规范性	不同页面的风格是否一致，是否符合业界标准 菜单的深度是否控制在三层以内 在系统处理用户操作时，是否有进度条显示或提示信息 图标使用是否规范，是否根据提示信息的性质选择不同的图标 相同或相近功能的工具按钮应放在一起 工具栏中的每一个按钮要有及时提示信息 一条工具栏的长度最长不能超出屏幕宽度 工具栏太多时应考虑使用工具箱 工具箱是否具有可增减性，能否由用户自己根据需求来定制 菜单和工具条的界限是否清楚（可将菜单凸出显示） 工具箱的默认总宽度不要超过屏幕宽度的 1/5 状态条是否能显示用户切实需要的信息，包括系统状态、当前操作、用户位置、用户信息、提示信息、错误信息等 对于时间较长的操作，是否有进度条显示相关进度信息并正确返回执行结果，避免用户无限期等待 是否支持右键快捷菜单，且右键快捷菜单不应在对话框中出现 是否适用国际通行的图标和语言 度量单位、日期格式、人的名字等是否符合国际惯例
独特性	安装界面上是否具有单位介绍或产品介绍，并有自己的图标 主页上是否有公司图标，最好是大多数页面上都有公司图标 页面底部或帮助菜单的"关于"中是否有版权和产品信息 是否具有与众不同的、让用户记忆深刻的界面设计

10.6.2 功能测试

功能测试指测试软件各个功能模块是否正确，逻辑是否正确。对于电子商务系统而言，功能测试主要是确保系统与用户之间的交互功能能正确执行，可从以下几方面进行测试。

1. 链接测试

链接测试要保证 Web 应用系统所有的页面能按预期的方式正常工作。包括：

- 测试链接的页面是否存在，且所链接的页面内容能否正确显示；
- 确保链接到的页面是预期的正确页面；
- 确保系统中没有孤立的页面存在；
- 链接出错时能否正确显示错误信息。

2．Cookies 测试

Cookies 通常用来存储用户信息，如用户名、口令等。Cookies 测试主要检查 Cookies 是否正常工作，是否安全及刷新对 Cookies 的影响等。如果系统使用了 Cookies，测试人员需要对它们进行以下检测：

- Cookies 是否能正确完整地保存注册信息；
- Cookies 对保存的信息是否已经加密；
- 确认该 Cookies 是否能够正常工作；
- Cookies 是否按预定的时间进行保存；
- 测试刷新对 Cookies 有什么影响；
- 如果使用 Cookies 来统计次数，需要验证次数累计是否正确。

3．表单测试

在电子商务系统中，用户与系统之间的信息交互大多通过表单来完成，如用户注册、登录、信息提交等。因此，必须测试表单是否能正确提交，对于非法的输入，系统能否正常工作等。表单测试可以包含以下内容：

- 使用 Tab 键或方向键能否使光标按正确顺序移动；
- 是否能根据业务规则对用户输入数据进行校验，且校验功能能否正常工作；
- 对可能出现的输入错误是否采取相应的处理措施，如自动纠正日期的格式，为有严格约束的内容提供选项等；
- 对用户输入信息的显示是否按预期要求，如密码显示为"*"等；
- 能否正确地更新信息，页面刷新后用户之前填写的信息是否还存在；
- 对某些数据项是否要限制字数，是否有不能包含的符号等；
- 表单能否正确提交；
- 返回信息（提交结果）能否正常显示，提示信息（如提交失败的原因等）表达是否正确。

4．交易功能测试

交易功能测试主要包括产品选择、签约过程、在线支付及产品交付等方面的测试如：

- 选择商品能否正确添加进订单（或购物车）当中；
- 对订单中商品的删除和修改操作能否正常执行并正确显示；
- 能否随时核对订单的状态；
- 能否不经查看订单而直接进入结账系统；
- 检测用户身份识别和授权功能；

- 系统所提供的每种交付方式是否都能正常执行；
- 是否能安全转账；
- 支付与交付之间的链接是否正常工作；
- 确保交付处理，区分不同产品的交付方式；
- 在产品未交付之前，是否允许随时更改产品的交付方式；
- 对意外情况的处理是否按预期要求进行（如由于网页发生错误而中断交易）等。

10.6.3 数据库测试

数据库为电子商务系统的管理、运行、查询和实现用户对数据存储的请求等提供空间，网站通常把产品和用户信息输入在数据库内，以此来简化和加快搜索。数据库测试一方面是指对数据库本身的完整性进行测试，包括：

（1）数据完整性。主要检测数据的损坏。规定适当的检查点可以减轻数据损坏。例如，保留和检查每天的事务日志便于跟踪数据库的改变。

（2）数据有效性。数据有效性确保把正确的信息提供给客户，把正确的信息回传到数据库中。一般来说，数据的检测比率高于应用程序本身的检测比率。其中的一个检测方法是查看工作流并在变化点上检查数据库，包括隔离改变数据库的操作并检查改变内容是否正确。

（3）数据操作。我们需要从两种级别上测试用户操作：管理员功能和用户功能。数据库管理员可以执行一些不提供给网站客户的受限操作。

数据库的完整性原则以及数据的合理性，如主码完整性、外码完整性、数据的类型、长度、索引的合理性等。这部分测试应将数据库和数据库进程作为一个子系统来进行测试，并不将测试对象的用户界面用作数据的接口。另一方面，要将数据库与应用系统相结合，对数据一致性、输出结果及数据库容量进行测试。用户提交的表单信息如果不正确，则可能导致数据一致性出错；而网络速度或者程序设计如果存在问题，则可能造成输出错误；同时，还要考虑到系统及数据库在给定时间内能够持续处理的最大负载及工作量。

10.6.4 Web 安全性测试

安全性测试是有关验证应用程序的安全服务和识别潜在安全性缺陷的过程。安全性测试并不最终证明应用程序是安全的，而是只用于验证系统的防范能力，检验系统的安全机制和保密措施的有效性。目前几乎没有可用的工具来彻底测试各个安全方面。由于应用程序中的功能错误也可代表潜在的安全性缺陷。对于电子商务系统这类基于 Web 的应用系统，安全性特别是系统级别的安全性尤为重要。安全性的测试可从以下几个方面来设计测试用例：

（1）在向缓冲区写入数据时，是否存在缓冲区溢出的现象？

（2）站点能否正确鉴别用户？有效的用户名和密码能否正常登录？
（3）系统能否有效地阻止非法的用户名和密码登录？
（4）密码的选择是否有规则限制？
（5）系统对登录的次数是否有限制？
（6）是否存在不用登录即可浏览的页面？
（7）登录后是否有连接时间限制？超时后如何处理？
（8）浏览器是否设置为最高级别的安全保护？
（9）对于通过 telnet 或是第三方网络提供商登录的用户，应用程序是否有病毒保护程序？
（10）在应用程序服务器或数据中心检测到病毒时是否采取了相关的处理措施？处理是否有效？
（11）站点如何处理访问权限，是否服务器端所有目录的存取都需要经过授权？
（12）站点是否对数据进行加密？
（13）是否可通过直接拨号进入数据库来访问和篡改系统？
（14）非保密数据或源代码中是否泄漏了某些需要保密的重要信息？
（15）系统是否提供了防止信用卡欺诈的机制？
（16）日志文件是否能正确记录所有的事务处理？
（17）日志文件记录的信息能否跟踪入侵者。

通常，安全测试由测试人员模拟非法入侵者，采用各种方法冲破防线。例如，想方设法截取或破译口令；故意使系统出错，利用系统恢复的过程非法入侵；企图通过浏览非保密数据，获取所需信息等。

10.6.5 安装测试

安装测试是为了检测在安装过程中是否有误、是否易操作，安装后是否可立即正常运行，包括在正常情况（如首次安装、升级、自定义或完整安装等）和异常情况（如磁盘空间不足、缺少目录创建权限等）下的安装。具体内容包括检测系统的每一个部分是否齐全；硬件的配置是否合理；安装中需要产生的文件和数据库是否已产生，其内容是否正确等。此外，安装测试还要考虑安装程序在不同厂家的硬件上、支持不同评议的新旧版本平台上是否都能正确运行。具体可从以下几个方面展开：

（1）与用户的运行环境基本一致的平台上首次安装系统，检验在自动安装和手工配置两种情况下是否都能够正确实施安装；系统是否能正常启用、运行；
（2）检查产品安装界面上的提示是否正确，是否能正确指导用户完成安装过程；
（3）版权的说明文件与该程序是否相符；
（4）是否能让用户进行自定义安装，对某些组件进行安装选择；
（5）对系统默认安装路径及用户自己指定的路径，安装是否都能正常进行；

（6）检验对于不存在的路径，安装程序能否创建该路径并继续安装；
（7）对于系统的配置，安装程序是否根据当前环境提供默认或推荐配置；
（8）程序安装完成后，需要产生的文件和数据库是否已自动生成；
（9）是否在开始-程序菜单中和桌面上生成了对应的快捷方式或程序组；
（10）系统能否正常启用及运行；
（11）测试系统的升级过程能否正常运行，相关数据文件及注册信息能否及时刷新；
（12）测试系统是否提供自动卸载工具，如果提供，进一步检查卸载后所有文件及相关注册信息是否全部删除；
（13）考察安装该系统是否对其他的应用程序造成影响；
（14）当出现磁盘空间不足等意外情况时，安装程序能否自动取消已执行的操作，或采取其他处理措施，并显示相应的出错信息等。

10.7 测试工具

10.7.1 白盒测试工具

白盒测试工具可以分为静态测试工具和动态测试工具，一般是针对代码进行测试，测试中发现的缺陷可以定位到代码级。

1．静态分析工具

静态分析工具直接对代码进行分析，不执行被测程序，也不需要对代码编译链接，仅对代码进行语法扫描，进行控制流分析、数据流分析、接口分析和表达式分析等，找出不符合编码规范的地方，根据某种质量模型评价代码的质量，生成系统的调用关系图等，并输出测试结果。目前，具有静态分析功能的软件测试工具主要有 **Rational** 公司的 **Purify**、**Telelogic** 公司的 **Logiscope**、**Macabe** 公司的 **Macabe**、**PR** 公司的 **PRQA** 等。通常，静态分析工具有以下功能：

（1）完成编译时的语法检查和连接时的一致性检查。对模块中的所有变量检查其是否已定义，是否引用了未说明的变量，是否有未使用的变量等。

（2）检查模块接口、类型的一致性。主要是检查模块调用时的形式参数与实际参数在个数、类型上是否一致。参数定义的类型是否匹配，数组的维数、下标变量的范围是否正确。同一变量在不同的文件中定义是否一致等。

（3）检查逻辑上可能有错误的结构，特别是对嵌套结构、转移语句的检查。

（4）变量、函数交叉引用关系分析。找出变量可能影响的语句和其他变量等。

（5）检查被测程序违反编程标准的情况。如：程序的注释是否太少，模块的复杂度是否太高等。

（6）对程序的静态特性的统计功能。如：统计程序的紧凑度；各类源语句的个数和标识符在各语句中的使用情况；多余、不可能达到的程序段等。

2．动态分析工具

动态分析工具就是通过选择适当的测试用例，运行测试程序，将测试结果和预期结果相比较，以发现错误。通常的方法是在被测程序中插入探针，检测各语句、分支和路径的执行次数和运行结果等，以便统计各种覆盖情况。如果测试的覆盖率没有达到要求，则要设计新的测试用例来满足覆盖要求。通过对测试结果的分析来发现错误。除了覆盖分析之外，也常分析程序对资源的占用情况，优化程序，提高系统性能。其与静态测试工具最大的不同就是动态测试工具要求被测系统实际运行。动态测试工具的代表有 Compuware 公司的 DevPartner 软件、Rational 公司的 Purify 系列。

10.7.2 黑盒测试工具

黑盒测试工具主要包括功能测试工具和性能测试工具，其一般原理是利用脚本的录制/回放，模拟用户的操作，将被测系统的输出记录下来，并与预先给定的标准结果比较。

1．功能测试

功能测试工具证明了应用软件的工作是可预测的，通过自动地捕获、确定和重现用户的相互影响，功能测试工具识别缺陷并保证跨越多重应用软件和数据库的事务处理可正常运行和保持可靠性。功能测试的主要工具有 e-Test、QARun、WinRunner、SQA Robot 等。

2．性能测试

性能测试工具用于预测系统行为和性能，它通过模拟大量用户，试验整个系统的外部结构，以发现和确定问题。性能测试工具的综合性实时监控能力，能够把测试周期降为最小，优化性能，加速开发。用于性能测试的主要工具有 Quantify、LoadRunner、QALoad、SQA Load、WebLoad、WebStress 等。

10.7.3 测试管理工具

测试管理工具用于对测试进行管理。一般而言，测试管理工具对测试计划、测试用例、测试实施进行管理，同时，测试管理工具还包括对缺陷的跟踪管理。测试管理工具的代表有 Test Manager、TestDirector、TrackRecord、QADirector、SQA Manager 等软件。

目前，测试计划工具、测试设计工具、测试管理工具、静态分析工具、性能及网络负载测试工具等一系列测试工具已得到广泛运用，而且出现了将许多测试工具融为一体的集成化测试系统。下面对几种常用的测试工具作简要介绍。

1．SQA Suite

美国 Rational 公司的著名套装软件 SQA Suite 是直接支持对客户/服务器应月软件测试的测试工具，它的一个重要特点是可以自动驱动被测程序的运行。SQA Suite 提供了一个比较完整的平台，以支持软件的各种基本活动，包括测试计划与测试大纲的制定、回归测试的自动化、测试结果的分析比较、软件问题报告的生成与自动分发和控制。SQA Suite 由以下几个组件构成：

（1）SQA Robot：利用 SQA Robot 能够创建、修改、运行自动测试程序，以确保软件在分发前达到要求的质量。该模块包含两种特殊技术：基于对象的录制技术和对象测试，以便对 Windows 应用程序进行对象级测试。对象测试技术不仅使 Robot 能测试应用的 GUI，还可以检测应用中对象的所有属性，包括手工不能测的不可视属性。例如，SQA Robot 可测试由 Powerbuilder 的 DataWindow 生成的对数据库的 SQL 调用。

（2）SQA LoadTest：SQA LoadTest 是网络自动测试工具，对 Windows Client/Server 应用进行加载（load）、强化（stress）和多用户测试。LoadTest 可完成以下功能：

- 对 TCP/IP、NetBIOS 和 IPX/SPX 网络上的 Client/Server 应用进行加载、强化和多用户测试，确保应用的质量达到分发的水平。
- 在 Windows 平台上对 32 位和 64 位的应用进行跨 Windows 平台测试。
- 测试任何与 Windows 客户端相连的服务器（包括 UNIX、Windows NT 和 OS2）。
- 无需编程，仅通过点击鼠标，即可生成 Client/Server 的多站点测试。
- 通过在执行测试时增加测试站点来改变系统的加载量。
- 在多台站点上同步运行复杂的多用户应用。

（3）SQA Manager：它是软件开发和测试的信息管理工具，在软件开发、测试到升级的整个过程中，它都可以对测试信息进行跟踪。利用 SQA Manager 可以完成以下功能：

- 制定测试计划；
- 跟踪有关测试执行的信息；
- 从发现到解决，对缺陷不断进行跟踪；
- 利用报表对整个软件测试进行管理。

2. PureAtria

原 PureAtria 公司（现已经与美国 Rational 公司合并，改名为美国 Rational 公司）在 20 世纪 90 年代陆续推出了其系列产品——Pure，它们是在多种平台上测试 C、C++和 FORTRAN 语言的测试工具。主要有：

（1）Purify：专门用于检测程序中内存使用错误的软件工具。具有对多种常见的内存使用错误的检错能力和准确的定位。这些内存错误包括：未初始化的局部变量、未申请的内存、使用已释放的内存、数组越界、内存丢失、文件描述问题、栈溢出问题和栈结构边界错误等。

（2）PureCoverage：PureCoverage 是使用对象代码插入技术对应用程序进行路径覆盖测试。通过在应用、文件、函数库、函数、行或基本块的级别上浏览关键的覆盖域数据，找出未被测试的代码，防止代码未经测试就交给用户使用。

（3）Quantify：Quantify 支持多线程应用程序性能测试，通过对被测程序运行情况的跟踪，发现应用程序在性能上的瓶颈，监视应用程序在性能上的变化。

（4）reLink：PureLink 提供快速，减少测试期间连接编译被测程序的时间，提高了开发效率。

3．e-Test Suite

Empirix 的 e-Test Suite 是一种易于使用的 WEB 应用测试工具，可以和被测试应用无缝结合，实现强大的测试功能。e-Test Suite 主要包含下面三部分：

（1）e-Tester：用于 Web 应用开发时的功能测试。e-Tester 能自动测试每星期、甚至每天都在变化着的 Web 应用程序的测试工具。同时 e-Tester 也是整个 e-Test Suite 的脚本记录器。e-Tester 将你访问的每一页上的所有对象记录下来，利用可视脚本技术用图形化的方式表示出来，通过可视脚本的回放（Playback）使得任何差异都在可视脚本中突出显示出来，以此来测试 Web 应用的功能。

（2）e-Load：用于 Web 应用部署前的压力测试。它在开发的过程中创造了一个仿真环境，能够模拟真实用户访问 Web 应用，提供全面的应用性能统计信息。Web 应用程序的主要好处之一是允许大量用户同时访问。相应地，开发人员关心应用是否具有良好的性能，以支持大规模的访问。e-Load 为此提供了一个非常好的解决方案。

（3）e-Monitor：适合在应用部署后，对其进行 7×24 小时的全天时监控。为了保证 Web 应用能够为用户提供不间断服务，维护人员应当监控应用的运行状况。e-Monitor 可以 7×24 小时地调度在 e-Tester 中产生的可视脚本，执行监控工作，允许使用者设置各种报警方式及时报告应用的问题，以便当出现应用中止运行或性能下降等情况时，可以迅速做出反应。

由于利用了可视脚本、数据银行等技术，使得 e-Test Suite 具备了易于使用和简单直观的特点。用户不需要学习专门的语言，不必建立特定的代理服务系统，就可以完成大部分测试工作。同时它也为实现复杂测试提供了编程接口，方便高级用户更加灵活地完成测试工作。

本章小结

本章主要介绍了软件测试的相关知识，其中包括软件测试的基础概念、软件测试的基本方法、软件测试的过程与策略、软件的调试与排错技术，以及软件测试的工具等。

软件测试是软件开发阶段的后期工作，在整个软件开发工作中所占的比重很大，其主要任务是发现并排除在分析、设计和编程过程中所产生的各种错误。软件测试分为单元测试、集成测试、确认测试、系统测试、验收测试和回归测试。

单元测试是根据详细设计说明书，对软件的独立模块成分进行测试。集成测试是根据概要设计说明书，将经过单元测试的模块逐步进行组装和测试。确认测试是根据软件需求说明书中定义的全部功能和性能要求，确认软件是否达到了需求。系统测试是测试软件与整个基于计算机系统的其他元素的结合情况，使整个计算机系统各个成分能正常集成并完成各自的功能。验收测试是在测试组的协助下，由用户代表执行的测试。回归测试是一种验证已变更的系统的完整性与正确性的测试技术。

一般地，测试的基本方法可以分为静态分析和动态测试。其中，动态测试又包括白盒法和黑盒法，它们是一种测试用例设计方法。在实际应用中，常常结合起来使用。

参考文献

[1] 刘怀亮. 软件工程导论[M]. 北京：冶金工业出版社，2007.
[2] 卫红春. 软件工程概论[M]. 北京：清华大学出版社，2007.
[3] 贺平. 软件测试教程[M]. 北京：电子工业出版社，2010.

第 11 章　电子商务系统的运维与评价

11.1　电子商务系统的运行与维护

11.1.1　运行管理的内容、方法和策略

电子商务系统开始正式运营阶段后，工作的重点已经不应仅仅在运行管理角度，而应同时更多地吸引和留住顾客，为顾客提供更为全面、周到的服务。因此，要制定一系列相应的电子商务系统运行管理的策略。

1. 即时与客户进行交互

这里提到的即时与客户进行交互性指的是自动回答顾客的问题，并且这种交互是即时的，每天 24 小时、每周 7 天、每年 365 天回复询问。当然，为了更大程度地保证和顾客之间的沟通，也可以将自动回复与人工操作结合起来。为达到这一目的，可以在系统中建立一个自动回复系统，处理由 Web 网上传送到公司的每条信息。一般包含以下功能：

（1）利用检索工具方便 Web 页面的浏览。在电子商务系统中安装检索工具，当访问者输入某个专题的检索词汇后，就能找到互联网上所有符合检索要求的页面，系统还应该同时提供这些页面的链接表。这一类的检索工具能帮助访问者迅速找到相关的 Web 页面，这对顾客来说是非常有用的。

（2）自动回复电子邮件。自动回复电子邮件是指通过自动邮寄电子邮件，回复寄来的电子邮件，系统可以事先确定其内容。一旦访问者在网站上提出问题，无需人工操作，自动回复电子邮件系统在 30 秒内就会回复访问者。

（3）智能检索软件。与顾客交互的下一个层次就是智能检索软件的应用。用户用简单的语言询问计算机，几秒钟后，计算机就给出答案。现在已经有不少智能检索软件能够提供这种功能，例如 Lotus 软件等。

2. 及时更新商务系统的内容

对特定行业和应用领域采取不断更新信息的策略是至关重要的。例如两家目标市场相同的报纸，如果其中一家每小时更新一次新闻内容，而另一家每周才更新一次，访问者不用多久就会聚集到那家更新频繁的报纸上。而对于普通的电子商务系统而言，迅速更新内容同样是非常重要的，因为顾客也非常渴望了解最新的商品信息，以及订货以后商品的发运情况，如果电子商务系统不能够及时地更新信息，无疑将在激烈的市场竞争中处在下风。

如果公司能够调动各项保证信息存储和处理阶段的工作，并将它们提供给用户，必然会从中获益，例如，Web 网站的访问量会增加，企业目标实现的可能性也就随之增大。为了保证电子商务系统的及时更新，可以采取以下措施：

（1）不同电子商务系统之间的信息共享。这里的信息共享指的是链接到其他公司的站点以便共享信息。它不仅包括直接的超文本链接，而且还包括 Web 站点之间真正的信息共享和通信。不同 Web 站点之间的链接和不同公司间的通信是有差别的。

（2）与企业的内部商务系统连接。除此以外，还有一种方法可以保证信息的及时更新，即从企业商务系统中直接获取信息。例如，用户订购了商品之后，肯定非常焦急地想知道什么时候能够收到商品以及现在商品的位置。这时，如果能够在系统中提供检索功能，用户只需要输入货单号，便能立即检索到相关的文档，了解到所订购商品的相关信息。

3. 积极吸引潜在客户

尽管电子商务系统能吸引来成千上万次的访问，但是仍需要实施积极的营销方案，这是因为：顾客找到企业网站的方式各不相同，可能是听朋友说起、在广告看到的、用检索引擎找到的，在某种情况下，他们找到了一个网站，很喜欢上面的信息，考虑到今后可能还会去访问，就会把这一网站加入到他们的收藏夹中。但后来大多数情况下，他们不再来访问了。

实际上，企业只有一次机会向潜在客户销售商品或同他们建立联系，这个机会就在他们首次访问站点的时候。一旦他们离开了，可能就是永远不会再来了。任何了解市场营销的人都知道，销售比仅同潜在顾客开始对话要难得多。因此，这个阶段的目标是让网站的每个访问者都能开始交流，但关键是能够控制与顾客交互的主动权。从理论上说，访问者准备离开企业站点时，不要说："希望你不久能再来访问"，应该说："不久我还能再与你联系吗？"电子商务系统投入运行的前几个月里，许多公司都会为访问率和访问者规模的上升而兴奋不已，但如果不能使这些访问转变成彼此建立联系，就会永远失去这些访问者。换而言之，电子商务系统拥有的访问者越多，失去他们的潜在机率也就越大。

11.1.2 系统维护的要求与常用方法

在电子商务系统投入运行后，为保证能够长期高效地工作，应根据其运行的外部环境的改变和业务的变化，对电子商务应用系统中的硬件/软件进行及时有效的更新。这种为电子商务系统正常工作而进行的一切活动称为系统的维护。

1. 系统维护的要求

电子商务系统的维护有多种不同的分类方法：按时间顺序可以分为系统试运行维护阶段和日常维护阶段；按系统功能分为硬件系统维护、应用管理软件系统维护和数据库维护；按维护的目的分为完善性维护、改正性维护、适应性维护和预防性维护。

为了有效地进行维护工作，必须有一个正确的态度，充分认识维护工作的重要性；

必须建立一套完善的维护工作管理条例，有专门的组织结构和工作人员。维护必须从申请报告开始，维护过程及对维护过程的评价有规范或标准可依；每一项维护活动都要遵循登记制度。

系统的维护人员应有明确的分工，各负其责。商务系统的维护人员可以分为三类：硬件系统维护人员、应用软件开发与维护人员以及数据库管理与维护人员。硬件系统维护人员负责硬件系统的维护，包括网络安全、系统配置等项工作。应用软件开发与维护人员负责与用户沟通，接受用户提出的新要求，如信息需求、增加功能等；负责开发或完善应用系统，并负责应用系统软件的运行维护工作。数据库管理与维护人员要负责系统中的数据安全性、完整性和一致性，并负责数据库中数据字典的建立与维护。

2．系统维护的常用方法

（1）监控。良好的电子商务系统依赖恰当的硬软件平台支持系统的运行。在电子商务系统的日常运行过程中，进行监控是确保系统运作良好的必要条件，它可以用来迅速检测和修复故障、确定故障的来源、预测并避免以后的故障，以及获得系统性能等方面的数据来评价系统的运行。监控有两种最主要的方式，一是历史监控，二是实时监控。

（2）用户支持。用户支持的工作主要是接受和处理用户请求，并做好问题跟踪。企业一般应建立帮助系统，帮助系统是一个地点，可以是真实或虚拟的，用户在这里可以报告问题并请求新服务。帮助系统应该界面友好、有足够多的人员来支持业务、有预定义的覆盖范围。

作为管理者要做好问题的跟踪调查，应经常检查用户的问题请求是否得到妥善的处理，处理人员是否敷衍了事。另外根据问题请求的统计分析，查看是否有异常波动，由此判断系统的稳定性。

（3）变更管理。变更管理是对系统的变更进行分析、计划，并确保其有效地实现的一种过程。也就是说，变更必须很好地记录在案，必须有回滚计划，必须是可再现的。

变更管理是维护的核心过程之一。通过这种机制，使得一组人能够确保相互影响的变更不会同时发生。通过这种机制，能够使系统管理员在具体实现一种变更之前，仔细考虑该变更的不同方面，从而减少故障或问题。这同时也是一种通信工具，它能够确保当变更发生的时候，所有人都是同一步调。这意味着能够减少变更发生时的混乱，同时能够更快地处理混乱。

11.2 电子商务系统的发布与推广

11.2.1 电子商务系统发布

电子商务网站的建设可以分为两种：一种是自己建立网站，一种是外包。外包是企业以合同的方式委托专业服务提供商为企业提供部分或全部的工作。对于传统企业或者内部 IT 资源匮乏，或技术实力有限，或无法管理 IT 人员的企业，他们没有时间或能力建设和维护自己的网站，或者内部的维护成本过高，完全可以把网站交给专业的服务公司来管理。对于有些企业，公司自己设置独立的 Web 服务器，放置企业自己的网站，便于管理、维护以及消息的及时更新。无论哪一种建站方式，都要进行网站的发布。

在 Windows 中最常用的发布网站的方法是通过 IIS 中建立 Web 站点来实现。首先在 Windows 中安装 IIS。在此以 Windows Server 2003 为例介绍安装过程。

Windows Server 2003 系统安装时，默认不安装 IIS。所以，我们需要手动安装 IIS。安装的方法是在"控制面板"的"添加/删除程序"中的"添加/删除 Windows 组件"的选项中添加 IIS 组件，如图 11-1 和图 11-2 所示。

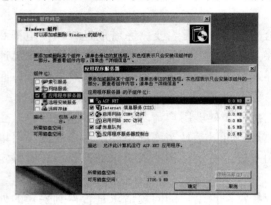
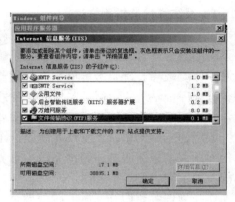

图 11-1　IIS 安装　　　　　　　　图 11-2　Internet 信息服务（IIS）

选择完成后，单击"确定"，进行安装。当然，在安装的过程中，我们需要将 Windows Server 2003 的安装光盘放进光驱。

在 IIS 安装完毕后，默认会添加几个目录，包括 C:\InetPub、C:\Windows\System32\InterSrv、C:\Windows\Help\IISHelp，在这三个目录中，分别存放不同的内容。C:\InetPub 目录中一般存放用户所创建的 Web 站点、FTP 服务器、新闻组等内容；C:\Windows\System32\InterSrv 目录中存放 IIS 的一些程序文件、配置文件、如动态链接库、可执行文件等；C:\Windows\Help\IISHelp 目录中一般存放 IIS 的帮助文件。

安装完 IIS 后，IIS 提供了以下几种服务：FTP Publishing Service、IIS Admin Service、SMTP Service、NNTP Service 和 World Wide Web Publishing，其中 IIS Admin Service 这个服务是相当重要的服务，如果将 IIS Admin Service 停掉的话，以上所述的其他服务将会同时停止，所以，这个服务不能够停掉。

在 IIS 安装完成后，会在 Web 站点中建立两个站点，分别是"默认网站"和"Administration"两个。如果我们需要建立新的电子商务系统，可以将其删除或停止。如果系统没有安装网站服务，可以在"控制面板"中的"添加/删除程序"的"添加/删除 Windows 组件"来进行添加，添加的方法如下所述。

①右击 IIS 树下的"网站",在弹出的快捷菜单中选择"新建"→"网站"。会弹出如图 11-3 所示新建 Web 站点向导窗口。

②直接单击"下一步"按钮。

③在如图 11-4 所示 Web 站点描述的窗口的文本框中输入所要建立站点的描述,该描述会在"网站"树中用来标识所建立的站点,完成后单击"下一步"。

④在如图 11-5 所示 Web 站点地址的窗口中输入你所建立的 Web 站点的 IP 地址,网站的 TCP 端口号默认为 80,这个端口号是系统默认提供给 HTTP 服务所使用的端口号,一般不能够修改。完成后,单击"下一步"。

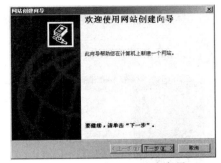

图 11-3 新建 Web 站点向导

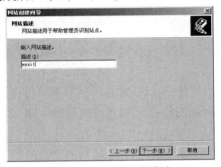

图 11-4 Web 站点描述

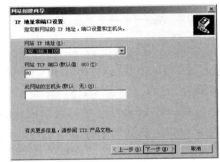

图 11-5 Web 站点地址

⑤在如图 11-6 所示 Web 站点目录的窗口中输入或者选择你所建立的 Web 站点的目录,这里我们选择 Windows Server 2003 所提供的默认目录:C:\Inetput\wwwroot,同时,允许匿名访问站点。为了能够在测试时看到比较明显的结果,我们在该目录下建立一个内容为"建立成功!"的文件:default.htm,正确登录后,我们能够看到"建立成功!"内容。完成后,单击"下一步"。

⑥在如图 11-7 所示的窗口中选择用户访问 Web 站点的权限,这里我们将选中"读取""运行脚本""浏览"复选框。完成后,单击"下一步"。

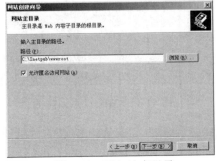

图 11-6 Web 站点目录

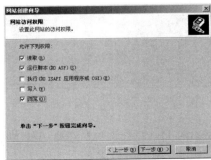

图 11-7 Web 访问权限

⑦单击"完成"按钮,完成 Web 站点建立的过程,如图 11-8 所示。

⑧Web 站点的测试方法是在浏览器的地址栏中输入刚才建立 Web 站点时的 IP 地址(见图 11-4),若建立成功,则会出现如图 11-9 所示的窗口。

图 11-8　Web 站点建立完成

图 11-9　Web 站点测试

⑨现在来看一下刚才建立的 Web 站点的属性。右击刚才建立的 Web 站点,选择"属性",弹出如图 11-10 所示 Web 站点属性窗口。

在该属性页中,有网站的标识:mysit,网站的 IP 地址、Web 站点所使用的端口号以及连接超时和日志记录等内容。如果需要修改网站的标识,或者 IP 地址,可以在 Web 站点建立成功后,在这个属性页中进行修改。

⑩在如图 11-11 所示的"性能"属性页中,可以限制用户访问 Web 站点时的最大网络带宽和网络的链接数量。默认情况下不限制使用的网络带宽和用户数量。

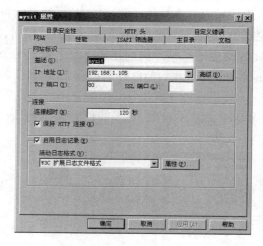

图 11-10　Web 站点属性-网站

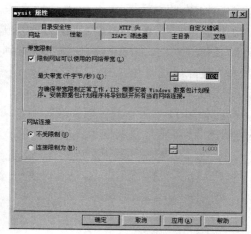

图 11-11　Web 站点属性-性能

⑪在如图 11-12 所示"主目录"属性窗口中,显示的是该 Web 站点的目录,目录可以来自本地计算机也可以来自于其他计算机,同时可以使用 URL 来进行定位;将设计好

的潮流服装店的源代码复制到 Web 站点目录中,即 C:\Inetpub\wwwroot。或者更改本地路径,使其指向存储潮流服装店设计文件的目录。

图 11-12 Web 站点属性-主目录

⑫在如图 11-13 所示"文档"属性页中,设定当前 Web 站点所显示的文档名称,系统默认为 default.htm、default.asp 和 index.htm,所以,在建立网站目录中的第一个文档名称时,需使用这里的这些名称。当然也可以使用其他的名称,然后添加到默认文档的表中,如图 11-14 所示。由于我们建立的潮流服装店网站首页为 index.asp,所以应将该文件名添加至默认内容文档中,并将潮流服装店所有的文件复制到 C:\Inetpub\wwwroot 中,完成网站发布。

图 11-13 Web 站点属性-文档

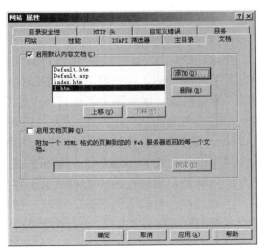
图 11-14 添加文档

11.2.2 电子商务系统推广

电子商务系统建设好并发布成功了只是第一步，还有更重要的任务要做。这就是如何将网站推广出去，以便于让行业领域里的更多的用户去访问、了解、选购商品，最终达到商业目的。网络资源的最大优势在于快速、便捷、低廉、高效且互动性好。电子商务企业可以充分利用这些特点，打造一个完美的企业商务服务平台，通过有计划的市场营销推广策略，使电子商务系统成为"企业商业核心"，成为企业开展电子商务活动的首选。

通过有效的网络推广活动，网站访问量稳步上升、会员注册数、网站美誉度和会员忠诚度均达到理想的要求，成为一个知名、安全、可信赖的购物网站。常见网站推广方法有搜索引擎、网络广告、电子杂志、发送电子邮件等。

1. 搜索引擎推广

统计表明，网站60%的访问量来自各类搜索引擎，因此电子商务系统科学地登录各大搜索引擎，是进行网站推广的重要内容。

搜索引擎营销的基本思想是让用户发现信息，并通过单击进去网站/网页进一步了解他所需要的信息。在介绍搜索引优化擎策略时，一般认为搜索引擎优化设计主要是：被搜索引擎收录和在搜索结果中排名靠前。这已经是常识问题，多数网络营销人员和专业服务商对搜索引擎的目标设定也基本处于这个水平。但从目前的实际情况来看，仅仅做到被搜索引擎收录并且在搜索结果中排名靠前还很不够，因为取得这样的效果实际上并不一定能增加用户的点击率，更不能保证将访问者转化为顾客或者潜在的顾客，因此只能说是搜索引擎营销策略中最基本的目标。利用搜索引擎工具可以实现4个层次的营销目标：

- 被搜索引擎收录；
- 在搜索结果中排名靠前；
- 增加用户的点击（点进）率；
- 将浏览者转化为顾客。

在这四个层次中，前三个可以理解为搜索引擎营销的过程，而只有将浏览者转化为顾客才是最终目的。在一般的搜索引擎优化中，通过设计网页标题、META标签中的内容等，通常可以实现前两个初级目标（如果付费登录，当然直接就可以实现这个目标了，甚至不需要考虑网站优化问题）。为实现高层次的目标，还需要进一步对搜索引擎进行优化设计，或者说，设计从整体上对搜索引擎友好的网站。

网站设计对搜索引擎友好，友好是相互的。对搜索引擎友好的网站实际上也是对用户友好的网站，用户在这样的网站上更容易发现所需要的信息，如可以方便地复制、保存、转发对自己有价值的信息，可以方便检索浏览产品信息，并且注册或者购买。搜索引擎友好的网站所反馈的结果才更能吸引用户点击，网站才可以获得更多的访问量，取得最好的营销效果，这也是"营造网上营销环境中"的一个方面，即网站和网络服务商之间关系的营造。

网站对搜索引擎不友好的表现是网站设计对搜索引擎不友好，表现在多个方面，最差的是使得搜索引擎无法检索信息，或者返回的检索信息让用户看起来没有吸引力。造成网站对搜索引擎不友好的主要原因是：
- 大量采用图片形式，没有可以检索的文本信息；
- 网页没有标题，或者标题中没有包含有效的关键词；
- 网页正文中有效关键词比较少；
- 网站导航系统让搜索引擎"看不懂"；
- 部分数据库信息对搜索引擎"保密"；
- 没有其他网站提供链接线索进行比较。

有些企业网站非常重视网页的视觉效果，尤其是首页，往往希望用很复杂的图片，或者用 Flash 等富媒体（Rich Media）形式来展示企业形象，这些固然能从视觉形象上引起人们的关注，但从搜索引擎优化的角度来看，没有任何价值，甚至起到副作用，让搜索引擎无从检索，用户也就无法通过搜索引擎发现这个网站。

因此，应该在兼顾实用的前提下追求美观，而不是将美观放在首位，在两者之间必须权衡取舍时，宁可放弃外在的美观。虽然对于视觉效果并没有完全一致的评价标准，但搜索引擎却有共同的检索基础，若对搜索引擎不够友好，失去的将是自己的潜在用户。强调网站的实用还有一个重要原因：用户通过搜索引擎来到一个网站，他们不是为了欣赏网页的视觉效果，而是为了获得与他在搜索引擎中所使用的关键词相关的信息。可以推测，如果用户进入一个网站却没有发现自己需要的信息，他唯一的选择就是尽快离开，这不是网站经营者所期望的结果。

2. 网络广告投放推广

较之传统媒体而言，网络媒体的特点在于其全能性及在打造品牌和行销方面的力量。网络广告的载体基本上是多媒体、超文本格式文件，只要消费者对某种产品、某个企业感兴趣，仅需轻按鼠标就能进一步了解更多、更为详细、生动的信息，从而使消费者能亲身"体验"产品、服务与品牌，让顾客如身临其境般感受商品或服务，因此，网络广告又具备强烈的交互性与感官性这一优势。

网络广告是投入较大，效果明显的网站推广方式之一。广告投放对象选择要符合网站访问群特征，并根据网站不同推广阶段的需要进行调整。针对网站的特点，制订了相应的网络广告投放计划。可将网络广告投放对象选择为新闻、财经、商务、企业黄页、资讯网站、导航网站、地方门户网站等。

1）旗帜广告

旗帜广告是最常见的网络广告形式。其宽度一般在 400～600 像素之间（8.44～12.66 厘米），高度在 80～100 像素之间（1.69～2.11 厘米），以 GIF、JPG 等格式建立图像文件，放置在网页中。目前旗帜广告已发展有多种形式，如：

（1）按钮广告。常用的按钮式广告尺寸有四种：125×125（方形按钮）、120×90、

120×60、88×31 像素，尺寸偏小，表现手法较简单。

（2）文本广告。文本广告以文本形式放置在网页显眼的地方，长度通常为 10～20 个中文字，内容多为一些吸引人的标题，然后链接到指定页面。

（3）插页广告（Interstitial Ads）。插页广告又称弹出式广告，广告主选择在自己喜欢的网站或栏目之前插入一个新窗口显示广告内容。

旗帜广告媒体选择与传统广告媒体选择基本类似，首先要考虑广告费用；其次是考虑广告的收益，例如广告发布后增加访问量，是否增加了销售收入等；第三是要考虑广告的效率，即广告接受者是否是你想接触到的；第四是媒体的形象是否与广告推广形象吻合；另外，还要考虑媒体能否提供详细的广告效果统计分析数据，这是网络媒体与传统媒体的最大区别所在。

投放旗帜广告的首选站点是导航台。好的导航台能够将成百上千从来没有访问过你的站点的网民吸引过来。导航台为客户提供了很多旗帜广告的展位，首页自然是最好的，但也是最贵的。在导航台中还有很多按照主题划分的类，每次检索，数据库还会根据关键词动态地组合生成检索结果的主页，在这些不同层次的主页中都可以设置旗帜广告，这些位置并不见得就比首页差，因为与你的广告内容相近的主页的消费者才是你最想吸引的。在导航台中投放旗帜广告，网民覆盖面广，数量大，但也应看到，其中的很多浏览者与你的旗帜广告无关，而且价格也较高。

其次，可以选择有明确浏览者定位的站点。这种站点的浏览者数量可能较少，覆盖面也会比较窄，只要这些浏览者是你需要的，他们就是你的有效宣传对象。从这个角度看，有明确浏览者定位的站点的有效浏览量可能并不比导航台少。选择这样的站点放置旗帜广告，如果获得很多有效点击，说明你的选择是经济有效的。

当然，为了更好地确定投放旗帜广告的站点，还可以向已经在这些站点上设置旗帜广告的单位咨询，这些单位往往能够提供一个比较客观、准确的评价。

在广告的创意上，必须对 Banner 所链接的目标站点内容有通盘的了解，找出目标站点最吸引访问者的地方，转换为 Banner 设计时的卖点（Selling Idea），不要盲目夸大目标网页，否则上过一次当的访客很难有勇气再次点击这个 Banner。

尽量不要使用过于复杂的特技图形效果，这样做会大大增加图形所占据的颜色数，除非存储为 JPG 静态图形，否则颜色最好不要超过 32 色。Banner 的外围边框最好是深色的，因为很多站点不为 Banner 对象加上轮廓，这样，如果 Banner 内容都集中在中央，四周会过于空白而融于页面底色，降低 Banner 的注目率。

2）公告栏广告

根据发布信息的限制，公告栏分为两种：一种只有会员才能发布信息，另一种则无此限制。而会员注册一般也是免费的。

3．发布新闻组

借助新闻组（USenet 或 NewsGroup）开展网上营销本身是一种广告行为，在传统的拒绝广告与现代商业化倾向激烈冲突的新闻组中，需要谨慎行事。在新闻组中发布广告的步骤与在公告栏中发布广告基本相同。所不同的是在新闻组中发布广告需要根据广告信息的主题选择讨论组。

Usenet 建立了一套命名规则以便人们方便地找到他所感兴趣的专题讨论小组。这套命名规则第一部分（名称中最左边的部分）确定专题小组所属的大类，称为顶级类别，约有 10 个（参见表 11-1）。

表 11-1 新闻组顶级类别

Biz	商业类	sci	科学类
Comp	计算机类	soc	社会、文化、宗教类
News	网络新闻类	talk	辩论类
rec	娱乐类	misc	杂类
Usenet	新闻类	alt	可供选择的类别

"alt"所讨论的内容没有其他类别那样正规。alt 类别中的专题小组通常能容忍较为过火的言论，有点类似于比较激进的社会团体。名称的第二部分（中间部分）表示顶级类别中的不同主题。例如：sci.biology 表示在科学这一大类中的 biology（生物学）主题。Comp.os 则表示计算机大类中的操作系统主题。在大多数情况下，主题之下还进一步细分出特定的领域，这构成了专题小组名称的第三部分（最右边的部分）。例如：rec.autos.driving 就是在 rec（娱乐）顶级类别中 autos（汽车）主题下关于 driving（驾驶）的专题小组。在计算机类和科学类中，常常还有名称的第四部分。例如：Comp.os.ms-windows.apps.word-proc 是关于计算机操作系统下，Windows 软件的字处理器的专题讨论小组。

4．网站合作推广

策划开展网站合作活动是有效的网站推广手段，且能提高访客忠诚度，持续深入地传播网站和品牌。广泛征求友情链接，扩大网站外部链接活力，能增加网站的搜索引擎曝光率，获得理想的排名效果。与网上网下媒体展开充分合作，撰写公关文稿，关注网站发展动态，并定期在各媒体发布同其他网站进行各种合作是效果明显的网站推广方式，可以借合作伙伴的力量，促使网站的系列活动有效开展。

11.3 电子商务系统日常运行管理

11.3.1 电子商务系统运行情况的分析

1．电子商务系统的日常运行管理

一个电子商务系统投入使用后，其主要工作就是日常运行管理。这里所说的管理工作，是指对网站本身的运行管理，就是对系统的运行进行控制。记录其运行状态，进行必要的修改与扩充，以便使系统真正发挥其作用。运行管理和维护工作在商务系统中处于十分重要的地位。

（1）系统的日常运行包括：数据收集工作，数据整理工作，数据录入工作及运行的操作工作，处理结果的整理分发工作。此外还应包括系统的管理工作及有关的辅助工作，如硬件维护、机房管理、空调设备管理、用户服务及管理等。

（2）记录系统的运行情况，这是科学管理的基础。数据的情况，处理的效率，意外的情况发生及处理，这些都必须及时、准确、完整地记录下来。否则，就谈不上商务网站系统功能的评价与改进。

（3）有计划地，经常发布企业和商品信息，及时更换商品品种，去掉过期商品，商品价格在网上变动，应有组织地对系统进行必要的改动，以保证系统能正确地执行用户所要求的任务，同时适应不断变化的环境条件。

（4）定期或不定期地对系统的运行情况进行回顾与评价，这一工作也叫审计。一般说来，半年或一年总要进行一次，以便确定系统发展改进的方向。

以上这些工作是由不同的人员来完成的。第一、二项是属于具体的工作，它们分别由信息收集整理人员、系统操作人员和负责整理、分析、处理结果的人员来完成；操作人员应对系统所用的机器、设备有深刻的了解。第三项应该是系统主管人员亲自掌握，对于数据库修改则要有数据库管理员，负责对数据库进行更新和修改。各级工作人员要积极努力工作，了解熟悉自己的工作，互相配合，密切协作。

工作人员和用户应该对系统和系统运行工作提出修改建议。而具体的修改必须经过认真讨论，从全局出发由专业的程序员和系统分析人员来进行，必须慎重，不可只顾局部而不考虑全局。所以如何修改，何时修改，必须由系统的技术主管来掌握和决定。虽然系统的主管人员并不一定是当初开发时的系统分析和设计的负责人，但是他必须对系统的功能、结构有十分清楚和全面的了解。这样，他才能对每一修改的收益、代价及影响范围做出正确的判断，从而做出正确的决定。第四项工作——审计工作，有时是由系统主管人员自己组织进行的，有时是由上级派来的或组织外面来的专门的审计人员进行的。要进行这种工作，自然需要具有广泛的，更丰富的网站的知识和经验；因为，这时要求对系统做出正确的评价以及提出改进和发展方向。

及时地、准确地、完整地记录系统运行情况，是修改与评价的基础。作好管理工作的第一步就是严格记录制度。记录工作最好是由直接操作的人员在工作过程中随时记录，减少中间环节，避免失真。记录工作中，一般容易忽视正常运行情况有关信息的收集。当出现异常情况时，必须详细记录其原因、现场、采取的措施以及处理的结果；必要时，还要尽可能完全地保留现场信息。然而，系统正常运行时的信息，反映系统在大多数情况下的状态和工作效率，对于评价和改进系统同样具有重要的参考价值，这一方面也是日常管理的主要工作。

用计算机来记载运行信息是比较可靠的，一般网管服务器上有网管软件。其作用就是记载系统中发生的所有各种事件。例如，什么时候、哪个用户进入系统、他的用户名是什么、用哪一个账号等。网站上除了一般的全系统的网管软件之外，还可以根据服务器上的用户管理系统来记录与某一用户或某一文件的有关信息，如客户档案、计数器、记录顾客访问次数、购物情况等。利用这些信息可以除对网站内部运行情况进行分析外，更重要的是对市场情况、销售情况进行分析、统计、做出销售、库存、产品质量、客户情况的报表，还可以据此进行有关预测。

运行情况的记录是一件较为麻烦且又细致的工作，但这一工作又是一项十分重要的工作。因而，一定要从一开始就重视这一工作，做好这项工作，以保证资料的完整和可靠，这是管理工作中必不可少的一个环节。

2. 电子商务系统维护工作

电子商务系统是一个整体，各部分各种功能都是联系在一起的，牵一发而动全身。因此，对于系统的任何修改必须谨慎从事，必须把修改的批准权限掌握在对系统有全面了解的人手中。与系统接触的所有人，包括用户、操作人员、数据整理人员、数据录入人员、数据收集人员都可以根据自己所了解的情况或直觉提出修改的建议和要求。然而如果所有这些人都直接去找程序员，而程序员根据所有这些要求去修改系统，那就会带来极大的危险，系统很快就会由于各种互相矛盾的要求和互不一致的修改变得混乱不堪，以及完全瘫痪。因此，必须按照下面的步骤，按照一定的流程来组织这种修改工作，如图 11-15 所示。

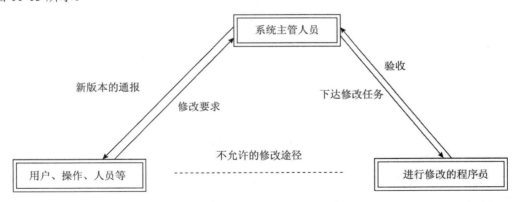

图 11-15 修改商务网站系统的步骤

（1）提出修改的要求。这一点可以由接触系统的全体人员提出来。只是不能直接向程序员提出，必须以书面形式（经常是通过固定格式的修改申请书）向主管人员提出，说明要求修改的内容及原因。

（2）由系统主管人员根据系统的情况（功能、目标、效率等）和工作的情况（人员、时间、经费等）来考虑这种修改是否必要、是否可行、是否迫切，从而做出答复，是立即修改，还是以后修改。

（3）系统主管人员把修改要求汇集，指明修改的内容要求、期限。由于修改要求是不断提出的，所以，系统不能随提随改，必须有计划地一批一批的修改。一般都用版本编号的办法来加以控制。

（4）在指定的期限内，由系统主管人员验收程序员所修改的部分，并在一个统一的时间，把若干个新模块加入系统，以取代旧的模块，新的功能开始生效。

（5）登记所作的修改，作为系统新的版本同用户及操作人员的报告，特别要指明新增加的功能和修改了的地方。

由上面的步骤可以看出，系统修改的工作类似于新系统的开发工作，也必须系统地去考虑及组织。当然，一般来说，规模要小得多。

系统的修改可能由不同的角度提出，例如，系统主管人员或上级审计人员经过审计发现问题，提出修改的要求；操作人员在工作中发现错误及缺点，提出修改的要求；环境变化与商品品种、价格等所提出的改变要求（包括社会条件的变化及机器软硬件配置的变化）等。

3．电子商务系统运行维护主要内容

电子商务系统运行维护的内容繁杂，归纳起来主要包括以下工作。

1）应用软件维护

在系统运行后，可能会发现一些在测试过程中没有发现的局部问题，或者是企业的业务流程发生局部变化，这些都可能引起应用程序的部分修改或调整，这时，就需要对应用系统应用程序进行维护。应用软件的维护内容一般包括以下几个方面：

纠错性维护：即对测试过程中没有暴露，而在系统运行后发现的应用程序的错误进行维护。通过使用诸如数据库管理系统、软件开发环境、程序自动生成系统、高级语言等新技术，可以大大提高系统的可靠性，并减少进行改正性维护的需要。

适应性维护：指由于系统运行环境升级换代导致应用程序需要进行的维护。例如系统运行后，由于业务规模、用户访问人数的增加导致计算机设备的档次提升、操作系统或数据库版本升级，这些情况下应用软件可能会需要进行相关的调整，以适应系统环境的变化。

完善性维护：利用前两类维护中列举的方法，也可以减少这一类维护。特别是数据库管理系统、程序生成器、应用软件包，可减少系统的维护与更新工作量。此外，建立系统原型，在系统开发之前提供给用户，使用户通过研究原型，进一步完善他们的功能要求，以减少以后完善性维护的需要。

2）数据维护

数据维护是指对系统的文件、网页以及支持企业与客户之间数据信息来往的文件传输系统和电子邮件系统的维护。电子商务系统的资源由服务器端一个个网页代码文件和其他各类资源文件组成。系统运行一段时间后，可能会出现日志文件逐渐增大、系统临时文件增多的现象，同时，系统产生的数据也需要备份或者恢复等，这都需要对数据进

行维护管理。一般来说，数据维护包括系统文件的组织、系统数据备份、系统数据恢复和系统垃圾文件处理等。

3）系统运行维护

系统运行维护主要包括对系统运行平台的管理（如性能配置管理、系统日志管理等）、系统统计管理和聊天室管理等。如性能配置管理主要为商务应用配置合适的系统资源。例如对服务进程数的调整、结果缓存（Result Cache）大小的调整等。系统日志管理对系统访问、应用运行、存取失败等进行记录，从而为系统的故障诊断、分析和性能优化提供依据。

4）安全维护管理

电子商务系统的安全是电子商务系统可靠运行并有效开展电子商务活动的基础和保证，系统的安全管理贯穿在以上三个部分的管理之中。一般来说，系统安全管理主要包括分析系统安全威胁的来源、进行存取控制管理、对系统资源的访问权限进行限制，保护特定内容的安全，并采取相应的措施，同时，系统安全管理还必须与其他的计算机安全技术结合起来，如网络安全、信息系统安全等。

4. 商务系统运行分析

系统的运行分析与评价是在对系统平时进行认真科学管理工作的基础上，集中地对商务系统运行情况进行的。如果平时没有管理好，没有完整的运行记录、资料就无法进行这一工作。商务系统进行分析和评价工作的主要目的是：

（1）检查电子商务系统是否达到了预期的目标，即对用户提出的要求满足了没有或者说满足到什么程度，为用户提供服务的质量如何。

（2）检查系统中各种资源的利用效率，这包括计算机、外部设备、软件力量以及人力。此外，还包括信息资源，即目前已进入商务系统的数据是否已得到充分利用，还能用来对管理起什么样的帮助作用。

（3）系统改进和维护的方向是什么。根据分析的结果，审计人员可以对系统的状况作为评价：是否对管理工作发挥了帮助的作用、有什么缺点或问题、应该从什么方面去改进、可以考虑进行哪一方面的功能扩展。

（4）系统的审计管理。在进行审计工作时，主要是利用及分析记录的资料，同时也可以进行某些简单的现场观察及测试。例如：观察某一项典型交易的执行过程，用某些实际的或模拟的数据资料去测试系统的效率，用某些意外情况去测试系统的可靠性等等。

在审计中应该考虑的问题很多，一面是通常应该考虑的一些问题。

（1）系统总的效率。管理人员对系统效率的总的印象如何？如果不满意，原因何在？输出报表是否确实为管理人员所用？精确度够不够？能否及时提供？其中有没有不正确的或管理人员不需要的信息？操作手续是否方便？有没有常出问题影响工作效率的环节？等等。

（2）费用考察。是否雇用了编制外人员？是否花费了不必要的开支？外界环境的变化是否影响了开支？等等。

（3）系统的可靠性。各种步骤上的检查校验措施是否完善？是否确实得到了执行？系统的修改工作是否有计划、有组织地进行的？

以上只是列出了最一般的一些问题，实际上，审计人员需要大量的实践经验，只有积累了相当多网站系统的情况之后，才能在对比中，发现本系统的缺点和弱点。对于审计的结果，审计人员应该向领导或者商务系统的主管人员提出，他对系统运行的评价与改进建议。

11.3.2　电子商务系统安全运行的监控与分析

1. 电子商务系统的信息安全要素

（1）数据信息的有效性。电子商务以电子形式取代了纸张，如何保证电子形式的贸易信息的有效性是开展电子商务的前提。因此要对网络故障、操作错误、应用程序错误、硬件故障、系统软件错误及计算机病毒所产生的潜在威胁加以控制和预防，以保证贸易数据在确定的时刻、确定的地点是有效的。

（2）数据信息机密性。电子商务作为贸易的一种手段，其信息代表着个人、企业甚至是国家的商业机密。传统的纸面贸易都是通过邮寄封装的信件或通过可靠的通信渠道发送商业报文来达到保守机密的目的。而通过电子商务系统进行电子商务活动是建立在一个开放的因特网环境之上的，维护商业机密是电子商务应用的重要保障。因此，要预防非法的信息存取和信息在传输过程中被非法窃取。

（3）数据信息完整性。电子商务简化了贸易过程，减少了人为的干预，但同时也带来维护贸易各方商业信息的完整、统一的问题。由于数据输入时的意外差错或欺诈行为，可能导致贸易各方信息的差异。此外，数据传输过程中信息的丢失、信息重复或信息传送的次序差异也会导致贸易各方信息的不同。贸易各方信息的完整性将影响到贸易各方的交易和经营策略，保持贸易各方信息的完整性是电子商务应用的基础。因此，要预防对信息的随意生成、修改和删除，同时要防止数据传送过程中信息的丢失和重复，并保证信息传送次序的统一。

（4）可靠性/不可抵赖性/鉴别。如何确定要进行交易的贸易方正是所期望的贸易方是保证电子商务顺利进行的关键。在传统的纸面贸易中，贸易双方通过在交易合同、契约或贸易单据等书面文件上手写签名或印章来鉴别贸易伙伴，确定合同、契约、单据的可靠性并预防抵赖行为的发生，这也就是人们常说的"白纸黑字"。在无纸化的电子商务方式下，通过手写签名和印章进行贸易鉴别是不可能的。因此，要在交易信息的传输过程中为参与交易的个人、企业或国家提供可靠的标识。

（5）数据信息的审查能力。根据机密性和完整性的要求，应对数据信息进行审查，并将审查结果进行记录。

2. 电子商务系统运营监控的主要内容

电子商务系统的性能指标就是业务量。执行效率差的电子商务系统会引起客户不满，失去赚钱的机会。因为这些原因的存在，使监视电子商务系统的性能，识别性能故障，快速找到起因并解决问题成为所有电子商务系统操作中关键的部分。以 WebSphere Application Server 为例，电子商务系统运营监控的主要内容包括：

1）监视的尺度

成功的性能监视可以帮助检测和纠正性能问题。在仔细分析性能监视之前，不妨简单了解一下三种监视尺度——最终用户视图、系统和应用程序健康、应用程序视图。

（1）最终用户视图。对于最终用户来说，你的电子商务系统是一个黑盒子。他们不知道（或不关心）有多少服务器、服务器在哪儿、服务器的硬件如何或者服务器使用哪种应用程序。用户只关心 Web 页面的显示速度。监视最终用户视图可以让你知道是否存在公共可视方面的性能问题。如果电子商务系统太慢，客户将放弃并离开。不应该等待客户抱怨才发现站点有问题。

（2）系统和应用程序健康。第二个监视尺度是查看电子商务系统的内部子系统并检查每个子系统的问题。典型的 WAS Web 站点有很多子系统，包括 Web 服务器、应用程序服务器、数据库、目录服务器和防火墙。任何一处都可能成为瓶颈！

在这个阶段，要试图找到有问题的组件并识别受限制的资源。可能发现网络带宽、后端连接、数据库的 CPU 或其他组件，它们中的任何一个都可能是资源的瓶颈。因此，必须监视所有的组件，包括应用程序服务器、数据库、网络和路由器。查看关键的因素并与正常的（预期状态）比较。如果找到了偏差，就更精确地调查这些部分。

系统健康视图经常提供了对受约束资源的认识，但是对于识别问题的根本起因不一定是充分的。对于运行在 Java 虚拟机（JVM）上的 Java 2 企业版（J2EE）应用程序代码来说这种情况很明显。例如，如果系统健康监视发现运行应用程序的服务器的 CPU 利用率很高并且某几个小服务程序的响应时间很长，实际根本的起因可能是应用程序中的某个不好的循环、同步问题或者数据库索引丢失。为了解决这个问题，你必须获取更多的信息来找出问题。

（3）应用程序视图。第三个监视的尺度是查看应用程序内部来帮助查找困难的应用程序问题。在某个快照提供给定实例的所有 Java 线程活动信息时，应用程序视图可以给你精确显示某个缓慢的小服务程序正在做什么的信息。深入查看应用程序的内部执行对于查找困难的性能问题是很重要的。

2）监控什么

在最终用户视图尺度上，监视站点的"用户负载"、服务的事务和用户经历的响应时间。这些都是相同的基本监视数据点，你能在预生产性能和压力测试中捕捉到这些信息。

监视最终用户视图使你能追踪电子商务系统的响应时间是否在增加，请求是否在增加以及增加的速度，增加是否是正常的、预期的状态。监视的三个主要因素是：

- 负载（并行用户的数量）。
- 响应时间。
- 输出（每秒钟的请求数量）。

通过检测用户请求的数量、输出和响应时间，能够知道站点显示的正常响应时间是否根据请求的容量而增加，或者必须仔细研究响应时间问题。例如，大量的并行客户端载入的测试结果显示当并行用户翻倍（从 10 个增加到 20 个）时，平均响应时间也翻倍（从 150ms 到 301ms）。如果你监视到响应时间和用户请求都翻倍了，应该是站点的正常状态。监视器显示你有更多的负载，因此响应时间相应长一些。在实际运行前有效的性能测试和能力计划能帮助确定站点的饱和点。

如果站点接收到的增长的负载超过了计划估计的容量，考虑使用缩放技术处理过多的负载，同时维持响应时间不变。但是，如果监视显示响应时间翻倍了而请求没有成比例增加，你就必须使用到第二种监视尺度——系统健康，以找到系统中是否有未预计到的约束，以及在哪儿找到问题所在。

3）检测响应时间问题

系统健康监视对于检测组件层的响应时间问题是很关键的。有很多监视器可以用于检测环境的全面健康状况、趋势并帮助解决问题。每个生产站点必须开发一个监视测量并决定对电子商务系统的每个组件使用哪种关键的监视器。监视系统健康使你可以了解电子商务系统上所有组件的关键信息，帮助定位受约束的资源。一旦找到了这些资源，需要进一步发现和解决约束的起因。对于 WebSphere 应用程序，需检查应用程序统计表和 Web 应用程序监视器、中间件运行时监视器和服务器监视器。

Web 应用程序监视器。在最终用户视图中，并行请求、响应时间和输出是用户角度的标准。这三个主要的因素对于 Web 应用程序组件（例如 Web 页面、小服务程序、企业 JavaBean）的每个服务器层来说也适用。查看每一层的响应时间和请求数量能帮助识别可以在哪儿找到问题。例如，如果应用程序服务器上的响应时间和请求数量显示正常，就知道将研究焦点集中于 Web 服务器、网络和客户请求与应用程序服务器之间的其他组件。

对于典型的 WAS 开发，用户的请求通过 HTTP 服务器传递，接着调用在应用程序服务器上配置的一个小服务程序。可以监视 HTTP 服务器和应用程序服务器上的应用程序性能。根据特定的监视工具和使用的 HTTP 服务器，你可以监视 HTTP 服务器的任何一个或所有三个主要因素。

50 个客户端负载的状态快照运行并显示，在这种特别的刷新间隔中，处理了 50 个请求。不幸的是，这个特定的 Apache 监视工具没有提供把计数器复位为 0 的简单方法，因此总共的访问（请求）和每秒钟的请求覆盖了 6 个小时的服务器周期，并且没有与 WebSphere 监视器相应的时间间隔。

中间件运行时监视器。可能需要通过监视缓冲池的利用请求，监视电子商务系统上流动的请求的健康。对于查询网络中的每个缓冲池或容器，查看利用情况。对于 IBM

HTTP 服务器，可监视当前正在处理的请求和空闲服务器。

也可监视 Web 容器的线程池——对象请求代理程序（Object Request Broker，ORB）和数据库连接池。如果任何一个缓冲池达到了最大的容量，它就可能阻塞了业务流。通常，较大对于性能不一定更好，因为额外的容量浪费了资源。因此，队列和缓冲池的适当协调对于最佳性能是很重要的。

对于所有的 WebSphere 线程和连接池，高百分比的最大值显示特定缓冲池可能引起瓶颈。你能使用另外的监视器（例如缓冲池尺寸）和活动线程来帮助协调缓冲池。

服务器监视器。中间件和 Web 应用程序在下层服务器上执行。你必须查看所有服务器（包括 Web 服务器、应用程序服务器和数据库服务器）的系统监视器——CPU 利用率、I/O 和分页。

4）应用程序视图：Java 应用程序

当引起性能问题的原因在 Java 应用程序中的时候，必须能够监视在 JVM 中执行的应用程序内部发生了什么事情以识别有问题的源。典型的应用程序视图层次的监视需要大量的 J2EE 编码和具体应用程序的相关知识。解决表面上是负载问题的 Java 应用程序问题可能需要这个层次的监视。你可以从两个角度分析运行在 WebSphere 上的应用程序：①应用程序调用流和响应时间情况；②线程状态执行情况。

从应用程序调用流角度看，需要查找消耗最大响应时间的应用程序部分。调用流可能显示某个小服务程序作了多重 EJB 调用，而每一个 EJB 调用作了多重 JDBC 调用。分析调用流可以识别应用程序消耗最多时间的部分。

作为分析应用程序调用流的补充，可以检查 JVM 中的每个线程的状态。线程状态执行情况监视某个时间应用程序内的每个线程的行动。通过查看线程栈中的结构，可以识别并行瓶颈。例如，修改了 HitCount 小服务程序来调用缓慢的同步日志程序（通常的问题）。在运行修改过的 HitCount 时，执行了线程转储。运行 50 个线程时，39 个是栈顶部结构，9 个在等待来自 Web 服务器的工作。线程栈信息使你能与 Web 应用程序开发人员一起排除可伸缩性瓶颈。

5）接口和加工

大多数操作系统和应用程序包含了接口以获得关键的性能指示并为监视性能提供基础的工具。此外某些行业方案有具体产品的性能接口以提供端对端性能监视方案或者专业的监视方案。

WAS 运行是允许轻量级的、关键的运行时和 Web 应用程序性能因素的服务器端性能数据集合。WAS 的一部分——性能监视基础结构（PMI），支持多种客户端检索选择，包括 Java 和 HTTP/XML 接口。

6）维持最佳的性能

性能监视对于电子商务系统的成功是很关键的。了解每个监视尺度的角色将帮助你在性能问题影响 Web 站点前识别、定位和解决它们。有了 Web Sphere API 和支持工具，你能监视每个尺度来确保电子商务系统的最佳性能。

3. 电子商务系统安全运行规章制度

电子商务系统要能安全运行,除了有一定的软硬件安全保证之外,还要有一定的规章制度来规范电子商务管理人员。以下是电子商务系统安全运行的规章制度范例:

第一章 总则

第一条 为加强××电子商务系统的管理、使用、维护,保证网络和系统的安全运行,规范网络管理人员的行为,促进系统健康发展,根据国家有关法律法规,制定本管理规定。

第二条 ××电子商务系统具备国家规定的下列条件:

(一)系统主管单位为×××;

(二)负责系统业务管理的×××具有相应的计算机信息网络、装备以及相应的技术人员和管理人员;

(三)具有健全的安全保密管理制度和技术保护措施;

(四)符合法律和国务院规定的其他条件。

第三条 电子商务系统建立相应的网络管理机构,依照国家法律和有关规定负责对本网站及其网管维护人员进行管理,做好网络信息安全工作。

第二章 系统内容管理

第四条 网管人员负责收集、整理因特网用户及电子商务系统用户提出的有关问题,及时答复客户问题;负责网站电子信箱及其他相关业务的管理。

第五条 网管人员必须始终监控系统的安全运营,发现系统内容有异常情况,应立即向有关领导汇报,并根据领导指示及时做出相应处理。

第六条 电子商务系统应当遵守国家有关法律、行政法规,严格执行国家安全保密制度,网站内容不得含有且网管人员不得制作、复制、查阅和传播下列信息:

(一)煽动抗拒、破坏宪法和法律、行政法规实施的;

(二)煽动颠覆国家政权,推翻社会主义制度的;

(三)煽动分裂国家、破坏国家统一的;

(四)煽动民族仇恨、民族歧视,破坏民族团结的;

(五)捏造或者歪曲事实,散布谣言,扰乱社会秩序的;

(六)宣扬封建迷信、淫秽、色情、赌博、暴力、凶杀、恐怖,教唆犯罪的;

(七)公然侮辱他人或者捏造事实诽谤他人的;

(八)损害国家机关信誉的;

(九)其他违反宪法和法律、行政法规的;

(十)发现有害信息应当及时向有关主管部门报告,并采取有效措施,不得使其扩散。

第三章 信息发布管理规定

第七条 网管人员对发布的信息和个人进行登记,并对所提供的信息内容按照本规定进行审核。

第八条　建立信息发布日志，系统管理员负责记录每次信息发布时间，做好发布信息审批表及原始资料的归档工作。

第九条　网管人员负责建立计算机信息网络电子公告系统的用户登记和信息网络管理制度。

第四章　安全保护责任

第十条　系统管理人员应当依法履行下列安全保护职责：

（一）负责本网络的安全保护管理工作，建立健全安全保护管理制度；

（二）落实安全保护技术措施，保障本网络的运行安全和信息安全；

（三）负责对本网络用户的安全教育和培训；

（四）发现有害信息时，应当保留有关原始记录；

（五）按照国家有关规定，删除本网络中含有有害信息内容的地址、目录或者关闭服务器。

第十一条　网管人员不得从事下列危害计算机信息网络安全的活动：

（一）未经允许，进入计算机信息网络或者使用计算机信息网络资源的；

（二）未经允许，对计算机信息网络功能进行删除、修改或者增加的；

（三）未经允许，对计算机信息网络中存储、处理或者传输的数据和应用程序进行删除、修改或者增加的；

（四）故意制作、传播计算机病毒等破坏性程序的；

（五）其他危害计算机信息网络安全的。

11.3.3　数据备份与恢复

数据备份与恢复是保护系统数据完整，挽回因误操作或其他原因破坏数据而导致损失的最主要手段。

1. 数据备份技术

数据备份是保护系统数据完整的必要手段。许多网站目前的办法是将整个网站以原文件方式备份到本地硬盘，这样做有两个缺点：一是数据量太大，消耗时间多，尤其如果用FTP工具下载少则几小时，多则一两天；二是如果备份的版本比较多，则非常容易混淆，有时甚至不知道哪个是最新版本。因此，一个好的数据备份系统必须达到以下要求：将网站的数据以压缩格式复制到本地硬盘，下载时间很短，并且以系统时间给该文件命名，方便区别不同的网站版本，方便以后用它来恢复网站。数据备份系统的主要功能包括：

（1）备份当前网站所有的电子邮件、企业和个人网页。

（2）备份某一员工的个人主页和电子邮件。

（3）只备份最近几天内被修改的网页。

2. 数据恢复技术

对于恢复系统中由于误操作或是其他原因而破坏的数据，目前大多数企业的网站管理办法就是用 FTP 软件将本地的数据上传到网站的响应目录下。但由于本地备份的文件版本比较多，目录机构比较复杂，常常找不到准确的数据，并且要用未经压缩的原文件上载，数据传输量很大，即使是为了弥补一些失误也要耗费半天时间。数据恢复系统通过备份在本地的压缩文件对网站进行恢复，在进行恢复前系统会自动列出该压缩文件在网站上的原始目录。数据恢复方法很简单，通过在网站的数据恢复系统上设置一个恢复按钮，然后点击它，就可以选择本地机器内的压缩文件，由于这些文件有精确到分钟的基于备份时间的文件名，所以想要恢复何时损坏的文件就会一目了然。文件是以压缩格式传输的，所以耗时很少。

11.4 电子商务系统的评价

电子商务系统的迅速发展，对互联网用户造成了不少困惑，如果不是及时跟踪电子商务的发展动态，对于如何寻找最好的网站，如何获得最大价值和最好的服务等就会感到比较茫然，除了选择著名品牌的网站外，大多只能听信那些具有资金优势的网站的强力宣传了。因此对电子商务系统的每个方面进行评价，从网站访问量、个人信息政策到顾客服务、产品价格等等。

电子商务系统的评价具有一套既定的原则、评价方法和体系。这些原则、方法和体系都是评价一个电子商务系统经济价值、技术价值以及社会价值的理论基础以及让系统评价顺利成功进行的保障。

1. 电子商务系统评价原则

电子商务系统的迅速发展，对互联网用户造成了不少困惑，如果不是及时跟踪电子商务的发展动态，对于如何寻找最好的网站，如何获得最大价值和最好的服务等就会感到比较茫然，除了选择著名品牌的网站外，大多只能听信那些具有资金优势的网站的强力宣传了。针对这一状况，专门为电子商务系统进行评价的网站应运而生，甚至连一些著名的咨询公司和调查公司也加入了这一领域（如 ConsumerReportsOnline 和 ForresterResearch），对电子商务网站的每个方面进行评比——从网站访问量、个人信息政策到顾客服务、产品价格等。

任何评价行为都必须遵循一定的评价原则，评价作为经济活动中的一项技术、一门学科，有着其成熟的理论基础和技术方法，以此作为评价的依据是评价工作的保证。然而，根据评价对象的不同，在具体评价操作中必须考虑评价对象的特性和其所涉及的内容。

1）评价应遵循的工作原则

（1）独立性原则。评价机构和评价人员不应与该电子商务系统有任何利益上的联系，在效益评价过程中应摆脱与所评价的电子商务系统有直接或间接利益关系的当事人利益的影响，评价工作应始终坚持独立的第二者立场。评价工作不应受外界干扰和委托者意图的影响。

（2）客观性原则。客观性原则指的是评价结果应以充分的事实为依据。评价的指标应具有客观性，评价过程中的预测、推理和逻辑判断等应建立在市场和现实的基础资料上。

（3）科学性原则。科学性原则是指在效益评价过程中，必须根据评价的特定目的，选择适用的价值类型和方法划定科学的评价实施方案，使评价结果科学合理。

2）评价应遵循的经济原则

（1）贡献原则。贡献原则是指电子商务系统对企业管理经营效益的贡献，取决于其对企业相关部门和企业整体的贡献度，或者根据当缺少它时对企业整体效益的影响程度来衡量其贡献程度。

（2）替代原则。电子商务系统的可替代性是评价的重要方面。可替代性指的是事物是否具有唯一特性。如程控电话和移动电话在实现通话功能上是可替代的，计算器和珠算在进行数学运算方面具有一定的可替代性等等。一个事物或一个系统可被其他事物或系统替代的程度是不同的。如不同品牌、相同功能的电视机是完全可替代的，而含有专利技术的产品和其他同类产品是具有不完全替代性的。电子商务系统的效益评价所要确定的是该系统的效益价格比，如果一个电子商务系统为企业带来巨大的经济效益，但其投入过大，也是评价必须考虑的。

（3）预期原则。电子商务系统的效益评价不能仅停留在对已发生利润的考虑上，同时要考虑未来收益的期望值。预期原则要求在进行效益评价时，必须合理预测电子商务系统潜在的获利能力和时限。

2．电子商务系统的性能指标与评价方法

电子商务系统开发阶段完成后，就得到了一个可以运行的系统。但系统是否达到了预期目标；是否能满足用户的需求，是否真正提高了管理效率呢？这需要把新系统与预定目标作个比较，并请有关专家评价才能定论；经评价认可的系统便是合格的系统，可以正式移交给用户使用。启用新系统，将原系统切换到新系统，此后，新系统便替代原系统正式投入长期的运行与维护阶段。针对电子商务系统评价的性能指标主要有：

（1）对商务系统总体水平的评价：如系统的总体结构、地域与网络的规模、所采用技术的先进性、系统的功能与层次、信息资源开发利用的程度等。

（2）对商务系统实用性的评价：考察系统对实际管理工作流是否实用，如可使用性、正确性、扩展性、通用性和可维护性等。

（3）对信息设备运行效率的评价。

（4）对商务系统安全与保密性的评价。

（5）对系统文档保存的完整性及备份状况的评价。

（6）对现有硬件和软件使用情况的评价。

（7）对商务系统技术方面的评价主要是针对系统的性能，包括系统的可靠性、高效性、适应性、可维护性、易用性和可移植性等。

3. 电子商务系统评价方法

传统的衡量标准关注量化的指标，大多是财务的指标。与传统的建设项目评价相比，电子商务系统完全不同。电子商务系统对企业的整体贡献，在间接效益及价值潜力方面得以更充分的体现。正是由于电子商务系统项目本身所具有的复杂性，导致其评价方法要比传统建设项目复杂得多，评价难度比较大。电子商务系统的评价的对象和评价的标准体系都在不断变化。因此，电子商务系统的评价需要借鉴新的思想和方法。

系统评价方法主要有定量/定性方法和动态/静态方法相结合。根据商务系统是一个社会的、商业性的系统特点，因此要对系统有一个全面、正确、公正的评价，必须有一个科学的评价指标体系，其指标包含定量、定性、动态、静态指标。这种多指标评价体系根据各指标参数对系统的贡献，通过加权等方法组合成一个综合指标体系，这个指标体系是评价系统的依据。

对于企业电子商务系统，其评价更重视电子商务系统的实效性和使用安全性。主要的评价方法有：

（1）委托权威专业评价机构评价。专业评价机构以其科学系统的评价方法和拥有经验丰富的专业评价人员的优势，为企业评价电子商务系统所首选。目前，有很多专业评价机构，有的是承接综合业务，有的则针对某一行业。

（2）自我评价。自我评价评价系统是指企业利用专业机构在互联网上提供的评价服务软件进行的自我评价。与委托权威专业评价机构相比，自我评价系统有以下优势有保密性、成本低性、使用方便等。

（3）Gomez 积分卡评价。积分卡用于测量电子商务系统的质量，覆盖一个行业满足最低服务标准的所有公司（通常依据产品的深度和广度以及实用性）。积分卡的评价标准由 150 多项标准组成，这些标准由 Gomez 专家制订，用来获取某个领域互联网货物配送以及服务方面的信息。

Gomez 为每个评比的电子商务系统制订 150 到 250 个定量指标，包括容易使用、顾客服务、网站资源、关系服务以及总成本等方面。数据收集过程需要每个季度访问每个细分市场数以百计的网站。

- 容易使用。这类最佳公司的网站可将内容、功能、有用的演示以及多方面在线帮助集成为一体，这类标准大约有 30～50 个。
- 顾客服务。这类领先者经营的网站具有较高的可信性，维持渊博知识的顾客服务组织并提供高质量和安全保证。大约有 30～50 个评价指标。
- 网站资源。这类领先的公司不仅为网上带来大量的产品和服务信息，而且通过全面电子账号、交易、工具和信息查询等方式提供这些产品和服务的深度服务。大约有 30～50 个评价标准。
- 关系服务。公司应该建立个性化电子客户关系，因而顾客能够在线及通过程序发出服务请求和查询，建立顾客忠诚度和社区感觉。大约有 30～50 个评价标准。

- 总成本。Gomez 利用一套为顾客定制的服务来检查所有者的总成本水平。

（4）系统评价。对于所有的评价系统，建立科学的评价标准，并保持自身的公正形象至关重要，但是由于每个人都可能成为评价人，而各人的经历、偏好有所不同，对每种标准的判断就会有差异，无论在线调查还是专家评价，都摆不脱主观因素的影响，无论定量分析还是定性描述，各种能够评比方法都存在一定的缺陷。BizRate.com 的评比是完全建立在大量购物者调查的基础之上，其评比结果具有相当的权威性，然而由于一些电子商务系统不参与评比，对于不参与 BizRate.com 评比计划的网上商店，由 BizRate.com 在线调查频道经过超过 100 000 人的实际在线购买的会员进行评比，这些被调查者身份的可信度或者信息的准确性对于评比结果将产生直接影响。

Gomez 积分卡评价方法制定了非常详细的指标，而且综合了专家评价和消费者调查等多种数据收集方法，但是评价标准显然偏重于系统的功能、外观以及与顾客的关系，排名结果领先的系统说明其拥有良好的公共关系，只能说明在一定程度上有着良好的业绩。

尽管各种方法都存在一定的片面性或缺陷，而且评比结果并不能真正反映电子商务系统的实际价值，这些方法也无法完全推广到其他类型的网站，但是作为一种新兴的互联网商务模式，可以预见，专业评比网站将会快速发展。

11.5 电子商务信息处理

11.5.1 电子商务信息采集、处理、分析

1．网络商务信息处理特点

网络商务信息具有以下显著的特点：

（1）时效性强。传统的商务信息，由于传递速度慢、传递渠道不畅，经常导致"信息获得了，但也失效了"。网络商务信息则可有效地避免这种情况。由于网络信息更新及时、传递速度快，只要信息收集者及时发现信息，就可以保证信息的时效性。

（2）准确性高。网络商务信息的收集，绝大部分是通过搜索引擎找到信息发布源获得的。在这个过程中，减少了信息传递的中间环节，从而减少了信息的误传和更改，有效地保证了信息的准确性。

（3）便于存储。现代经济生活的信息量是非常大的，如果使用传统的信息载体，把它们都存储起来难度相当大，而且不易查找。而网络商务信息不但可以方便地从 Internet 下载，通过计算机进行信息的管理，而且由于在原有的各个网站上有相应的信息存储系统，因此即使自己的信息资料遗失后，也可以到原有的信息源中再次查找。

虽然网络系统提供了许多检索方法，但全球范围内各行各业中堆积如山的信息，常常把企业营销人员淹没在信息的海洋或者说信息垃圾中。在网络信息资源中，如何能迅速地找到自己所需要的信息，再经过加工、筛选和整理，把反映商务活动本质的、有价

值的、适合本企业情况的信息提炼出来，是需要相当一段时间的培训和经验积累的。

对于现代企业来说，如果把人才比作是企业的支柱，那么信息则可看作是企业的生命，是企业不可离开的法宝。网络商务信息不仅是企业进行网络营销决策和计划的基础，而且对于企业的战略管理、市场研究以及新产品开发都有着极为重要的作用。

2．网络商务信息收集方法

在互联网上可以利用搜索引擎、公告栏（BBS）、新闻组、电子邮件（E-mail）、邮件列表等方式进行商务信息的收集。

（1）搜索引擎。利用搜索引擎检索信息。只要企业建立了自己的网站，并在搜索引擎上进行登记，就可以找出该企业的网址，然后通过直接访问目标企业的网站查询相关信息，而有关该企业的新闻报道等通常也可以直接从网上找到。

（2）公告栏。主要是到相关主题的 BBS 网站，如电子商务指南网站的论坛，进行商务信息的搜集。大量的信息交流可通过 BBS 来完成，会员通过张贴消息或者回复信息达到互相沟通的目的。

（3）新闻组。可以从新闻组中获得信息，也可发布信息。新闻组是公众进行讨论和信息分享的自由网站，公众可以自由加入，新闻组成员可以阅读到大量公告，也可以发表自己的公告，或回复他人的公告。使用新闻组时要遵守网络礼仪，张贴消息时要非常小心。

（4）电子邮件。目前许多 ICP 和传统媒体以及一些企业，为保持与用户的沟通，都利用 E-mail 定期发布公司的最新动态和有关产品服务信息。通过 E-mail 收集信息是最快捷、最有效的渠道。

（5）邮件列表。许多网站常常将一些有价值的信息以新闻邮件、电子刊物等形式免费向用户发送，通常只要进行简单的登记即可加入邮件列表。像传统广告中的邮寄广告一样，网络世界中的另外一种广告发布形式正在被更多的商家所利用，即电子邮件广告。

3．网络商务信息的处理

信息的存储就是把获得的大量信息用适当的方法保存起来。因为有些信息在收集、加工处理完毕后并不是马上就要利用，另外一些有价值的信息在使用一次过后还有第二次、甚至第三次使用的价值，因此需要将这些信息保存起来。信息存储为信息进一步的加工处理、正确地认识和利用这些信息打下基础。

随着信息量的增加，需要存储的信息越来越多，对信息存储的要求也越来越高。信息存储时需注意以下几个问题：

（1）存储的资料要安全可靠。对各种自然、技术及社会因素可能造成的资料毁坏或丢失，都必须有相应的处理和防范措施。

（2）要节约存储空间。计算机存储要采用科学的编码体系，缩短相同信息所需的代码，从而节约空间。

（3）信息存储必须满足存取方便、迅速的需要，否则就会给信息的利用带来不便。

计算机存储应对数据进行科学、合理的组织，要按照信息本身和它们之间的逻辑关系进行存储。

数据库是在计算机的外存储器上，按照一定组织方式存贮在一起的，相互有关且具有最小冗余度和可共享的、具有较高独立性的、能确保安全和完整的数据集合。数据库系统是用于组织和存取大宗数据的管理系统，它是有关计算机系统（硬件和基本软件）、数据库及其描述机构、数据库管理、用户及其应用程序、数据库管理员等几个方面组成的总体。数据库管理系统是一组软件，它具有数据库定义功能、数据库管理功能、通信功能，通常有数据描述语言及其编译程序、数据操纵语言及其编译程序、数据库管理例行程序等3部分组成。关系数据库管理系统是当前普遍采用的性能较好的数据库。如 Dbase、Oracle、SQL 和 DB2 等。数据库是大量信息存放的场所，在使用时一般根据需要分类别进行整理。

11.5.2 客户信息管理

1. 客户信息查询

电子商务系统的客户基本信息管理是一个存储所有客户信息的资料库。按客户的联系方式可分为个人信息和单位信息两个板块。在个人信息板块里详细记录了客户联系人的信息，可以按照最新客户或单位进行排序。个人信息板块记录形式可以让用户一目了然地看到企业所有的客户信息。同时，还建立快捷的链接功能，用户只要点击联系人就可以直接进入个人信息列表，包括编号、姓名、单位、所在部门、地址、电话等个人详细信息；点击客户的单位可以直接进入单位信息列表，包括单位详细名称、简称、地址、员工数量、背景资料、单位特征、建设情况等详细信息。

客户信息查询具有灵活方便的客户信息检索功能；可按客户姓名和公司的名称等客户信息进行模糊查询；帮助销售人员摆脱翻阅大量的客户信息单而难于找到合适客户信息的苦恼，方便快捷地寻找到意向客户的详细信息。

2. 客户信息统计

系统统计管理是指跟踪用户访问情况，对访问情况进行统计分析，生成全面的网络统计报告，从而更好地改进系统服务。具体应包括统计网站类型、访问者 IP、浏览器、操作系统、屏幕分辨率、日报表、时段报表、每日访问量、当前排名、访问者来源分析、访问者 IP 地址分析、地域分析等。下面介绍客户信息统计的主要功能。

（1）支持多用户模式。可同时生成多个统计器，几个网站均可使用，或者用户也可以构建自己的网站计数器。

（2）管理员在线修改，即时生效。管理员能修改统计器的名称等相关静态信息。提供在线人数统计功能，包括目前正在访问本站的人数，以及他们的来源，提供每日访问统计功能，以日为单位统计访问量。

（3）提供总访问量统计功能。提供自网站开通来的所有访问量，主页刷新时计算访问量增加。

（4）提供网站资料分析功能。统计网站类型、访问者 IP、浏览器、操作系统、屏幕分析率、日报表、时段报表、每日访问量、当前排名、访问者来源分析、访问者 IP 地址分析、地域分析等。

（5）提供网站排行榜功能。提供对所有用户网站的一个综合排名，具有相当的决定作用。

（6）支持计数器样式定制，可设置计数器起始值、增长步数、要显示的计数器图片，支持超级管理员删除所有统计器。

3．客户信息分析

通过对公司的行业背景、建设情况、需求意向以及客户的所在部门、决策力、需求意向等详细信息的进行细化分析，可以迅速寻找到企业的客户源所具有的共性特征，挖掘到潜在客户群，优化企业的人力资源，更加有效地开拓新的市场，开拓新的销售渠道。

11.5.3 网上单证管理

1．网上单证格式

网上商店的单证是商家与用户之间交易的凭证，一个设计完美的单证体系既要做到让用户能体会到在本商店网上购物的方便性，也要让网上商店的管理者能够在进行对订单数据处理时保持准确性。下面是在进行网上单证设计时需要注意的地方和可以采用的技巧：

（1）尽力使客户在购物时感到方便。当一个消费者在某网上商店购物时感到麻烦或不顺利，下次他就不会再光顾，而且还会加以宣传，这一点对网上商店确实是最重要的和不可忽视的问题。网上商店的单证设计者必需要把自己放在顾客的立场上来测试你的设计，把那些可能阻碍用户成功购买的地方和问题列举出来，并一一加以解决。就像下面这些问题：

- 客户完成一次购买需要翻阅多少页面和完成多少次单击？
- 相对于第二次购买，客户最初需要填写多少信息？能减少一些吗？
- 客户能直接在主页上完成快速购买吗？
- 商店能确认用户的行为并为用户的购买行为及时提供清晰的、简明的反馈吗？

（2）使客户对商店产生强烈的第一印象。网上商店要尽可能使客户对本商店产生强烈的第一印象，这是商店与客户进行交流和说服他们开始购买和激发客户的购买欲的重点。从这方面来说，突出商店的商标是第一位也是最重要的事情。其次，一个很重要的问题是要为商店所经营的商品种类或门类提供一个清楚的、形象的名称和定义，并且在单证中或在导航条中加以应用。

（3）个性化和问候语。努力在单证的设计过程中寻找与客户建立一种非常和谐的亲密关系的方式，例如，可以在顾客作为一个购物者或成员注册后，在相关的单证中利用客户的信息为他们提供一些个人化的服务。比如使用客户的姓名信息在主页或不同部分的单证页面提供个性化的问候。

（4）在网上商店的单证中完全不需要一个长篇大论来说明如何使用单证和进行购买，客户希望依靠最少的说明，甚至在相关的单证中不需要说明就能完成快速购买，因为大多数客户将不会阅读长篇的说明，否则将会在一片迷惘中转身离开。

（5）提供可视化的线索和与购物车链接。对于有几个不同部分的商店，可以通过改变导航条或背景页的颜色，通过使用文本或图形提供不同的标题来实现，以此来创立一种不同位置的感觉是重要的。另外对于商品的细节提供得越多越好，而如果关于产品信息的网页很长，要确保在信息正文的顶部和底部都提供客户能随时购买或添加到购物篮和手推车的选项。

（6）在长列表中使用交替背景色，使单证中的长项目列表的可读性更好。还可以在每行或每项之间交替使用明亮的背景色。

（7）给客户一个暂时存放的地方。为客户在购物时设计提供一个购物篮或一个暂存货架，帮助顾客在正式购买前存放可考虑购买的商品。不要让顾客在一次购物中不止一次地填写冗长的付款、投递和其他表格。可以在商品级别上提供一个链接进行付款，另有一个链接在客户继续购买时可以添加商品到自己的购物手推车中。

2．单证流程设计

（1）网上单证的设计步骤：

①按照一般网上商店交易双方信息交互的需要时，列出所需的网上单证种类的名称，如客户注册单证、商品信息表、购物车等。

②列出各种单证的有关数据项并确定项名以及定义其数据类型和长度等。

③画出各种单证的表格样张。

④确定客户在填写单证时各数据项的特性，是必须的或是可选的。

（2）设计本商店网上单证的格式：

①列出各网上单证为方便客户所需要的提示语内容。

②确定本商店网上单证统一的风格，包括色彩、字体、字形等。

③确定各单证中的问候语和广告语的内容。

（3）设计本商店各网上单证功能和链接：

①确定各网上单证应出现在哪些相关网页及其具体位置。

②设计各网上单证之间的相互关系，包括数据调用和链接关系。

③设计各网上单证的有关功能，例如购物车中的商品的确认和删除等。

④设计对客户输入数据的核对功能。

（4）网上单证的实现：

①按照上面对商店各网上单证的设计内容定义相应的数据库格式。

②用选定的网页设计语言和工具实现上述各网上单证。

3．单证处理

网上商店的各种网上单证在实际运行中有不同的处理流程，单证的处理流程设计得是否流畅，对客户在本商店的购物和网上商店自己的后台处理均有很大的关系。下面以网上客户订单处理流程的设计方法为例，列出其设计步骤和方法如下：

① 调查本商店当前对网上订单的处理流程，在此基础上绘制出网上定单在前台和后台各处理阶段的流程图，并合成网上订单总的流程图；

② 根据网上订单的总流程图，调查现有网上订单在处理流程各节点的时间耗用；

③ 结合网上订单的流程图和处理节点，绘制出网上订单处理过程的网络结构图；

④ 流程处理改善遵循的基本原则包括并行处理、分批处理、交叉处理、删除不增值工序、减少等待、在瓶颈处添加额外资源等。利用上述流程改善并确定网上订单处理过程。

1）网上订单的后台处理

网络消费者在进行网上购物时将面对并填写一张又一张不同的网上单证，而最终的结果是要完成并提交成功一份有效的网上购物订单。相对地，网上商店也要对来自于客户填写的单证信息完成必要的并且是正确的处理流程，才能使一笔网上交易成功。

不同的网站对于网上商店的单证后台处理的流程是不同的，一般来说，网上订单的后台处理的过程主要包括以下五个部分：

（1）订单准备。

（2）订单传递。

（3）订单登录。

（4）按订单供货。

（5）订单处理状态追踪。

2）网上购物车的功能

伴随网络消费者在网上商店进行购物的是网上商店提供的购物车，商店最后按照客户购物车的信息确定客户的订单。因此，网上提供的购物车能完成的功能是否合理和完整对于客户订单的最后确定十分重要。

网上购物的购物车应该具备如下功能：

（1）自动跟踪并记录消费者在网上购物过程中所选择的商品，并在购物车中显示这些商品的清单，以及这些商品的一些简要信息如品名、编号、单价、数量等。

（2）允许购物者可以随时更新购物车中的商品，包括修改商品的数量或者删除某种已选择的商品等，同时所涉及的相关商品的信息也应该同步被修改。

（3）自动累计客户购物的总金额，并按消费者选择的送货方式和资金结算方式计算相应的服务费用，最后显示该客户本次消费的总金额。

（4）完成对数据的校验，确认并将订单存档，同时对数据库进行实时更新；完成和支付网关（Payment Gateway）接口的接通。

例如，作为一个网上电子商厦的购物车，由于整个电子商厦有几十上百家网上商店，这些商店共用网站提供的同一个电子购物车软件系统，而且每个网上商店又都有各自的结算方式和支付方式，因而购物车还要求能完成以下功能：

（1）根据不同的网上商店生成相应的订单，其中包括不同的支付方式、送货方式和规定的所购商品的送货区域等，具体表现为由若干张小订单构成一张的大订单。

（2）根据同一消费者在不同网上商店购买的商品，还要按不同商店的规定分别进行核算和支付。

（3）具有良好的扩展性和接口，以支持以后可能新开展的网上业务。

3）网上订单的实现

根据前面所分析的网上商店的购物车应该具有的功能，以及网上购物者的购物订单所应从购物车的功能需求定义出发，购物车软件应该由以下三个模块组成：

（1）购物车显示模块：该模块主要完成在浏览器端显示客户已在网上商店购买的商品基本信息，以及进行总价核算，并允许用户对购买的商品进行增加、删除商品种类，更改商品数量的操作。

（2）订单生成模块：本模块在完成对客户所选购的商品的数据进行校验的基础上，根据客户所购买的商品生成订单。

（3）确认和支付模块：一旦客户对自己所购商品订单的确认和支付完毕，就进行并完成该订单的存档，同时对数据库进行实时更新。

11.5.4 网络促销策划

网络促销是在 Internet 这个虚拟市场环境下进行的。作为一个连接世界各国的大网络，它聚集了全球的消费者，融合了多种生活和消费理念，显现出全新的无地域限制、无时间限制的电子时空观。在这个环境中，消费者的概念和消费行为都发生了很大的变化，他们普遍实行大范围的选择和理性的消费，许多消费者还直接参与生产和流通的循环。因此，网络营销者必须突破传统实体市场和物理时空观的局限性，采用虚拟市场全新的思维方法，调整自己的促销策略和实施方案。

1．网络促销的特点

网络促销突出地表现为以下三个明显的特点：

（1）网络促销是通过网络技术传递产品和服务的存在、性能、功效及特征等信息的。它是建立在现代计算机与通信技术基础之上的，并且随着计算机和网络技术的不断改进而改进。

（2）网络促销是在虚拟市场上进行的，这个虚拟市场就是互联网。互联网是一个媒体，是一个连接世界各国的大网络，它在虚拟的网络社会中聚集了广泛的人口，融合了多种文化。

（3）互联网虚拟市场的出现，将所有的企业，不论是大企业还是中小企业，都推向了一个世界统一的市场；传统的区域性市场的小圈子正在被一步步打破。

2．网络促销的作用

（1）网络促销可以把企业的产品、服务等相关信息传递给需要的客户。企业通过网络的方式，运用各种手段进行网络宣传，让客户充分了解，达到加深客户对企业相关产品的认识和认知。

（2）网络促销可以使企业更加方便地与客户进行沟通，通过网络客户可以充分反馈自己的信息，同时，通过网络搜集的大量信息，也可以迅速反应给企业各个部门。

（3）网民众多，网络世界是一个广泛的市场，企业通过网络进行促销，作用很大程度上比在现实当中大，并且成本较现实低，是一种可靠的手段。

（4）网络促销的说服作用更加强。广大的网民们每天浏览量相当可观，看到同一产品的广告次越增多，企业的说服力度也就越强，产生购买的欲望也就越强烈。

3．网络促销的方法

（1）打折促销。折价亦称打折、折扣，是目前网上最常用的一种促销方式。网上商品的价格一般都要比传统方式销售时要低，以吸引人们购买。由于网上销售商品不能给人全面、直观的印象、也不可试用、触摸等原因，再加上配送成本和付款方式的复杂性，造成网上购物和订货的积极性下降。而幅度比较大的折扣可以促使消费者进行网上购物的尝试并做出购买决定。目前大部分网上销售商品都有不同程度的价格折扣。

（2）赠品促销。赠品促销目前在网上的应用不算太多，一般情况下，在新产品推出试用、产品更新、对抗竞争品牌、开辟新市场情况下利用赠品促销可以达到比较好的促销效果。赠品促销的优点：可以提升品牌和网站的知名度；鼓励人们经常访问网站以获得更多的优惠信息；能根据消费者索取赠品的热情程度而总结分析营销效果和产品本身的反应情况等。

（3）积分促销。积分促销在网络上的应用比起传统营销方式要简单和易操作。网上积分活动很容易通过编程和数据库等来实现，并且结果可信度很高，操作起来相对较为简便。积分促销一般设置价值较高的奖品，消费者通过多次购买或多次参加某项活动来增加积分以获得奖品。积分促销可以增加上网者访问网站和参加某项活动的次数；可以增加上网者对网站的忠诚度；可以提高活动的知名度等。

（4）抽奖促销。抽奖促销是网上应用较广泛的促销形式之一，是大部分网站乐意采用的促销方式。抽奖促销是以一个人或数人获得超出参加活动成本的奖品为手段进行商品或服务的促销，网上抽奖活动主要附加于调查、产品销售、扩大用户群、庆典、推广某项活动等。消费者或访问者通过填写问卷、注册、购买产品或参加网上活动等方式获得抽奖机会。

（5）联合促销。如果你的网站或网店与别家的，在产品有些互补性，可以联合一起做一下促销，对扩大双方的网络销售都是很有好处。

（6）节日促销。在节日期间网络促销，也是大家常用的方法，节日促销时应注意与促销的节日关联，这样才可以更好的吸引用户的关注，提高转化。

（7）纪念日促销。如果遇到了建站周年，或访问量突破多少大关，成为第多少个用户，成交额突破多少额大关，可以利用这些纪念日可以展开网络促销。

(8) 优惠券促销。在网友购买时，每消费一定数额或次数，给用户给优惠券，会促使用户下一次来你这里消费，当然也达到了网络促销的目的。

(9) 限时限量促销。限时限量促销在大超市中，大家也可以常见到的，在网络促销中也可以用得上，现在，在超市中已不让使用了，因为担心出现踩踏，在网络上这种事故是不会出现的。

4．网络促销的实施

根据国内外网络促销的大量实践，网络促销的实施程序可以由六个方面组成。

(1) 确定网络促销对象。网络促销对象是针对可能在网络虚拟市场上产生购买行为的消费者群体提出来的。随着网络的迅速普及，这一群体也在不断膨胀。这一群体主要包括三部分人员：产品的使用者、产品购买的决策者、产品购买的影响者。

(2) 设计网络促销内容。网络促销的最终目标是希望引起购买。这个最终目标是要通过设计具体的信息内容来实现的。消费者的购买过程是一个复杂的、多阶段的过程，促销内容应当根据购买者目前所处的购买决策过程的不同阶段和产品所处的寿命周期的不同阶段来决定。

(3) 决定网络促销组合方式。网络促销活动主要通过网络广告促销和网络站点促销两种促销方法展开。但由于企业的产品种类不同，销售对象不同，促销方法与产品种类和销售对象之间将会产生多种网络促销的组合方式。企业应当根据网络广告促销和网络站点促销两种方法各自的特点和优势，以及自己产品的市场情况和顾客情况，扬长避短，合理组合，以达到最佳的促销效果。网络广告促销主要实施"推战略"，其主要功能是将企业的产品推向市场，获得广大消费者的认可。网络站点促销主要实施"拉战略"，其主要功能是将顾客牢牢地吸引过来，保持稳定的市场份额。

(4) 制定网络促销预算方案。在网络促销实施过程中，使企业感到最困难的是预算方案的制定。在互联网上促销，对于任何人来说都是一个新问题。所有的价格、条件都需要在实践中不断学习、比较和体会，不断总结经验。只有这样，才可能用有限的精力和有限的资金收到尽可能好的效果，做到事半功倍。

首先，必须明确网上促销的方法及组合的办法。其次，需要确定网络促销的目标。第三，需要明确希望影响的是哪个群体，哪个阶层，是国外的还是国内的？

(5) 衡量网络促销效果。网络促销的实施过程到了这一阶段，必须对已经执行的促销内容进行评价，衡量一下促销的实际效果是否达到了预期的促销目标。

(6) 加强网络促销过程的综合管理。

本章小结

一个好的电子商务系统，不仅仅是制作完美的网页就可以的；由于企业的情况在不断地变化，系统的内容也需要随之调整，只有给人常新的感觉，系统才会更加吸引访问者。若要给访问者很好的印象，就要求我们对电子商务系统进行长期的不间断的维护和更新。特别是在企业推出了新产品，或者有了新的服务内容等大的动作或变更的时候，应把企业的现有状况及时地在系统上反映出来，以便让客户和合作伙伴及时了解新的详细状况，系统也可以及时得到相应的反馈信息，以便做出合理的处理。因此，在系统建成后，对系统的日常运行、管理、维护和推广显得额外重要，只有注意这些方面的实施，该电子商务系统才会有生命力，才会称之为成功的电子商务系统。本章还介绍了电子商务系统投入运行之后的维护，主要介绍了系统维护的主要工作；维护与更新的策略和实施，系统的改进建议，信息安全分析；电子商务系统运行的商务信息处理；电子商务系统的评价等内容。

参考文献

[1] 刘军，董宝田. 电子商务系统的分析与设计[M]. 北京：高等教育出版社，2010.
[2] 王曰芬，丁晟春. 电子商务网站设计与管理[M]. 北京：北京大学出版社，2012.
[3] 张凯. 电子商务系统的分析与设计[M]. 北京：电子工业出版社，2014.
[4] 电子商务索引网：http://www.chinaec-index.com/.
[5] 电子商务研究网：http://www.dzsw.org.
[6] 李建忠. 电子商务运营管理[M]. 北京：机械工业出版社，2014.
[7] 刘军，刘震宇. 电子商务系统建设与管理[M]. 北京：电子工业出版社，2011.
[8] 李挣. 电子商务网站规划、建设与管理[M]. 北京：电子工业出版社，2009.

第 12 章　电子商务项目控制与优化

12.1　电子商务项目

12.1.1　电子商务项目管理

1．电子商务项目定义

项目就是指一系列独特的、复杂的并相互关联的活动，这些活动有着一个明确的目标或目的，必须在特定的时间、预算、资源限定内，依据规范完成。项目参数包括项目范围、质量、成本、时间及资源。项目可以说没有一个统一定义。人们从不同的角度给出了不同的定义，许多项目管理组织对项目就有各自的定义。

电子商务项目是一个企业或组织为实现自己既定（电子商务平台的实现等）的目标，在一定的时间、人员和资源约束条件下，所开展的一种具有一定独特性的一次性工作，项目的目标就是满足客户、管理层和供应商在时间、费用和性能（质量）上的不同要求。电子商务项目管理是项目管理的一个细分，具有项目管理流程。

根据项目管理研究中心（Project Management Institute，PMI），项目管理流程有五个阶段：启动、规划、执行、控制和结束。项目是创造独特产品，提供独特服务，达到独特结果的临时性工作（A temporary endeavor undertaken to create a unique product, service or result）。从定义看项目内涵，一是一次性，即项目是一个特定的、不可逆的过程，且与时间紧密相关，具有明确的开始和结束时间；二是特定性，指任何项目都具有自身特定的目标，也都具有特定的限制条件，同时项目总以一些显著的方式区别于其他任何类似的产品或服务，不存在两个完全相同的项目。项目目标的实现往往具有难度和复杂度，需要涉及团结的协调和共同努力。

以电子商务平台建设项目为例，由于参与项目开发和管理的技术方、管理方和商户等关注的目标、建设成本和周期以及利益不同，必须进行项目管理，对项目建设过程进行协调和控制，以保证项目的顺利实施。因此，电子商务项目管理是为完成企业电子商务项目目标，而进行的规划、组织及控制优化等。

2．电子商务项目的特性

电子商务项目管理是项目管理在信息技术领域的应用，由于信息技术行业的特点，电子商务项目管理除了具有项目管理普遍特性外，它的行业特性还使它具有以下特点：

（1）任务的明确性：项目分为产品项目和应用项目，但无论是产品项目还是应用项目都是有明确的开始和结束时间的，项目启动时，就明确了项目的目标和时限，项目开发计划 SDP（Software Developing Plan）编制，明确了项目各阶段里程碑及人员和时间要求，开发计划作为项目开发进程的指南。

（2）管理工具的先进性：计算机的普遍应用和从业人员技术水平和综合素质高是电子商务行业的特性之一，而电子商务系统开发又是以团队协作为主要方式，所以管理工具的应用是必然的。信息技术的更新也同时加速了管理工具的更新，因此电子商务项目管理工具的先进性对于项目的成功与否起着不可替代的作用。

（3）信息沟通的及时性：现代通信技术和计算机网络的应用在电子商务项目开发中充当着重要的角色，项目周报、日报以及项目各种信息的正确传递，由于行业特色，项目参与人可以实时进行 E-mail 收发，保证了信息沟通的及时和准确性。

（4）资源提供的必要性：制造行业生产线设备的先进性决定产品生产过程的质量和产品产量，软件开发不同于生产制造业，软件行业中决定软件产品质量的主体是人，人是决定这一切的决定性因素，同时人又是最不可控的因素，所以高素质、掌握相应技术的人是软件开发的重要资源。软件开发的主要工具是计算机，最先进的技术实现也要依靠较先进的计算机设备。为保证团队开发的安全和可控性，文件服务器是必须配置的。网络环境的安全及速度也是软件开发的必要保障之一。必要的生产工具还包括开发所需的、从第三方采购的软件产品，如系统软件、数据库、开发语言工具等。

（5）测试的完善和严谨性：要保证软件产品的质量，测试是必不可少的过程。而测试的完整和全面性决定了产品的质量、成本和进度，只有通过测试及时发现和修改问题，才能最终保证开发出合格的软件产品。

（6）度量的准确性：电子商务项目度量指标主要包括人时数的度量、BUG 的度量、成本的度量。合理的开发人月数估算不仅是项目开发计划制定的依据，同时也是对项目合同的评审依据。BUG 数更多地提供过程改进及人员评价的依据。成本的度量可测定团队的开发能力及财务角度评价项目的质量及可行度。

电子商务项目的开始到结束会有若干个阶段，如项目的启动、计划、执行和收尾等。一般项目还有一个或更多的关键时间或"里程碑"，因此从项目开始日期到结束日期的这一时期通常被称为项目的生命周期。

12.1.2 电子商务项目管理的内容

电子商务项目管理是为了使项目能够按照预定的成本、进度、质量顺利完成，而对成本、人员、进度、质量、风险等进行分析和管理的活动。

1. 电子商务项目管理的过程

为保证电子商务项目获得成功，必须清楚其工作范围、要完成的任务、需要的资源、需要的工作量、进度的安排、可能遇到的风险等。电子商务项目的管理工作在技术开始之前就应开始，而在电子商务从概念到实现的过程中继续进行。管理过程分为如下几个步骤。

（1）制订项目计划电子商务项目一旦启动，就必须制订项目计划。计划的制订以下面的活动为依据。主要包括：估算项目所需的工作量、估算项目所需的资源、根据工作量制订进度计划及分配资源、做出配置管理计划、做出风险管理计划、做出质量保证计划等。

（2）跟踪及控制项目计划在电子商务项目进行过程中，严格遵守项目计划。对一些不可避免的变更，要进行控制和调整，但要保证项目计划的完整性和一致性。

（3）评审项目计划对项目计划的完成程度进行评审，并对执行情况进行评价。

（4）编写管理文档检查项目完成的结果和中间记录文档，并把所有的结果记录下来形成文档保存。

2．电子商务项目管理的内容

传统的项目和项目管理的概念，其主要起源于建筑行业。电子商务系统的建设，更多表现为软件项目的开发，因此电子商务项目是以软件为产品的项目。

电子商务项目管理是项目管理在信息通讯技术领域的应用，结合电子商务行业特点运用项目管理技术、理念和方法，包括9大知识领域（范围管理、时间管理、成本管理、质量管理、人力资源管理、沟通管理、采购管理、风险管理和集成管理）以及启动、计划、实施、控制和收尾等过程组成。

（1）项目范围管理。是为了实现项目的目标，对项目的工作内容进行控制的管理过程。它包括范围的界定、范围的规划、范围的调整等。

（2）项目时间管理。是为了确保项目最终的按时完成的一系列管理过程。它包括具体活动界定、活动排序、时间估计、进度安排及时间控制等项工作。

（3）项目成本管理。是为了保证完成项目的实际成本、费用不超过预算成本、费用的管理过程。它包括资源的配置，成本、费用的预算以及费用的控制等项工作。

（4）项目质量管理。是为了确保项目达到客户所规定的质量要求所实施的一系列管理过程。它包括质量规划，质量控制和质量保证等。

（5）人力资源管理。是为了保证所有项目关系人的能力和积极性都得到最有效的发挥和利用所做的一系列管理措施。它包括组织的规划、团队的建设、人员的选聘和项目的班子建设等一系列工作。

（6）项目沟通管理。是为了确保项目的信息的合理收集和传输所需要实施的一系列措施，它包括沟通规划、信息传输和进度报告等。

（7）项目风险管理。涉及项目可能遇到的各种不确定因素。它包括风险识别、风险量化，制订对策和风险控制等。

（8）项目采购管理。是为了从项目实施组织之外获得所需资源或服务所采取的一系列管理措施。它包括采购计划、采购与征购、资源的选择以及合同的管理等项目工作。

（9）项目集成管理。是指为确保项目各项工作能够有机地协调和配合所展开的综合性和全局性的项目管理工作和过程。它包括项目集成计划的制订，项目集成计划的实施、项目变动的总体控制等。

随着全球性竞争的日益加剧，项目活动日益扩大和更为复杂，项目数量的急剧增加，项目团队规模的不断扩大，项目相关利益者的冲突不断增加，降低项目成本的压力不断上升等，这些都促进了现代项目管理及技术的研究和发展，结合现代计算机和网络技术，现代项目管理的方法、能力和效率也有了很大提高，现代项目管理也逐渐形成了自己的理论和方法体系。

12.1.3 电子商务项目计划的制定

电子商务项目可以是一个单独的开发项目，也可以与产品项目组成一个完整的电子商务产品项目。如果是订单开发，则成立电子商务项目组即可；如果是产品开发，需成立电子商务项目组和产品项目（负责市场调研和销售），组成电子商务产品项目组。公司实行项目管理时，首先要成立项目管理委员会，项目管理委员会下设项目管理小组、项目评审小组和电子商务产品项目组。

1. 项目管理委员会

项目管理委员会是公司项目管理的最高决策机构，一般由公司总经理、副总经理组成。主要职责如下：

（1）依照项目管理相关制度，管理项目。
（2）监督项目管理相关制度的执行。
（3）对项目立项、项目撤销进行决策。
（4）任命项目管理小组组长、项目评审委员会主任、项目组组长。

2. 项目管理小组

项目管理小组对项目管理委员会负责，一般由公司管理人员组成。主要职责如下：

（1）草拟项目管理的各项制度。
（2）组织项目阶段评审。
（3）保存项目过程中的相关文件和数据。
（4）为优化项目管理提出建议。

3. 项目评审小组

项目评审小组对项目管理委员会负责，可下设开发评审小组和产品评审小组，一般由公司技术专家和市场专家组成。主要职责如下：

（1）对项目可行性报告进行评审。
（2）对市场计划和阶段报告进行评审。
（3）对开发计划和阶段报告进行评审。
（4）项目结束时，对项目总结报告进行评审。

4. 电子商务项目组

电子商务项目组对项目管理委员会负责，可下设电子商务项目组和产品项目组。电子商务项目组和产品项目组分别设开发经理和产品经理。成员一般由公司技术人员和市场人员构成。主要职责是：根据项目管理委员会的安排具体负责项目的电子商务开发和市场调研及销售工作。

5．电子商务项目计划书的编写

项目组成立后的第一件事是编写《电子商务项目计划书》，在计划书中描述开发日程安排、资源需求、项目管理等各项情况的大体内容。计划书主要向公司各相关人员发放，使他们大体了解该电子商务项目的情况。对于计划书的每个内容，都应有相应具体实施手册，这些手册是供项目组相关成员使用的。

12.2　电子商务项目进度计划与控制

12.2.1　项目计划及控制概述

古人说"凡事预则立，不预则废"。计划过程就是将项目的设想具体化并形成计划文件的过程。项目计划是项目管理的龙头，是项目管理活动的首要环节，抓住这个首要环节，就可以提挈全局。任何项目管理都是从制订项目计划开始，它是有效协调并推动项目工作顺利进行的重要工具。项目的控制是项目管理中最为实质性的环节，没有项目的控制，项目管理的所有环节都将失去意义，在项目管理过程中实行有效的项目控制，是实现过程目标和最终目标的前提和关键。

1．电子商务项目计划

在管理学中，计划具有两重含义，一是计划工作，分析内外部环境和条件，根据既定目标，确定行动方案和途径，分配相关资源，是综合管理过程。二是计划形式，指用文字和指标等形式表述管理事件、进行分析和评价、评估和预测，最终形成一个计划文件，并以此作为组织实施工作的基础。任何计划都是为了解决三个问题：一是确定组织目标，二是确定为达成目标的行动时序和方案，三是确定行动所需的资源及比例。

具体的项目计划可分为概念性计划、详细计划、滚动计划三种形式。概念性计划通常称为自上而下的计划，任务是分解项目，确定初步的工作分解结构，描绘工作分解结构（Work Breakdown Structure，WBS）图，再根据图中的任务进行估计，汇总出最高层的项目计划。项目的概念性计划规定了项目的战略导向和战略重点。详细计划通常称为由下而上的计划，任务是制定详细的工作分解结构图（WBS），该图需要详细到为实现项目目标必须做的每一项具体任务，然后由下而上再汇总估计，成为详细项目计划。项目的详细计划提供了项目的详细范围。滚动计划意味着用滚动的方法对可预见的将来逐步制定详细计划，随着项目的推进，分阶段地重估自上而下计划制订过程中所确定的进度和预算。每次进行重新评估时，对最后限定时间和费用的预测会更接近实际，最终为项目的剩余部分准备由下而上的详细计划，保障项目按照目标实施完成。

一个完整的项目计划通常需要明确具体任务分工、执行人、时间预算、费用预算和预期成果。一般应包含五个基本问题：项目做什么、如何做、谁去做、何时做以及花费多少。

（1）做什么（What）。明确项目要实现什么样的目标、项目最终交付的成果。

（2）如何做（How）。为完成项目目标，需要做哪些事，并应用一定的方法项目任务进行分解一些具体工作任务并列举描述出来。

（3）谁去做（Who）。将分解后的工作任务安排何人在何时去完成。

（4）何时做（When）。每一项工作在何时实施，需多长时间完成等，即确定为实现目标的行动时序。

（5）花费多少（How much）。实施这一项目总目标需要多少经费，并将经费总额分解到每一具体工作包上。

项目计划的描述内容十分广泛，通常包括以下几个方面的主要内容：

（1）项目概述。包括项目名称、项目的基本情况、项目范围说明书、项目可交付的成果和相关重要资料等。

（2）项目组织情况描述。包括组织结构图、任务分工表或责任分配表。

（3）项目任务的描述。一般要通过 WBS 将项目工作分解成一些工作包，制定一个工作说明来描述工作的细节内容。同时，将项目产生出的主要产品列举出来，并说明对每一个可交付成果的质量要求。

（4）项目进度计划。根据实际条件和合同要求，将项目的总工期目标分解，确定项目结构各层次单元的持续时间，按照合理的顺序所安排的实施日程。进度计划也是物资、技术资源供应计划编制的依据。如果进度计划不合理，将导致人力、物力使用的不均衡，影响经济效益。

（5）项目费用计划。包括资源计划、费用估算、费用预算。资源计划就是要决定在每一项工作中用什么样的资源以及在各个阶段用多少资源。资源计划必然和费用估计联系在一起，是费用估计的基础。费用估计指的是完成项目各工作所需资源（人、材料、设备等）的费用近似值。费用预算是给每一个独立工作分配全部费用，以获得度量项目执行的费用基线。

（6）项目质量计划。确定项目应该达到的质量标准和如何达到这些质量标准的工作计划与安排。质量计划应针对具体项目的要求，以及应重点控制的环节所编制的对设计、采购、项目实施、检验等质量环节的质量控制方案。

（7）项目沟通计划。确定利益关系者的信息交流和沟通的要求。

（8）项目风险应对计划。项目管理者通过风险辨识得出项目面临的主要风险源，再根据各风险的评估结果进行排序，分别针对各类风险制定不同的应对计划，指出在这些风险出现的情况下如何应对，并制定具体的应急方案。风险应对措施包括风险回避、风险转移、风险自留和风险控制等。

（9）项目采购计划。包括所需设备和资源的名称及数量清单。应写清项目所需要的仪器设备、物资材料名称、型号、品牌、价格范围和数量；设备和物资必需的设计、制造、验收和运输等时间；设备和物资的进货来源。

（10）项目变更控制计划。由于项目的一次性特点，在项目实施过程中，计划与实际不符的情况是经常发生的。有效处理项目变更有助于项目控制，同时过于频繁的变更会给管理上带来混乱，所以应该制定变更控制计划，以使项目变更正常化、程序化。变更控制计划主要是规定处理变更的步骤、程序，确定变更行动的准则。

项目计划一般按照任务书或合同规定的工作范围、工作责任确定。项目计划的各种基础资料和计划的结果应形成文件，以便沟通，且具有可追溯性。项目计划应采用适应不同用户需要的统一的标准化的表达方式，如报告、图、表的形式。

项目计划作为项目管理的重要阶段，在项目中起承上启下的作用，因此在制定项目计划的过程中要按照项目总目标、总计划进行详细分解并确定详细计划，计划文件经批准后就应作为项目的工作指南。

2. 电子商务目管理过程失控

所谓项目失控，是指电子商务项目在进行时遇到困难，导致大大超出可控制的范围。项目失控意味着项目变得无法管理，从而无法达到最初制定的目标，甚至无法接近目标。我们可以从时间、费用及功能性需求上对失控进行量化，一般认为，电子商务矢控项目是显著未能实现目标或至少超出预算 30%的项目。

电子商务项目失控的原因有多种。主要表现一下几个方面：

（1）需求不明确。人们往往认为改变电子商务比改变硬件容易，因此需求一变再变，大多数改变了的需求在软件中体现了出来，而这正是产生电子商务缺陷的一个重要原因。一方面，需求方缺乏电子商务知识，不能清楚准确地描述需求，因而，不断地提出和更改需求；另一方面，实现方由于缺乏行业知识，不能完全理解客户的需求说明，又没有加以严格的调研和确认。具体说，有以下几种情况。

- 需求过多。大型项目比小型项目更容易失控。
- 需求不稳定。用户无法决定他们真正想解决的问题。
- 需求模棱两可。不能确定需求的真实含义。
- 需求不完整。没有足够的信息来创建系统。

（2）不充分的计划和过于乐观的估算。开发计划不充分主要反映在以下几个方面。

- 工作责任范围不明确，工作分解结构（WBS）与项目组织结构不明确或者不相对应，各成员之间的接口不明确，导致有些工作无人负责。
- 每个开发阶段的提交结果定义不明确，中间结果是否已完成、完成了多少模糊不清，以致项目后期堆积了大量的工作。
- 开发计划没有制定里程碑或检查点，也没有规定设计评审期。
- 开发计划没有规定进度管理方法和职责，导致无法正常进行进度管理。

- 过于乐观的估算。电子商务系统开发的工作量估算是一项很重要的工作，必须综合开发的阶段、人员的生产率、工作的复杂程度、历史经验等因素，将定性的内容定量化。对工作量的重要性认识不足是最常见的。再者，电子商务开发经常会出现一些平时不可见的工作量，如人员的培训时间、各个开发阶段的评审时间等，经验不足的项目经理常常会遗漏。

(3) 采用新技术。有些时候，作为解决电子商务问题的手段而受到青睐的新技术，常常会成为导致问题的原因。表现在如下几点。
- 技术无法扩展。所有新技术都有局限性。
- 新技术不适用于试图解决的问题。

(4) 管理方法缺乏或不恰当。管理在电子商务项目中是一个极为重要的概念，正确的管理可以避免很多技术障碍，改进计划或者稳定需求。

(5) 性能问题。开发出的系统无法快速的运行以便及时地满足用户的需求。

(6) 团队组织不当。一方面，表现为项目组过小，另一方面，团队缺少资深的人员。

(7) 人际因素。开发商和客户、项目管理者和开发人员、销售人员和技术人员之间的人际关系的处理不当也是造成项目失控的重要原因。

3. 电子商务项目控制

对于项目管理来说，当目标确定且项目计划文件形成后，组织项目的实施是管理的又一关键阶段。在项目实施过程中要随时协调解决各类问题、约束和冲突问题，还要连续地跟踪项目进展状况，针对项目管理过程中的失控原因，要与计划比较，发现偏差、分析原因、及时纠偏，这就是项目控制。

项目控制是为了保证项目按预期目标运行，对项目实施状况和实施结果进行连续的跟踪观测，并将观测结果与预期目标加以比较，及时分析问题原因并加以纠正的过程。由于项目处于复杂的社会经济环境之中，项目的实施会不可避免地受到各种因素的影响。这种影响导致了任何一个项目在实施之前，项目经理和项目团队成员都不可能完全预见项目执行过程中的所有情况。项目实施过程中，尽管确定了明确的项目目标，并制定了尽可能周密的项目计划，包括进度计划、成本计划和质量计划等，仍需要对项目计划的执行情况进行严密的监控，以尽可能地保证项目按基准计划执行，最大程度减少计划变更，使项目达到预期的进度、成本及质量目标。

12.2.2 项目进度计划与工具

1. 项目进度计划

项目实施过程中所涉及的进度、费用与质量是项目实施的三项关键内容，它们之间在项目实施过程中存在一个相互协调、相互制约、相互适应的问题。因此，项目的进度管理、费用管理、质量管理及其相互间的有机关系就构成了项目的三坐标管理体系。项目的进度管理可分为项目进度计划的编制和控制两个环节，两个环节相互依存，不可偏废。

项目进度计划编制一般分为项目描述、项目分解、工作描述、工作责任分配表制定、工作先后关系确定、工作时间估计、绘制网络图和进度安排几个方面。

项目描述一般是用表格的形式列出项目目标、范围、执行方式和项目完成计划等内容，是对项目总体要求作一个概要性的说明，其依据是项目的立项规划书、已经通过的初步设计方案和批准后的可行性报告。

项目分解就是把复杂项目逐步分解成一层一层的要素（工作），直到具体明确项目所包含的各项工作，项目分解是编制进度计划和进行进度控制的基础。在项目分解的基础上，为了更明确地描述项目包含的各项工作的具体内容和要求，需要对工作进行描述，便于在实施过程中更清晰地领会各项工作的内容。

工作责任分配表就是以工作责任分配矩阵（表）的形式，表明项目的每一项工作的责任者和责任单位，便于项目管理部门在项目实施过程中的管理协调，工作责任分配以工作分解结构图表和项目组织结构图表为依据，工作责任分配的结果形成工作责任分配矩阵（表）。

任何工作的执行必须依赖于一定工作的完成，也就是说它的执行必须在某些工作完成之后才能执行，这就是工作的先后依赖关系。工作的先后依赖关系有两种：一种是工作之间本身存在的、无法改变的逻辑关系；另一种是人为组织确定的，两项工作可先可后的组织关系。如生产和设计的关系就是逻辑关系，生产 A 产品和生产 B 产品就是组织关系。确定工作先后关系的原则是从逻辑关系到组织关系，工作相互关系确定的最终结果是要得到一张描述项目各工作相互关系的项目网络图，将各项工作的详细关系和工作所需时间估计可以列表表示或在网络图中表示。

项目进度计划的控制可分为作业控制和进度控制。作业控制的内容是指采取一定的措施，保证每一项作业按计划完成或按调整后的计划完成，必要时应重新安排有缺陷的作业，以保证不影响整个项目的运作。进度控制是指按照不同管理层次（如项目总进度控制、项目主进度控制，项目详细进度控制）对进度控制的要求，严格监控项目实施进程，分析影响项目进度的关键因素，及时进行合理有效的调整，保障项目按照进度如期完成。

2．项目进度计划工具

在项目管理中，用于编制项目进度计划及进行控制的方法有许多，常用的方法有 WBS、甘特图与网络计划技术等，在编制或描述项目进度计划时，可以根据需要采取多种方法。如工作分解结构，即将项目按照其内在结构或实施过程的顺序进行逐层分解，并用图或表的形式描述出来。如甘特图，用横向表示时间进度，纵向表示项目中的一系列工作，每件工作从开始到结束的持续过程用横道表示。如网络计划技术，即用网络技术对任务的工作进度进行安排和控制，通过在网络图上加注工作时间参数，描述并控制项目进度计划，以保证实现预定目标。在项目进度计划的工具中，基础工具是工作分解结构（Work Breakdown Structure，WBS）图（表）。

3. 工作分解结构图

工作分解结构图是将项目按照其内在结构或实施过程的顺序进行逐层分解而形成的结构示意图。它可以将项目分解到相对独立的、内容单一的、易于成本核算与检查的工作单元，并能把各工作单元在项目中的地位与构成直观地表示出来。

WBS 跟因数分解类似，依据一定的原则将项目分解成任务，任务再分解成一项项工作，再把一项项工作分配到每个人的日常活动中，直到分解不下去为止。工作分解结构以可交付成果为导向对项目要素进行分组，它归纳和定义了项目的整个工作范围，每下降一层代表对项目工作的更详细定义。

WBS 具有四个主要用途：一是一个描述思路的规划和设计工具，它帮助项目经理和项目团队确定和有效地管理项目的工作。二是一个清晰地表示各项目工作之间的相互联系的结构设计工具。三是一个展现项目全貌，详细说明为完成项目所必须完成的各项工作的计划工具。四是 WBS 定义了里程碑事件，可以向高级管理层和客户报告项目完成情况，作为项目状况的报告工具。

工作任务分解的原则，一是将主体目标逐步细化分解，直至最底层的日常活动可直接分派到个人去完成；二是每个任务原则上要求分解到不能再细分为止；三是日常活动要对应到人、时间和资金投入。WBS 总是处于计划过程的中心，也是制定进度计划、资源需求、成本预算、风险管理计划和采购计划等的重要基础。WBS 同时也是控制项目变更的重要基础。

WBS 图是项目所包含的全部活动的一张清单，也是进行进度计划、资源分配、费用预算的基础，是一种在项目全范围内分解和定义任务层次工作包的方法，WBS 是按照项目发展的规律、依据一定的原则和规定进行系统化的、相互关联和协调的层次分解。结构层次越往下层，则项目组成部分的定义越详细，WBS 最后构成层次清晰，可以具体作为组织项目实施的工作依据。

WBS 的分解可以采用多种方式进行，包括按产品的物理结构分解、按产品或项目的功能分解、按照实施过程分解、按照项目的地域分布分解、按照项目的各个目标分解、按部门分解或按职能分解等。WBS 图的层次根据项目复杂程度、规模大小各不相同，从而形成了 WBS 图的不同层次。WBS 表示方式一般有图或表两种方式。通常是一种如图 12-1 所示的树型图，其最底层是细化后的"可交付成果"，该树确定了项目的整个范围。

创建 WBS 时需要满足以下几点基本要求：

（1）某项任务应该在 WBS 中的一个地方且只应该在 WBS 中的一个地方出现，WBS 中某项任务的内容是其下所有 WBS 项的总和。

（2）一个 WBS 项只能有一个责任人，但可以有多个参与者。

（3）WBS 必须与实际工作中的执行方式一致，以确保 WBS 的一致性。

（4）每个 WBS 项都必须文档化，以确保准确理解已包括和未包括的工作范围。

（5）WBS 必须能适应无法避免的工作变更的需要。

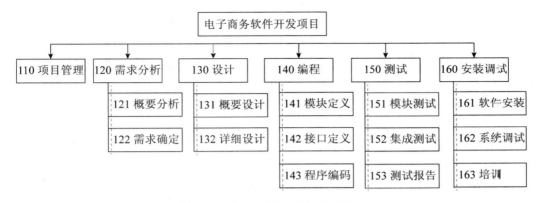

图 12-1 电子商务开发项目 WBS 图

创建 WBS 的过程是：
（1）得到范围说明书或工作说明书，集体讨论项目工作，确定项目工作分解的方式。
（2）画出 WBS 的层次结构图或表。WBS 较高层次上的一些工作可以定义为子项目。
（3）将主要项目可交付成果细分为更小的、易于管理的组分或工作包。工作包必须详细到可以对该工作包进行估算（成本和历时）、安排进度、做出预算、分配负责人员或组织单位。
（4）验证任务分解的正确性。如果发现较低层次的项没有必要，则修改组成成分。
（5）如果有必要，可以建立一个编号系统。
（6）随着其他计划活动的进行，不断地对 WBS 更新或修正，直到覆盖所有工作。

在完成任务分解后，应检验 WBS 是否定义完全、项目的所有任务是否都被完全分解。例如，是否每个任务的状态和完成情况是独立的且可以量化的；是否明确定义了每个任务的开始和结束，且都有一个可交付成果；工期、成本是否易于估算且在可接受期限内等。

一个好的任务分解应该体现的特征是：分解后的活动结构清晰，从树根到树叶，一目了然；逻辑上形成一个大的活动，集成了所有的关键因素包含临时的里程碑和监控点，所有活动全部定义清楚，细化到人、时间和资金投入。日常管理项目时，只有将任务分解得足够细致明了，才能统筹全局，安排人力和财力资源，把握项目的进度。

创建 WBS 的过程非常重要，因为在项目分解过程中，项目经理、项目成员和所有参与项目的职能经理都必须考虑该项目的所有方面。

一般来说，良好的项目管理具有下列几个原则：一是通过实施的结构化分解来进行管理；二是关注结果，实现什么，而不是怎样实现；三是通过工作分解结构，技术和人员、系统和组织之间可以平衡结果；四是在项目涉及的所有部门之间，通过定义角色、责任和工作关系来建立一个契约；五是采用一个简明的报告结构。使用工作分解结构可以满足有效项目管理的五个原则中的前三个，而避免了计划的误区——即只在一个详细的层次上定义工作。以一个结构化的方式来定义工作可以保证得到更好的结果。通过可交付成果来进行工作定义，在项目向前进行时，只有那些对生产设施有必要的工作才做，因此计划也变得更加固定。在环境不断变化的情况下，项目所需的工作可能发生变化，但不管怎么变化，一定要对最终结果的产生有益。

项目经理在规划和控制其工程项目的过程中，工作分解结构是非常有用的工具。编制完整的 WBS 确定了工程项目的总目标，并确定了各项单独的工作（部分）与整个项目（整体）的关系。工作分解结构便于找到控制的最佳层次。我们在较低层次上进行控制可能意味着在控制上所花的时间要比完成工作所需的时间更多，而在较高层次上进行控制则意味着有些重要情况在我们不经意时会溜走。通过 WBS，我们可以找到控制的最佳层次。一般情况下，控制活动的长短应该与控制会议召开的频度相一致。

在现代大型复杂项目中，一般要涉及大量的资源，涉及许多公司、供应商、承包人等，这些大项目涉及巨资并历时若干年，因此项目开始进行时设想的项目环境会随着项目的进展而发生很大的变化，这就要求所有的有关集团要有一个共同的信息基础，一种各有关集团或用户从项目一开始到最后完成都能用来沟通信息的工具，而一个设计恰当的工作分解结构将能够使得这些集团或用户有一个较精确的信息沟通连接器，成为一种相互交流的共同基础。

12.2.3 项目控制方法

1. 甘特图

甘特图（Gantt 图）是第一次世界大战期间由美国亨利·甘特开发的，也称作线条图或横道图。图 12-2 是某项目的甘特图，图中，横向表示时间进度，纵向表示项目中的一系列工作，每件工作从开始到结束的持续过程用横道表示。用甘特图表示项目计划，简单、明了、直观，易于编制，因此在中小项目中得到广泛应用。即使在大型工程项目中，它也是高级管理层了解全局、基层安排进度时的有用工具。

甘特图可用来安排项目中各项工作的进度，同时还能和各项资源在不同阶段的需求数量结合，有利于对项目管理过程进行有效的控制，当项目中某些工作进度安排有机动时间时，可以利用机动时间安排工作的实施进度，使项目对资源的集中需求尽可能分散，得到合理利用。例如，某项目的任务如表 12-1 所示，其甘特图如图 12-2 所示。

表 12-1 项目任务分解表

工 作 名 称	持 续 时 间	紧 前 工 作
A	8	
B	3	A
C	7	A
D	3	A
E	8	A
F	8	B，C
G	4	D，E
H	6	F，G

ID	任务名称	2012年10月 1 2 3 4 5 6 7 8 9 10 11 12 13 14 15 16 17 18 19 20 21 22 23 24 25 26 27 28 29 30
1	A	████████████
2	B	███
3	C	█████
4	D	███
5	E	███████
6	F	████████
7	G	████
8	H	██████

图 12-2 项目进度计划甘特图

2．网络图

1）网络计划技术

甘特图虽然简单直观，但对于复杂的大型项目来说，很难清楚表明各项工作之间的逻辑关系，时间参数计算也不便，不能指出影响项目周期的关键所在，难以对计划在执行过程中进行明确的修改和调整。网络计划技术是指在应用网络模型的基础上，利用相关信息进行分析计算，通过对时间、费用、资源等要素的不断调整优化，并在工作过程中加强控制，以达到节省费用、缩短工期、提高工作效率，它是能有效实现项目目标的一种科学管理方法。网络计划技术的基本原理，可以归纳为以下 4 点。

（1）把一个项目的全部实现过程分解成若干项工作，并按各项工作的开展顺序和相互制约关系，绘制成网络图形。

（2）通过网络图时间参数计算，找出关键工作和关键线路。

（3）利用最优化原理，不断改进网络计划的初始方案，寻求其最优方案。

（4）在网络计划执行过程中，对其进行有限监督和控制，合理安排人力、物力和资源，以最少的资源消耗，获得最大的经济效果。

2）网络图

网络图是网络计划技术的基础。网络图是由箭线和节点组成，用来表示工作流程的方向、顺序的网状图形，一个网络图表示一个项目任务。网络图包含三个因素即作业、事件和路线。作业，是指一项工作或一道工序，需要消耗人力、物力和时间的具体活动过程，在网络图中作业用箭线或节点表示；事件是指某项作业的开始或结束，它不消耗任何资源和时间；路线，是指自网络始点开始，顺着箭线的方向，经过一系列连续不断的作业和事件直至网络终点的通道，一条路线上各项作业的时间之和是该路线的总长度（路长）。

网络图有双代号网络图和单代号网络图两种。双代号网络图又称箭线式网络图，它是以箭线及其两端节点的编号表示工作，同时，节点表示工作的开始或结束以及工作之间的连接状态，如图 12-3 所示；单代号网络图又称节点式网络图，它是以节点及其编号表示工作，箭线表示工作之间的逻辑关系，如图 12-4 所示。

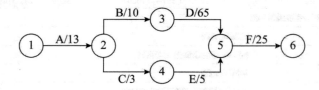

图 12-3 双代号网络图

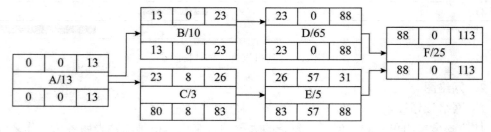

图 12-4 单代号网络图

3）网络图的绘制

网络图中工作的表示方法如图 12-5 和图 12-6 所示。网络图中的节点都必须有编号，其编号严禁重复，并应使每一条箭线上箭尾节点编号小于箭头节点编号。在双代号网络图中，一项工作必须有唯一的一条箭线和相应的一对不重复出现的箭尾、箭头节点编号。因此，一项工作的名称可以用其箭尾和箭头节点编号来表示。可以允许存在虚箭线，虚箭线不代表实际工作，我们称之为虚工作。虚工作既不消耗时间，也不消耗资源。虚工作主要用来表示相邻两项工作之间的逻辑关系。但有时为了避免两项同时开始、同时进行的工作具有相同的开始节点和完成节点，也需要用虚工作加以区分。而在单代号网络图中，一项工作必须有唯一的一个节点及相应的一个代号，该工作的名称可以用其节点编号来表示。在单代号网络图中，虚拟工作只能出现在网络图的起点节点或终点节点处。

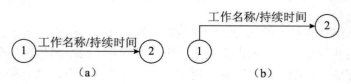

图 12-5 双代号网络图工作表示法

最早开始时间	持续时间	最早完成时间
任务名称		
最迟开始时间	淡季	最迟完成时间

(a)

任务名称	
工作时间	持续时间
参数1	参数2

(b)

图 12-6 单代号网络图工作表示法

工作之间先后顺序关系是项目逻辑关系的组成部分。工作关系可以被描述为紧前工作、紧后工作和平行工作。紧前工作、紧后工作及平行工作是工作之间逻辑关系的具体表现，只要能根据工作之间的关系明确其紧前或紧后关系，即可据此绘出网络图。它是正确绘制网络图的前提条件。

（1）紧前工作。在网络图中，相对于某工作而言，紧排在该工作之前的工作称为该工作的紧前工作。在双代号网络图中，工作与其紧前工作之间可能有虚工作存在。

（2）紧后工作。在网络图中，相对于某工作而言，紧排在该工作之后的工作称为该工作的紧后工作。在双代号网络图中，工作与其紧后工作之间也可能有虚工作存在。

（3）平行工作。在网络图中，相对于某工作而言，可以与该工作同时进行的工作即为该工作的平行工作。

在关于网络图的描述中还有几个相关概念：

（1）先行工作和后续工作：先行工作指对于某工作而言，从网络图的第一个节点（起点节点）开始，顺箭头方向经过一系列箭线与节点到达该工作为止的各条通路上的所有工作。后续工作指相对于某工作而言，从该工作之后开始，顺箭头方向经过一系列箭线与节点到网络图最后一个节点（终点节点）的各条通路上的所有工作。

（2）线路：网络图中从起点节点开始，沿箭头方向顺序通过一系列箭线与节点，最后到达终点节点的通路称为线路。线路既可依次用该线路上的节点编号来表示，也可依次用该线路上的工作名称来表示。如图 12-3 所示，该网络图中有 2 条线路，可表示为：①—②—③—⑤—⑥和①—②—④—⑤—⑥，也可表示为：A—B—D—F 和 A—C—E—F。

网络图的绘图一般应遵循以下基本规则：

（1）网络图必须按照已定的逻辑关系绘制。

（2）网络图中严禁出现循环回路。

（3）网络图中的箭线（包括虚箭线，以下同）应保持自左向右的方向，不应出现箭头指向左方的水平箭线和箭头偏向左方的斜向箭线。

（4）网络图中严禁出现双向箭线和无箭头箭线，严禁出现没有箭尾节点的箭线和没有箭头节点的箭线。

（5）严禁在箭线上引出箭线。

（6）应避免出现交叉箭线，当不可避免时，可采用过桥法和指向法处理。

（7）网络图中应只有一个起点节点和一个终点节点（任务中部分工作需要分期完成的网络计划除外）。除网络图的起点节点和终点节点外，不允许出现没有外向箭线的节点和没有内向箭线的节点。

【例 12-1】已知各工作之间的逻辑关系如表 12-2 所示，绘制其网络图。

表 12-2 工作逻辑关系表

工作	A	B	C	D
紧前工作	—	—	A、B	B

(1) 绘制双代号网络图。

①绘制工作箭线 A 和工作箭线 B，如图 12-7（a）所示。

②绘制工作箭线 C，由于 A 只有一个紧后工作，所以将 C 至于 A 的平行位置，以实线表示，B 后节点 3 至节点 2 用虚箭线连接，仅表示 B 和 C 的逻辑关系，如图 12-7（b）所示。

③绘制工作箭线 D，如图 12-7（c）所示。

④将工作箭线 C 和 D 的箭头节点合并，以保证网络图只有一个终点节点。当确认给定的逻辑关系表达正确后，再进行节点编号，完成本例的双代号网络图如图 12-7（d）所示。

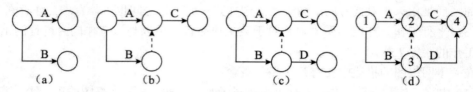

图 12-7　双代号网络图绘制

(2) 绘制单代号网络图。

该项目第一项目工作是 A、B 并行开始，由 C、D 并行结束，因此设置 2 个虚工作，开始和结束工作。

将 4 个工作分别以节点描述出来，再使用箭线表示出工作间的逻辑关系既可，网络图如图 12-8 所示。

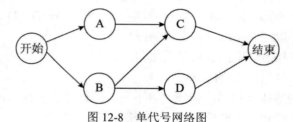

图 12-8　单代号网络图

【例 12-2】已知各工作之间的逻辑关系如表 12-3 所示，绘制其网络图。

表 12-3　项目工作逻辑关系

工作	A	B	C	D	E	G	H	I
紧前工作	—	—	—	—	A、B	B、C、D	C、D	E、G、H

(1) 绘制双代号网络图。

①先绘制 A、B、C、D 工作，再分别绘制 E 和 H 工作如图 12-9（a）所示。

②先绘制 G 工作，将 G 与紧前工作 B、C、D 的逻辑关系用虚箭线表示，如图 12-9（b）所示。

③先绘制 I 工作，将 I 的紧前工作 E、H 的逻辑关系用虚箭线表示，将 I 工作的结束节点作为项目的结束节点，并将节点编号，网络图的结果如图 12-9（c）所示。

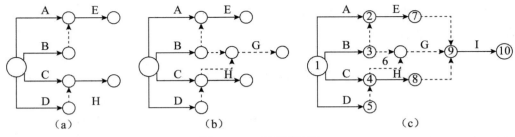

图 12-9 双代号网络图

（2）绘制单代号网络图。

从上例可以看出，单节点网络图比较容易绘制。用节点表示工作，本例中有结束工作，无开始工作，所以增加 1 个虚工作，开始工作。工作间的逻辑关系如图 12-10（a）或（b）所示。

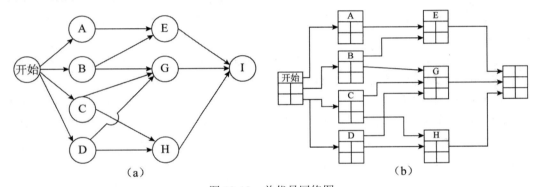

图 12-10 单代号网络图

4）网络计划及参数计算

网络计划是指在网络图上加注时间参数而编制的进度计划。网络时间参数是指网络计划及其工作、节点所具有的各种时间值。网络时间参数的计算应在各项工作的持续时间确定之后进行。

（1）网络时间参数及含义。

工作持续时间是指一项工作从开始到完成的时间。

工作的最早开始时间（ES）是指在其所有紧前工作全部完成后，本工作有可能开始的最早时刻。工作的最早完成时间（EF）是指在其所有紧前工作全部完成后，本工作有可能完成的最早时刻。工作的最早完成时间等于本工作的最早开始时间与其持续时间之和。

工作的最迟完成时间（LF）是指在不影响整个任务按期完成的前提下，本工作必须完成的最迟时刻。工作的最迟开始时间（LS）是指在不影响整个任务按期完成的前提下，本工作必须开始的最迟时刻。工作的最迟开始时间等于本工作的最迟完成时间与其持续时间之差。

工作的总时差（TF）是指在不影响总工期的前提下，本工作可以利用的机动时间。工作的自由时差（FF）是指在不影响其紧后工作最早开始时间的前提下，本工作可以利用的机动时间。对于同一项工作而言,自由时差不会超过总时差。当工作的总时差为零时,其自由时差必然为零。

(2)网络时间参数的计算。

网络参数的计算应在确定各项工作的持续时间之后进行,网络计划的起点节点的最早开始时间为零。

网络计划中各项工作的最早开始时间(ES)和最早完成时间(EF)的计算应从网络计划的起点节点开始,顺着箭线方向依次逐项计算。工作的最早开始时间等于该工作的各个紧前工作的最早完成时间的最大值,ES=max{紧前工作的 EF};工作的最早完成时间等于该工作的最早开始时间加上其持续时间,EF=ES+本工作持续时间。

网络计划中各项工作的最迟开始时间(LS)和最迟完成时间(LF)的计算应以项目规定或计算的工期为基准,从网络计划的终止节点,逆着箭线方向依次逐项计算。某工作的最迟完成时间等于该工作的各项紧后工作的最迟开始时间的最小值,LF=min{紧后工作的 LS};最迟开始时间等于本项工作的最迟完成时间减本项工作的持续时间,LS=LF-工作的持续时间。

某项工作总时差(TF)等于该工作最迟完成时间与最早完成时间之差,或该工作最迟开始时间与最早开始时间之差,TF=LF-EF 或 TF=LS-ES。

某项工作自由时差(FF)的计算有两种情况,对于有紧后工作的工作,其自由时差等于本工作之紧后工作最早开始时间减本工作最早完成时间所得之差的最小值,FF=min{ES(紧后工作)}-EF;对于无紧后工作的工作,也就是以网络计划终点节点为完成节点的工作,其自由时差等于计划工期与本工作最早完成时间之差。

【例 12-3】某项目 WBS 表如表 12-4 所示,请计算每项工作的最早/最迟开始时间、最早/最迟完成时间、总时差和自由时差。

表 12-4 某项目 WBS 表

工作代码	工作名称	持续工作时间/天	紧后工作编码
110	市场调研	15	120、130、140、150
120	配送方案逻辑设计	2	160
130	配送方案初步设计	10	160
140	配送方案实施设计	2	160
150	合同谈判项目设计	3	170
160	物流资源调整方案设计	5	170
170	资源调配及实施	15	180
180	人员培训	10	190
190	系统试运行	5	--

分析:分别以工作代码为 110(市场调研)和 190(系统试运行)作为该任务的起点工作和终点工作,按照定义,第一项工作的最早开始时间为 0。为了简化计算,网络计划时间参数中的开始时间和完成时间都以时间单位的终了时刻为标准,如第 3 天开始即是指第 3 天

终了（下班）时刻开始，实际上是第 4 天上班时刻才开始；第 5 天完成即是指第 5 天终了（下班）时刻完成。按照表 12-4，可以初步绘制出该项目的单代号网络图如图 12-11 所示。

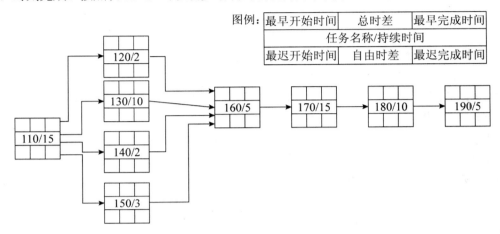

图 12-11 项目单代号网络图

计算：

（1）最早开始和最早完成时间：网络计划中各项工作的最早开始时间和最早完成时间的计算应从网络计划的起点节点开始，顺着箭线方向依次逐项计算。

①由于代码为 110 的工作最早开始时间为 0，该工作持续时间为 15，所以，该工作的最早完成时间是 15。

②由于代码为 120、130、140 和 150 工作的紧前工作均是代码为 110 的工作，因此，它们的最早开始时间均是 15，按照此最早开始时间，加上各自持续时间，得到这四项工作的最早完成时间分别是 17、25、17 和 18。

③代码为 160 工作的最早开始时间等于该工作的各个紧前工作的最早完成时间的最大值，即 ES=max{紧前工作的 EF}，该工作有 4 个紧前工作，最早完成时间最大值是 25，因此，该工作的最早开始时间为 25，据此计算得其最早完成时间是 30。

④以此类推，计算得代码为 170 工作的最早开始和最早完成时间分别是 30 和 45，代码为 180 工作的最早开始和最早完成时间分别是 45 和 55，代码为 190 工作的最早开始和最早完成时间分别是 55 和 60。

（2）最迟开始和最迟完成时间：按照定义，网络计划中各项工作的最迟开始时间和最迟完成时间的计算应以项目规定或计算的工期为基准，从网络计划的终止节点，逆着箭线方向依次逐项计算。

①若按照项目计划，则网络终止节点的最迟完成时间等于该工作的最早完成时间，所以代码为 190 工作的最迟完成时间是 60，则其最迟开始时间等于最迟完成时间减去本工作持续时间 5，为 55。

②代码为 180 工作的紧后工作只有代码为 190 的工作，因此，其最迟完成时间是 55，

据此计算得其最迟开始时间为 45；以此类推，代码为 170 工作的最迟完成时间是 45，最迟开始时间为 30，代码为 160 工作的最迟完成时间是 30，最迟开始时间为 25。

③由于代码为 150、140、130 和 120 工作的紧后工作都是代码为 190 的工作，因此，它们的最迟完成时间均是 25，据此计算得它们的最迟开始时间分别为 22、23、15、23。

④由于代码为 110 工作的紧后工作有 4 项，工作代码为 120、130、140 和 150，按照某工作的最迟结束时间等于该工作的各项紧后工作的最迟开始时间的最小值，即 LF=min{紧后工作的 LS}的工作，因此，该工作的最迟完成时间是 15，据此计算得其最迟开始时间为 0。

（3）总时差和自由时差：对于网络计划中以终点节点为完成节点的工作，其自由时差与总时差相等。此外，由于工作的自由时差是其总时差的构成部分，所以，当工作的总时差为零时，其自由时差必然为零，可不必进行专门计算。

①按照定义，代码为 190 工作的总时差为最迟完成时间减去最早完成时间，为 0，则其自由时差也必然为 0。以次类推，代码为 180 工作的总时差和自由时差为 0，170 和 160 总时差和自由时差也都是 0。

②对于代码为 120、130、140 和 150 工作，计算知其总时差分别为 8、0、8、7。按照总时差为零自由时差必然为零的原则，代码为 130 工作的自由时差无需计算，必然为 0。代码为 120、140 和 150 工作的紧后工作都是代码为 160 的工作，按照自由时差等于本工作之紧后工作最早开始时间减本工作最早完成时间所得之差的最小值，③即 FF=min{ES（紧后工作）}，计算得它们的自由时差分别为 8、8、7。

③对于代码为 110 工作，计算的总时差为 0。按照总时差为零自由时差必然为零的原则，该工作的自由时差无需计算，必然为 0。按照定义，自由时差等于本工作之紧后工作最早开始时间减本工作最早完成时间所得之差的最小值，即 FF=min{ES（紧后工作）}，也可以计算得其自由时差为 0。

计算参数后的网络图如图 12-12 所示。

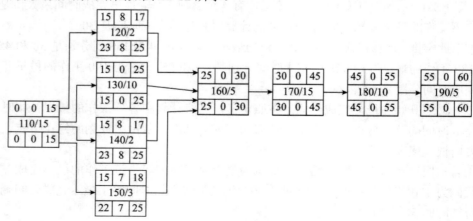

图 12-12 带参数的网络图

【例 12-4】计算如图 12-13 所示项目的网络参数。

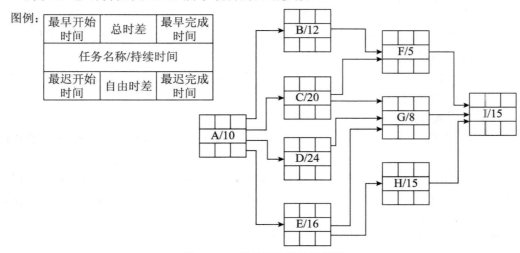

图 12-13 某项目单代号网络图

计算：

(1) 最早开始和最早完成时间：顺着箭线方向依次逐项计算。

①由于 A 工作是项目开始节点，所以其最早开始时间为 0，该工作持续时间为 10，所以该工作的最早完成时间是 10。

②由于工作 B、C、D 和 E 的紧前工作均是 A，因此，它们的最早开始时间均是 10，按照此最早开始时间，加上各自持续时间，得到这四项工作的最早完成时间分别是 22、30、34 和 26。

③由于工作 F 的紧前工作是 B 和 C，因此，其最早开始时间取其紧前工作的最早完成时间的最大值，为 30，据此计算其最早完成时间为 35；工作 G 的紧前工作是 C、D 和 E，其最早开始时间取其紧前工作的最早完成时间的最大值，为 34，据此计算其最早完成时间为 42；工作 H 的紧前工作是 E，其最早开始时间取其紧前工作的最早完成时间，为 26，据此计算其最早完成时间为 41。

④由于工作 I 的紧前工作是 F、G 和 H，其最早开始时间取其紧前工作的最早完成时间的最大值，为 42，据此计算其最早完成时间为 57。

(2) 最迟开始和最迟完成时间：逆着箭线方向依次逐项计算。

①由于 I 工作是项目终节点，所以其最迟完成时间为 57，该工作持续时间为 15，所以该工作的最早开始时间是 42。

②由于工作 F、G 和 H 紧后工作都是 I，因此，它们的最迟完成时间均是 42，据此分别计算它们的最迟开始时间分别为 37、34、27。

③由于工作 B 的紧后工作只有 F，因此，其最迟完成时间是 37，据此计算其最迟开始时间为 25；由于工作 C 的紧后工作是 F 和 G，按照某工作的最迟完成时间等于该工作

的各项紧后工作的最迟开始时间的最小值的定义，其最迟完成时间是 34，据此计算其最迟开始时间为 14；由于工作 D 的紧后工作只有 G，因此，其最迟完成时间是 34，据此计算其最迟开始时间为 10；由于工作 E 的紧后工作是 H 和 G，取其各项紧后工作的最小值，其最迟完成时间是 27，据此计算其最迟开始时间为 11。

④由于工作 A 的紧后工作是 B、C、D 和 E，取其各项紧后工作的最小值，其最迟完成时间是 10，据此计算其最迟开始时间为 0。

（3）总时差和自由时差：

①按照定义，工作 I 的总时差为最迟完成时间减去最早完成时间，为 0，则其自由时差也必然为 0。

②对于工作 F、G 和 H，计算知其总时差分别为 7、0、1。按照总时差为零自由时差必然为零的原则，工作 G 的自由时差无需计算，必然为 0。工作 F 和 H 的紧后工作都是 I，按照自由时差等于本工作之紧后工作最早开始时间减本工作最早完成时间所得之差的最小值，计算得它们的自由时差分别为 7 和 1。

③对于工作 B，计算得总时差为 15，由于其紧后工作只有 F，因此，计算其自由时差为 8；对于工作 C，计算得总时差为 4，由于其紧后工作有 F 和 G，按照自由时差等于本工作之紧后工作最早开始时间减本工作最早完成时间所得之差的最小值的定义，计算其自由时差为 0；对于工作 D，计算得总时差为 0，按照总时差为零自由时差必然为零的原则，该工作的自由时差无需计算，必然为 0；对于工作 E，计算得总时差为 1，由于其紧后工作是 H 和 G，自由时差取其最早完成时间和该工作之紧后各项工作的最早开始时间之差的最小值，为 0。

④对于工作 A，计算得总时差为 0，则其自由时差也必然为 0。

计算参数后的网络图如图 12-14 所示。

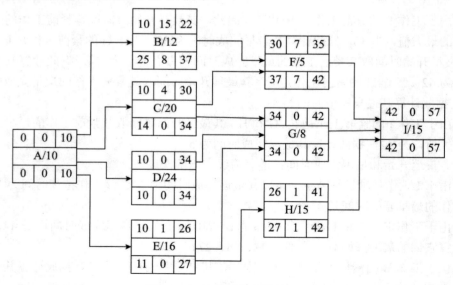

图 12-14　计算项目参数网络图

3. 关键线路法

在关键线路法（CPM）中，线路上所有工作的持续时间总和称为该线路的总持续时间，将网络图中所有线路的作业时间进行比较，总持续时间最长的线路称为关键线路，关键线路上的工作称为关键工作，关键线路的长度就是网络计划的总工期。如图 12-3 所示，线路 A—B—D—F 为关键线路。在网络计划中，关键线路可能不止一条，而且在网络计划执行过程中，关键线路还会发生转移。关键工作和关键线路的确定对于项目计划和控制具有十分重要的意义。从整个项目管理来看，对于非关键工序，由于总存在时差，所以它的进度在一定范围内可自由安排，或充分利用时差，抽调非关键工序上的人力、物力、设备等资源来支持关键线路，保证关键线路提前完工或起码不误工期，以达到缩短项目总工期的目标。

例如，如图 12-12 所示网络图中，由于代码为 110、130、160、170、180 和 190 工作的总时差为 0，因此该项目的关键路径只有一条，是 110—130—160—170—180—190。

又如，如图 12-14 所示网络图中，任务名称为 A、D、G 和 I 的总时差为 0，因此该项目的关键路径是 A—D—G—I。

12.2.4 进度控制

1. 进度控制概述

进度控制是指在项目实施过程中，监控项目实施进程，并将实施情况与计划进行对比分析，采取必要的措施，使项目按预定的进度目标进行，以使预定目标按时实现。

进度控制根据管理层次的不同，控制的视角和内容也会有所不同。对于项目经理等高层次管理部门，对项目控制的关注点是各里程碑事件的进度控制，也称为项目总进度控制；对于项目部门而言，关注点是项目中各主要事件的进度控制，在多级项目中，这些事件可能就是各个分项目，通过控制项目主要事件的进度，可促使其按计划进行，保证总进度的完成，此类控制称为项目主进度控制；对于各作业部门，其焦点是对各具体作业进度计划进行有效控制，这是进度控制的基础，此类控制称为项目详细进度控制。

各层次进度控制都应遵循以下原则：

（1）动态控制。项目进度控制是一个动态的过程。从项目开始实施，项目计划就进入了执行的轨道，实时观测进度是否按计划进行，及时发现偏差，分析偏差产生原因，采取有效措施调整，是一项动态持续的过程。

（2）系统全面。编制全面的项目计划，包括进度计划、资源计划等、费用计划等，计划的对象由上而下，内容从粗到细，形成系统性的项目计划。项目涉及各个相关主体及责任人，需要建立一个完整的项目实施组织系统；对项目的检查、统计、分析、调整等工作，应责任到人，分工协作。无论是控制对象还是控制主体、是进度计划还是控制工作，都是一个完整的系统。

(3)封闭循环。项目进度控制是一个循环性的例行工作,从编制计划、实施计划、检查、比较与分析、确定调整措施、修改计划等,是不断监测、反馈的过程,自然形成一个封闭的循环系统。

(4)信息通畅。信息是项目进度控制的依据,项目进度计划和实施中的信息,应做到上通下达,保持信息传递和反馈时效性和有效性,使项目各环节了解项目计划目标和实际进度信息,以便分析、决策和调整,以使进度计划仍能符合预定工期目标。

(5)弹性机制。对于大型项目,一般工期长且影响因素多,这就要求计划编制人员能根据统计经验,预估各种因素对进度的影响,将风险因素纳入进度计划的方案设计中,并建立风险防范预案,使进度计划留有余地,形成项目进度控制的弹性机制。

(6)应用网络计划技术。网络计划技术不仅可以用于编制进度计划,而且可以用于计划的优化、管理和控制。网络计划技术是科学实施项目进度控制理论的基础和工具。

2. 进度监测和控制

1)项目监测

在项目实施过程中,为了收集反映项目进度实际状况的信息,掌握项目进展动态,应对项目进展状态进行观测,这一过程称为项目进度动态监测。对于项目进展状态的观测,通常采用日常监测和定期监测的方法进行,并将监测的结果用项目进展报告的形式加以描述。

在日常监测中,一般注意观测进度计划中各工作的实际开始时间、实际完成时间、实际持续时间、目前状况等内容,并加以记录,以此作为进度控制的依据。记录的方法有图示记录法、报告表法、进度动态曲线等。

在定期监测中,可以确定一个间隔时间,每隔一定时间对项目进度计划执行情况进行一次较为全面、系统的观测、检查。间隔的时间因项目的类型、规模、特点和对进度计划执行要求程度的不同而异,可以按日、周、月、季等作为一个观测周期。观测的主要内容包括:观测、检查关键工作的进度和关键线路的变化情况;观测、检查非关键工作的进度,以便发掘潜力,调整或优化资源,保证关键工作按计划实施;检查工作之间的逻辑关系变化情况,以便适时进行调整;有关项目范围、进度计划和预算变更的信息。

定期观测、检查的结果应加以记录,信息记录的方式可以是图或表。如若进度计划是甘特图,则可在图中用不同的线条分别表示计划进度和实际进度。也可绘制实际进度网络图,表达各工作实际开工、完工时间,并标注项目进展中出现的问题、影响因素等,它可明确表达实际与计划不相符合的情况,有助于计划工作的总结和资料的积累。

项目定期检查及记录后,应形成项目进展报告。项目进展报告根据报告的对象不同,其内容也不尽相同。一般的项目进展报告分为项目概要及进度控制报告、项目管理及进度控制报告和业务管理及进度控制报告。项目概要及进度控制报告是以整个项目为对象说明进度计划执行情况的报告；项目管理及进度控制报告是以分项目为对象说明进度计划执行情况的报告；业务管理及进度控制报告是以某重点部位或重点问题为对象所编写的报告。

项目报告除了用文字表达外，图表亦是传送信息的重要工具。常见的项目进展报告有：项目关键点检查报告，将对项目关键点的监测、检查的结果加以分析、归纳所形成的报告；项目执行状态或工作完成报告，反映已完成工作或实施中工作的基本情况；重大突发性事件的报告，就某一重大突发性事件的基本情况及其对项目的影响等有关问题所形成的特别分析报告；项目变更申请报告，反映项目变更的状况及其对项目产生的影响。

项目报告应注意频次的把握。项目进展报告与项目行动计划和 WBS 的关系是确定报告内容和频次的关键，信息报告应和计划、预算、进度系统的逻辑相一致，主要目的是控制实现项目计划，报告的频次应达到在计划完成期间满足控制所需信息的要求。原则上项目进展报告应及时给出，以便实时控制。报告的时间一般对应于项目里程碑时间。对高层管理者，一个项目可能只有几个里程碑；而对于基层管理，在项目计划的实施过程中存在许多关键点，一般这些关键点就是基层项目的里程碑，里程碑数量越多，所要求报告的信息内容越详细、报告次数也越多。一般来说，报告期越短，早发现问题并采取纠正措施的机会就越多。

2) 项目进度控制实施

项目进度控制的实施在保证项目按预期实现中，起着十分重要的作用。在项目进展中，工作即按时完成，也会提前或延期完成，这些都会对项目的未完成部分产生影响。对项目的实际进展状况进行有效控制，核心就是根据项目的实际进展情况，不断地进行进度计划的优化和更新，进度计划的更新是进度控制的结果。

进度控制中最简单的方法是比较与分析法。将项目的实际进度与计划进度进行比较分析，确定进度偏差原因，寻找对策。比较分析的方法主要有以下几种：甘特图比较法，是将在项目进展的信息用横线并列标于原计划的横线旁，进行直观比较；实际进度前锋线比较法，是从计划检查时间的坐标点出发，用点画线依次连接各项工作的实际进度点，最后到计划检查时间的坐标点为止，形成前锋线，根据前锋线与工作箭线交点的位置判断项目实际进度与计划进度的偏差；S 形曲线比较法，以横坐标表示进度时间、纵坐标表示累计完成任务量而绘制出的一条按计划时间累计完成任务量的 S 形曲线，用 S 形曲线可将项目的各检查时间实际完成的任务量与 S 形曲线进行实际进度与计划进度相比较，从而得出进度的偏差，如图 12-15 所示；香蕉型曲线比较法，是两条 S 形曲线组合而成的闭合曲线，对于一个项目的网络计划，在理论上总是分为最早和最迟两种开始和完成时间，因此，任何一个项目的网络计划，都可以绘制出两条 S 形曲线，即以最早时间和最迟时间分别绘制出相应的 S 形曲线，在项目实施过程中，根据工作完成的情况绘制出实际进度累计曲线，即可对实际进度与计划进度进行比较，如图 12-16 所示。

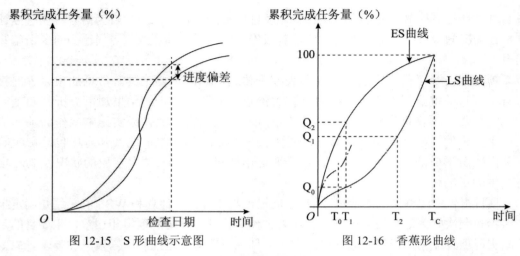

图 12-15　S 形曲线示意图　　　　　图 12-16　香蕉形曲线

【例 12-5】 某公司要建立一个自己的网络销售平台，项目网络计划如图 12-17 所示，当项目进展到第十天时进行检查，检查的结果如表 12-5 所示，试分析项目进展情况。

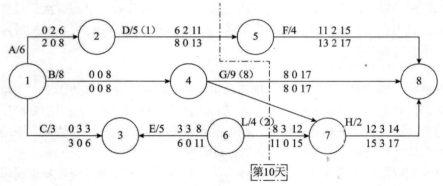

图 12-17　项目网络计划图

解：采用列表比较法。根据检查结果及网络时间参数计算的结果，在第 10 天工作 D、G、L 的尚需工作时间、至最迟完成时间尚剩时间、尚剩总时差等数值列于表 12-5 中。根据表中所列数值对项目进度状况加以判断，结果也列于表 12-5 中。

表 12-5　项目进度比较分析表

工作编号	工作代码	检查尚需时间	到计划最迟完成前尚需剩余时间	原有总时差	尚需剩余总时差	判断
2——5	D	1	13-10=3	2	3-1=2	正常
4——8	G	8	17-10=7	0	7-8=-1	拖延 1 天
6——7	L	2	15-10=5	3	5-2=3	正常

进度控制的核心是进度更新。根据实际进度与计划进度比较分析结果，如例 12-5，根据比较结果寻找拖延原因并作出有效对策，进行进度更新，在保持项目工期不变的情

况下，保证项目质量和所耗费用最少是进度控制和管理的宗旨。

项目进度更新主要包括两方面工作，即分析进度偏差的影响和进行项目进度计划的调整。

（1）分析进度偏差的影响。当出现进度偏差时，应分析该偏差对后续工作及总工期的影响。若出现偏差的工作是关键工作，必须进行进度计划更新。若出现偏差的工作为非关键工作，则需根据偏差值与总时差和自由时差的大小关系，确定其对后续工作和总工期的影响程度。如果工作的进度偏差大于总时差，应采取相应的调整措施；若工作的进度偏差小于或等于总时差，但大于自由时差，则会对后续工作产生影响，应进行相应调整；若工作的进度偏差小于或等于该工作的总时差和自由时差，则对后续工作无影响，进度计划可不作调整更新。

（2）项目进度计划的调整。一是关键工作的调整，这是项目进度更新的重点。当前序关键工作的实际进度较计划进度提前或退后时，首先应选择后续关键工作，进行进度修正调节，如优先选择资源消耗量大或直接费用高的工作进行调节；其次也可以后续工作之间的逻辑关系允许改变的条件下，改变关键线路和超过计划工期的非关键线路上有关工作之间的逻辑关系，达到缩短工期的目的；当采用其他方法仍不能奏效时，则应根据工期的要求，将剩余工作重新编制网络计划，使其满足工期要求。二是非关键工作的调整。首先可以在总时差范围内延长非关键工作的持续时间；或缩短工作的持续时间，或调整工作的开始或完成时间。三是因工作项目、资源供应或工期要求发生变化，则需重新调整网络计划，计算网络参数。需要注意的是增减工作只能改变局部的逻辑关系，不应影响原计划总的逻辑关系和工期；因资源原因调整，原则上应通过资源优化保证工期不变或使工期更加合理。

12.3 网络计划调整与优化

对项目进行了工作分解，绘制了网络图，明确了关键线路和工作进度，也仅仅是有了项目计划的初始状态，此时还应综合考虑各方面因素，对计划不断修改优化，逐步使其完善。由于项目计划需在一定工期内完工，且追求费用和资源的合理使用，所以网络计划的调整优化就包括进度控制及计划优化、资源计划及均衡。

12.3.1 进度控制及计划优化

1. 时间成本平衡法

时间成本平衡法的目标是在总成本增加最少的条件下压缩工期，使项目在最短时间完成。每项工作的工期从正常时间缩短至应急时间都有自己的单位时间和成本。正常时间是在正常条件下完成工作需要的估计时间长度；正常成本是在正常时间内完成工作的预计成本。应急时间是完成工作的最短估计时间长度；应急成本是在应急时间内完成工作的预计成本。缩短工期的单位时间和成本可用如下公式计算：（应急成本-正常成本）/（正常时间-应急时间）。例如，一个项目有 4 个工作，分别为 A、B、C、D，它们的正常和应急时间、成本如图 12-18 所示。如工作 A 的工期从正常时间缩短至应急时间，通过计算知其成本每周增加 600 元。

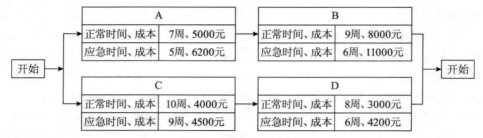

图 12-18　某项目网络图

【例 12-6】如图 12-18 所示网络图，计算该项目缩短工期的最小成本是多少。

分析：

（1）该项目从开始到完成有两条路径：A—B 和 C—D，各自完成时间是 16 周和 18 周，项目完成时间 18 周，关键路径是 C—D，成本是 20 000 元；如果各工作均在各自应急时间内完成，项目总工期提前 3 周完成，项目总成本为 25 900，成本增加 5900 元/周。

（2）事实上，关键路径的工期决定着项目的总工期。在工期压缩目标为 16 周时，对于非关键路径 A—B 的工期压缩实际上对总工期并无任何帮助，成本反而增加了 4200 元。

（3）按照时间—成本平衡法的目标，每次平衡时，应压缩关键路径上单位时间增加成本最低的工作，逐次计算、比较，确定按照目标要求来缩短工期的最小成本。本项目按照正常工期，项目完成需 18 周。

①若压缩目标是 17 周，则仅需压缩关键路径 C—D 工期 1 周。压缩方案为压缩 C 或 D 的 1 周工期，可计算选择成本最低的方案。

②若压缩目标是 16 周，则仅需压缩关键路径 C—D 工期 2 周。压缩方案为压缩 C、D 工期各 1 周或 C 不变、压缩 D 工期 2 周，可计算选择成本最低的方案。

③若压缩目标是 15 周，则两条路径均需压缩工期。压缩方案为压缩路径 C—D 的工期 3 周，且压缩 A 或 B 工期 1 周，可计算选择成本最低的方案。

计算：

（1）A、B、C、D 各工作均在各自应急时间内完成，工期压缩成本分别为 600、1000、500、600 元/周。

（2）若压缩目标是 17 周，关键路径是 C—D。按照压缩 C 或计算，增加成本分别为 500 元或 600 元。显然选择压缩 C 的 1 周工期，成本最低，项目总成本为 20500 元。

（3）压缩目标是 16 周，关键路径是 C—D。按照压缩 C、D 工期各 1 周或 C 不变、压缩 D 工期 2 周计算，增加成本分别是 1100 元或 1200 元。选择压缩 C、D 工期各 1 周，成本最低，项目总成本为 21 100 元。

（4）若压缩目标是 15 周，仅压缩 C、D 的 3 周工期是不能完成项目工期要求的，此时的关键路径转变为 A—B，还需压缩 A 或 B 1 周工期才能满足压缩工期的目标。压缩 C、D 的 3 周工期，增加成本是 1700 元，压缩 A 或 B 的 1 周工期计算，增加成本分别是 600 元或 1000 元。显然选择压缩 C、D 的 3 周工期且压缩 A 的 1 周工期，成本最低，项目总成本为 22300 元。

（5）本项目的最早结束时间是 15 周，已不可能再压缩工期至小于 15 周。

时间—成本平衡法是有假设前提的，即每项工作有一个正常和应急的时间和成本、可以通过增加更多的资源来加速工作进程、时间和成本之间的关系是线性的。

2. 时间优化法

时间优化主要是利用非关键工序的时差（即机动时间），进行合理资源调配，增加关键工序的资源投入，提高其工作效率，缩短工期。因此，时间优化基于网络计划计算工期，当其不能满足要求工期时，通过不断压缩关键线路上的关键工作的持续时间，以缩短工期、满足要求工期的目的。缩短工期的方法主要有：强制缩短法、调整工作关系、利用时差缩短工期。

强制缩短法即采取措施使网络计划中的某些关键工作的持续时间尽可能缩短。常用的方法有：①顺序法，即按关键工作开始时间确定，先开始的工作先压缩；②加权平均法，即按关键工作持续时间长短的百分比进行压缩；③选择法，即计划编制者有目的地选择某些关键工作进行持续时间的压缩。在如图 12-18 所示的网络图中，以正常工期为基准，要求压缩工期至 16 周。按照顺序法，找到关键路径 C—D，先压缩 C 的 1 周工期，不能满足项目工期要求，则再压缩 D 的 1 周工期；按照加权平均法，找到关键路径 C—D，其工期为 18 周，计算 C、D 的工期在 18 周中占比分别为 60%和 40%，则压缩 C 的 1.2 周工期和 D 的 0.8 周工期；按照选择法，可以根据项目情况选择压缩 C、D 各 1 周工期，或压缩 D 的 2 周工期。

调整工作关系是指将项目中的工作关系进行适当调整，以达到压缩工期的目标，例如将串行工作关系转换为并行工作关系。例如一个电子商务开发项目，假设有软硬件条件准备、概要设计、详细设计、编程、测试等环节，编制进度计划时按照串行方式安排，客户由于某种原因要求提前完成。此时，可以将软硬件准备和概要设计并行实施、将编程和测试交替实施，以达到压缩工期的目标。

利用时差缩短工期指利用非关键工作的时差，用其中的部分资源加强关键工作，以缩短关键工作的持续时间，使工期缩短。采用这一措施，关键线路可能会不断地发生转移。①对于关键路径，其上任何工作的作业时间变化，都会引起后续各工作的最早开始时间、最迟开始时间以及时差的变化，并有可能出现关键线路转移。如图 12-19（a）中，原关键线路为 A、B、D、G、I，若 G 的工作时间缩短为 5 天，则关键线路转移为：A、B、E、H、I，如图 12-19（b）所示；②对非关键路径：若其上某些工作的作业时间若延长，但不超过时差范围时，则不致影响整个项目进度，计划也就不必调整，如图 12-19（a）中，作业 C 的时间由 2 变为 8，虽增加了 6，但小于时差 8，则关键线路不变；若其上某些工作的作业时间延长而且超过了时差范围，则势必带来整个项目进度的变化，关键线路就会转移。如图 12-19（a）中，若 C 的时间由 2 变为 12，增加了 10，大于时差 8。重新计算参数发现，关键路径转移为 A、B、C、G、I，如图 12-19（c）所示。

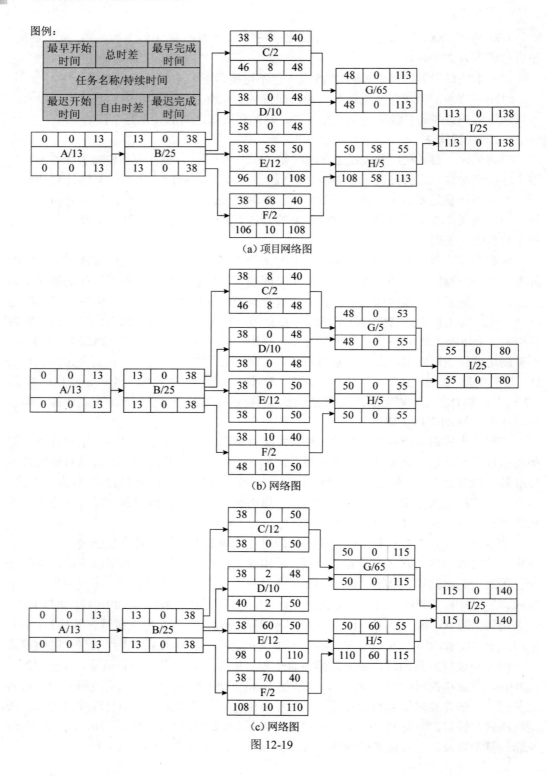

图 12-19

12.3.2 资源计划及均衡

项目的实施必然有资源的需求。项目实施中对资源的要求首先是总量上应能够满足项目需求，其次应根据不同阶段工作对资源需求的特性进行合理计划和动态平衡。

1. 资源计划概述

资源计划是指采用什么样的资源（人、设备、材料）以及将多少资源用于项目的每一工作的执行过程之中。资源计划的依据有：

（1）工作分解结构 WBS。利用 WBS 的工作划分，对所需资源种类和数量进行预估，工作划分越具体，越容易估计。

（2）项目工作进度计划。资源计划必须服务于工作进度计划，项目工作进度计划是其他计划的基础，什么时候需要何种资源是围绕工作进度计划的需要而确定的。

（3）历史信息及范围陈述。历史信息纪录了先前类似工作使用资源的需求情况，范围陈述包括了项目工作的说明和项目目标，这些是项目资源计划的重要参考数据和依据之一。

（4）资源安排及组织策略。描述什么资源是项目资源计划所必须掌握的，其可获得性、特别的数量和资源水平描述是特别重要的资源安排描述，例如，项目执行阶段可能需要技术人员的层次和数量。

2. 资源计划方法与工具

对于项目所需求资源的梳理、内容选择、数量确定和准备，决定着项目能否按照进程要求顺利实施，对项目过程控制起着重要作用。资源计划的方法有多种，主要有：

（1）专家判断法。在得不到更多的专业信息的情况下，借助专家知识进行资源计划，该方法简单有效，常常被决策者们广泛采用。专家可以是任何具有特殊知识或经过特别培训的组织和个人。

（2）选择确认法。运用一定方法，制定多种资源计划安排，由专家选择。最常用的方法是头脑风暴法。头脑风暴法的做法是：当讨论某个问题时，由一个协助的记录人员在翻动记录卡或黑板前做记录，参与的成员逐一说出主意，相互启发，循环持续进行，直到没有新意见或限定时间已到，过程结束。该方法要遵循的主要规则：不进行讨论，不进行判断性评论，参加人员不要使用肢体语言。

（3）数学模型法。为了使编制的资源计划具有科学性、可行性，在资源计划的编制过程中，往往借助于某些数学模型，如资源分配模型和资源均衡模型等。

完成资源计划的工具一般有：

（1）资源矩阵。用以说明完成项目中的工作需要用到的各种资源的情况。如表 12-6 所示给出了资源矩阵的一个例子，表中，左列为项目中的各项工作（任务），上行为项目所用到的资源的名称，行列交叉处的元素代表各项工作所需要各种资源的状况。其中，"P"表示行中的工作所需用到的主要资源，"S"则表示次要资源。

表 12-6 资源矩阵表

任务	方法学家	课程专家	评估员	数学专家	印刷设备	课程负责人
识别需求	S	P				
建立需求		P				
设计预备课	S	P		S		
开发数学课		S		P		
测试课程	S	S	P			S
印刷		S			P	

（2）资源数据表。用以说明各种资源在项目周期内各时间段上数量的需求情况。表 12-7 是资源数据表的一个例子，表中，第 1—3 周，各需要方法学家 1.5 人，课程专家 1 人，在第 4 和 5 周，各需要课程专家 1 人，数学家 0.7 人。

表 12-7 资源数据表

资源	1	2	3	4	5	6	7	8	9	10
方法学家	1.5	1.5	1.5			1	1	1	1	1
课程专家	1	1	1	1	1	1	1	1	1	1
评估员									2	2
数学家				0.7	0.7	0.7	0.7	0.7		

（3）资源甘特图。用以反映各种资源在项目周期内各个阶段用于完成哪些工作的情况。图 12-20 是资源甘特图的一个例子。

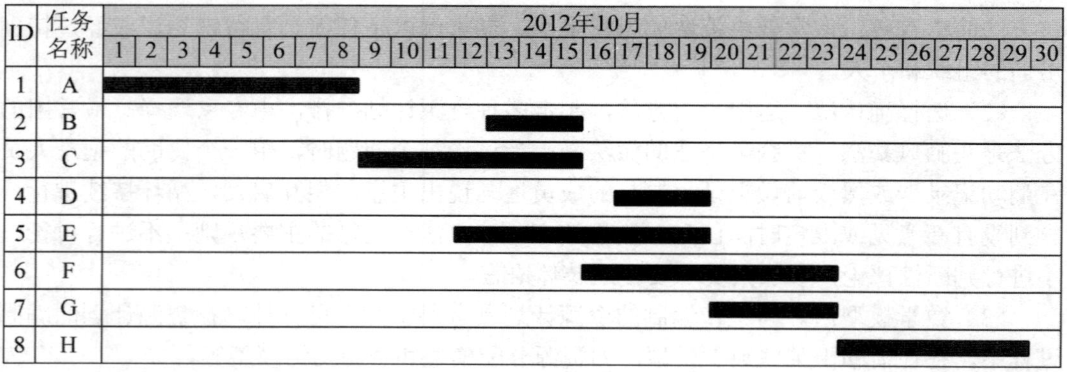

图 12-20 项目甘特图

（4）人力资源负荷图。给出在项目周期内的各个阶段所需要的人力资源。

资源计划的结果是制定资源的需求计划，对各种资源需求及需求计划加以描述，并以图表的形式予以反映。

3．资源均衡与优化

可以说任何项目的进展都伴随着资源的均衡和优化，每个项目在制定项目资源计划时不可能和项目过程的需求完全一致。下面我们看一个资源需求和工作的进度关系的例子。图 12-21 给出了该项目的网络图。

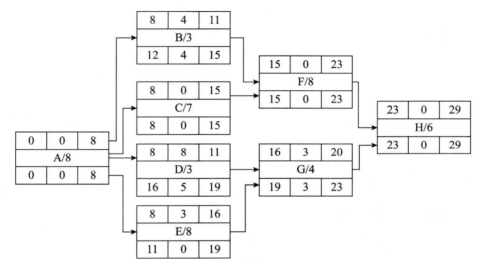

图 12-21　项目网络图

我们假定项目中只使用了人力资源且不考虑项目资源使用率，则总劳动时数=每天需要的劳动力×工作持续时间。表 12-8 给出了资源需求情况表。

表 12-8　项目资源需求表

工 作 名 称	持 续 时 间	每周需要的劳动时数	需要的总劳务时间
A	8	8	64
B	3	8	24
C	7	3	21
D	3	10	30
E	8	5	40
F	8	7	72
G	4	6	24
H	6	7	42

现在，分别以最早开始进度计划和最迟开始进度计划为基础，分析资源均衡问题。图 12-22 和图 12-23 分别列出了按照项目最早和最迟开始时间的进度计划甘特图。

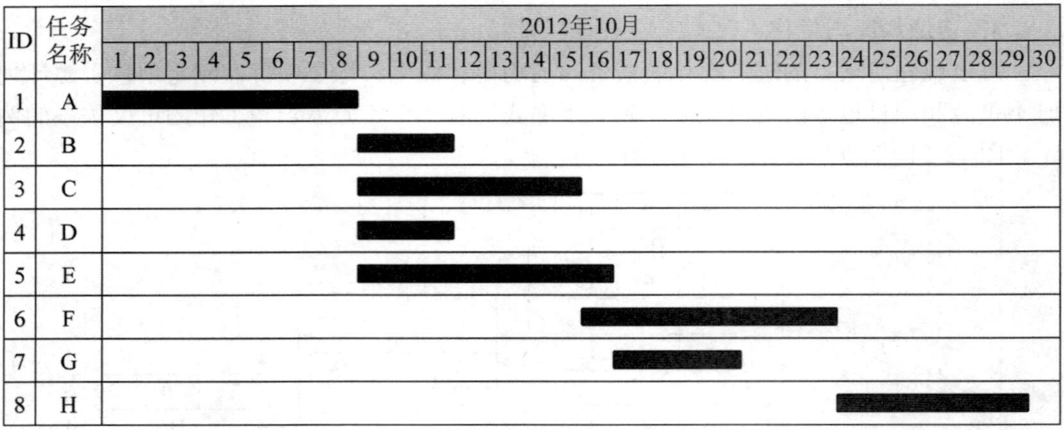

ID	任务名称	2012年10月 1-30
1	A	
2	B	
3	C	
4	D	
5	E	
6	F	
7	G	
8	H	

图 12-22　最早开始时间的进度计划甘特图

ID	任务名称	2012年10月 1-30
1	A	
2	B	
3	C	
4	D	
5	E	
6	F	
7	G	
8	H	

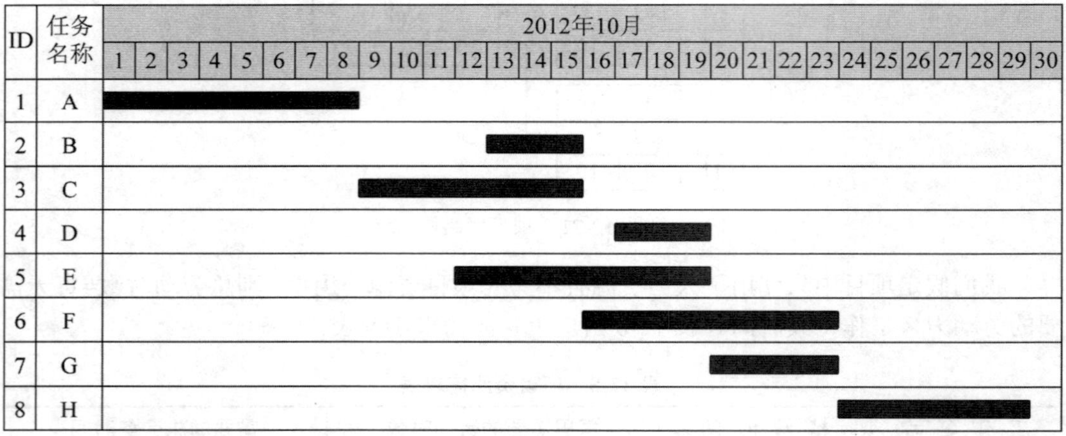

图 12-23　最迟开始时间的进度计划甘特图

从最早开始时间和最迟开始时间分别计算其在各阶段的资源需求量如表 12-9 和表 12-10 所示。

表 12-9　最早开始时间资源需求量表

工期（日）	1	2	3	4	5	6	7	8	9	10
需求量（工日）	8	8	8	8	8	8	8	8	26	26

工期（日）	11	12	13	14	15	16	17	18	19	20
需求量（工日）	26	8	8	8	8	12	13	13	13	13

工期（日）	21	22	23	24	25	26	27	28	29	
需求量（工日）	7	7	7	7	7	7	7	7	7	

表 12-10 最迟开始时间资源需求量表

工期（日）	1	2	3	4	5	6	7	8	9	10
需求量（工日）	8	8	8	8	8	8	8	8	3	3
工期（日）	11	12	13	14	15	16	17	18	19	20
需求量（工日）	3	8	16	16	16	12	22	22	22	13
工期（日）	21	22	23	24	25	26	27	28	29	
需求量（工日）	13	13	13	7	7	7	7	7	7	

分析表 12-9 和表 12-10 可以看，首先两个进度计划中的资源需求量的峰值，最早时间是 26 个工日，最晚时间是 22 个工日，峰值所在区段也不同；其次两个进度计划中的资源需求量的最小值，最早时间是 7 个工日，最晚时间是 3 个工日；它们资源需求最大量和最小量差距都是 19 个工日，对资源需求量的波动值都较大。

资源均衡就是在项目的资源需求分布中，为使各工作的资源需求均衡，波动量最小，对总时差或自由时差进行的再次分配。资源均衡是以比较均衡稳定的资源使用率能够导致比较低的资源成本这一假设为前提的。

资源均衡的一般步骤是首先以最早开始进度计划和非关键工作为依据，从具有最大自由时差的工作开始，逐步推迟某个工作的开始时间，分别计算资源需求量的分布状况，选择资源变动量最小的进度计划作为资源均衡结果。

例如，在本项目中，A、C、F、H 为关键路径，保持不变，逐步调整非关键路径的工作进度，分别计算资源需求分布量，按照资源均衡性和最大最小差值较小为目标，选择一个进度方案。如图 12-24 所示是项目进度计划调整后的一种甘特图，调整时，以降低峰值和资源均衡为目标，分流 B、D 的用工安排，推迟 B 和 E 的开始时间。得到进度调整后的资源需求量如表 12-11 所示。项目资源需求峰值为 16 个工作日，最小值为 7 个工作日，最大值和最小值的差是 9 个工日，资源需求分布均衡性明显改善。

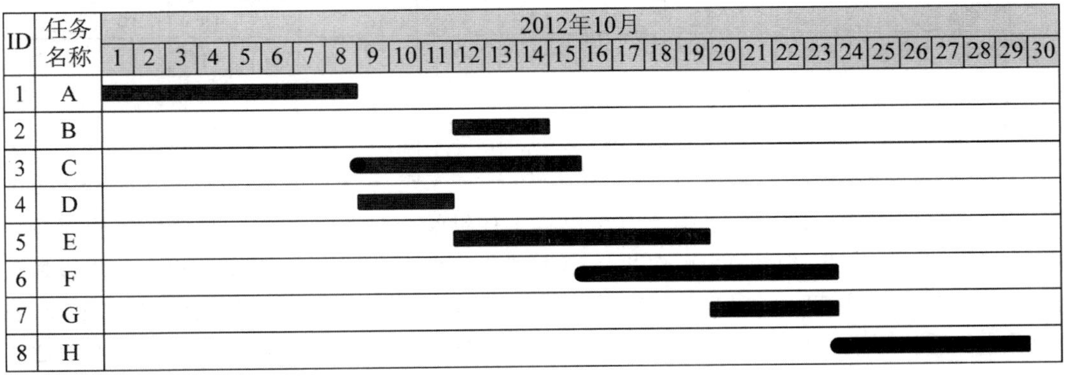

图 12-24 调整甘特图

表 12-11　进度调整后的资源需求量表

工期（日）	1	2	3	4	5	6	7	8	9	10
需求量（工日）	8	8	8	8	8	8	8	8	13	13

工期（日）	11	12	13	14	15	16	17	18	19	20
需求量（工日）	13	16	16	16	8	12	12	12	12	13

工期（日）	21	22	23	24	25	26	27	28	29
需求量（工日）	13	13	13	7	7	7	7	7	7

对于规模较小的项目来讲，这样的方法实用而有效，但是，并非十分可靠，我们也可以从最迟开始进度计划着手，检查有时差的工作向项目开始移动的影响。如果几个项目共同使用多种不同类型的资源，并且工作的数目很大时，资源的均衡问题就会比较复杂，针对这种情况，可以借助一些成熟的应用软件来解决项目管理中的资源均衡问题。

除了上述的资源优化外，许多项目都存在资源不足或工期被要求提前结束，此时都会发生资源的需求超过可以实际利用的情况，这就是资源约束。在资源约束的条件下，如何按照计划完成项目目标，这也需要资源均衡和优化。一般可以采取以下的几种技术：

（1）用较低的资源使用量完成工作。对项目中有工期可以延长的工作，可以采用较少的资源就能完成的工作有效。例如上例中，提出每天最大可以使用的 15 个工日，从资源均衡后的需求如表 12-12 所示，依然不能满足该资源约束的条件。此时，分析超过约束的时间，在 12 至 14 日，资源需求量是 16 个工日。从甘特图可以看出，可以将 E 的工期延长 2 天，其每天需求的工量变为 4 个工日。调整结果如表 12-12 所示。

表 12-12　进度调整后的资源需求量表

工期（日）	1	2	3	4	5	6	7	8	9	10
需求量（工日）	8	8	8	8	8	8	8	8	13	14

工期（日）	11	12	13	14	15	16	17	18	19	20
需求量（工日）	14	15	15	15	7	11	11	11	11	13

工期（日）	21	22	23	24	25	26	27	28	29
需求量（工日）	13	13	13	7	7	7	7	7	7

（2）分解工作。对于项目中含有可以将工作继续分解为子工作，且分解工作对项目整体逻辑关系不产生影响的，可以采用该方法优化资源需求量。例如上例中，假设每天的资源约束条件是 14 个工日，且 E 是可以分解的。将分解为两个子工作 E1 和 E2，E1 工期是 4 天，每天分配 3 个工日，则 12 至 15 日的总工量需求每天减少 2 个工日；E2 工期是 4 天，每天分配 7 个工日，则 16 至 19 日的总工量需求每天增加 2 个工日，调整结

果如表 12-13 所示。

表 12-13 进度调整后的资源需求量表

工期（日）	1	2	3	4	5	6	7	8	9	10
需求量（工日）	8	8	8	8	8	8	8	8	13	13

工期（日）	11	12	13	14	15	16	17	18	19	20
需求量（工日）	13	14	14	14	6	14	14	14	14	13

工期（日）	21	22	23	24	25	26	27	28	29
需求量（工日）	13	13	13	7	7	7	7	7	7

（3）调整网络。当项目管理人员在保障项目计划前提下调整网络逻辑关系，例如进行工作分解、串并行关系调整等，来模拟和分析约束条件，选择恰当方案，解决约束条件下的资源均衡和优化。

（4）其他。例如可以使用替代资源解决资源短缺问题。有时，在正常资源约束条件下，无论如何调整也不可能按照要求完成项目任务，此时必须增加经费投入或拖延工期，此时需要比较增加费用和项目工期延长导致的成本增加量来选择合适的资源调整方案。

在资源优化中，资源使用率也是一个重要的测量指标。资源使用率是指资源的使用时间的比率。例如，某项目的工期为 22 周，每周可以使用 12 个工日，则总共有 12（工日/周）×22（/周）＝264 个工日，由于在 22 周的时间内，用于完成该项目所有工作的资源只有 196 个工日，其资源的使用率为 196/264＝0.74。对于所有的项目和资源来说，运用资源均衡和资源优化分配技术，可以获得较高的资源使用率。

在项目中，进行资源分配的一般途径是先假设没有资源使用方面的限制，并从一条简单的关键线路着手进行分析；然后，检查分配结果是否是可行的。在资源优化和分配的过程中，经常会出现资源的需求量超过可供利用的资源量的情况。此时应根据资源分配的优先原则进行资源调整。常见的优先顺序是：①具有最小时差的工作；②最迟完成时间最小的工作；③需要资源量最多或最少的工作；④工期较短或工期较长的工作。

12.4 电子商务项目费用和风险管理

12.4.1 费用计划与控制概述

项目的费用计划与控制是项目费用管理的主要内容。由项目的定义知，项目是在资源和时间约束下，为完成某一独特的产品或服务所做的一次性努力。项目在执行过程中必须对资源消耗，即费用进行严格管理，项目费用计划是在项目计划阶段要做的工作，其内容包括确保在限定的预算内完成项目的资源计划过程、成本估计过程、成本预算过程；项目费用控制则是在项目执行过程中要做的工作，其内容包括成本变更控制、绩效测量、挣得值分析、补充计划编制、修正成本占算、更新预算、采取纠偏措施和完工估算等。项目的费用计划是项目费用控制的基础。

项目费用估算就是估计未完成项目的各个工作所必需的资源费用的近似值。资源包括要获得项目目标所需要的各种资源或需要支出的各种费用，诸如人力资源（劳动力或程序员等）、原材料、管理费用等。在进行费用估算时，要考虑经济环境（如通货膨胀、税率、利息率和汇率等）的影响，并以此为基准对估算结果进行适当的修正。当费用估算涉及到重大的不确定因素时，应设法减小风险，并对余留的风险考虑适当的应急备用金。费用估算的依据包括工作分解结构、资源要求、资源单价、活动历时估算、历时信息及账目表；在费用估算中使用的工具和技术包括类比估算法、参数模型法、自下而上估算法及相应的计算机辅助工具；项目费用估算的结果是确定项目费用估算值、详细依据及费用管理计划。

项目预算也称项目费用计划，其目的就是在费用估算的基础上，将估算的项目费用基于 WBS 分配到每一项具体的工作上，作为衡量项目执行情况和控制费用的基准之一。项目费用预算的依据包括费用估算的结果、工作分解结构和项目进度计划，项目预算中使用的工具和技术主要是费用估算的工具和技术，项目预算的结果是费用基准计划。所谓费用基准计划就是按时间分段的预算，它是按项目进度计划将各工作单元的预算费用累加而得到的。在项目的生命周期内，项目的各项工作根据项目进度计划开始、执行和完成，所发生的累计预算费用形成了一条 S 形曲线，该曲线是在项目执行过程中基于预算来考核项目执行进度偏差和实际费用偏差的依据，所以也称为项目的费用基准计划或预算基线。

项目费用控制的依据包括费用基准计划、绩效报告、变更请求及费用管理计划，费用控制中使用工具和技术包括费用偏差控制程序、绩效测量方法、挣得值分析、补充计划编制及项目管理软件，非费用控制的结果包括修正的费用估算、更新的预算、纠偏措施、完工估算及相应的总结。

项目费用计划是项目管理的一个重要方面。在传统的项目管理中，费用管理是和进度（时间）管理、质量管理并重的三大方面；在现代的项目管理中，它仍然是项目管理中的一个主要的要素，项目费用计划的质量，直接影响了项目进行的质量，费用计划的执行情况也是考察项目经理绩效的一个主要指标。

12.4.2 风险管理概述

项目风险一般是指影响项目目标实现的不确定因素的集合。项目不确定因素的来源一是技术、性能和质量风险，例如采用新技术或技术创新是提高项目绩效的重要手段，但许多新的技术未经证实或并未被充分掌握，可能会影响项目的成功，从而产生风险；二是项目管理中存在的风险，如：项目计划的时间、资源分配等，管理活动中产生的错误或失误，也可能造成项目的损失；另外还有项目组织过程中所产生的风险、各类信用风险及项目外部风险等，都是项目产生风险的因素。

项目风险的管理是对项目风险进行规划、识别、分析和应对的系统的过程。风险管理是用系统的、动态的方法进行风险控制，以减少项目实行过程中的不确定性。它不仅使各层次的项目管理者建立风险意识，重视风险问题，防患于未然，而且在各个阶段、各个方面实施有效的风险控制，形成一个前后连贯的管理过程。

风险管理有四个方面的含义：①项目全过程的风险管理，从项目的立项到项目的结束，都必须进行风险的研究与预测、过程控制以及风险评价，实行全过程的有效控制以及积累经验和教训；②对全部各种类型风险的管理；③全方位的管理；④全面的组织措施。

风险管理的目标是：①使项目获得成功；②为项目实施创造安全的环境；③降低成本，提高利润；④保证项目质量；⑤保证项目按计划、有节奏地进行，使项目实施始终处于良好的受控状态；⑥使竣工的项目效益稳定；⑦树立信誉，扩大影响；⑧应付特殊变故。项目风险管理普遍适用于军事、工业、高新技术、建筑等不同领域中。对于研发项目、现代大型工程项目、国际承包工程项目等风险较大的项目，特别要注意对项目进行风险管理，以提高项目成功的概率。

项目风险管理的过程是针对有预警信息的风险，收集这类信息去识别和预测项目风险，并通过跟踪其发生和变化来采取各种措施进行控制。项目风险管理的过程可分为风险规划、风险识别、风险分析、风险应对和风险监控等五个过程。

风险规划是指制定项目风险管理的一整套计划。它主要包括在项目整个生命周期中，如何构架和执行风险管理的识别、分析、应对、监控等各个过程，如选择合适的风险管理方法、确定风险判断的依据等。

项目风险识别是指运用一定的方法判断在项目周期中已面临的和潜在的风险。识别风险可以通过感性认识和经验，更重要的是通过运用会计、统计、项目执行情况和风险记录进行分析、归纳和整理项目风险的识别过程。风险识别是管理风险的重要步骤，对项目风险识别的方法有很多，如有系统分解法、德尔菲（Delphi）法（又称专家调查法）、头脑风暴法、情景分析法等。

风险分析的目的是确定每个风险对项目影响的大小，可以采取定量分析或定性分析的方法。定量分析方法对已经识别出来的项目风险进行量化估计，定量分析技术在很大程度上取决于统计方法，如蒙特卡罗模拟法是随机地从每个不确定风险因素中抽取样本，之后进行一次整个项目计算，重复进行成百上千次，模拟各种各样的不确定性组合，获得各种风险组合下的结果，并使用统计方法处理这些结果数据，找出其中的规律。

定性分析技术主要依赖于主观判断，如主观评分法、层次分析法等。项目风险的定性识别最简单的办法就是把识别出的风险列在一个表中，最严重的放在最上面，其余按照其后果的严重程度由大到小依次排列，如主观评分法是在识别出每一个风险之后，为每一个风险赋予一个权值，事先设定一个风险评价基准，将各个风险的权值相加，再与风险评价基准进行比较，超过评价基准的风险予以保留，小于的则从风险表中删除。

　　风险应对是指对项目风险提出处理的意见和办法。通过对项目风险的识别和分析，已经得到了项目风险发生的概率和损失严重程度的排列，再综合考虑项目的目标、内外部环境等因素，与公认的安全指标相比较，就可以得出项目的危险等级。如果项目的危险等级过高，超过了可以接受的限度，那么可以停止项目的进行。如果项目的危险等级在可接受的范围内，就需要针对项目存在的风险因素，决定采取什么措施来消除风险因素或减少风险因素的危险性，即制定风险应对计划。一般来说，处理风险的措施有避免风险、预防风险、转移风险、自留风险和制订应急措施等。避免风险是指当项目风险潜在威胁发生可能性太大时，采取主动放弃或改变项目活动的方式，以避免与该项目活动相联系的风险的一种策略。预防风险是指事先采取一定的措施来防止风险因素出现或减少已存在的风险因素。转移风险措施多用于发生概率小，但是损失大，或者项目组织者很难控制的风险。这类风险可以通过合同或购买保险等方式来将其转移给分包商或保险商。自留风险是将风险事件的不利后果自己承担下来。风险自留可以是主动的，也可以是被动的。主动承担是指在风险规划时对一些风险已有了准备，当事件发生时马上执行应急计划；被动承担是指事先并没有认识到某些风险的存在，当风险发生造成的损失不大、不影响项目大局时，通过内部融资的方式弥补所遭受的损失。自留风险是最简单的风险应对方法，当采取其他方法的费用超过风险事件造成的损失时，就可以采取自留风险的方法。制订应急措施就是对已识别的风险事件确定发生时的行动步骤，包括施救方案和应该采取的措施、实施步骤、相关人员的职责等。

　　在项目实施过程中，应随时注意风险监控，它包括两个层面的工作：一是跟踪已识别风险的发展变化情况，包括在整个项目周期内，风险产生的条件和导致的后果变化，衡量风险减缓计划需求；二是根据风险的变化情况及时调整风险应对计划，并对已发生的风险及其产生的遗留风险和新增风险及时识别、分析，并采取适当的应对措施。

本章小结

　　本章以电子商务项目控制与优化为核心，先介绍了电子商务项目和项目管理的基本概念，了解电子商务项目管理的内容和计划控制的制定。本章重点介绍了项目进度计划与控制、网络计划调整与优化的相关内容和常用方法，最后简要介绍了项目费用计划控制和风险管理的基本概念。在项目计划及控制小节，重点介绍了项目进度计划和控制的概念，简要介绍了工作分解结构图的概念和用法，并着重介绍项目控制方法中甘特图和网络图的概念和基本要素，通过实例，重点介绍了甘特图和单代号和双代号网络图绘制方法和基本应用，同时介绍了项目关键路径的确定方法，并就进度监测和控制的相关概念和方法进行了简要介绍。在网络计划调整和优化小节，重点介绍了网络计划调整与优化的基本概念和方法、进度控制及计划优化的基本内涵，介绍了时间成本平衡法和时间优化法的目标,通过实例,重点介绍了时间成本平衡和时间优化的基本方法。在资源计划和均衡小节,简要介绍了资源计划的基本概念,重点介绍了资源计划的方法和基本工具,并通过实例讲解了资源均衡与优化的基本方法。最后对项目费用计划与控制的基本概念和内涵、项目风险管理的基本概念进行了简要介绍。

参考文献

[1] 白思俊. 项目管理导论[M]. 北京:机械工业出版社,2018.
[2] 丹尼斯·洛克. 项目管理[M]. 北京:电子工业出版社,2009.
[3] 曾旗. 现代生产与运作管理[M]. 北京:中国矿业大学出版社,2001.
[4] 左美云. 电子商务项目管理[M]2 版. 北京:中国人民大学出版社,2014.
[5] 刘四青. 电子商务项目管理[M]. 重庆:重庆大学出版社,2010.
[6] (美)克罗彭伯格. 现代项目管理[M]. 北京:机械工业出版社,2010.

第 13 章　电子商务新技术与新应用

13.1　云计算

13.1.1　云计算相关概念

1．云计算基本概念

云计算（Cloud Computing）是一种通过网络统一组织和灵活调用各种 ICT 信息资源，实现大规模计算的信息处理方式。云计算利用分布式计算和虚拟资源管理等技术，通过网络将分散的 ICT 资源（包括计算与存储、应用运行平台、软件等）集中起来形成共享的资源池，并以动态按需和可度量的方式向用户提供服务。用户可以使用各种形式的终端（如 PC、平板电脑、智能手机甚至智能电视等）通过网络获取 ICT 资源服务。

"云"是对云计算服务模式和技术实现的形象比喻。"云"由大量组成"云"的基础单元（云元，Cloud unit）组成。"云"的基础单元之间由网络相连，汇聚为庞大的资源池。

2．云计算核心特征

云计算具备四个方面的核心特征：

（1）宽带网络连接，"云"不在用户本地，用户要通过宽带网络接入"云"中并使用服务，"云"内节点之间也通过内部的高速网络相连；

（2）对 ICT 资源的共享，"云"内的 ICT 资源并不为某一用户所专有；

（3）快速、按需、弹性的服务，用户可以按照实际需求迅速获取或释放资源，并可以根据需求对资源进行动态扩展；

（4）服务可测量，服务提供者按照用户对资源的使用量进行计费。

3．云计算服务

自 20 世纪 90 年代末出现以来，云计算服务已经经历了十多年的发展历程。云计算服务真正受到整个 IT 产业的重视是始于 2005 年亚马逊推出的 AWS 服务，产业界认识到亚马逊建立了一种新的 IT 服务模式。在此之后，谷歌、IBM、微软等互联网和 IT 企业分别从不同的角度开始提供不同层面的云计算服务。云服务正在逐步突破互联网市场的范畴，政府、公共管理部门、各行业企业也开始接受云服务的理念，并开始将传统的自建 IT 方式转为使用公共云服务方式。

按照云计算服务提供的资源所在的层次，可以分为 IaaS（基础设施即服务）、PaaS（平台即服务）和 SaaS（软件即服务）。

IaaS 是基础设施类的服务，将成为未来互联网和信息产业发展的重要基石。互联网乃至其他云计算服务的部署和应用将会带来对 IaaS 需求的增长，进而促进 IaaS 的发展；同时，大数据对海量数据存储和计算的需求，也会带动 IaaS 的迅速发展。IaaS 也是一种"重资产"的服务模式，需要较大的基础设施投入和长期运营经验的积累，单纯出租资源的 IaaS 服务盈利能力比较有限。

PaaS 服务被誉为未来互联网的"操作系统"，也是当前云计算技术和应用创新最活跃的领域，与 IaaS 服务相比，PaaS 服务对应用开发者来说将形成更强的业务粘性，因此 PaaS 服务的重点并不在于直接的经济效益，而更着重于构建和形成紧密的产业生态。

SaaS 服务是发展最为成熟的一类云服务。传统软件产业以售卖拷贝为主要商业模式，SaaS 服务采用 Web 技术和 SOA 架构，通过互联网向用户提供多租户、可定制的应用能力，大大缩短了软件产业的渠道链条，使软件提供商从软件产品的生产者转变为应用服务的运营者。

13.1.2 云计算技术

1. 云计算技术架构

在云计算技术架构中，由数据中心基础设施层与 ICT 资源层组成的云计算"基础设施"和由资源控制层功能构成的云计算"操作系统"，是云计算相关技术的核心和发展重点，如图 13-1 所示。

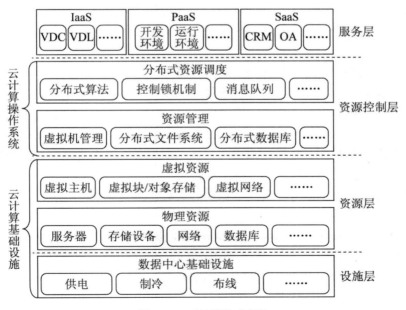

图 13-1 云计算技术架构

云计算"基础设施"是承载在数据中心之上的，以高速网络（如以太网）连接各种物理资源（服务器、存储设备、网络设备等）和虚拟资源（虚拟机、虚拟存储空间等）。云计算基础设施的主要构成元素基本上都不是云计算所特有的，但云计算的特殊需求为这些传统的 ICT 设施、产品和技术带来了新的发展机遇。如数据中心的高密度、绿色化和模块化，服务器的定制化、节能化和虚拟化等；而且一些新的 ICT 产品形式将得到长足的发展，并可能形成新的技术创新点和产业增长点，如定制服务器、模块化数据中心等。

云计算"操作系统"是对 ICT 资源池中的资源进行调度和分配的软件系统。云计算"操作系统"的主要目标是对云计算"基础设施"中的资源（计算、存储和网络等）进行统一管理，构建具备高度可扩展性，并能够自由分割的 ICT 资源池；同时向云计算服务层提供各种粒度的计算、存储等能力。

2. 云计算关键技术

1)"基础设施"关键技术

云计算"基础设施"关键技术包括服务器、网络和数据中心相关技术。

（1）服务器相关技术。服务器是云计算系统中的基础节点。为了实现云计算的低成本目标，云计算系统中多采用 X86 服务器，并通过虚拟化提高对服务器资源的利用率。

X86 服务器的虚拟化技术比较成熟。虚拟化主要有裸金属虚拟化和寄居虚拟化两种方式，其中裸金属虚拟化在性能、资源占用等方面具有综合优势，是应用最为广泛的一种虚拟化方式。

（2）云计算相关网络技术。云可以看作是一个庞大的网络系统。一个云内可以包含数千，甚至上万台服务器，虚拟化技术的普遍采用使实际网络节点的数量更加巨大，因此用于连接云内各个节点（云元）的网络就成为实现高效的计算和存储能力的关键环节之一。

云计算相关网络技术主要解决以下三个问题：

①虚拟机流量的接入与控制。由于虚拟机的引入，虚拟机间流量的交换可能深入到网卡内部进行，使得原本服务器与网络设备之间在网络接入层比较清晰的界限被打破。

②数据中心内部横向流量的承载。在云计算数据中心中，出于对虚拟机"热迁移"的需要，汇聚层仍然采用二层网络组网，这使得汇聚层二层网络规模大大增加，原有生成树协议的阻塞模式将造成链路的大量浪费。

③数据、存储网络的融合。传统数据中心中存在两类网络：连接服务器的以太网，连接服务器和存储设备的光纤存储网（FC）。两张网络的并存提高了建设和运行管理成本，为了适应云计算低成本的需要，数据网络和存储网络的融合成为一种趋势。

（3）数据中心相关技术。云计算使数据中心向大型化发展，也带来节能的迫切需求。据统计，2010 年数据中心能耗已经占全球总能耗的 1.3%，绿色化刻不容缓。

在数据中心的能耗中，IT 设备、制冷系统和供配电系统占主要部分，因此数据中心的节能技术主要围绕这三个方面。对于 IT 设备而言，其节能技术发展重点是在相同负载下，通过虚拟化、处理器降频、自动休眠和关闭内核等技术，使设备在获得更好性能的同时降低耗电量。对制冷系统来说，一方面可通过尽量采用自然冷却（Free Cooling）的方式降低能耗；另一方面，可通过热管理技术（冷热风道设计、送风和会风路径设计等）改善数据中心气流组织，实现制冷量的精确供给和按需分配，从而节省制冷系统的能耗。对供配电系统来说，主要节能技术包括选用高效率的、模块化的 UPS 电源；进行合理的 IT 设备与供电设备布局，减少供电线路损耗；采用高压直流提高供电可靠性和电源使用率、降低电量损耗并增强系统可维护性。

2）"操作系统"关键技术

云计算"操作系统"的主要关键技术包括实现底层资源池化管理的"资源池"管理技术和向用户提供大规模存储、计算能力的分布式任务和数据管理技术。

（1）"资源池"管理技术。"资源池"管理技术主要实现对物理资源、虚拟资源的统一管理，并根据用户需求实现虚拟资源（虚拟机、虚拟存储空间等）的自动化生成、分配、回收和迁移，用以支持用户对资源的弹性需求。

云计算"资源池"管理技术与传统 IT 管理软件的主要区别是实现了虚拟资源的"热迁移"，即在物理主机发生故障或需要进行维护操作时，将运行在其上的虚拟机迁移至其他物理主机，同时保证用户业务不被中断。

"热迁移"的重要前提是物理服务器使用共享存储器，并且虚拟机的迁移与网络配置的迁移同时进行。

（2）分布式任务和数据管理技术。云计算对分布式任务和数据管理的需求主要来源于业界对"大数据"的处理需求。分布式任务管理技术要实现在底层大规模 ICT 资源上进行分布式的海量计算，并对大量结构化与非结构化的数据进行存储与管理。

3. 云计算技术发展

1）GPU 云化降低高性能计算使用门槛

计算多样化的时代，数据的爆炸愈演愈烈，人工智能、虚拟现实等技术的突飞猛进对高性能计算的需求陡然剧增，CPU 性能增速放缓，由 CPU 和 GPU 构成的异构加速计算体系，成为整个计算领域的必然趋势，GPU 在高性能计算领域的作用愈发明显。

AI 基础设施市场爆发，GPU 用量猛增。近几年，国家政策的导向与资本市场的推动造就了人工智能产业的快速发展，生态逐渐趋于完善，在一定程度上拉动了对基础设施的算力需求。GPU 服务器的超强并行计算能力与人工智能相得益彰，得到长足发展。

GPU 云化可大幅缩减交付周期与使用成本，降低使用门槛。GPU 服务器势头强劲的同时也伴随一些问题，服务器造价高昂、交付实施周期长、配置复杂等限制了 GPU 的使用范围。GPU 云化成为破解这一症结的有效方案，GPU 云主机可以实现小时级的快速交付，更及时地响应用户需求，灵活的计费模式实现真正的按需计费，大大减少了使用成本。GPU 云服务使 GPU 的强大算力向更宽广的范围蔓延，深度赋能产学研领域。

GPU 云服务可针对不同应用场景优化配置，易用性大幅提升。根据中国信息通信研究院的可信云 GPU 评估结果显示，国内主流云服务商的 GPU 产品均针对特定的使用场景进行了优化，对科学计算、图形渲染、机器学习、视频解码等热门应用领域分别推出不同规格的实例，更加贴合应用；预先集成的 GPU 加速框架，免除了纷繁复杂的配置工作。

2）服务网格开启微服务架构新阶段

（1）微服务架构技术发展愈加成熟。微服务作为一种崭新的分布式应用解决方案在近两年获得迅猛发展。微服务指将大型复杂软件应用拆分成多个简单应用，每个简单应用描述着一个小业务，系统中的各个简单应用可被独立部署，各个应用之间是松耦合的，每个应用仅关注于完成一件任务并很好地完成该任务。相比传统的单体架构，微服务架构具有降低系统复杂度、独立部署、独立扩展、跨语言编程等特点。与此同时，架构的灵活、开发的敏捷同时带来了运维的挑战。应用的编排、服务间的通信成为微服务架构设计的关键因素。目前，在微服务技术架构实践中主要有侵入式架构和非侵入式架构两种实现形式。

（2）微服务架构行业应用深入，侵入式架构占据主流市场。微服务架构在行业生产中得到了越来越广泛的应用，例如 Netflix 已经有大规模生产级微服务的成功实践。而以 SpringCloud 和 Dubbo 为代表的传统侵入式开发架构占据着微服务市场的主流地位。侵入式架构将流程组件与业务系统部署在一个应用中，实现业务系统内的工作流自动化。随着微服务架构在行业应用中的不断深入，其支持的业务量也在飞速发展，对于架构平台的要求也越来越高。由于侵入式架构本身服务与通信组件互相依赖，当服务应用数量越来越多时，侵入式架构在服务间调用、服务发现、服务容错、服务部署、数据调用等服务治理层面将面临新的挑战。

（3）服务网格推动微服务架构进入新时代。服务网格是一种非侵入式架构，负责应用之间的网络调用、限流、熔断和监控，可以保证应用的调用请求在复杂的微服务应用拓扑中可靠地穿梭。服务网格通常由一系列轻量级的网络代理组成（通常被称为 SideCar 模式），与应用程序部署在一起，但应用程序不需要知道它们的存在。服务网格通过服务发现、路由、负载均衡、健康检查和可观察性来帮助管理流量。自 2017 年初第一代服务网格架构 Linkerd 公开使用之后，Envoy、Conduit 等新框架如雨后春笋般不断涌现。2018 年初 Google、IBM 和 Lyft 联合开发的项目 Istio 的发布，标志着服务网格带领微服务架构进入新的时代。

3）无服务架构助力企业应用开发函数模块化

近年来，互联网服务从最早的物理服务器托管、虚拟机、容器，发展到如今的函数即服务（FaaS），即无服务架构。无服务架构是一种特殊类型的软件体系结构，在没有可见的进程、操作系统、服务器或者虚拟机的环境中执行应用逻辑，这样的环境实际上运行在操作系统之上，后端使用物理服务器或者虚拟机。它是一种"代码碎片化"的软件架构范式，通过函数提供服务。函数即一个可以在容器内运行的小的代码包，提供的是相比微服务更加细小的程序单元。具体的事件会唤醒函数，当事件处理完成时完成调用，代码消失。

2014 年，AWS 推出首个业界云函数服务 Lambda。随后几年，各大云计算厂商相继推出自己的云函数服务，不同厂商的函数计算服务所支持的编程语言和函数触发的事件源各有不同。随着无服务架构的兴起，越来越多的开源项目如 OpenWhisk、OpenFaaS、Kuberless 等开始参与其中，并凭借各自特点正在影响着无服务架构的技术走向。

无服务架构将服务器与应用解耦，降低了运维成本，带动了规模经济效益。无服务架构的横向伸缩是完全自动化高弹性的，由于只调用很小的代码包，调用和释放的速度更快了，用户只需为自身需要的计算能力付费，计费粒度可细化至秒级。服务器部署、存储和数据库相关的所有复杂性工作都交由服务商处理，软件开发人员只需专注于与核心业务相关的开发工作，更有效地贯彻敏捷开发理念。同时，服务商运营管理着预定义的应用进程甚至是程序逻辑，当同时共用同一服务的用户达到一定量级将会带来较大的规模经济效益。

无服务架构促进持续部署成为新常态。无服务架构可以用来实现业务灵活性的持续部署。通过全自动化的基础设施堆栈的配置和代码部署，让任何并入主干中的代码更改都自动升级到包括生产环境在内的所有环境，可以对任何环境进行应用或回滚变更。当前主流技术架构下持续部署对许多公司仍旧难以实现，无服务技术可以有效弥补用户运维水平的不足，将持续部署带来的红利惠及更广范围。

无服务架构打破了以往的惯性思维，并提供了一个极具成本效益的服务。无服务架构仅有两年的历史，目前仍处于起步阶段。但在未来这个领域还会有更大的进步，它将带来软件开发和应用程序部署的一种全新体验。

4）IT 运维进入敏捷时代，智能化运维尚处起步阶段

（1）IT 运维从基础运维向平台运维、应用运维转型升级。随着云计算的发展，IT 系统变得越发复杂，运维对象开始由运维物理硬件的稳定性和可靠性演变为能够自动化部署应用、快速创建和复制资源模板、动态扩缩容系统部署、实时监控程序状态，以保证业务持续稳定运行的敏捷运维。同时，开发、测试、运维等部门的工作方式由传统瀑布模式向 DevOps（研发运营一体化）模式转变。从软件生命周期来看，第一阶段开发侧需运用敏捷实践处理内部的效率问题，第二阶段需基于持续集成构建持续交付，解决测试团队、运维上线的低效问题，第三阶段持续反馈需使用可重复、可靠的流程进行部署，监控并验证运营质量，并放大反馈回路，使组织及时对问题做出反应并持续优化更改，以提高软件交付质量，加快软件发布速度。

（2）DevOps 提升软件生命周期效率。DevOps 被定义为一组过程、方法与系统的统称，强调优化开发（Dev）、质量保障（QA）、运维（Ops）部门之间的沟通合作，解决运维人员人工干预较多、实时性差等痛点，变被动运维为主动运维，通过高度自动化工具链打通软件产品交付过程，使得软件构建、测试、发布更加快捷、频繁和可靠。据中国信息通信研究院的 DevOps 能力成熟度评估结果显示，金融机构核心业务仍采用集中式管理方式为主，但外围业务已经开始或已使用了分布式架构，自动化、智能化运维推动

金融行业的业务创新。而运营商向云化转型则更注重对云管理平台的需求，如能够支持资源的动态分配和调度、业务监控、故障分析预警、数据库监控以及日常运维的全流程。随着非结构化数据数量激增，运营商通过数据挖掘和分析技术，以提升客户满意度和业务效率是未来的发展目标。DevOps 实践贯穿软件全生命周期，提升了传统行业整体效率。

（3）智能化运维将成未来发展趋势。DevOps 拉近了运维管理体系，海量数据计算、存储、应用和安全等多种需求出现，运维需借助先进的自动化运维管理模式来实现大体量下的系统管理。在大数据技术的背景下，智能运维 AIOps 被提出，即 Artificial Intelligence for IT Operations。AIOps 是将人工智能应用于运维领域，通过机器学习的方式对采集的运维数据（日志、监控信息、应用信息等）做出分析、决策，从而达到运维系统的整体目标。目前，AIOps 主要围绕质量保障、成本管理和效率提升三方面逐步构建智能化运维场景，在质量保障方面，保障现网稳定运行细分为异常检测、故障诊断、故障预测、故障自愈等基本场景；在成本管理方面，细分为指标监控、异常检测、资源优化、容量规划、性能优化等基本场景；在效率方面，分为智能预测、智能变更、智能问答、智能决策等基本场景。AIOps 虽然在互联网、金融等行业有所应用，但仍处于发展初期，未来智能化运维将成为数据分析应用的新增长点和发展趋势。

5）边缘计算与云计算协同助力物联网应用

边缘计算是指在靠近物或数据源头的网络边缘侧，融合网络、计算、存储、应用核心能力的开放平台，就近提供边缘智能服务，满足行业数字化在敏捷联接、实时业务、数据优化、应用智能、安全与隐私保护等方面的关键需求。

边缘计算与云计算互为补充。在当今物联网迅猛发展的阶段，边缘计算作为物联网的"神经末梢"，提供了对于计算服务需求较快的响应速度，通常情况下不将原始数据发回云数据中心，而直接在边缘设备或边缘服务器中进行数据处理。云计算作为物联网的"大脑"，会将大量边缘计算无法处理的数据进行存储和处理，同时会对数据进行整理和分析，并反馈到终端设备，增强局部边缘计算能力。

边缘计算与云计算协同发展，打造物联网新的未来。在边缘设备上进行计算和分析的方式有助于降低关键应用的延迟、降低对云的依赖，能够及时地处理物联网生成的大量数据，同时结合云计算特点对物联网产生的数据进行存储和自主学习，使物联网设备不断更新升级。以自动驾驶汽车为例，通过使用边缘计算和云计算技术，自动驾驶汽车上的边缘设备将传感器收集的数据在本地进行处理，并及时反馈给汽车控制系统，完成实时操作；同时，收集的数据会发送至云端进行大规模学习和处理，使自动驾驶汽车的 AI 在可用的情况下从云端获取更新信息，并增强局部边缘的神经网络。

6）云网融合加速网络结构深刻变革

云网融合已经成为 ICT 发展的趋势。伴随着互联网进入大流量、广互联时代，业务需求和技术创新并行驱动加速网络架构发生深刻变革，云和网高度协同，不再各自独立。云计算业务的开展需要强大的网络能力的支撑，网络资源的优化同样要借鉴云计算的理念，随着云计算业务的不断落地，网络基础设施需要更好的适应云计算应用的需求，更好的优化网络结构，以确保网络的灵活性、智能性和可运维性。

云间互联是云网融合的一个典型场景。以云间互联为目标的网络部署需求日益旺盛。随着云计算产业的成熟和业务的多样化，企业可根据自身业务需求和实际成本情况选择不同的云服务商提供的云服务，这也形成了丰富的云间互联业务场景，如公有云内部互通、混合云和跨云服务商的公有云互通。据中国信息通信研究院的混合云评估结果显示，当前混合云的组网技术主要以 VPN 和专线为主，而 SD-WAN 由于其快速开通、灵活弹性、按需付费等特性也逐渐被人们所关注。在云间互联场景下，云网融合的趋势逐渐由"互联"向"云+网+ICT 服务"和"云+网+应用"过渡，云间互联只是过程，最终目的是达成云网和实际业务的高度融合，包括服务资源的动态调整、计算资源的合理分配以及定制化的业务互通等。

云网融合的另一个场景是电信云。电信云基于虚拟化、云计算等技术实现电信业务云化，基于 NFV、SDN 实现网络功能自动配置和灵活调度，基于管理与编排实现业务、资源和网络的协同管理和调度。电信云与云间互联不同，它更关注的是运营商网络的云化转型，包括核心网、接入网、传输网以及业务控制中心等多个层面的网元都可以按云化的方式部署，最终实现运营商网络的软化和云化。

7）开源技术成为云计算厂商共识

如今，开源社区逐渐成为云计算各巨头的战场，云计算厂商开始纷纷拥抱开源技术。

（1）容器方面。2017 年，微软、AWS 等云计算巨头厂商先后以白金会员身份加入 Linux 基金会旗下的云原生计算基金会（CNCF），以加强对 Kubernetes 开源技术的支持。阿里云更是在 2017 年两度晋级，从黄金会员到白金会员。截至 2018 年 3 月，CNCF 白金会员的数量达到 18 家，黄金会员数量 8 家，银牌会员的数量 148 家。

（2）虚拟化管理方面。以全球最大的云计算开源社区 OpenStack 为例，截止到 2018 年 7 月，共有白金会员 8 家，黄金会员 20 家，合作伙伴 104 家。其中，我国企业占据了一半的黄金会员席位。同时，华为、九州云、烽火通信、EasyStack、中兴等厂商在 OpenStack 各版本贡献中持续处于全球前列。此外，OpenStack 基金会的会员还包括 Intel、Red Hat、Rackspace、爱立信等国际巨头厂商。

4．云计算风险管理

1）云计算带来风险点变化

与传统 IT 系统相比，云计算面临的风险点发生变化，主要体现在如下几个方面：

（1）传统安全边界消失。传统自有 IT 系统是封闭的，对外暴露的只是网页服务器、邮件服务器等少数接口。因此，传统 IT 系统以"边界"为核心，利用防火墙、入侵防御等手段可以有效阻挡攻击。而在云计算环境下，云暴露在公开的网络中，虚拟化技术使得安全边界概念消失，基于物理安全边界的防护机制难以在云计算环境中得到有效的应用。

（2）用户具有动态性。云计算环境下，用户的数量和分类变化频率高，具有动态性和移动性强的特点，静态的安全防护手段作用被削弱，安全防护措施需要进行动态调整。

（3）更高的数据安全保护要求。云计算将资源和数据的所有权、管理权和使用权进行了分离，资源和数据不在本地存储，用户失去了对资源和数据的直接控制，再也不能像传统信息系统那样通过物理控制、逻辑控制、人员控制等手段对数据的访问进行控制。面对用户数据安全保护的迫切诉求和庞大的数据规模，云计算企业需要具有更高的数据安全保护水平和更先进的数据保护手段，以避免数据不可用、数据泄露等风险。

（4）合规检查更难。云计算企业必须符合广泛的、不断变化的法律法规要求。随着信息领域的迅速发展，各国、各行业都在加强相关的法律法规建设，云计算企业合规清单不断壮大，涉及网络、数据、信息等方方面面。由于云计算可能存在数据存储位置未知、数据来源难追溯、安全控制和责任缺乏透明性等问题，使得云计算企业和云客户在面临合规性检查时存在困难。如今年生效的欧盟《一般数据保护条例》（GDPR），首次对数据处理者的数据保护能力进行严格要求，赋予数据主体更多的权利，适用范围也大幅扩张。对于云服务商来说，在欧盟境内设立分支机构或服务于欧盟客户时应满足 GDPR 要求，而即使服务于非欧盟客户，非欧盟客户又服务于欧盟客户时，云服务商也适用 GDPR。不仅适用场景繁多，云服务商为满足 GDPR 要求所开展的工作也更加复杂。数据遍布于云环境，如何提高数据掌控与保护能力，满足用户多种权利，如何快速识别数据泄露事件，及时上报监管部门，都是云服务商合规的难点。

（5）多种外部风险。云计算企业搭建云平台时，可能会涉及购买第三方厂商的基础设施、运营商的网络服务等情况。基础设施、网络等都是决定云平台稳定运行的关键因素。因此，第三方厂商和运营商的风险管理能力将影响云计算企业风险事故的发生情况。同时，云计算企业在运营时，可能将数据处理与分析等工作分包给第三方合作企业，分包环节可能存在数据跨境处理、多方责任难界定等风险。

如图 13-2 所示云计算安全风险架构，对于云计算平台，IaaS 层主要考虑基础设施相关的安全风险，PaaS 层需要保证运行环境和信息的安全，SaaS 层从应用、Web、网络、业务、内容、数据等方面保证应用安全。在云平台的运营过程中，涉及复杂的人员风险、管理流程风险和合规风险。同时，云计算开源技术使用率不断攀升，开源风险也成为云计算领域的关注重点。

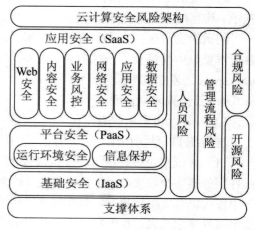

图 13-2　云计算安全风险架构

2）云计算带来风险责任变化

不同云计算企业提供云服务的侧重点不同，企业在使用云服务时，可能会涉及与多个云服务商的合作。任何一个云服务的参与者都需要承担相应的责任,不同角色的参与者在承担各自责任的同时,还需要与其他参与者协同合作,共同规避云平台风险事件的发生。

云计算责任共担模式在业界已经达成共识,但还没有统一的责任共担模型。已有部分厂商根据业务特点,建立了自己的责任共担模型。以亚马逊 AWS 为例,AWS 作为 IaaS+PaaS 为主的服务提供商,负责管理云本身的安全,即保护运行所有 AWS 云服务的基础设施。客户负责"云内部的安全",即业务系统安全。这种模式对于国内市场来说,可能会有局限性。在国内,尤其对于 SaaS 模式,很多用户仍会有"上云,安全就由云服务商负责"的误解。实际上,SaaS 模式下数据安全应由云服务商和客户共同负责,云客户应提高安全使用 SaaS 服务的能力,避免发生误删数据等风险事故。同时,不少信息技术水平较弱的客户,在接触云计算初期,安全风险防控能力不够强,购买 SaaS 服务后,会使用而不懂如何去进行安全防护,云服务商需要建立更强大的生态以保障云客户安全。

云服务提供商应基于云客户的需求,提供云主机等服务和相应的安全策略,同时负责维护云平台的高可用,在出现风险事件时,对基础环境、主机环境、网络环境甚至是应用环境进行故障定位、处置和总结。针对国内市场,在 SaaS 模式下,云服务商应充分考虑云客户安全防护能力水平,提前告知服务使用方法,在云客户存在疑问时,及时提供解答和帮助,避免发生不必要的安全事故。

云客户应基于云服务提供商提供的服务产品使用和安全说明,正确使用服务或产品,避免因为误操作、疏忽等因素造成云平台的风险,同时云客户应按照本公司风险管理要求,对云上信息系统进行风险评估与治理。

数据保护贯穿数据使用的整个生命周期,需要云客户与云服务提供商共同维护数据安全。

3)云计算风险管理手段多样化

传统 IT 系统在进行风险管理时,主要通过安全厂商进行安全检查、基于安全软件实现安全防护,而随着云计算风险点和风险责任的变化,除安全厂商外,云计算风险管理需要联动社会多方以提高风险管理能力,包括保险企业、第三方认证机构、监督管理机构等。

云计算风险管理手段主要包括:通过事前评估规避风险、事中监控发现风险、事后处置解决风险,建立完善的风险评估体系,全方位保障云平台稳定运行;以金融带动风险管理发展,通过云保险分担事故带来的损失;联合云计算企业、云客户、安全厂商多方建立云计算风险信息共享平台,实现企业互惠共赢。

13.1.3 云计算产业体系

云计算产业由云计算服务业、云计算制造业、基础设施服务业以及支持产业等组成,如图 13-3 所示。

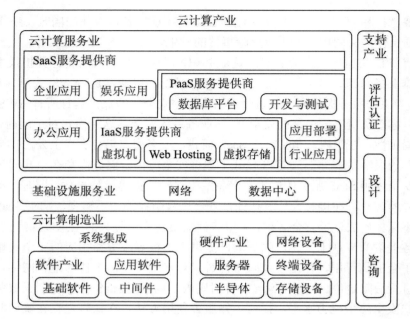

图 13-3 云计算产业体系

1. 云计算服务业

云计算服务业包括基础设施即服务（IaaS）、平台即服务（PaaS）和软件即服务（SaaS）。IaaS 服务最主要的表现形式是存储服务和计算服务，主要服务商如亚马逊、Rackspace、Dropbox 等公司。PaaS 服务提供的是供用户实施开发的平台环境和能力，包括开发测试、能力调用、部署运行等，提供商包括微软、谷歌等。SaaS 服务提供实时运行软件的在线服务，服务种类多样、形式丰富，常见的应用包括客户关系管理（CRM）、社交网络、电子邮件、办公软件、OA 系统等，服务商有 Salesforce、GigaVox、谷歌等。

2. 基础设施服务业

基础设施服务业主要包括为云计算提供承载服务的数据中心和网络。数据中心既包括由电信运营商与数据中心服务商提供的租用式数据中心，也包括由云服务提供商自建的数据中心。网络提供商现仍主要是传统的电信运营商，同时谷歌等一些云服务提供商也已经开始自建全球性的传输网络。

3. 云计算制造业

云计算制造业涵盖云计算相关的硬件、软件和系统集成领域。软件厂商包括基础软件、中间件和应用软件的提供商，主要提供云计算操作系统和云计算解决方案，知名企业如威睿（VMware）、思杰（Citrix）、红帽、微软等；硬件厂商包含网络设备、终端设备、存储设备、元器件、服务器等的制造商，如思科、惠普、英特尔等。一般来说，云计算软硬件制造商通过并购或合作等方式成为新的云计算系统集成商的角色，如 IBM、惠普等，同时传统系统集成商也在这一领域占有一席之地。

4. 云计算支持产业

云计算支持产业包括云计算相关的咨询、设计和评估认证机构。传统 IT 领域的咨询、设计和评估机构，如 Uptime、LEED、Breeam 等，均以不同程度涉足云计算领域。

13.1.4 云计算对电子商务的发展影响

1. 云计算在电子商务中的应用优势

1）投入成本节约化

传统电子商务企业为了维持正常的运作，需要购入大量的服务器、计算机等设备，并为设备更新及维修花费大量资金。然而，随着云计算逐渐应用到电子商务行业，电商企业只需要链接互联网，就能够使用强大的云计算功能。具体来说，云计算通过构建虚拟数据中心，把用户端的存储、传输以及计算功能聚集并形成一个虚拟数据池，通过网络传输数据信息，从而为客户端提供服务。因而，云计算的应用为电子商务企业节省了大量的设备准备及人才培养费用，大大降低了电商行业的投入成本。

2）数据存储安全化

传播快速、分布广泛的互联网在为网络用户带来便利的同时，也滋生了网络病毒的恶意传播，严重威胁着网络系统安全，一旦网络威胁发生、电子商务数据泄露，电商企业将面临巨大的经济损失。而云计算的应用，可以大大提高数据存储的安全性，为电商企业的发展提供安全保障。简单来说，云计算把电子商务数据存储到"云"中，"云"提供商自身专业的安全保护策略以及系统安全架构可以为电商企业的信息安全保驾护航。同时，相对于传统存储方式，云计算的权限管理十分严格，共享数据只能够向自身指定的群体传输。

3）商业活动便捷化

云计算的应用促进了商业活动进一步跨越时间以及空间范围的障碍，能够更加自由地进行移动交易。在云计算环境下，用户可以更加便捷地搜索所需求商品、浏览推荐产品、完成网络购物。云计算依靠联合众多个体计算机而形成一个整体，产生强大的计算能力，合理地调度信息资源、科学地分配计算任务，大大提高了商业活动的效率，为网络购物提供了个性化、自由化服务。

4）数据资源共享化

依靠云计算技术，电子商务行业能够把不同终端设备之间的数据互通互联，形成数据资源中心，存储在云端，并对合法访问云端的申请授予权限，用户通过终端设备联网，能够随时、随地对共享数据资源进行调取与访问。同时，用户可以自由地在共享资源中选择自己需求的信息，极大地方便了用户使用共享信息。相对于传统共享模式，当计算机出现故障时，共享数据受到的影响极小，因为云计算技术能够快速定位故障计算机，及时备份数据，同时选择另外的服务器来完成存储数据的任务。

2. 云计算应用背景下电子商务模式的转变

商务模式作为为企业创造利益的手段、一种商业活动的工具，具有紧跟时代发展、不断创新变革的特点。随着云计算技术的不断深入应用，电子商务模式也发生了革命性的转变。云计算应用背景下电子商务模式的转变可以体现在以下三个方面：

（1）应用模式方面。传统应用模式依靠的是计算机本地系统进行操作，而在云计算技术应用下，电子商务企业将 ERP、PDM 以及 OA 等数据资源存储在云端，云端下再链接人工服务。

（2）消费模式方面。传统的电商消费模式依靠的是由单机许可使用计算机软件产品及硬件产品，而云计算背景下企业使用的硬件及软件设备可以直接向 SAAS 层级过渡；同时，用户的消费模式逐渐转变到移动终端支付模式。

（3）外包模式方面。随着云计算在电子商务行业的应用，外包模式的应用范围已经不再仅仅局限于 IT 行业，并且已经逐步拓展到电商领域。在电子商务领域，外包模式包含人才资源外包、管理团队外包、决策运营外包等众多内容。并且基于 SAAS 模式，电子商务企业可以自由使用外包模式。外包模式的应用，促进了电子商务企业拓宽业务领域，完成行业升级转型。

13.2 大数据

13.2.1 大数据相关概念

1. 大数据概念

大数据的应用和技术是在互联网快速发展中诞生的，起点可追溯到 2000 年前后。当时互联网网页爆发式增长，每天新增约 700 万个网页，到 2000 年底全球网页数达到 40 亿，用户检索信息越来越不方便。谷歌等公司率先建立了覆盖数十亿网页的索引库，开始提供较为精确的搜索服务，大大提升了人们使用互联网的效率，这是大数据应用的起点。当时搜索引擎要存储和处理的数据，不仅数量之大前所未有，而且以非结构化数据为主，传统技术无法应对。为此，谷歌提出了一套以分布式为特征的全新技术体系，即后来陆续公开的分布式文件系统（Google File System，GFS）、分布式并行计算（MapReduce）和分布式数据库（BigTable）等技术，以较低的成本实现了之前技术无法达到的规模。这些技术奠定了当前大数据技术的基础，可以认为是大数据技术的源头。

伴随着互联网产业的崛起，这种创新的海量数据处理技术在电子商务、定向广告、智能推荐、社交网络等方面得到应用，取得巨大的商业成功。这启发全社会开始重新审视数据的巨大价值，于是金融、电信等拥有大量数据的行业开始尝试这种新的理念和技术，取得初步成效。与此同时，业界也在不断对谷歌提出的技术体系进行扩展，使之能在更多的场景下使用。2011 年，麦肯锡、世界经济论坛等知名机构对这种数据驱动的创新进行了研究总结，随即在全世界兴起了一股大数据热潮。

虽然大数据已经成为全社会热议的话题，但至今"大数据"尚无公认的统一定义。我们认为，认识大数据要把握"资源、技术、应用"三个层次。大数据是具有体量大、结构多样、时效强等特征的数据；处理大数据需采用新型计算架构和智能算法等新技术；大数据的应用强调以新的理念应用于辅助决策、发现新的知识，更强调在线闭环的业务流程优化。因此可以说，大数据不仅"大"，而且"新"，是新资源、新工具和新应用的综合体。

2. 大数据特点

业界通常用 Volume、Variety、Value、Velocity 这 4 个 V 来概括大数据的特点：

（1）数据体量巨大（Volume）。IDC 研究表明，数字领域存在着 1.8 万亿吉字节的数据。企业数据正在以 55%的速度逐年增长。实体世界中，数以百万计的数据采集传感器被嵌入到各种设备中，在数字化世界中，消费者每天的生活（通信、上网浏览、购物、分享、搜索）都在产生着数量庞大的数据。

（2）数据类型繁多（Variety）。数据可分为结构化数据、半结构化数据和非结构化数据。相对于以往便于存储的以文本为主的结构化数据，音频、视频、图片、地理位置信息等类型的非结构化数据量占比达到了 80%，并在逐步提升，有用信息的提取难度不断增大。

（3）价值密度低（Value）。价值密度的高低与数据总量的大小成反比。以视频为例，一部 1 小时的视频，在连续不间断监控过程中，可能有用的数据仅仅只有一两秒。

（4）时效性高（Velocity）。这是大数据区分于传统数据挖掘最显著的特征。数据的价值除了与数据规模相关，还与数据处理周期成正比关系。也就是，数据处理的速度越快、越及时，其价值越大，发挥的效能越大。

13.2.2 大数据技术

1. 大数据技术体系

大数据来源于互联网、企业系统和物联网等信息系统，经过大数据处理系统的分析挖掘，产生新的知识用以支撑决策或业务的自动智能化运转。从数据在信息系统中的生命周期看，大数据从数据源经过分析挖掘到最终获得价值一般需要经过 5 个主要环节，包括数据准备、数据存储与管理、计算处理、数据分析和知识展现，技术体系如图 13-4 所示。每个环节都面临不同程度的技术上的挑战。

（1）数据准备环节。在进行存储和处理之前，需要对数据进行清洗、整理，传统数据处理体系中称为 ETL（Extracting, Transforming, Loading）过程。与以往数据分析相比，大数据的来源多种多样，包括企业内部数据库、互联网数据和物联网数据，不仅数量庞大、格式不一，质量也良莠不齐。这就要求数据准备环节一方面要规范格式，便于后续存储管理，另一方面要在尽可能保留原有语义的情况下去粗取精、消除噪声。

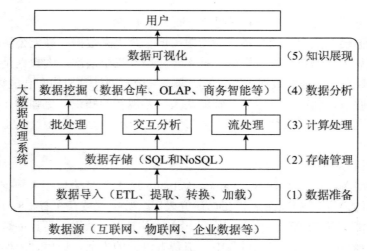

图 13-4 大数据技术框架

（2）数据存储与管理环节。当前全球数据量正以每年超过 50%的速度增长，存储技术的成本和性能面临非常大的压力。大数据存储系统不仅需要以极低的成本存储海量数据，还要适应多样化的非结构化数据管理需求，具备数据格式上的可扩展性。

（3）计算处理环节。需要根据处理的数据类型和分析目标，采用适当的算法模型，快速处理数据。海量数据处理要消耗大量的计算资源，对于传统单机或并行计算技术来说，速度、可扩展性和成本上都难以适应大数据计算分析的新需求。分而治之的分布式计算成为大数据的主流计算架构，但在一些特定场景下的实时性还需要大幅提升。

（4）数据分析环节。数据分析环节需要从纷繁复杂的数据中发现规律提取新的知识，是大数据价值挖掘的关键。传统数据挖掘对象多是结构化、单一对象的小数据集，挖掘更侧重根据先验知识预先人工建立模型，然后依据既定模型进行分析。对于非结构化、多源异构的大数据集的分析，往往缺乏先验知识，很难建立显式的数学模型，这就需要发展更加智能的数据挖掘技术。

（5）知识展现环节。在大数据服务于决策支撑场景下，以直观的方式将分析结果呈现给用户，是大数据分析的重要环节。如何让复杂的分析结果易于理解是主要挑战。在嵌入多业务中的闭环大数据应用中，一般是由机器根据算法直接应用分析结果而无需人工干预，这种场景下知识展现环节则不是必需的。

总的来看，大数据对数据准备环节和知识展现环节来说只是量的变化，并不需要根本性的变革。但大数据对数据分析、计算和存储三个环节影响较大，需要对技术架构和算法进行重构，是当前和未来一段时间大数据技术创新的焦点。下面简要分析上述 3 个环节面临的挑战及发展趋势。

2．大数据技术创新

大数据技术体系纷繁复杂，其中一些技术创新格外受到关注。随着社交网络的流行导致大量非结构化数据出现，传统处理方法难以应对，数据处理系统和分析技术开始不断发展。从 2005 年 Hadoop 的诞生开始，形成了数据分析技术体系这一热点。伴随着量急剧增长和核心系统对吞吐量以及时效性的要求提升，传统数据库需向分布式转型，形成了事务处理技术体系这一热点。然而时代的发展使得单个企业甚至行业的数据都难以满足要求，融合价值更加显现，形成了数据流通技术体系这一热点。

1）数据分析技术

从数据在信息系统中的生命周期看，数据分析技术生态主要有 5 个发展方向，包括数据采集与传输、数据存储与管理、计算处理、查询与分析、可视化展现。在数据采集与传输领域渐渐形成了 Sqoop、Flume、Kafka 等一系列开源技术，兼顾离线和实时数据的采集和传输。在存储层，HDFS 已经成为了大数据磁盘存储的事实标准，针对关系型以外的数据模型，开源社区形成了 K-V（key-value）、列式、文档、图这四类 NoSQL 数据库体系，Redis、HBase、Cassandra、MongoDB、Neo4j 等数据库是各个领域的领先者。计算处理引擎方面，Spark 已经取代 MapReduce 成为了大数据平台统一的计算平台，在实时计算领域 Flink 是 Spark Streaming 强力的竞争者。在数据查询和分析领域形成了丰富的 SQL on Hadoop 的解决方案，Hive、HAWQ、Impala、Presto、Spark SQL 等技术与传统的大规模并行处理（Massively Parallel Processor，MPP）数据库竞争激烈，Hive 还是这个领域当之无愧的王者。在数据可视化领域，敏捷商业智能（Business Intelligence，BI）分析工具 Tableau、QlikView 通过简单的拖拽来实现数据的复杂展示，是目前最受欢迎的可视化展现方式。

相比传统的数据库和 MPP 数据库，Hadoop 最初的优势来源于良好的扩展性和对大规模数据的支持，但失去了传统数据库对数据精细化的操作，包括压缩、索引、数据的分配裁剪以及对 SQL 的支持度。经过 10 多年的发展，数据分析的技术体系渐渐在完善自己的不足，也融合了很多传统数据库和 MPP 数据库的优点，从技术的演进来看，大数据技术正在发生以下变化：

（1）更快。Spark 已经替代 MapReduce 成为了大数据生态的计算框架，以闪存计算带来计算性能的大幅提高，尤其是 Spark 2.0 增加了更多了优化器，计算性能进一步增强。

（2）流处理的加强。Spark 提供一套底层计算引擎来支持批量、SQL 分析、机器学习、实时和图处理等多种能力，但其本质还是小批的架构，在流处理要求越来越高的现在，Spark Streaming 受到 Flink 激烈的竞争。

（3）硬件的变化和硬件能力的充分挖掘。大数据技术体系本质是数据管理系统的一种，受到底层硬件和上层应用的影响。当前硬件的芯片的发展从 CPU 的单核到多核演变转化为向 GPU、FPGA、ASIC 等多种类型芯片共存演变。而存储中大量使用 SSD 来代替 SATA 盘，NVRAM 有可能替换 DRAM 成为主存。大数据技术势必需要拥抱这些变化，充分兼容和利用这些硬件的特性。

（4）SQL 的支持。从 Hive 诞生起，Hadoop 生态就在积极向 SQL 靠拢，主要从兼容标准 SQL 语法和性能等角度来不断优化，层出不穷的 SQL on Hadoop 技术参考了很多传统数据库的技术。而 Greenplum 等 MPP 数据库技术本身从数据库继承而来，在支持 SQL 和数据精细化操作方面有很大的优势。

（5）深度学习的支持。深度学习框架出现后，和大数据的计算平台形成了新的竞争局面，以 Spark 为首的计算平台开始积极探索如何支持深度学习能力，TensorFlow on Spark 等解决方案的出现实现了 TensorFlow 与 Spark 的无缝连接，更好地解决了两者数据传递的问题。

2）事务处理技术

随着移动互联网的快速发展，智能终端数量呈现爆炸式增长，银行和支付机构传统的柜台式交易模式逐渐被终端直接交易模式替代。以金融场景为例，移动支付以及普惠金融的快速发展，为银行业、支付机构和金融监管机构带来了海量高频的线上小额资金支付行为，生产业务系统面临大规模并发事务处理要求的挑战。

传统事务技术模式以集中式数据库的单点架构为主，通过提高单机的性能上限适应业务的扩展。而随着摩尔定律的失效（底层硬件的变化），单机性能扩展的模式走到了尽头，而数据交易规模的急速增长（上层应用的变化）要求数据库系统具备大规模并发事务处理的能力。大数据分析系统经过 10 多年的实践，积累了丰富的分布式架构的经验，Paxos、Raft 等一致性协议的诞生为事务系统的分布式铺平了道路。新一代分布式数据库技术在这些因素的推动下应运而生。

如图 13-5 所示，经过多年发展，当前分布式事务架构正处在快速演进的阶段，综合学术界以及产业界工作成果，目前主要分为三类：

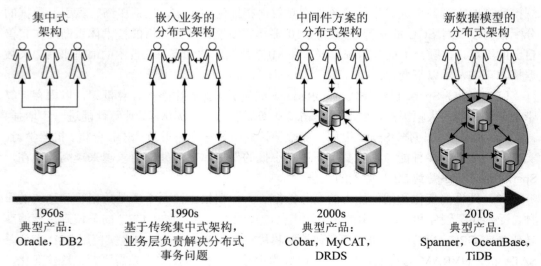

图 13-5　事务型数据库架构演进图

（1）基于原有单机事务处理关系数据库的分布式架构改造：利用原有单机事务处理

数据库的成熟度优势，通过在独立应用层面建立起数据分片和数据路由的规则，建立起一套复合型的分布式事务处理数据库的架构。

（2）基于新的分布式事务数据库的工程设计思路的突破。通过全新设计关系数据库的核心存储和计算层，将分布式计算和分布式存储的设计思路和架构直接植入数据库的引擎设计中，提供对业务透明和非侵入式的数据管理和操作/处理能力。

（3）基于新的分布式关系数据模型理论的突破。通过设计全新的分布式关系数据管理模型，从数据组织和管理的最核心理论层面，构造出完全不同于传统单机事务数据库的架构，从数据库的数据模型的根源上解决分布式关系数据库的架构。

分布式事务数据库进入到各行各业面临诸多挑战，其一是多种技术路线，目前没有统一的定义和认识；其二是除了互联网公司有大规模使用外，其他行业的实践刚刚开始，需求较为模糊，采购、使用、运维的过程缺少可供参考的经验，需要较长时间的摸索；其三是缺少可行的评价指标、测试方法和测试工具来全方位比较当前的产品，规范市场，促进产品的进步。故应用上述技术进行交易类业务进行服务时，应充分考虑"可持续发展""透明开放""代价可控"三原则，遵循"知识传递先行""测试评估体系建立""实施阶段规划"三步骤，并认识到"应用过度适配和改造""可用性管理策略不更新""外围设施不匹配"三个误区。

大数据事务处理类技术体系的快速演进正在消除日益增长的数字社会需求同旧式的信息架构缺陷，未来人类行为方式、经济格局以及商业模式将会随大数据事务处理类技术体系的成熟而发生重大变革。

3）数据流通技术

数据流通是释放数据价值的关键环节。然而，数据流通也伴随着权属、质量、合规性、安全性等诸多问题，这些问题成为了制约数据流通的瓶颈。为了解决这些问题，大数据从业者从诸多方面进行了探索。目前来看，从技术角度的探索是卓有成效和富有潜力的。

从概念上讲，基础的数据流通只存在数据供方和数据需方这两类角色，数据从供方通过一定手段传递给需方。然而，由于数据权属和安全的需要，不能简单地将数据直接进行传送。数据流通的过程中需要完成数据确权、控制信息计算、个性化安全加密等一系列信息生产和再造，形成闭合环路。

安全多方计算和区块链是近年来常用的两种技术框架。由于创造价值的往往是对数据进行的加工分析等运算的结果而非数据本身，因此对数据需方来说，本身不触碰数据、但可以完成对数据的加工分析操作，也是可以接受的。安全多方计算这个技术框架就实现了这一点。其围绕数据安全计算，通过独特的分布式计算技术和密码技术，有区分地、定制化地提供安全性服务，使得各参与方在无需对外提供原始数据的前提下实现了对与其数据有关的函数的计算，解决了一组互不信任的参与方之间保护隐私的协同计算问题。区块链技术中多个计算节点共同参与和记录，相互验证信息有效性，既进行了数据信息防伪，又提供了数据流通的可追溯路径。业务平台中授权和业务流程的解耦对数据流通中的溯源、数据交易、智能合约的引入有了实质性的进展。

13.2.3 大数据产业体系

随着大数据技术不断演进和应用持续深化，以数据为核心的大数据产业体系正在加速构建。大数据产业体系中主要包括大数据解决方案提供商、大数据处理服务提供商和数据资源提供商三个角色，分别向大数据的应用者提供大数据服务、解决方案和数据资源，如图 13-6 所示。

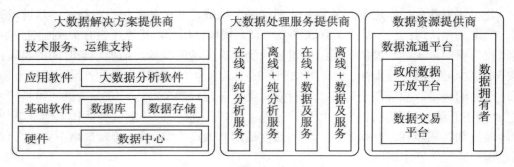

图 13-6 大数据产业体系

1．大数据解决方案提供商

大数据解决方案提供商面向企业用户提供大数据一站式部署方案，覆盖数据中心和服务器等硬件、数据存储和数据库等基础软件、大数据分析应用软件以及技术运维支持等方面内容。其中，大数据基础软件和应用软件是大数据解决方案中的重点内容。当前，企业提供的大数据解决方案大多基于 Hadoop 开源项目，例如，IBM 基于 Hadoop 开发的大数据分析产品 BigInsights、甲骨文融合了 Hadoop 开源技术的大数据一体机、Cloudera 的 Hadoop 商业版等。大数据解决方案提供商中，主要包括传统 IT 厂商和新兴的大数据创业公司。传统 IT 厂商主要有 IBM、HP 等解决方案提供商以及甲骨文、Teradata 等数据分析软件商。它们大多以原有 IT 解决方案为基础，融合 Hadoop，形成融合了结构化和非结构化两条体系的"双栈"方案。通过一系列收购来提升大数据解决方案服务能力，成为这些 IT 巨头的主要策略。

国际上也诞生了一批专门提供非结构化数据处理方案的新兴创业公司。这些公司包括 Cloudera、Hortonworks、MapR 等，它们主要基于 Hadoop 开源项目，开发 Hadoop 商业版本和基于 Hadoop 的大数据分析工具，单独或者与传统 IT 厂商合作提供企业级大数据解决方案。这些新兴大数据企业成为资本市场的热点。国内华为、联想、浪潮、曙光等一批 IT 厂商也都纷纷推出大数据解决方案。但总体上，国内大数据解决方案提供商实力较弱，产品一些关键行业还未形成影响力，新兴大数据解决方案初创企业也凤毛麟角。

2. 大数据处理服务提供商

大数据处理服务提供商主要以服务的方式为企业和个人用户提供大数据海量数据分析能力和大数据价值挖掘服务。按照服务模式进行划分，大数据处理服务提供商可以分为以下四类。

第一类是在线纯分析服务提供商。此类服务商主要是互联网企业、大数据分析软件商和新创企业等，通过 SaaS 或 PaaS 云服务形式为用户提供服务。典型的服务如谷歌提供的大数据分析工具 Big Query、亚马逊提供的云数据仓库服务 RedShift、微软的 Azure HDInsigh1010data 提供的商业智能服务等。国内一些云服务商也逐步开始提供大数据相关云服务，如阿里云的开放数据处理服务（ODPS）、百度的大数据引擎、腾讯的数据云等。

第二类是既提供数据又提供分析服务的在线提供商。此类服务商主要是拥有海量用户数据的大型互联网企业，主要以 SaaS 形式为用户提供大数据服务，服务背后以自有大数据资源为支撑。典型的服务如谷歌Facebook 的自助式广告下单服务系统、Twitter 基于实时搜索数据的产品满意度分析等。国内百度推出的大数据营销服务"司南"就属于此类。

第三类是单纯提供离线分析服务的提供商。此类服务商主要为企业提供专业、定制化的大数据咨询服务和技术支持，主要集中为大数据咨询公司、软件商等，例如专注于大数据分析的奥浦诺管理咨询公司（Opera Solutions）、数据分析服务提供商美优管理顾问公司（Mu Sigma）等。

第四类是既提供数据又提供离线分析服务的提供商。此类服务商主要集中在信息化水平较高、数据较为丰富的传统行业。例如日本日立集团（Hitachi）于 2013 年 6 月初成立的日立创新分析全球中心，其广泛收集汽车行驶记录、零售业购买动向、患者医疗数据、矿山维护数据和资源价格动向等庞大数据信息，并基于收集的海量信息开展大数据分析业务。又如美国征信机构 Equifax 基于全球 8000 亿条企业和消费者行为数据，提供 70 余项面向金融的大数据分析离线服务。

3. 大数据资源提供商

既然数据成为了重要的资源和生产要素，必然会产生供应与流通需求。数据资源提供商因此应运而生，它是大数据产业的特有环节，也是大数据资源化的必然产物。数据资源提供商，包括数据拥有者和数据流通平台两个主要类型。数据拥有者可以是企业、公共机构或者个人。数据拥有者通常直接以免费或有偿的方式为其他有需求的企业和用户提供原数据或者处理过的数据。例如美国电信运营商 Verizon 推出的大数据应用精准营销洞察（Precision Market Insights），将向第三方企业和机构出售其匿名化和整合处理后的用户数据。国内阿里巴巴公司推出的淘宝量子恒道、数据魔方和阿里数据超市等，属于此种类型。

数据数据流通平台是多家数据拥有者和数据需求方进行数据交换流通的场所。按平台服务目的的不同，可分为政府数据开放平台和数据交易市场。

（1）政府数据开放平台。主要提供政府和公共机构的非涉密数据开放服务，属于公益性质。全球不少国家已经加入到开放政府数据行动，推出公共数据库开放网站，例如美国数据开放网站 Data.gov 已有超过 37 万个数据集、1209 个数据工具、309 个网页应用和 137 个移动应用，数据源来自 171 个机构。国内地方政府数据开放平台开始出现，如国家统计局的国家数据网站、北京市政府和上海市政府的信息资源平台等数据开放平台正在建设过程中。

（2）数据交易市场。商业化的数据交易活动催生了多方参与的第三方数据交易市场。国际上比较有影响力的有微软的 AzureData Marketplace、被甲骨文收购的 BlueKai、DataMarket、Factual、Infochimps、DataSift 等等，主要提供地理空间、营销数据和社交数据的交易服务。大数据交易市场发展刚刚起步，在市场机制、交易规则、定价机制、转售控制和隐私保护等方面还有很多工作要做。国内，2014 年 2 月，在北京市和中关村管委会指导下，中关村大数据交易产业联盟成立，将在国内推动国内大数据交易相关规范化方面开展工作。

13.2.4 大数据对电子商务的发展影响

1．大数据更好地支撑了电子商务营销精准化和实时化

电子商务发展到今天，其营销平台、营销方式都发生了很大的改变。电子商务平台、移动终端、社交网络以及物联网等设备的使用大大增加了消费者数据，而云计算、复杂分析系统等大数据处理手段，为人们整合各个渠道消费者数据、形成有用的营销信息提供了可能。与传统的电子商务数据处理方式相比，大数据处理方式更快捷、更精细，它给我们科学分析消费者偏好及其消费行为轨迹提供巨大帮助。特别是在移动设备进入电子商务领域后，地理位置服务信息处理使电子商务一对一精准营销成为可能，极大程度提升了电子商务营销的准确性，有力地支撑了电子商务营销的精准化与实时化。

2．大数据更好地支撑了电子商务高度差异化和个性化

在传统电子商务营销背景下，企业与消费者总是处于双向信息不对称状态。一方面企业很难掌握消费者的消费行为和消费习惯，另一方面消费者了解企业产品的信息渠道相对较窄。进入大数据时代后，企业可以通过科学分析海量数据来获得更加丰富的消费者信息，从而针对不同消费者消费需求，提供特定的产品和服务，以最大限度地提高其满意度。消费者可以通过移动终端等渠道及时向电子商务企业传递信息，为企业进行个性化服务提供依据。由此可以推断，未来电子商务价值创造将会围绕消费者个性化需求展开，并将消费者纳入到企业产品设计与生产过程，实现共同的价值创造。

3．大数据进一步推进了价值链、供应链一体化

大数据等新型信息技术可以促进各个渠道的跨界数据整合，使所有围绕消费者消费行为的价值链、供应链企业成为一个整体。如大数据可以将地理位置不同、从事行业不同的研发、生产、加工、营销、仓储、配送、服务等各环节企业在满足消费者消费需求这一共同目的下组成动态联盟，通过彼此协作和创造，真正为消费者提供个性化产品和服务。相对于传统意义上的供应链，通过大数据连接起来的动态联盟反应速度更快、智能化程度更高，这既有利于联盟内企业的信息、资源共享，也有利于联盟内企业的分工协作，从而创造新的价值。

4．大数据推动了新型增值服务模式发展

电子商务中应用众多的新型信息技术产生了生产、消费、金融、物流等一系列大数据，这些本属于不同领域的大数据在被综合运用的过程中会产生新的融合，从而形成新的增值服务。如电子商务中产生的买卖双方信息、物流信息、金融信息，如果加以整合肯定能够使企业在市场竞争中处于比较有利的位置。在此基础上，企业还可以积极开展类似金融信用服务、供应链整合等增值服务。随着大数据的广泛应用，加之大数据分析手段创新，已经产生了互联网金融等多个增值服务，给包括电子商务企业在内的众多中小企业提供了新的发展空间。假以时日，大数据还会催生更多新型增值服务模式、产生众多的产业。

13.3 区块链

13.3.1 区块链的概念和特征

1．区块链概念

区块链（Blockchain）是一种由多方共同维护，使用密码学保证传输和访问安全，能够实现数据一致存储、难以篡改、防止抵赖的记账技术，也称为分布式账本技术（Distributed Ledger Technology）。典型的区块链以块-链结构存储数据。作为一种在不可信的竞争环境中低成本建立信任的新型计算范式和协作模式，区块链凭借其独有的信任建立机制，正在改变诸多行业的应用场景和运行规则，是未来发展数字经济、构建新型信任体系不可或缺的技术之一。

典型的区块链系统中，各参与方按照事先约定的规则共同存储信息并达成共识。为了防止共识信息被篡改，系统以区块（Block）为单位存储数据，区块之间按照时间顺序、结合密码学算法构成链式（Chain）数据结构，通过共识机制选出记录节点，由该节点决定最新区块的数据，其他节点共同参与最新区块数据的验证、存储和维护，数据一经确认，就难以删除和更改，只能进行授权查询操作。按照系统是否具有节点准入机制，区块链可分类为许可链和非许可链。许可链中节点的加入退出需要区块链系统的许可，根据拥有控制权限的主体是否集中可分为联盟链（根据一定特征所设定的节点能参与、交易，共识过程受预选节点控制的区块链）和私有链（写入权限在一个组织手里，读取权限可能会被限制的区块链）；非许可链则是完全开放的，可称为公有链（任何人都能读取区块链信息，发送交易并能被确认，参与共识过程，是真正意义上的去中心化区块链，比特币区块链即是公有链最好的代表），节点可以随时自由加入和退出。

2. 区块链的特征

相对于传统的分布式数据库，区块链体现了以下几个对比特征：

（1）从复式记账演进到分布式记账。传统的信息系统，每位会计各自记录，每次对账时存在多个不同账本。区块链打破了原有的复式记账，变成"全网共享"的分布式账本，参与记账的各方之间通过同步协调机制，保证数据的防篡改和一致性，规避了复杂的多方对账过程。

（2）从"增删改查"变为仅"增查"两个操作。传统的数据库具有增加、删除、修改和查询四个经典操作。对于全网账本而言，区块链技术相当于放弃了删除和修改两个选项（用户可以对本地数据进行删除和修改，但不影响全网共识后的数据一致性），只留下增加和查询两个操作，通过区块和链表这样的"块链式"结构，加上相应的时间戳进行凭证固化，形成环环相扣、难以篡改的可信数据集合。

（3）从单方维护变成多方维护。针对各个主体而言，传统的数据库是一种单方维护的信息系统，不论是分布式架构，还是集中式架构，都对数据记录具有高度控制权。区块链引入了分布式账本，是一种多方共同维护、不存在单点故障的分布式信息系统，数据的写入和同步不仅仅局限在一个主体范围之内，需要通过多方验证数据、形成共识，再决定哪些数据可以写入。

（4）从外挂合约发展为内置合约。传统上，财务的资金流和商务的信息流是两个截然不同的业务流程，商务合作签订的合约，在人工审核、鉴定成果后，再通知财务进行打款，形成相应的资金流。智能合约的出现，基于事先约定的规则，通过代码运行来独立执行、协同写入，通过算法代码形成了一种将信息流和资金流整合到一起的"内置合约"。

3. 区块链适用的场景条件

作为一项新兴技术，区块链具有在诸多领域开展应用的潜力。然而，区块链不是万能的，技术上去中心化、难以篡改的鲜明特点，使其在限定场景中具有较高的应用价值，可以总结为"新型数据库、多业务主体、彼此不互信、业务强相关"。

（1）源自于应用场景对数据库的需要。区块链本质上是一种带时间戳的新型数据库，从对数据真实、有效、不可伪造、难以篡改的组织需求角度出发，相对于传统的数据库来说，可谓是一个新的起点和新的要求。

（2）需要是一个跨主体、多方写入的应用场景。多个主体各自维护账本，往往因为数据信息不共享、业务逻辑不统一等原因，导致"账对不齐"的现象。与之相反，区块链中每个主体都可以拥有一个完整的账本副本，通过即时清结算的模式，保证多个主体之间数据的一致性，规避了复杂的对账过程。

（3）适合于在不可信的环境中建立基于数学的信任。区块链在技术层面保证了系统的数据可信（密码学算法、数字签名、时间戳）、结果可信（智能合约、公式算法）和历史可信（链式结构、时间戳），因此区块链提供了一种"机器中介"，尤其适用于协作方不可信、利益不一致或缺乏权威第三方介入的行业应用。

（4）根据系统控制权和交易信息公开与否进行归类。公有链允许任一节点的加入，不对信息的传播加以限制，信息对整个系统公开；联盟链只允许认证后的机构参与共识，交易信息根据共识机制进行局部公开；相比而言，私有链范围最窄，只适用于限定的机构之内。

13.3.2 区块链关键技术架构和发展趋势

1. 区块链的技术架构

各类区块链虽然在具体实现上各有不同，其整体架构却存在共性，如图13-7所示，可划分为基础设施、基础组件、账本、共识、智能合约、接口、应用、操作运维和系统管理9部分的架构。

1）基础设施（Infrastructure）

基础设施层提供区块链系统正常运行所需的操作环境和硬件设施（物理机、云等），具体包括网络资源（网卡、交换机、路由器等）、存储资源（硬盘和云盘等）和计算资源（CPU、GPU、ASIC等芯片）。基础设施层为上层提供物理资源和驱动，是区块链系统的基础支持。

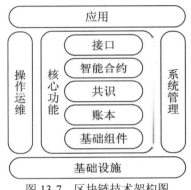

图13-7 区块链技术架构图

2）基础组件（Utility）

基础组件层可以实现区块链系统网络中信息的记录、验证和传播。在基础组件层之中，区块链是建立在传播机制、验证机制和存储机制基础上的一个分布式系统，整个网络没有中心化的硬件或管理机构，任何节点都有机会参与总账的记录和验证，将计算结果广播发送给其他节点，且任一节点的损坏或者退出都不会影响整个系统的运作。具体而言，主要包含网络发现、数据收发、密码库、数据存储和消息通知五类模块。

（1）网络发现。区块链系统由众多节点通过网络连接构成。特别是在公有链系统中，节点数量往往很大。每个节点需要通过网络发现协议发现邻居节点，并与邻居节点建立链路。对于联盟链而言，网络发现协议还需要验证节点身份，以防止各种网络攻击。

（2）数据收发。节点通过网络通讯协议连接到邻居节点后，数据收发模块完成与其他节点的数据交换。事务广播、消息共识以及数据同步等都由该模块执行。根据不同区块链的架构，数据收发器的设计需考虑节点数量、密码学算法等因素。

（3）密码库。区块链中多个环节使用密码学算法。密码库为上层组件提供基本的密码学算法支持，包括各种常用的编码算法、哈希算法、签名算法、隐私保护算法等。与此同时，密码库还涉及诸如密钥的维护和存储之类的功能。

（4）数据存储。根据数据类型和系统结构设计，区块链系统中的数据使用不同的数据存储模式。存储模式包括关系型数据库（如 MySQL）和非关系型数据库（如 LevelDB）。通常，需要保存的数据包括公共数据（例如，交易数据、事务数据、状态数据等）和本地的私有数据等。

（5）消息通知。消息通知模块为区块链中不同组件之间以及不同节点之间提供消息通知服务。交易成功之后，客户通常需要跟踪交易执行期间的记录和获取交易执行的结果。消息通知模块可以完成消息的生成、分发、存储和其他功能，以满足区块链系统的需要。

3）账本（Ledger）

账本层负责区块链系统的信息存储，包括收集交易数据，生成数据区块，对本地数据进行合法性校验，以及将校验通过的区块加到链上。账本层将上一个区块的签名嵌入到下一个区块中组成块链式数据结构，使数据完整性和真实性得到保障，这正是区块链系统防篡改、可追溯特性的来源。典型的区块链系统数据账本设计，采用了一种按时间顺序存储的块链式数据结构。

账本层有两种数据记录方式，分别是基于资产和基于账户。基于资产的模型中，首先以资产为核心进行建模，然后记录资产的所有权，即所有权是资产的一个字段。基于账户的模型中，建立账户作为资产和交易的对象，资产是账户下的一个字段。相比而言，基于账户的数据模型可以更方便的记录、查询账户相关信息，基于资产的数据模型可以更好地适应并发环境。为了获取高并发的处理性能，且及时查询到账户的状态信息，多个区块链平台正向两种数据模型的混合模式发展。

4）共识（Consensus）

共识层负责协调保证全网各节点数据记录一致性。区块链系统中的数据由所有节点独立存储，在共识机制的协调下，共识层同步各节点的账本，从而实现节点选举、数据一致性验证和数据同步控制等功能。数据同步和一致性协调使区块链系统具有信息透明、数据共享的特性。

区块链有两类现行的共识机制，根据数据写入的先后顺序判定，从业务应用的需求看，共识算法的实现应综合考虑应用环境、性能等诸多要求。一般来说，许可链采用节点投票的共识机制，以降低安全为代价，提升系统性能。非许可链采用基于工作量、权益证明等的共识机制，主要强调系统安全性，但性能较差。为了鼓励各节点共同参与进来，维护区块链系统的安全运行，非许可链采用发行 Token 的方式，作为参与方的酬劳和激励机制，即通过经济平衡的手段，来防止对总账本内容进行篡改。因此，根据运行环境和信任分级，选择适用的共识机制是区块链应用落地应当考虑的重要因素之一。

5）智能合约（Smart Contract）

智能合约层负责将区块链系统的业务逻辑以代码的形式实现、编译并部署，完成既定规则的条件触发和自动执行，最大限度的减少人工干预。智能合约的操作对象大多为数字资产，数据上链后难以修改、触发条件强等特性决定了智能合约的使用具有高价值和高风险,如何规避风险并发挥价值是当前智能合约大范围应用的难点。

智能合约根据图灵完备与否可以分为两类,即图灵完备和非图灵完备。影响实现图灵完备的常见原因包括:循环或递归受限、无法实现数组或更复杂的数据结构等。图灵完备的智能合约有较强适应性,可以对逻辑较复杂的业务操作进行编程,但有陷入死循环的可能。对比而言,图灵不完备的智能合约虽然不能进行复杂逻辑操作,但更加简单、高效和安全。

当前智能合约的应用仍处于比较初级的阶段,智能合约成为区块链安全的"重灾区"。从历次智能合约漏洞引发的安全事件看,合约编写存在较多安全漏洞,对其安全性带来了巨大挑战。目前,提升智能合约安全性一般有几个思路:一是形式化验证(Formal Verification)。通过严密的数学证明来确保合约代码所表达的逻辑符合意图。此法逻辑严密,但难度较大,一般需要委托第三方专业机构进行审计。二是智能合约加密。智能合约不能被第三方明文读取,以此减少智能合约因逻辑上的安全漏洞而被攻击。此法成本较低,但无法用于开源应用。三是严格规范合约语言的语法格式。总结智能合约优秀模式,开发标准智能合约模板,以一定标准规范智能合约的编写可以提高智能合约质量,提高智能合约安全性。

6) 系统管理(System Management)

系统管理层负责对区块链体系结构中其他部分进行管理,主要包含权限管理和节点管理两类功能。权限管理是区块链技术的关键部分,尤其对于对数据访问有更多要求的许可链而言。权限管理可以通过以下几种方式实现:①将权限列表提交给账本层,并实现分散权限控制;②使用访问控制列表实现访问控制;③使用权限控制,例如评分/子区域。通过权限管理,可以确保数据和函数调用只能由相应的操作员操作。

节点管理的核心是节点标识的识别,通常使用以下技术实现:①CA7 认证:集中式颁发 CA 证书给系统中的各种应用程序,身份和权限管理由这些证书进行认证和确认;②PKI8 认证:身份由基于 PKI 的地址确认;③第三方身份验证:身份由第三方提供的认证信息确认。由于各种区块链具有不同的应用场景,因此节点管理具有更多差异。现有的业务扩展可以与现有的身份验证和权限管理进行交互。

7) 接口(Interface)

接口层主要用于完成功能模块的封装,为应用层提供简洁的调用方式。应用层通过调用 RPC 接口与其他节点进行通信,通过调用 SDK 工具包对本地账本数据进行访问、写入等操作。同时,RPC 和 SDK 应遵守以下规则:一是功能齐全,能够完成交易和维护分布式账本,有完善的干预策略和权限管理机制。二是可移植性好,可以用于多种环境中的多种应用,而不仅限于某些绝对的软件或硬件平台。三是可扩展和兼容,应尽可能向前和向后兼容,并在设计中考虑可扩展性。四是易于使用,应使结构化设计和良好的命名方法方便开发人员使用。常见的实现技术包括调用控制和序列化对象等。

8）应用（Application）

应用层作为最终呈现给用户的部分，主要作用是调用智能合约层的接口，适配区块链的各类应用场景，为用户提供各种服务和应用。由于区块链具有数据确权属性以及价值网络特征，目前产品应用中很多工作都可以交由底层的区块链平台处理。在开发区块链应用的过程中，前期工作须非常慎重，应当合理选择去中心化的公有链、高效的联盟链或安全的私有链作为底层架构，以确保在设计阶段核心算法无致命错误问题。因此，合理封装底层区块链技术，并提供一站式区块链开发平台将是应用层发展的必然趋势。同时，跨链技术的成熟可以让应用层选择系统架构时增加一定的灵活性。

根据实现方式和作用目的的不同，当前基于区块链技术的应用可以划分为三类场景，如表 13-1 所示：①价值转移类，数字资产在不同账户之间转移，如跨境支付；②存证类，将信息记录到区块链上，但无资产转移，如电子合同；③授权管理类，利用智能合约控制数据访问，如数据共享。此外，随着应用需求的不断升级，还存在多类型融合的场景，如表 13-1 所示。

表 13-1 区块链应用场景分类

类型	政府	金融	工业	医疗	法律	版权
价值转移		数字票据 跨境支付 应收账款 供应链金融	能源交易	医疗保险		
存证	电子发票 电子证照 精准扶贫	现钞冠字号溯源 供应链金融	防伪溯源	电子病历、药品追溯	公证 电子存证 网络仲裁	版权确权
授权管理	政府数据共享	征信		健康数据共享		版权管理

9）操作运维（Operation and Maintenance）

操作运维层负责区块链系统的日常运维工作，包含日志库、监视库、管理库和扩展库等。在统一的架构之下，各主流平台根据自身需求及定位不同，其区块链体系中存储模块、数据模型、数据结构、编辑语言、沙盒环境的选择亦存在差异，详见表 13-2，给区块链平台的操作运维带来较大的挑战。

表 13-2 主流平台区块链技术体系架构对比

层级	平台差异	比特币	以太坊	Hyperledger Fabric	R3 Corda
应用		比特币	Dapp/以太币	企业级分布式账本	CorDapp
智能合约	编程语言	Script	Solidity/ Serpent	Go/Java	Java/Kotlin
	沙盒环境		EVM	Docker	JVM
共识（数据准入）		PoW	PoW/PoS	PBFT/SBFT/Kafka	Raft

续表

层级	平台差异	比特币	以太坊	Hyperledger Fabric	R3 Corda
账本	数据结构	Merkle 树/区块链表	Merkle Patricia 树/区块链表	Merkle Bucket 树/区块链表	无区块连签交易
	数据模型	基于资产	基于账户	基于账户	基于资产
	区块存储	文件存储	LevelDB	LevelDB/CouchDB	关系数据库
基础组件层		TCP，P2P	TCP，P2P	HTTP2，P2P	AMQP(TLS)，P2P

2．区块链的技术发展趋势

1）架构方面，公有链和联盟链融合持续演进

联盟链是区块链现阶段的重要落地方式，但联盟链不具备公有链的可扩展性、匿名性和社区激励。随着应用场景日趋复杂，公有链和联盟链的架构模式开始融合，开始出现公有链在底层面向大众、联盟链在上层面向企业的混合架构模式，结合钱包、交易所等入口，形成一种新的技术生态。例如，在公有链中选取验证节点时，共识算法层面存在 PoS 不确定性高、PoW 资源消耗严重、PBFT 无法支持大量节点进行共识等问题，Algorand 算法 9 通过密码学的方法，从大量节点中选出少量节点，再用 PBFT 算法在少量节点之间达成共识的方式，为公有链和联盟链的混合架构提供了可能。

2）部署方面，区块链即服务加速应用落地

区块链与云计算结合，将有效降低区块链部署成本。一方面，预配置的网络、通用的分布式账本架构、相似的身份管理、分布式商业监控系统底层逻辑、相似的节点连接逻辑等被模块化、抽象成区块链服务，向外支撑起不同客户的上层应用。用云计算快速搭建的区块链服务，可快速验证概念和模型可行性。另一方面，云计算按使用量收费，利用已有基础服务设施或根据实际需求做适应性调整，可实现应用开发流程加速，部署成本降低，满足未来区块链生态系统中初创企业、学术机构、开源组织、联盟和金融机构等对区块链应用的服务需求。

在云计算当前主要提供的 3 种类型服务（IaaS、PaaS、SaaS）基础之上，区块链与云计算结合发展出 BaaS（Blockchain as a Service，区块链即服务）。BaaS 服务供应商旨在为用户提供更好的区块链服务，因此 BaaS 服务商比区块链底层技术提供商更注重与垂直行业的对接，提供合理的智能合约模板、良好的账户体系管理、良好的资源管理工具和定制化的数据分析和报表系统。

现阶段，在后台数据存储、应用数据分析、移动终端、应用发布、信息识别等方面都有 BaaS 服务供应商支撑。以云计算平台为依托，区块链开发者可以专注于将区块链技术应用到不同的业务场景，帮助用户更低门槛、更高效地构建区块链服务，同时推动自有产业转型升级，为客户创造全新的产品、业务和商业模式。

3）性能方面，跨链及高性能的需求日益凸显

让价值跨过链和链之间的障碍进行直接的流通是区块链越来越凸显的需求之一。跨

链技术使区块链适合应用于场景复杂的行业，以实现多个区块链之间的数字资产转移，如金融质押、资产证券化等。目前主流的跨链技术包括：公证人机制（Notary schemes）、侧链/中继（Sidechains/relays）和哈希锁定（Hash-locking）。

为了提高区块链系统的吞吐量，区块链技术和学术专家提出多种高性能方案。第一类高性能方案是改变块链式拓扑结构为基于交易的有向无环图（Directed Acyclic Graph，DAG）。在这种拓扑结构下，交易请求发起后，广播全网确认，形成交易网络，无打包流程，交易可以从网络中剥离出来或者合并回去。基于 DAG 的设计没有区块的概念，扩容不受区块大小的限制，其可伸缩性取决于网络带宽、CPU 处理速度和存储容量的限制 10。这种拓扑结构可以应对安全问题、高并发问题、可扩展性问题和数据增长问题，以及适应小额支付场景。第二类高性能方案是改变共识策略，通过减少一次参与共识的节点数量以提高吞吐量。这类方案中，为了提高性能，尽量在不影响安全的前提下减少参与共识的节点数，用算法控制一次参与共识的节点不被提前预知。虽然这种方案可以提高性能，但保证安全性的策略实现起来难度较大。第三类高性能方案是通过提高系统横向扩展能力来提高系统整体吞吐量，代表有分片、子链、多通道等技术。对于这类技术，片区内、子链内、通道内需保持数据同步，片区间、子链间、通道间则是异步的。分片技术（Sharding）是把整个 P2P 网络中的节点分为若干相对独立的片区，以实现系统水平扩展。分片的情况下，通过把交易导引至不同节点，多个网络片区并行分担验证交易的工作。目前的分片策略包括网络分片（Network Sharding）、交易分片（Transaction Sharding）和计算分片（Computational Sharding）。子链技术是在主链上派生出来的具有独立功能的区块链，子链依赖主链而存在，并且可以定义自己的共识方式和执行模块。通过定义不同的子链，系统的可扩展性、可用性和性能均得到提高。多通道技术是系统中多个节点组成一个通道，每个节点也可以加入不同的通道中，通道之间互相隔离，通过锚节点互相通信。多通道技术可以消除网络瓶颈，提高系统可扩展性。

4）共识方面，共识机制从单一向混合方式演变

共识机制在区块链中扮演着核心的地位，决定了谁有记账的权利，以及记账权利的选择过程和理由，因此一直是区块链技术研究的重点。常见的共识机制包括 PoW、PoS、DPoS、拜占庭容错等，根据适用场景的不同，也呈现出不同的优势和劣势。单一共识机制，各自有其缺陷，例如 PoS 依赖代币且安全性脆弱，PoW 非终局且能耗较高。为提升效率，需在安全性、可靠性、开放性等方面进行取舍。区块链正呈现出根据场景切换共识机制的趋势，并且将从单一的共识机制向多类混合的共识机制演进，运行过程中支持共识机制动态可配置，或系统根据当前需要自动选择相符的共识机制。

5）合约方面，可插拔、易用性、安全性成为发展重点

智能合约应用是否丰富，取决于智能合约自身及其所在区块链对于智能合约应用的支撑能力，而智能合约的开发和执行效率则取决于开发语言和执行虚拟机。在目前的生态系统中，智能合约的开发语言不够规范，为了适应智能合约，需要创造新的合约语言

或为现有语言增加形式更为严格的规范和校验。智能合约在轻量级的执行环境中将实现快速的启动时间和较高的执行效率。

智能合约的发展方向包括如下几点：①可插拔的执行环境架构：默认的执行环境应该不提供持久化存储，让合约默认是一种类似于微服务的无状态函数，从而直接进行并发处理；②明示化的调用关系：即只提供静态调用的功能，从而使得程序的调用关系可以在运行它之前就整理清楚；③可链外存储的合约代码：通过链上存储散列值、链外存储合约代码实现存储空间的扩展性；④低耦合度的设计：降低合约语言、执行环境、区块链之间的耦合度，提高智能合约系统的通用性；⑤完整安全的防护体系：代码定型与发布时的验证与检查，节点在执行合约中的动态验证，合约执行完毕的合理性判断，相关利益方的申诉机制与自动判决技术。

13.3.3 区块链产业体系

区块链产业链包括上游的硬件制造、平台服务、安全服务，下游的产业技术应用服务，保障产业发展的行业投融资、媒体、人才服务各领域，各细分领域共同形成完整的产业生态，如图 13-8 所示。

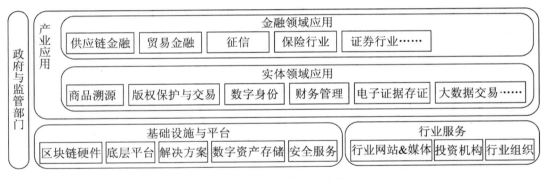

图 13-8 区块链产业生态图

1．平台建设

1）底层平台

在区块链产业，平台级的机会是目前很多公司关注的方向。无论是创业公司还是大公司，纷纷在布局区块链底层平台，希望能抢占下一波红利。但是，由于区块链还处于非常早期的阶段，因此各家对于平台的理解和实践路径并不一样。目前，公有链、联盟链和 BaaS 是三种比较主流的平台模式。

（1）公有链。公有链是指向全世界所有人开放，每个人都能成为系统中的一个节点参与记账的区块链，它们通常将激励机制和加密数字验证相结合，来实现对交易的共识。目前，公有链被看作是区块链领域最有前景的方向，因为它更符合区块链的本质，很可能成为下一个系统级的平台。

（2）联盟链。联盟链是指若干个机构共同参与记账的区块链，即联盟成员之间通过对多中心的互信来达成共识。联盟链的数据只允许系统内的成员节点进行读写和发送交易，并且共同记录交易数据。联盟链作为支持分布式商业的基础组件，更能满足分布式商业中的多方对等合作与合规有序发展要求。联盟链和公链相比，在高可用、高性能、可编程，隐私保护上更有优势，它被认为是"部分去中心"或者是"多中心"的区块链。

（3）BaaS。BaaS 通常是一个基于云服务的企业级的区块链开放平台，可一键式快速部署接入、拥有去中心化信任机制、支持私有链、联盟链或多链，拥有私有化部署与丰富的运维管理等特色能力。BaaS 目前可广泛应用于金融、医疗、零售、电商、游戏、物联网、物流供应链、公益慈善等行业中，重塑商业模式，提升客户在行业内的影响力。

公有链与联盟链/BaaS 虽然采取了不同的策略和发展路径，但是两者依然会长期共存，甚至有些平台最后可能会殊途同归，或者通过跨链技术将分散的联盟链系统与公链相连接，形成更大范围的价值互联网产业生态。

2）数字资产存储

区块链产业的发展需要有新型的数字资产存储方式，这就催生了数字钱包的诞生。数字钱包提供钱包地址的创建、数字加密资产的转账、钱包地址的历史交易查询等功能。数字钱包按照密码学原理，可以创建一个或多个钱包地址，每个钱包地址对应一个密钥对：私钥和公钥。在数字加密资产的世界里，私钥是最重要的，它是数字加密资产所有权的唯一凭证，因为公钥和地址均能通过私钥推导出来。因此，私钥的生成和存储方式决定了数字加密资产的安全性，而数字钱包的主要作用就是帮助用户管理和使用私钥。安全是数字钱包的根基，一个安全的数字钱包应该能在任何时候都让用户的私钥/助记词处于安全保护之下。目前，数字钱包类型主要分为冷钱包和热钱包等。冷钱包就是不联网的钱包，也叫离线钱包；热钱包就是保持联网上线的钱包，也就是在线钱包。冷钱包不联网会比热钱包更安全，因为它能保证私钥不接触网络，从而防止私钥被黑客窃取。

此外，去中心化也是区块链领域数字钱包发展的一大特点。中心化钱包和去中心化钱包的最根本区别就是，私钥是否自持。去中心化钱包的特点包括：①私钥是用户自持，当然密码也是用户自持；②资产是存储在区块链上，而不是托管在中心化的服务器上，并且目前也无需实名认证，即可生成钱包；③无法实现"账户冻结""交易回滚"等操作。因此，去中心化钱包很难遭受黑客的集中攻击，用户也不用担心钱包服务商出现监守自盗的情况。

3）区块链技术解决方案

区块链解决方案主要是指在底层平台的基础上进行扩展，目的是便于开发者基于区块链技术开发出产品和应用，或者是服务商直接为客户提供针对具体业务场景的解决方案。

2．区块链硬件制造和基础设施

区块链硬件制造和基础设施起源于区块链的共识机制之一 POW（Proof of Work，工作量证明机制），即全网计算节点通过算力竞争记账权，来获取经济奖励。此外，分布式记账是区块链的核心特征之一,而区块链硬件设备充当了记账节点的功能。随着区块链的价值体现,参与竞争记账的人数越来越多,造成全网算力的难度呈现出指数级上升,这对区块链硬件设备的产量和性能都提出了更高的要求。

(1) 算力难度上升和记账节点增加推动区块链硬件制造产业蓬勃发展。区块链硬件制造的核心在于芯片的计算能力,因此在算力难度提升的情况下,竞争记账也经历了最早从个人计算机上的 CPU(中央处理器)记账,到 GPU(独立显卡)记账,再到专业矿机的诞生,以及专业矿机又从 FPGA(可编程门阵列)过渡到 ASIC(专用集成电路)等。区块链硬件制造在算力难度不断增加的驱动下蓬勃发展,芯片计算能力不断提升,它是整个区块链产业发展的基石。同时,计算力的提高也推动了其他领域的发展。

(2) 区块链计算中心成为主流,共享计算模式落地应用。由于全网算力难度的上升,个人充当记账节点的时代也早已在算力竞争愈演愈烈中宣告结束,区块链计算中心开始成为主流,它为整个区块链产业的发展提供算力资源。区块链计算中心主要由矿池组成,其最基本职能就是将个人的算力聚集起来参与竞争记账。在经历了激烈的竞争以后,矿池的垄断效应越来越明显,很多小的矿池已经在这场游戏中被淘汰。

另外,共享计算的新型云计算概念被提出,它是一种以区块链技术为基础,通过已授权的智能硬件设备记录、汇总社会普通家庭中闲置的带宽、存储、计算等资源,并通过跨平台、低功耗的虚拟化技术,以及节点就近点对点访问的智能调度技术,提供实现更快、更易扩展、更环保的计算资源。通过基于此类智能硬件作为桥梁,可以把个体用户的闲置带宽、存储、算力等资源汇聚成能够为企业使用的优质资源,将企业和个人连接在一起,让个体用户的资源可以为企业所用。

3. 区块链安全防护

针对目前区块链存在的底层代码、密码算法、共识机制、智能合约、数字钱包等安全问题,出现了一些提供安全服务的公司,它们主要通过技术手段、代码审计帮助客户解决各种区块链安全问题。

4. 区块链行业服务机构

区块链行业服务机构包括区块链媒体及社区、投资机构和行业组织和行业研究机构等。目前,区块链媒体及社区领域的创业,主要还是以行业新闻、快讯、深度报道、行情、数据、社区、社群等形式为主,与其他的媒体形式并没有本质差异。从商业模式来看,该领域的公司基本上还是以广告收入为主,另外会衍生出一些相关的培训、活动会务、评级、数据等增值服务,盈利模式也没有超出传统范畴。

13.3.4 区块链对电子商务的发展影响

1. 区块链在电子商务应用中的优势

1) 减少支付程序,降低支付成本

区块链技术拥有去中心化避免第三方介入、去信任化实现数据透明背后的匿名性以及去风险化保证信息的安全性和不可篡改性等特点,区块链作为一项正引领全球产业变革的突破性技术,基于区块链的电子支付结合区块链去中心化的特点,直接以客户、商家、银行三方各自为区块链上的一个节点,从而构成一个绕过第三方中心机构的体系。基于区块链技术的电子支付能够剔除第三方平台,实现客户与商家之间的直接交易,交易后直接将资金划转到商家账户,避免了资金短期利息损失。基于区块链的电子支付中,只有在激励机制中对每笔交易收取 1% 的交易费用而且随着用户群体的扩大交易费用还可以逐渐缩小,支付流程不存在任何其他的费用损失,促使交易价格更加公平合理。以区块链为基础的新型互联网金融体系,买方和卖方可以直接交易,交易基于密码学原理而不基于信任,使得任何达成一致的双方,能够直接支付交易,无需第三方参与,节省了买家和卖家的费用。

2)完善供应链体系

基于区块链技术的供应链应用能够获得海量的数据,记录商品的信息,在实现溯源、存证、互信、信息沟通等的基础上有效满足供应链金融需求。区块链与供应链结合的管理遵循去中心化理念,整个供应链中的企业平等的进行信息互换与存储,基于区块链技术应链信息平台能够将相关企业进行有效的连接,使得商品流、物流、资金流、信息流四流合一,从而构建互信共赢的供应链生态系统。基于区块链技术,供应链上所有企业比较容易快速建立互相之间的信任,且由于基于区块链技术的信息不可篡改性,信息不对称的情况大幅降低,企业可以大幅减少互相沟通的成本。利用共识机制,供应链上的企业可以制定一套协作流程用于企业经营,加之已经建立的信任关系,这套流程能够有效指导各企业经营,并形成供应链中的动态企业联盟,产生吸引优质企业、剔除劣质企业的效果。区块链技术综合了物联网、人工智能以及大数据等技术,能够处理复杂多变的海量数据和信息,提高供应链上企业应对经营中不确定性的柔性能力。区块链在一开始就解决了这个问题,因为每个人都可以在任何时候在供应链中查询到库存的情况。事实上,这些功能已经被很多公司应用了。这样会带来更高的效率,并且应用在电子商务上可以提高库存和实现的可能性。区块链技术可作为一种大规模协同工具,适配供应链管理。在电子商务供应链中,许多类型的数据可以通过区块链传输,包括保险、发票、托运和运输以及提货单。

3)提高网络数据安全

区块链作为完全去中心化的信息维护技术,使得以某个核心点为重点的处理方式得到削弱,使得加密技术的优势得到发挥。区块链由于拥有去中心化结构技术,其技术特有的安全性已经被国外金融、网络等各大公司利用,并且能够为各大公司提供安全保障。区块链技术拥有其去中心化的特点,其安全性能得到保障,因此区块链技术在用户认证数据、数据网络安全以及组织网络攻击等领域都发挥着不可替代的作用。区块链技术能够从分发挥其信息交互、数据存储等安全特性,为网络安全以及电子商务提供崭新的安全防护模式,在网络安全方面具有极大的运用潜力。

4）提高交易透明度

电商的多样性、包容性和网络性为交易带来了便利，同时也为假货、次品的泛滥提供了温床，从而导致了电商行业的信任危机。这一问题的产生主要是由于交易过程的不透明，消费者在电商平台的购买行为主要依据商家的信用等级、用户评论等信息，即电商平台为商家提供的信用背书，但这些信息可能并非基于真实情况。区块链将历史交易都记录在共享的分布式账单中，不被任何人篡改，保障了信息高度的安全性，极尽的可视性，更快的处理速度以及完善的可追溯性。因此，在电商交易中，区块链能够使所有的销售流程和流转渠道都透明可控，从而使交易摆脱了电商平台制定的规则，已杜绝了被人为操控的可能性，进而促进整个电商生态体系的良性竞争。区块链是分布式的账本，只要商品被记录就难以篡改，那么运用在电商中，就只需要将商品供应链的每一步，记录在区块链上，从出产到流通，那么每一个环节都是可追溯的，不可更改的。区块链可以提高交易的透明度，从而促进信任。每笔交易都记录在共享分类账中，不能被任何人修改。共享分布式账本提供安全性，透明度，以及可追溯性。

2．电子商务应用区块链技术的未来趋势

1）区块链技术将重塑电子商务的新模式

传统的电商子商务模式中，为保证交易双方的权益，引入了第三方支付平台，使用的是中心化流程，其中有许多漏洞。而基于区块链技术的电子商务共享信任体系，所有参与者共享并共同维护这个信任体，所有环节都有记录可以查询。参与者的参与面会更广，所有买方也会部分参与到从生产到采购的各个环节。新模式的电子商务还降低了商家建立信任的成本。区块链技术使用的是分布式账本模型，所以每一笔交易都不可篡改，并且在全球的网络上保持着信息的真实性。

利用区块链技术可以打造一个优质、优价、品质可鉴的电商平台。区块链的智能合约可以使所有商户实现无缝跨界联合。区块链技术可以形成一个去中心化、高度自治的分布式网络平台，使电子商务市场的交易完全透明、真实并可以追溯。有了区块链技术，政府对电子商务市场的监管会更加有效。

2）区块链技术将重新打造电商供应链生态圈

传统电商供应链目前面临许多问题，如供应链管理理念问题、库存问题、供应链整合问题、供应链各方的信任问题、中间环节和成本问题等。而区块链加供应链将重新打造供应链生态圈，有效解决以上问题。

区块链技术可以建立供应链上各方之间的信任，并使供应链更加透明。透明的供应链是采购环节的理想状态，通过产品溯源可以有效解决假冒伪劣问题。在区块链技术打造的电商网络上进行交易，可以有效降低交易成本低，还可以对整个价值链的品质保证进行跟踪。随着各行业的发展，区块链技术将会逐步应用到供应链系统。客户和政府对交易透明度、可跟踪性和速度的要求也会越来越高，而区块链技术正是打造电商供应链生态圈消除供应链盲点的关键。

3）区块链支付为跨境电商提供完美的支付解决方案

利用区块链技术建立的分布式网络，可以实现跨境汇款低费用甚至是零费用，并且能以极快的速度完成跨境转账。区块链技术除拥有方便快捷、记账速度快、成本较低等优点外，还可以去中心化，安全性高并可以溯源。区块链技术可应用于优化跨境业务，打造新的跨境支付方式。传统跨境支付方式清算时间较长、手续费较高且跨境支付诈骗行为频频出现，加大了跨境资金的风险。

区块链技术的点对点支付方式去除了第三方金融机构中心，不但可以全天候支付、瞬间到账、提现容易及没有隐形成本，也有助降低跨境电商资金风险及满足跨境电商对支付清算服务的便捷性需求。

13.4 人工智能

13.4.1 人工智能技术发展概述

1. 人工智能技术流派发展简析

人工智能是利用数字计算机或者数字计算机控制的机器模拟、延伸和扩展人的智能，感知环境、获取知识并使用知识获得最佳结果的理论、方法、技术及应用系统。让机器实现人的智能，一直是人工智能学者不断追求的目标，不同学科背景或应用领域的学者，从不同角度，用不同的方法，沿着不同的途径对智能进行了探索。其中，符号主义、连接主义和行为主义是人工智能发展历史上的三大技术流派。

符号主义又称为逻辑主义，在人工智能早期一直占据主导地位。该学派认为人工智能源于数学逻辑，其实质是模拟人的抽象逻辑思维，用符号描述人类的认知过程。早期的研究思路是通过基本的推断步骤寻求完全解，出现了逻辑理论家和几何定理证明器等。上世纪 70 年代出现了大量的专家系统，结合了领域知识和逻辑推断，使得人工智能进入了工程应用。PC 的出现以及专家系统高昂的成本，使符号学派在人工智能领域的主导地位逐渐被连接主义取代。

连接主义又称为仿生学派，当前占据主导地位。该学派认为人工智能源于仿生学，应以工程技术手段模拟人脑神经系统的结构和功能。连接主义最早可追溯到 1943 年麦卡洛克和皮茨创立的脑模型，由于受理论模型、生物原型和技术条件的限制，在 20 世纪 70 年代陷入低潮。直到 1982 年霍普菲尔特提出的 Hopfield 神经网络模型和 1986 年鲁梅尔哈特等人提出的反向传播算法，使得神经网络的理论研究取得了突破。2006 年，连接主义的领军者 Hinton 提出了深度学习算法，使神经网络的能力大大提高。2012 年，使用深度学习技术的 AlexNet 模型在 ImageNet 竞赛中获得冠军。

行为主义又称为进化主义，近年来随着 AlphaGo 取得的突破而受到广泛关注。该学派认为人工智能源于控制论，智能行为的基础是"感知—行动"的反应机制，所以智能无需知识表示，无需推断。智能只是在与环境交互作用中表现出来，需要具有不同的行为模块与环境交互，以此来产生复杂的行为。

在人工智能的发展过程中，符号主义、连接主义和行为主义等流派不仅先后在各自领域取得了成果，各学派也逐渐走向了相互借鉴和融合发展的道路。特别是在行为主义思想中引入连接主义的技术，从而诞生了深度强化学习技术，成为 AlphaGo 战胜李世石背后最重要的技术手段。

2．深度学习带动下的人工智能发展

深度学习已经在语音识别、图像识别等领域取得突破。深度学习全称深度神经网络，本质上是多层次的人工神经网络算法，即从结构上模拟人脑的运行机制，从最基本的单元上模拟了人类大脑的运行机制。深度学习已经开始在计算机视觉、语音识别、自然语言理解等领域取得了突破。在语音识别领域，2010 年，使用深度神经网络模型的语音识别相对传统混合高斯模型识别错误率降低超过 20%，目前所有的商用语音识别算法都基于深度学习。在图像分类领域，目前针对 ImageNet 数据集的算法分类精度已经达到了 95% 以上，可以与人的分辨能力相当。深度学习在人脸识别、通用物体检测、图像语义分割、自然语言理解等领域也取得了突破性的进展。

海量的数据和高效的算力支撑是深度学习算法实现的基础。深度学习分为训练（training）和推断（inference）两个环节。训练需要海量数据输入，训练出一个复杂的深度神经网络模型。推断指利用训练好的模型，使用待判断的数据去"推断"得出各种结论。大数据时代的到来，图形处理器（Graphics Processing Unit，GPU）等各种更加强大的计算设备的发展，使得深度学习可以充分利用海量数据（标注数据、弱标注数据或无标注数据），自动地学习到抽象的知识表达，即把原始数据浓缩成某种知识。当前基于深度学习的人工智能技术架构如图 13-9 所示。

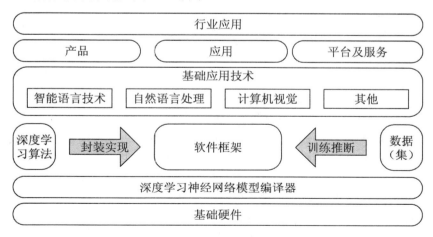

图 13-9　基于深度学习的人工智能技术应用架构图

13.4.2 人工智能技术

1. 人工智能关键技术

1）机器学习

机器学习（Machine Learning）是一门涉及统计学、系统辨识、逼近理论、神经网络、优化理论、计算机科学、脑科学等诸多领域的交叉学科，研究计算机怎样模拟或实现人类的学习行为，以获取新的知识或技能，重新组织已有的知识结构使之不断改善自身的性能，是人工智能技术的核心。基于数据的机器学习是现代智能技术中的重要方法之一，研究从观测数据（样本）出发寻找规律，利用这些规律对未来数据或无法观测的数据进行预测。根据学习模式、学习方法以及算法的不同，机器学习存在不同的分类方法。

根据学习模式将机器学习分类为监督学习、无监督学习和强化学习等。

（1）监督学习。监督学习是利用已标记的有限训练数据集，通过某种学习策略/方法建立一个模型，实现对新数据/实例的标记（分类）/映射，最典型的监督学习算法包括回归和分类。监督学习要求训练样本的分类标签已知，分类标签精确度越高，样本越具有代表性，学习模型的准确度越高。监督学习在自然语言处理、信息检索、文本挖掘、手写体辨识、垃圾邮件侦测等领域获得了广泛应用。

（2）无监督学习。无监督学习是利用无标记的有限数据描述隐藏在未标记数据中的结构/规律，最典型的无监督学习算法包括单类密度估计、单类数据降维、聚类等。无监督学习不需要训练样本和人工标注数据，便于压缩数据存储、减少计算量、提升算法速度，还可以避免正、负样本偏移引起的分类错误问题。主要用于经济预测、异常检测、数据挖掘、图像处理、模式识别等领域，例如组织大型计算机集群、社交网络分析、市场分割、天文数据分析等。

（3）强化学习。强化学习是智能系统从环境到行为映射的学习，以使强化信号函数值最大。由于外部环境提供的信息很少，强化学习系统必须靠自身的经历进行学习。强化学习的目标是学习从环境状态到行为的映射，使得智能体选择的行为能够获得环境最大的奖赏，使得外部环境对学习系统在某种意义下的评价为最佳。其在机器人控制、无人驾驶、下棋、工业控制等领域获得成功应用。

根据学习方法可以将机器学习分为传统机器学习和深度学习。

（1）传统机器学习。传统机器学习从一些观测（训练）样本出发，试图发现不能通过原理分析获得的规律，实现对未来数据行为或趋势的准确预测。相关算法包括逻辑回归、隐马尔科夫方法、支持向量机方法、K 近邻方法、三层人工神经网络方法、Adaboost 算法、贝叶斯方法以及决策树方法等。传统机器学习平衡了学习结果的有效性与学习模型的可解释性，为解决有限样本的学习问题提供了一种框架，主要用于有限样本情况下的模式分类、回归分析、概率密度估计等。传统机器学习方法共同的重要理论基础之一是统计学，在自然语言处理、语音识别、图像识别、信息检索和生物信息等许多计算机领域获得了广泛应用。

（2）深度学习。深度学习是建立深层结构模型的学习方法，典型的深度学习算法包括深度置信网络、卷积神经网络、受限玻尔兹曼机和循环神经网络等。深度学习又称为深度神经网络（指层数超过 3 层的神经网络）。深度学习作为机器学习研究中的一个新兴领域，由 Hinton 等人于 2006 年提出。深度学习源于多层神经网络，其实质是给出了一种将特征表示和学习合二为一的方式。深度学习的特点是放弃了可解释性，单纯追求学习的有效性。经过多年的摸索尝试和研究，已经产生了诸多深度神经网络的模型，其中卷积神经网络、循环神经网络是两类典型的模型。卷积神经网络常被应用于空间性分布数据；循环神经网络在神经网络中引入了记忆和反馈，常被应用于时间性分布数据。深度学习框架是进行深度学习的基础底层框架，一般包含主流的神经网络算法模型，提供稳定的深度学习 API，支持训练模型在服务器和 GPU、TPU 间的分布式学习，部分框架还具备在包括移动设备、云平台在内的多种平台上运行的移植能力，从而为深度学习算法带来前所未有的运行速度和实用性。目前主流的开源算法框架有 TensorFlow、Caffe/Caffe2、CNTK、MXNet、Paddle-paddle、Torch/PyTorch、Theano 等。

此外，机器学习的常见算法还包括迁移学习、主动学习和演化学习等。

（1）迁移学习。迁移学习是指当在某些领域无法取得足够多的数据进行模型训练时，利用另一领域数据获得的关系进行的学习。迁移学习可以把已训练好的模型参数迁移到新的模型指导新模型训练，可以更有效地学习底层规则、减少数据量。目前的迁移学习技术主要在变量有限的小规模应用中使用，如基于传感器网络的定位，文字分类和图像分类等。未来迁移学习将被广泛应用于解决更有挑战性的问题，如视频分类、社交网络分析、逻辑推理等。

（2）主动学习。主动学习通过一定的算法查询最有用的未标记样本，并交由专家进行标记，然后用查询到的样本训练分类模型来提高模型的精度。主动学习能够选择性地获取知识，通过较少的训练样本获得高性能的模型，最常用的策略是通过不确定性准则和差异性准则选取有效的样本。

（3）演化学习。演化学习对优化问题性质要求极少，只需能够评估解的好坏即可，适用于求解复杂的优化问题，也能直接用于多目标优化。演化算法包括粒子群优化算法、多目标演化算法等。目前针对演化学习的研究主要集中在演化数据聚类、对演化数据更有效的分类，以及提供某种自适应机制以确定演化机制的影响等。

2）知识图谱

知识图谱本质上是结构化的语义知识库，是一种由节点和边组成的图数据结构，以符号形式描述物理世界中的概念及其相互关系，其基本组成单位是"实体—关系—实体"三元组，以及实体及其相关"属性—值"对。不同实体之间通过关系相互联结，构成网状的知识结构。在知识图谱中，每个节点表示现实世界的"实体"，每条边为实体与实体之间的"关系"。通俗地讲，知识图谱就是把所有不同种类的信息连接在一起而得到的一个关系网络,提供了从"关系"的角度去分析问题的能力。

知识图谱可用于反欺诈、不一致性验证、组团欺诈等公共安全保障领域,需要用到异常分析、静态分析、动态分析等数据挖掘方法。特别地,知识图谱在搜索引擎、可视化展示和精准营销方面有很大的优势,已成为业界的热门工具。但是,知识图谱的发展还有很大的挑战,如数据的噪声问题,即数据本身有错误或者数据存在冗余。随着知识图谱应用的不断深入,还有一系列关键技术需要突破。

3)自然语言处理

自然语言处理是计算机科学领域与人工智能领域中的一个重要方向,研究能实现人与计算机之间用自然语言进行有效通信的各种理论和方法,涉及的领域较多,主要包括机器翻译、语义理解和问答系统等。

(1)机器翻译。机器翻译技术是指利用计算机技术实现从一种自然语言到另外一种自然语言的翻译过程。基于统计的机器翻译方法突破了之前基于规则和实例翻译方法的局限性,翻译性能取得巨大提升。基于深度神经网络的机器翻译在日常口语等一些场景的成功应用已经显现出了巨大的潜力。随着上下文的语境表征和知识逻辑推理能力的发展,自然语言知识图谱不断扩充,机器翻译将会在多轮对话翻译及篇章翻译等领域取得更大进展。目前非限定领域机器翻译中性能较佳的一种是统计机器翻译,包括训练及解码两个阶段。训练阶段的目标是获得模型参数,解码阶段的目标是利用所估计的参数和给定的优化目标,获取待翻译语句的最佳翻译结果。统计机器翻译主要包括语料预处理、词对齐、短语抽取、短语概率计算、最大熵调序等步骤。基于神经网络的端到端翻译方法不需要针对双语句子专门设计特征模型,而是直接把源语言句子的词串送入神经网络模型,经过神经网络的运算,得到目标语言句子的翻译结果。在基于端到端的机器翻译系统中,通常采用递归神经网络或卷积神经网络对句子进行表征建模,从海量训练数据中抽取语义信息,与基于短语的统计翻译相比,其翻译结果更加流畅自然,在实际应用中取得了较好的效果。

(2)语义理解。语义理解技术是指利用计算机技术实现对文本篇章的理解,并且回答与篇章相关问题的过程。语义理解更注重于对上下文的理解以及对答案精准程度的把控。随着MCTest数据集的发布,语义理解受到更多关注,取得了快速发展,相关数据集和对应的神经网络模型层出不穷。语义理解技术将在智能客服、产品自动问答等相关领域发挥重要作用,进一步提高问答与对话系统的精度。在数据采集方面,语义理解通过自动构造数据方法和自动构造填空型问题的方法来有效扩充数据资源。为了解决填充型问题,一些基于深度学习的方法相继提出,如基于注意力的神经网络方法。当前主流的模型是利用神经网络技术对篇章、问题建模,对答案的开始和终止位置进行预测,抽取出篇章片段。对于进一步泛化的答案,处理难度进一步提升,目前的语义理解技术仍有较大的提升空间。

(3)问答系统。问答系统分为开放领域的对话系统和特定领域的问答系统。问答系统技术是指让计算机像人类一样用自然语言与人交流的技术。人们可以向问答系统提交用自然语言表达的问题，系统会返回关联性较高的答案。尽管问答系统目前已经有了不少应用产品出现，但大多是在实际信息服务系统和智能手机助手等领域中的应用，在问答系统鲁棒性方面仍然存在着问题和挑战。

自然语言处理面临四大挑战：一是在词法、句法、语义、语用和语音等不同层面存在不确定性；二是新的词汇、术语、语义和语法导致未知语言现象的不可预测性；三是数据资源的不充分使其难以覆盖复杂的语言现象；四是语义知识的模糊性和错综复杂的关联性难以用简单的数学模型描述，语义计算需要参数庞大的非线性计算。

4）人机交互

人机交互主要研究人和计算机之间的信息交换，主要包括人到计算机和计算机到人的两部分信息交换，是人工智能领域的重要的外围技术。人机交互是与认知心理学、人机工程学、多媒体技术、虚拟现实技术等密切相关的综合学科。传统的人与计算机之间的信息交换主要依靠交互设备进行，主要包括键盘、鼠标、操纵杆、数据服装、眼动跟踪器、位置跟踪器、数据手套、压力笔等输入设备，以及打印机、绘图仪、显示器、头盔式显示器、音箱等输出设备。人机交互技术除了传统的基本交互和图形交互外，还包括语音交互、情感交互、体感交互及脑机交互等技术，以下对后四种与人工智能关联密切的典型交互手段进行介绍。

（1）语音交互。语音交互是一种高效的交互方式，是人以自然语音或机器合成语音同计算机进行交互的综合性技术，结合了语言学、心理学、工程和计算机技术等领域的知识。语音交互不仅要对语音识别和语音合成进行研究，还要对人在语音通道下的交互机理、行为方式等进行研究。语音交互过程包括四部分：语音采集、语音识别、语义理解和语音合成。语音采集完成音频的录入、采样及编码；语音识别完成语音信息到机器可识别的文本信息的转化；语义理解根据语音识别转换后的文本字符或命令完成相应的操作；语音合成完成文本信息到声音信息的转换。作为人类沟通和获取信息最自然便捷的手段，语音交互比其他交互方式具备更多优势，能为人机交互带来根本性变革，是大数据和认知计算时代未来发展的制高点，具有广阔的发展前景和应用前景。

（2）情感交互。情感是一种高层次的信息传递，而情感交互是一种交互状态，它在表达功能和信息时传递情感，勾起人们的记忆或内心的情愫。传统的人机交互无法理解和适应人的情绪或心境，缺乏情感理解和表达能力，计算机难以具有类似人一样的智能，也难以通过人机交互做到真正的和谐与自然。情感交互就是要赋予计算机类似于人一样的观察、理解和生成各种情感的能力，最终使计算机像人一样能进行自然、亲切和生动的交互。情感交互已经成为人工智能领域中的热点方向，旨在让人机交互变得更加自然。目前，在情感交互信息的处理方式、情感描述方式、情感数据获取和处理过程、情感表达方式等方面还有诸多技术挑战。

（3）体感交互。体感交互是个体不需要借助任何复杂的控制系统，以体感技术为基础，直接通过肢体动作与周边数字设备装置和环境进行自然的交互。依照体感方式与原理的不同，体感技术主要分为三类：惯性感测、光学感测以及光学联合感测。体感交互通常由运动追踪、手势识别、运动捕捉、面部表情识别等一系列技术支撑。与其他交互手段相比，体感交互技术无论是硬件还是软件方面都有了较大的提升，交互设备向小型化、便携化、使用方便化等方面发展，大大降低了对用户的约束，使得交互过程更加自然。目前，体感交互在游戏娱乐、医疗辅助与康复、全自动三维建模、辅助购物、眼动仪等领域有了较为广泛的应用。

（4）脑机交互。脑机交互又称为脑机接口，指不依赖于外围神经和肌肉等神经通道，直接实现大脑与外界信息传递的通路。脑机接口系统检测中枢神经系统活动，并将其转化为人工输出指令，能够替代、修复、增强、补充或者改善中枢神经系统的正常输出，从而改变中枢神经系统与内外环境之间的交互作用。脑机交互通过对神经信号解码，实现脑信号到机器指令的转化，一般包括信号采集、特征提取和命令输出三个模块。从脑电信号采集的角度，一般将脑机接口分为侵入式和非侵入式两大类。除此之外，脑机接口还有其他常见的分类方式：按照信号传输方向可以分为脑到机、机到脑和脑机双向接口；按照信号生成的类型，可分为自发式脑机接口和诱发式脑机接口；按照信号源的不同还可分为基于脑电的脑机接口、基于功能性核磁共振的脑机接口以及基于近红外光谱分析的脑机接口。

5）计算机视觉

计算机视觉是使用计算机模仿人类视觉系统的科学，让计算机拥有类似人类提取、处理、理解和分析图像以及图像序列的能力。自动驾驶、机器人、智能医疗等领域均需要通过计算机视觉技术从视觉信号中提取并处理信息。近来随着深度学习的发展，预处理、特征提取与算法处理渐渐融合，形成端到端的人工智能算法技术。根据解决的问题，计算机视觉可分为计算成像学、图像理解、三维视觉、动态视觉和视频编解码五大类。

（1）计算成像学。计算成像学是探索人眼结构、相机成像原理以及其延伸应用的科学。在相机成像原理方面，计算成像学不断促进现有可见光相机的完善，使得现代相机更加轻便，可以适用于不同场景。同时计算成像学也推动着新型相机的产生，使相机超出可见光的限制。在相机应用科学方面，计算成像学可以提升相机的能力，从而通过后续的算法处理使得在受限条件下拍摄的图像更加完善，例如图像去噪、去模糊、暗光增强、去雾霾等，以及实现新的功能，例如全景图、软件虚化、超分辨率等。

（2）图像理解。图像理解是通过用计算机系统解释图像，实现类似人类视觉系统理解外部世界的一门科学。通常根据理解信息的抽象程度可分为三个层次：浅层理解，包括图像边缘、图像特征点、纹理元素等；中层理解，包括物体边界、区域与平面等；高层理解，根据需要抽取的高层语义信息，可大致分为识别、检测、分割、姿态估计、图像文字说明等。目前高层图像理解算法已逐渐广泛应用于人工智能系统，如刷脸支付、智慧安防、图像搜索等。

（3）三维视觉。三维视觉即研究如何通过视觉获取三维信息（三维重建）以及如何理解所获取的三维信息的科学。三维重建可以根据重建的信息来源，分为单目图像重建、多目图像重建和深度图像重建等。三维信息理解，即使用三维信息辅助图像理解或者直接理解三维信息。三维信息理解可分为，①浅层：角点、边缘、法向量等；②中层：平面、立方体等；③高层：物体检测、识别、分割等。三维视觉技术可以广泛应用于机器人、无人驾驶、智慧工厂、虚拟/增强现实等方向。

（4）动态视觉。动态视觉即分析视频或图像序列，模拟人处理时序图像的科学。通常动态视觉问题可以定义为寻找图像元素，如像素、区域、物体在时序上的对应，以及提取其语义信息的问题。动态视觉研究被广泛应用在视频分析以及人机交互等方面。

（5）视频编解码。视频编解码是指通过特定的压缩技术，将视频流进行压缩。视频流传输中最为重要的编解码标准有国际电联的 H.261、H.263、H.264、H.265、M-JPEG 和 MPEG 系列标准。视频压缩编码主要分为两大类：无损压缩和有损压缩。无损压缩指使用压缩后的数据进行重构时，重构后的数据与原来的数据完全相同，例如磁盘文件的压缩。有损压缩也称为不可逆编码，指使用压缩后的数据进行重构时，重构后的数据与原来的数据有差异，但不会影响人们对原始资料所表达的信息产生误解。有损压缩的应用范围广泛，例如视频会议、可视电话、视频广播、视频监控等。

目前，计算机视觉技术发展迅速，已具备初步的产业规模。未来计算机视觉技术的发展主要面临以下挑战：一是如何在不同的应用领域和其他技术更好的结合，计算机视觉在解决某些问题时可以广泛利用大数据，已经逐渐成熟并且可以超过人类，而在某些问题上却无法达到很高的精度；二是如何降低计算机视觉算法的开发时间和人力成本，目前计算机视觉算法需要大量的数据与人工标注，需要较长的研发周期以达到应用领域所要求的精度与耗时；三是如何加快新型算法的设计开发，随着新的成像硬件与人工智能芯片的出现，针对不同芯片与数据采集设备的计算机视觉算法的设计与开发也是挑战之一。

6）生物特征识别

生物特征识别技术是指通过个体生理特征或行为特征对个体身份进行识别认证的技术。从应用流程看，生物特征识别通常分为注册和识别两个阶段。注册阶段通过传感器对人体的生物表征信息进行采集，如利用图像传感器对指纹和人脸等光学信息、麦克风对说话声等声学信息进行采集，利用数据预处理以及特征提取技术对采集的数据进行处理，得到相应的特征进行存储。识别过程采用与注册过程一致的信息采集方式对待识别人进行信息采集、数据预处理和特征提取，然后将提取的特征与存储的特征进行比对分析，完成识别。从应用任务看，生物特征识别一般分为辨认与确认两种任务，辨认是指从存储库中确定待识别人身份的过程，是一对多的问题；确认是指将待识别人信息与存储库中特定单人信息进行比对，确定身份的过程，是一对一的问题。

生物特征识别技术涉及的内容十分广泛，包括指纹、掌纹、人脸、虹膜、指静脉、声纹、步态等多种生物特征，其识别过程涉及到图像处理、计算机视觉、语音识别、机器学习等多项技术。目前生物特征识别作为重要的智能化身份认证技术，在金融、公共安全、教育、交通等领域得到广泛的应用。下面将对指纹识别、人脸识别、虹膜识别、指静脉识别、声纹识别以及步态识别等技术进行介绍。

（1）指纹识别。指纹识别过程通常包括数据采集、数据处理、分析判别三个过程。数据采集通过光、电、力、热等物理传感器获取指纹图像；数据处理包括预处理、畸变校正、特征提取三个过程；分析判别是对提取的特征进行分析判别的过程。

（2）人脸识别。人脸识别是典型的计算机视觉应用，从应用过程来看，可将人脸识别技术划分为检测定位、面部特征提取以及人脸确认三个过程。人脸识别技术的应用主要受到光照、拍摄角度、图像遮挡、年龄等多个因素的影响，在约束条件下人脸识别技术相对成熟，在自由条件下人脸识别技术还在不断改进。

（3）虹膜识别。虹膜识别的理论框架主要包括虹膜图像分割、虹膜区域归一化、特征提取和识别四个部分，研究工作大多是基于此理论框架发展而来。虹膜识别技术应用的主要难题包含传感器和光照影响两个方面：一方面，由于虹膜尺寸小且受黑色素遮挡，需在近红外光源下采用高分辨图像传感器才可清晰成像，对传感器质量和稳定性要求比较高；另一方面，光照的强弱变化会引起瞳孔缩放，导致虹膜纹理产生复杂形变，增加了匹配的难度。

（4）指静脉识别。指静脉识别是利用了人体静脉血管中的脱氧血红蛋白对特定波长范围内的近红外线有很好的吸收作用这一特性，采用近红外光对指静脉进行成像与识别的技术。由于指静脉血管分布随机性很强，其网络特征具有很好的唯一性，且属于人体内部特征，不受到外界影响，因此模态特性十分稳定。指静脉识别技术应用面临的主要难题来自于成像单元。

（5）声纹识别。声纹识别是指根据待识别语音的声纹特征识别说话人的技术。声纹识别技术通常可以分为前端处理和建模分析两个阶段。声纹识别的过程是将某段来自某个人的语音经过特征提取后与多复合声纹模型库中的声纹模型进行匹配，常用的识别方法可以分为模板匹配法、概率模型法等。

（6）步态识别。步态是远距离复杂场景下唯一可清晰成像的生物特征，步态识别是指通过身体体型和行走姿态来识别人的身份。相比上述几种生物特征识别，步态识别的技术难度更大，体现在其需要从视频中提取运动特征，以及需要更高要求的预处理算法，但步态识别具有远距离、跨角度、光照不敏感等优势。

7）虚拟现实/增强现实

虚拟现实（VR）/增强现实（AR）是以计算机为核心的新型视听技术。结合相关科学技术，在一定范围内生成与真实环境在视觉、听觉、触感等方面高度近似的数字化环境。用户借助必要的装备与数字化环境中的对象进行交互，相互影响，获得近似真实环境的感受和体验，通过显示设备、跟踪定位设备、触力觉交互设备、数据获取设备、专用芯片等实现。

虚拟现实/增强现实从技术特征角度，按照不同处理阶段，可以分为获取与建模技术、分析与利用技术、交换与分发技术、展示与交互技术以及技术标准与评价体系五个方面。获取与建模技术研究如何把物理世界或者人类的创意进行数字化和模型化，难点是三维物理世界的数字化和模型化技术；分析与利用技术重点研究对数字内容进行分析、理解、搜索和知识化方法，其难点是在于内容的语义表示和分析；交换与分发技术主要强调各种网络环境下大规模的数字化内容流通、转换、集成和面向不同终端用户的个性化服务等，其核心是开放的内容交换和版权管理技术；展示与交换技术重点研究符合人类习惯数字内容的各种显示技术及交互方法，以期提高人对复杂信息的认知能力，其难点在于建立自然和谐的人机交互环境；标准与评价体系重点研究虚拟现实/增强现实基础资源、内容编目、信源编码等的规范标准以及相应的评估技术。

目前虚拟现实/增强现实面临的挑战主要体现在智能获取、普适设备、自由交互和感知融合四个方面。在硬件平台与装置、核心芯片与器件、软件平台与工具、相关标准与规范等方面存在一系列科学技术问题。总体来说虚拟现实/增强现实呈现虚拟现实系统智能化、虚实环境对象无缝融合、自然交互全方位与舒适化的发展趋势。

2．基于深度学习的人工智能技术体系

当前，基于深度学习的人工智能算法主要依托计算机技术体系架构实现，深度学习算法通过封装至软件框架的方式供开发者使用。软件框架是整个技术体系的核心，实现对人工智能算法的封装，数据的调用以及计算资源的调度使用。为提升算法实现的效率，其编译器及底层硬件技术也进行了功能优化，具体架构分为基础硬件层、深度神经网络模型编译器及软件框架等。

（1）基础硬件层。基础硬件层为算法提供了基础计算能力。硬件层涵盖范围除了中央处理器（Central Processing Unit，CPU）及 GPU 外，还包括为特定场景应用而定制的计算芯片，以及基于计算芯片所定制的服务器，包括 GPU 服务器集群，各类移动终端设备以及类脑计算机等。

（2）深度神经网络模型编译器。深度神经网络模型编译器是底层硬件和软件框架，以及不同软件框架之间的桥梁。该层旨在为上层应用提供硬件调用接口，解决不同上层应用在使用不同底层硬件计算芯片时可能存在的不兼容等问题。其涵盖范围包括针对人工智能计算芯片定向优化的深度神经网络模型编译器，以及针对不同神经网络模型表示的规定及格式。

（3）软件框架层。软件框架层实现算法的模块化封装，为应用开发提供集成软件工具包。该层涵盖范围包括针对算法实现开发的各类应用及算法工具包，为上层应用开发提供了算法调用接口，提升应用实现的效率。

（4）基础应用技术。当前人工智能的商业化实现主要是基于计算机视觉、智能语音、自然语言处理等基础应用技术实现，并形成了相应的产品或服务。

13.4.3 人工智能产业体系

人工智能产业生态主要分为核心业态、关联业态、衍生业态三个层次，如图 13-10 所示。

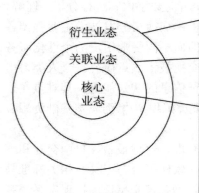

图 13-10　人工智能产业生态图

1. 智能基础设施

智能基础设施为人工智能产业提供计算能力支撑，其范围包括智能传感器、智能芯片、分布式计算框架等，是人工智能产业发展的重要保障。

1）智能芯片

智能芯片从应用角度可以分为训练和推理两种类型。从部署场景来看，可以分为云端和设备端两步大类。训练过程由于涉及海量的训练数据和复杂的深度神经网络结构，需要庞大的计算规模，主要使用智能芯片集群来完成。与训练的计算量相比，推理的计算量较少，但仍然涉及大量的矩阵运算。目前，训练和推理通常都在云端实现，只有对实时性要求很高的设备会交由设备端进行处理。

按技术架构来看，智能芯片可以分为通用类芯片（CPU、GPU、FPGA）、基于 FPGA 的半定制化芯片、全定制化 ASIC 芯片、类脑计算芯片（IBM TrueNorth）。另外，主要的人工智能处理器还有 DPU、BPU、NPU、EPU 等适用于不同场景和功能的人工智能芯片。

随着互联网用户量和数据规模的急剧膨胀，人工智能发展对计算性能的要求迫切增长，对 CPU 计算性能提升的需求超过了摩尔定律的增长速度。同时，受限于技术原因，传统处理器性能也无法按照摩尔定律继续增长，发展下一代智能芯片势在必行。未来的智能芯片主要是在两个方向发展：一是模仿人类大脑结构的芯片，二是量子芯片。智能芯片是人工智能时代的战略制高点，预计到 2020 年人工智能芯片全球市场规模将突破百亿美元。

2）智能传感器

智能传感器是具有信息处理功能的传感器。智能传感器带有微处理机，具备采集、处理、交换信息等功能，是传感器集成化与微处理机相结合的产物。智能传感器属于人工智能的神经末梢，用于全面感知外界环境。各类传感器的大规模部署和应用为实现人工智能创造了不可或缺的条件。不同应用场景，如智能安防、智能家居、智能医疗等对传感器应用提出了不同的要求。未来，随着人工智能应用领域的不断拓展，市场对传感器的需求将不断增多，2020年市场规模有望突破4600亿美元。未来，高敏度、高精度、高可靠性、微型化、集成化将成为智能传感器发展的重要趋势。

3）分布式计算框架

面对海量的数据处理、复杂的知识推理，常规的单机计算模式已经不能支撑。所以，计算模式必须将巨大的计算任务分成小的单机可以承受的计算任务，即云计算、边缘计算、大数据技术提供了基础的计算框架。目前流行的分布式计算框架如 OpenStack、Hadoop、Storm、Spark、Samza、Bigflow 等。各种开源深度学习框架也层出不穷，其中包括 TensorFlow、Caffe、Keras、CNTK、Torch7、MXNet、Leaf、Theano、DeepLearning4、Lasagne、Neon 等等。

2. 智能信息及数据

信息数据是人工智能创造价值的关键要素之一。我国庞大的人口和产业基数带来了数据方面的天生优势。随着算法、算力技术水平的提升，围绕数据的采集、分析、处理产生了众多的企业。目前，在人工智能数据采集、分析、处理方面的企业主要有两种：一种是数据集提供商，以提供数据为自身主要业务，为需求方提供机器学习等技术所需要的不同领域的数据集；另一种是数据采集、分析、处理综合性厂商，自身拥有获取数据的途径，并对采集到的数据进行分析处理，最终将处理后的结果提供给需求方进行使用。对于一些大型企业，企业本身也是数据分析处理结果的需求方。

3. 智能技术服务

智能技术服务主要关注如何构建人工智能的技术平台，并对外提供人工智能相关的服务。此类厂商在人工智能产业链中处于关键位置，依托基础设施和大量的数据，为各类人工智能的应用提供关键性的技术平台、解决方案和服务。目前，从提供服务的类型来看，提供技术服务厂商包括以下几类：

（1）提供人工智能的技术平台和算法模型。此类厂商主要针对用户或者行业需求，提供人工智能技术平台以及算法模型。用户可以在人工智能平台之上，通过一系列的算法模型来进行人工智能的应用开发。此类厂商主要关注人工智能的通用计算框架、算法模型、通用技术等关键领域。

（2）提供人工智能的整体解决方案。此类厂商主要针对用户或者行业需求，设计和提供包括软、硬件一体的行业人工智能解决方案，整体方案中集成多种人工智能算法模型以及软、硬件环境，帮助用户或行业解决特定的问题。此类厂商重点关注人工智能在特定领域或者特定行业的应用。

（3）提供人工智能在线服务。此类厂商一般为传统的云服务提供厂商，主要依托其已有的云计算和大数据应用的用户资源，聚集用户的需求和行业属性，为客户提供多类型的人工智能服务；从各类模型算法和计算框架的 API 等特定应用平台到特定行业的整体解决方案等，进一步吸引大量的用户使用，从而进一步完善其提供的人工智能服务。此类厂商主要提供相对通用的人工智能服务，同时也会关注一些重点行业和领域。

需要指出的是，上述三类角色并不是严格区分开的，很多情况下会出现重叠，随着技术的发展成熟，在人工智能产业链中已有大量的厂商同时具备上述两类或者三类角色的特征。

4．智能产品

智能产品是指将人工智能领域的技术成果集成化、产品化，具体的分类如表 13-3 所示。

表 13-3 人工智能的产品

分类		典型产品示例
智能机器人	工业机器人	焊接机器人、喷涂机器人、搬运机器人、加工机器人、装配机器人、清洁机器人以及其他工业机器人
	个人/家用服务机器人	家政服务机器人、教育娱乐服务机器人、养老助残服务机器人、个人运输服务机器人、安防监控服务机器人
	公共服务机器人	酒店服务机器人、银行服务机器人、场馆服务机器人和餐饮服务机器人
	特种机器人	特种极限机器人、康复辅助机器人、农业（包括农林牧副渔）机器人、水下机器人、军用和警用机器人、电力机器人、石油化工机器人、矿业机器人、建筑机器人、物流机器人、安防机器人、清洁机器人、医疗服务机器人及其他非结构和非家用机器人
智能运载工具	自动驾驶汽车	
	轨道交通系统	
	无人机	无人直升机、固定翼机、多旋翼飞行器、无人飞艇、无人伞翼机
	无人船	
智能终端	智能手机	
	车载智能终端	
	可穿戴终端	智能手表、智能耳机、智能眼镜
自然语言处理	机器翻译	
	机器阅读理解	
	问答系统	
	智能搜索	
计算机视觉	图像分析仪、视频监控系统	
生物特征识别	指纹识别系统	
	人脸识别系统	
	虹膜识别系统	
	指静脉识别系统	
	DNA、步态、掌纹、声纹等其他生物特征识别系统	

续表

分类	典型产品示例	
VR/AR	PC端VR、一体机VR、移动端头显	
人机交互	语音交互	个人助理
		语音助手
		智能客服
	情感交互	
	体感交互	
	脑机交互	

随着制造强国、网络强国、数字中国建设进程的加快，在制造、家居、金融、教育、交通、安防、医疗、物流等领域对人工智能技术和产品的需求将进一步释放，相关智能产品的种类和形态也将越来越丰富。

13.4.4 人工智能对电子商务的发展影响

1. 人工智能技术在电子商务领域的应用

目前，人工智能采用的主流技术主要涉及机器学习和人机交互。机器学习（Machine Learning）是计算机科学的一个分支，也可以认为是模式识别或人工智能、数据挖掘（Data Mining）、概率论、统计学（statistics）等多个学科的交叉学科。机器学习与数值优化（Numerical Cptimization）具有很高的重合度。机器学习在电商领域的应用主要体现在以下几个方面。

1）人工智能助手

人工智能助手（聊天机器人），其主要功能是自动回复顾客问题，对简单的语音指令作出响应，并通过采用自然语言处理系统提供产品推荐。电子商务网站和移动端页面上的聊天对话框正是基于机器学习的算法，将其编程为以个性化方式与客户通信。聊天机器人能够帮助消费者找到合适的产品，检查产品供应情况，并比较各种产品，最后帮助消费者付款；如果有任何投诉或疑问，聊天机器人也可以帮助客户联系相应的服务人员。消费者可以通过文字，语音甚至图片与这些机器人进行"交谈"。2017年3月，阿里巴巴发布了人造智能服务机器人"Shop Xiaomi"，即是淘宝商家的聊天机器人，其经过商家授权和调试后，聊天机器人可以取代一些客户服务，从而减少了人工客户服务的工作量，同时能够增添个性化风格。

2）推荐引擎

推荐引擎是建立在机器学习算法框架基础上一套完整的推荐系统。使用AI算法可以实现海量数据集的深度学习、统计编程和预测、分析顾客行为，并利用算法预测哪些产品可能会吸引顾客。首先根据潜在客户最近的搜索，推荐引擎中的机器学习算法能够根据计算结果记录被搜索产品的关键细节，然后，推荐引擎为浏览器生成适合的建议，并将其列在个人页面上，最终帮助消费者快速找到所需产品。降维算法的应用开启了人工智能对推荐系统的改造，人工智能对推荐系统最深刻的变革，就是不再把推荐系统看作是独立的推荐结果组合，它是整个人机交互行为，通过引入时间维度来实现系统和用户的动态维度。许多电商公司，例如：亚马逊、阿里巴巴淘宝网、京东商城等都使用推荐引擎来识别其产品的目标受众。

3）智慧物流

智慧物流是指：利用信息技术使装备和控制智能化，从而用技术装备取代人的一种物流发展模式。与传统物流模式相比，智能物流可以大大提高提高服务质量和运营效率。智慧物流的概念最早由 IBM 公司在 2009 年提出。最初，IBM 公司提出建立一个通过感应器、RFID 标签、制动器、GPS 和其他设备及系统生成实时信息的"智慧供应链"。人工智能最直接的影响是后端供应链和物流链接，面对快速变化的需求和竞争市场，预测库存并非简单，而人工智能和深度学习的算法可以在订单周转预测中派上用场，可以确定订单周转的关键因素。机器学习系统的优势在于它们可以随着时间的推移不断学习而变得更加智能，使商家预测库存需求变得更加准确。目前，在智能物流仓储领域，阿里巴巴和京东都已经发布了无人值守的自动化智能存储系统。

4）最优定格

当前的电商行业正在蓬勃发展，即使对于小规模库存的在线零售商，这种长期持续的价格调整也是一个很大的挑战。利用能够快速处理大数据的人工智能技术，已基本能够解决大量产品的自动定价问题。对产品的评分、物流、价格和服务质量都会影响最终的综合排名结果，因此，对于商家而言，最优定价非常困难，而这种需要深入研究的定价问题正是人工智能所擅长的。通过先进的深度机器学习算法，人工智能技术可以持续评估市场动态并改变竞争环境以解决最优定价问题。

2. 电子商务应用人工智能技术的未来趋势

随着研究技术的飞速发展和不断推进，深度学习平台、语音分析技术、生物识别技术、图像与视频分析技术、机器人自动处理系统、文本分析和自然语言处理（NLP）等主流人工智能技术在接下来仍将稳步发展。根据人工智能技术的商业价值、技术成熟度、发展阶段等方面的发展状况，AI 将在未来通过以下几种方式推动电子商务的发展变革。

1）视觉搜索引擎

计算机视觉搜索引擎主要功能是让消费者可以将照片或特定风格的图片上传，然后在 APP 客户端中搜索样式、品类、风格相似的商品。视觉搜索功能（特别是通过手机）可以"读取"该项目的线索、颜色、形状、大小、面料和品牌。这能够帮助消费者找到他们正在寻找的商品。视觉搜索引擎的功能建立了从线上到线下的联系，从离线到在线体验只需要很少的流程和操作步骤，为消费者提供了一种创新、自主的体验。

2）个性化服务

在移动电子商务时代，由于消费者对移动设备的偏好，个性化电子商务体验对销售的影响将更加明显。未来购物将使用 AI 来收集用户在网站上发布的信息，例如产品评论等，以更好的为其提供实质性服务。不管是在线商店，实体店还是移动应用程序，人工智能都为所有这些渠道带来无缝的客户体验。借助深度学习的 AI 算法，网上零售商可以不断学习每一个新信号，从而更好的展示个性化产品。

尽管人工智能发展迅速，但仍有许多问题亟待解决：不确定性问题、不可解释问题、数据共享问题、隐私保护问题、伦理道德问题、人工智能系统的鲁棒性等。这些都是人工智能技术将要面临的巨大挑战。

本章小结

本章主要介绍了云计算、大数据、区块链、人工智能等电子商务新技术与新应用的发展现状、应用和发展趋势。

云计算作为一种新兴的资源使用和交付模式正逐渐为学界和产业界所认知，本章对云计算做出定义并归纳了其特点，叙述了国内外云计算的发展现状及未来发展趋势；在相关的技术方面，按照服务优化管理、应用构建与集成、应用系统持续运行、多模式客户端四个类别对云计算的关键技术进行了介绍；最后，介绍了云计算在电子商务中的应用优势以及云计算应用背景下电子商务模式的转变。

大数据的关键是在种类繁多数量庞大的数据中，快速获取信息。在全球经济数字化浪潮的带动下，大数据与实体经济的融合应用不断拓展。本章给出了大数据的概念及其特点；介绍了大数据的技术体系及技术创新；产业方面，随着大数据技术不断演进和应用持续深化，以数据为核心的大数据产业体系正在加速构建，主要包括大数据解决方案提供商、大数据处理服务提供商和数据资源提供商三个角色，分别向大数据的应用者提供大数据服务、解决方案和数据资源；最后，介绍了大数据对电子商务的发展影响。

作为一种在不可信的竞争环境中低成本建立信任的新型计算范式和协作模式，区块链凭借其独有的信任建立机制，正在改变诸多行业的应用场景和运行规则，具有在诸多领域开展应用的潜力。本章区块链给出了概念、特征和使用的场景条件；对区块链关键技术架构和发展趋势做出介绍；按照产业链各细分领域描述区块链整体产业生态；最后，介绍了区块链在电子商务应用中的优势以及电子商务应用区块链技术的未来趋势。

人工智能是利用数字计算机或者数字计算机控制的机器模拟、延伸和扩展人的智能，感知环境、获取知识并使用知识获得最佳结果的理论、方法、技术及应用系统。让机器实现人的智能，一直是人工智能学者不断追求的目标，本章对于人工智能技术的流派及发展进行了简单的分析；介绍了人工智能关键技术和基于深度学习的人工智能技术体系；按照核心业态、关联业态、衍生业态三个层次分别介绍了人工智能产业生态以及主要组成；最后，介绍了人工智能技术在电子商务领域的应用以及电子商务应用人工智能技术的未来趋势。

参考文献

[1]《云计算发展白皮书（2012 年）》，中国信息通信研究院.
[2]《云计算发展白皮书（2014 年）》，中国信息通信研究院.
[3]《云计算发展白皮书（2016 年）》，中国信息通信研究院.
[4]《云计算发展白皮书（2018 年）》，中国信息通信研究院.
[5] 曹媛媛. 云计算关键技术应用及发展[J]. 电子科技，2011 年第 11 期.
[6]《大数据白皮书（2014 年）》，中国信息通信研究院.
[7]《大数据白皮书（2016 年）》，中国信息通信研究院.
[8]《大数据白皮书（2018 年）》，中国信息通信研究院.
[9]《大数据标准化白皮书（2018 年）》，中国电子技术标准化研究院.
[10]《区块链白皮书（2018 年）》，来源：中国信息通信研究院和可信区块链推进计划.
[11]《2018 年中国区块链产业白皮书》，来源：工业和信息化部信息中心.
[12]《人工智能发展白皮书（2018 年）》，来源：中国信息通信研究院和中国人工智能产业发展联盟.
[13]《人工智能标准化白皮书（2018 年）》，来源：中国电子技术标准化研究院.
[14] 李良. 云计算概述及其在电子商务中的应用探析[J]. 中国信息化，2018（03）：50-51.
[15] 周敏. 大数据背景下的电子商务创新模式探析[J]. 价格月刊，2016（03）：71-74.
[16] 张衍斌. 区块链引领电子商务新变革[J]. 当代经济管理，2017，39（10）：14-22.
[17] 徐哲，谭春波，张童. 区块链技术对我国电子商务的影响研究[J]. 信息记录材料，2018，19（08）：130-132.
[18] 林剑宏. 浅析人工智能技术在电子商务领域中的应用[J]. 中国商论，2019（02）：19-20.

第四篇 电子商务扩展能力与知识

◆ 第14章 电子商务案例分析

第 14 章 电子商务案例分析

14.1 网络营销案例分析

案例一：区块链下的牛顿社群经济

2018 年 1 月，Newton 项目创立。牛顿团队基于"每一个人都应该在经济增长中受益"的愿景，启动了 Newton 项目，即借助区块链等技术，打造非盈利基金会所管理的社群经济体，实现人人贡献人人受益的经济模型。

那么牛顿团队启动该项目的原因是什么呢？这要从电商平台的发展说起。

互联网的出现改变了我们的购物方式，从以往面对面交易变成了可远程协议交易。但是由于银行转账的速度远远快于物品流通的速度。为了便于信任交易出现了第三方平台担保，也是就我们熟知的互联网电商平台。

电商发展初期，在激烈的竞争环境下，一些电商平台让利商户，以免费入驻来充实自家平台从而提升竞争力，商户低成本运营，买家也因此能相对低价买入商品，平台流量增加吸引了更多商家入驻平台，电商平台得以在这场角逐中拔得头筹。但当平台向商家收取大比例的业务服务费用时，商户运营成本增加后便提高产品价格以支撑运营成本，而消费者已经在平台上形成了"惯性"消费，价格的上涨也可能没有察觉。因此消费者在通过购买行为帮平台带来巨大流量产生收益时，不仅无法从收益上分得一杯羹，同时还得为此支付更多。这种商业模式并不利于营造和谐共赢的经济发展环境，从激励机制的角度来说，"人人贡献，人人受益"应该会是更良好的商业模式。因此牛顿团队为最终实现"人人贡献，人人受益"这一伟大愿景从而启动了 Newton 项目。

Newton 项目即指通过区块链、物联网等技术创新，开发超级交换协议，最终实现：
"人人贡献，人人受益"。

牛顿团队成立之初，对团队发展的定义是为社群经济提供治理、协作和激励的基础设施。从经济视角看，每个阶段的经济模式都有一个基础设施。资本经济时代的基础设施是公司法、合同法。在未来的社群经济时代，区块链技术会催生新的基础设施，而 Newton 项目就致力于打造以区块链技术为基础的为社群经济服务的基础设施。在这个基础设施之下，把这样的理念应用到若干个领域进行商业化。社群成员在牛顿生态里，基于此公链技术创办各类项目。

面向商业，Newton 项目第一应用落地的场景是链商零售，基于前文所提到过的协议建立的多中心化的平台 NewMall 正是一款商业化 DAPP，它将消费者、供应商等参与方按照贡献值获得通证激励，体现了"人人贡献，人人受益"的去中心化思想。NewMall 将改变传统电商中用户与平台的关系，从对立转为共赢。在 NewMall 商城中，由于没有盈利性商业中介的存在，卖家交易成本将大幅下降，消费者、服务供应商等参与方都可按照贡献值（NewForce）获得牛顿通证（Newton Token）的激励。该团队希望在不改变用户的支付习惯与支付场景的前提下，来打造 NewMall 的商业体系。NewMall 不会留存任何平台费用作为利润，将通过各种方式以新的形式激励给参与方。

案例评析：

Newton 项目秉承着每一个人都应该从经济增长中受益的愿景，加快区块链商业应用落地，不断完善自己的区块链生态。通过牛顿协议建立的平台，不会像传统中心化的平台那样从交易中抽取手续费，提高交易成本，而是将这部分交易成本变成利润，返还给交易过程中的参与者，从而确保更多人受益。新的思想和新的技术要想在商业领域产生新的商业模式和商业理念，就必须从造福多数人、创造更大社会价值的领域开始。

（资料来源：https://baijiahao.baidu.com/s?id=1623265405237482676&wfr=spider&for=pc 本书收录时有改编。）

案例二：星巴克的微信营销

星巴克企业营销发展战略向来走在科技与时尚的前沿，身体力行打造新鲜时尚空间。星巴克官方微信平台，就是企业数字化营销战略中重要及坚实的一步。

星巴克在实施过程中首先从全国的门店开始，让经常光顾星巴克的顾客先成为星巴克微信公众平台的粉丝，然后再利用活动等方式让粉丝自主推荐给自己的朋友，让星巴克微信公众平台的粉丝短时间内爆增。

星巴克针对目标人群的特点进行了细致入微的分析，同时对微信公共平台功能也进行了充分开发，不仅打破了传统商业经营模式辐射面积小、用户参与度不高、受时间地点等制约的弊端，还增加了轻松时尚、趣味性高、商家与用户互动性强等优势，让用户能尽享商家带来的轻松惬意。可以说，星巴克的这个案例将微信的及时性、个性化、互动性的优势充分发挥了出来。

（1）星巴克微信营销案例篇一：利用微信摇一摇促销新品。2012 年 8 月 28 日到 9 月 20 日期间，星巴克推出由冰摇果莓沁爽和冰摇青柠沁爽两款饰品组成的冰摇果莓沁爽系列，作为新品促销活动，顾客可以试试自己的运气，摇一摇手机，如果摇到"星巴克中国"微信账号，就能开展一段冰摇沁爽之旅。

（2）星巴克微信营销案例篇二：最大力度推广微信号。实体店铺开通了微信，怎么在第一时间广而告之是首要问题。星巴克结合自身的特点与优势，通过微博、星享卡会员项目、门店、平面媒体等多个渠道，把这一消息公布于众。

（3）星巴克微信营销案例篇三：为顾客调配心情音乐专辑。2012 年 8 月 28 日，星巴克入驻微信，推出"发表情即享有星巴克《自然星》音乐专辑"的活动，专辑曲目专为每个顾客的心情调配。通过这次表情互动活动，星巴克每天平均收到 2.2 万条信息，粉丝很快上涨到 6.2 万。同时，星巴克还在微信建立"电台"，传播自己的文化或者完成更多用户关心的行为，用户还能通过关注这个"电台"咨询到更多自己需要的信息，例如近段时间的打折信息、新品上货情况、店铺位置等。

（4）星巴克微信营销案例篇四：长情陪伴顾客塑造品牌故事。当你在星巴克喝完咖啡离开之后，星巴克微信会用贴心的内容与你互动，让你分享在星巴克度过的美好时光。

（5）星巴克微信营销案例篇五：在节假日期间大做文章。2013 年圣诞节，星巴克推出"魔力星愿 12 天"活动，粉丝可以通过微信互动获得独家优惠，并且每天的优惠内容不同，包括咖啡杯、咖啡粉等。同时，星巴克还推出官方手机壁纸 12 份，粉丝回复数字 1~12 即可获得。据统计，仅 2012 年 11 月 30 日一天，星巴克的官方微信就收到粉丝发来的信息近 38 万条。

总的来说，星巴克无疑给所有连锁行业开了个好头。连锁店生存最大的法则在于傻瓜式的执行、简单的选择和聚变性的模式，而星巴克的微信之道告诉了所有连锁店企业，用微信可以轻易实现这些东西。连锁店只需要对目标人群进行深入的分析，然后进行功能化和内容化的开发并营销推广即可。

案例评析：

星巴克的这种微信营销，餐饮业企业都可以拿来借鉴，利用微信营销来打造一个全新的餐饮业。

（1）打造品牌微信公众账号。

（2）与粉丝进行轻松时尚的互动。星巴克通过音乐曲目的方式来巧妙地与粉丝进行互动，不但能够赢得粉丝的喜爱，而且还带给粉丝一种关怀感。有利于粉丝将其更好地传播和扩散，而且这也十分符合喜欢星巴克的粉丝的内在要求。

（3）富有创意，优惠活动要宣传及时。无论是星巴克的"冰摇沁爽?自然醒"还是"早安闹钟"活动，都体现出了星巴克的创意。当然，这也告诉餐饮业企业，想要通过微信营销来取得成功，获得粉丝支持，就要开动脑筋，想出富有创意的活动和内容。当然，在这个过程中，实体店与微信的推广要同步进行，优惠活动要及时为粉丝送上。

（资料来源：http://www.sohu.com/a/120877310_467981 本书收录时有改编。）

（资料来源：http://www.xuexila.com/chuangye/yingxiao/cehua/2728152.html 本书收录时有改编。）

案例三：一个裁缝师的博客营销

互联网风靡全球的今天，市场正在发生着巨大的变化，传统的营销方式和与顾客沟通的方式正在发生变化，不管我们身处在哪个行业，博客营销都已经在开始影响着我们的商业潜规则，并且成为了网络营销时代重要的营销工具。

英式剪裁公司是一家专门使用博客做营销的公司,这家公司专门聘请知名博客写手进行产品营销,取得了不错的成果。而且使得伦敦裁缝师托马斯·马洪掀起了一股在裁缝界网上营销的热潮并成为萨维尔街有史以来媒体曝光率最高的裁缝,接受数十家杂志与报纸的专题访问。

这个博客很简单,它讨论一般人买不起的 5000 美元以上的高级订制西服。讨论的方式是一种未刻意隐瞒定制西装价钱的沟通方式。让读者感兴趣的是,读者可以从博客看出马洪和麦克劳德对裁缝充满热情。而马洪和麦克劳德最大的乐趣就是看到顾客满意的笑容。

英式剪裁博客中充满了制作与营销西服的信息及启示,巧妙地提供他对业界的专业了解,公开谈论商业秘密,提供一个地方让大家讨论订制西服问题,并分享经验。

成功设置这种营销类博客的关键在于要懂得施予。英式剪裁不仅提供了宝贵的信息,有时候甚至还会送出西服。虽然这是裁缝业的特例,但是这个博客帮马洪建立起了让他的特殊网上顾客群体,让他的公司看起来更人性化,更平易近人,也为他争取了更多的铁杆客户。

案例评析:

博客作为营销工具,实际上就是让大家在公开的场合呈现真实的自我。做营销类博客,首先要明确为客户提供什么样的产品和服务,以期达到什么样的目的。另外选择最有效的沟通方式,能够实现与客户平等、互动的沟通。能经常免费提供有价值信息的博客,才能长期受大家青睐和光顾。

(资料来源:http://blog.china.alibaba.com/blog/lfyzglass/article/b0-i1838926.htm 本书收录时有改编。)

14.2 电子支付案例分析

网上支付又称为网络支付,是指通过互联网实现的用户和商户、商户和商户之间在线货币支付、资金清算、查询统计等过程。广义的网上支付包括直接使用网上银行进行的支付和通过第三方支付平台间接使用网上银行进行的支付。狭义的网上支付仅包括通过第三方支付平台实现的支付。网上支付主要包括以下三种模式。

1. 网上银行支付

网上银行支付是指客户在银行柜台或银行网站上签约网上银行后,利用银行的网上支付系统所进行的资金支付活动。网上银行支付所包括的服务有:开户、销户、查询、对账、行内转账、跨行转账、信贷、网上证券、投资理财等传统服务项目,使客户足不出户就能够安全便捷地管理活期和定期存款、支票、信用卡及个人投资等。

2. 第三方平台支付

第三方支付就是那些和产品所在国家以及国外各大银行签约,并具备一定实力和信誉保障的第三方独立机构提供的交易支持平台。

第三方支付的价值体现在以下四个方面：降低了电子商务商户（企业）的成本；减少了消费者银行信息在公共网络上泄露的风险；增强了电子商务活动过程的信用程度；提供更为快捷方便的小额支付、微支付工具。

3. 虚拟货币支付

虚拟货币是指与在真实世界里流通的现实货币相对应的，仅仅能在虚拟的网络世界流通的货币，如淘金币、京豆等。虚拟货币作为网购市场提供商发行的一种企业货币，在吸引网购网民即买家关注网购网站，积极参与网购市场交易，以及助力卖家推广网站和商品，活跃网购网站交易气氛，提升网购网站人气等方面都发挥着重要的作用。

案例一：招商银行的网上银行支付

招商银行于 1987 年在中国改革开放的最前沿——深圳经济特区成立，是中国境内第一家完全由企业法人持股的股份制商业银行，也是国家从体制外推动银行业改革的第一家试点银行。成立 24 年来，招行伴随着中国经济的快速增长，在广大客户和社会各界的支持下，从最初只有 1 亿元资本金、1 家营业网点、30 余名员工的小银行发展成为了资本净额超过 1400 亿、资产总额突破 2.6 万亿、机构网点超过 800 家、员工近 5 万人的全国性股份制商业银行，并跻身全球前 100 家大银行之列。凭借持续的金融创新、优质的客户服务、稳健的经营风格和良好的经营业绩，招行现已发展成为中国境内最具品牌影响力的商业银行之一。

围绕零售银行业务、客户增值服务、网上银行业务三大重点，招行的业务创新令业界耳目一新，它的许多创新更成为包括四大国有银行在内的同业的学习标杆。其中最具代表性的是以下三大创新产品和服务。

（1）"一卡通"。1995 年，招行利用在国内的率先构建的全行统一的电子化平台，推出了集本外币、定期活期、多储种、多币种、多功能服务于一体的电子货币卡"一卡通"。

（2）"一网通"。在"一卡通"取得空前成功的基础上，1999 年招行在国内再次率先推出先进的网上银行服务——"一网通"。

（3）"信用卡"。2002 年 12 月，招商银行创新再次拾阶而上，在国内率先推出了一卡双币的国际标准信用卡。凭借"一卡通""一网通"奠定的品牌基础，凭借领先的产品、技术、服务、营销优势，招行信用卡再次取得令业界惊叹的成功。

案例评析：

在这几年的实践中，招行的产品、服务和营销是网上银行成功的基本要素。

（1）创新产品是取得竞争优势的关键。招商银行开展网上银行业务以来，经过多次改版，功能不断完善。由于坚持"统一管理、统一规则、统一需求、同意系统"的原则，为网上银行的全行联网通用提供了坚实的基础。

（2）优质服务是网上银行成功的保障。只有产品而没有服务是吸引不来客户的招商银行除了为客户提供顺畅的网上交易渠道，还为网上银行提供了一系列配套服务。

（3）市场营销是推动网上银行发展的有利手段。从 1999 年全面启动网上银行开始，招商银行开展了一系列市场营销活动，通过活动拉近了银行与客户的距离，提高了市场占有率。此后的一段时间内，招商银行重点向个性化、理财化和虚拟化发展。2002 年招商银行开始建设全行 CRM 系统，在这个基础上细分客户为网上银行客户提供量身定做的个性化服务，将把网上银行由单纯的交易渠道转变为综合理财工具，为客户提供集投资分析、财务管理和在线交易为一体的理财服务，将"一网通"网站变成客户与银行互动交流的理财社区。

在互联网时代，招商银行走在了中国银行业科技化、电子化、网络化的前列，成为国内网上银行服务的市场引导者。未来，招商银行将凭借电子化银行的技术领先地位在新一轮的试产角逐中，力争继续领跑网络时代。

（资料来源：http://www.docin.com/p-830356663.html 本书收录时有改编。）

案例二：支付宝的第三方支付

支付宝网络技术有限公司（www.alipay.com），是国内领先的独立第三方支付平台，由阿里巴巴集团于 2004 年创办，致力于为用户提供"简单、安全、快速"的支付解决方案。旗下有"支付宝"与"支付宝钱包"两个独立品牌。自 2014 年第二季度开始成为当前全球最大的移动支付厂商。支付宝用户覆盖了 C2C、B2C，以及 B2B 领域，截至 2013 年 7 月，支付宝注册账户突破 8 亿，支付宝单日交易笔数峰值达到 1.88 亿，其中，移动支付单日交易笔数峰值达到 4518 万笔，移动支付单日交易额峰值达到 113 亿人民币。据支付宝公布的最新数据显示，目前有多达 46 万家国内独立电子商务企业使用支付宝作为网络支付工具，涵盖了虚拟游戏、数码通讯、商业服务、机票等行业。这些商家在享受支付宝服务的同时，更是拥有了一个极具潜力的消费市场。2017 年第二季度，支付宝在中国移动支付购物场景市场以 74.6%交易份额保持绝对优势占据榜首位置。同时据国内第三方研究机构 QuestMobile 数据显示，支付宝月活用户在 2018 年 11 月已超 6.5 亿，且保持 50%以上的高速增长。2019 年 1 月 9 日，支付宝正式对外宣布，支付宝全球用户数已经超过 10 亿。

1．支付宝平台的商业模式

（1）支付宝平台的战略目标。支付宝的目标是打造全球最大的电子支付服务提供商，并逐渐向海外市场、无线、B2B 等领域开展全方位的拓展。其经营宗旨就是致力于为中国电子商务提供"简单、安全、快速"的在线支付解决方案。

（2）支付宝平台的目标用户。支付宝刚创立时的目标客户是淘宝网用户，为他们提供一种安全、便捷的支付方式。随着支付宝的影响力不断增加，支付宝开始为阿里巴巴中国网站用户以及其他非阿里巴巴旗下网站提供支付平台。

（3）支付宝平台的产品与服务。支付宝所提供的产品与服务主要包括：支付宝交易、支付宝账户、支付宝的增值服务（红包与认证）、支付宝推荐物流公司服务。

（4）支付宝平台的赢利模式。

①各项服务费用。各项服务费用中包括给淘宝卖家提供的技术服务费以及支付宝收款和付款服务费。由于现在 C2C 市场还没有完全成熟，同时支付宝自身的服务体系还未完全建立，支付宝服务费用中有部分项目仍处于免费试用期，但随着网购群体的扩大，支付宝试用群体越做越多，免费服务变为收费也是大势所趋，例如目前支付宝-银行卡转账服务已经由原来的全部免费转变为仅支持手机转账免费。

②利息收入。消费者使用支付宝实现网上购物是实时付款，而支付宝支付给网店的货款则是按照周甚至是月结算。因此支付宝可以积累巨额沉淀资金，实际上，这些资金以巨额存款的形式保存在银行里，开户银行会按照协议支付利息给支付宝。所以，支付宝的盈利主要来源于交易中的手续费和常驻资金的银行存款利息，支付宝的这种盈利方式可以说是"借鸡生蛋"。

③服务佣金。从第三方支付平台行业来看，这类业务与互联网金融业务密切相关，监管机构的监管政策将会进一步加强，同时，作为一个新兴的互联网金融服务平台，收取第三方服务费必然是大势所趋。实际上，在某种程度上支付宝就像是一个在网络中搭建的银行，它与银行之间以及与其他第三方支付工具之间的转账活动犹如现实世界中的跨行转账活动，当然最终也会像银行一样收取一定的手续费。

④广告收入。支付宝主页上发布的广告针对性强，包括横幅广告、按钮广告、插页广告等。而且主页上也还有若干公益广告，可以让用户了解更多的技术行业信息。

⑤其他金融增值性服务。支付宝也代理了许多第三方理财产品，包括各类公司基金等，年利率均高于银行存款，非常具有吸引力，而支付宝自身也开始涉足基金理财，与天弘基金合作为个人用户打造的一项余额增值服务——余额宝使用户不仅能够得到收益，还能随时消费支付和转出，像使用支付宝余额一样方便。用户在支付宝网站内就可以直接购买基金等理财产品，同时余额宝内的资金还能随时用于网上购物、支付宝转账等支付功能。转入余额宝的资金在第二个工作日由基金公司进行份额确认，对已确认的份额会开始计算收益。余额宝实质上仍是货币基金，存在风险。

2. 支付宝平台的经营模式

支付宝平台的经营模式主要从以下四个方面入手：①会员免费积聚大量人气；②与各大银行、金融机构合作，圈地电子支付；③推出"全额赔付"等措施，打造安全信用体系；④积极扩展外部商家，试水海外市场。

3. 支付宝平台的管理模式

支付宝平台的管理模式主要包括：手印文化、裸奔计划、家族管理、风险管理四个方面。

（1）手印文化。在支付宝工作满一年的员工，都可以在一块盾牌上摁上自己的手印，并写下自己对公司的感言挂在墙上；盾牌上的手印意味着对交易客户安全的承诺。与其说"手印文化"是支付宝的企业文化，倒不如说这是支付宝员工的成人礼，手印文化对于员工责任感、以消费者安全为导向的具体业务形态，具有极强的个体指导意义。

（2）裸奔计划。当一个项目按期或超额完成，为了向员工表示庆祝，该项目的负责人会只穿一条短裤钻桌子、在公司楼内跑上一圈。公司管理层把"裸奔"当成一剂团队融合的良药，下属员工把完成项目后可以正大光明、开开心心地驱动项目负责人"裸奔"当成对自己的犒劳。"裸奔计划"不但纵向融合了团队，还调动了团队成员的积极性。

（3）家族管理。采取抽签分配制，所有的部门、所有的员工抽下来，然后采取抽签搭配的方式，组成一个个四五十人的家族。每个家族都会组织活动，推广家族的品牌，在公司的内部推广品牌，通过这样一个东西，能够把家族组合起来。

（4）风险管理。支付宝建立了全球领先的实时风险监控系统，能够侦测绝大多数非正常行为并予以实时处理，从而提供"7×24 小时"的用户保护。2007 年 4 月，支付宝建立了专门的风险管理部门。

案例评析：

支付宝商业模式的成功，从价值网络上讲，商家和客户通过支付宝可以有效地解决钱货物不对称问题，银行可以扩展业务范畴，也节省了为大量中小企业提供网关接口的开发和维护费用，同时支付宝可以对买卖双方的交易进行记录，为后续交易中可能出现的纠纷提供的证据；同时，支付宝对银行业具有较强的依赖性，处理好和银行的利益关系相当重要。因此，在支付宝发展的过程中，应该树立公信度，做好信用中介；强化市场细分，提供多元化的支付模式，提高市场竞争力；同时，密切与银行的关系。

（资料来源：https://wenku.baidu.com/view/812a96b45fbfc77da369b13d.html 本书收录时有改编。）

案例三：虚拟货币支付

2002 年，腾讯公司依托即时通讯工具 QQ 推出了 Q 币，作为购买其互联网增值服务的凭据，并采取逐级代理的模式在全国发售。用户购买 Q 币，既可以到各地的经销点：一般在网吧、电脑城购买，也可以通过声讯电话充值、网上汇款、手机话费等其他方式购买。

Q 币的面值有 1、2、5、10 四种，1Q 币的价格为 1 元人民币。根据腾讯公司 2009 年二季度财务报表的数据，互联网增值服务收入为 21.6 亿元人民币，占总收入近 74.9%，其增值服务的主要收入交易媒介就是 Q 币。

腾讯 Q 币的利益相关者主要包括 Q 币支付用户、为腾讯分销 Q 币的分销商、与腾讯公司进行战略合作的信息产品提供商或接受 Q 币支付的信息产品提供商以及通过网络进行 Q 币与人民币交易的信息产品提供商等。

腾讯 Q 币的商业模式：

1．战略目标

Q 币是腾讯为其增值服务而推出的，用途主要是购买 QQ 会员服务、QQ 网络游戏中的虚拟装备、QQ 网络游戏中的游戏钱币等，初衷是出于便捷用户交易、缩短成本考虑衍生出来的。然而由于 QQ 的庞大用户群以及 Q 币充值的便利性，QQ 币很快风行用户之间成为流行的时尚。

2. 目标用户

腾讯的主要目标用户群年龄集中于 18 岁至 34 岁之间。目前 Q 币的使用者超过 2 亿人。随着 Q 币的盛行，出现了一批职业 Q 币交易人员，如 Q 币的各级代理商，倒卖 Q 币的"倒爷"。还有部分不以游戏为乐，而是通过打币练级，然后将虚拟金币和装备卖给第三方，以换取现实货币的"金币农夫"。

3. Q 币功能

第一阶段，即在 Q 币产生之初，只能用来购买腾讯公司自身提供的各种增值服务：如购买 QQ 秀帽子、QQ 秀头像、网络游戏中的各种武器装备等虚拟商品，享受网站提供的 QQ 会员、QQ 音乐、QQ 游戏、QQ 宠物等服务。

第二阶段，随着 QQ 在国内即时通讯领域中霸主地位的确立，Q 币除了自家的产品外还可以在互联网上购买其他游戏的点卡、虚拟物品、影片和软件的下载服务、有偿搜索服务及交纳宽带费用等。

4. 流通模式

"一级市场+二级市场"第一阶段是用户使用 Q 币支付腾讯公司所提供的内部增值服务，即人民币→Q 币→内部增值服务。此时为防止用户将 Q 币回兑为人民币，腾讯公司将 Q 币与用户账号绑定，用户之间不能进行 Q 币转账，人民币与 Q 币只能进行单向流通，Q 币仅作为一种可以进行在线支付的工具（商品）。

目前 Q 币的二级市场交易已经进入到了第二阶段，此时用户间进行 Q 币买卖交易大多是通过 C2C 交易平台直接完成的，通过这一平台，用户可以非常方便的购得自己所需的 Q 币，进而用购得的 Q 币支付各种商品或服务。

5. 经营模式

为方便网民 Q 币支付，腾讯推出了 Q 币支付卡，简称 Q 币卡。Q 币支付卡支持多元化的支付手段，包括提供在线、电话、信用卡、手机、短信、神州行卡、其他非银行卡、会员等多种支付方式，Q 币支付卡可多次进行在线支付、充值、消费等操作直至卡内余额为零，为了促进 Q 币的使用，腾讯在全国建立了 Q 币渠道代理销售。

案例评析：

Q 币的出现，减少了小额电子支付的麻烦以及降低银行账户泄密的风险，方便用户购买腾讯公司推出的虚拟产品，从而给腾讯公司带来了巨额利润。从 2005 年开始 Q 币的流通范围已经突破了腾讯体系内部，Q 币被网民们当作了可以购买网游装备或交换其他网络服务的网上"流通币"。

（资料来源：http://www.docin.com/p-470175785.html 本书收录时有改编。）

14.3 协同商务案例分析

海尔的协同商务之路

1. 案例背景

海尔集团是在1984年引进德国利勃海尔电冰箱生产技术成立的青岛电冰箱总厂基础上发展起来的国家特大型企业。海尔集团在张瑞敏总裁提出的"名牌战略"思想指导下，通过技术开发、精细化管理、资本运营、兼并控股及国际化等战略的实施，从一个亏空147万元的集体小厂迅速成长为拥有白色家电、黑色家电和米色家电的中国家电第一品牌。目前，海尔产品已包括69大门类10800多个品种，通过全球38000多个营销网点销往世界上160多个国家和地区，企业销售收入以平均每年80%的速度持续稳定增长。2014年，海尔集团全球营业额实现2007亿元，同比增长11%；实现利润150亿元，同比增长39%，利润增幅是收入增幅的3倍。同时，作为最早实施电子商务的中国企业之一，海尔的电子商务发展同样令世人瞩目，2014年海尔线上交易额实现548亿元，同比增长2391%。2014年12月31日，世界权威市场调查机构欧睿国际（Euromonitor）发布2014年全球大型家用电器调查数据显示：海尔大型家用电器2014年品牌零售量占全球市场的10.2%，居全球第一。据悉，这是海尔大型家电零售量第六次蝉联全球第一。

2. 构建电子商务基础

1996年，海尔针对国际互联网技术日趋成熟的现实，经过深入调查研究和精心规划，于同年10月建立了海尔网站。这是国内企业建设最早的网站之一。该网站成功地宣传了海尔集体和产品，大大方便了公司与国外客商的交流，为他们更好地了解海尔产品信息、洽谈贸易、产品订购提供了便利的通道；对国内客户而言，网站咨询和售后服务为他们提供了很大的帮助；与此同时，网站对促进海尔集体总部与全国的销售、维修中心交互式的通讯联络发挥了重要作用。

在建设海尔互联网的基础上，为了使业务流程全面信息化，降低管理成本，提高企业对市场的快速反应能力，加强跨省市、跨地区，甚至跨国的管理，提高对各地的售后服务中心的维护质量和各地的分公司的管理效力等，海尔建立起了跨地域的企业内部网，形成了高效的内部管理机制。目前，公司通过企业内部网进行业务管理，每天动态掌握各地销售中心的销售和售后服务的工作情况，实施有效计划，实现OEC（日事日毕，日清日高）管理；进出口公司通过该网络与国外供应商进行充分联系，建立交流，各分支机构实现对内对外信息的透明度和全面共享，提高集体的整体效率。今天的海尔可以说国际互联网和企业内联网交相辉映，相得益彰，在企业的生产经营活动中起着十分重要的作用。

3. 构筑基于协同电子商务的物流体系

在原材料和零部件的供应方面，海尔的供应商约为 1000 家，其中不乏世界 500 强企业，如 GE、爱默生和巴斯夫等。目前，海尔平均每个月接到 6000 多个订单，定制 7000 多个产品，需要采购的物料品种达 15 万余种。如此大规模的供应系统固然令人称羡，但也给采购工作带来巨大的困难：假设在一个仓库里完成上述工作，就需要数十万平方米普通平面仓库、上百个保管员和叉车司机等多工种工作人员，从收到生产计划到把采购订单下到供应商手中最快也得需要 5～7 天，如何有效地利用外部资源提高物流效率已经是海尔物流管理面临的最大的课题。善于学习借鉴国外先进管理方法的海尔集团首席执行官张瑞敏敏锐地认识到，在网络经济时代，一个现代企业如果没有现代物流，就意味着无物可流。从外部环境看，全球企业都在搞现代物流，没有现代物流就没法同国际化的大企业对话，最后也只有死亡。所以，网络经济时代，一个现代企业必须搞现代物流。

为了与国际接轨，海尔请来了国际上一流的企业"管家"——德国的 SAP 公司，帮助其打造现代物流管理软件系统。海尔选中 SAP 主要有两个原因：一是 SAP 公司是国际上最成功的管理软件提供商；二是 SAP 的"协同电子商务解决方案"非常适合海尔的需求。协同电子商务的创始者 SAP 公司凭借独一无二的、近三十年的关键业务流程管理经验，提供客户关系管理、供应链管理、财务及人力资源管理等实际运用，帮助企业提高效率和生产力。协同电子商务利用互联网为企业解开最后的束缚，让不同的企业以及它们的客户、供应商协同工作，促使分散的个体组织融合在一起跨越企业的界限，而形成一个完整的协作市场。

在海尔集团内，物流本部负责整个集团原材料的采购、原材料和成品的仓储和配送；产品本部负责整个集团的生产，下设 19 个事业部分别生产不同的产品；商流和海外推广本部分别负责国内、国外的产品销售；资金流本部负责整个集团的财务；规划中心负责整个集团发展战略（包括 IT）的规划以及集团项目的审批。经过充分了解，SAP 找出海尔项目的最大瓶颈出现在物料管理和原材料采购等方面，但是各部门的情况又不太一样。因此根据海尔的实际情况，SAP 先与其合作伙伴 EDS（美国著名的网络集成商）为海尔物流本部完成了家用空调事业部 MM（物料管理模块）和 WM（物流立体仓库）模块的硬件实施。

为了保证整体项目的成功和顺畅运行，SAP 在充分听取了海尔的运行意见并考察了海尔的实际情况后，于 2000 年 3 月开始为海尔设计实施基于协同电子解决方案的 BBP（原材料网上采购系统）项目。

经过双方 7 个月的艰苦工作，2000 年 10 月，SAP 公司提供了 R/3 系统下的 MM、PP（生产计划模块）、FI（财务会计模块）和 BBP 子系统正式上线运营。

海尔通过 BBP 系统的上线建立了与供应商之间基于互联网的业务和信息协同平台。该平台的意义在于：通过它的业务协同功能，不仅可以通过互联网进行招、投标而且可以通过互联网将所有供应商相关的物流管理业务信息，如采购计划、采购订单、库存信息、供应商供货清单、配额以及采购价格和计划交货时间发布给供应商，使供应商可以足不出户就可以了解与自己相关的物流管理信息（根据采购计划备货、根据采购订单送货等等）。对于非业务信息的协同，SAP 使用构架于 BBP 采购平台上的信息中心，为海尔供应商之间进行沟通交互和反馈提供集成环境。信息中心利用浏览器和互联网作为中介，整合了海尔过去通过纸张、传真、电话和电子邮件等手段才能完成的信息交互方式，实现了非业务数据的集中存储和网上发布。

4．实现"三零"运作

2001 年 3 月 31 日，坐落在海尔开发区工业园的海尔国际物流中心正式启用。该物流中心高 22 米，拥有 18056 个标准托盘位，拥有原材料和产成品两个自动化物流系统，它采用了世界上最先进的激光导引技术开发的激光导引无人运输车系统、巷道堆垛机、机器人、穿梭车等，全部实现现代物流的自动化和智能化。至此，海尔的资源管理项目的第一阶段的工程已经完成。那么，它能为海尔带来什么样的收益呢？

海尔的物流管理颇具自己的特色，可用"一流三网"来概括其特征："一流"是以订单信息流为中心；"三网"是指全球供应链资源网络，全球用户资源网络和计算机信息网络。"三网"同步运行，为订单信息流的增值提供支持。张瑞敏在"海尔现代物流同步模式研讨会"上评价该项目时指出，对海尔来讲海尔物流系统帮助海尔实现了"三个零"的目标和能够在市场竞争中取胜的核心竞争力。这里提出的"三个零"就是零库存、零距离、零运营资本。

1）零库存

零库存即三个 JIT（Just In Time，即时）：JIT 采购、JIT 配送和 JIT 分拨物流。现在海尔的仓库已经不是传统意义上的仓库了，它成为了一个配送中心，是为了下道工序配送而暂存的一个地方。由于物流技术和计算机信息管理的支持，海尔物流通过三个 JIT 实现同步流程。目前通过海尔的 BBP 采购平台，所有的供应商均在网上接受订单，并通过网上查询计划与库存，及时补货，实现 JIT 采购；货物入库后物流部门可以根据次日的生产计划利用 ERP 信息系统进行配料，同时根据看板管理 4 小时送料到工位，实现 JIT 配送；生产部门按照 B2B、B2C 订单的需求完成订单以后满足用户个性化需求的定制产品，通过海尔全球配送网络送达用户手中。目前海尔在中心城市实现 8 小时配送到位，区域内 24 小时配送到位，全国平均 4～5 天到位。

2）零距离

零距离技术根据用户的需求拿到用户的订单，再以最快的速度满足用户的需求。现在海尔的生产过程和生产线，都是根据订单来进行的。海尔在全国有 42 个配送中心，这些配送中心可以及时地配送到用户手中。零距离对企业来讲不仅仅意味着产品不需要积压，快速送达用户手中，它还赋予海尔不断获取新市场机会，创造新市场的能力。

3）零运营资本

零运营资本就是零流动资金占用。简单地说，在给付供应方付款期到来之前海尔就可以先把用户的应付货款收回来。其原因在于海尔根据用户的订单来制造，可以做到现款现货。至于获得核心竞争力，张瑞敏介绍说："对海尔来讲，物流可以使我们需求和获得核心竞争力。一只手抓住了用户的需求，另一只手抓住了可以满足用户需求的全球的供应链，把这两种能力结合在一起，这就是企业的核心竞争力。目前我们已经通过再造业务流程建立了现代物流体系，我们的目标就是要有能力进行全球竞争的核心竞争力，最终使我们成为世界名牌，成为一个真正的世界 500 强的国际化企业"。

5．运用状况

通过 SAP 成功实施的 ERP 和 BBP 项目，海尔集团的业务流程得到明显改善，具体表现在以下几点：

1）物流本部

（1）订单周期缩短、及时性、准确性得到较大提高。以前从收到计划到把采购订单下到供应商手中需要 5～7 天，现在供应商第二天就可以到 BBP 网站上查看从 ERP 系统自动传到 BBP 系统中的采购订单并打印送货单，准确率比以前大大提高。

（2）采购配额的比例管理更加科学。配额比例由原来的人工统计数字到现在由系统根据质量考评、供货考评和价格排名三个综合因素来决定。价格排名根据 BBP 平台网上招标的结果来确定。

（3）通过 BBP 平台的网上招标，不仅提高了竞价效率和价格信息管理的准确率，而且免去了供应商的差旅费用，降低了成本。

（4）实现了内部供应商的计划一体化，大大缩短了内部供应商的供货周期。

（5）通过提高采购订单的可执行性、网上查询采购计划、原材料外检、网上打印送货单，优化了供应商的送货流程，实现了减员增效。

（6）通过缺料自动报警、拉料配送到工位、微机记账等功能优化了原材料的配送流程。

（7）为实现原材料采购的寄售模式提供了条件，通过寄售模式将备货转化为供应商的库存，减少了库存积压资金。

（8）通过在立体库使用红外扫描系统与 R/3WM 模块实时连接，收发货操作实现无纸化，不仅使仓库管理准确，而且提高了劳动效率。

2）产品本部

（1）增强了生产计划的可行性。

（2）可以更加准确地控制生产线上工位的物耗和库存。

3）资金流本部

通过财务和采购业务的集成，使财务的监控和管理智能得到充分体现。

4）基础工作管理

系统的上线使海尔集团原本薄弱的基础数据管理工作，如原材料和产品的物料编码得到大大增强，在统一平台上完成了对集团物料编码等数据的记账管理。

据海尔相关业务部门的统计,海尔集团通过实施新的系统,整合了原有的流程,获得了非常可观的经济效益;采购成本大幅度降低;仓库面积减少一半,库存资金周转日期从 30 天降低到 12 天;2000 年网上交易亿元,成为中国最大的电子商务公司。

6.经验和体会

1) 需要高层领导重视与支持

信息系统的建设离不开企业领导的重视和指导,甚至亲自带头应用。手工流程转向自动化流程所需要付出的代价是企业信息化建设过程中的难关,需要得到领导者的全力支持,而只有通过信息系统建设逐步优化业务流程,把企业的业务流程真正通过网络运行才可能为企业带来效益。

2) 借助集团资源优势,以实力展现魅力

海尔集团实施电子商务有两大优势,再加上电子商务的新手段,正是"鼠标+水泥"的模式,能提供一个 E+T 大于 T 的惊喜,传统业务(T)优势加上电子技术手段(E)大于或强于传统业务。

3) 总体规划、分步实施的原则是取得成功的关键

海尔十几年来发展速度非常快,信息系统建设也出现了亟待整合的局面。海尔制定了"整体规划、分步实施"的原则,研究、论证、制定了信息化建设的总体规划,在此基础上,细化出分步实施的步骤,避免了重复投资和时间的浪费。

4) 从实际出发,前台拉动、后台推进

从信息应用发展的角度讲,企业应该是先练内功。业界也提出了先 ERP 再电子商务的说法。的确,国际许多大企业正是遵循了这一发展模式,但是中国的企业在 ERP 的应用上普遍不理想,甚至有的还没有建设,那么在信息时代应该如何跟上先进的步伐?海尔采取了"从实际出发、前台拉动、后台推进"的模式,既充分考虑企业的需求,通过前台网站、网上采购、销售等系统的建设,把围绕订单的需求先满足,保证了企业高速增值的需求。与此同时,也以业务部门为基础,实施"核心 ERP"工程,作为前台的支撑。做到"前拉后推"的效果。

例如,海尔在前台实施了电子商务网上采购系统,拉动了后台对物料管理的需求,于是开始实施以物料管理为核心的"核心 ERP"工程,在较短的时间内达到了前、后台统一的效果,也避免了"没有 ERP 就不做电子商务"和"ERP 实施 1~2 年才可能出效果"的"雷区"。

5) 信息系统建设是企业持续快速发展的基础

新经济条件下,这一点尤为突出,拥有的信息资源越多,信息的有效交换越快,企业能占有的优势也越多,尤其是在以速度制胜的时代里。信息系统的有效应用能够使企业在效率提高、成本降低上有质的飞跃,也是企业持续发展的基础。

案例评析:

海尔实施电子商务拥有独特的"一名两网"的优势:"名"是名牌,品牌的知名度和

顾客的忠诚度是海尔的显著优势；"两网"是指海尔的销售网和支付网。海尔遍布全球的销售、配送、服务网络以及银行之间的支付网络，是解决电子商务两个难题的答案。但海尔认为电子商务的成功光有这些是不够的，还必须有企业经营管理的基础。因为没有业务流程的重组，没有企业内部网和外部网的应用，没有企业各种信息应用系统作为基础，电子商务平台无异于空中楼阁。因此，海尔作了一系列调整：在产业方向转移方面，海尔已经实现了网络化管理、网络化营销、网络化服务和网络化采购，并且依靠海尔品牌影响力和已有的市场配送、服务网络，为向电子商务过渡奠定了坚实的基础；在管理转移方面，海尔认识到传统企业的"金字塔"式管理体制已不适应市场发展的需要，所以在管理机制上必须推翻"金字塔"组织，建立了以市场为目标的新流程，企业的主要目标从过去的"利润最大化"转向"以顾客为中心、以市场为导向"；在企业内部，每个人要由过去的"对上级负责"转变为"对市场负责"。协同式电子商务对海尔发展有非常大的意义：利用电子商务的新手段，海尔可以把企业的上下游的分供方和分销商联系起来，形成供应链的关系，供应链将逐步取代海尔整体制造的模式，促使其向哑铃型（销售与服务）发展的高科技企业转变。我们相信，协同电子商务系统的应用，一定会帮助中国最富国际竞争力的民族企业之一的海尔集团迎来更加辉煌的未来。

（资料来源：http://www.haier.net/cn/about_haier/本书收录时有改编。）

（资料来源：https://www.docin.com/p-1929026874.html 本书收录时有改编。）

14.4 商务模式案例分析

案例一：明星+电商的商业模式

2015 年，明星上天猫开红酒店俨然已经从个别现象成为潮流。

著名的篮球运动员姚明也创建了属于自己的红酒品牌。据悉，姚明早在 2008 年就在加州购买了红酒庄园，于 2011 年成立了纳帕谷姚家族葡萄酒公司，并首度推出以姚明命名的姚明·纳帕谷赤霞珠 2009 年份干红葡萄酒。他选择与国际著名红酒经销商保乐力加合作，由其负责国际上的销售。

姚明在涉足红酒销售的前期，一直主打国际市场，并且在中国保持着低调的形象，在美国，姚明曾发起了只有美国人才能参与的众筹活动，众筹 300 万美元。

如今，姚明决定将重心逐渐转向中国市场，面向国内销售红酒。其天猫官网主打的红酒品牌名称是"金峰"，售价是 398 元/2 瓶。

1. 明星卖酒模式

目前主打明星红酒的分为两种，一种是花重金购买海外名酒庄，此后自己开始组建团队做市场营销的。另一种则是采取代理经销的模式。

代理经销模式以刘嘉玲为例。2015 年 6 月，这位香港女明星在天猫开售个人的葡萄酒品牌。据了解，刘嘉玲是和法国当地最大的酿酒商波尔多太阳集团合作，从供应商处直接采购酒源进行销售。在其天猫官网上能够看到，目前销售最好的是 398 元 5 瓶装的红葡萄酒，价格还算亲民。但售价低廉的进口酒并不会亏本。因为这样级别的酒，在法国本地出庄时的平均价格大约在 2～3 欧元。因此能定低价的原因是因为省去了很多中间的流通环节，直接在法国的供应商这里采购，然后卖给国内的消费者。

2．明星+电商的商业模式

明星们缘何扎堆进军红酒市场？主要是因为近年来，中国红酒市场增长迅猛，潜力巨大，所以对于商家来说会越来越多地倾向中国市场。而为什么选择做电商的时候，多数人表示：线上相对而言节约了人力和成本。

阿里 2015 年双节期间的成绩十分可喜。相关数据显示，淘宝天猫全网葡萄酒的成交商品数量，2015 年同期从 948961 瓶上升到 1334096 瓶，客单价从 229 元上升到 314 元。

无论如何，目前通过网络销售以及购买葡萄酒已是大势所趋。

需要指出的是，葡萄酒电子商务最大的挑战就是物流的成本及配送的及时性。传统渠道商可以通过数量增加来分摊物流成本，经销商有充裕的时间组织车辆进行货物的配送。但网络渠道就不同了，网络消费者的订单一定是数量不多的，大部分仅仅满足个人消费，而且要求配送的及时性较高，有可能随时下单，就要随时安排送货，这个对于传统渠道的配送能力和方式就形成了巨大的挑战。因此目前大多专业的葡萄酒电商都是自建物流体系或者有专门的外包物流服务团队，这个有利于提高产品配送的及时性，并可以追溯整个物流环节，而且为消费者呈现的是专业的服务团队，点对点送货上门，客户体验大大提升，有利于巩固客户群体。

案例评析：

明星卖酒是做粉丝经济和社群营销，明星卖酒和群主在群里、在朋友圈里卖酒的道理基本一致，一般来说绝大多数的明星卖酒行为都可视为是个人影响力的变现，从明星们在天猫上开设旗舰店能看出，明星们看中的是天猫强大的品牌推广力、消费者触达优势及庞大的消费大数据，通过天猫平台，能快速切入市场，赢得消费者的关注和喜爱。

（资料来源：http://sc.winshang.com/news-537100.html 本书收录时有改编。）

案例二：苏宁云商

2013 年 2 月 19 日晚公告称，苏宁拟将该公司中文名称变更为"苏宁云商集团股份有限公司"，未来中国的零售模式将是"店商+电商+零售服务商"，即"云商"模式。随着企业经营形态的变化，公司名称也需要与企业未来的经营范围和商业模式相适应。

中国零售业近年来规模不断壮大，零售业态日益丰富，呈现多元化组合化和融合化，网络销售显示了蓬勃生机，实体店零售企业发展速度放缓，利润率下降，外资零售企业的影响逐渐变小，可以说网络技术的发展引发了零售业的变革它甚至改变了整个零售业。

国内零售行业增长速度放缓，尤其一二线城市已趋于饱和。一方面单个零售网点的规模不断扩大数量不断增加，另一方面行业平均利润率也在不断的降低，行业现有企业之间的竞争激烈。如，2012年全国重点大型零售企业零售额同比增长10.2%，较2011年大幅放缓11.5%，创1999年来最低增速；2012年连锁百强企业新开店速度达十年来最低水平8%。除了现有企业之间的竞争，新加入的企业也不容小觑。新加入的企业的竞争威胁就是企业的潜在威胁，由于零售行业加入门槛低，投资要求相对较小，再加上如永辉超市等发展迅猛，行业潜在竞争不小。

从上面的分析中我们可以看到，零售业市场竞争非常激烈，市面上产品的差异程度并没有那么明显，而对苏宁而言，其家电市场的主要竞争对手就是国美、京东等，价格战是不可避免的，而要打好这场"战役"，成本的把控至关重要。首先提高与供应商的议价能力，降低采购成本；可以学习沃尔玛的采购模式（直接进货+全球采购）实行供应商战略管理；强化管理，降低各项费用。除了成本上的把控，服务质量上的高要求也能成为吸引顾客的原因，要加强门店的经营，对员工经行服务质量上的培训，对待顾客要像自己的亲人一样有耐心有爱心，网上销售人员也要同样要求。最后尽量在同质化的产品中寻求差异化，如加入最新潮流元素吸引年轻顾客，当然同时也要满足老年人需求。

2013年2月份，苏宁电器正式更名为苏宁云商，紧接着推出了苏宁云台，突破价格和商品的壁垒，实现线上线下同价。后又拿下基金销售结算许可，抢滩理财市场。还战略投资PPTV，争夺首批虚拟运营商牌照，布局移动互联入口。

第一届O2O购物节上，O2O模式"线下体验，线上下单""双线商品，服务共享""价格、促销统一"的优点极为突出。据佛山苏宁总经理韩泉志介绍，苏宁第一届O2O购物节的业绩实现双线飘红，佛山地区24家苏宁门店和苏宁易购的全渠道参与，使得"双十一"当天刷新了单体销售记录，整体双线销售规模同比增长近200%。

2013年10月28日苏宁花费2.4亿美元成为PPTV第一大股东。收购PPTV，苏宁最直接的好处在于，弥补其在数字内容消费上的短板，这些内容可以直接和平板、手机、电脑产品挂钩，而未来则有可能打通视频和在线购物、实现智能家居系统里无所不在屏幕之间的共通，从而建立一个完整的互联网生态圈。

2014年1月27日，苏宁100%收购团购网站满座网并整合为苏宁本地生活事业部，加速推动线上线下融合的O2O战略。同时，苏宁还上线了"零钱宝"，紧盯BAT（百度、阿里、腾讯）。

2014年10月14日晚公司公告称以不低于人民币40.1亿元的价格将十一家子公司全部权益转让给中信金石基金管理有限公司拟发起设立的私募投资基金及相关方，以开展创新型资产运作模式。通过此次交易，苏宁云商预计实现净收益13亿元。苏宁云商副董事长孙为民表示，这首批十一家门店的资产证券化是苏宁盘活资产的第一步，在本次交易的基础上，苏宁将持续推进其他优质门店物业资产运作，以提升公司O2O模式中的门店核心竞争力；同时也会考虑尝试物流平台资产运作模式，以提升互联网竞争中物流核心竞争力，为转型过程中践行回归零售本质、建立差异化竞争能力奠定坚实的基础。

近年来，苏宁云商实施一体两翼互联网 O2O 零售模式转型，线下优质门店对于提升用户体验、建立企业品牌形象等都起着非常重要的作用。作为国内第一家将这种模式广泛运用的电商，苏宁云商在线上线下结合模式的践行上，成为业界学习的典范。

据苏宁云商总裁金明介绍，市面上很多商家都宣称有 O2O 模式，但绝大多数名不副实。"O2O"的精髓在于两个渠道的互通，首先是在线上和线下都拥有自身能够掌控的渠道，然后是两个渠道可以无缝协同和高度融合。在这一点上，目前只有苏宁云商的"O2O"模式是最成熟的，而苏宁为此也做了许久的准备。

经过这样的历程，2014 年苏宁进入到了转型的实质阶段、战略的执行阶段。无论是全渠道运营体系的融合、商品供应链体系的变革、物流与 IT 平台的切换升级，还是企业创新机制建设与管理体系简化，苏宁在上半年进行了更加深刻的变革。另一方面，基于长远发展考虑，公司在新一代物流建设、员工薪酬激励提升、专业技术和专业经营人才的引进上则更加坚定明确、持续投入。

案例评析：

大企业的转型是一个复杂的过程，公司会在坚持自身定位，把握零售本质，坚定发展核心能力的基础上，通过人才、组织、管理、文化的匹配，更加稳健、踏实、可持续地开展转型工作。考虑到线上线下同价、平台业务免费策略的全面推行，公司已表明牺牲短期利益获取规模及流量绝对增长的坚定决心。围绕布局入口，全面开放后台资源，优化商业生态、创新互联网文化的一系列创新举措依次实施，苏宁全新的竞争能力以及盈利能力逐步建立。

（资料来源：https://wenku.baidu.com/view/b4c24359915f804d2b16c174.html 本书收录时有改编。）

14.5　电子商务综合案例分析

天猫商城的发展之路

1．案例背景

天猫商城隶属于阿里巴巴集团，原名天猫商城，于 2008 年 4 月 10 日建立，是一个购物网站。是淘宝网全新打造的在线 B2C 购物平台，天猫商城依托淘宝网优势资源，整合上万家生产商，为商家提供电子商务整体解决方案，为消费者提供网购一站式服务。提供 100%品质保证的商品，7 天无理由退货的售后服务，以及购物积分返现等优质服务。截止 2011 年共有 2 万品牌，1.5 万商家入驻，2011 年实现销售额 1000 亿。2012 年 1 月 11 日上午，天猫商城正式宣布更名为"天猫"。2012 年 3 月 29 日天猫发布全新 Logo 形象。

2017 年，天猫商城全年线上产品成交总额约为 21000 亿，其中天猫（非天猫超市）约为 20630 亿，占据 98.14%，天猫超市约为 370 亿，占 1.86%。截止 2019 年 4 月 1

日,天猫店铺数量高达 222155 家。目前的天猫商城处在飞速发展阶段,多种新型网络营销模式正在不断被开创。加入天猫商城,将拥有更多接触最前沿电子商务的机会,也将为全新的 B2C 事业创造更多的奇迹。淘宝网伴随中国互联网的飞速发展与网购环境的日趋成熟化,已吸引众多线下知名品牌纷纷"触网",坚定地选择了拥有"规范购物环境以及巨大市场前景"的天猫商城。

实际上,入驻天猫商城成功代表了一种趋势,就是各系列品牌纷纷重视网上交易平台,将其视为实现战略转型、品牌延伸、渠道扩展、赢得客户的重要手段和途径。

2. 主要历史事件

(1) 世博商品。2010 年 04 月 12 日,天猫商城世博商品官方旗舰店正式运营,访问量和成交金额持续上升,无论是海宝玩具还是世博门票都在网上受到了热捧。在不到半个月时间里,已经有 2300 多只大号招手海宝毛绒玩具从这里发往全国各地。世博门票销售也是热得发烫,价值 400 元的世博平日 3 次票售出了 1500 套。

(2) 名鞋馆。2010 年 08 月 13 日,天猫商城名鞋馆正式上线,这是又一个产生于淘宝的垂直商城。名鞋馆一反普通鞋城以旧款特价为噱头的常规做法,在与线下相比,保有价格优势的同时主打当季新款,目前已经有包括百丽、阿迪达斯、耐克、李宁、奥康、红蜻蜓等数十个知名品牌入驻,拥有上万款鞋型。

(3) 网上超市。2010 年 10 月 18 日,天猫商城官方证实筹建网上超市。这意味着天猫商城在继数码城、名鞋馆后又一垂直平台即将出现。而这次天猫商城把眼光放在了更为零碎、交易环节更为复杂、却有着巨大市场潜力的超市业务。

(4) 竞争危机。2010 年 10 月 19 日,百度和乐天合资成立的超大型网络购物商城乐酷天正式上线,直接瞄准阿里巴巴旗下最具增长潜力的淘宝网。2011 年的 B2C 电子商务市场竞争将更加激烈,行业门槛也随之将大大提高,行业新一轮的洗牌阶段也有望随之到来。

(5) 独立域名。2010 年 11 月 1 日,淘宝网发布垂直市场战略,宣布旗下 B2C(商家对个人)垂直频道天猫商城正式启用独立域名,以替代目前的二级域名,天猫商城仍将在淘宝体系中运行,不会单独分拆。业内人士认为,淘宝网此举旨在应对竞争,解决淘宝网内部 C2C(个人对个人)与 B2C 模式的冲突。

(6) 医药馆上线。天猫商城医药馆 2011 年 6 月 21 日上线天猫商城医药馆,正式试水医药行业。上海复美大药房、北京金象大药房、杭州九洲大药房、江西开心人大药房以及云南白药大药房等 5 家医药公司作为首批合作伙伴集体进驻天猫商城。

3. 商业模式

1) 市场定位

天猫商城力争将以淘宝网为主的消费者平台升级为"无处不在"的供需双赢的消费平台。这新平台将由阿里巴巴 B2B 和三家"Tao"公司一起完成对不同客户的服务:通过一淘网的购物搜索,淘宝网价廉物美的社区化创新以及天猫商城的精品专业体验给消费者以全新的感受；同时，也能更加专业化地帮助更多企业和创业者开展积极的电子商务服务和营销。

2）目标客户

天猫商城的目标客户是在网络购物中追求较高服务、较好产品质量、能够接受适当高价格的素质优秀的网民购物者。这些网络购物者是所有消费者中最优质的资源，他们收入较高，消费能力强，善于接受新事物，对服务的诉求大。

3）产品或服务

天猫商城旨在为商家提供电子商务整体解决方案，为消费者打造一站式的购物体验平台，对于消费者而言，天猫商城提供了最为全面且低价的海量商品，整合了最为优质的商家，构建了最完善的购物保障体系，最方便的付款方式，最优良的店铺评价体系，以期为消费者打造良好的购物体验。

同时对于商家而言，天猫商城也是不遗余力地为商家建立最为实用的店铺体系，整合淘宝网近亿的庞大消费群体，建立用于学习提高的商学院系统，运行便于沟通交流的社区网络淘宝论坛天猫商城模块，同时提供大量的软件工具帮助卖家进行更好的销售支持，力争建设开放、协同、繁荣的电子商务生态系统，促进新商业文明。

4）盈利模式

天猫商城摒弃了原来的淘宝网对普通的卖家和买家都免费的模式，而是以自己强大的市场份额和注册用户为依托，提供更加符合卖家要求的服务，充分挖掘了注意力经济的价值，从很多环节实行收费的模式，为其未来的盈利奠定了基础。

（1）天猫商城收费标准。天猫商城与淘宝网不同，并不是免费向卖家开放侹用，是要缴纳保证金和一定的服务费用。收费主要有实时划扣技术服务费和技术服务年费。

①技术服务费年费（下称"年费"）。商家在天猫商城经营必须交纳年费。年费金额以一级类目为参照，分为3万元或6万元两档。续签商家2012年度年费须在2011年12月26日前一次性缴纳；新签商家在申请入驻获得批准时一次性交纳2012年度的保证金。

②实时划扣技术服务费。商家在天猫商城经营需要按照其销售额的一定百分比交纳技术服务费。

（2）天猫商城广告收入。天猫商城目前整合了淘宝网4亿多卖家，首页每天的访问量接近1亿人，无疑是构造了一个非常好的广告平台。天猫商城广告主要集中以下几个方面。

①天猫商城站点广告。直接广告收入，就是直接在商场首页及其他子页面出现的广告，主要有天猫商城首页旗帜广告、商城中间的横幅广告等。首页旗帜广告在天猫商城首页的最显眼位置摆放播放，通过联播的方式展示，一共是五个篇幅。另外是在商城上半部分的一个横幅广告。

②天猫商城隐性广告。天猫商城使用的阿里旺旺软件中，融合了大量的广告。如添加旺旺好友时弹出的查找/添加对话框中，有一个竖幅的广告；阿里旺旺聊天对话框的最

下方滚动的字幕广告；阿里旺旺启动后弹出的每日焦点中，热卖板块、聚划算板块、达人板块以及最下方的滚动字幕广告。

（3）关键词竞价收费。天猫商城到目前共吸引了 4 万商家、7 万品牌入驻，因此在天猫商城内部竞争非常激烈，要想在竞争取得优势，在店铺站点入口上就需要下很多的功夫，除了可以通过各种形式的广告来进行宣传推广，吸引消费者进入店铺之外，还可以在天猫商城的搜索功能上下功夫。天猫商城允许商家付费购买部分关键词，以提高该关键词在搜索结果中的排名，以引导消费者进入店铺浏览商品达成购买交易。而这种模式也是天猫商城非常重要的收益来源，如关键词内衣，据天猫商城商家讲述，目前的价位大约是 5 元/次，也就是以为消费者搜索关键词内以后，点击进入商家的店铺，商家就需要向天猫商城交纳 5 元的广告费，每天搜索的人数越多，交纳的广告费就越大。

（4）附加软件产品和服务收费。天猫商城依托自己的技术团队，借助消费者消费行为数据库，根据商家的需求开发了大量的软件和附加服务，如图片空间、会员关系管理、装修模板、123show 宝贝动态展示、营销推广、数据魔方、量子统计、库存管理等。由于这些服务的推出是以天猫商城的数据库系统为依托的，因此在开发过程中整合了卖家的需求方面的资源，能够非常好契合卖家在销售过程的需求，具有非常好的销量，几乎每一个商家都会购买相当一部分的软件和服务，以使自己的店铺能够更好的发展。

（5）API 平台收入。天猫商城开放了自己的 API 平台，允许其他的企业与天猫商城进行对接，也允许部分软件公司利用天猫商城的数据库来开发适合商家的软件和服务，同时也增加了天猫商城的服务能力和盈利能力，可谓一举两得。

天猫商城整合了部分物流公司的资源，部分物流公司可以在平台直接接受订单，然后允许商家和买家能够用天猫商城的销售订单号来代替物流公司的单号来对物流的详细信息进行查询，为物流公司赢得了数量庞大的订单，同时天猫商城也从中获得了不少的平台提成。天猫商城也整合了保险公司的资源，开发了退货运费险，以满足部分商家和买家的需求，当然也从中赚取了利润。

5）市场竞争模式

天猫商城是走平台化路线，自己不进货，只是搭台让中小企业卖家们唱戏。京东、当当们走的是自己进货模式。这两种模式到底孰优孰劣？从风险上讲，天猫商城更保险一些，无需大量的自有周转资金，而京东的模式需要大量资金月于周转。此外，天猫商城依靠服务获得收入，而京东商城要靠差价，必然要陷入与传统渠道、网络渠道的价格战，例如，京东与当当之间，当当与卓越之间不停地发生口水战。但是垂直 B2C 们也开始向平台化方向渗透，例如，当当、卓越也在尝试开放平台给商家。这样一来，天猫商城与京东们之间的比拼就上升到了物流、仓储等基础设施的比拼。因为当前第三方物流已经很难满足 B2C 的高速发展，同时也很难帮助 B2C 降低成本。自建物流是解决问题的一个方法，但是却面临着非常巨大的成本压力。2011 年初，马云也表示要拿出 100 亿建设物流和仓储。但是阿里巴巴采取的模式仍然是平台化模式，在全国范围内建设仓储中心，然后租给物流公司使用，一些中小物流公司无资金建仓储中心，可以使用阿里巴巴的仓储中心，也相当于建设了一个物流开放平台。

品牌与流量之争，是 B2C 公司当前面临的共同难题。天猫商城面临的问题是如何将正品概念深入人心，因为淘宝总是给人感觉是 C2C 的代名词；京东商城面临的问题是如何将 3C 标签抹掉；当当面临的是如何将图书标签淡化。而流量和转化率也决定着胜负。淘宝正在通过各种方式帮助商家提升流量，包括搜索、广告、分成等等各种模式，京东也在做。由于淘宝当前的商品更加丰富，所以流量也比较大。而京东商城自营模式必然受制于商品种类限制，也不利于流量大幅提升。

6）网站技术模式

天猫的网站技术模式定位于系统运行的持续稳定性和安全性两方面，天猫商城提供的安全技术，如网络警察、支付宝等都值得让买卖双方放心。它为商家和顾客之间开展服务建立了一个有效的安全的信息中介服务平台。它对系统的要求是严格的。在服务器的构建上要保证交易信息的安全传递，保证数据库服务器的绝对安全，防止网络黑客的闯入破坏。天猫在身份验证和安全监控上也有很大的作用。

7）技术创新

（1）AR 技术。所谓 AR，英文叫做 Augmented Reality，即现实增强技术。AR 技术利用计算机生成一种逼真的虚拟环境，通过各种传感设备使用户"沉浸"到该环境中，实现人机互动。例如说你在网上看到一件衣服，穿在模特身上非常漂亮，但你不知道你穿上它时会是怎样。借助 AR 技术，通过摄像头，计算机录入你的个人信息。经过进一步的计算后，它就可以模拟出你穿上这件衣服时的形象。你可以与计算机进行互动，实现更全面的展示。更进一步，计算机可以虚拟出各种环境，提供更有参考性的信息。

AR 技术可以在试穿环节颠覆目前的购物体验，而其他环节的改革同样让人振奋。二维码就有望打通信息传递的所有环节。例如说你在杂志上看到一款手机感觉不错，那么你扫描下它的二维码，计算机通过匹配二维码的信息，在产品库里面找出这款手机。接下来，你看到的将不再只是枯燥的参数。通过 AR 技术，你可以直接对这部手机进行"操作"。当各种体验完成后你决定购买它时，直接扫描二维码就能通过支付工具完成支付。

（2）视频购物技术。视频购物技术仅在天猫平台应用，今后或将扩展到全网视频。天猫表示，将分享此项技术，与在线视频平台、视频内容提供商以及品牌商等合作。据天猫方面解释，视频购物是指通过动态图像识别技术，识别视频内容中一系列的物品元素，将物品关联到天猫和淘宝中可供销售的商品上，并在用户观看一段视频时，提示用户相应物品购买信息的购物模式。

此前，业内推出的视频购物模式，主要是让商家拍视频来展示商品细节。这种模式需要商家拍摄视频，有一定的进入门槛。天猫视频购买模式，提供了一种前景：将全网既有的海量视频、影视作品，与天猫和淘宝的海量商品库对接起来。按照这一逻辑，天猫和淘宝未来的商业前景应该是：只要是在网上能看到的商品，不管是文字、图片还是视频形式,天猫和淘宝都可以找到。

案例评析:

天猫致力于构建一个网络购物的巨大的商业生态圈系统,为商家提供电子商务的整体解决方案,为买家提供一站式的购物体验,同时通过开放平台等方式吸引更多的企业为商城平台上的卖家和买家提供各种各样的服务,使商城不仅仅是一个买卖的平台,而且还是一个生活的舞台,也就是电子商务网络购物生态圈系统。

我们把天猫提供服务平台的企业看做是一个 B,把平台上商品的提供者,也就是生产商或者代理商看做是另一个 B,而消费者是 C,所以这种网上零售的模式称之为 B2B2C 模式。B2B2C 模式来源于目前的 B2B 和 B2C 模式的演变和完善,是把 B2B 和 C2C 完美地结合起来,通过 B2B2C 模式的电子商务企业构建供应链系统,提供统一的服务。B2B2C 商业模式的精髓就是平衡和共担,就是平衡 C2C 模式的高数量低质量和 B2C 的低数量高质量,就是与天猫商城的商家共担成本,降低风险。

(案例来源 https://wenku.baidu.com/view/bb74104fec630b1c59eef8c75fbfc77da3699750.html 本书收录时有改编。)

本章小结

本章摘选了电子商务经典案例,使大家能够熟悉电子商务在实际中的各类应用,对电子商务的实际应用有了更加深刻的理解。

参考文献

[1] 天猫商城案例分析[EB/OL]. [2018-11-25]. https://wenku.baidu.com/view/bb74104fec630b1c59eef8c75fbfc77da3699750.html.

[2] 齐春霞. 一个裁缝师的博客营销案例启示[EB/OL]. [2007-03-28]. http://club.1688.com/article/1838926.html.

[3] 关于海尔[EB/OL]. [2015-01-07]. http://www.haier.net/cn/about_haier/.

[4] 关于京东(JD.com)[EB/OL]. http://www.jd.com/intro/about.aspx.

[5] 电子商务案例分析—招商银行网上银行支付[EB/OL]. [2014-06-11]. http://www.docin.com/p-830356663.html.

[6] 苏宁云商模式分析[EB/OL]. [2015-01-07]. https://wenku.baidu.com/view/b4c24359915f804d2b16c174.html.

[7] 星巴克微信营销成功案例分析[EB/OL]. [2016-12-07]. http://www.sohu.com/a/120877310_467981.

[8] 星巴克微信营销案例具体分析[EB/OL]. [2017-08-23]. http://www.xuexila.com/

chuangye/yingxiao/cehua/2728152.html.

[9] 腾讯的Q币支付[EB/OL]. [2012-08-29]. http://www.docin.com/p-470175785.html.

[10] 海尔微博营销的浅析[EB/OL]. [2017-05-19]. https://www.docin.com/p-1929026874.html.

[11] 赢商网[EB/OL]. http://sc.winshang.com/news-537100.html/p-1.

[12] 支付宝盈利模式分析[EB/OL]. [2015-01-25]. https://wenku.baidu.ccm/view/812a96b45fbfc77da369b13d.html.